Entscheidungen des Reichsgerichts.
Herausgegeben von
den Mitgliedern des Gerichtshofes und der Reichsanwaltschaft.

Entscheidungen des Reichsgerichts in Civilsachen.

Einundvierzigster Band.

Leipzig,
Verlag von Veit & Comp.
1898.

Litterarischer Anzeiger
zu den
Entscheidungen des Reichsgerichts.
Verlag von Veit & Comp. in Leipzig.

№	Der „Litterarische Anzeiger“ erscheint in zwanglosen Nummern und bildet eine unentgeltliche Beilage der Entscheidungen des Reichsgerichts in Civilsachen und in Strafsachen. Für seinen Inhalt ist ausschließlich die Verlagsbuchhandlung verantwortlich.	41.

Druck von Metzger & Wittig in Leipzig.

Entscheidungen

des

Reichsgerichts.

Herausgegeben

von

den Mitgliedern des Gerichtshofes und
der Reichsanwaltschaft.

Entscheidungen in Civilsachen.

Einundvierzigster Band.

Leipzig,
Verlag von Veit & Comp.
1898.

Entscheidungen

des

Reichsgerichts

in

Civilsachen.

Einundvierzigster Band.

Leipzig,
Verlag von Veit & Comp.
1898.

Druck von Metzger & Wittig in Leipzig.

Inhalt.

I. Reichsrecht.

II. Gemeines Recht.

III. Preußisches Recht.

IV. Rheinisches Recht.

V. Prozeßrecht.

I. Reichsrecht.

1. 1. **Kann durch Vertrag zwischen Konkursverwalter und Gläubiger ein Aussonderungsrecht wirksam konstituiert werden, das in der Konkursordnung nicht anerkannt ist?**

2. **Kann der Vollmachtgeber im Konkurse des Bevollmächtigten Checks als sein Eigentum in Anspruch nehmen, die von dem überseeischen Käufer des Vollmachtgebers auf Anweisung an den Bevollmächtigten indossiert, in dessen Hände gelangt, von demselben aber nach seiner Erklärung dem Vollmachtgeber gegenüber für dessen Rechnung in Verwahrung genommen waren?**

K.O. §§ 35. 38. 52 Ziff. 1. 3.
H.G.B. Artt. 368 Abs. 2. 378.

I. Civilsenat. Urt. v. 26. Januar 1898 i. S. Kr. Konkursverw. (Bekl.) w. Rh., G. & Co. (Kl.). Rep. I. 447/97.

I. Landgericht Hamburg.
II. Oberlandesgericht daselbst.

Die Klägerin in Gothenburg exportierte schwedisches Eisen und ließ durch Kr. in Hamburg, mit dem sie in dem aus den Gründen näher ersichtlichen Geschäftsverhältnisse stand, im September 1896 Sendungen von Eisen nach Konstantinopel besorgen, über deren Fakturapreis sie das Accept des Kr. erhielt, während die Käufer anweisungsgemäß über den Kaufpreis Checks mit Indossament auf Kr. gaben, die Kr. im Oktober 1896 erhielt. Kr., der bei Empfang der Checks seine Zahlungen eingestellt hatte und das Accept demnächst nicht eingelöst hat, teilte den Empfang der Checks der Klägerin mit der Erklärung mit, daß er die Checks für ihre Rechnung in Verwahrung genommen habe, was die Klägerin acceptierte. Im Januar 1897 wurde der Konkurs über das Vermögen des Kr. eröffnet, und M. zum Verwalter bestellt, nachdem er schon im Oktober 1896 die Administration der Vermögensmasse des Kr. für die Gläubiger übernommen, die Checks erhalten, die Herausgabe an die Klägerin verweigert und dieselben im November 1896 nach Abrede mit der Klägerin versilbert und den Erlös an Stelle der Checks in Händen behalten hatte. Im Februar 1897 klagte die Klägerin gegen M. als Verwalter der Konkursmasse auf Herausgabe der Checks oder des Erlöses aus der Masse. Der Beklagte bestritt das Aussonderungsrecht, weil Kr. Eigentümer der Checks geworden sei.

In beiden Instanzen wurde der Beklagte zur Herauszahlung des Erlöses verurteilt, und die Revision des Beklagten ist zurückgewiesen aus folgenden

Gründen:

„1. Nach den §§ 35. 38 K.O. kann die Klägerin Aussonderung der Checks aus der Masse verlangen, wenn sie ihr Eigentum und in der Masse vorhanden, die Aussonderung des Erlöses, wenn er nach der Konkurseröffnung zur Masse eingezogen worden ist. Die Checks sind nicht in der Masse, und sie sind vor der Konkurseröffnung veräußert. Nach dem Thatbestande des Berufungsurteiles sind die Parteien aber damals dahin übereingekommen, daß die Checks, um Zeitverlust zu vermeiden, verkauft werden, und der Erlös an Stelle der Checks treten solle, und der damalige Administrator, jetzige Verwalter der Masse, M., hat den Erlös so in die Hände erhalten.

Unter diesen Umständen bestehen keine rechtlichen Bedenken gegen die Zulässigkeit der Klage. Der Ausführung des Berufungsrichters, der verklagte Konkursverwalter habe auf die Einrede aus den §§ 38. 52 Ziff. 3 K.O. verzichtet, er sei nach § 5 K.O. dazu befugt, und es sei seine Sache, ob er damit seine Pflicht erfülle, oder sich persönlich verantwortlich mache, ist zwar nicht beizutreten. Die Vorschriften der Konkursordnung über das Aussonderungsrecht sind nicht dispositiver, sondern öffentlichrechtlicher Natur, da sie im Interesse der Gläubiger und der Ordnung des Verfahrens gegeben sind. Die Parteien können über die gesetzlichen Voraussetzungen der Aussonderung nicht paktieren. Aber die festgestellte Abmachung brachte den Administrator M. rechtlich in die Lage des Sequesters, der eine Sache, deren Eigentum streitig, zu treuen Händen mit der Verpflichtung erhält, sie demjenigen auszuhändigen, dessen Eigentum an der Sache werde festgestellt werden. Mit dieser Verpflichtung brachte er den Erlös bei Eröffnung des Konkurses in die Masse, und wenn die Klägerin zur Zeit des Verkaufes der Checks Eigentümerin der Checks war oder als solche rechtlich zu behandeln ist, macht sie ihren Anspruch auf den Erlös als Aussonderungsanspruch geltend, wenn der Erlös der Checks noch individuell vorhanden ist, oder als Masseschuld gemäß § 52 Ziff. 1. 3 K.O., wenn der Erlös mit der Masse vermischt ist.

2. In der Sache selbst hängt die Entscheidung der Frage, ob die Checks Eigentum der Klägerin waren, als sie verkauft wurden, von der Beurteilung des Rechtsverhältnisses zwischen der Klägerin und Kr. ab. Dasselbe ist als ein eigentümlich gestaltetes Auftragsverhältnis zu bezeichnen. Die Klägerin bediente sich des Kr. für ihr überseeisches Geschäft als Mittelsperson. Kr. erhielt die Konnossemente über die schwimmenden Ladungen zur Versendung an die Agenten der Klägerin an dem überseeischen Platz. Die Agenten hatten die Konnossemente gegen Bezahlung des Kaufpreises der Güter in Checks auszuhändigen. Die Checks wurden auf Kr. indossiert. Seinen Grund hatte dies darin, daß Kr. der Klägerin über den Fakturapreis der Güter sein Accept gab. Dadurch war die Klägerin in den Stand gesetzt, auf den Kredit des Kr. durch Diskontieren des Wechsels über den Kaufpreis zu verfügen, bevor sie ihn in Händen hatte, und zugleich wegen der Konnossemente gesichert, die Kr. erhielt. Kr. war dadurch gesichert, daß er die Checks indossiert erhielt, mit deren Erlös er sein Accept deckte. Gingen die Checks nicht ein, so hatte nach den Geschäftsbedingungen die Klägerin selbst zu decken oder dem Kr. Deckung einzusenden oder von neuem zu ziehen. Nachträglich eingehende Checks hatte Kr. an die Klägerin einzusenden. Danach wurde Kr. aus seinem Accept der Klägerin gegenüber erst durch Deckung verpflichtet, wenn er auch dem dritten gutgläubigen Wechselinhaber gegenüber unbedingt aus seinem Accept verpflichtet war. In dem vorliegenden Falle hat dementsprechend die Klägerin in dem Schreiben an Kr. vom 4. September 1896 bestätigt, daß sie das Accept über 18840 ℳ als „advance“, Vorschuß, auf den Kaufpreis der beiden in Rede stehenden und anderer Verschiffungen, auf die sich das Accept

bezog, erhalten habe. Sie tritt dem Kr. die Güter zur Sicherheit („lien“ an ihnen oder ihrem Nettoerlöse) ab, bis der durch das Accept geleistete „advance“ durch die Rimessen ihrer Agenten völlig gedeckt sein würde. C. & Co., die Agenten der Klägerin in Konstantinopel, haben mit den Schreiben vom 12. und 16. Oktober 1896 die streitigen Checks mit Indossament auf Kr. ihm eingesandt „zum Ausgleich der Fakturen der Klägerin über die beiden fraglichen Sendungen“. Die Checks stellten die teilweise Deckung dar, die Kr. für sein Accept über 18840 ℳ zum 2. Dezember 1896 zu fordern hatte; auf diese Deckung war gezogen und acceptiert. Mit dem Eingange der Checks wurde Kr. definitiv auch der Klägerin gegenüber zur Einlösung verpflichtet, soweit der Checkbetrag reichte, der das Accept bei weitem nicht deckte. Kr. war befugt, die Checks, die auf ihn indossiert waren, als sein Eigentum anzusehen und zu behandeln.

Davon geht auch der Berufungsrichter aus. Aber der Berufungsrichter stellt fest, daß Kr. von dieser Befugnis keinen Gebrauch gemacht, sondern mit der Klägerin einen Depotvertrag über die Checks abgeschlossen hat. Damit will der Berufungsrichter, wie der Zusammenhang seiner Gründe ergiebt, nicht besagen, daß Kr. sein Eigentum an den Checks mittels des in dem Depotvertrage enthaltenen constitutum possessorium auf die Klägerin übertragen habe. Dem würde das rechtliche Bedenken entgegenstehen, daß das Eigentum an indossablem und mit Namensindossament versehenem Papier ohne Indossament nicht übertragen werden kann. Der Berufungsrichter nimmt vielmehr an und stellt fest, daß Kr. die beiden Checks im Einverständnisse mit der Klägerin nicht für seine, sondern für der Klägerin Rechnung hat erwerben wollen und für sie in Verwahrung genommen hat. Diese Feststellung unterliegt keinen rechtlichen Bedenken. Was die Revision dagegen geltend macht, ist nicht stichhaltig. Thatsächlicher Natur und völlig unbedenklich ist die Auslegung, die der Berufungsrichter den beiden Schreiben vom 19. und 21. Oktober giebt, aus denen er entnimmt, daß Kr. die Checks für die Klägerin in Verwahrung genommen, und daß die Klägerin ihren damit übereinstimmenden Willen dahin erklärt hat, daß Kr. sie für *ihre* Rechnung angenommen habe. Ist dies richtig, so hat Kr. die an ihn indossierten Checks im eigenen Namen, aber für Rechnung der Klägerin, d. h. als ihr Kommissionär, erworben, und die Klägerin ist nach Artt. 378. 368

Abs. 2 H.G.B. der Konkursmasse des Kr. gegenüber befugt, die Forderung aus den Checks auch ohne Indossierung der Checks an sie als ihr gehörig geltend zu machen und den eingezogenen Erlös zu fordern.

Dem steht das Rechtsverhältnis zwischen Kr. und der Klägerin nicht entgegen. Verkäuferin der schwimmenden Ladungen war die Klägerin; ihr stand der Kaufpreis zu. Das Accept des Kr. deckte sie zunächst nur gegen den Mißbrauch der ihm übergebenen Konnossemente. Den Kaufpreis erhielt sie erst, wenn Kr. sein Accept einlöste, und sie die Valuta, die sie bei der Diskontierung des Acceptes erhalten hatte, durch die Einlösung des Acceptes seitens des Kr. behielt. Die Acceptverpflichtung des Kr. war der Klägerin gegenüber suspensiv bedingt durch den Eingang der Deckungschecks. Nach den Geschäftsbedingungen konnte Kr. Checks, die erst nachträglich eingingen, nachdem seine Acceptverpflichtung erloschen, nur noch für Rechnung der Klägerin erwerben. Es unterliegt keinerlei rechtlichen Bedenken, daß Kr., der nach dem festgestellten Sachverhalte die beiden streitigen Checks empfing, als er seine Zahlungen eingestellt hatte und wußte, daß er sein durch die Checks nur zu einem kleinen Teil gedecktes und später durch die Klägerin eingelöstes Accept nicht würde einlösen können, redlich und vertragstreu handelte, indem er die Checks für Rechnung der Klägerin annahm und verwahrte und dies der Klägerin erklärte. Die Frage, ob der Konkursverwalter diesen Rechtsakt anfechten könnte (§ 23 Ziff. 1. 2 K.O.), kommt nicht in Betracht, weil nach dieser Richtung hin nichts vorgebracht ist." ...

---

2. Ist die Übertragung von Aktien unter 1000 ℳ in Ermangelung der nach Art. 182 Abs. 2 H.G.B. erforderlichen Einwilligung der Gesellschaft nur dieser gegenüber unverbindlich, oder nichtig?[1]

III. Civilsenat. Urt. v. 4. Februar 1898 i. S. G. Konkursverw. (Kl.) w. W. (Bekl.). Rep. III. 276/97.

[1] Vgl. Nr. 3 S. 9. D. R.

I. Landgericht Güstrow.
II. Oberlandesgericht Rostock.

Die im Jahre 1890 gegründete Aktiengesellschaft Zuckerfabrik T. hatte ein Grundkapital von 750000 *M*, welches in 1075 auf Namen lautende Aktien zu 697,68 *M* zerfiel. Der Wert von 12 dieser Aktien, welche dem Erbpächter G. zugestanden, wurde auf 3751,08 *M* festgestellt, als durch Beschluß der Generalversammlung vom 15. Juli 1895 die Aktiengesellschaft in eine Gesellschaft mit beschränkter Haftpflicht umgewandelt wurde. Auf die Zahluug dieser 3751,08 *M* nebst Prozeßzinsen erhob der bestellte Konkursverwalter im Konkurse über das Vermögen des Erbpächters G. gegen die Zuckerfabrik T. Klage. Auf die Streitverkündung der letzteren trat der jetzige Beklagte in den Rechtsstreit ein, welchem der Erbpächter G. durch notariell beglaubigten Vertrag vom 12. November 1893 die erwähnten 12 Aktien abgetreten hatte, ohne daß die Einwilligung der Generalversammlung der Aktiengesellschaft zur Übertragung erklärt wurde. Nachdem nunmehr die Zuckerfabrik T. die 3751,08 *M* mit Prozeßzinsen gerichtlich hinterlegt hatte und nach § 72 C.P.O. aus dem Rechtsstreite entlassen war, trugen die jetzigen Parteien auf Verurteilung des Gegners zur Einwilligung in die Erhebung der hinterlegten Summe und zur Zahlung von 5 Prozent Zinsen seit dem Tage der Hinterlegung an.

Im Urteile des Landgerichtes wurde im wesentlichen nach dem Antrage des Beklagten erkannt, und die Berufung des Klägers im Urteile des Oberlandesgerichtes zurückgewiesen. Gegen letztere Entscheidung legte derselbe Revision ein, welcher stattgegeben wurde aus folgenden

Gründen:

„Das Berufungsgericht hat festgestellt, daß der Vertrag zwischen dem Erbpächter G. und dem jetzigen Beklagten, durch welchen der erstere dem letzteren seine 12 Aktien der Zuckerfabrik T. übertrug, in der durch den Art. 182 Abs. 2 Satz 3 H.G.B. erforderten gesetzlichen Form vorliegt, da die Vertragsurkunde unter dem 21. Dezember 1893 notariell beglaubigt ist. Es ist weiter hervorgehoben, daß nach § 13 Abs. 5 des Statuts die Übertragung einer Aktie ohne die Zustimmung der Gesellschaft nur dieser gegenüber unwirksam sein solle, die Wirksamkeit einer solchen Übertragung im Verhältnisse der Kontrahenten zu einander und Dritten gegenüber daher durch das Statut nicht beeinträchtigt werde. Dieser Bestimmung der Statuten ist auch nach den Vorschriften des Handelsgesetzbuches Gültigkeit beigemessen, da das Oberlandesgericht davon ausgeht, daß zur vollen Wirksamkeit der Übertragung der hier fraglichen Aktien zwar nach dem zwingenden Rechtssatze des Art. 182 Abs. 2 Satzes 2 die Zustimmung des Aufsichtsrates und der Generalversammlung erforderlich sei, daß aber der Mangel dieser Zustimmung, ähnlich wie im Falle des Art. 98 Abs. 2 H.G.B., nur die Gültigkeit der Übertragung im Verhältnisse zur Gesellschaft berühre. Der Grund dieser Unterscheidung ist darin gefunden, daß das Gesetz beabsichtigt habe, zu verhindern, daß der Erwerber derartiger Aktien ohne Einwilligung der Gesellschaft zu dieser in unmittelbare Beziehungen trete, daß aber ein öffentliches Interesse dafür nicht ersichtlich sei, die Übertragung solcher Aktien für das Verhältnis der Kontrahenten untereinander und zu Dritten an die Genehmigung der Gesellschaft zu binden. Hiernach ist angenommen, daß der streitlose Umstand, daß die Generalversammlung bis zur Auflösung der Aktiengesellschaft ihre Einwilligung zum Übergange der fraglichen 12 Aktien von G. an den Beklagten nicht erteilt hat, nicht habe verhindern können, daß unter diesen die Aktien aus dem Vermögen G.'s ausgeschieden und auf den Beklagten übergegangen seien, sodaß deren jetzt deponierter Wert keinen Bestandteil der G.'schen Konkursmasse bilde, sondern dem Beklagten zukomme.

Die gegen diese Entscheidung erhobene Revision erscheint begründet. Mit Recht geht das Oberlandesgericht davon aus, daß der Art. 182 Abs. 2 H.G.B. zwingende Normen für die Rechtsbeständigkeit der Übertragung von Aktien der fraglichen Art aufstellt, und daß auch die Bestimmung der Statuten, welche als Wirkung der Verletzung derselben nur die Rechtsunwirksamkeit der Übertragung der Gesellschaft gegenüber hervorhebt, die gesetzlichen Beschränkungen des Art. 182 in betreff der Veräußerung solcher Aktien nicht abändern kann. Darin aber, daß nach Art. 182 Abs. 2 Satz 2 die Veräußerung derartiger Aktien ohne die gesetzlich erforderte Zustimmung des Aufsichtsrates und der Generalversammlung nur die im Statute vorgesehene Beschränkung der Wirksamkeit der Gesellschaft gegenüber habe, kann der Vorentscheidung nicht beigepflichtet werden.

Bei Erlaß des Gesetzes vom 18. Juli 1884, betreffend die Kommanditgesellschaften auf Aktien und die Aktiengesellschaften, ist die

Gefahr erwogen, welche im öffentlichen Interesse daraus entstehen könnte, wenn bei Zulassung von Aktien über einen geringen Wertbetrag Unbemittelte zur Teilnahme an gewagten Geschäften herangezogen werden. Es sind daher Aktien über einen Betrag von weniger als 1000 ℳ nur ausnahmsweise gestattet, und unter besonderen Kautelen. Insoweit die hier fraglichen sog. „vinkulierten Namensaktien" in Betracht kommen, sollte insbesondere auch dem vorgebeugt werden, daß dieselben durch Blankocessionen in Umlauf gesetzt würden, und ein Wechsel im Personalbestande der Aktionäre gegen die Interessen der Gesellschaft stattfinden könne. Die Gültigkeit der Übertragung solcher Aktien ist daher an die doppelte Beschränkung geknüpft, daß dieselbe nur in einer die Person des Erwerbers bezeichnenden gerichtlich oder notariell beglaubigten Erklärung erfolgen kann, und daß zu der im Gesellschaftsvertrage vorbehaltenen Einwilligung der Gesellschaft die Zustimmung des Aufsichtsrates und der Generalversammlung erforderlich ist. Diese Zustimmung der Gesellschaft ist nach Art. 207a und Art. 182 Abs. 2 Satz 2 in dem dort bestimmten Umfange nicht minder ein gesetzliches Erfordernis der Gültigkeit der Übertragung solcher Aktien, als die Beobachtung der Form des Art. 182 Abs. 2 Satzes 3 in betreff der Erklärung des Übertragungswillens. Beide gesetzlichen Erfordernisse stehen in dieser Richtung gleich und müssen zusammentreffen, um das Ausscheiden einer Aktie aus dem Vermögen des Aktionärs und deren Übertragung auf einen Dritten zu bewirken. Das Gesetz unterscheidet hierbei nicht zwischen den Kontrahenten einerseits und der Gesellschaft andererseits. Zu einer solchen Unterscheidung giebt auch die Fassung des Art. 182 keine genügende Veranlassung, insofern die Zustimmung der Gesellschaft für erforderlich erklärt, dagegen die gerichtliche oder notarielle Form zur **Gültigkeit** der Übertragungserklärung vorgeschrieben ist. Beides ist nach dem Sinne und Zwecke des Gesetzes als gleichbedeutend anzusehen, und die Verschiedenheit des Ausdruckes mag sich aus den Abänderungen erklären, welche der Gesetzentwurf im Laufe der Beratung erlitten hat. Diese Auslegung muß umsomehr angenommen werden, als der Zweck des Gesetzes, den Handel mit den fraglichen Aktien möglichst zu beschränken, offenbar nur unvollkommen erreicht werden würde, wenn die Nichtbeachtung der gesetzlich gezogenen Schranken die Rechtswirksamkeit bezüglicher Verträge unter den Kontrahenten und Dritten gegenüber nicht berührte, und als die Absicht der Kontrahenten bei solchen Verträgen auf die Übertragung der Aktionärrechte, nicht auf ein der Gesellschaft gegenüber wirkungsloses Rechtsgeschäft gerichtet ist.

In Ermangelung der Zustimmung der Gesellschaft bis zu deren Auflösung mußte daher die hier vereinbarte Übertragung der G.'schen Aktien auf den Beklagten wirkungslos bleiben, und wird der auf dieselben bei der Auflösung der Gesellschaft entfallene Wertbetrag mit Recht vom Kläger als zur G.'schen Konkursmasse gehörig in Anspruch genommen. Eine abweichende rechtliche Beurteilung würden auch die im Berufungsurteile unentschieden gelassenen Erwägungen nicht herbeiführen können.... Der Umstand, daß die Generalversammlung ihre Zustimmung nicht positiv versagt hat, und daß der Beklagte von Gesellschaftsorganen thatsächlich wie ein Aktionär behandelt ist, indem seine Eintragung in das nach der Konkurseröffnung angelegte Aktienbuch beschafft, uud dem Kläger Zahlung verweigert wurde, kann die nicht erfolgte, gesetzlich nötige Zustimmung der Generalversammlung nicht ersetzen. Auch der Umstand, daß es sich nicht mehr um die Aktien selbst, sondern um das gezahlte Geldäquivalent handelt, ist nicht entscheidend. Im Vertrage vom 12. November 1893 ist der Anspruch auf dieses Geldäquivalent nicht cediert, und stand dasselbe derzeit nicht in Frage, sondern die Absicht und der erklärte Vertragswille der Kontrahenten richtete sich allein auf die Abtretung der Aktionärrechte G.'s, welche dem Beklagten zur Sicherheit für Forderungen übertragen werden sollten." ...

---

3. Kann der auf seinen Antrag von dem berufenen Organe der Aktiengesellschaft in das Aktienbuch eingetragene Erwerber einer vinkulierten Namensaktie (eines Interimsscheines, Art. 207a Abss. 3. 4 H.G.B.) gegen den Anspruch der Gesellschaft auf die statutenmäßige Einzahlung einwenden, die Übertragung der Aktie auf ihn sei ohne Beobachtung der Vorschriften in Art. 182 Abs. 2 H.G.B. erfolgt?[1]

Notwendiger Inhalt des Aktienbuches.

[1] Vgl. Nr. 2 S. 5. D. R.

VI. Civilsenat. Urt. v. 21. Februar 1898 i. S. G. (Bekl.) w. Vorschußverein Schwabach Konkursm. (Kl.). Rep. VI. 395/97.

I. Landgericht Nürnberg.
II. Oberlandesgericht daselbst.

Aus den Gründen:

„Im Herbste 1889 wurde in Schwabach die Aktiengesellschaft „Vorschußverein Schwabach“ mit einem Grundkapitale von 360000 *M*, eingeteilt in 600 hinsichtlich der Übertragung an die Einwilligung der Gesellschaft gebundene Namensaktien über 600 *M* (Art. 207a Abs. 3 H.G.B.) gegründet. Diese Aktiengesellschaft ist aus der bis dahin bestandenen eingetragenen Genossenschaft „Vorschußverein Schwabach“ hervorgegangen. In den Generalversammlungen der Genossenschaft vom 28. August und 2. September 1889 wurde beschlossen, den Verein aufzulösen, in Liquidation zu treten, bezw. den Verein in eine Aktiengesellschaft umzuwandeln und zur Konstituierung der letzteren eine weitere Versammlung anzuberaumen. Zugleich wurden die Liquidatoren bestellt. Unter Beziehung auf diese Beschlüsse erließen die Vorstandschaft und der Ausschuß der Genossenschaft am 3. September 1889 an die Mitglieder derselben zu dem Zwecke, um vorläufig einen Überblick über die Beteiligung an der zu gründenden Aktiengesellschaft zu bekommen, ein Cirkular mit der Aufforderung, sich in die angeschlossene Liste einzuzeichnen. Bemerkt ist in dem Cirkulare, daß der Betrag eines Anteilscheines auf 300 *M* — gleich dem bisherigen Mitgliederguthaben — festgestellt werden werde; es sei anzugeben, wer lediglich mit seinem jetzigen Mitgliederguthaben eintreten wolle, wer außerdem noch eine oder mehrere Aktien, die nach und nach einbezahlt werden können, wünsche, wer endlich eine oder mehrere Aktien nehmen wolle, die schon bis zum 1. Oktober 1889 einbezahlt werden. Der Beklagte schrieb sich in die Subskriptionsliste unter der Rubrik „Tritt nur mit seinem Mitgliederguthaben bei“ mit einem Anteilscheine ein. In der letzten Generalversammlung der Genossenschaft vom 29. September 1889 wurde über die Überweisung der Aktiven und des Reservefonds an die neue Gesellschaft und die Bezahlung der Passiven Beschluß gefaßt, und sodann laut besonderen Protokolles von dem seitherigen Vereinsdirektor der Entwurf der Statuten der neuen Aktiengesellschaft verlesen. Die Anwesenden genehmigten diesen Entwurf und wählten zur notariellen Verlautbarung des erforderlichen Vertrages acht seitherige Genossenschafter. Dieselben erklärten hierauf unter Zuziehung eines weiteren früheren Genossen am 30. September 1889 in notarieller Verhandlung: „Wir errichten und gründen hiermit eine Aktiengesellschaft unter der Firma „Vorschußverein Schwabach“ und ersuchen das von uns Gründern festgesetzte Statut zu beurkunden.“ In dem notariellen Akte werden sodann entsprechend den Vorschriften des Art. 209 H.G.B. die einzelnen Bestimmungen des Gesellschaftsvertrages aufgeführt. Im unmittelbaren Anschlusse hieran ist das Ergebnis der „heutigen ersten Generalversammlung“ (nämlich der neun Gründer) konstatiert. Hiernach erkannten die neun Gründer an und bestätigten, daß das Grundkapital von 360000 *M* von ihnen selbst vollständig gezeichnet, und hiervon statutenmäßig 25 Prozent einbezahlt seien, und ist genau angegeben, wie viele Aktien mit entsprechender Einzahlung jeder Gründer übernommen habe (zusammen 600 Aktien mit 90000 *M* Einzahlung). Hierauf wurde von den Gründern der Aufsichtsrat gewählt, zwölf Mitglieder, darunter der Beklagte. Der Aufsichtsrat wählte sodann den Vorstand.... Die Verhandlung ist unterschrieben von den Gründern, den Mitgliedern des Aufsichtsrates und des Vorstandes, sowie von dem Notar. Auf ordnungsmäßige Anmeldung erfolgte die Eintragung der Aktiengesellschaft in das Handelsregister am 21. Oktober 1889.

Die Gesellschaft hat Interimsscheine ausgegeben, von denen der Beklagte acht Stücke, die Nr. 172—175, 421, 536—538, besitzt. Er ist im „Aktien-Empfangsbescheinigungsbuch“ als Inhaber dieser Scheine eingetragen und hat in demselben den Empfang der Interimsscheine mit seiner Unterschrift anerkannt.

Über das Vermögen der Aktiengesellschaft wurde im Mai 1896 das Konkursverfahren eröffnet. Der Konkursverwalter verlangt von den eingetragenen Inhabern der Interimsscheine die Bezahlung der auf den Betrag derselben noch ausstehenden 50 Prozent zur Konkursmasse, von dem Beklagten, der seine Verpflichtung zu dieser Einzahlung bestreitet, somit 2400 *M*, gegen das Erbieten der Aushändigung der entsprechenden Aktien. Die Berufung des Beklagten gegen das ihn nach dem Klagantrage verurteilende Urteil erster Instanz ist zurückgewiesen.

Seiner Revision muß der Erfolg gleichfalls versagt werden.

Kläger hat in erster Linie geltend gemacht: die Gründer der Aktiengesellschaft hätten den größeren Teil der von ihnen übernommenen Aktien an andere Personen abgetreten. So haben die Gründer H., S. und Sch. die im Besitze des Beklagten befindlichen Interimsscheine auf ihn übertragen, und er sei auf seinen Antrag als deren Eigentümer im Aktienbuch, nämlich in dem sog. Aktien-Empfangsbescheinigungsbuche, eingetragen worden. Die Thatsache solcher Eintragung sei für sich allein nach Art. 183 Abs. 2 H.G.B. für seine Verpflichtung zur Leistung der geforderten Einzahlung entscheidend. Übrigens sei, wie in verschiedener Weise auszuführen versucht wurde, in Wirklichkeit sein Erwerb nicht als ein derivativer, sondern als originäre Übernahme der Aktien anzusehen. Beklagter tritt letzterer Auffassung entgegen und wendet gegen die Klage . . . ein, die Übertragung der Interimsscheine seitens der genannten Gründer auf ihn sei, weil ohne Beobachtung der in Art. 182 (Art. 220) H.G.B. vorgeschriebenen Erfordernisse erfolgt, nichtig; deshalb komme auch seiner Eintragung im Aktienbuche keine Rückwirkung zu; dem Aktien-Empfangsbescheinigungsbuch sei überdies die Eigenschaft eines Aktienbuches im Sinne des Gesetzes abzusprechen.

Gegen die Verwerfung dieser Einwendung richtet sich der Revisionsangriff.

Nach dem geschilderten Gründungshergange ist dem Berufungsgerichte darin beizutreten, daß die Aktiengesellschaft „Vorschußverein Schwabach" im Wege der Simultangründung (Art. 209 d H.G.B.) errichtet worden ist. In der notariellen Verhandlung vom 30. September 1889 und der unmittelbar darauf stattgehabten Generalversammlung der Gründer sind in einem einheitlichen Akte alle Voraussetzungen für das Entstehen einer Aktiengesellschaft geschaffen, und damit ist die Aktiengesellschaft errichtet worden. Zugleich haben die als Gründer aufgetretenen neun Personen erklärt, daß sie die sämtlichen Aktien, jeder zu einer bestimmten Anzahl, übernehmen. Diese Auffassung bleibt geboten, obwohl die Gründer durch den Beschluß der Generalversammlung der Genossenschaft vom 29. September mit der notariellen Verlautbarung des Statutes beauftragt waren, bezw. auch wenn die Genehmigung des Mithandelns des von den hierzu Gewählten weiter Zugezogenen seitens der Genossenschafter zu unterstellen ist, und selbst dann, wenn der in der erwähnten Generalversammlung genehmigte Entwurf des Statutes durchweg mit dem in der notariellen Verhandlung verlautbarten Statute übereingestimmt haben sollte. Ohne Einfluß auf diese Beurteilung der Errichtung der Aktiengesellschaft ist selbstverständlich der Umstand, daß die in der notariellen Verhandlung selbständig und für sich in eigenem Namen als Gründer und Übernehmer sämtlicher Aktien aufgetretenen neun Personen von Anfang an die Absicht hatten, den weitaus größten Teil der übernommenen Aktien nicht zu behalten, sondern an die früheren Genossenschafter abzugeben; ohne Einfluß wäre auch, wenn die letzteren ihnen gegenüber das Recht auf solche Überlassung inhaltlich der durch den Generalversammlungsbeschluß vom 29. September abgeschlossenen Vorverhandlungen erworben haben sollten. Insbesondere ist auch der Versuch, die vorausgegangene Subskription auf Anteilscheine der zu errichtenden Aktiengesellschaft gegen die Annahme einer Simultangründung zu verwerten, nicht haltbar. Das Gesetz kennt nur zwei Rechtsformen der Gründung einer Aktiengesellschaft, die Simultan- und die Successivgründung. Zeichnungen von Aktien (Art. 209 e H.G.B.) waren die Einschreibungen in die Subskriptionsliste nicht, und sollten es nicht sein. Die Liste wurde nur zu dem Zwecke aufgelegt, nm eine vorläufige Übersicht über die Beteiligung der Genossenschafter an der neu zu gründenden Aktiengesellschaft zu gewinnen, ohne daß der Entwurf eines Statutes vorgelegen hat.

Vgl. Entsch. des R.G.'s in Civils. Bd. 30 S. 95 flg.

Die Einschreibungen erfolgten sogar auf die Proposition eines niedrigeren Betrages der etwa auszugebenden Aktien und ohne die Absicht der Subskribenten, sich zu verpflichten, zu schweigen davon, daß eine gerichtliche Versammlung der Aktionäre (Art. 210 a. Art. 210 Abs. 2 Ziff. 2 H.G.B.) nicht stattgefunden hat. Entsprechend dem in dem notariellen Gesamtakte vom 30. September Verhandelten erfolgte hierauf auch die Anmeldung des Gesellschaftsvertrages durch die neun Gründer sowie die Mitglieder des Vorstandes und des Aufsichtsrates, und daraufhin die Eintragung und die Veröffentlichung des Gesellschaftsvertrages.

Mit der Eintragung in das Handelsregister entstand die Aktiengesellschaft als selbständiges Verkehrssubjekt mit allen Rechten aus der Gründung. Hiermit entstanden gleichzeitig für die Gründer, als die einzigen Aktionäre, die entsprechenden Rechte und Pflichten, für jeden nach der Zahl der von ihm übernommenen Aktien, und zwar unabhängig davon, daß die Interimsscheine nicht sofort ausgegeben werden konnten. Bis zur Fertigstellung und Ausgabe der Scheine verstreicht naturgemäß in der Regel eine gewisse Zeit, und der Umstand, daß im vorliegenden Falle die Interimsscheine erst im März 1890 fertig gestellt worden sind, konnte weder die Entstehung der Aktiengesellschaft, noch jene Rechtsfolge dieser Entstehung hindern.

Vgl. Behrend, Lehrbuch des Handelsrechts § 117; Entsch. des R.G.'s in Civils. Bd. 31 S. 21.

Der Beklagte hat die acht Interimsscheine seit März 1890 im Besitze. Vier derselben waren zunächst auf den Namen des Gründers H., drei auf den Namen des Gründers Sch., und einer auf den Namen des Gründers S. ausgestellt. Auf ihnen steht je das Blankoindossament dieser Gründer, auf dem S.'schen und den Sch.'schen Scheinen überdies der Vermerk „Infolge Cession ist diese Aktie nunmehr in den Besitz des Herrn P. G. übergegangen. Vorschuß-verein Schwabach, Aktiengesellschaft". Es ist hiernach davon auszugehen, daß die acht Interimsscheine, wenn auch zwischen den genannten Gründern und dem Beklagten vor der Fertigstellung der Scheine die auf die Übertragung der Aktionärrechte bezüglichen Willenserklärungen ausgetauscht worden sein sollten, zunächst diesen Gründern ausgehändigt wurden und erst von ihnen an den Beklagten gelangten. Dies entspricht auch den beiderseitigen Behauptungen. In Ansehung der Übertragung der Interimsscheine waren also (da es sich um vinkulierte Kleinaktien handelte) an sich nach Art. 220 H.G.B. die Vorschriften der Artt. 182 Abs. 2. 183 maßgebend. Die Versuche der Klägerin, den Erwerb der Scheine seitens des Beklagten als einen originären darzustellen, müssen eigentlich schon an der eben erwähnten Thatsache scheitern, welche auch das Berufungsgericht, das gleichfalls einen originären Erwerb des Beklagten unterstellt, nicht genügend gewürdigt zu haben scheint. Soweit diese Versuche auf die Auffassung sich gründen, daß die Einzeichnungen in die erwähnte Subskriptionsliste als Aktienzeichnungen (Art. 209e H.G.B.) anzusehen seien, entbehren sie schon nach dem, was über den Inhalt und die Bedeutung dieser Einzeichnungen angeführt ist, der Begründung. Sie beruhen augenscheinlich auf einer ungenügenden Kenntnis des Sachverhaltes. Auch für die Annahme, daß die Gründer hinsichtlich des Erwerbes der Aktienrechte mit den daran sich knüpfenden Verpflichtungen als

Stellvertreter der späteren Erwerber der Interimsscheine, so auch des Beklagten, gehandelt hätten, fehlt jeder Anhaltspunkt. Ein solches Stellvertretungsverhältnis tritt nirgends hervor, weder im Generalversammlungsbeschluß vom 29. September 1889, noch im Gründungsakte, wobei die Gründer notwendig im eigenen Namen handelten, noch bei der Verteilung der Interimsscheine. Nach Lage der Sache ist davon auszugehen, daß die Gründer (welche die Interimsscheine zunächst erhielten) vorerst überhaupt nicht wußten, wie viele der Scheine ihnen von den früheren Mitgenossenschaftern, bzw. von welchen derselben ihnen solche abgenommen werden. Der Konstruktion des Erwerbes auf Grund eines Stellvertretungsverhältnisses stände außerdem der Umstand entgegen, daß die Gründer als solche (kraft Gesetzes) die Aktionäre geworden sind, woraus in Verbindung mit dem Grundsatze der Unteilbarkeit der Aktien (Art. 207 Abs. 3 H.G.B.) der Aktiengesellschaft gegenüber die Notwendigkeit der Übertragung des in den Personen der Gründer einmal entstandenen Rechtes, ebenso der korrespondierenden Verpflichtung als Aktionäre sich ergiebt. Wollte man die Gründer mit einem anderen Konstruktionsversuche der Klägerin (nur) als Beauftragte der durch den Generalversammlungsbeschluß vom 29. September 1889 gebundenen früheren Genossenschafter, diese als Auftraggeber betrachten, so würde hieraus folgen, daß, weil die Gründer in eigenem Namen handelten, die Aktionärrechte für ihre Person erwarben, und damit die hieran sich knüpfenden Pflichten in ihrer Person entstanden sind, die Gründer-Aktionäre aus dem Auftragsverhältnisse verpflichtet waren, die Aktien auf die Auftraggeber zu übertragen, andererseits die Auftraggeber verpflichtet waren, die Beauftragten von der der Gesellschaft gegenüber übernommenen Verpflichtung als Aktionäre zu befreien, sowohl nach dem gemeinen Rechte, als nach dem hier maßgebenden preußischen Allgemeinen Landrechte. Beides geschah durch Übertragung der Aktien. Übrigens steht der Annahme eines bestimmten Auftragsverhältnisses mit konkreten Verpflichtungen der schon erwähnte Umstand entgegen, daß die Gründer von vornherein offenbar nicht wußten, welche Genossenschafter und wie viele Aktien jeder derselben ihnen abnehmen werde. Sie haben wohl im Vertrauen auf solche Abnahme des weitaus größten Teiles der Interimsscheine gehandelt, immerhin aber zunächst auf ihre Gefahr. Der Umstand, daß sie schließlich in diesem Vertrauen nicht getäuscht wurden, berechtigt nicht zur Unterstellung eines bestimmten Auftragsverhältnisses. Endlich ist versucht, den Erwerb der Interimsscheine seitens des Beklagten auf der Grundlage eines Vertrages zu Gunsten eines Dritten (§§ 74 flg. A.L.R. I. 5) zu konstruieren. Angeknüpft wird auch hier an die Einzeichnungen in die Subskriptionsliste. In ihnen sei ein an die Gründer gerichtetes bedingt verbindliches Anerbieten, Aktien zu übernehmen, enthalten. Durch die Acceptation der Vorsubskription durch die Gründer sei für die künftige Aktiengesellschaft nach den Grundsätzen über die Verträge zu Gunsten Dritter eine Berechtigung (gegen die Subskribenten) begründet worden, welche ihren Inhalt aus den Statuten der zu errichtenden Gesellschaft entnehme. Auch dieser Versuch beruht auf Unkenntnis der thatsächlichen Verhältnisse und scheitert an der gekennzeichneten Bedeutung der Einträge in die Subskriptionsliste und dem beschränkten Inhalt der Einzeichnung des Beklagten, ganz abgesehen davon, daß zur Zeit der Auflegung der Subskriptionsliste Gründer der Aktiengesellschaft überhaupt nicht vorhanden waren. Nicht erklärt würde auch hierdurch, wie, nachdem doch einmal die Aktionärrechte und -pflichten in den Personen der Gründer entstanden waren, die Loslösung dieser Rechte und Pflichten von ihrer Person ohne Übertragung hätte bewerkstelligt werden können.

Für die rechtliche Beurteilung des Erwerbes der Interimsscheine durch den Beklagten bleibt hiernach — in Übereinstimmung mit der ursprünglichen Klagbegründung — nur die Auffassung übrig, daß dieser Erwerb durch Übertragung seitens der drei Gründer H., Sch. und S. auf den Beklagten vermittelt worden ist. Dieser Auffassung steht nicht entgegen der Umstand, daß statt dieser Gründer und für sie ein Organ der Aktiengesellschaft dem Beklagten die auf den Namen der Gründer gestellten Scheine eingehändigt hat, auch der Umstand nicht, daß die genannten Gründer im Aktien-Empfangsbescheinigungsbuche nicht als Eigentümer der Scheine eingetragen sind. Die wirkliche Übertragung der Scheine schloß sich an die Fertigstellung derselben an. Diese Übertragung war nun zweifellos, da es sich um Interimsscheine für Kleinaktien (Art. 207 a Abs. 3) handelt, nach den Vorschriften der Artt. 220. 182 H.G.B. jedenfalls mangels einer gerichtlich oder notariell beglaubigten Erklärung ungültig, sodaß nicht untersucht zu werden braucht, ob die zur Einwilligung der Gesellschaft in die Übertragung erforderliche Zustimmung des Aufsichtsrates und der Generalversammlung im vorliegenden Falle, obwohl Beschlüsse hierüber nicht vorliegen, als erfolgt angenommen werden könnte und dürfte. Die Nichtigkeit des Übertragungsaktes wirkt aber zunächst doch nur unter den hierbei Beteiligten, zwischen den Gründern und und dem Beklagten. Erstere halten selbstverständlich an der Thatsache der Übertragung fest; Beklagter beruft sich jetzt erst auf die Ungültigkeit der Übertragung, um von der Pflicht zur Leistung der geforderten Einzahlung befreit zu werden. Hiermit kann er jedoch der Gesellschaft gegenüber, nachdem er auf seinen Antrag und mit seiner Zustimmung in das Aktienbuch als Eigentümer der acht Interimsscheine von dem betreffenden Organe der Gesellschaft eingetragen worden ist, nicht durchdringen. Es kann gar nicht bezweifelt werden und ist nicht bestritten, daß diese Eintragung mit dem Willen sowohl der genannten drei Gründer als auch des Beklagten selbst erfolgt ist. Er hat sich selbst sogar im Aktien-Empfangsbescheinigungsbuche je bei den einzelnen Interimsscheinen als Empfänger derselben unterschriftlich bekannt. Die Aktiengesellschaft hat diese Erklärungen durch ihr berufenes Organ, das den Eintrag bewerkstelligte, angenommen. Der Beklagte hat hiernach der Gesellschaft gegenüber erklärt, er wolle von nun an die an den Besitz der Scheine geknüpften Rechte erwerben und die hiermit verbundenen Verpflichtungen auf sich nehmen, unter Absehen vom seitherigen Besitze der Gründer und von etwa dem Übertragungsakte im Verhältnisse zwischen den hierbei Beteiligten anhaftenden Mängeln, und die Gesellschaft hat diese Erklärung acceptiert. Dieser übereinstimmenden Willenserklärung ist nach Maßgabe der Vorschrift des Art. 183 Abs. 2 H.G.B. selbständige rechtsbegründende Wirkung beizumessen im Verhältnisse zwischen der Gesellschaft und dem Beklagten.

Vgl. Entsch. des R.O.H.G.'s Bd. 6 S. 149; Entsch. des R.G.'s in Civils. Bd. 3 S. 163; vgl. auch Bd. 7 S. 87.

Der Thatsache, daß im vorliegenden Falle die Aktiengesellschaft den Vorschriften des Art. 183 Abss. 1. 3, soweit sie eine Prüfungspflicht hinsichtlich des Übertragungsaktes bezwecken, nicht genügt hat, kommt hiergegen keine Bedeutung zu. Diese Vorschriften sollen vornehmlich dem Schutze des rechtmäßigen Eigentümers und der Verhütung von Streitigkeiten über die Legitimation dienen. Im vorliegenden Falle war man allerseits darüber einverstanden, daß der Besitz der Scheine auf den Beklagten übergehen, und er als Eigentümer im Aktien-Empfangsbescheinigungsbuche eingetragen werden sollte. Die Berechtigung der Bedeutung, welche hier der Eintragung des Beklagten in diesem Buche beigelegt wird, würde noch augenfälliger sein, wenn im Art. 183 H.G.B., wie im neuen H.G.B. vom 10. Mai 1897 § 223 Abs. 3, gesagt wäre: „Im Verhältnisse zu der Gesellschaft gilt nur derjenige als Aktionär, welcher als solcher im Aktienbuche verzeichnet ist.“ Diese Änderung der Fassung ist nur eine redaktionelle und ist von der Reichstagskommission vorgenommen ohne weitere Begründung. Auch sonst tritt weder in der Denkschrift zu dem Entwurfe des neuen Handelsgesetzbuches, noch in den Reichstagsverhandlungen etwas hervor, woraus auf die Absicht einer sachlichen Änderung gegenüber der Vorschrift des Art. 183 Abs. 2 H.G.B. geschlossen werden könnte. Augenscheinlich sollte nur die Bedeutung der Vorschrift schärfer ausgedrückt, und insbesondere gesagt werden, daß der Eingetragene der Gesellschaft gegenüber für die Einzahlungen verpflichtet werde. Jedenfalls ist die Annahme selbständiger rechtsbegründender Wirkung der Eintragung des Beklagten im Aktienbuche im vorliegenden Falle nach den maßgebenden Willenserklärungen geboten. Insofern kann man allerdings sagen, daß der Beklagte, obwohl sein Besitz der Interimsscheine auf einer Übertragung seitens der Gründer beruht, Aktionär kraft selbständigen Rechtsaktes geworden ist. Nicht in Frage steht hier, ob der Beklagte, falls ihm von den Organen der Gesellschaft, insbesondere von der Generalversammlung, trotz seiner Eintragung im Aktienbuche die Ausübung der Aktionärrechte bestritten oder verkümmert worden wäre, seine Verpflichtung zur Leistung der geforderten Einzahlung bestreiten könnte. Hiervon liegt nichts vor. Der Beklagte hat vielmehr von seiner Eintragung an, wie das Berufungsgericht thatsächlich feststellt, die wesentlichen Aktionärrechte ausgeübt; er hat an allen Generalversammlungen und deren Beschlüssen teilgenommen und Jahre hindurch die zur Verteilung gelangten Dividenden bezogen. Andererseits war er als Mitglied des Aufsichtsrates thätig und hat sogar, wie er behauptet, die ersten 50 Prozent der Einzahlung aus seinen Mitteln geleistet. Es mag dahingestellt bleiben, ob, wie das Berufungsgericht ausspricht, diesem Verhalten des Beklagten und der entsprechenden Zulassung der Gesellschaft eine sanierende Wirkung hinsichtlich der Mängel des Übertragungsaktes beigemessen werden könnte. Soviel geht hieraus überzeugend hervor, daß der Beklagte thatsächlich fortdauernd seinen Willen, gemäß seinem Besitze der Interimsscheine und seiner Eintragung Aktionär der Gesellschaft zu sein, in prägnanter Weise bethätigt hat, und die Organe der Gesellschaft ihn der Eintragung gemäß immer als Aktionär anerkannt haben.

Das Aktien-Empfangsbescheinigungsbuch muß endlich als Aktienbuch im Sinne des Handelsgesetzbuches anerkannt werden. Der Streit, ob das Aktienbuch ein eigentliches Handelsbuch (Art. 28 H.G.B.) sei, bedarf im vorliegenden Falle keiner Erörterung. Nicht bestritten ist, daß jenes Buch als Aktienbuch der Aktiengesellschaft Vorschußverein Schwabach allein gedient hat. Auf den Namen kommt es nicht an. Den notwendigen Inhalt des Aktienbuches bezeichnet die Vorschrift des Art. 182 H.G.B. Den dort aufgestellten Erfordernissen entspricht das Aktien-Empfangsbescheinigungsbuch inhaltlich vollständig. Die Einträge sind in geordneter Weise bewerkstelligt, die Interimsscheine nach ihren Nummern in der Reihenfolge, und bei jedem der Inhaber nach Namen, Stand und Wohnort aufgeführt. Nicht in Betracht kommt, daß die einzelnen Blätter oder Seiten des Buches nicht mit Zahlen versehen sind. Der Umstand, daß je bei den die einzelnen Interimsscheine betreffenden Einträgen die als Inhaber aufgeführten Personen noch den Empfang der Scheine quittiert haben, kann der Bedeutung des Buches keinen Eintrag thun." . . .

---

4. 1. Ist, wenn die Zulässigkeit einer rechtlich möglichen, in das Handelsregister eingetragenen Firma bestritten wird, die Gesetzmäßigkeit der Eintragung so lange vorauszusetzen, bis die Unzulässigkeit der Firma nachgewiesen wird?

2. Kann der Wechselschuldner die Bezahlung seiner Schuld verweigern, wenn er seinem Gläubiger einen Prolongationswechsel übersandt hat, und dieser nicht an ihn zurückgegeben ist? Ist die Rückgabepflicht eine Bring-, oder eine Holschuld?

3. Unter welchen Voraussetzungen kann nach § 542 A.L.R. I. 20 eine Geldschuld wegen einer dem Schuldner zustehenden Gegenforderung zurückbehalten werden?

I. Civilsenat. Urt. v. 5. Februar 1898 i. S. der Messing-Gewerkschaft (Kl.) w. Kr. & N. (Bekl.). Rep. I. 360/97.

I. Landgericht Frankfurt a. O.
II. Kammergericht Berlin.

Die Klägerin, welche ihr Geschäft als offene Handelsgesellschaft unter der Firma „die Messing-Gewerkschaft" betrieb, klagte aus einem am 29. August 1896 an ihre Order von der Beklagten ausgestellten, am 15. Dezember 1896 verfallenen, am 17. Dezember 1896 mangels Zahlung protestierten und demnächst von der Klägerin, die ihn begeben hatte, wieder eingelösten Wechsel auf Zahlung der Wechselsumme nebst Zinsen und Kosten. Die Beklagte beantragte Abweisung der Klage. Alsbald nach der Protestierung des Wechsels hatte sie der Klägerin ein neues Accept pr. 16. Februar 1867 mit der Bitte um Gutschrift zugesandt, und die Klägerin dasselbe behalten, jedoch erklärt, daß sie es nicht zur Deckung des verfallenen Wechsels verwende, sondern auf neue Rechnung gutschreibe. Die Beklagte hatte dem widersprochen, die Rücksendung des Acceptes verlangt und die geschuldete Wechselsumme bei der Regierungshauptkasse in Fr. hinterlegt.

Das Landgericht wies die Klage zurück. In der Berufungsinstanz machte die Beklagte geltend, daß die Klägerin ihr nach Erlaß des ersten Urteiles den Prolongationswechsel zurückgesandt habe, worauf sie ihr unverzüglich, und zwar noch vor Einlegung der Berufung, in notariell beglaubigter Form ihre Einwilligung in die Auszahlung des hinterlegten Betrages habe zugehen lassen. Da ihr diese Erklärung nicht zurückgegeben sei, müsse angenommen werden, daß die Klägerin der vorgeschlagenen Art der Befriedigung zustimme. Außerdem habe dieselbe nach ihren brieflichen Angaben mit Zahlungsschwierigkeiten zu kämpfen; die Beklagte sei daher auf Grund von § 542 A.L.R. I. 20 berechtigt, sich durch Einbehaltung und Hinterlegung der Wechselsumme zu sichern. Übrigens sei das Schriftstück, aus dem geklagt werde, gar kein Wechsel, da es an die Order der Messing-Gewerkschaft, also an die Order einer dem Gesetze nicht entsprechenden unmöglichen Firma, gestellt worden sei. Die Klägerin gab nunmehr die ihr ungebeten übersandte Einwilligungserklärung der Beklagten zu den Akten und brachte einen Auszug aus dem Gesellschaftsregister des Amtsgerichtes zu F. bei, wonach dort die Firma „die Messing-Gewerkschaft" eingetragen sei. Das Berufungsgericht wies die Berufung zurück. Der Revision ist stattgegeben aus folgenden

Gründen:

„Das Berufungsgericht hat die Klage auf Grund der Erwägung zurückgewiesen, daß die Firma, unter der geklagt worden ist, eine unzulässige Firma sei, daß aber die Gesellschaft, die sich ihrer bedient, mangels einer dem Gesetze entsprechenden Firma nicht als eine offene Handelsgesellschaft erscheine und daher der Partei- und Prozeßfähigkeit entbehre.

Diese Entscheidung läßt sich nicht rechtfertigen.

Die Frage, ob eine unzulässige Firma im Sinne des Gesetzes überhaupt nicht als Firma zu gelten hat, mag auf sich beruhen bleiben. Und ebensowenig braucht besprochen zu werden, ob ein Wechsel, als dessen Remittent eine unzulässige Firma aufgeführt wird, eines wesentlichen Erfordernisses entbehrt, und ob eine Gesellschaft, die ihr Handelsgewerbe unter einer unzulässigen Firma betreibt, darum die Eigenschaft einer offenen Handelsgesellschaft verliert. Hierauf kommt es nicht an, weil es nach der besonderen Lage der Dinge Sache der Beklagten gewesen wäre, nicht bloß die Zulässigkeit der Firma zu bestreiten, sondern ihre Unzulässigkeit zu behaupten und nachzuweisen. Und das hat sie nicht gethan.

Die rechtliche Möglichkeit der von der Klägerin geführten Firma ist keineswegs ausgeschlossen. Unter Umständen kann auch die Firma einer offenen Handelsgesellschaft in die Form der reinen Sachfirma gekleidet oder sonst auf eine Weise gestaltet sein, daß sie weder die Namen sämtlicher Gesellschafter, noch den Namen eines derselben enthält. Dies trifft namentlich dann zu, wenn die Firma zur Zeit der Emanation des Handelsgesetzbuches bereits bestand und als kaufmännischer Name einer offenen Handelsgesellschaft diente. Für solchen Fall bestimmt sich ihre rechtliche Zulässigkeit nach den Grundsätzen des früheren Rechtes; wenigstens überall da, wo nicht die Partikulargesetzgebung die allgemeine Anwendung der durch das Handelsgesetzbuch geschaffenen Rechtsordnung vorgeschrieben hat. Im Art. 65 des preuß. Einf.-Ges. zum H.G.B. wird aber ausdrücklich bestimmt, daß die bisherigen Firmen, ohne Rücksicht darauf, ob sie den Anforderungen des neuen Rechtes entsprechen, oder nicht, erhalten bleiben sollen, sofern sie nur innerhalb einer gewissen Frist zur Eintragung ins Handelsregister angemeldet werden. Angesichts des damals herrschenden Prinzipes der Firmenfreiheit (§§ 617 flg. A.L.R. II. 8 und Regierungsmotive zum Einführungsgesetze zum Handelsgesetzbuche S. 84) kann es somit auch gegenwärtig noch vorkommen, daß eine offene Handelsgesellschaft eine Firma führt, die nicht nach den regelmäßigen Grundsätzen des heutigen Rechtes gebildet ist. Ebenso kann eine bestehende Firma, welche für ein bis dahin geführtes Geschäft zulässig war, aber nicht den vom Handelsgesetzbuche für die Firma einer offenen Handelsgesellschaft aufgestellten Erfordernissen entsprach, mit dem Handelsgeschäft auf eine offene Handelsgesellschaft übergehen, und dann von dieser weitergeführt werden (Artt. 22. 24 H.G.B.).

Die Prüfung, ob die in diesen Fällen erforderlichen Voraussetzungen erfüllt sind, ist Aufgabe des Registerrichters. Hat er die Eintragung vorgenommen, so wird die Rechtmäßigkeit seiner Handlungsweise bis auf weiteres unterstellt werden dürfen. Freilich kommt der Eintragung in der Regel konstitutive Wirkung nicht zu. Sie charakterisiert sich nicht als eine Entscheidung, die in Rechtskraft erwüchse, und kann einen rechtlichen Mangel nicht heilen. Eine unzulässige Firma wird also nicht zulässig, weil sie zum Handelsregister angemeldet und darin aufgenommen ist. Andererseits ist die Eintragung aber auch in dieser Beziehung kein indifferenter Akt. Liefert sie auch nicht den Beweis, daß die thatsächlichen Angaben, auf denen sie beruht, der Wahrheit entsprechen, so erzeugt sie doch die Vermutung, daß ihr Inhalt legal ist. Diese Vermutung kann zwar durch Gegenbeweis entkräftet werden; aber dessen Führung liegt demjenigen ob, der die Gesetzmäßigkeit des Registereintrages bestreitet. Wollte die Beklagte daher auf die Unzulässigkeit der Firma eine Einrede stützen, so hätte sie im Hinblicke auf den von der anderen Seite beigebrachten Registerauszug und die damit urkundlich nachgewiesene Eintragung einen Thatbestand darthun und in rechtliche Gewißheit setzen müssen, aus dem sich der vermeintliche Mangel ergab. Da sie das nicht gethan hat, durfte das Prozeßgericht auch die Parteifähigkeit der Klägerin, rücksichtlich deren die sonstigen Begriffsmerkmale einer offenen Handelsgesellschaft unstreitig gegeben sind, nicht verneinen. Wohl ist die Parteifähigkeit Voraussetzung der Prozeßfähigkeit, und schon darum von Amts wegen zu berücksichtigen. Sie gilt aber auf

Grund des Registereintrages so lange als hinreichend festgestellt, bis es dem Gegner gelungen ist, dessen Beweiswirkung zu paralysieren.

Die sachlichen Einreden, die von der Beklagten erhoben werden, sind völlig verfehlt. Allerdings hat sich das Berufungsgericht noch nicht mit ihnen beschäftigt. Da aber schon in der Vorinstanz das gesamte Prozeßmaterial zum Vortrage gelangt ist, und alle thatsächlichen Grundlagen für das zu erlassende Endurteil feststehen, so ist das Revisionsgericht auch befugt, in der Sache selbst zu erkennen.

Der Einwand der Arglist wird der Klage mit Unrecht entgegengesetzt. Die Klägerin ist weder wirklich befriedigt worden, noch rechtlich als befriedigt anzusehen, und die Beklagte hat nicht die Befugnis erlangt, den Wechselbetrag zurückzuhalten oder zu hinterlegen. Freilich war jener ein Prolongationswechsel übermittelt worden, dessen Empfang sie nicht abgelehnt hatte, und der erst nach Erlaß des ersten Urteiles wieder an die Beklagte gesandt worden ist. Dadurch wurde die streitige Wechselverpflichtung aber an und für sich nicht berührt; und zwar um so gewisser nicht, als die Klägerin von vornherein ausdrücklich erklärt hatte, daß sie den Wechsel nicht als Prolongationswechsel, sondern nur mit Rücksicht auf sonstige, demnächst fällig werdende Forderungen annehmen könne. Es möchte nun vielleicht zuzugeben sein, daß sich für die Beklagte jetzt die rechtliche Möglichkeit eröffnete, die Bezahlung ihrer Schuld so lange zu verweigern, bis die Gegenpartei den neuen Wechsel freigegeben hatte. Denn diese war nicht befugt, ihn in einem anderen Sinne und mit einer anderen Bestimmung, als er gegeben war, zu behalten. Es wäre also, wenn auch nicht die Abweisung der Klage, so doch eine Verurteilung nur gegen Herausgabe des Wechsels geboten gewesen. Die Rechtslage hat sich aber dadurch verschoben, daß die Klägerin das Accept nicht allein nach Beendigung des ersten Rechtszuges zurückgeschickt, sondern bereits vor Beginn des Prozesses gegen Berichtigung ihrer Forderung zur Verfügung gestellt hat. Damit war ihrer Verpflichtung Genüge geschehen. Es fällt ihr auch nicht etwa ein Teil der Prozeßkosten zur Last. Denn sie brauchte den Wechsel nicht ihrerseits wieder in den Besitz der Beklagten zu bringen, sondern hatte ihn nur auf Abforderung für dieselbe bereit zu halten. Die Rückgabepflicht war eine Holschuld, wie der III. Civilsenat des Reichsgerichtes bereits durch Urteil vom 10. Juli 1896 in der Sache M. wider O.

(Rep. III. 97/96) anerkannt hat, und mit ihm vorausgesetzt werden muß.

Ebensowenig steht der Klage die Thatsache entgegen, daß sich in der Hand der Klägerin eine Bescheinigung befand, wonach die geschuldete Summe bei der Regierungshauptkasse zu Fr. hinterlegt war und von ihr in Empfang genommen werden konnte. Diese Bescheinigung war ihr erst nach Erlaß des erstinstanzlichen Urteiles unaufgefordert zugesandt worden. Und wenn sie nun deren sofortige Rücksendung unterließ, so nahm sie deshalb doch die von der Schuldnerin gewollte besondere Zahlungsmodalität in ihren eigenen Willen nicht auf. Ihr Verhalten beweist nicht das Einverständnis damit, daß sie das Geld bei der Hinterlegungsstelle erheben und sich hierdurch bezahlt machen wolle. Ein solches Einverständnis wird schon aus dem Grunde nicht unterstellt werden dürfen, weil sie alsbald nach der Zusendung der Erklärung Berufung erhoben und somit erkennbar gemacht hat, daß sie sich nicht als befriedigt ansehe. Sie hat das Geld denn auch thatsächlich nicht eingezogen, vielmehr die Bescheinigung zu den Akten gegeben und deren Herausgabe an die Beklagte zugestimmt.

Auch die Vorschrift des § 542 A.L.R. I. 20 kann nicht mit Erfolg herangezogen werden. Zwar darf danach „der Inhaber einer Kapitalssumme wegen einer an den Eigentümer derselben ihm zustehenden Gegenforderung, selbst alsdann, wenn ihm sonst das Kompensationsrecht nicht zustehen würde, das Zurückbehaltungsrecht ausüben". Der Thatbestand des vorliegenden Falles läßt aber für die Anwendung dieser Rechtsnorm nicht Raum. Mit dem IV. Civilsenate des Reichsgerichtes,

Entsch. des R.G.'s in Civils. Bd. 21 Nr. 53,

und in Übereinstimmung mit der Theorie des preußischen Privatrechtes sowohl, als auch mit der Rechtsprechung des früheren preußischen Obertribunales,

Förster-Eccius, Preußisches Privatrecht Bd. 1 § 110 S. 748 flg. der 6. Auflage; Striethorst, Archiv Bd. 84 S. 240 flg.; Entsch. des Obertrib. Bd. 70 S. 180 flg.,

ist anzunehmen, daß nicht jede Geldschuld zurückgehalten werden kann, sondern in Beziehung auf sie ein besonders geartetes, sie erst zum geeigneten Retentionsobjekte erhebendes Verhältnis der Parteien gegeben sein muß. Obwohl die „Kapitalssumme" formell dem Vermögen des Schuldners angehört, so soll sie doch dann retiniert werden dürfen, wenn kraft des bestehenden Obligationsverhältnisses eine Verpflichtung zu deren Herausgabe begründet ist, sie also materiell bereits dem Vermögen des Gläubigers hinzugerechnet werden kann. Davon ist hier aber nicht die Rede. Es kommt noch hinzu, daß es auch an der Konnexität zwischen der Schuld und dem Anspruche der Beklagten fehlt, die eine gesetzliche Vorbedingung des Zurückbehaltungsrechtes ist (§ 539 A.L.R. I. 20). Die Verpflichtung zur Einlösung des Klagewechsels beruht auf einem ganz anderen Rechtsverhältnisse, als die Forderung auf Rückgabe des Prolongationsacceptes. Es muß aber, soll die Retention statthaft sein, die Sicherung einer Forderung gelten, die eben demjenigen Geschäfte entstammt, aus dem die Geldschuld hervorgegangen ist, bezüglich deren die Retention geltend gemacht wird." ...

---

5. Darf der Privatschuldner des Komplementars einer Kommanditgesellschaft gegen seine Schuld eine Forderung, die ihm gegen die Gesellschaft zusteht, nach Eröffnung des Konkursverfahrens über deren Vermögen während der Dauer des Verfahrens aufrechnen?

H.G.B. Artt. 121. 122.

K.O. §§ 200 Abs. 2. 201 Abs. 2.

I. Civilsenat. Urt. v. 5. Februar 1898 i. S. N. (Kl.) w. M. (Bekl.). Rep. I. 496/97.

I. Landgericht I Berlin.
II. Kammergericht daselbst.

Der Kläger hatte für den Beklagten Bankiergeschäfte (Zahlungen und Hebungen) besorgt und hieraus Ende Februar 1896 den Betrag von 8857 ℳ zu fordern, den er einklagte. Beklagter machte eine Gegenforderung in gleicher Höhe geltend. Er hatte von der Kommanditgesellschaft E. & N., deren persönlich haftender Gesellschafter der Kläger war, 19412,60 ℳ zu fordern, als über das Vermögen der Kommanditgesellschaft das Konkursverfahren eröffnet wurde. Beklagter meldete seine ganze Forderung als Konkursgläubiger an, brachte davon jedoch einen der Forderung des Klägers gleichkommenden Betrag in Abzug, erklärte diesem, daß er diesen Teil gegen die jetzt eingeklagte Forderung aufrechne, und verzichtete insoweit auf die Befriedigung aus der Konkursmasse. So lange der Rechtsstreit über die eingeklagte Forderung in erster Instanz schwebte, gelangte das Konkursverfahren noch nicht zum Abschluß. Das Landgericht erachtete deshalb die vom Beklagten erklärte Aufrechnung für unstatthaft und erkannte nach dem Klagantrage. Beklagter legte Berufung ein und berief sich für die Zulässigkeit der Aufrechnung darauf, daß Forderung und Gegenforderung sich schon vor der Eröffnung des Konkursverfahrens gegenüber gestanden hätten. Das Berufungsgericht stellte fest, daß der Konkurs durch einen Zwangsvergleich, der den Konkursgläubigern 55 Prozent ihrer Forderungen gewährte, beendet sei, und erkannte abändernd auf Abweisung der Klage. Die Revision des Klägers ist zurückgewiesen aus folgenden

Gründen:

„Beide Instanzgerichte sind davon ausgegangen, daß mit der Konkurseröffnung über das Vermögen der Kommanditgesellschaft die prinzipale Haftung des persönlich haftenden Gesellschafters in eine subsidiäre auf den „Ausfall" verwandelt worden sei, und haben deshalb angenommen, daß Beklagter gegen die von dem Kläger eingeklagte Forderung nicht mit einer ihm gegen die Kommanditgesellschaft zustehenden Forderung während der Dauer des über deren Vermögen eröffneten Konkursverfahrens habe aufrechnen dürfen. Das Berufungsgericht ist jedoch zu seinem abweichenden Urteile gelangt, weil das Konkursverfahren inzwischen seinen Abschluß gefunden, dadurch aber Beklagter wieder die Befugnis erlangt habe, die dem Kläger als Komplementar der Kommanditgesellschaft obliegende Haftung für deren Schulden geltend zu machen und gegen dessen Privatforderung die ihm als Gesellschaftsgläubiger zustehende Forderung aufzurechnen. Zu solcher Aufrechnung erachtet das Berufungsgericht den Beklagten für berechtigt, weil dieser für seine Forderung an die Gesellschaft in Höhe von 8857 ℳ auf Befriedigung aus der Konkursmasse verzichtet habe, deshalb aber seine Forderung in dieser Höhe von dem in dem Gesellschaftskonkurse geschlossenen Zwangsvergleiche unberührt geblieben sei und dem Kläger gegenüber noch geltend gemacht werden dürfe, weil Beklagter auf Befriedigung aus dessen Privatvermögen nicht verzichtet habe. . . .

Im Ergebnis ist ... die angefochtene Entscheidung ... für zutreffend zu erachten, wenn auch ihrer Begründung nicht zugestimmt werden kann. Zweifelhaft ist es insbesondere, ob der von dem Beklagten ausgesprochene Verzicht auf Befriedigung für einen Teil seiner Forderung an die Gesellschaft aus der Konkursmasse trotz der Vorschrift in § 200 Abs. 2 K.O. die Wirkung haben konnte, daß dieser Teil der Forderung von dem Zwangsvergleiche unberührt blieb und aus diesem Grunde nunmehr zur Aufrechnung benutzt werden durfte. Es ist jedoch nicht erforderlich, auf diese Frage und auf die in dieser Beziehung von der Revision erhobenen Angriffe einzugehen, weil, im Gegensatz zu den Entscheidungen der Vorinstanzen, die von dem Beklagten während des Konkursverfahrens ausgesprochene Kompensation als statthaft anzuerkennen ist.

Bei der Beurteilung dieser Frage kommt der Art. 121 H.G.B. nicht in Betracht. Der von dem erkennenden Senate mehrfach ausgesprochene Grundsatz,

vgl. Entsch. des R.G.'s in Civils. Bd. 10 S. 47, Bd. 31 S. 84,

daß ein wegen Privatschulden belangter Gesellschafter nicht Gesellschaftsforderungen zur Aufrechnung bringen darf, ist daher nicht zu berücksichtigen. Es handelt sich im vorliegenden Falle vielmehr darum, ob der Privatschuldner eines Gesellschafters eine Forderung, die ihm gegen die Gesellschaft zusteht, also eine Gesellschaftsschuld, zur Aufrechnung bringen darf. Dies ist in dem Falle, daß über das Gesellschaftsvermögen nicht Konkurs eröffnet ist, zweifelsfrei.

Vgl. Entsch. des R.G.'s in Civils. Bd. 31 S. 86.

Das nämliche ist jedoch auch für den Fall des Konkurses über das Gesellschaftsvermögen anzunehmen, vorausgesetzt, daß beide Forderungen schon vor der Konkurseröffnung sich als fällige gegenüberstanden. Nach den Vorschriften der §§ 300. 301 A.L.R. I. 16 tritt die Kompensation zwar nicht ipso jure ein, sondern erfordert eine Willenserklärung. Diese darf jedoch auch noch dann erfolgen, wenn über das Gesellschaftsvermögen der Konkurs eröffnet worden ist, das Vermögen des Gesellschafters jedoch konkursfrei bleibt. Zufolge der jetzt noch geltenden Bestimmungen des Art. 122 H.G.B. verwandelt sich allerdings, wie auch von dem Reichsgericht,

Entsch. des R.G.'s in Civils. Bd. 5 S. 52, Bd. 35 S. 10,

anerkannt worden ist, die prinzipale Haftung eines Handelsgesellschafters mit der Konkurseröffnung über das Gesellschaftsvermögen in eine subsidiäre auf den Ausfall. Ob hieran ein Verzicht auf Befriedigung aus der Gesellschaftsmasse etwas ändern könne, ist streitig. Zuzugeben ist, daß ein solcher Verzicht in dem Falle, daß auch über das Privatvermögen des Gesellschafters Konkurs eröffnet ist, den Gläubigern wegen der Bestimmung in § 201 Abs. 2 K.O. berechtigt, nunmehr seine Forderung zum vollen Betrage in dem Privatkonkurse anzumelden;

vgl. Bolze, Praxis Bd. 16 Nr. 500;

dagegen ist es fraglich, ob hieraus, wie allerdings von angesehenen Schriftstellern verteidigt wird, gefolgert werden darf, daß ein Verzicht auf Befriedigung aus der Gesellschaftsmasse den Gesellschaftsgläubiger berechtigt, auch den konkursfrei gebliebenen Gesellschafter während der Dauer des Gesellschaftskonkurses in Anspruch zu nehmen. Einer Entscheidung dieser Frage bedarf es jedoch nicht; denn auch dann, wenn sie verneint werden müßte, würde die Zulässigkeit der Kompensation gleichwohl anzuerkennen sein. Die Bestimmung des Art. 122 H.G.B. weist allerdings den Gesellschaftsgläubiger an, seine Befriedigung zunächst aus dem Gesellschaftsvermögen zu suchen, wenn über dieses der Konkurs eröffnet worden ist. Sie hat jedoch keineswegs den Zweck, die Gesellschafter zu begünstigen, sondern soll nur dazu dienen, den Privatgläubigern derselben einen gewissen Schutz zu gewähren. Um indes diesen Zweck zu erreichen, darf dem Gesellschaftsgläubiger zwar nicht der Zugriff gegen das Privatvermögen des Gesellschafters durch Zwangsvollstreckung gestattet werden; es ist jedoch andererseits nicht gerechtfertigt, ihm auch das Kompensationsrecht zu verschränken, ihn also zu zwingen, einen von ihm einem Gesellschafter geschuldeten Betrag baar zu bezahlen, obwohl die Voraussetzungen der Kompensation mit einer ihm gegen die Gesellschaft zustehenden Forderung schon vor der Eröffnung des Konkurses über deren Vermögen vorhanden waren. Dies wäre eine Abweichung von dem Grundsatze, daß die Bezahlung einer Forderung von dem Zeitpunkte an, in dem ihr eine ebenfalls fällige gleichartige Forderung gegenübertritt, nicht mehr erzwungen werden kann, und eine solche Ausnahme würde nur anzuerkennen sein, wenn sie durch besondere gesetzliche Bestimmungen vorgeschrieben wäre. Letzteres ist jedoch nicht, insbesondere nicht durch Art. 122, geschehen, da danach durch die

Konkurseröffnung über das Gesellschaftsvermögen nur die Haftung der Gesellschafter eine subsidiäre, nicht aber die Forderung des Gläubigers in ihrem Bestande vermindert wird. Bleibt aber die Forderung des Gesellschaftsgläubigers unverändert, so darf der Gläubiger sie gegen die Forderung, die ein Gesellschafter an ihn hat, aufrechnen, da auch nach § 301 A.L.R. I. 16 die Erklärung der Kompensation rückwärts auf den Zeitpunkt bezogen wird, in dem beide Forderungen sich als fällig gegenüber standen.

Im vorliegenden Falle hat Beklagter nach dem Thatbestande des angefochtenen Urteiles behauptet, daß die hier in Betracht kommenden Forderungen sich „schon vor der Konkurseröffnung kompensabel gegenüber standen", und dies ist nicht geleugnet. Ferner hat Beklagter nach der dort in Bezug genommenen Klagbeantwortung während des Konkursverfahrens dem Kläger erklärt, daß er kompensieren wolle, und endlich ist nach dem angefochtenen Urteile nicht daran zu zweifeln, daß das Berufungsgericht angenommen hat, es sei auf den Teil der Forderung des Beklagten, für den er auf Befriedigung aus der Masse verzichtete, noch nichts gezahlt worden. Diese Feststellungen ergeben also alle Voraussetzungen der Kompensation." ...

---

6. Muß, wenn gemäß § 25 Gew.O. von der in § 17 daselbst vorgeschriebenen Bekanntmachung mit der Wirkung des § 26 daselbst Abstand genommen werden soll, ein hierauf gerichteter Antrag des Unternehmers vorliegen?

VI. Civilsenat. Urt. v. 14. Februar 1898 i. S. Br. & Z. (Kl.) w. T. (Bekl.). Rep. VI. 366/97.

I. Landgericht Dresden.
II. Oberlandesgericht daselbst.

Auf dem Grundstück der Beklagten wurde eine Fabrik für englische Sicherheitszünder betrieben. Zu derselben gehörte ein Lagerhaus zur Aufbewahrung des bei der Fabrikation zu verwendenden Pulvers. Die ursprüngliche Anlage dieses Pulverhauses war im Jahre 1877 mit Genehmigung der Amtshauptmannschaft M. verlegt, und hierbei das die Anlage umgebende Land in einem Umfange von 45,3 Meter als Gefahrenbereich bezeichnet. In diesen Gefahrenbereich fiel ein großer Teil einer dem Kläger gehörigen Parzelle. Diese Parzelle durfte daher, soweit sie im Gefahrenbereich lag, nicht bebaut werden.

Nach der Auffassung der sächsischen Verwaltungsbehörden sollte das Pulverhaus der Beklagten, als „Niederlage von feuergefährlichen Gegenständen" im Sinne des § 9 Abs. 2 der sächsischen Verordnung, die Ausführung der Gewerbeordnung für den Norddeutschen Bund betreffend, vom 16. September 1869, keine Anlage im Sinne des § 16 Gew.O. sein. Die Genehmigung zur Verlegung wurde ohne Erlaß der in § 17 Gew.O. vorgeschriebenen öffentlichen Bekanntmachung und ohne Durchführung des hieran sich schließenden Verfahrens erteilt.

Auf die von dem Kläger wegen Eigentumsstörung erhobene Klage wurden die Beklagten durch Urteil des Landgerichtes verurteilt, in Zukunft die Benutzung der Pulverhausanlage bei Vermeidung einer Strafe von je 100 ℳ für jeden Zuwiderhandlungsfall zu unterlassen, sowie die Kosten des Rechtsstreites zu tragen.

Die Berufung und die Revision der Beklagten wurden zurückgewiesen, letztere aus folgenden

Gründen:

„Das Berufungsgericht erachtet die Pulverhausanlage der Beklagten wegen des durch sie veranlaßten Bauverbotes als eine Anlage zum Nachteile des Nachbars im Sinne des § 359 B.G.B. für das Königreich Sachsen, und demgemäß die Negatorienklage auf Anerkennung der Freiheit des Eigentums, Aufhebung der Beschränkung, Ersatz des zugefügten Schadens und Androhung einer Strafe für weitere Störungen gemäß § 321 B.G.B. für begründet. Beim Mangel der Begründung einer Dienstbarkeit, des Ersitzungserwerbes oder vertragsmäßiger Einräumung einer Dienstbarkeit könne es sich nur fragen, ob der Klage und insbesondere dem Antrage auf Verbot der Benutzung des Pulverhauses zur Lagerung von Pulver und Sprengstoffen die Genehmigung der Fabrikanlage und der Anlage des im Jahre 1877 errichteten Pulverhauses entgegenstehe. Da eine Veränderung der ursprünglichen Anlage in Frage stehe, kämen lediglich die Bestimmungen der Gewerbeordnung von 1869 in Frage. Gemäß § 26 Gew.O. sei der Schutz gegen Einstellung des Betriebes nur den unter § 16 fallenden Anlagen unter der Voraussetzung des für diese vorgeschriebenen Verfahrens, insbesondere der Bekanntmachung nach § 17 Gew.O., gewährt. Als solche Anlage sei aber die Anlage des Pulverhauses nicht erachtet und demgemäß auch bei der Instruktion und der Genehmigung des Gesuches nicht nach den für die Anlagen des § 16 Gew.O. bestehenden Bestimmungen verfahren worden.

Die Revision versucht geltend zu machen, daß der Genehmigung der Verlegung des Pulverhauses ein Verfahren im Sinne des § 25 Gew.O. zu Grunde gelegen habe, und rügt mit Rücksicht hierauf die Ablehnung des in der Berufungsinstanz gestellten Beweisantrages.

Der Angriff erscheint nicht als begründet.

Der § 25 Gew.O. gestattet bei Veränderungen in der Lage oder Beschaffenheit der Betriebsstätte oder bei wesentlichen Veränderungen im Betriebe einer der im § 16 genannten Anlagen der zuständigen Behörde, auf Antrag des Unternehmers von der Bekanntmachung (§ 17) Umgang zu nehmen, wenn sie die Überzeugung gewinnt, daß die beabsichtigte Veränderung für die Besitzer oder Bewohner benachbarter Grundstücke oder das Publikum überhaupt neue oder größere Nachteile, Gefahren oder Belästigungen, als mit der vorhandenen Anlage verbunden sind, nicht herbeiführen werde.

Die Beklagten haben sich zum Nachweise dafür, daß von dem Erlasse einer Bekanntmachung nach § 17 Gew.O. mit Rücksicht auf die angezogene Bestimmung in § 25 dieses Gesetzes abgesehen worden sei, auf das Zeugnis des jetzigen Kreishauptmannes Sch. in D. bezogen. . . .

Das Berufungsgericht hat diesen Beweisantrag als durch den Akteninhalt widerlegt, somit auf Grund der Beweiswürdigung abgelehnt. . . .

Die Wirkung des § 26 auf Grund des § 25 Gew.O. hätte . . ., selbst wenn diese Art des Verfahrens beabsichtigt gewesen wäre, vor allem einen Antrag des Unternehmers auf Abstandnahme von der Bekanntmachung vorausgesetzt.

Vgl. Landmann, Die Gewerbeordnung für das Deutsche Reich 3. Aufl. Bd. 2 S. 211 Bem. 4.

Die Feststellung, daß ein solcher Antrag nicht gestellt worden, entnimmt nun aber das Berufungsgericht . . . dem [näher bezeichneten]

Berichte. Die Ablehnung des Beweisantrages enthält somit keinen Verstoß gegen eine Rechtsnorm.

Die Revision war daher als unbegründet zurückzuweisen." ...

---

7. 1. Steht der Gültigkeit des Gesetzes, betr. die Pflichten der Kaufleute bei der Aufbewahrung fremder Wertpapiere, vom 5. Juli 1896 die in Nr. 20 des Reichsgesetzblattes von 1896 erschienene Berichtigung entgegen?

2. Tragweite des § 8 Abs. 2 dieses Gesetzes.

I. Civilsenat. Urt. v. 16. Februar 1898 i. S. der Norddeutschen Bank (Kl.) w. Diskontogesellschaft (Bekl.). Rep. I. 376/97.

I. Landgericht I Berlin.
II. Kammergericht daselbst.

Die Parteien standen miteinander in dauernder Geschäftsverbindung, die es mit sich brachte, daß die Beklagte Effekten, die sie für die Klägerin gekauft hatte, oder die ihr von der Klägerin übersandt waren, für diese aufbewahrte. In Anlaß des Gesetzes, betreffend die Pflichten der Kaufleute bei Aufbewahrung fremder Wertpapiere, vom 5. Juli 1896 richtete die Beklagte zwei Effektenkonten der Klägerin ein, ein Konto A, auf dem diejenigen Effekten verbucht werden, welche für eigene Rechnung der Klägerin aufbewahrt wurden und dem Pfand- und Retentionsrecht der Beklagten wegen aller ihrer Ansprüche an die Klägerin unterlagen, ein zweites Konto B, auf dem diejenigen Effekten verbucht wurden, welche zwar im Auftrage der Klägerin, aber für fremde Rechnung angeschafft waren.

Auf dem Konto A wurden unter anderem für die Klägerin gebucht 2000 ℳ dreiprozentige deutsche Reichsanleihe, auf dem Konto B 2000 ℳ dreiprozentige preußische Konsols, welche letzteren die Beklagte infolge Auftrages der Klägerin vom 1. Dezember 1896 am 2. selbigen Monats angekauft hatte. Das Auftragsschreiben enthält den Vermerk „für fremde Rechnung" und das Ersuchen, die Stücke dem Depot B der Klägerin zuzufügen.

Die Klägerin beantragte unter dem 6. Dezember 1896 bei der Beklagten die Rückgabe der 2000 ℳ Reichsanleihe; die Beklagte machte aber die Rückgabe davon abhängig, daß mit Rücksicht auf ihr Pfand- und Zurückbehaltungsrecht an allen Effekten des Kontos A zuvor die Sicherheit, die durch Übersendung der 2000 ℳ Reichsanleihe geschmälert werden würde, anderweit ergänzt werde. Dieses Verlangen als berechtigt anerkennend, wies die Klägerin die Beklagte an, die erwähnten 2000 ℳ preußische Konsols dem Depot B zu entnehmen und in das Depot A überzuführen. Die Beklagte weigerte sich mit Rücksicht auf die Vorschriften der §§ 8 und 9 des oben angezogenen Gesetzes, dieser Anweisung Folge zu leisten.

In der deshalb erhobenen Klage beantragte die Klägerin, die Beklagte zu verurteilen, die mehrerwähnten 2000 ℳ preußische Konsols in das Depot A der Klägerin überzuführen und alsdann die 2000 ℳ Reichsanleihe aus diesem Depot an die Klägerin auszuantworten.

Das Landgericht wies die Klage ab, und die Berufung der Klägerin wurde zurückgewiesen.

Die Klägerin hatte in der Berufungsinstanz ihrem aufrecht erhaltenen Klagantrage den eventuellen Antrag hinzugefügt, die Beklagte zu verurteilen, die 2000 ℳ Reichsanleihe der Klägerin auszuantworten und anzuerkennen, daß der Anspruch der Beklagten auf Ergänzung ihrer Pfandsicherheit in Höhe von 2000 ℳ durch die Aufforderung, 2000 ℳ dreiprozentige preußische Konsols von dem Depot B auf das Depot A überzuführen, befriedigt sei. Von der Beklagten war ausdrücklich anerkannt, daß sie verpflichtet sei, dem Klaganspruche zu entsprechen, sofern Klägerin nach dem Gesetz vom 5. Juli 1896 berechtigt sei, ihr ein Pfandrecht an den 2000 ℳ preußischen Konsols einzuräumen, und sie, die Beklagte, berechtigt sei, ein ihr von der Klägerin eingeräumtes Pfandrecht an den Papieren geltend zu machen.

Die Revision der Klägerin ist zurückgewiesen aus folgenden

Gründen:

„1. Das Berufungsgericht hat die Klage in erster Linie aus dem Grunde für hinfällig erachtet, weil ein Pfandgläubiger vor Befriedigung seiner Forderung nicht zur Herausgabe des Pfandgegenstandes verpflichtet sei und daher auch nicht gezwungen werden könne, sich den

Pfandgegenstand durch einen anderen, wenn auch gleichwertigen, ersetzen zu lassen. Daß ein solcher Zwang für den Pfandgläubiger nicht besteht, ist richtig. Damit allein läßt sich aber die Klagabweisung nicht rechtfertigen, und zwar wegen der von der Beklagten abgegebenen Anerkennungserklärung nicht, welche letztere dahin zu verstehen ist, daß die Beklagte den Klaganspruch dann als berechtigt gelten lassen will, wenn ungeachtet der Vorschriften des Gesetzes, betreffend die Pflichten der Kaufleute bei Aufbewahrung fremder Wertpapiere, vom 5. Juli 1896 anzunehmen ist, daß eine dem Ersuchen der Klägerin gemäß vorgenommene Übertragung der 2000 M preußischen Konsols von dem Effektenkonto B auf das Effektenkonto A ohne weiteres die Begründung eines uneingeschränkten Pfandrechtes der Beklagten an diesen Papieren zur Folge haben würde. Von der Beantwortung der hiermit bezeichneten Frage ist sonach die Entscheidung des Rechtsstreites abhängig zu machen.

2. Die Klägerin glaubt zunächst die Gültigkeit des in Nr. 19 des Reichsgesetzblattes von 1896 verkündeten Gesetzes vom 5. Juli 1896 deshalb bezweifeln zu können, weil in Nr. 20 eine drei Richtigstellungen des Gesetzestextes enthaltende, aber keine Unterschrift aufweisende „Berichtigung" erschienen ist. Indes mit Unrecht. Die drei Richtigstellungen dieser Berichtigung sind von keiner sachlichen Bedeutung. Die erste bringt etwas zum Ausdruck, was sich ohnehin von selbst verstehen würde; die zweite nimmt eine lediglich sprachliche Änderung vor, und die dritte berichtigt einen offenbaren Schreib- oder Druckfehler. Wenn nun auch ausweislich der Drucksachen des Reichstages, IX. Legislaturperiode, 4. Session 1895/96, allerdings der Gesetzestext, der die Zustimmung des Reichstages gefunden hat, in den drei von der „Berichtigung" betroffenen Punkten so lautet, wie er nach der Berichtigung lauten soll, und ferner anzunehmen ist, daß ein so lautender Gesetzestext auch die Zustimmung und Sanktion des Bundesrates erhalten hat, so steht danach doch fest, daß im wesentlichen das Gesetz so verkündet ist, wie es von den gesetzgebenden Organen beschlossen worden war. Seine Gültigkeit, und vollends die Gültigkeit seiner im vorliegenden Falle in Betracht kommenden Bestimmungen kann daher mit Grund nicht in Zweifel gezogen werden.

3. Die Beklagte hat am 2. September 1896 die 2000 M preußische Konsols im Auftrage der Klägerin gekauft, und diese hatte in ihrem

Auftragsschreiben mitgeteilt, daß die Anschaffung für fremde Rechnung geschehe. Es ist daher zu unterstellen, daß die Anschaffung für Rechnung eines Dritten geschehen ist. Die Klägerin hat nicht behauptet, daß das Rechtsverhältnis bezüglich der angeschafften Papiere sich inzwischen geändert, oder daß sie die Anweisung, die Papiere vom Depot B in das Depot A zu übertragen, mit Zustimmung ihres Auftraggebers erteilt habe. Sie steht vielmehr auf dem Standpunkte, daß schon diese Anweisung allein und ihre Befolgung die Wirkung habe, der Beklagten ein allgemeines Pfandrecht an jenen Papieren zu verschaffen.

Diesen Standpunkt hat auch wieder die Revision zu vertreten versucht, im wesentlichen mit der Begründung, daß ein Lokalbankier, auch wenn von ihm mitgeteilt sei, daß die in Auftrag gegebene Anschaffung von Papieren für fremde Rechnung geschehe, dennoch dem beauftragten Centralbankier gegenüber das volle Verfügungsrecht über die Papiere habe. Allein eben dieser Satz, von welchem die Revision unter Verweisung auf Rießer, Das Bankdepotgesetz S. 48 flg., ausgeht, kann in der Allgemeinheit, in der er aufgestellt wird, nicht für richtig erachtet werden. Auf Grund des zwischen beiden bestehenden Vertragsverhältnisses kann ohne Frage der Lokalbankier von dem Centralbankier, sobald dieser für seine Forderungen aus dem die Anschaffung der Papiere betreffenden Kommissionsgeschäft befriedigt ist, die Herausgabe der angeschafften Papiere verlangen. Daneben mag mit Rücksicht auf das Vertragsverhältnis, in welchem der Lokalbankier zu seinem Auftraggeber steht, anzuerkennen sein, daß er auch zu solchen thatsächlichen und rechtlichen Verfügungen über die Papiere befugt erscheint, welche die Auffassung zulassen, daß sie im Interesse dieses Auftraggebers erfolgen. Aber weder aus dem einen, noch aus dem anderen Vertragsverhältnisse läßt sich die Befugnis herleiten, auf die es hier ankommt. Nach § 8 Abs. 2 des Gesetzes knüpft sich an die Mitteilung, daß die Anschaffung für fremde Rechnung geschehe, unabhängig von dem Willen der Beteiligten die gesetzliche Folge, daß der zweite Kommissionär, der jene Mitteilung empfangen hat, an den angeschafften Papieren ein Pfandrecht oder ein Zurückbehaltungsrecht nur wegen solcher Forderungen an den ersten Kommissionär geltend machen kann, die mit Bezug auf diese Papiere entstanden sind. Damit ist von selbst gegeben, daß es, solange nichts weiter vorliegt, als der Thatbestand, an welchen sich die bezeichnete Rechtswirkung knüpfte, dem ersten Kommissionär nicht zustehen kann, diese zu Gunsten seines Auftraggebers eingetretene Rechtswirkung wieder zu beseitigen, mithin nicht zustehen kann, die angeschafften Papiere einem uneingeschränkten Pfandrecht des zweiten Kommissionärs zu unterwerfen. Nur dann also, wenn die Befugnis hierzu anderweit begründet ist, oder wenigstens der zweite Kommissionär sich in der Lage befindet, redlicherweise annehmen zu dürfen, daß dies der Fall ist, kann letzterer von seinem Auftraggeber ein erweitertes Pfandrecht an den angeschafften Papieren erwerben, dessen Gültigkeit entweder nach dem allgemeinen bürgerlichen Rechte, oder mit Rücksicht auf die Bestimmungen der Artt. 306. 307 H.G.B. anzuerkennen sein würde. Darüber, unter welchen Voraussetzungen der zweite Kommissionär ungeachtet der ihm gewordenen Mitteilung, daß die Anschaffung für fremde Rechnung geschehe, redlicherweise annehmen kann, daß seinem Auftraggeber nunmehr die freie Verfügung über die angeschafften Papiere zustehe, läßt sich selbstverständlich eine allgemeine Regel nicht aufstellen; das hängt vielmehr von den Umständen des einzelnen Falles ab. Und hervorzuheben ist ferner, daß der Centralbankier sich auf eine Prüfung der ihm etwa von seinem Auftraggeber vorgelegten Nachweisungen nicht einzulassen braucht. Er kann die damit für ihn verbundene Gefahr von sich ablehnen und seinem Auftraggeber überlassen, die Papiere nach Erledigung der Forderungen, für die sie nach § 8 Abs. 2 des Gesetzes haften, aus dem Depot zurückzuziehen. Im vorliegenden Falle hat überdies die Klägerin nichts beigebracht, worauf die Beklagte einen redlichen Erwerb hätte stützen können. Wenn Klägerin auszuführen versucht hat, daß sie doch die Beklagte beauftragen könnte, die streitigen Papiere zu veräußern und den Erlös ihr, der Klägerin, gutzuschreiben, so ist das nicht zutreffend. Auch die Befugnis hierzu müßte nach dem gegebenen Thatbestande der Klägerin abgesprochen werden; denn jener Auftrag wäre gleichbedeutend mit der Anweisung, die Papiere so zu behandeln, als ob sie dem allgemeinen Pfandrecht der Beklagten unterlägen. Zuzugeben ist, daß die Bestimmung des § 8 Abs. 2 dadurch wirkungslos gemacht werden kann, daß der erste Kommissionär sich die angeschafften Papiere herausgeben läßt und sie demnächst, ohne sie als fremde zu bezeichnen, wieder einliefert. Mindestens der Fall der Kollusion zwischen ihm und dem zweiten Kommissionär wäre indes auszunehmen. Und abgesehen davon kann jene Möglichkeit keinen Grund dafür abgeben, die Wirksamkeit des Gesetzes noch dadurch weiter abzuschwächen, daß man dem Erstkommissionär auch die Befugnis einräumt, welche die Klägerin für sich in Anspruch nimmt." ...

---

8. Kann die Verwendung eines bestimmten Stoffes den Musterschutz für das Modell eines Arbeitsgerätes oder Gebrauchsgegenstandes begründen?

Gesetz vom 1. Juni 1891 § 1.

I. Civilsenat. Urt. v. 19. Februar 1898 i. S. B. (Kl. u. Widerbekl.) w. W. u. Gen. (Bekl. u. Widerkl.). Rep. I. 377/97.

I. Landgericht I Berlin.
II. Kammergericht daselbst.

Auf Grund des Gesetzes vom 1. Juli 1891 sind für den Kläger in die Gebrauchsmusterrolle eingetragen:

1. Unter Nr. 49275: „Mutter- und Mastdarmspiegel mit Celluloid-Schutzmantel."

Nach der in der Anmeldung enthaltenen Beschreibung sind dies Mutter- und Mastdarmspiegel aus Glas mit Silberbelag, welcher zunächst durch einen Überzug aus Lack und Bleiweiß, sodann durch eine Spartelschicht geschützt, dann mit Asphalt überstrichen wird, worauf das Ganze mit einem fest anliegenden, nach bekanntem Verfahren aufgezogenen Schutzmantel aus Celluloid versehen wird.

2. Unter Nr. 49272: „Mutterrohr mit Celluloid-Schutzmantel", d. h. ein ebenfalls aus Glas hergestelltes Instrument, dessen unterer, einzuführender Teil mit einem Mantel aus Celluloid umgeben ist.

Neu war nach Angabe des Klägers der Schutzmantel aus Celluloid. Dieser war angeblich dazu bestimmt und geeignet, vermöge seiner Elasticität und Zähigkeit die schädlichen Einwirkungen äußerer Gewalt zu vermindern oder ganz aufzuheben, insbesondere im Falle eines Bruches das Zersplittern und das Eindringen von Splittern in den

Körper zu verhindern, während er vermöge der Härte und Glätte, sowie wegen seiner Widerstandsfähigkeit gegen Säuren auch eine den ärztlichen Anforderungen genügende Reinigung des Instrumentes mit scharfen Substanzen zulassen sollte. Nach Behauptung des Klägers wurden beide Muster von den Beklagten gewerbsmäßig nachgeahmt und verwertet. Kläger trug deshalb auf den Erlaß eines dem § 4 Abs. 1 des Gesetzes vom 1. Juni 1891 entsprechenden Verbotes an. Die Beklagten bestritten neben anderen Einwendungen die Schutzfähigkeit der eingetragenen Modelle und beantragten, unter Erhebung einer Widerklage, die Klage abzuweisen und den Kläger zu verurteilen, in die Löschung der erwähnten Gebrauchsmuster zu willigen.

Von dem Landgericht wurde nach beiden Anträgen der Beklagten erkannt, und die vom Kläger eingelegte Berufung blieb ohne Erfolg. Seiner Revision ist stattgegeben aus folgenden

Gründen:

„Durch das Reichsgesetz vom 1. Juni 1891 sollen Modelle von Arbeitsgerätschaften, Gebrauchsgegenständen oder Teilen derselben geschützt werden, welche einen neuen, bisher noch nicht gekannten gewerblichen Gebrauchsnutzen gewähren (§ 1). Der Schutz kann mithin nur für Modelle verlangt werden, die einen technischen Fortschritt enthalten, und deren Herstellung — ebenso wie die durch das Patentgesetz zu schützenden Erfindungen — nicht das Erzeugnis einer nur handwerksmäßigen Übung, sondern das Ergebnis einer geistigen Thätigkeit ist. Diese Voraussetzungen würden vorliegen, wenn die oben wiedergegebenen Behauptungen des Klägers über die Vorzüge der geschützten Instrumente richtig sein sollten. Daß dies der Fall sei, wird durch die von ihm dem Berufungsgericht überreichten, im Thatbestand des angefochtenen Urteils erwähnten Äußerungen . . . bescheinigt. Erörtert ist indes diese Frage noch nicht; auch sind Sachverständige, denen die für die Beantwortung erforderliche Sachkunde innewohnt, noch nicht vernommen worden. Es wird deshalb hierüber zu befinden sein.

Im übrigen sind die Erfordernisse des vom Kläger verteidigten Schutzes unter der Voraussetzung, daß Celluloidmäntel — was anscheinend bisher noch zweifelhaft gelassen ist — noch nicht bekannt waren, schon jetzt als vorliegend anzuerkennen. Die Urteile der Vorinstanzen beruhen auf der Erwägung, daß sowohl Mutterspiegel als Mutterrohre schon lange in Gebrauch gewesen seien, die Form der geschützten Rohre aber die alte geblieben sei; daß ferner auch Mäntel schon bekannt gewesen seien, Kläger also nur ein anderes Material für seine Mäntel gewählt habe, und dieses nicht schutzfähig sei.

Diese Erwägung wird indes dem Gesetze vom 1. Juni 1891 nicht gerecht und findet auch in den Urtheilen des erkennenden Senates vom 8. Juli 1895 und vom 23. Oktober 1895,

Entsch. des R.G.'s in Civils. Bd. 35 S. 90, Bd. 36 S. 16,

keine Stütze. Allerdings will das Gesetz vom 1. Juni 1891 nur gewerbliche Formverbesserungen bekannter Gegenstände schützen und geht davon aus, daß nur die in der neuen Formgebung bestehende gewerbliche Leistung den Musterschutz genießen soll. Beides ist in dem letzterwähnten Urteil ausgesprochen. Es handelte sich damals um die Frage, ob Maschinen, und ob der bei der Handhabung eines Arbeitsgerätes sich vollziehende Arbeitsvorgang gebrauchsmusterschutzfähig seien. Dies wurde verneint, und dabei wurde hervorgehoben, daß nur diejenige neue Anordnung musterschutzberechtigt sei, welche sich in einer neuen äußeren Form darstelle. Ob jedoch eine neue Form auch durch Verwendung eines bisher nicht benutzten Materials hergestellt werden könne, kam damals nicht in Betracht. In dem Urteil vom 8. Juli 1895 stand zur Frage, ob die Herstellung von Korsettstangen u. dgl. aus Celluloid, statt aus Fischbein, schutzfähig sei. Dies wurde verneint; denn die Befugnis zur Verwendung eines bekannten Stoffes für Zwecke, die Jedermann kennt, dürfe nicht ein Einzelner ausschließlich beanspruchen. In dem Urteil wird indes hervorgehoben (S. 92): „Die Neuanwendung bekannten Materiales entspricht in dieser Ausdehnung dem Gesetze nicht." Ferner wird (S. 94) gesagt: „Daß das Material . . . allein keine neue Gestaltung, noch weniger eine neue Anordnung oder Vorrichtung bildet", und: „So fehlt einer Anordnung doch die Neuheit, wenn sie nichts thut, als die bekannten physikalischen Eigenschaften eines bekannten Stoffes für einen bekannten Zweck in bekannter Form anwendet." Am Schlusse des Urteils wird endlich bemerkt: „Die Frage, ob die Anwendung neuen Stoffes für bekannte Gestaltungen und in bekannten Formen, oder die Neuanwendung eines bekannten Stoffes unter Benutzung nicht bekannter physikalischer Eigenschaften desselben für bekannte Formen unter das Gesetz vom 1. Juni 1891 fallen kann, ist nicht zu entscheiden."

Um eine Frage solcher Art aber handelt es sich im vorliegenden Falle. Richtig ist es, daß die geschützten Rohre in ihrer äußeren Form nicht von den bisher üblichen abweichen. Richtig ist es ferner, daß ihre Gestaltung auch insofern nichts Neues bietet, als schon früher sowohl Mutterspiegel als Mutterrohre mit Schutzmänteln, aus verschiedenen Schichten bestehend, bekannt gewesen sind. Richtig ist endlich, daß das Celluloid, in dessen Verwendung die Neuheit liegen soll, ein längst bekannter Stoff ist, und daß für den Zweck, den Kläger durch seine Verwendung erreichen will, nicht neu entdeckte, sondern gleichfalls längst bekannte physikalische Eigenschaften dieses Stoffes benutzt werden. Alles dies ist jedoch nicht entscheidend; denn die in dem Urteil vom 8. Juli 1895 offen gelassene Frage ist dahin zu beantworten, daß die Verwendung eines bestimmten Stoffes den Gebrauchsmusterschutz für ein Modell bedingen kann, nämlich dann, wenn der gewerbliche Vorteil, den das Modell bietet, eine beabsichtigte Folge der Verwendung gerade dieses Stoffes ist. Geschützt werden sollen neue Gebrauchsmuster, die von Wert sind, und neu ist ein Modell nicht nur dann, wenn es für den Anblick Abweichungen von den bisherigen Formen darbietet, sondern auch dann, wenn es wegen der Wahl des Stoffes die im Raume verkörperte Darstellung eines dem Arbeits- oder Gebrauchszweck dienenden Erfindungsgedankens ist.

Dies trifft für die geschützten Rohre nach den Angaben des Klägers zu. Kläger will nach langen Versuchen die Möglichkeit gefunden haben, die Rohre mit einem Mantel aus Celluloid zu überziehen. Durch diese Behauptung, die von dem Landgerichte offenbar mißverstanden worden ist, hat Kläger nicht Schutz für ein Verfahren, und noch dazu — da das Aufziehen eines Celluloidmantels, wie Kläger in seiner Anmeldung selbst sagt, längst bekannt war — für ein bekanntes Verfahren, verlangt; er hat vielmehr nur geltend gemacht, daß ihm zuerst das Überziehen einer Glasröhre mit Celluloid gelungen sei, er also ein neues Modell hergestellt habe; der Schutz dagegen ist für das Erzeugnis, das Rohr selbst, verlangt. Hierfür ist, unter Hervorhebung der oben erwähnten Eigenschaften, geltend gemacht, daß erst durch den Celluloidüberzug gelungen sei, wirklich brauchbare Rohre herzustellen, während die bisherigen, auch die mit

Lack überzogenen, insbesondere wegen der Möglichkeit von Brüchen in dem Überzug und der damit verbundenen Gefahr, ihrem Zweck nicht, oder doch nicht gehörig entsprochen hätten. Ist dies wahr, so sind die in Rede stehenden Rohre Gebrauchsmuster von neuer Gestaltung.

In Betracht käme dann nur noch eine von den Beklagten... aufgestellte Behauptung, daß das Überziehen der Mutterspiegel mit Lack, Bleiweiß, Spartel und Asphalt ihr Geschäftsgeheimnis gewesen sei, und Kläger ihnen dies entwendet habe. Nach Angabe des Klägers selbst müssen die Mutterspiegel zunächst mit Schichten dieser Stoffe versehen werden, bevor der Celluloidmantel aufgezogen werden kann. Es wird deshalb, was das Berufungsgericht ebenfalls zu entscheiden hat, in Frage kommen, ob jene, von dem Kläger in Abrede gestellte, Behauptung wahr ist, und im Falle der Bejahung, ob die erwähnten Schichten einen so wesentlichen Teil der geschützten Mutterspiegel bilden, daß auf dieses Gebrauchsmuster die §§ 4 Abs. 3. 6 Abs. 2 des Gesetzes vom 1. Juni 1891 Anwendung zu finden hätten."...

---

9. Setzt die Nichtigkeit eines Abkommens im Sinne des § 168 Satzes 3 K.O. lediglich eine objektive Bevorzugung eines einzelnen Gläubigers, oder auch das Bewußtsein der Bevorzugung auf seiten eines Vertragschließenden voraus?

III. Civilsenat. Urt. v. 25. Februar 1898 i. S. S. & L. (Kl.) w. Sch. (Bekl.). Rep. III. 351/97.

I. Landgericht Rudolstadt.
II. Oberlandesgericht Jena.

Die Klägerin hatte in dem am 28. März 1893 über das Vermögen der Firma A. St. & Co. in G. eröffneten Konkursverfahren eine Forderung von 4274 *M* angemeldet, die im Prüfungstermine vom 8. Juni 1893 anerkannt und als festgestellt in die Konkurstabelle eingetragen wurde. Der Beklagte stellte der Klägerin am 25. Juni 1893 folgende Urkunde aus: „Für den Ausfall, den die Firma S. & L. zu N. an dem Konkurse der Firma A. St. & Co. in G. erleidet, leiste ich hiermit dergestalt selbstschuldnerische Bürgschaft, daß ich mich dazu verpflichte, wenn die Firma S. & L. die dem Kaufmann A. St. zugesagte Unterstützung durch Kreditierung von Waren, die in Kommission gegeben werden, gewährt, innerhalb 3 Jahre vom Tage der Feststellung des Ausfalls an, falls derselbe anderweitig nicht abgetragen sein sollte, als meine eigene Schuld an die Firma S. & L. zu bekennen und diese zu berichtigen." Die Beendigung des Konkursverfahrens erfolgte durch einen am 28. Juli 1893 gerichtlich bestätigten Zwangsvergleich, durch welchen den Konkursgläubigern 30 Prozent ihrer Forderungen zugesprochen wurden. Klägerin erhielt demgemäß 1282,20 ℳ ausbezahlt. Wegen des angeblich nicht gedeckten Restes ihrer Forderungen von 2991,80 ℳ nebst 5 Prozent Prozeßzinsen nahm die Klägerin den Beklagten gerichtlich in Anspruch. Die Klage wurde in erster Instanz abgewiesen, und die Berufung der Klägerin durch das angefochtene Urteil zurückgewiesen. Die gegen dieses Urteil eingelegte Revision ist für begründet erachtet.

Aus den Gründen:

... „Es kann die Ansicht des Berufungsgerichtes, daß gemäß § 168 Satz 3 K.O. jedes ohne ausdrückliche Einwilligung der zurückgesetzten Gläubiger geschlossene Nebenabkommen, welches nur objektiv eine Bevorzugung enthält — ganz einerlei, ob die Absicht der Vertragschließenden auf eine Bevorzugung ging, oder nicht — nichtig sei, nicht gebilligt werden. Es ist allerdings eine Streitfrage, ob eine objektive Bevorzugung genügt, oder ob nicht wenigstens das Bewußtsein der Bevorzugung auf seiten des Gemeinschuldners (bezw., wie in concreto, des dritten Kontrahenten) oder des Bevorzugten zu erfordern ist. Während von Petersen u. Kleinfeller (Konkursordnung 3. Aufl. S. 502) und von Mandry (Der civilrechtliche Inhalt der Reichsgesetze 3. Aufl. § 38 S. 360) die objektive Bevorzugung für genügend erachtet wird, wird von Endemann (Das deutsche Konkursverfahren S. 587/8), Fitting (Das Reichs-Concursrecht § 47 Anm. 16 S. 360), v. Wilmowski (Konkursordnung 5. Aufl. Bem. 4 S. 449/50) und Sarwey-Bossert (Konkursordnung 3. Aufl. § 168 Note 3 S. 787) das subjektive Bewußtsein der Bevorzugung erfordert. Der erkennende Senat schließt sich der letzteren Ansicht an. Schon der Wortlaut von § 168 Satz 3 K.O.: „Jedes andere Abkommen des Gemeinschuldners oder anderer Personen mit einzelnen Gläubigern, durch welches diese bevorzugt werden sollen, ist nichtig", spricht für diese Auslegung, und der bloße äußere Zusammenhang mit den beiden ersten Sätzen des § 168 K.O., wonach der Zwangsvergleich allen nicht bevorrechtigten Konkursgläubigern gleiche Rechte gewähren muß, und eine ungleiche Bestimmung der Rechte nur mit ausdrücklicher Einwilligung der zurückgesetzten Gläubiger zulässig ist, ist kein Grund gegen jene Auslegung. Es ist deshalb nicht, wie das Berufungsurteil es thut, dahingestellt zu lassen, ob das Bewußtsein der Bevorzugung bei Abschluß des Abkommens auf Seiten der Klägerin oder des Beklagten vorhanden war. Demgemäß ist das Berufungsurteil aufzuheben, und die Sache, welche zur Endentscheidung noch nicht reif ist, zur Verhandlung und Entscheidung an das Berufungsgericht zurückzuverweisen." ...

---

10. Urheberrecht an Briefen? Stillschweigende Gestattung des Abdruckes. Abdruck von Briefen in veränderter Fassung. Verletzung des allgemeinen Rechtes der Persönlichkeit durch Veröffentlichung von Briefen? Übergang dieses Rechtes auf die Erben?

I. Civilsenat. Urt. v. 28. Februar 1898 i. S. W. Erben (Kl. u. Widerbekl.) w. Earl of D. (Bekl. u. Widerkl.). Rep. I. 4/98.

I. Landgericht Leipzig.
II. Oberlandesgericht Dresden.

Die Kläger waren die alleinigen Erben des am 13. Februar 1883 in Venedig verstorbenen Komponisten und Dichters Richard Wagner.

Nach dessen Tode hatte der im September 1891 in England verstorbene Schriftsteller Pr. ein Buch verfaßt: „Wagner, wie ich ihn kannte". Der Beklagte ließ das Buch, an dem er durch Vertrag mit dem Verfasser das Urheberrecht erworben hatte, im Jahre 1892 in London in einer englischen Ausgabe und in Leipzig in einer deutschen Ausgabe drucken, und zwar in der deutschen Ausgabe bei Br. & H. in Leipzig. Beide Ausgaben fanden in Deutschland Verbreitung.

Von der deutschen Ausgabe waren dermalen noch 560 Exemplare übrig, die dem Beklagten gehörten und sich beim Justizrate Dr. R. in Leipzig in Verwahrung befanden.

Das Pr.'sche Buch enthält in der deutschen Ausgabe im ganzen vierzig Briefe Richard Wagner's, von denen einer an seine Mutter, einer an F., einer an Eduard R., drei in französischer Sprache geschriebene an die Frau Pr.'s, die übrigen an Pr. selbst gerichtet waren. Ihr Text stimmt in der ihnen von Pr. in der deutschen Ausgabe des Buches gegebenen Fassung nicht überall mit dem Wortlaute überein, den Wagner seinen Briefen gegeben hatte. Pr. hatte sein Buch zunächst in englischer Sprache verfaßt und deshalb die Briefe Wagner's, soweit sie deutsch geschrieben waren, ins Englische übertragen, und hatte dann, als er später die deutsche Ausgabe seines Buches herstellte, nicht nur den von ihm selbst herrührenden Text seines Werkes, sondern auch die ihm einverleibten Briefe aus dem Englischen ins Deutsche übersetzt, weil er die Urschriften der Briefe nicht mehr zur Hand hatte. Beim Erscheinen des Pr.'schen Werkes waren die beiden zuerst erwähnten Briefe bereits anderweitig veröffentlicht, alle übrigen bisher nicht veröffentlicht.

In der erhobenen Klage beantragten die Kläger:

1. den Beklagten zu verurteilen, anzuerkennen, daß die Kläger die ausschließlichen Inhaber des Urheberrechtes an den bezeichneten Briefen seien;

2. anzuordnen, daß die bei dem Justizrat Dr. R. in Leipzig lagernden 560 Exemplare des Pr.'schen Buches insoweit, als sich der vom Beklagten begangene Nachdruck erstrecke, durch einen Gerichtsvollzieher einzuziehen und zu vernichten seien;

3. dem Beklagten bei Strafe der Einziehung und Vernichtung der Nachdrucksexemplare und bei Vermeidung einer Geldstrafe für jeden Zuwiderhandlungsfall zu verbieten, daß er die in Rede stehenden Briefe in deutscher oder in einer fremden Sprache fernerhin im Gebiete des Deutschen Reiches nachdrucke oder verbreite.

Der Beklagte verlangte die Abweisung der Klage und erhob Widerklage. Der ursprünglich weitergehende Widerklagantrag ist nur dahin aufrecht erhalten worden, die Kläger zu verurteilen, anzuerkennen, daß ihnen das Recht nicht zustehe, ihm die Veröffentlichung des Pr.'schen Buches zu verbieten.

Das Landgericht wies die Klage ab und verurteilte auf die Widerklage die Kläger, anzuerkennen, daß ihnen kein Recht zustehe, dem Beklagten die Veröffentlichung derjenigen Briefe Richard Wagner's, welche sich in dem bei Br. & H. in Leipzig erschienenen Pr.'schen Buche abgedruckt fänden, in der Gestalt, wie sie das Buch aufweise, zu verbieten.

Die Berufung, deren Antrag dahin ging, das landgerichtliche Urteil, soweit es in größerem Umfange, als bezüglich der beiden Briefe Wagner's an seine Mutter und an F. die Klage abweise und der Widerklage stattgebe, aufzuheben und mit der hieraus sich ergebenden Beschränkung den Beklagten nach den Klaganträgen zu verurteilen und die Widerklage abzuweisen, hatte keinen Erfolg. Die Revision ist zurückgewiesen worden aus folgenden

Gründen:

„1. Von den in das Pr.'sche Buch aufgenommenen Briefen Richard Wagner's sind die beiden im Thatbestande zuerst bezeichneten, die schon vor dem Erscheinen des Buches anderweitig veröffentlicht worden waren, nicht mehr Gegenstand des Streites. Hinsichtlich aller übrigen mit Ausnahme von zwei noch zu erwähnenden steht der Klage, insofern sie auf das von den Klägern in Anspruch genommene Urheberrecht gestützt ist, eine begründete und keines Beweises mehr bedürftige Einrede entgegen, sodaß es auf sich beruhen bleiben kann, ob für diese Briefe die Annahme des Berufungsgerichtes zutrifft, daß das behauptete Urheberrecht nicht bestehe. Nach dem Thatbestande des landgerichtlichen Urteils haben die Kläger ausdrücklich eingeräumt,

> im September 1885 Pr. um Einsendung der an ihn von Richard Wagner geschriebenen Briefe ersucht und darauf von ihm einen Brief (vom 21. September 1885) erhalten zu haben, in welchem er mitteilte, daß er mit der Abfassung eines „Wagner, wie ich ihn kannte" zu betitelnden Werkes beschäftigt sei, daß er in dieses Werk die an ihn gerichteten Briefe, soweit sie ihm zur Veröffentlichung geeignet erschienen, aufnehmen wolle, und er deswegen die verlangten Briefe nicht einschicken könne,

und ferner zugestanden,

> diesen Brief gelesen und dem angekündigten Vorhaben Pr.'s nicht widersprochen zu haben.

Sie haben daneben nur geltend gemacht, daß eine gleiche Aufforderung, wie Pr., überhaupt alle Personen, mit denen ihr Erblasser in Beziehung gestanden, erhalten hätten, und daß bei der Menge von Briefen, die damals an sie eingegangen, der Brief Pr.'s von ihnen unbeachtet gelassen worden sei. In der Berufungsinstanz haben die Kläger das Geständnis, den Brief Pr.'s gelesen zu haben, widerrufen, aber nicht rechtswirksam widerrufen, weil sie es ausdrücklich abgelehnt haben, für die Unrichtigkeit des Zugestandenen Beweis anzutreten (§ 263 C.P.O.). Somit sind die Kläger an ihr Geständnis in dessen vollem Umfang gebunden, und die danach feststehenden Thatsachen begründen eine rechtserhebliche Einrede.

Aus dem empfangenen Briefe ersahen die Kläger, daß Pr. sich für berechtigt erachtete, die an ihn gerichteten Briefe Richard Wagner's in der von ihm angegebenen Weise litterarisch zu verwerten, und daß er im Begriffe war, dies zu thun. Unter solchen Umständen verstieß es, wenn die Kläger die von Pr. beabsichtigte Benutzung nicht gestatten wollten, gegen Treue und Glauben, daß sie ihn, ohne Widerspruch zu erheben, sein Vorhaben ausführen ließen; es war dann ihre Pflicht, zu widersprechen. Konnte daher ihr Schweigen bei Pr. nur das Vertrauen erwecken, daß ihm die Befugnis, die er sich zuschrieb, nicht solle bestritten werden, so müssen die Kläger diese Deutung ihres Verhaltens auch gegen sich gelten lassen, ohne daß etwas darauf ankommen kann, ob es auf entsprechender Absicht, oder auf Unachtsamkeit beruhte.

Hinsichtlich der an Pr. gerichteten Briefe, zu denen unbedenklich auch die zu rechnen sind, in denen nicht er selbst, sondern seine Frau die angeredete Person ist, haben demnach die Kläger stillschweigend zwar nicht das ganze ihnen etwa zustehende Urheberrecht auf Pr. übertragen, wohl aber ihm die Befugnis eingeräumt, sie zum Bestandteil des Buches „Wagner, wie ich ihn kannte“ zu machen, und damit auch die Befugnis, sie, wenn er eine englische Ausgabe des Buches veranstaltete, in dieser in englischer Übersetzung wiederzugeben, und diese Befugnisse sind mit dem Urheberrecht an dem Buche auf den Beklagten übergegangen.

Sonach ist an und für sich die Aufnahme der bezeichneten Briefe in das Buch keine widerrechtliche. Allerdings ist aber noch die Frage aufzuwerfen, ob nicht das den Klägern etwa zustehende Urheberrecht dadurch verletzt worden ist, daß in der deutschen Ausgabe des Buches die in deutscher Sprache geschriebenen Briefe nicht in derjenigen Fassung abgedruckt sind, die sie vom Verfasser erhalten hatten. In einem früheren Urteil,

Entsch. des R.G.'s in Civils. Bd. 12 Nr. 12,

hat das Reichsgericht, II. Civilsenat, ausgesprochen, es könne keinen Zweifel erleiden, daß das Reichsgesetz vom 11. Juni 1870 nicht etwa bloß das Vermögensinteresse, sondern auch das geistige Interesse des Schriftstellers, das Interesse, welches er daran habe oder haben könne, daß sein Werk nicht, oder daß es nur so, wie es verfaßt sei, veröffentlicht werde, schützen wolle, sowie daß das Urheberrecht in demselben Sinne und Umfange, wie es in den Händen des Schriftstellers selbst bestanden habe, auf die Erben übergehe. Und auch in einem Urteil des jetzt erkennenden Senates,

Entsch. des R.G.'s in Civils. Bd. 18 S. 17,

ist anerkannt, daß eine Rechtsverletzung darin liegen könne, wenn jemand ohne Zustimmung des Urhebers oder Verlegers ein Schriftwerk nach Veränderung des Inhaltes vertreibe. Allein dem einen wie dem anderen Urteil liegt ein Sachverhalt zu Grunde, von dem der gegenwärtige sich wesentlich unterscheidet. In dem Falle des zuerst erwähnten Urteiles hatte ein Buchhändler von einem litterarischen Werke, an welchem ihm auf Grund eines mit dem Verfasser geschlossenen Vertrages das Verlagsrecht zustand, nach dem Tode des Verfassers ohne Zustimmung der Erben eine von einem Dritten bearbeitete neue Auflage, eine Überarbeitung des ursprünglichen Werkes, erscheinen lassen, und in dem Falle des zweiten Urteiles war mit dem Titelblatte eines Werkes eine Änderung vorgenommen, die sachlich von Bedeutung war. Gegenwärtig dagegen handelt es sich um teils auf geschäftliche Angelegenheiten sich beziehende, teils zur Übermittelung von Nachrichten oder zum freundschaftlichen Gedankenaustausch bestimmte Briefe, von denen vorausgesetzt werden darf, daß der Briefschreiber selbst bei ihrer Abfassung auf die Stilisierung und die Wahl des Ausdruckes keinen besonderen Wert gelegt hat. Alsdann ist aber nicht ersichtlich, welches Interesse die Kläger daran haben könnten, ob die Nachwelt Richard Wagner's annimmt, daß er die Briefe in dieser, oder daß er sie in jener Fassung geschrieben habe, sofern nur die Abweichungen, mit welchen sie in dem Pr.'schen Buche wiedergegeben sind, den inneren Bestand und Gehalt der Briefe unberührt gelassen haben.

In diesem Sinne unbedeutend, aus der Entstehungsart der deutschen Ausgabe des Buches sich erklärend und als unbeabsichtigt sich darstellend sind aber alle vorliegenden Fassungsabweichungen mit Ausnahme derjenigen, welche die Wiedergabe des Briefes an Pr. vom 8. Januar 1855 aufweist, insofern dieser in der That eine willkürliche Überarbeitung erfahren hat; von dieser Ausnahme abgesehen, können sie daher den Vorwurf einer Verletzung des etwa bestehenden Urheberrechtes nicht begründen.

Sonach ist die Annahme des Berufungsgerichtes, daß ein Urheberrecht an den veröffentlichten Briefen nicht anzuerkennen sei, nur noch bezüglich des zuletzt erwähnten Briefes und des Briefes an Eduard R. einer Nachprüfung zu unterziehen.

2. Die Frage des Urheberrechtes an Briefen ist vielfach erörtert worden.

S. Gierke, Deutsches Privatrecht Bd. 1 S. 772 Anm. 15 u. 16, und die dort, sowie die in dem Aufsatz in Goltdammer's Archiv für preußisches Recht Bd. 9 S. 533 angezogene Litteratur.

Auf dem Boden des Gesetzes vom 11. Juni 1870 fällt sie zusammen mit der Frage, was unter einem Schriftwerk im Sinne dieses Gesetzes zu verstehen ist. Die Revision rügt, daß das Berufungsgericht diesen Begriff verkannt habe, und verweist auf die von Klostermann (bei Endemann, Handbuch des deutschen Handelsrechts Bd. 2 S. 248) vertretene Ansicht, wonach jede zur Mitteilung von Gedanken bestimmte Schrift, welche die Möglichkeit vermögensrechtlicher Nutzung gewährt, gegen Nachdruck geschützt, und das Erfordernis vermögensrechtlicher Verwertbarkeit sich lediglich danach bestimmen soll, ob die Schrift entweder von dem Verfasser, oder von einem Nachdrucker zum Gegenstand vermögensrechtlicher Nutzung thatsächlich gemacht wird. Diese Ansicht, durch welche das entscheidende Merkmal in ein zufälliges, außerhalb des zu beurteilendeu Objektes liegendes Moment verlegt wird, kann indes nicht für zutreffend erachtet werden. Indem das Reichsgesetz nur Schriftwerke für schutzfähig erklärt, bringt es damit zum Ausdruck, daß nur Schriften von besonderer Eigenschaft des Schutzes teilhaftig sein sollen. Nach den Motiven des Gesetzentwurfes sind gemeint Schriften, die sich als Ausfluß einer individuellen geistigen Thätigkeit darstellen. Mit dieser und ähnlichen Formulierungen, die sich in der Litteratur und der Rechtsprechung finden, wie „individuelle

Geistesschöpfungen", „originale geistige Schöpfungen", „Erzeugnisse schaffender Autorthätigkeit", sind scharf begrenzte, insbesondere bei der Beurteilung von Briefen alle Zweifel ausschließende Begriffsbestimmungen nicht gegeben. Unbedenklich aber kann angenommen werden, daß gewöhnliche Briefe, deren Inhalt sich im wesentlichen auf die Mitteilung persönlicher Nachrichten, die Besprechung geschäftlicher Angelegenheiten oder dgl. beschränkt, keine Schriftwerke sind. Von solcher Art sind aber die beiden hier in Frage stehenden Briefe. Lediglich geschäftlicher Natur ist der Brief an Pr. vom 8. Januar 1855. Er betrifft die für das Frühjahr 1855 Wagner angetragene Leitung der Konzerte der Philharmonischen Gesellschaft in London, bespricht die zu vereinbarenden Bedingungen und nimmt dafür die Unterstützung Pr.'s in Anspruch. Der Brief an Eduard R. vom 15. Mai 1851 enthält in seinem ersten Teil die Empfehlung eines gewissen H., in seinem zweiten persönliche Nachrichten über August R. und den Briefschreiber selbst, die im Zusammenhang damit stehen, daß beide an dem bekannten Maiaufstande in Dresden theilgenommen hatten; die Dresdener Ereignisse selbst werden nicht geschildert; am Schlusse macht Wagner einige Mitteilungen über seine gegenwärtige Lage und Beschäftigung. Dies ist der wesentliche und daher für den Charakter des Briefes entscheidende Inhalt. Auf die vereinzelt eingeflochtenen Bemerkungen betrachtender Art kann kein Gewicht gelegt werden. Besteht sonach an dem einen wie an dem anderen Briefe ein Urheberrecht nicht, so fällt damit die Klage, insofern sie auf ein solches gestützt ist, überhaupt.

3. Die Kläger haben in der Berufungsinstanz noch geltend gemacht, daß durch die Veröffentlichung und die zum Teil unrichtige Veröffentlichung der Briefe auch in das allgemeine Recht der Persönlichkeit eingegriffen worden sei. Mit Beziehung hierauf hat das Berufungsgericht zunächst ausgeführt: angenommen daß Richard Wagner selbst auf Grund eines allgemeinen Rechtes der Persönlichkeit befugt gewesen sei, die Veröffentlichung seiner Briefe zu verbieten, so komme in Frage, ob dieses Recht auf seine Erben übergegangen sei; diese Frage sei nach sächsischem Recht zu beantworten, weil Richard Wagner Staatsangehörigkeit im Königreich Sachsen gehabt, und kein Anhalt dafür vorliege, daß er eine fremde Staatsangehörigkeit erworben habe; nach § 1999 B.G.B. für das Königreich Sachsen sei aber der Eintritt

der Erben in die Persönlichkeit des Erblassers auf dessen Vermögensrechte beschränkt; das etwaige Persönlichkeitsrecht Richard Wagner's, die Veröffentlichung der Briefe zu untersagen, sei demnach auf die Kläger nicht übergegangen. Die Revision rügt, das Berufungsgericht würde, wenn es den § 130 C.P.O. zur Anwendung gebracht hätte, erfahren haben, daß Richard Wagner zu Anfang der 70er Jahre in Bayreuth die bayerische Staatsangehörigkeit erworben habe; die Frage, ob die Erben auf Grund des allgemeinen Persönlichkeitsrechtes ihres Erblassers zu klagen befugt seien, sei hier somit nach preußischem Landrecht zu beurteilen. Dieser Angriff ist gegenstandslos, weil auch bei der geforderten Beurteilung nach preußischem Landrecht die Unvererblichkeit des allgemeinen Rechtes der Persönlichkeit anzuerkennen sein würde. Es liegt in der Natur dieses Rechtes, daß es mit dem Tode seines Trägers erlischt.

Die Frage kann demnach nur die sein, ob ein allgemeines Persönlichkeitsrecht der Kläger selbst verletzt worden ist. Das Berufungsgericht hat auch diese Frage, und zwar eingehend und unter Berücksichtigung der maßgebenden Gesichtspunkte, erörtert, kommt indes zu dem Ergebnis, daß sie zu verneinen sei. Diese Entscheidung ist mit der Revision nicht angreifbar, da sie nach dem gegebenen Thatbestande dem sächsischen Rechte zu entnehmen war und, wie anzunehmen, auch nach diesem Rechte hat getroffen werden sollen. Bestimmte Vorschriften des sächsischen Rechtes sind zwar nicht herangezogen; es ist aber bemerkt, daß es solche, die unmittelbar hier Anwendung finden könnten, nicht enthalte.

4. Was die Widerklage betrifft, so macht durch sie der Beklagte nicht, wie das Berufungsgericht meint, sein Urheberrecht an dem Pr.'schen Buch geltend. Er verlangt vielmehr, wie aus der in erster Instanz dem Antrage der Widerklage hinzugefügten Erläuterung hervorgeht, nur die Feststellung, daß den Klägern nicht das Recht zustehe, ihm zu verbieten, das Buch in seiner jetzt vorliegenden Gestalt, d. h. mit den in demselben abgedruckten Briefen, zu veröffentlichen. Diesem Verlangen hat das Landgericht, wie sich aus den Gründen des ersten Urteils ergiebt, durch seine Entscheidung entsprechen wollen. Beschwert werden durch sie die Kläger nicht, da sie das ihnen aberkannte Verbietungsrecht dem unter 1 bis 3 Ausgeführten nach nicht haben." . . .

11. 1. Ist in denjenigen Fällen, in denen eine Beschlagnahme des Dienstlohnes nach dem Gesetze vom 21. Juni 1869 unstatthaft ist, auch die Aufrechnung mit Gegenforderungen des Arbeitgebers unzulässig?

2. Finden die Vorschriften der §§ 115 flg. Gew.O. (Gesetz vom 1. Juni 1891), wonach der Lohn der gewerblichen Arbeiter bar auszuzahlen ist, auch auf die Bezüge der in einem Schauspielunternehmen engagierten Schauspieler und Opernsänger Anwendung?

VI. Civilsenat. Urt. v. 14. März 1898 i. S. Kl. (Bekl.) w. R. (Kl.). Rep. VI. 371/97.

I. Landgericht Halle a. S.
II. Oberlandesgericht Naumburg a. S.

Aus den Gründen:

„Die Beklagte war vom Kläger auf die Zeit vom 14. Oktober 1896 bis zum 19. April 1897 als Sängerin am Stadttheater zu Halle a. S., dessen Direktor der Kläger war, engagiert. Als ihr am 1. Januar 1897 die Zahlung der an diesem Tage fälligen Gage für die zweite Hälfte des Monats Dezember 1896 und des Spielgeldes für diese Zeit verweigert wurde, stellte sie ihre Mitwirkung bei den Aufführungen ein, zeigte dem Kläger am 2. Januar an, daß sie erst nach Empfang des einbehaltenen Betrages ihre kontraktlichen Verpflichtungen weiter erfüllen werde, und erklärte ihm durch Schreiben vom 7. Januar 1897, daß sie, weil er trotz förmlicher Aufforderung seiner fälligen vertraglichen Zahlungsverbindlichkeit immer noch nicht nachgekommen sei, den Vertrag löse und sich ihre Schadensansprüche vorbehalte. Nach § 6 der zum Vertrage gehörigen allgemeinen Bedingungen war sie zur sofortigen Lösung des Vertrages unter anderem dann berechtigt, wenn der Kläger trotz geschehener Aufforderung seiner im Vertrage festgesetzten Zahlungsverbindlichkeit nicht binnen dreimal vierundzwanzig Stunden nach dem Fälligkeitstermine nachkam.

Der Kläger bestreitet indes die Berechtigung der Beklagten zum Rücktritt, weil er bei der Einbehaltung der Gage und des Spielgeldes sich seines kontraktlichen Rechtes bedient habe, und fordert daher von der Beklagten die für den Fall eigenmächtigen und grundlosen Verlassens des Engagements bestimmte Konventionalstrafe von 2400 M.

Er stützt sich dabei auf folgendes Sachverhältnis. Die Beklagte reiste am 26. Dezember 1896 abends nach Berlin und kehrte erst am 28. Dezember nachmittags zurück; Urlaub hatte sie nicht nachgesucht, sondern nur der Ehefrau des Klägers am 26. Dezember brieflich angezeigt, daß sie plötzlich unwohl geworden sei und in den folgenden beiden Tagen nicht singen könne. Sie versäumte insbesondere am 28. Dezember eine Probe zur Oper „der Evangelimann", die am 30. Dezember zur ersten Aufführung gelangen sollte. Wegen dieses Verhaltens und auf Grund der §§ 11. 19 der allgemeinen Vertragsbedingungen verhängte der Kläger eine zur Stadttheater-Pensionskasse fließende Geldstrafe im Betrage des einmonatigen Bühneneinkommens der Beklagten mit 400 ℳ und verrechnete damit Gage und Spielgeld für die zweite Hälfte des Dezembers. Von den erwähnten Paragraphen bestimmt § 11, daß in gewissen Fällen, insbesondere auch wegen Verreisens ohne Urlaub, die Bühnenleitung berechtigt sei, den Vertrag sofort zu lösen und das Mitglied zu entlassen oder nach ihrer Wahl, statt von dem Rechte augenblicklicher Entlassung Gebrauch zu machen, eine Geldstrafe bis zum Betrage eines monatlichen Bühneneinkommens des Mitgliedes zu verhängen und demselben in Abzug zu bringen. Der § 19 erklärt jedes Mitglied für verpflichtet, sich die von der Bühnenleitung verhängten Ordnungsstrafen von seiner Gage abziehen zu lassen." . . . (Folgt eine hier nicht interessierende Ausführung.)

„Die Beklagte hatte . . . weiter geltend gemacht, daß die Einbehaltung ihrer Bezüge gegen das Gesetz vom 21. Juni 1869, betreffend die Beschlagnahme des Arbeits- oder Dienstlohnes (B.G.Bl. S. 242), verstoße; daß ferner" . . . (Folgen andere, hier nicht interessierende Einwendungen der Beklagten.) „Das Berufungsgericht hat dieser Einwendungen ungeachtet dem Klagantrage stattgegeben. Die Revision rügt Verletzung der §§ 1. 2 des Gesetzes vom 21. Juni 1869 in Verbindung mit §§ 115 flg., 119a Gew.O. in der Fassung des Gesetzes vom 1. Juni 1891 (R.G.Bl. S. 261).

Das Berufungsgericht führt in dieser Beziehung aus: das Lohnbeschlagnahmegesetz finde keine Anwendung, weil der Beklagten ein Anspruch auf das Honorar überhaupt nicht zugestanden habe, soweit dasselbe infolge des kontraktwidrigen Handelns der Beklagten zu kürzen war. Im Vertrage sei ein zulässiger Verzicht auf das Honorar zu finden, insoweit der Kläger von seinem Rechte zur Verhängung von Ordnungsstrafen Gebrauch machen werde.

Diese Ausführung ist allerdings nicht einwandsfrei. Der Vertrag gestattete nur die Kompensation der verhängten Geldstrafen mit dem Honorar; beide Forderungen entstanden unabhängig voneinander und bestanden bis zur Aufrechnung nebeneinander. Es handelt sich um die Frage, ob das (in § 749 Abs. 1 Ziff. 1 C.P.O. aufrecht erhaltene) Lohnbeschlagnahmegesetz, das unbedenklich auf Schauspieler Anwendung findet,

vgl. Bezold in seinem Kommentar zum Gesetze vom 21. Juni 1869 in: „Die Gesetzgebung des Deutschen Reichs" Tl. I Bd. 1 S. 116,

sich auch auf die Kompensation von Ansprüchen des Dienstherrn mit den Lohnansprüchen des Bediensteten, oder doch wenigstens auf die Kompensation nicht konnexer Gegenforderungen mit dem Lohnanspruche bezieht. Diese Frage ist jedoch im ganzen Umfange — abgesehen von einer hier nicht in Frage kommenden Umgehung des Gesetzes, die darin zu finden sein würde, wenn der Dienstherr dritten Gläubigern des Arbeiters zur Befriedigung verhilft, indem er deren Forderungen an sich bringt und mit dem Lohne aufrechnet — zu verneinen.

Es ist bereits im Urteile des Reichsgerichtes vom 2. Oktober 1886 (abgedruckt bei Gruchot, Beiträge Bd. 33 S. 1067) dargelegt worden, daß die Kompensationsbefugnis des Schuldners dadurch nicht beeinträchtigt wird, daß die von ihm geschuldete Forderung einem Pfändungs- und Veräußerungsverbote unterliegt. Die Kompensation ist ein der Zahlung in der Wirkung gleichstehendes Mittel zur Befriedigung des Gläubigers, und die dem Schuldner zustehende materielle Befugnis, auf solche Art seine Gegenforderung zur Befriedigung des Gläubigers zu verwenden, ist ihm durch das Pfändungsverbot nicht entzogen; ebensowenig aber, wie eine Pfändung, liegt eine Veräußerung der Forderung des Gläubigers vor, wenn der Schuldner ihn durch Kompensation befriedigt. Das Veräußerungsverbot ist zwar in § 2 Abs. 2 des Gesetzes vom 21. Juni 1869 in so ausgedehntem Umfange erlassen, daß jede Verfügung über noch nicht verdienten und rückständig gewordenen Lohn durch Cession, Anweisung, Verpfändung oder durch ein anderes Rechtsgeschäft der Wirkung entbehrt. Aber die Kompensation enthält keine Verfügung, weder des Gläubigers, noch des die Forderung durch Aufrechnung tilgenden Schuldners, über die Forderung, und da die Befugnis zur Kompensation mit fälligen und gleichartigen Gegenforderungen von einem vorherigen Kompensationsvertrage, der an sich wohl unter die fragliche Bestimmung fallen würde, nicht abhängt, so kann, soweit die gesetzliche Kompensationsbefugnis des Schuldners reicht, auch die vorherige Unterwerfung des Gläubigers unter dieselbe, wie solche im vorliegenden Falle im Engagementsvertrage erklärt ist, nicht verboten sein mit der Wirkung, daß dadurch die Kompensation unzulässig würde.

Aus den gesetzgeberischen Vorarbeiten ist nichts Widersprechendes zu entnehmen. In der Reichstagskommission kam die Frage zur Sprache; aus dem in diesem Punkte unklaren Kommissionsberichte geht aber höchstens soviel hervor, daß die Kommission es ablehnte, eine die Kompensationsbefugnis ausschließende oder beschränkende Bestimmung in das Gesetz aufzunehmen. Bei der Beratung im Plenum des Reichstages erhielt ein Antrag, welcher bezweckte, die Kompensation wider den Willen des Lohngläubigers nur mit gewissen (konnexen) Gegenforderungen zuzulassen, nicht die erforderliche Unterstützung.

Vgl. Bezold, a. a. O. S. 121. 122.

Es mag ohne weiteres zugegeben werden können, daß das Gesetz konsequenterweise die Kompensation der Pfändung hätte gleichstellen und somit dem Pfändungsverbot auch das Kompensationsverbot hätte hinzufügen sollen, wie dies in den Motiven zu § 288 des ersten Entwurfes eines Bürgerlichen Gesetzbuches näher ausgeführt ist. Erwägungen dieser Art haben zu der Bestimmung des eben erwähnten § 288 geführt, wonach die Aufrechnung gegen die im § 749 C.P.O. bezeichneten Forderungen insoweit nicht stattfinden sollte, als diese Forderungen der Pfändung nicht unterworfen sind. Man ist sich dabei aber, wie die Motive ergeben, bewußt gewesen, daß damit über das bestehende bürgerliche Recht hinausgegangen wurde, und daß aus dem Pfändungsverbot das Kompensationsverbot noch nicht folgt, sodaß es einer ausdrücklichen Bestimmung darüber bedarf. Dieselbe findet sich jetzt im § 394 B.G.B., wird aber erst mit diesem in Kraft treten.

In der Litteratur ist die Frage verschieden beantwortet worden. Während Mandry (Der civilrechtliche Inhalt der Reichsgesetze 3. Aufl. S. 216) sich für die Zulässigkeit der Kompensation erklärt, wenn sie nicht in fraudem legis benutzt wird, wird von andrer Seite bald die erzwungene Kompensation dem Lohnanspruch gegenüber für unstatthaft erachtet (Bezold, a. a. O. S. 122), bald die Zulässigkeit der Kompensation auf konnexe Gegenforderungen beschränkt (Dernburg, Preußisches Privatrecht Bd. 2 4. Aufl. S. 274, 5. Aufl. S. 267. 268; vgl. auch Staudinger, Die Einführung norddeutscher Justizgesetze in Bayern 2. Abt. S. 163, der bezüglich der nicht konnexen Gegenansprüche sich unbestimmt äußert). Für den vorliegenden Fall, wo es sich um die Kompensation mit einer konnexen Gegenforderung handelt, hat danach die Annahme der Zulässigkeit der Kompensation auch die Ansicht einer Mehrheit von Schriftstellern für sich.

Die Revision beruft sich indes noch auf die Vorschriften des Titels VII der Gewerbeordnung (Gesetz vom 1. Juni 1891), der von den gewerblichen Arbeitern (Gesellen, Gehilfen, Lehrlingen, Betriebsbeamten, Werkmeistern, Technikern und Fabrikarbeitern) handelt und in den §§ 115 flg. bestimmt, daß die Löhne der Arbeiter in Reichswährung zu berechnen und bar auszuzahlen sind, auch nur gewisse Abzüge vom Lohne gestattet und zuwiderlaufende Verträge für nichtig erklärt. Der außerdem von der Revision in Bezug genommene § 119a gehört seinem Inhalte nach nicht hierher. Aber auch die §§ 115 flg., wie überhaupt die Bestimmungen des Titels VII der Gewerbeordnung erleiden im vorliegenden Falle keine Anwendung. Es ist kein Grund gefunden worden, von der schon in früheren Urteilen des Reichsgerichtes,

Entsch. des R.G.'s in Civils. Bd. 17 S. 86, Bd. 37 S. 66,

vertretenen Auffassung abzugehen, daß Schauspieler und Opernsänger, deren Leistungen sich auf dem Gebiete der höheren Kunst bewegen, nicht zu den gewerblichen Arbeitern gehören, wenn auch der Schauspielunternehmer, dem sie sich zur Mitwirkung bei den von ihm veranstalteten Aufführungen verpflichtet haben, nach § 32 Gew.O. als Gewerbetreibender anzusehen ist. Die in der öffentlichen Darbietung eigener künstlerischer Leistungen bestehende Thätigkeit des Schauspielers und Opernsängers ist einerseits nicht „gewerblicher" Art;

vgl. Landmann, Die Gewerbeordnung 2. Aufl. Bd. 1 S. 30, Bd. 2 S. 903; Schenkel, Die Deutsche Gewerbeordnung 2. Aufl. Bd. 2 S. 116;

andererseits sind sie auch nicht „Gehilfen" des Unternehmers, weil ihrer Thätigkeit dazu das Merkmal der Unselbständigkeit fehlt. Sie sind durch den Engagementsvertrag zwar verpflichtet, die ihnen übertragenen Rollen auszuführen; aber in deren Ausführung sind sie selbständig; ihre Thätigkeit geht nicht in dem Arbeitserzeugnisse des Unternehmers auf, das vielmehr nur in der Verbindung und Zusammenfassung der einzelnen Kunstleistungen zu einem Ganzen besteht." . . .

---

12. Kann eine eingetragene Genossenschaft einen Genossen, der für den Schluß eines Geschäftsjahres seinen Austritt erklärt hat, nach diesem Zeitpunkte noch zu genossenschaftlichen Leistungen heranziehen, wenn die Eintragung der Austrittserklärung in der Liste der Genossen infolge Verschuldens des Genossenschaftsvorstandes unterblieben ist?

§§ 67. 68 des Genossenschaftsgesetzes vom 1. Mai 1889.

III. Civilsenat. Urt. v. 15. März 1898 i. S. L. (Bekl.) w. Molkereigenossenschaft N. (Kl.). Rep. III. 338/97.

I. Landgericht Gotha.
II. Oberlandesgericht Jena.

Obige Frage ist vom Reichsgericht verneint worden aus folgenden

Gründen:

„Unstreitig hat der Beklagte seine Mitgliedschaft bei der klagenden Genossenschaft im Dezember 1892 gekündigt, sodaß er bei der statutarisch festgesetzten einjährigen Kündigungsfrist mit dem Schlusse des Jahres 1893 ausgeschieden sein würde, wenn der Vorstand der Genossenschaft in Erfüllung der ihm nach § 67 Abs. 1 des Genossenschaftsgesetzes vom 1. Mai 1889 obliegenden Verpflichtung mindestens sechs Wochen vor dem erwähnten Jahresschlusse die Aufkündigung dem Gerichte zur Eintragung in der Liste der Genossen angemeldet hätte, und, wie anzunehmen, darauf die Eintragung nach § 68 desselben Gesetzes bewirkt worden wäre. Der Vorstand hat aber diese Anmeldung bis zum Schlusse des Jahres 1893 nicht bewirkt; vielmehr hat die Klägerin die Mitgliedschaft des noch in der Liste der Genossen eingetragenen Beklagten noch während des Jahres 1894 als fortdauernd angesehen und ihn auf Grund des im Dezember 1893 gefaßten Genossenschaftsbeschlusses auf die in der Klage aufgeführten genossenschaftlichen Leistungen in Anspruch genommen. Abweichend von dem Landgericht, hat das Berufungsgericht den Beklagten nach dem Klagantrage verurteilt, indem es die zunächst in Betracht kommende Frage, ob derselbe mit dem Schlusse des Jahres 1893 als aus der Genossenschaft ausgeschieden zu gelten habe, verneint. Dasselbe geht davon aus, daß der kündigende Genosse nach § 68 Abs. 2 des Genossenschaftsgesetzes nicht nur im Verhältnisse zu Dritten, sondern auch im Verhältnisse zur Genossenschaft und deren Mitgliedern erst mit der Eintragung der Kündigung in der Liste der Genossen als ausgeschieden anzusehen sei. An der schon hieraus sich ergebenden fortdauernden genossenschaftlichen Haftpflicht des Beklagten werde auch durch eine dem Vorstand zur Last fallende Verzögerung bei der Anmeldung der Kündigung nichts geändert; denn die Verpflichtung zu dieser Anmeldung sei in § 67 des angeführten Gesetzes nicht dem Vorstand, als Willensorgan der Genossenschaft, sondern dessen einzelnen Mitgliedern auferlegt, die Genossenschaft mithin für deren Säumnis nicht verantwortlich; hätte der Gesetzgeber den Vorstand als Vertreter der Genossenschaft verpflichten wollen, so würde bei der den juristischen Personen für die Handlungen ihrer Vertreter obliegenden Haftpflicht „die Vorschrift des § 68 Abs. 2 ihren eigenen Zweck verfehlt haben".

Mit Recht macht die Revision geltend, daß diese Erwägung zum Teil auf Rechtsirrtum beruhe. Allerdings ist die Beendigung der Mitgliedschaft in ihrer Wirksamkeit gegen Dritte und gegen die Genossenschaft an und für sich durch die Eintragung des Endigungsgrundes in der Liste der Genossen (§ 67 Abs. 1) bedingt. Es kommt aber hier weiter in Frage, ob die Genossenschaft sich auf die Nichteintragung der Aufkündigung berufen kann, wenn diese Unterlassung durch ein Verschulden ihres eigenen Vorstandes veranlaßt ist. In letzterer Beziehung irrt die Vorinstanz, wenn sie annimmt, daß § 67 des Genossenschaftsgesetzes nicht den Vorstand als solchen, sondern nur dessen einzelne Mitglieder zur Anmeldung der Aufkündigung verpflichte, nur diesen also hier eine Säumnis zur Last falle. Nach § 24 des Genossenschaftsgesetzes (wie auch nach § 16 des vorliegenden

Statutes) vertritt der Vorstand die Genossenschaft gerichtlich und außergerichtlich, ist also deren berufenes Willensorgan in allen Angelegenheiten, deren Erledigung ihm durch Gesetz oder Statut überwiesen ist. Insbesondere aber hat nach § 67 Abs. 1 „der Vorstand" die Aufkündigung des Genossen dem Gerichte zur Liste der Genossen einzureichen und zugleich die schriftliche Versicherung abzugeben, daß die Aufkündigung rechtzeitig erfolgt sei, „weil es sonst", wie die Motive zum Genossenschaftsgesetze S. 230 bemerken, „an jeder Sicherheit fehlen würde, ob die Kündigung von der Genossenschaft als gültig anerkannt wird". Offenbar handelt also hier der Vorstand als Organ der Genossenschaft. Diese Auffassung des § 67 kann auch durch die Bezugnahme auf den Zweck der Vorschrift in § 68 Abs. 2 — Offenlegung des Verhältnisses des Genossen zu den Gläubigern der Genossenschaft und zu dieser selbst — nicht beseitigt werden. Denn abgesehen davon, daß die fortdauernde Eintragung der Mitgliedschaft Dritten gegenüber in jedem Falle, und bei fehlendem Verschulden des Vorstandes auch der Genossenschaft gegenüber immerhin wirksam, der Zweck der gedachten Vorschrift also insoweit gewahrt bleiben würde, tritt bei vorliegendem Verschulden des Vorstandes der Zweck und das formale Eintragungsprinzip des § 68 Abs. 2 zurück vor dem Satze des bürgerlichen Rechtes, daß niemand aus dem von ihm selbst verschuldeten Rechtsverluste eines Anderen Vorteil ziehen soll.

Vgl. Entsch. des R.G.'s in Civils. Bd. 32 S. 143.

Dieser Satz ist hier ausschlaggebend. Wenn der Vorstand der klagenden Genossenschaft die ihm nach obigem obliegende Pflicht zur Anmeldung der Aufkündigung des Beklagten sowie zur Herbeiführung der Löschung desselben im Genossenschaftsregister nicht rechtzeitig erfüllte, und infolgedessen der Beklagte nicht aufhörte, Mitglied der Genossenschaft zu sein, so kann sich doch die Klägerin hierauf nicht berufen; denn sie würde sich den durch Verschulden ihres Vorstandes entstandenen Vorteil aneignen, wenn sie noch nach dem Zeitpunkte, zu welchem des Beklagten Name ordnungsmäßig in der Liste zu tilgen war, ihn als Genossenschafter in Anspruch nehmen wollte. Diesem Verfahren steht, wie der erste Richter und die Revision zutreffend bemerken, die Einrede der Arglist im Sinne der l. 2 § 5 Dig. de doli mali et met. exc. 44,4 entgegen, deren Geltendmachung durch das Genossenschaftsgesetz nicht ausgeschlossen wird.

Wegen Nichtbeachtung dieser Grundsätze, welche der erkennende Senat bereits unterm 2. Oktober 1896 in dem gleichartigen Rechtsfalle der Molkereigenossenschaft S. wider Fl., Rep. III. 116/96, ausgesprochen hat, war die angefochtene Entscheidung aufzuheben. Im übrigen war die Zurückverweisung der Sache in die Vorinstanz geboten, da . . . namentlich die Frage, ob der Beschluß der Generalversammlung der klägerischen Genossenschaft vom 19. Dezember 1893 auch die mit Ende des Jahres 1893 austretenden Mitglieder thatsächlich hat binden wollen und rechtlich hat binden können, von dem Berufungsgerichte bis jetzt nicht geprüft worden ist."

---

13. Kann die Rhederei des Schiffes, das auf Grund des Gesetzes vom 27. Dezember 1872, betr. die Verpflichtung deutscher Kauffahrteischiffe zur Mitnahme hilfsbedürftiger Seeleute, solche Seeleute nach Deutschland zurückbefördert hat, von der Rhederei des Schiffes, dem die Seeleute angehört haben, den die gesetzliche Entschädigung übersteigenden Betrag der üblichen Passagepreise aus dem Rechtsgrunde der Geschäftsführung ohne Auftrag oder der nützlichen Verwendung fordern?

Gesetz vom 27. Dezember 1872 §§ 1. 5. 7.

I. Civilsenat. Urt. v. 19. März 1898 i. S. Hamb.-Amerik. Paketfahrt-Aktien-Gesellschaft (Kl.) w. W. (Bekl.). Rep. I. 483/97.

I. Landgericht Hamburg.
II. Oberlandesgericht daselbst.

Das dem Beklagten als Rheder gehörige Barkschiff S. war auf der Reise von Iquique nach Hamburg leck gesprungen, von der Mannschaft verlassen, und die Mannschaft auf Grund des § 1 des Gesetzes vom 27. Dezember 1872 und auf Anweisung der deutschen Konsuln in G. und N.-O. durch den der Klägerin gehörigen Dampfer P. nach Hamburg zurückbefördert worden. Die gemäß § 5 des Gesetzes vom 27. Dezember 1872 der Klägerin gebührende Entschädigung wurde von dem Beklagten gezahlt. Die Klägerin forderte die üblichen Passagepreise nach Abzug dieser Entschädigung, weil der Beklagte zur Rückbeförderung der Mannschaft auf seine Kosten verpflichtet, die Mannschaft nicht hilfsbedürftig gewesen sei, event. aus dem Grunde der Geschäftsführung ohne Auftrag und der nützlichen Verwendung. Der Beklagte beantragte Abweisung der Klage, weil der Klägerin ein anderer Anspruch als der auf die Entschädigung aus § 5 a. a. O. nicht zustehe.

Der erste Richter wies die Klage ab, und die Berufung der Klägerin wurde zurückgewiesen. Die Revision der Klägerin ist zurückgewiesen worden aus nachfolgenden

Gründen:

„Unter den Parteien ist nicht mehr streitig, daß die Mannschaft des S. auf Grund des § 1 des Gesetzes vom 27. Dezember 1872 auf Anweisung der deutschen Konsuln in G. und N.=O. (§ 4 der Seemannsordnung) durch den Dampfer P. nach Hamburg zurückbefördert ist, daß Hamburg der Ausreisehafen des S. war, und daß der Beklagte nach dem Heuervertrage und nach Art. 517 H.G.B. und §§ 56. 66. 68 der Seemannsordnung verpflichtet gewesen wäre, auf seine Kosten für die Rückbeförderung der Mannschaft Sorge zu tragen. Es ist auch nicht mehr in Frage gezogen, daß die Mannschaft im Sinne des § 1 a. a. O. hilfsbedürftig war. Die Ausführung der Klägerin in den Instanzen, die Mannschaft sei nicht hilfsbedürftig, wenn ein solventer Rheder für sie zu sorgen habe, ist gegenüber dem § 7 des Gesetzes unhaltbar und in dieser Instanz auch nicht aufrecht erhalten.

Die Entscheidung hängt danach lediglich davon ab, ob die Klägerin außer der ihr von dem Beklagten gezahlten Entschädigung des § 5 des Gesetzes das Mehr ihrer üblichen Passagepreise aus dem Gesichtspunkte der Geschäftsführung ohne Auftrag oder der nützlichen Verwendung fordern kann.

Dem Berufungsrichter ist zunächst darin beizutreten, daß die Klage aus beiden Rechtsgründen so, wie sie erhoben, keinesfalls begründet ist. Der Geschäftsführer ohne Auftrag hat von dem Geschäftsherrn Ersatz dessen zu fordern, was er aufgewendet oder infolge der Geschäftsführung verloren hat (l. 2. l. 19 [18] § 4 Dig. de neg. gest. 3, 5). Die üblichen Passagepreise, die von der Klägerin gefordert werden, stellen nicht ihre Aufwendungen dar, sondern enthalten zugleich ihren Geschäftsgewinn. Nach § 3 Abs. 1 Ziff. 1. § 4 des Ge=

setzes vom 27. Dezember 1872 hatte die Klägerin der Mannschaft nichts als Kost und angemessenes Logis zu gewähren. Den Betrag der Aufwendungen dafür hat sie nicht angegeben. Sie hat auch nicht behauptet, daß sie infolge der Mitnahme der Mannschaft andere, zahlende Passagiere nicht habe mitnehmen können und die Passagepreise für solche verloren habe. Daß die Klägerin durch das Gesetz gezwungen die Mannschaft mitgenommen hat, würde an und für sich zwar nach l. 3 § 10 Dig. de neg. gest. 3, 5 den Rechtsgrund der Geschäftsführung ohne Auftrag nicht ausschließen; aber Aufwendungen, welche die Klägerin über das Maß des ihr vom Gesetz Auferlegten gemacht, würden als Aufwendungen für den Beklagten nicht anzusehen sein. Für den Anspruch auf die Bereicherung aus der nützlichen Verwendung gilt nichts anderes (l. 3 § 2 Dig. de in rem verso 15, 3; l. 7 § 1 Cod. quod cum eo 4, 26).

Die Frage, ob die Klage nach dieser Richtung hin einer Ergänzung gemäß § 130 C.P.O. zugänglich wäre, kann auf sich beruhen, weil angenommen werden muß, daß das Gesetz vom 27. Dezember 1872 einen anderen Anspruch als den auf die gesetzliche Entschädigung aus § 5 des Gesetzes nicht hat gewähren wollen.

Das Gesetz ist im Interesse hilfsbedürftiger Deutscher und solcher ausländischen Seeleute im Auslande erlassen, die unmittelbar vor dem Eintritt der Hilfsbedürftigkeit auf einem deutschen Schiffe gedient haben. Es ist öffentlichrechtlicher Natur. Es verpflichtet jedes deutsche Schiff im Auslande, solche Seeleute zum Zwecke der Zurückbeförderung nach Deutschland, bezw. dem Heimatlande des ausländischen Seemannes nach seinem Bestimmungshafen mitzunehmen. Es beschränkt diese Verpflichtung in den §§ 2. 3 durch die Vorschrift, daß beim Vorhandensein mehrerer Schiffe die mitzunehmenden Seeleute auf dieselben zu verteilen sind, daß angemessener Platz vorhanden sein muß, und die Zahl der Mitzunehmenden ein Vierteil der Schiffsmannschaft nicht übersteigen darf. Es verpflichtet den mitnehmenden Schiffer zur Gewährung von Kost und Logis, ohne diese näher zu bestimmen, und unterwirft die mitgenommenen Seeleute ohne Unterschied ihres Ranges und ihrer Dienststellung der Disziplinargewalt des Schiffers. Es entschädigt das Schiff aus öffentlichen Mitteln und behält im § 7 dem Reiche den Regreß an den Mitgenommenen und den Rheder und andere gesetzlich Verpflichtete vor. Das Maß der Entschädigung bestimmt der § 5 des Gesetzes vorbehaltlich der Vereinbarung über einen geringeren Satz. Es ist völlig klar, daß im Falle solcher Vereinbarung der Rechtsgrund der Geschäftsführung ohne Auftrag oder der nützlichen Verwendung für die Forderung höherer Sätze gegen den Rheder der mitgenommenen Mannschaft ohne weiteres fortfällt. Der Schiffer würde nicht vorbringen können, daß er die Vereinbarung in Angelegenheiten des Rheders und im Hinblick auf denselben geschlossen habe und gleichzeitig höhere Sätze als angemessenen Aufwand und nützlich verwendet ersetzt verlangen könne. Wo beim Mangel solcher Vereinbarung die höheren Sätze des Gesetzes eintreten, liegt die Sache nicht anders. Die Sätze des Gesetzes treten an die Stelle vereinbarter Sätze. Im Sinne des Gesetzes tritt das Reich für die hilfsbedürftige Mannschaft und den Rheder ein, nicht das helfende Schiff. Das Beispiel, mit welchem die Revision argumentiert, trifft nicht zu. Der Großvater, der den hilflosen Enkel an Stelle des Vaters alimentiert, ist, wie der Vater, aus demselben gesetzlichen Grunde der Verwandtschaft und in demselben Umfange verpflichtet, nur an zweiter Stelle. Die Pflicht des Rheders der hilflosen Mannschaft gegenüber erwächst aus dem Heuervertrage und geht auf die Rückbeförderung; die Pflicht des helfenden Schiffes beruht auf dem Gesetze vom 27. Dezember 1872 und geht nicht auf Rückbeförderung, sondern auf Mitnahme nach dem eigenen Bestimmungshafen. Das Gesetz vom 27. Dezember 1872 hat der deutschen Rhederei bewußt eine Last im öffentlichen Interesse gegen eine bestimmte Entschädigung auferlegt, die man, wie die Motive des Gesetzes ergeben, für angemessen, sogar reichlich hielt. Dies mag zur Zeit nicht mehr zutreffen. Aber dadurch wird das Gesetz nicht geändert. Die Last beschränkt den Rheder in der freien Bestimmung über sein Schiff und legt ihm zugleich Leistungen auf, nicht anders als ein Enteignungsgesetz, das dem Grundbesitze im Interesse des Verkehrs oder eines gemeinnützigen Unternehmens oder auch des Nachbars positive oder negative Leistungen auferlegt. Wird in solchen Fällen die Entschädigung vom Gesetze selbst bestimmt, so bleibt für die Forderung einer höheren Entschädigung aus den Gesichtspunkten, die die Revision geltend macht, kein Raum." ...

14. 1. Ist, wenn eine Klage aus der zweiten Alternative des Art. 354 H.G.B. aus dem Grunde abgewiesen ist, weil ein Selbsthilfeverkauf nicht stattgefunden habe, bezüglich desselben Anspruches nach demnächst erfolgtem Selbsthilfeverkauf die Einrede der res judicata begründet?

2. Inwieweit kann in einem solchen Falle der Beklagte die Verspätung des Selbsthilfeverkaufes mit Erfolg geltend machen?

II. Civilsenat. Urt. v. 25. März 1898 i. S. H. (Bekl.) w. Sch. & Co. (Kl.). Rep. II. 13/98.

I. Landgericht Colmar.
II. Oberlandesgericht daselbst.

Die Klägerin hatte zunächst aus einem Lieferungsvertrage, nach Annahmeweigerung seitens des Beklagten, mit der Behauptung, daß letzterer auf den Selbsthilfeverkauf verzichtet habe, Klage auf Zahlung einer durch Sachverständige festgesetzten Differenz zwischen dem Kaufpreis und dem Marktpreis erhoben. Nachdem sie mit dieser Klage in der Berufungsinstanz abgewiesen, und die hiergegen eingelegte Revision vom Reichsgericht zurückgewiesen worden war, wobei davon ausgegangen wurde, daß mangels Nachweises der behaupteten Übereinkunft die Differenz nur durch Selbsthilfeverkauf gemäß Art. 354 H.G.B. hätte festgestellt werden können, hat Klägerin dem Beklagten nunmehr die Ware wiederholt angeboten und dieselbe nach erfolgter Annahmeweigerung öffentlich verkaufen lassen. Der demnächst erhobenen Klage auf Zahlung der Differenz zwischen dem Steigerlös und dem Kaufpreis setzte der Beklagte die Einrede der res judicata entgegen und wendete weiterhin ein, der Selbsthilfeverkauf sei, insbesondere mit Rücksicht auf die vertraglichen Abmachungen über die Zeit, bis wann die Lieferung habe erfolgen sollen, verspätet erfolgt. Das Oberlandesgericht erachtete beide Einreden nicht für begründet, und das Reichsgericht wies — wenngleich mit teilweise abweichender Begründung — die von dem Beklagten eingelegte Revision zurück.

Aus den Gründen:

... „1. Die Einrede der rechtskräftig entschiedenen Sache ist nicht begründet. Wie wiederholt vom Reichsoberhandelsgericht sowohl wie vom Reichsgericht ausgesprochen worden ist, handelt es sich bei dem Anspruch aus der zweiten Alternative des Art. 354 H.G.B. nicht um eigentlichen Schadensersatz, sondern um den Anspruch auf Erfüllung. Die Ausdrucksweise des Gesetzes ist eine ungenaue. Der Verkäufer fordert von dem im Zahlungsverzuge befindlichen Käufer — was untergebens zutrifft — Zahlung des Kaufpreises und erlangt dieselbe, indem er, seinerseits leistend, die Ware für Rechnung des Käufers verkaufen läßt, mit dem Erlöse bis zu dessen Höhe den Kaufpreis deckt und die verbleibende Differenz von dem Käufer fordert. In dem früheren Prozesse war die Voraussetzung dieses Anspruches lediglich zur Zeit um deswillen nicht gegeben, weil die Klägerin ihrerseits noch nicht geleistet und die Höhe der Differenz in der gesetzlich allein zulässigen Weise — nämlich durch den öffentlichen Verkauf der Ware — nicht hatte feststellen lassen. Lediglich aus diesem Grunde ist die frühere Klage abgewiesen worden. Die Abweisung ist daher, wie dies die Gründe ergeben, nur zur Zeit wegen Mangels einer Voraussetzung erfolgt, und es ist daher über den Anspruch selbst nicht entschieden. Es unterliegt nach französischem Recht, welches die konsumierende Wirkung der litis contestatio des römischen Rechtes nicht übernommen hat, keinem Bedenken, nach Erfüllung einer solchen mangelnden Voraussetzung den Anspruch selbst von neuem zu erheben.

2. Die weiteren Ausführungen des Oberlandesgerichtes, daß nach nunmehr erfolgtem Selbsthilfeverkauf die sämtlichen Voraussetzungen des Anspruches aus der zweiten Alternative des Art. 354 H.G.B. gegeben seien, daß weiterhin auch eine unzulässige Verspätung des Selbsthilfeverkaufes nicht anzunehmen sei, lassen einen Rechtsirrtum nicht erkennen. Das Reichsgericht und auch der erkennende Senat hat in ähnlichen Fällen wiederholt ausgesprochen, daß im Falle des Art. 354 H.G.B. die Ausübung des Selbsthilfeverkaufes im allgemeinen nicht an eine bestimmte Zeit gebunden ist, und daß dieses durchgängig nur dann anders zu entscheiden sein würde, wenn, was im vorliegenden Falle nicht behauptet ist, eine arglistige Verschiebung seitens des Verkäufers anzunehmen wäre. Der Käufer ist jederzeit in der Lage, dadurch, daß er sich zur Annahme der Ware bereit erklärt und den Verkäufer in Lieferungsverzug versetzt, jede weitere Hinausschiebung der Regulierung der Angelegenheit zu verhindern. Thut er das nicht, so verschuldet er selbst die Hinausschiebung und

kann sich daher über dieselbe, sofern nicht, wie hervorgehoben, eine Arglist des Verkäufers die rechtliche Lage der Sache zu seinen Gunsten ändert, ebensowenig wie über etwaige damit verknüpfte nachteilige Folgen beschweren. Ob die Sache bei einem Geschäfte, welches vertragsmäßig nur innerhalb bestimmter Zeit erfüllbar ist, anders liegen würde, kommt nicht in Betracht, da ein solches nach der nicht zu beanstandenden Feststellung des Oberlandesgerichtes nicht vorliegt." . .

15. Erstreckt sich das Gesetz vom 1. Juni 1891, betr. den Schutz von Gebrauchsmustern, auf unbewegliche Sachen?

I. Civilsenat. Urt. v. 26. März 1898 i. S. K. (Kl.) w. D. (Bekl.). Rep. I. 472/97.

I. Landgericht I Berlin.
II. Kammergericht daselbst.

Die Frage ist verneint aus folgenden, den Sachverhalt ergebenden

Gründen:

. . . „Dem Kläger ist darin beizutreten, daß die in Rede stehende Deckenkonstruktion weder als eine Arbeitsgerätschaft, noch als ein Gebrauchsgegenstand, noch als Teil einer Arbeitsgerätschaft oder eines Gebrauchsgegenstandes im Sinne des Gesetzes vom 1. Juni 1891 betrachtet werden kann. Auf unbewegliche Sachen und integrierende Bestandteile von solchen erstreckt sich der Gebrauchsmusterschutz nicht; wollte man dies, mit dem Berufungsgericht, zulassen, so würden sich daraus Folgerungen ergeben, die nicht bloß mit dem Sprachgebrauch in Widerspruch stehen, sondern auch über das wirtschaftliche Bedürfnis, das zu der Gewährung des Musterschutzes geführt hat, weit hinausgehen würden. Es würde danach der Schutz des Gesetzes vom 1. Juni 1891 z. B. auch für Häuser, für Wiesenberieselungen, für die Anlage von Schächten in Bergwerken oder für Teile derartiger Anlagen in Anspruch genommen werden können. Das liegt nicht im Sinne des Gesetzes vom 1. Juni 1891. Es wird sich bei diesen Gegenständen übrigens immer um eine neue Konstruktion, um ein Verfahren zur Herstellung des Gegenstandes handeln, welches, soweit es neu ist, unter Patentschutz gestellt werden kann, aber außerhalb des Bereiches des Gebrauchsmusterschutzes liegt. Dies trifft auch im vorliegenden Falle zu. Nach der bedenkenfreien Feststellung des Berufungsgerichtes beschränkt sich die Neuheit der streitigen Konstruktion darauf, daß an Stelle von Rundeisenstäben gebogene, hochkantig gestellte Eisenstreifen als Trägerstäbe verwendet werden. Die Vorzüge dieser Anordnung bestehen zufolge des vom Berufungsgericht seiner Entscheidung zu Grunde gelegten Gutachtens ... darin, daß Flacheisenstreifen eine größere Tragfähigkeit besitzen, daher bei gleicher Länge ein geringeres Eigengewicht zu haben brauchen, ferner darin, daß Flacheisenstreifen leicht in Zickzackform gebogen und alsdann leichter zwischen die Traversen eingelagert und an denselben befestigt werden können, als Rundeisenstäbe. Der zweite Vorzug bezieht sich ersichtlich auf das Verfahren bei der Herstellung der Decke. Dasselbe gilt aber auch von dem Vorteil der größeren Tragfähigkeit. Der praktische Wert dieses Vorteiles ist bedingt durch die Freilänge der Bandeisenstreifen, und diese wiederum hängt ab von der Art, wie die Eisenstreifen gebogen und zwischen die Zwischenträger eingelagert werden. Aus alledem ergiebt sich, daß die technische Bedeutung der von den Beklagten angeordneten Konstruktion in dem Gedanken zu finden ist, gebogene Bandeisenstreifen in der von den Beklagten angegebenen Weise zur Herstellung einer Decke zu verwenden. Das mag ein patentfähiger Erfindungsgedanke sein; der Gebrauchsmusterschutz steht hierfür nicht zu Gebote." ...

---

16. Was versteht das Gesetz zum Schutz der Warenbezeichnungen vom 12. Mai 1894 in § 23 Abs. 1 unter dem Besitze einer „Niederlassung" im Inlande? Muß es eine Haupt-, oder kann es auch eine Zweigniederlassung sein?

II. Civilsenat. Urt. v. 1. April 1898 i. S. H. u. Gen. (Bekl.) w. G. (Kl.). Rep. II. 372/97.

I. Landgericht Ratibor.
II. Oberlandesgericht Breslau.

Aus den Gründen:

„Die klagende offene Handelsgesellschaft, welche ihren Sitz in Jägerndorf, somit im Auslande, hat, nimmt für ihre in der Zeichenrolle des Kaiserlichen Patentamtes zu Berlin für einen von ihr hergestellten und in Flaschen von besonderer Form vertriebenen „Altvater-Kräuter-Liqueur" eingetragenen Warenzeichen gegenüber den beiden Beklagten den gesetzlichen Schutz in Anspruch. Letztere bestreiten unter Hinweisung auf § 23 des Gesetzes zum Schutz der Warenbezeichnungen vom 12. Mai 1894, daß Klägerin berechtigt sei, selbst das Klagerecht auszuüben, da sie im Inlande eine Niederlassung nicht besitze und erst im Laufe des Verfahrens im Inlande bestellte Vertreter namhaft gemacht habe. Das Berufungsgericht hat jedoch diese Einrede, welche als prozeßhindernde Einrede des § 247 Ziff. 6 C.P.O. geltend gemacht, und über welche bisher allein verhandelt worden ist, verworfen, indem es feststellte, daß die Klägerin auch eine Niederlassung in Mocker (Königreich Preußen) besitze, daher von den Beschränkungen des angeführten § 23 des Gesetzes nicht betroffen werde. Hiergegen richtete sich der Angriff der Revision der Beklagten, welche behaupten, daß die Entscheidung auf einer rechtsirrtümlichen Auffassung des Begriffes „Niederlassung" im Sinne des § 23 des Gesetzes vom 12. Mai 1894 beruhe. Diese Rüge konnte jedoch nicht für begründet erachtet werden.

Die Klägerin besitzt eine Hauptniederlassung in Österreich (Jägerndorf); ihr Etablissement in Preußen (Mocker) ist im Handelsregister von Leobschütz als Zweigniederlassung eingetragen. Eine Zweigniederlassung im Sinne des Art. 21 H.G.B. wurde unter dem Markenschutzgesetze vom 30. November 1874, dessen § 20 den Besitz einer Handelsniederlassung im Inlande zur unbeschränkten Geltendmachung des Schutzrechtes erforderte, nach einer in Bd. 21 der Entsch. des R.G.'s in Civils. unter Nr. 1 abgedruckten Entscheidung des heute erkennenden Senates des Reichsgerichts vom 28. Februar 1888 nicht als genügend angesehen; vielmehr wurde angenommen, daß unter einer „Handelsniederlassung" im Sinne des § 20 nur eine Hauptniederlassung zu verstehen sei. Die Hauptgründe, welche für jene Ansicht sprachen, treffen aber für den hier allein maßgebenden § 23 des Gesetzes vom 12. Mai 1894 nicht zu, namentlich nicht die Rücksicht auf den Sprachgebrauch des Handelsgesetzbuches in den Artt. 19 und 21 und die

Vorschrift des § 1 des Markenschutzgesetzes, nach welcher nur solche Gewerbetreibende, deren Firma im Handelsregister eingetragen ist, die Befugnis zur Eintragung ihrer Warenzeichen besitzen und solche zur Eintragung in das Handelsregister des Ortes ihrer „Hauptniederlassung" bei dem zuständigen Gerichte anmelden können. Nach dem Gesetze vom 12. Mai 1894 ist das Erfordernis der Führung einer Firma und deren Eintragung im Handelsregister für den Anmeldenden fortgefallen, damit auch die Verbindung der Zeichenrolle mit dem Handelsregister; es besteht für ganz Deutschland nur eine Zeichenrolle, welche bei dem Patentamte geführt wird. Das Gesetz knüpft den gewährten Schutz nicht an das Erfordernis der Staatsangehörigkeit, sondern der Niederlassung im Inlande. Ähnlich bestimmt § 12 des Patentgesetzes vom 7. April 1891, daß derjenige, welcher nicht im Inlande wohnt, den Anspruch auf die Erteilung eines Patentes und die Rechte aus dem Patente nur geltend machen könne, wenn er im Inlande einen Vertreter bestellt habe, und § 13 des Gesetzes, betreffend den Schutz von Gebrauchsmustern, vom 1. Juni 1891 macht Wohnsitz oder Niederlassung im Inlande zur Voraussetzung des unbeschränkten Schutzanspruches. Von einer genauen Begriffsbestimmung der Niederlassung eines Gewerbetreibenden hat das Gesetz abgesehen; jedenfalls liegt aber kein genügender Grund für eine Beschränkung des Wortes auf Hauptniederlassungen vor. Daraus, daß das jetzige Gesetz dem Auslande die Eintragung von Warenzeichen in die deutsche Zeichenrolle, wenn der Schutzsuchende eine Niederlassung im Inlande nicht besitzt, einigermaßen erschwert, läßt sich gleichfalls nicht folgern, daß auch der Begriff der Niederlassung einzuschränken sei, und zwar in der Weise, daß er die Zweigniederlassung eines Handelsgeschäftes ausschlösse. Bei der großen Verschiedenheit der Gewerbebetriebe ist eine generelle Bestimmung erschwert, und hat sich auch die Gewerbeordnung in § 42 mit einer negativen Vorschrift begnügt. Für den vorliegenden Fall handelt es sich nur um die Frage, ob das Berufungsgericht berechtigt war, in dem von der Klägerin in Mocker betriebenen Etablissement eine Niederlassung im Inlande nach den über dessen Beschaffenheit getroffenen thatsächlichen Feststellungen zu erblicken. Diese Frage mußte aber bejaht werden. Die Klägerin besitzt nach der Feststellung des Berufungsgerichtes in Mocker eine Fabrik zur Herstellung und zum Versand von Spirituosen in Deutschland, die bis auf die sogenannte todte Saison stets im Betriebe ist, von dem Destillateur F. geleitet wird, und deren jährliche Produktion einen Wert von 30000 ℳ erreicht. Die Klägerin hat ihrem Willen, in Mocker eine selbständige Niederlassung zu haben, dadurch Ausdruck gegeben, daß sie das dortige Unternehmen als Zweigniederlassung im Handelsregister bei dem Amtsgerichte zu Leobschütz eintragen ließ, daß sie Gewerbesteuer bezahlt und die Konzession zum Kleinhandel mit geistigen Getränken erworben hat. Weiter ist festgestellt, daß der Leiter der Zweigniederlassung in Mocker thatsächlich und in regelmäßiger Wiederkehr Geschäfte, insbesondere mit benachbarten Gastwirten, selbständig abschließt und ausführt. Es besteht daher in Mocker ein Nebenetablissement mit selbständiger Existenz, eine Produktionsstätte, von welcher die Waren an die Kunden in Deutschland versendet werden, und in welcher auch selbständige Geschäfte zum Abschluß kommen. Hiernach konnte nicht nur angenommen werden, daß eine Zweigniederlassung nach Art. 21 H.G.B. in Mocker bestehe, sondern auch daß dieses Geschäft eine gewerbliche Niederlassung im Sinne des § 23 des Gesetzes vom 12. Mai 1894 darstelle, und daß es deshalb auf die eventuelle weitere Frage, ob der nach Abs. 2 des § 23 erforderlichen Geltendmachung des durch die Eintragung begründeten Rechtes durch einen im Inlande bestellten Vertreter genügt sei, nicht mehr ankomme." . . .

---

17. Worte als Warenzeichen. Welche Wirkung hat die Eintragung eines Wortzeichens, wenn Andere dieses Wort in Verbindung mit anderen Worten zur Bezeichnung von gleichartigen Waren benutzen?

Reichsgesetz zum Schutz der Warenbezeichnungen vom 12. Mai 1894 §§ 12. 20.

II. Civilsenat. Urt. v. 1. April 1898 i. S. J. & D. (Kl.) w. G. & Co. (Bekl.). Rep. II. 378/97.

I. Landgericht I Berlin.
II. Kammergericht daselbst.

Für die Klägerin war unter der Herrschaft des Zeichenschutzgesetzes vom 12. Mai 1894 in die Zeichenrolle des Patentamtes das

Warenzeichen „Lanolin" und „Lanolinum" für gereinigtes Wollfett und mit demselben hergestellten Produkte und Präparate eingetragen. Dieselbe behauptete, daß die Beklagte sie dadurch in ihrem durch die Eintragung geschützten Rechte verletze, daß sie sich zur Bezeichnung ihrer gleichartigen Fabrikate des Wortes „Boroglycerinlanolin" bediene. Ihre Klage, in welcher sie beantragte, der Beklagten zu untersagen, gleichartige Waren, deren Verpackung oder Umhüllung mit dem Warenzeichen „Lanolin" oder „Lanolinum" in Verbindung mit anderen Worten zu versehen, die so bezeichneten Waren in den Verkehr zu setzen oder feil zu halten, sowie auf Ankündigungen u. dgl. diese Bezeichnung anzubringen, wurde von dem Kammergericht abgewiesen, und die gegen dieses Urteil eingelegte Revision zurückgewiesen aus folgenden

Gründen:

. . . „Der Ausführung der Revisionsklägerin, daß der Berufungsrichter unter Verkennung des Wesens der Wortmarke zur Anwendung des § 20 des Gesetzes zum Schutz der Warenbezeichnungen vom 12. Mai 1894 gelangt sei, während schon an sich die unveränderte Anwendung des ihr geschützten Wortes „Lanolin" in der von der Beklagten benutzten Warenbezeichnung „Boroglycerinlanolin" einen Eingriff in ihr durch die Eintragung in die Zeichenrolle erworbenes Zeichenrecht und damit eine Verletzung des § 12 des Zeichenschutzgesetzes enthalte, kann nicht beigepflichtet werden. Das Zeichenschutzgesetz hat keine ausdrückliche Vorschrift darüber, ob eine Verletzung des Zeichenrechtes dann vorliegt, wenn ein Dritter einem eingetragenen Wortzeichen noch andere Worte und Silben beifügt und das so gebildete Wort zur Bezeichnung gleichartiger Waren benutzt. Diese Frage muß daher für jeden einzelnen Fall aus der Natur des Wortzeichens und dem vom Gesetze gewollten Zwecke desselben, als Unterscheidungszeichen der Waren des neuen Geschäftsbetriebes von den Waren Anderer zu dienen, beantwortet werden. Die bloße Einreihung des geschützten Wortzeichens in die neugebildete Wortbezeichnung kann an und für sich nicht ausschlaggebend sein, da letztere in ihrer Gesamtbildung in Betracht gezogen werden muß. Das Wortzeichen hat für das kaufende, konsumierende Publikum Unterscheidungskraft nicht nur in seiner graphischen Erscheinung, sondern ganz besonders in seinem Klanglaute und in dem dadurch erzeugten begrifflichen

Eindrucke. Fügt jemand einem für einen Anderen eingetragenen Wortzeichen andere Worte und Wortlaute in der Weise bei, daß dieselben in ihrer äußeren Erscheinung und in ihrem Klanglaute mit dem als Zeichen eingetragenen Worte in eine solche organische Verbindung treten, daß die Zusammensetzung nach außen hin nur als ein einheitliches Wort in die Erscheinung tritt, und zwar in der Art, daß das geschützte Zeichen dabei in seiner Individualität, seiner charakteristischen Eigentümlichkeit sowohl in der figürlichen Erscheinung als auch im Klanglaute vor den Zuthaten nicht hervortritt, somit seine Bedeutung als eigentliches Schlagwort für die Warenbezeichnung verloren hat, so liegt ein neues Warenzeichen vor, das mit dem geschützten Zeichen nicht identisch ist, und bezüglich dessen die Gefahr der Verwechselung im Verkehre mit dem eingetragenen Zeichen verneint werden kann. Hat dagegen eine organische Verbindung des geschützten Zeichens mit den zugefügten Worten nicht stattgefunden, oder hat ungeachtet einer solchen das erstere seine Individualität und damit seine unterscheidende Kraft in der Zusammensetzung, auch namentlich seinem Klanglaute nach, bewahrt, sodaß die Zuthaten in dieser Beziehung zurücktreten, so liegt im ersteren Falle kein neugeschaffenes Zeichen vor; vielmehr enthält die Verwendung des eingetragenen Zeichens in der geschehenen Zusammenstellung einen Eingriff in das Zeichenrecht des Eingetragenen, und kann im letzteren Falle die Gefahr der Verwechselung im Verkehr zwischen beiden Zeichen ungeachtet der vorhandenen Abweichungen angenommen werden. Nach der Begründung in dem angegriffenen Urteile ist anzunehmen, daß das Kammergericht bei seiner Entscheidung von diesen rechtlichen Gesichtspunkten ausgegangen ist. Es folgt dieses aus der Ausführung, daß das Wort „Boroglycerinlanolin" weder seiner äußeren Gestalt noch seinem Klange nach dasselbe Wort wie „Lanolin" sei, und daß das erstere Wort eine einheitliche Zusammensetzung mehrerer Worte sei, in welcher, möge man sie geschrieben, oder gedruckt sehen oder ausgesprochen hören, das geschützte Wort „Lanolin" nur als einer ihrer Bestandteile erscheine. Das Kammergericht hat daher ohne Verstoß gegen den rechtlichen Begriff des Wortzeichens die thatsächliche Feststellung getroffen, daß das von der Beklagten benutzte Wort „Boroglycerinlanolin" ein anderes Wort ist, als das der Klägerin geschützte Wort „Lanolin", und daß auch die Gefahr einer Verwechselung beider Zeichen im Verkehr ausgeschlossen ist, und diese Feststellung trägt die Entscheidung.

Unzutreffend ist die Bezugnahme der Beklagten auf die Entscheidungen des Reichsgerichtes in Civilsachen I. 240/96 und in Strafsachen II. 1252/97; denn in diesen beiden Sachen fehlte es an einer organischen Verbindung der geschützten Wortzeichen mit den zugefügten Worten." ...

---

18. Auslegung des § 9 Abs. 2 des Gesetzes zum Schutz der Warenbezeichnungen vom 12. Mai 1894.

II. Civilsenat. Urt. v. 5. April 1898 i. S. S. (Bekl.) w. L. & E. (Kl.). Rep. II. 370/97.

I. Landgericht Hamburg.
II. Oberlandesgericht daselbst.

Aus den Gründen:

... „Soweit ... die Klage auf § 9 Abs. 2 des Gesetzes zum Schutz der Warenbezeichnungen vom 12. Mai 1894 gestützt ist, steht derselben schon folgende Betrachtung entgegen.

Das in § 9 Abs. 2 des genannten Gesetzes bezeichnete Klagerecht ist nicht gewährt gegenüber solchen Warenzeichen, welche schon unter der Herrschaft des Gesetzes über Markenschutz vom 30. November 1874 zur Eintragung in das Zeichenregister gelangt sind und dann gemäß § 24 des Gesetzes zum Schutz der Warenbezeichnungen vom 12. Mai 1894 auf die Zeichenrolle des Patentamtes übertragen werden, sondern nur gegenüber solchen Warenzeichen, welche nach Eintritt des Gesetzes vom 12. Mai 1894 zum erstenmal zur Eintragung gelangen. Für eine Unterscheidung in der angegebenen Weise spricht die ganze Natur der Bestimmung des § 9 Abs. 2 des Gesetzes vom 12. Mai 1894. Sie bildet eine Billigkeitsmaßregel, die zu Gunsten eines gewissen thatsächlichen, in § 9 Abs. 2 nach seinen Voraussetzungen näher bezeichneten, Besitzstandes, der unter der Herrschaft des Gesetzes vom 30. November 1874 einen Rechtsschutz noch nicht genoß, im Hinblicke auf veränderte Prinzipien des Gesetzes vom

12. Mai 1894 einen Rechtsschutz gewähren will, jedoch unbeschadet bereits erworbener Rechte. Sie will daher jenem thatsächlichen Besitzstand zwar einen Schutz dagegen verschaffen, daß zu Gunsten Anderer Zeichen, die bisher nicht geschützt waren, durch erstmalige Anmeldung unter der Herrschaft des Gesetzes vom 12. Mai 1894 ein Vorrecht vor jenem Besitzstande erlangen; sie will aber nicht jenem Besitzstande die Wirkung gewähren, daß er nun seinerseits ein Vorrecht vor den Rechten jener erlangen soll, die bereits unter der Herrschaft des Gesetzes vom 30. November 1874 Eintragung erwirkt hatten. Ein derartiges Eingreifen in Rechte, die unter der Herrschaft des Gesetzes vom 30. November 1874 entstanden waren, zu Gunsten eines Besitzstandes, der unter der Herrschaft des Gesetzes vom 30. November 1874 den Schutz der Eintragung nicht erlangen konnte, ist nicht zu unterstellen.

Für die bezeichnete Auslegung ist einigermaßen auch der Umstand verwertbar, daß in § 9 Abs. 2 des Gesetzes vom 12. Mai 1894 nur von Eintragung „nach Maßgabe des gegenwärtigen Gesetzes" die Rede ist, wiewohl diese Ausdrucksweise für sich allein nicht entscheidend zu erachten wäre.

Weiter kommt aber in Betracht, daß bei der gegenteiligen Auffassung § 9 Abs. 2 des Gesetzes vom 12. Mai 1894 seinen Zweck nicht genügend erfüllen würde. Denn eine nach § 9 Abs. 2 dieses Gesetzes gegebene Klage muß bis zum 1. Oktober 1895 erhoben werden; die Übertragung der gemäß dem Gesetze vom 30. November 1874 eingetragenen Warenzeichen kann aber nach § 24 des Gesetzes vom 12. Mai 1894 bis zum 1. Oktober 1898 jederzeit erfolgen, sodaß allen denen gegenüber, welche mit der Übertragung bis nach dem 1. Oktober 1895 gewartet haben, ein Schutz aus einem Besitzstande im Sinne des § 9 Abs. 2 des Gesetzes vom 12. Mai 1894 (nämlich aus dem Umstande, daß ein Warenzeichen bis zum Erlasse des Gesetzes vom 12. Mai 1894 innerhalb beteiligter Verkehrskreise als Kennzeichen der Waren eines bestimmten Geschäftsbetriebes gegolten habe) nicht eintreten könnte, weil die Klagefrist verstrichen wäre. Da eine solche Folgerung dem Gesetzgeber wohl nicht entgangen wäre, ist anzunehmen, daß der Gesetzgeber eine der oben ausgeführten gegenteilige Auffassung des § 9 Abs. 2 des Gesetzes vom 12. Mai 1894 überhaupt nicht gewollt hat." . . .

19. Begrenzung des Begriffes einer Arbeitsgerätschaft im Sinne des Gebrauchsmusterschutzgesetzes vom 1. Juni 1891.

I. Civilsenat. Urt. v. 6. April 1898 i. S. Sch. u. Kr. (Bekl.) w. H. (Kl.). Rep. I. 64/98.

I. Landgericht Meiningen.
II. Oberlandesgericht Jena.

Dem Kläger war das deutsche Reichspatent Nr. 56 809 vom 21. August 1890 erteilt auf eine Schützenschlag-Vorrichtung für mechanische Webstühle mit lotrecht schlagender Lade.

Für die Beklagten war auf Grund einer Anmeldung vom 28. Februar 1895 in die Musterrolle des Patentamtes ein Gebrauchsmuster eingetragen worden. Die Überschrift der Anmeldung lautet: „Schützenschlag-Vorrichtung für mechanische Drahtwebstühle mit an beiden Enden der Schützenbahn abwechselnd gespannten und ausgelösten Schlagfedern". Am Schlusse der Anmeldung ist ein Schutzanspruch formuliert, der folgenden Wortlaut hat: „Eine Schützenschlag-Vorrichtung für mechanische Drahtwebstühle, gekennzeichnet durch die Anordnung des Spannmechanismus (Winkelzüge k, l, l^1 und Kurbeln m) und des Auslösungsmechanismus (Schieber o, Hebel p, Daumen r) für die auf beiden Seiten der Lade angeordneten Schützen-Schlagfedern (i) in der Weise, daß die genannten Schlagfedern (i) beim Auf-, bezw. Vorwärtsgang der Lade abwechselnd gespannt und ebenso abwechselnd ausgelöst werden."

Die Klage ging darauf, die Beklagten zu verurteilen, in Löschung des für sie eingetragenen Gebrauchsmusters zu willigen, in zweiter Linie darauf, zu erkennen, daß die Beklagten nicht befugt seien, das ihnen infolge der Gebrauchsmustereintragung zustehende Recht ohne Erlaubnis des Klägers, als Patentinhabers, auszuüben. Das Landgericht wies die Klage ab. Auf die Berufung des Klägers wurden dagegen die Beklagten verurteilt, in die Löschung des für sie eingetragenen Gebrauchsmusters zu willigen. Die Revision ist zurückgewiesen worden aus folgenden

Gründen:

„Die Annahme des Berufungsgerichtes, daß die streitige Vorrichtung dem Gebrauchsmusterschutz nicht zugänglich sei, muß ungeachtet der dagegen gerichteten Revisionsangriffe für zutreffend erachtet werden.

Die Revision verweist zunächst auf die Entscheidungsgründe des landgerichtlichen Urteiles, in denen die Ansicht vertreten wird, daß unterschiedslos alle Maschinen und Betriebsvorrichtungen den „Arbeitsgerätschaften oder Gebrauchsgegenständen" zuzurechnen seien. Demgegenüber ist aber an dem vom erkennenden Senat bereits mehrfach ausgesprochenen Grundsatz festzuhalten, daß nach dem allgemeinen Sprachgebrauche und im Sinne des Gesetzes vom 1. Juni 1891 unter Arbeitsgerätschaften und Gebrauchsgegenständen nur relativ einfache Werkzeuge und Vorrichtungen zu verstehen sind, nicht aber künstliche, aus vielen in einander greifenden Arbeitsmitteln zusammengesetzte, zur Bewegung durch Naturkräfte bestimmte Maschinen oder die Gesamtheit einer Reihe selbständiger, zum Zwecke eines auf einer Mehrheit von Arbeitsvorgängen aufgebauten Betriebes zusammengefügter Vorrichtungen.

Vgl. die in den Entsch. des R.G.'s in Civils. Bd. 36 Nr. 4 u. Bd. 39 Nr. 28 abgedruckten Urteile vom 23. Oktober 1895 und 8. Mai 1897.

Die Anwendung dieses Grundsatzes auf den vorliegenden Fall führt zur Bestätigung der angefochtenen Entscheidung. Allerdings wurde in dem zweiten der beiden angezogenen Urteile anerkannt, daß ein Gegenstand, der als Teil eines zusammengesetzten Apparates zu dienen bestimmt sei, auch dann, wenn letzterer selbst der Musterschutzfähigkeit entbehren sollte, ein Arbeitsgerät oder Gebrauchsgegenstand sein könne, und auf Grund dessen angenommen, daß dem Modell einer neu und zweckmäßiger gestalteten Filterplatte für Filterpressen der Musterschutz nicht zu versagen sei. Der Revision ist aber nicht zuzugeben, daß es sich danach rechtfertigt, der hier in Frage stehenden Vorrichtung die gleiche Behandlung zu teil werden zu lassen.

Für das Urteil vom 8. Mai 1897 handelte es sich um einen einfachen Gegenstand, der lediglich vermöge der ihm selbst beiwohnenden Beschaffenheit eine beschränkte Aufgabe bei der Arbeitsverrichtung des Apparates erfüllt, von welchem er einen Teil bildet. Ganz anders liegt die Sache im gegenwärtigen Falle. In Anspruch genommen wird der Gebrauchsmusterschutz für eine Schützenschlag-Vorrichtung für mechanische Drahtwebstühle. Aus der in der Modellanmeldung gegebenen

Beschreibung ist folgendes hervorzuheben. Auf jeder Seite des Drahtwebstuhles sind zwei Hebelmechanismen, ein Spann- und ein Auslösungsmechanismus, angebracht. Die Spannmechanismen dienen zum Spannen, die Auslösungsmechanismen zur Auslösung der an beiden Enden der Schützenbahn angeordneten Schlagfedern, welche letzteren, wenn sie nach der Auslösung vorschnellen, den Schützen durch das Fach schießen. Jeder der beiden Spannmechanismen wird gebildet durch einen in einem Lager der Schützenkasten-Grundplatte drehbaren Winkelhebel, dessen nach oben gerichteter, durch eine Feder nach innen gezogener Arm hinter eine in Längsschlitzen der Grundplatte gleitende Nase des Schlagbolzens greift, und dessen anderer Arm durch eine eingelenkte Stange mit einem zweiten, in einem Bock lagernden und in einer Führungsgabel gleitenden Hebel in Verbindung steht. Jeder der beiden Auslösungsmechanismen besteht aus einem in einem Gestell drehbar gelagerten Winkelhebel, dessen oberer Arm mit Gabeln hinter die Rolle eines noch zu erwähnenden Schiebers greift. In Thätigkeit gesetzt wird der Spannmechanismus durch den Aufwärtsgang, der Auslösungsmechanismus durch den Abwärtsgang der Lade, indem diejenige Welle, welche vermittelst Kurbeln und Pleuelstangen die Lade auf- und abbewegt, durch Zahnräderübersetzung eine zweite Welle antreibt, und diese bei ihrer Drehung durch Kurbeln und Daumen auf die genannten Mechanismen einwirkt. Erforderlich ist sodann noch auf jeder der beiden Seiten des Drahtwebstuhles eine Feststellvorrichtung: ein in einer Führung der Schützenkasten-Grundplatte gleitender Schieber wird durch eine Feder gegen den Schlagbolzen gezogen und schnappt in einen Einschnitt des letzteren ein, sobald die Schlagfeder gespannt ist; das Auslösen des Schlagbolzens und damit der Schlagfeder erfolgt durch Zurückziehen des Schiebers.

Hiermit ist angedeutet, worin das Wesen der Schützenschlag-Vorrichtung der Beklagten besteht. Wie ersichtlich, auf einer Kombination im einzelnen bekannter mechanischer Mittel beruhend, ist sie dazu bestimmt, dem Drahtwebstuhl in Bezug auf den wesentlichsten Teil seiner Arbeit, die Inbetriebsetzung des Schützens, eine angeblich neue Einrichtung zu geben, und sie ist in dem Maße kompliziert, daß zur Klarstellung ihrer Zusammensetzung und Wirkungsweise die Anmelder des Modells, und zwar mit Grund, eine mehr als fünf Seiten umfassende Beschreibung und vier Abbildungen mit sechsunddreißig verschiedenen

Buchstabenbezeichnungen für nöthig erachtet haben. Eine derartige Vorrichtung ist als ein Arbeitsgerät oder Gebrauchsgegenstand, wofür der Gebrauchsmusterschutz erworben werden könnte, nicht anzusehen." ...

---

20. Unter welchen Voraussetzungen können Angehörige der schweizerischen Eidgenossenschaft den Schutz des deutschen Reichsgesetzes vom 11. Januar 1876, betr. das Urheberrecht an Mustern und Modellen, in Anspruch nehmen?

Übereinkommen zwischen dem Deutschen Reich und der Schweiz, betr. den gegenseitigen Patent-, Muster- und Markenschutz, vom 13. April 1892 (R.G.Bl. v. 1894 S. 511).

I. Civilsenat. Urt. v. 16. April 1898 i. S. F. (Kl.) w. B. & Co. (Bekl.). Rep. I. 430/97.

I. Landgericht I Berlin.
II. Kammergericht daselbst.

Der Kläger, der in der Schweiz die Fabrikation von Stickereien, Passementerie und Spitzen betrieb und im Jahre 1895 in Berlin eine Zweigniederlassung besaß, ließ am 25. November 1895 ein Modell in das Musterregister des Amtsgerichtes I zu Berlin mit einer dreijährigen Schutzfrist eintragen. Die Beklagte ließ innerhalb der Schutzfrist 15 Meter dieses Musters auf Bestellung anfertigen und verkaufte dieselben. Der Kläger beantragte deshalb, die Beklagte zu verurteilen: 1. anzuerkennen, daß sie nicht berechtigt sei, das dem Kläger geschützte Muster herzustellen, herstellen zu lassen, in Verkehr zu bringen oder feilzuhalten; 2. die vorhandenen dem Muster entsprechenden Waren zum Zwecke der amtlichen Aufbewahrung bis zum Ablauf der Schutzfrist an einen vom Kläger zu beauftragenden Gerichtsvollzieher zu übergeben.

Der Kläger stützte seine Anträge auf das Reichsgesetz vom 11. Januar 1876, betreffend das Urheberrecht an Mustern und Modellen, und auf das Übereinkommen zwischen dem Deutschen Reich und der Schweiz, betreffend den gegenseitigen Patent-, Muster- und Markenschutz, vom 13. April 1892. Die Beklagte machte geltend:

a) Kläger habe im Inlande weder einen Wohnsitz, noch eine Hauptniederlassung, hätte daher die Anmeldung der Niederlegung des Musters nicht in Berlin, sondern in Leipzig bewirken müssen; b) der Schutz des Gesetzes vom 11. Januar 1876 stehe dem Kläger überhaupt nicht zu, da Kläger das streitige Muster nicht im Inlande fabriziere; c) das Muster sei für plastische Erzeugnisse angemeldet, das Plastische daran sei jedoch nicht neu, sondern lange vor 1895 bekannt gewesen.

Das Landgericht wies die Klage ab, und die vom Kläger eingelegte Berufung wurde zurückgewiesen. Das Reichsgericht hat auf die Revision des Klägers das Berufungsurteil aufgehoben aus folgenden

Gründen:

„Die Vorinstanzen gehen davon aus, daß das Reichsgesetz vom 11. Januar 1876, betreffend das Urheberrecht an Mustern und Modellen, nach § 16 Abs. 1 Anwendung findet „auf alle Muster und Modelle inländischer Urheber, sofern die nach den Mustern oder Modellen hergestellten Erzeugnisse im Inlande verfertigt sind,“ während, abgesehen von der hier nicht in Frage kommenden Bestimmung im Abs. 2, zufolge Abs. 3 des § 16 „im übrigen der Schutz der ausländischen Urheber sich nach den bestehenden Staatsverträgen richtet“. Das Übereinkommen zwischen dem Deutschen Reich und der Schweiz vom 13. April 1892 beschränkt sich nach der Auffassung der Instanzgerichte darauf, die Angehörigen des einen vertragschließenden Teiles im Gebiete des anderen in Bezug auf den Schutz von Mustern und Modellen den eigenen Angehörigen gleichzustellen. Daraus folge aber nicht, daß hinsichtlich des Erfordernisses der Fabrikation im Inlande, welches § 16 Abs. 1 des deutschen Gesetzes für die Gewährung des Schutzes von Geschmacksmustern aufstellt, das Deutsche Reich und die Schweiz als ein Gebiet zu betrachten seien, wie dies z. B. im Art. 7 Abs. 4 des Handels- und Schiffahrtsvertrages zwischen dem Deutschen Reich und Spanien vom 12. Juli 1883 (R.G.Bl. S. 312) ausgesprochen sei. Mangels einer ähnlichen Bestimmung im deutsch-schweizerischen Vertrage sei für Schweizer, wie für Deutsche, die Anwendung des deutschen Gesetzes dadurch bedingt, daß die Anfertigung der Erzeugnisse in Deutschland stattfinde. Anderenfalls würden nach der Ansicht des Berufungsgerichtes die Schweizer im Deutschen Reiche besser gestellt sein als die Reichsangehörigen. Nicht für durchgreifend erachtet das Berufungsgericht das Bedenken, daß nach seiner Auffassung das Übereinkommen vom 13. April 1892 den Schweizern nur für einen praktisch ziemlich bedeutungslosen Fall einen über das Gesetz vom 11. Januar 1876 hinausgehenden Schutz gewähre, nämlich nur für den Fall, daß der Schweizer die Fabrikation der nach den Mustern oder Modellen hergestellten Erzeugnisse in Deutschland nicht in eigener Niederlassung, sondern bei einem Dritten betreibe. Denn das gedachte Übereinkommen erstrecke sich nicht bloß auf Geschmacksmuster, sondern umfasse auch den Patent-, Gebrauchsmuster- und Markenschutz. Ebensowenig treffe das aus Art. 5 des Übereinkommens hergeleitete Bedenken zu, da hier keiner der in dieser Bestimmung geregelten Fälle gegeben sei.

Das Reichsgericht vermag sich dieser Auffassung nicht anzuschließen. Zwar ist anzuerkennen, daß sie mit dem Wortlaute des Art. 1 der Übereinkunft vom 13. April 1892, wenn dieser Artikel allein in Betracht gezogen wird, wohl vereinbar sein würde. Berücksichtigt man aber den Stand der derzeitigen schweizerischen Gesetzgebung und den sonstigen Inhalt des Übereinkommens, insbesondere dessen Art. 5, so zeigt sich, daß die Auslegung der Instanzgerichte zu einem der Billigkeit und der Gesamttendenz des Staatsvertrages nicht entsprechenden Ergebnisse führt.

Nach dem schweizerischen Bundesgesetz vom 21. Dezember 1888, betreffend die gewerblichen Muster und Modelle, kann jedermann, gleichviel ob Inländer oder Ausländer, den durch dieses Gesetz gewährten Schutz für neue gewerbliche Muster und Modelle erlangen, wenn er dieselben bei dem Eidgenössischen Amte für geistiges Eigentum hinterlegt und die vorgeschriebene Hinterlegungsgebühr entrichtet. Wer nicht in der Schweiz wohnt, muß einen in der Schweiz wohnhaften Vertreter bestellen. Es ist ferner nach dem schweizerischen Gesetz nicht, wie nach dem Reichsgesetz vom 11. Januar 1876, Voraussetzung des Rechtsschutzes, daß die nach den Mustern oder Modellen hergestellten Erzeugnisse im Inlande verfertigt werden. Der Rechtsschutz besteht auch, wenn die Anfertigung außerhalb der Schweiz stattfindet. Aber nach Art. 6 Ziff. 2 des schweizerischen Gesetzes geht der Rechte aus der Hinterlegung verlustig „derjenige, welcher das Muster oder Modell im Inland nicht in angemessenem Umfang zur Ausführung bringt, während im Ausland fabrizierte Artikel desselben Musters oder Modells importiert werden". Die Klage auf Verfall kann von jedermann angestellt werden, der ein rechtliches Interesse nachweist.

Im Art. 5 des Übereinkommens vom 13. April 1892 ist bestimmt:

„Die Rechtsnachteile, welche nach den Gesetzen der vertragschließenden Teile eintreten, wenn eine Erfindung, ein Muster oder Modell, eine Handels- oder Fabrikmarke nicht innerhalb einer bestimmten Frist ausgeführt, nachgebildet oder angewendet wird, sollen auch dadurch ausgeschlossen werden, daß die Ausführung, Nachbildung oder Anwendung in dem Gebiete des anderen Teiles erfolgt.

Die Einfuhr einer in dem Gebiete des einen Teiles hergestellten Ware in das Gebiet des anderen Teiles soll in dem letzteren nachteilige Folgen für das auf Grund einer Erfindung, eines Musters oder Modells oder einer Handels- oder Fabrikmarke gewährte Schutzrecht nicht nach sich ziehen."

Der Inhalt dieser Bestimmung trifft, wie das Berufungsgericht in Übereinstimmung mit dem Landgerichte richtig ausführt, den hier vorliegenden Fall nicht unmittelbar. Wohl aber folgt aus derselben, daß dem Deutschen, der den Förmlichkeiten des schweizerischen Gesetzes genügt, der Schutz dieses Gesetzes auch dann erhalten bleibt, wenn die Fabrikation der nach den Mustern oder Modellen hergestellten Erzeugnisse nicht in der Schweiz, sondern in Deutschland stattfindet, und daß die Einfuhr der in Deutschland fabrizierten Erzeugnisse in das Gebiet der Eidgenossenschaft nicht als eine Einfuhr aus dem Auslande im Sinne des schweizerischen Gesetzes behandelt wird. Hiernach würde, wenn man die Auslegung der Instanzgerichte billigte, sich eine auffällige Ungleichheit ergeben, für die es an einem ersichtlichen Motive fehlt. Für die in der Schweiz eingetragenen Muster und Modelle würde die Ausführung im Deutschen Reiche derjenigen in der Schweiz gleichstehen, wogegen in Bezug auf die Anwendung des deutschen Gesetzes daran festzuhalten sein würde, daß die Ausführung in Deutschland selbst erfolgen müsse. Ist es von vornherein wenig wahrscheinlich, daß eine derartige Ungleichheit von den vertragschließenden Teilen beabsichtigt war, so steht dieser Auslegung auch der weitere Inhalt des Art. 5 entgegen. In demselben tritt das Prinzip hervor, daß in allen Fällen, in denen nach der deutschen oder nach der schweizerischen Gesetzgebung die Unterlassung der Anwendung oder

Ausführung den Verlust des Muster-, Patent- oder Markenschutzrechtes nach sich zieht, die Anwendung oder Ausführung in dem Gebiete des einen Teiles genügen soll, um der Verwirkung in dem Gebiete des anderen Teiles vorzubeugen. Es wird also für diese Fälle allerdings in gewissem Sinne eine Einheitlichkeit der beiderseitigen Gebiete begründet. Die Bestimmung im § 16 Abs. 1 des deutschen Gesetzes vom 11. Januar 1876 weicht von den übrigen hier in Betracht kommenden Vorschriften darin ab, daß das Erfordernis der Ausbeutung im Inlande positiv, als eine Voraussetzung für die Begründung des Geschmacksmusterschutzes, ausgesprochen ist. Die Grundsätze der Vertrags- wie der Gesetzesauslegung gebieten indes, das obige Prinzip auch auf diese Bestimmung zur Anwendung zu bringen, da sonst ein sinngemäßes, mit dem Geiste des Staatsvertrages in Einklang stehendes Ergebnis nicht zu gewinnen ist. Daß die Fassung des im Berufungsurteile angezogenen deutsch-spanischen Vertrages zweifelsfreier ist, als diejenige des vorliegenden Übereinkommens, kann zugegeben werden. Daraus folgt aber nicht, daß bei Abschluß des letzteren Vertrages die kontrahierenden Mächte von einer anderen Auffassung ausgegangen sind, umsoweniger als der deutsch-spanische Vertrag fast 10 Jahre vor dem Übereinkommen mit der Schweiz zurückliegt, und die Fassung der betreffenden Bestimmung seitdem in keinem der einschlägigen vom Deutschen Reiche geschlossenen Staatsverträge wiederholt ist.

Dagegen setzt Art. 5 des Übereinkommens vom 13. April 1892 allerdings voraus, daß die Angehörigen der vertragschließenden Teile, die sich auf diese Bestimmung berufen wollen, die zur Begründung des Musterschutzes erforderlichen Förmlichkeiten in beiden Gebieten erfüllt haben. In dieser Hinsicht gelten für den Musterschutz dieselben Erwägungen wie für den Patentschutz.

Vgl. Entsch. des R.G.'s in Civils. Bd. 37 Nr. 14 S. 49 flg.

Unter dieser Voraussetzung erweist sich das Argument des Berufungsgerichtes als hinfällig, daß durch die hier vertretene Auslegung die Schweizer dem deutschen Gesetz gegenüber günstiger gestellt werden, als die Einheimischen. Es wird vielmehr durch vorstehende Auslegung die dem Grundgedanken des Übereinkommens entsprechende materielle Gleichstellung für alle diejenigen erreicht, die in einem der beiden Gebiete staatsangehörig sind oder daselbst ihren

Wohnsitz oder ihre Hauptniederlassung haben, und die in beiden Gebieten den daselbst zur Erlangung des Musterschutzes vorgeschriebenen Förmlichkeiten genügen.

Auch mit dem Wortlaute des Art. 1 des Übereinkommens steht diese Auslegung nicht in Widerspruch. Im Art. 1 ist allerdings zunächst nur der Grundsatz der formalen Gleichbehandlung der beiderseitigen Angehörigen ausgesprochen. Dadurch wird aber die darüber hinausgehende, aus dem weiteren Inhalte des Übereinkommens zu entnehmende materielle Gleichstellung in dem hier erörterten Sinne nicht ausgeschlossen.

Kann hiernach der Grund, aus dem die Vorinstanzen die Klage abgewiesen haben, nicht für gerechtfertigt erachtet werden, so ist auch der von ihnen nicht beurteilte Einwand der Beklagten zu verwerfen, daß Kläger nach § 9 Abs. 3 des Gesetzes vom 11. Januar 1876 seine Muster und Modelle bei dem Amtsgerichte in Leipzig hätte anmelden müssen. Da Kläger in Berlin, wenn auch nicht seine Hauptniederlassung, so doch eine Zweigniederlassung hat, so war es ganz korrekt, daß die Eintragung in das vom Amtsgericht I zu Berlin geführte Musterregister bewirkt worden ist.

Vgl. Dambach, Kommentar zum Gesetz vom 11. Januar 1876 S. 62.

Die auf das Gesetz vom 30. November 1874 bezügliche Entscheidung des Reichsgerichtes vom 28. Februar 1888,

Entsch. des R.G.'s in Civils. Bd. 21 S. 1 flg.,

kommt hier nicht in Betracht.

Aus den dargelegten Gründen ergiebt sich, daß das angefochtene Urteil nicht aufrecht erhalten werden kann. Zur Endentscheidung ist die Sache noch nicht reif; denn es fehlt noch an einer Feststellung darüber, ob das streitige Muster in der Schweiz geschützt ist, wie über die von der Beklagten bestrittene Neuheit desselben." ...

---

21. Zur Anwendung des § 8 des Gesetzes vom 27. Mai 1896 zur Bekämpfung des unlauteren Wettbewerbes.

II. Civilsenat. Urt. v. 22. April 1898 i. S. F. (Bekl.) w. B. (Kl.).
Rep. II. 389/97.

I. Landgericht Leipzig, Kammer für Handelssachen.
II. Oberlandesgericht Dresden.

Gründe:

„Die Revision, welche Verletzung des § 8 des Gesetzes vom 27. Mai 1896 zur Bekämpfung des unlauteren Wettbewerbes rügt, konnte nicht für gerechtfertigt erachtet werden.

1. Das Oberlandesgericht nimmt, wenn es im Eingange seiner Entscheidungsgründe von dem „Erwerb eines ausschließlichen Gebrauchsrechts durch den erstmaligen Gebrauch des Titels einer Druckschrift" spricht, nicht etwa ein ausschließliches Gebrauchsrecht an der besonderen Bezeichnung einer Druckschrift durch erstmaligen Gebrauch des Titels derselben in dem Sinne an, daß nun ein Anderer jene Bezeichnung überhaupt nicht mehr gebrauchen dürfe, sondern hat weiter geprüft, ob bezüglich der durch einen Anderen erfolgenden Benutzung jenes Titels die subjektiven und objektiven Erfordernisse des § 8 des Gesetzes vom 27. Mai 1896 zur Bekämpfung des unlauteren Wettbewerbes vorhanden, beziehungsweise — da es sich im vorliegenden Rechtsstreite um Erlassung einer einstweiligen Verfügung handelt — glaubhaft gemacht sind. Das Vorliegen dieser Erfordernisse hat aber das Oberlandesgericht angenommen, und es liegt dieser Annahme ein Rechtsirrtum nicht zu Grunde (wie unter 2 teilweise näher zu erörtern ist).

2. In dieser letzteren Hinsicht war die Annahme des subjektiven Erfordernisses des § 8 des bezeichneten Gesetzes, es habe der Beklagte „die besondere Bezeichnung einer Druckschrift in einer Weise benutzt, welche darauf berechnet ist, Verwechselung mit der besonderen Bezeichnung hervorzurufen, deren sich ein Anderer befugterweise bedient", rechtlich nicht durch den Umstand ausgeschlossen, daß das Oberlandesgericht dahingestellt gelassen hat, ob der Beklagte, als er im Börsenblatte für den Buchhandel vom 18. Juni 1897 das demnächstige Erscheinen eines Romanes von A. St. unter dem Titel „Das Märchen vom Glück" ankündigte, gewußt habe, daß schon ein Roman gleichen Titels vorhanden und in der Öffentlichkeit erschienen sei, wogegen das Oberlandesgericht festgestellt hat, der Beklagte habe „jedenfalls dies mit Gewähr der Sicherheit durch den an ihn gerichteten Brief der Klägerin vom 19. Juni 1897, in dem diese ihn vor weiterer Benutzung dieses Titels warnt, erfahren und trotzdem kurze Zeit darauf den Roman von A. St. erscheinen lassen".

Auch wenn der Beklagte zur Zeit der von ihm erfolgten Ankündigung des Erscheinens eines Romanes von A. St. unter dem Titel „Das Märchen vom Glück" sich hinsichtlich dieses Titels in gutem Glauben befand, und man schon diese Ankündigung als eine Benutzung der besonderen Bezeichnung einer Druckschrift — nicht als eine bloße Vorbereitung hierzu — betrachtet, so kann gleichwohl eine unter jener nachher erlangten Kenntnis erfolgte weitere Benutzung unter § 8 des Gesetzes vom 27. Mai 1896 zur Bekämpfung des unlauteren Wettbewerbes fallen. Der gute Glaube hinsichtlich der Bezeichnung einer Druckschrift bei einem früheren Benutzungsakt schließt rechtlich nicht aus, daß gleichwohl der spätere Benutzungsakt mit jener Bezeichnung die in § 8 angeführte entgegengesetzte Eigenschaft (der Berechnung auf Hervorrufung von Verwechselungen mit der besonderen Bezeichnung, deren sich ein Anderer befugterweise bedient) habe. Rechtlich ist daher nicht ausgeschlossen, daß, obgleich zur Zeit der Ankündigung des St.'schen Romanes unter dem Titel „Das Märchen vom Glück" durch den Beklagten der gleichnamige Titel des im Verlage der Klägerin erschienenen v.-G.'schen Romanes dem Beklagten noch nicht bekannt gewesen sein mag, die nachher erlangte Kenntnis des Beklagten dazu führen kann, die unter dieser nunmehrigen Kenntnis erfolgende Herausgabe des ohne jene Kenntnis von dem Beklagten angekündigten Romanes unter dem gleichen Titel durch den Beklagten zu einer auf Hervorrufung von Verwechselungen berechneten im Sinne des § 8 des Gesetzes vom 27. Mai 1896 zu machen. Ob im einzelnen Falle bei einer solchen Sachlage das erwähnte subjektive Erfordernis als vorhanden zu erachten sei, fällt in das Gebiet der thatsächlichen Würdigung. Das Oberlandesgericht hat aber bei seiner thatsächlichen Würdigung unter näherer Begründung dies in bestimmter Weise angenommen." ...

---

22. Anschaffungsstempelpflichtigkeit der Ausreichung von Aktien der aufnehmenden Gesellschaft an die einzelnen Aktionäre der aufzunehmenden Gesellschaft im Falle der sog. Fusion zweier Aktiengesellschaften nach dem Reichsstempelgesetze vom 27. April 1894; Einfluß des Umstandes, daß von dem sog. Fusionsvertrage die Anschaffungsstempelabgabe schon entrichtet worden ist?

VI. Civilsenat. Urt. v. 25. April 1898 i. S. des brem. Staates (Bekl.) w. Bremer Bank (Kl.). Rep. VI. 423/97.

I. Landgericht Bremen, Kammer für Handelssachen.
II. Oberlandesgericht Hamburg.

Gründe:

„Es handelt sich in diesem Rechtsstreite um Anschaffungsstempelabgaben, die der bremische Staat nach Maßgabe der Ziff. 4a 2 des Tarifes zum Reichsstempelgesetze vom 27. April 1894 der Bremer Filiale der Deutschen Bank in Berlin abverlangt, und letztere ... unter Rechtsverwahrung gezahlt hat; die Bremer Filiale der Deutschen Bank hat ihren Rückerstattungsanspruch der Klägerin abgetreten. Die versteuerten Anschaffungsgeschäfte bestanden in Umtäuschen zweier Gattungen von Bankaktien gegeneinander, welche in Ausführung eines zwischen den betreffenden beiden Banken geschlossenen sog. Fusionsvertrages sich vollzogen haben, durch den die Bremer Bank von der Dresdner Bank in diese aufgenommen worden ist. Die Filiale der Deutschen Bank hat gegen eingereichte Bremer Bankaktien von der Dresdner Bank im ganzen 114 Aktien der letzteren im Nennwerte von je 1000 ℳ erhalten, nach deren jedesmaligem Kurswerte die erhobene Anschaffungsstempelabgabe berechnet worden ist.

Das Berufungsgericht hat, insoweit in Übereinstimmung mit dem Landgerichte, den Anspruch des Beklagten auf Entrichtung der fraglichen Abgaben deshalb für unbegründet erklärt, weil es sich bei der Ausreichung der Dresdner Bankaktien an die bisherigen Aktionäre der Bremer Bank gegen Einreichung der Aktien der letzteren nur um die Erfüllung des Fusionsvertrages gehandelt habe, weil also nur ein einmaliger Umsatz in Frage stehe, der nach dem Willen des Gesetzes auch nur einmal zu versteuern sei, und weil diese Versteuerung schon stattgefunden habe durch Verstempelung der Schlußnote vom 2. April 1895 über 15000000 ℳ von der Dresdner Bank an die Bremer Bank „in Gemäßheit des Fusionsvertrages" zu liefernde Dresdner Bankaktien. Das Berufungsgericht fügt noch hinzu, die Steuerbehörde habe sich zu entscheiden, ob sie den zu Grunde liegenden Vertrag, oder die Ausreichung der Aktien an die einzelnen Aktionäre für steuerpflichtig erachten wolle; wenn sie einmal schon von dem ersteren die Steuer erhoben habe, sei die Sache damit zu Ende.

Mit Recht hat der Beklagte vor allem diese letztere Auffassung als mit dem Gesetze unvereinbar bezeichnet. Von einer vorgängigen Entscheidung, wie sie im Berufungsurteile der Behörde angesonnen wird, könnte gar nicht die Rede sein, weil nach §§ 9 flg. des Reichsstempelgesetzes vom 27. April 1894 die Entrichtung des Geschäftsstempels — anders als nach §§ 2. 3 und § 25 daselbst die des Urkunden- und des Lotteriestempels — im regelmäßigen Laufe der Dinge ohne Mitwirkung der Behörde erfolgt; wie auch im vorliegenden Falle die erwähnte Schlußnote einfach von der Dresdner Bank mit den nach ihrer Meinung erforderlichen Stempelmarken versehen worden ist. Es kann sich vielmehr nur fragen, ob die einzelnen Umtäusche von Aktien der Bremer Bank gegen solche der Dresdner Bank stempelpflichtig sind, und ob im Bejahungsfalle dieser Pflicht durch die Versteuerung des Fusionsgeschäftes im ganzen genügt sein würde. Die erstere Frage ist unbedenklich zu bejahen, wie keiner weiteren Ausführung bedarf. Die andere Frage aber ist jedenfalls deshalb zu verneinen, weil in der auf das Fusionsgeschäft bezüglichen Schlußnote nicht die einzelnen Aktionäre der Bremer Bank, sondern diese selbst als Erwerberin der 15000000 *M* Dresdner Bankaktien genannt ist; ganz abgesehen davon, daß, wie auch das Oberlandesgericht nicht verkennt, die Berechnung der Steuer sich von jedem der beiden Standpunkte aus verschieden gestaltet. Diese Gründe greifen selbst dann durch, wenn der Fusionsvertrag als solcher von Rechts wegen keine Steuerpflicht außer der soeben erwähnten, auf die einzelnen Umtäusche als solche bezüglichen hervorrufen sollte; dann würde es immer noch an jedem Grunde fehlen, die dort dann also überflüssigerweise entrichtete Stempelsteuer auf diese wirklich entstandene Steuerschuld in Anrechnung zu bringen. Daher braucht gegenwärtig nicht entschieden zu werden, welche rechtliche Auffassung in Ansehung der sog. Fusion der beiden Aktiengesellschaften die zutreffende ist, nämlich ob dabei wirklich die gesamten 15000000 *M* Dresdner Bankaktien von der Dresdner Bank zunächst der Bremer Bank selbst zu gewähren und erst von dieser auf ihre bisherigen Aktionäre zu verteilen waren, oder ob die Aushändigung jener Aktien direkt von der Dresdner Bank den letzteren als ihren neu hinzugetretenen Aktionären, nach Analogie des Vorganges bei der Neugründung einer Aktiengesellschaft, geschuldet wurde. Von keinem dieser beiden Standpunkte aus würde die Ausreichung der 15000000 M Dresdner Bankaktien an die einzelnen Aktionäre der Bremer Bank als die Erfüllung einer vertragsmäßigen Verbindlichkeit erscheinen, welche die Dresdner Bank im sog. Fusionsvertrage diesen Aktionären gegenüber übernommen hätte.

Somit war die angefochtene Entscheidung nicht zu halten. Bei der nach § 527 Abs. 1 C.P.O. auszusprechenden Aufhebung derselben war sodann der in § 528 Abs. 3 Ziff. 1 daselbst vorgesehene Fall gegeben, und mußte in der Sache selbst erkannt, und zwar auf die Berufung der Beklagten die Klage abgewiesen werden." ...

---

23. Darf bei der Anfechtungsklage eines Gläubigers nach § 2 des Anfechtungsgesetzes vom 21. Juli 1879 auch ein erst nach der Klagerhebung erlangter vollstreckbarer Titel berücksichtigt werden?

Vereinigte Civilsenate. Beschl. v. 27. April 1898 i. S. Farbwerke H. (Kl.) w. B. (Bekl.). Rep. II. 150/97.

I. Landgericht II Berlin.
II. Kammergericht daselbst.

Die vorstehende Rechtsfrage war zwischen dem II. und dem III. Civilsenate des Reichsgerichtes streitig geworden. Die vereinigten Civilsenate haben sie bejahend dahin entschieden:

„Bei der Anfechtungsklage eines Gläubigers nach § 2 des Anfechtungsgesetzes vom 21. Juli 1879 darf auch ein erst nach der Klagerhebung erlangter vollstreckbarer Titel berücksichtigt werden."

Gründe:

„Die Frage, bezüglich deren der II. Civilsenat beschlossen hat, eine Entscheidung der vereinigten Civilsenate einzuholen, und die von diesen bejaht worden ist, war vom III. Civilsenate in einem Urteile vom 11. Dezember 1896,

Entsch. des R.G.'s in Civils. Bd. 38 S. 87 flg.,

verneint worden. Dieser Auffassung wollte sich der II. Civilsenat nicht anschließen; vielmehr ging er in Übereinstimmung mit der schon vom V. Civilsenate in einem Urteile vom 22. Dezember 1888,

Bolze, Praxis des Reichsgerichts Bd. 7 Nr. 283,

ausgesprochenen Rechtsanschauung von der entgegengesetzten Auffassung aus, wurde aber durch die erwähnte Entscheidung des III. Civilsenates gehindert, aus seiner Ansicht bei Beurteilung des ihm vorliegenden Rechtsstreites die praktischen Folgerungen zu ziehen. Die Meinungsverschiedenheit zwischen dem II. und dem III. Civilsenate bezieht sich im Wesentlichen auf die Frage, ob das Vorhandensein des nach § 2 des Anfechtungsgesetzes erforderlichen Vollstreckungstitels einen Bestandteil des Klagegrundes bildet, sonach der Anfechtungsanspruch erst entsteht, wenn — außer den übrigen die Anfechtungsklage begründenden Thatsachen — der nach § 2 erforderliche Vollstreckungstitel vorliegt, oder ob es sich dabei nur um eine Voraussetzung handelt, an deren Vorhandensein die Ausübung oder Geltendmachung des Anfechtungsrechtes durch Erhebung der Klage geknüpft ist. Ob die eine, oder die andere Auffassung den Vorzug verdient, ist maßgebend für die Beantwortung der streitigen Rechtsfrage. Nimmt man an, daß das Vorhandensein des vollstreckbaren Titels lediglich eine Voraussetzung für die Ausübung des Anfechtungsrechtes bildet, so ergiebt sich daraus, daß er auch dann zu berücksichtigen ist, wenn er zwar zur Zeit der Klagerhebung noch nicht bestand, aber zur Zeit der Urteilsfällung vorliegt. Dann besteht kein Grund, dieses Erfordernis anders zu behandeln, als den Eintritt der Fälligkeit oder einer Bedingung bei Einklagung betagter oder bedingter Forderungen, bezüglich deren Berücksichtigung es nach einer seit langer Zeit feststehenden, auch vom III. Civilsenate gebilligten, Rechtsprechung lediglich auf die Zeit der Urteilsfällung ankommt. Der Beklagte kann dann zwar, wenn der vollstreckbare Titel bei der mündlichen Verhandlung noch nicht vorliegt, ohne weiteres Abweisung der Klage beantragen; der Kläger hat kein Recht darauf, daß die Beibringung des Vollstreckungstitels abgewartet, und ihm mit Rücksicht darauf eine Vertagung bewilligt wird. Liegt dieser Titel aber zur Zeit der Urteilsfällung vor, so darf die Klage nicht lediglich deshalb abgewiesen werden, weil er erst nach deren Erhebung beigebracht worden sei. Entscheidet man sich dagegen für die Auffassung, daß der vollstreckbare Titel bei der Anfechtungsklage einen Bestandteil des Klagegrundes bilde, der Anfechtungsanspruch sonach nicht vor dem Augenblick entstehe, in dem dieser Titel vorliege, so darf der erst nach der Klagerhebung erlangte Vollstreckungstitel nicht berücksichtigt werden. Dann treffen die bezüglich der Einklagung betagter oder bedingter Forderungen geltenden Grundsätze in Ansehung des nachträglich beigebrachten Vollstreckungstitels nicht zu. Gegen die vom III. Civilsenate ausgesprochene Auffassung sprechen nun überwiegende Gründe.

Aus dem Wortlaute und der Stellung von § 1 des Anfechtungsgesetzes folgt nicht, daß der Anfechtungsanspruch überhaupt erst entsteht, wenn die darin vorgesehenen Erfordernisse gegeben sind, insbesondere der vollstreckbare Titel für die Forderung des anfechtenden Gläubigers vorliegt. Dessen Fassung läßt vielmehr ebensogut die Annahme zu, daß dadurch die Voraussetzungen für die Geltendmachung des Anfechtungsrechtes mittels Klagerhebung geregelt werden sollten. Die Frage, aus welchen Bestandteilen sich bei der Anfechtungsklage der Grund des erhobenen Anspruches zusammensetzt, ist in der erwähnten Vorschrift in keinem Falle erschöpfend geregelt; denn dazu gehören unter allen Umständen auch die in § 3 des Gesetzes vorgesehenen Anfechtungsgründe. Gegen jene Auffassung spricht in gewissem Grade schon § 4 des Anfechtungsgesetzes, weil kaum anzunehmen ist, daß das hier eingeräumte Recht zu Gunsten eines noch gar nicht bestehenden Anspruches eingeräumt werden sollte. In viel höherem Maße gilt dies aber von § 5 dieses Gesetzes, der ausdrücklich sagt, daß die Erhebung des Anfechtungsanspruches mittels Einrede erfolgen kann, bevor ein vollstreckbarer Schuldtitel für die Forderung erlangt ist. Ein Anspruch kann nicht erhoben werden und als Grundlage für eine Einrede dienen, wenn er noch gar nicht besteht. Deshalb muß dem § 5 des Anfechtungsgesetzes die Auffassung zu Grunde liegen, daß der Anfechtungsanspruch nicht erst in dem Augenblick entstehe, in dem der Gläubiger den nach § 2 des Gesetzes erforderlichen Vollstreckungstitel erlange, sondern daß er schon vorher bestehen könne. Daran ändert der Umstand nichts, daß dieser Titel, wenn die Einrede Erfolg haben soll, innerhalb einer vom Gericht festzusetzenden Frist nachträglich beigebracht werden muß. Auch ist der Umstand, daß § 5 von der Reichstagskommission beigefügt worden ist, und diese dazu vielleicht durch Billigkeitsgründe bestimmt wurde, nicht geeignet, ihm seine Tragweite zu entziehen; denn der Vorschlag dieser Kommission ist von allen gesetzgebenden Faktoren gebilligt und dadurch Gesetz geworden. Die nämliche Auffassung hat sich übrigens seit längerer Zeit auch bezüglich der Frage Geltung verschafft, ob der anfechtende Gläubiger schon vor der Erlangung eines vollstreckbaren Titels zur Sicherung seines Anfechtungsanspruches Arrest oder eine einstweilige Verfügung erwirken dürfe. Diese Frage wird jetzt ziemlich allgemein bejaht; insbesondere liegt zwei Beschlüssen des Reichsgerichtes vom 27. Februar 1886 und vom 17. Februar 1892,

Juristische Wochenschrift von 1886 S. 117, Gruchot's Beiträge Bd. 30 S. 745 u. Juristische Wochenschrift von 1892 S. 181 Nr. 7,

die Auffassung zu Grunde, daß ein derartiges Vorgehen des Gläubigers zulässig sei. Diese Auffassung könnte aber nicht aufrecht erhalten werden, wenn der Anfechtungsanspruch vor der Erlangung eines vollstreckbaren Titels noch nicht bestünde; denn für einen nicht bestehenden Anspruch darf nicht Sicherung durch Arrest oder einstweilige Verfügung bewilligt werden.

Auch aus der Entstehungsgeschichte des § 2 des Anfechtungsgesetzes und aus dem schon im preußischen Rechte hervorgetretenen Zusammenhange zwischen dem Anfechtungsrechte der einzelnen Gläubiger und der Zwangsvollstreckung lassen sich durchschlagende Gründe für die Ansicht, daß das Vorhandensein des vollstreckbaren Titels nicht eine Voraussetzung für die Geltendmachung des Anfechtungsrechtes, sondern einen Bestandteil des Klagegrundes bilde, nicht ableiten. Die Vorschrift, daß ein Gläubiger Anfechtungsklage erst dann erheben dürfe, wenn er für seine Forderung einen vollstreckbaren Titel erlangt habe, wurde in den Motiven zum Entwurfe des Anfechtungsgesetzes eingehend begründet. Es wurde insbesondere ausgeführt, da der Gläubiger erst nach Erlangung eines Vollstreckungstitels zum Zwecke seiner Befriedigung aus dem Vermögen des Schuldners bestimmte Stücke entnehmen dürfe, müsse auch in Ansehung seines Vorgehens gegen einen Dritten an der Forderung eines solchen Titels festgehalten werden; denn der Gläubiger dürfe dem Dritten gegenüber nicht besser gestellt sein, als in Ansehung des Schuldners selbst. Ferner wurde bei der Reichstagsverhandlung vom Jahre 1879 (Stenographische Berichte S. 2268) hervorgehoben, durch § 2 werde auch der praktische Zweck erreicht, daß ein etwaiger Streit über die Forderung des Gläubigers zwischen diesem und dem Schuldner selbst auszutragen sei. Aber diesen Anforderungen, wie allen sonstigen Erwägungen, die zur Begründung der in § 2 enthaltenen Vorschrift geltend gemacht werden können, wird auch dann genügt, wenn angenommen wird, es handle sich dabei lediglich um eine Voraussetzung für die Ausübung des Anfechtungsrechtes. Insbesondere kann man, wenn der Mangel eines vollstreckbaren Titels ohne weiteres die Abweisung der Klage zur Folge hat, und das die Rückgewähr anordnende Urteil nicht ergehen darf, solange dieser Anforderung nicht genügt worden ist, nicht sagen, daß der anfechtende Gläubiger dem Dritten gegenüber besser gestellt sei, als in Ansehung des Schuldners selbst. Der vollstreckbare Titel, der ihn zur Zwangsvollstreckung gegen den Schuldner berechtigt, muß, soweit er gegen den Dritten als Anfechtungsbeklagten vorgeht, nicht bloß zur Zeit der gegen diesen gerichteten Vollstreckungshandlungen, sondern schon zur Zeit des von ihm erwirkten Urteiles vorliegen, das die Ausdehnung der Zwangsvollstreckung auf die früher zum Vermögen des Schuldners gehörenden Gegenstände gestattet. Die Anfechtungsklage ist nicht, wie manchmal angenommen wird, ein Akt der Zwangsvollstreckung, sondern ermöglicht nur die Ausdehnung der dem Schuldner gegenüber zu betreibenden Zwangsvollstreckung auf die vom Anfechtungsbeklagten zurückzugewährenden Gegenstände. Auch wenn man annimmt, bei der Anfechtung außerhalb des Konkursverfahrens handle es sich im wesentlichen um eine Erweiterung der Befugnis zur Zwangsvollstreckung, und die Anfechtungsklage sei eine Hilfsklage, welche die Durchführung der Vollstreckung, sowie deren Ausdehnung auf Gegenstände, die nicht mehr zum Vermögen des Schuldners gehören, ermöglichen solle, gelangt man übrigens nicht zu einem anderen Ergebnisse. Diese Auffassung erklärt die Vorschrift, durch die der Gläubiger genötigt wird, seine Forderung dem Schuldner gegenüber feststellen zu lassen, ehe er die Klage gegen den Dritten erhebt, und nach der die Anfechtungsklage ohne weiteres abzuweisen ist, wenn zur Zeit der ersten mündlichen Verhandlung ein Vollstreckungstitel nicht vorliegt. Für die Frage, ob das Vorhandensein dieses Titels lediglich eine Voraussetzung für die Geltendmachung des Anfechtungsrechtes, oder einen Bestandteil des Klagegrundes bildet, ist sie ohne Bedeutung. Daraus, daß der nach § 2 des Anfechtungsgesetzes erforderliche Vollstreckungstitel auch dann berücksichtigt werden darf, wenn er erst nach der Klagerhebung erlangt wurde, folgt auch keineswegs, daß der Streit über das Bestehen der Forderung des Gläubigers im Anfechtungsprozesse unter Umständen zwischen dem Kläger und dem Anfechtungsbeklagten auszutragen ist. Fehlt der Vollstreckungstitel, so ist die Klage auf Antrag des Beklagten abzuweisen. Zu einer besonderen Bestreitung der Forderung selbst und zu einem auf deren Bestehen bezüglichen Beweisverfahren ist der Beklagte nicht genötigt; er kann auch nicht etwa beantragen, daß die Klage zwar nicht abgewiesen, aber festgestellt werde, daß dem Kläger eine Forderung gegen den Schuldner nicht zustehe.

Gegenüber der Berufung auf die frühere preußische Gesetzgebung kommt schließlich noch in Betracht, daß bei den Verhandlungen bezüglich des Gesetzes vom 9. Mai 1855 anscheinend auf keiner Seite das Vorhandensein des vollstreckbaren Titels als Bestandteil des Klagegrundes angesehen wurde. In dem Entwurfe zu diesem Gesetze war im § 6 eine Bestimmung vorgesehen, welche die Sicherstellung des Anfechtungsanspruches durch Arrest ausdrücklich auch für diejenigen Fälle für zulässig erklärte, in denen der Gläubiger noch nicht mit einem vollstreckbaren Titel versehen sei. Während Abs. 1 und Abs. 2 dieses Paragraphen im wesentlichen die Bestimmungen enthielten, die jetzt im § 4 des Anfechtungsgesetzes enthalten sind, war im Abs. 3 gesagt, daß der Gläubiger denjenigen, gegen den die angekündigte Anfechtungsklage später gerichtet werden solle, bereits zum Prozeß mit dem Schuldner beiladen und zugleich die vom Schuldner veräußerten Gegenstände mit Arrest belegen dürfe, sofern er die Erfordernisse des Arrestschlages nachweise. Die letztere Vorschrift wurde in den Motiven zu § 6 des Entwurfes damit begründet, daß der Gläubiger ein Mittel haben müsse, weitere, das Anfechtungsrecht vereitelnde oder erschwerende, Verfügungen über den Gegenstand zu verhindern, den er behufs seiner Befriedigung in Anspruch zu nehmen beabsichtige. Abs. 3 wurde nun von der Kommission des Abgeordnetenhauses gestrichen, weil er (in beiden Richtungen) überflüssig sei und in Ansehung des zweiten Teiles zu Mißverständnissen Veranlassung geben könne. Man fürchtete nämlich, die Vorschrift könne so aufgefaßt werden, als ob ein dem Schuldner gegenüber bestehender Arrestgrund genüge, während ein solcher doch in Ansehung des Erwerbers oder künftigen Anfechtungsbeklagten vorliegen müsse. Die Zulässigkeit einer die Durchführung des Anfechtungsanspruches sichernden Arrestanlage scheint hiernach auch in Ansehung des vor der Erlangung des vollstreckbaren Titels liegenden Zeitraumes von keiner Seite bezweifelt worden zu sein. Diese Auffassung hätte aber nicht bestehen können, wenn angenommen worden wäre, daß ein Anfechtungsanspruch nicht bestehe, solange der Gläubiger einen vollstreckbaren Titel bezüglich seiner Forderung nicht besitze.

Hiernach ist anzunehmen, daß das Vorhandensein des im § 2 des Anfechtungsgesetzes vorgeschriebenen vollstreckbaren Titels, dessen Mangel weder die Erhebung des Anfechtungsanspruches auf dem Wege der Einrede, noch die Anordnung eines Arrestes oder einer einstweiligen Verfügung hindert, lediglich eine Voraussetzung für die Geltendmachung des Anfechtungsrechtes, nicht einen Bestandteil des Klagegrundes bildet. Daraus ergiebt sich aber, daß auch der nach der Klagerhebung erlangte, zur Zeit der Urteilsfällung vorliegende Vollstreckungstitel zu berücksichtigen ist."

---

24. Hört eine in Liquidation befindliche Aktiengesellschaft, die noch unverteiltes Vermögen besitzt, durch den Beschluß der Generalversammlung, die Liquidation sei als beendet zu erachten, und durch die Eintragung der Beendigung ins Handelsregister zu bestehen auf?

VI. Civilsenat. Urt. v. 5. Mai 1898 i. S. der Aktiengesellschaft B. L. (Bekl.) w. H. (Kl.). Rep. VI. 20/98.

I. Landgericht I München, Kammer für Handelssachen.
II. Oberlandesgericht daselbst.

Der Kläger kaufte am 17. Oktober 1889 von der verklagten Bank 200 Stück Aktien derselben III. Emission zum Kurse von 110 Prozent und bezahlte an die Beklagte hierfür den Betrag von 222110,90 *M*. Er hatte vorher unterm 7. Oktober 1889 an die Beklagte das Ersuchen gestellt, die volle Bareinzahlung der Aktien III. Emission konstatieren zu wollen, und die gewünschte Bestätigung erhalten. Die Bestätigung wurde von der Beklagten in der statutengemäß für eine gültige Zeichnung vorgeschriebenen Form, in einem durch die Firma „B. L." in Stempeldruck und die beigefügten Namensunterschriften zweier zur Vertretung berechtigter Personen, des Direktors Z. und des Prokuristen A., unterzeichneten Briefe unter Hinweisung auf eine dem Briefe beigelegte Abschrift eines notariellen

Protokolles über die Aufsichtsratssitzung vom 12. August 1889 erteilt. In diesem Protokolle bestätigt der amtierende Notar, daß der Vorsitzende und die Direktion bekannt gegeben, die in der Generalversammlung vom 30. April 1889 beschlossene Einzahlung von 2000000 ℳ, d. i. das Zusatzkapital der III. Emission, sei vor dem Endtermine, dem 5. Juli 1889, von den einzelnen, mit den gezeichneten Beträgen aufgeführten Zeichnern gezeichnet und einbezahlt worden. Auf die III. Emission war jedoch nichts einbezahlt worden und wurde auch nichts einbezahlt, wie denn auf das ganze Aktienkapital der drei Emissionen zu 5000000 ℳ überhaupt nur 1073000 ℳ einbezahlt wurden. Am 25. Februar 1893 wurde die Liquidation der Bank beschlossen. Die in der Generalversammlung vom 4. März 1895 vorgelegte Bilanz ergab auf die Aktie von 1000 ℳ eine Dividende von 7,20 ℳ. In dieser Generalversammlung wurde auch beschlossen, daß die Liquidation als beendet zu erachten sei.

Nach dem Bilanzkonto der Liquidatoren pro 1. Januar 1895 verblieb zur Verteilung auf das Aktienkapital ein Betrag von 36000 ℳ. Hiervon besitzt der Liquidator S. L. noch einen unverteilten Rest von 12319,20 ℳ. Die Aktien der Beklagten waren schon zur Zeit der Erwerbung durch den Kläger nahezu wertlos.

Der Kläger erhob nun Klage auf teilweise Schadloshaltung mit dem Antrage, die Beklagte zur Bezahlung von 13000 ℳ nebst 6 Prozent Zinsen hieraus seit dem 22. April 1895 zu verurteilen, ermäßigte jedoch im Laufe der Verhandlung erster Instanz den Antrag auf Verurteilung der Beklagten zur Bezahlung von 12319,20 ℳ nebst 6 Prozent Zinsen hieraus seit dem 16. Mai 1895, als dem Tage der Klagezustellung.

Durch Urteil des Landgerichtes wurde die Beklagte zur Bezahlung von 12319,20 ℳ nebst 6 Prozent Zinsen hieraus seit dem 16. Mai 1895, sowie zur Tragung der Kosten verurteilt. Die Berufung und die Revision der Beklagten wurden zurückgewiesen, letztere aus folgenden

Gründen:

„Das Berufungsgericht stellt zunächst fest, daß noch Vermögen der Aktiengesellschaft B. L. in Liquidation vorhanden sei, und erachtet demnach die Gesellschaft noch als bestehend und klagbar. Es stellt weiter fest, daß der Kläger durch die wahrheitswidrige Bestätigung der vollen Bareinzahlung des Aktienkapitales III. Emission getäuscht und durch diese Täuschung zum Ankaufe von 200 Stück Aktien bestimmt und um einen mindestens die Höhe der eingeklagten Summe erreichenden Betrag an seinem Vermögen beschädigt wurde. Es erachtet die Beklagte für diesen Betrug verantwortlich und auf Grund der Bestimmungen des bayerischen Landrechtes Tl. IV Cap. 1 § 25 Nr. 2 für schadensersatzpflichtig, gleichviel ob sie das Kaufgeschäft mit dem Kläger abgeschlossen, oder nicht.

Die Revision macht geltend, durch die Generalversammlung vom 4. März 1895 sei die Schlußrechnung genehmigt, Entlastung erteilt, und die Liquidation als beendet erklärt worden. Die Gesellschaft habe daher nicht mehr verklagt werden können. Es habe auch nicht dahingestellt bleiben dürfen, ob die Beklagte das Kaufgeschäft mit dem Kläger geschlossen. Sei das Kaufgeschäft namens eines Syndikates abgeschlossen worden, so könne nicht die Beklagte für eine etwaige Täuschung verantwortlich gemacht werden.

Die Revision konnte nicht für begründet erachtet werden.

Das Berufungsgericht stellt fest, daß der Liquidator S. L. von dem zur Verteilung verbliebenen Betrage noch einen unverteilten Rest von 12319,20 *M* besitze, und daß die Behauptung nicht aufgestellt worden, es sei ihm von Aktionären, an die der Rest durch ihn auszuzahlen sei, ein Auftrag erteilt gewesen, die auf sie entfallende Dividende in Besitz zu nehmen und zu verwahren. Die weitere Annahme, daß der Liquidator nicht Mandatar der Aktionäre, sondern gesetzlicher Vertreter der Liquidationsaktiengesellschaft sei, erscheint gemäß Art. 244a H.G.B. gerechtfertigt. Hieraus ergiebt sich, daß der Liquidator den noch unverteilten Betrag namens der Aktiengesellschaft, für diese, die Aktiengesellschaft somit noch Vermögen besitzt.

Daß die Aktiengesellschaft in Liquidation so lange besteht, bis jedes vermögensrechtliche Substrat beseitigt ist, also, wenn auch in der Auflösung begriffen, fortbesteht, solange noch Gesellschaftsvermögen vorhanden ist, wird in der Rechtsprechung anerkannt.

Vgl. Entsch. des R.O.H.G.'s Bd. 19 S. 160. 194; Entsch. des R.G.'s in Civils. Bd. 3 S. 55, Bd. 15 S. 102; Staub, Kommentar zum Handelsgesetzbuch 3. u. 4. Aufl., zu Art. 242 § 1 Nr. 1, und zu Art. 245 § 8.

Die Thatsache, daß noch solches Vermögen und Mitglieder vorhanden, die an diesem Vermögen anteilsberechtigt sind, wird weder durch einen Beschluß der Generalversammlung, noch durch einen Eintrag im Handelsregister beseitigt, die der wirklichen Sachlage nicht entsprechen. Die Generalversammlung kann keinen Zustand schaffen, der nicht vorhanden ist; eine der Wahrheit nicht entsprechende Beurkundung kann die wirkliche Sachlage nicht ändern. Das Berufungsgericht hat daher mit Recht den Beschluß der Generalversammlung vom 4. März 1895, die Liquidation sei als beendet zu erachten, sowie den Eintrag der Beendigung im Handelsregister für bedeutungslos erklärt. Besteht die Gesellschaft noch, so konnte auch die Klage gegen sie erhoben werden.

Die Begründung der Dolusklage und insbesondere die Annahme, daß sie nach bayerischem Landrechte nicht subsidiärer Natur sei, ist unmittelbar auf die Bestimmungen des bayerischen Landrechtes Tl. IV Cap. 1 § 20 und § 25 Nr. 2 gestützt und beruht somit auf der Anwendung nicht revisiblen Rechtes.

Ist hiernach der Anspruch auf „Schadens-Abthuung" begründet, gleichviel, ob der Dolus von einem Dritten, oder von einem Kontrahenten verübt worden, so konnte das Berufungsgericht die Frage dahingestellt sein lassen, ob der Kauf mit der Beklagten abgeschlossen worden. Für diese Begründung erschien die Feststellung ausreichend, daß durch die Beklagte ein Betrug verübt, und die Kläger hierdurch zum Abschlusse des Vertrages veranlaßt worden.

Nach der Feststellung des Berufungsgerichtes ist die betrügerische, den Schaden verursachende und die Ersatzpflicht begründende Erklärung von den zur Vertretung der Gesellschaft berufenen Personen in der die Gesellschaft verpflichtenden Form als Antwort auf eine an die Beklagte selbst gestellte Anfrage abgegeben worden. Die Haftung der juristischen Person für von ihren Vertretern innerhalb des diesen zugewiesenen Geschäftskreises begangene schuldhafte Handlungen ist in der Rechtsprechung des Reichsgerichtes anerkannt.

Vgl. Entsch. des R.G.'s in Civils. Bd. 39 S. 183." . . .

25. Darf den Inhabern von Vorzugsaktien einer Aktiengesellschaft durch Beschluß der Generalversammlung die Hergabe eines Darlehns unter der Androhung auferlegt werden, daß diejenigen Vorzugsaktien, auf welche der verlangte Darlehnsbetrag innerhalb bestimmter Frist nicht gezahlt werde, zusammenzulegen seien, und zwar in der Weise, daß für je drei derselben eine Stammaktie von einem dem einer einzelnen Vorzugsaktie gleichkommenden Nominalbetrage ausgegeben werde?

H.G.B. Artt. 219. 215 Abs. 6.

I. Civilsenat. Urt. v. 7. Mai 1898 i. S. Aktiengesellschaft W. Ch.-F. (Bekl.) w. H. (Kl.). Rep. I. 33/98.

I. Landgericht Hamburg, Kammer für Handelssachen.
II. Oberlandesgericht daselbst.

Die verklagte Aktiengesellschaft bestand im Jahre 1896 mit einem Grundkapitale von 412000 *M*, welches in 390 Vorzugsaktien und 22 Stammaktien zu je 1000 *M* eingeteilt war. Erstere hatten hinsichtlich der Dividende und bei Auflösung der Gesellschaft Vorzugsrechte. Damals beantragte der Aufsichtsrat, 1. von den Inhabern der Vorzugsaktien eine Anleihe von 78000 *M* in der Weise aufzunehmen, daß jeder Besitzer verpflichtet sei, einen Darlehnsbetrag von 200 *M* für jede Aktie gegen seinerseits unkündbaren, mit 5 Prozent verzinslichen Schuldschein der Gesellschaft zu gewähren, 2. diejenigen Vorzugsaktien, auf die innerhalb bestimmter Frist jene 200 *M* nicht eingezahlt seien, in der Weise zusammenzulegen, daß für je drei Vorzugsaktien eine neue Stammaktie über 1000 *M*, welche den alten Stammaktien in jeder Hinsicht gleichzustehen habe, auszugeben sei, daß ferner die zwecks solcher Umwandlung nicht innerhalb vorzuschreibender Frist eingereichten Vorzugsaktien für kraftlos zu erklären, der Erlös der auf sie entfallenden, für Rechnung der Inhaber meistbietend zu verkaufenden Stammaktien zu hinterlegen, und endlich die auf nicht durch drei teilbaren Partien entfallenden neuen Stammaktien öffentlich zu verkaufen, sowie die Erlöse pro rata an die Einlieferer zu verteilen seien. Diese Anträge wurden in zwei am 30. Oktober 1896, zuerst von den Vorzugsaktionären, dann von sämtlichen Aktionären, abgehaltenen Generalversammlungen mit einer Majorität von mehr als drei Vierteilen des vertretenen Grundkapitales genehmigt.

Der Kläger war Inhaber von sieben Vorzugsaktien. Er hatte an den Beschlüssen vom 30. Oktober 1896 nicht teilgenommen, fand in ihnen einen unzulässigen Eingriff in seine Rechte und trug klagend darauf an, jene Beschlüsse ihm gegenüber für ungültig zu erklären. In erster Instanz wurde die Klage abgewiesen, auf Berufung des Klägers jedoch nach dem Klagantrage erkannt. Die Revision der Beklagten ist erfolglos geblieben.

Aus den Gründen:

... „Von dem Landgerichte sind die Beschlüsse vom 30. Oktober 1896 für rechtsgültig erachtet worden, weil ihr Inhalt nicht gegen Art. 219 H.G.B. verstoße. Das Berufungsgericht hat diese Erwägung an und für sich gebilligt. Es geht bei der Auslegung jener Beschlüsse davon aus, daß den Inhabern der Vorzugsaktien im Interesse der Fortführung der Gesellschaft die Wahl gestellt worden sei, ob sie für jede in ihrem Besitze befindliche Vorzugsaktie einen Darlehnsbetrag von 200 *M* leisten, oder sich gewisse Nachteile gefallen lassen wollen, und nimmt an, daß die Beschlüsse zulässig, also auch für den Kläger verbindlich sein würden, wenn sie nur dahin gegangen wären, den Vorzugsaktionären eine Zuzahlung unter dem Präjudiz des Verlustes ihrer V o r z u g s r e c h t e aufzuerlegen. Das Berufungsgericht hält jedoch die Beschlüsse für gesetzwidrig, weil das gestellte Präjudiz nicht nur in die den Prioritätsaktionären als solchen zustehenden Gattungsrechte eingreife, sondern auch in deren allgemeine Mitgliedsrechte, während letztere Rechte den Inhabern der Stammaktien ungeschmälert verbleiben sollten, ein derartiger Eingriff jedoch unzulässig sei und sich insbesondere nicht durch die Vorschrift in Art. 215 Abs. 6 H.G.B. rechtfertigen lasse.

Dieser Entscheidung kann im Ergebnisse nur zugestimmt werden. Zweifelhaft ist es bereits, ob die in Rede stehenden Beschlüsse auch nur unter der Voraussetzung, unter der das Berufungsgericht hierzu bereit ist, für zulässig erachtet werden könnten. Es handelt sich in dem vorliegenden Falle nicht um die Zusammenlegung von Aktien behufs Herabsetzung des Grundkapitales, auch nicht um die Schaffung von Vorzugsaktien durch Umwandlung aus Stammaktien gegen Zuzahlung eines Baarbetrages, sondern um einen Beschluß, durch den die Inhaber von Vorzugsaktien in die Lage gesetzt werden, ihr bisheriges Recht nur durch Zahlung eines den Minimalbetrag der Aktien übersteigenden, allerdings als Darlehn bezeichneten Betrages erhalten zu können. Ob dieser Beschluß so, wie er gefaßt worden ist, mit Art. 219 H.G.B. in Einklang gebracht werden kann, ist nicht frei von Bedenken. Es braucht jedoch hierauf und auf die fernere Frage, ob die verklagte Gesellschaft ihr Ziel vielleicht auf einem anderen Wege hätte erreichen können, nicht eingegangen zu werden, und soll dies unentschieden bleiben, da der Grund, aus dem das Berufungsgericht zur Anerkennung des Klagantrages gelangt ist, genügt, um sein Urteil zu rechtfertigen. Durch die mehrerwähnten Beschlüsse wurde den Inhabern von Vorzugsaktien für den Fall, daß sie das verlangte Darlehn nicht gewähren wollten, nicht nur der Verlust ihrer bisherigen Vorzugsrechte, sondern auch eine Schmälerung ihrer Mitgliedsrechte, soweit diese ihnen in demselben Umfange wie den Inhabern der Stammaktien zustanden, in Aussicht gestellt, nämlich des Stimmrechtes, des Rechtes auf einen verhältnismäßigen Anteil am Vermögen und des Anrechtes auf den reinen Gewinn, da sie für je drei Vorzugsaktien, die abgesehen von den Vorzugsrechten bisher mit den Stammaktien gleichberechtigt waren, nur eine Stammaktie erhalten, die Rechte der Inhaber von alten Stammaktien aber unberührt bleiben sollten. Ein solcher Beschluß konnte mit bindender Kraft für solche Aktionäre, die sich nicht freiwillig unterwarfen, nicht gefaßt, die Befugnis hierzu namentlich aus Art. 215 Abs. 6 H.G.B. nicht hergeleitet werden, da nach dieser Bestimmung allerdings einer einzelnen Gattung von Aktionären besondere, dieser Gattung zustehende Rechte entzogen, nicht jedoch ihr außerdem allgemeine Rechte genommen werden können, welche den anderen Gattungen von Aktionären verbleiben sollen. Ebensowenig läßt sich ein derartiger Beschluß aus sonstigen Bestimmungen rechtfertigen. Er verstößt vielmehr gegen den Grundsatz gleichmäßiger Behandlung der Aktionäre und hat nicht mehr Anspruch auf Anerkennung als ein Beschluß, der die Gewährung eines Darlehns unter Bedingungen der hier in Rede stehenden Art von einem auf andere Weise bestimmten Bruchteil der Aktionäre verlangen würde.“ . . .

---

26. Darf der Verkäufer im Falle des Art. 354 H.G.B. von dem Selbsthilfeverkaufe der Ware absehen und abstrakt Schadensersatz wegen Nichterfüllung fordern, weil der Käufer infolge freiwilligen Verkaufes seines Etablissements die Ware nicht weiter gebrauchte?

H.G.B. Art. 354.
A.L.R. I. 5 §§ 380. 381.

I. Civilsenat. Urt. v. 7. Mai 1898 i. S. E. (Bekl.) w. F. (Kl.). Rep. I. 48/98.

I. Landgericht Breslau.
II. Oberlandesgericht daselbst.

Zwei Handelsgesellschaften, deren Mitglied der Beklagte war, waren vertragsmäßig verpflichtet, den Bedarf ihrer Kalkwerke an Kohlen bis zum 1. April 1899 vom Kläger zu entnehmen und für den Centner 1 Pfennig über den Selbstkostenpreis zu zahlen. Der Kläger hatte seinen Kalkbedarf von jenen Werken zu entnehmen. Nachdem die Gesellschaften ihre Kalkwerke im Oktober 1895 verkauft hatten, lehnten sie die weitere Abnahme von Kohlen ab, und der Kläger verlangte deshalb vom Beklagten Zahlung von 1600 ℳ mit der Behauptung, daß der Kohlenbedarf der Werke für die Zeit vom 1. November 1895 bis Ende Oktober 1896 mindestens 170 000 Centner betragen haben würde. Der Beklagte berief sich darauf, daß die Verpflichtung der Gesellschaften durch den Verkauf der Werke und das Aufhören des Bedarfes erloschen, dem Kläger auch kein Schade entstanden sei, wurde aber in beiden Instanzen zur Zahlung verurteilt.

Auf die Revision des Beklagten wurde das Berufungsurteil aufgehoben, und das erste Urteil durch Abweisung der Klage abgeändert, aus folgenden

Gründen:

„Der Berufungsrichter geht davon aus, daß die beiden Gesellschaften nach den §§ 380. 381 A.L.R. I. 5 zum Schadensersatz verpflichtet seien, weil sie sich durch den Verkauf ihrer Kalkwerke selbst in die Lage versetzt, die Kohle nicht weiter gebrauchen zu können. . . . Festgestellt ist, daß der Bedarf der Werke in dem Jahre vom 1. November 1895 bis zum 1. November 1896 mindestens 160000 Centner betragen hat, daß dem Kläger dieses Quantum zur Disposition gestanden haben würde, und daß er dieses Quantum anderweit nicht abgesetzt hat.

Diese Feststellung greift die Revision nicht an. Sie rügt, daß der Kläger nach Art. 354 H.G.B. den liquidierten abstrakten Schadensersatz nicht fordern könne, des Anspruches auf Schadensersatz auch dadurch verlustig gegangen sei, daß er sich ohne Grund geweigert habe, den Kalk von den Werken weiter zu beziehen, obwohl die Käufer der Werke sich zur Lieferung ausdrücklich bereit erklärt hätten.

Die zweite Rüge kann auf sich beruhen, weil die erste durchgreift.

Der Kläger fordert Schadensersatz wegen Nichterfüllung des Vertrages durch Nichtabnahme des Kohlenbedarfes seitens der Gesellschaften. Da ein Handelsgeschäft vorliegt, kommt der Art. 354 H.G.B. zur Anwendung. Danach stand dem Kläger nur das Recht zu, entweder Erfüllung des Vertrages durch Abnahme der Kohle und Schadensersatz wegen verspäteter Erfüllung zu fordern, oder die Kohlen auf dem durch die Artt. 343. 354 H.G.B. geordneten Wege zu verkaufen und die Differenz zwischen dem Erlöse und dem Vertragspreise als sein Interesse aus der Nichterfüllung zu verlangen, oder vom Vertrage zurückzutreten, als ob er nicht geschlossen. Einen abstrakten Anspruch auf Ersatz des entgangenen Gewinnes giebt das Gesetz dem Verkäufer als Schuldner der Lieferung gegenüber dem im Annahmeverzug befindlichen Käufer als Gläubiger der Lieferung nicht.

Eine Ausnahme von diesem Grundsatze ist da zuzulassen, wo dem Verkäufer durch den Annahmeverzug die *Erfüllung des Vertrages selbst unmöglich geworden ist*. Dann fordert der Verkäufer die Gegenleistung nach Abzug dessen, was er dadurch erspart hat, daß er nicht zu leisten hat. Das würde hier das vertragsmäßige Plus von 1 Pfennig über den Selbstkostenpreis pro Centner sein.

Aber davon kann nicht die Rede sein, daß dem Kläger die Lieferung des Kohlenbedarfes der Werke durch den Verkauf der Werke unmöglich geworden ist. Die Kohlen standen ihm, wie er selbst vorträgt, dauernd zur Disposition, und er war, wie der Klagevortrag ebenfalls ergiebt, auch imstande, den Kohlenbedarf der Werke festzustellen. Er war auch in der Lage, die Erfüllung des Vertrages durch Abnahme der Kohlen zu fordern (§ 215 A.L.R. I. 11). Das würde nur dann zu verneinen sein, wenn die Gesellschaften durch den Verkauf ihrer Werke und die dadurch herbeigeführte Veränderung der

Umstände von ihrer Verpflichtung, die Kohlen abzunehmen, befreit wären. Von Annahmeverzug könnte in solchem Falle nicht geredet werden. Der Kläger wäre dann nach den beim Mangel handelsrechtlicher Vorschriften maßgebenden Bestimmungen der §§ 377 flg., 380. 381 A.L.R. I. 5 auf den einfachen Interesseanspruch verwiesen. Davon geht der Berufungsrichter aus. Aber er verletzt dadurch die §§ 380. 381 a. a. O. Denn eine unvorhergesehene Veränderung der Umstände, welche diese Vorschriften fordern, kann in dem freiwilligen Verkauf der Werke offensichtlich nicht gefunden werden.

Vgl. Striethorst, Archiv Bd. 24 S. 302.

War aber der Kläger berechtigt, die Erfüllung des Vertrages durch Abnahme der Kohlen zu fordern, und imstande, den Kohlenbedarf bei Nichtabnahme im Wege des Selbsthilfeverkaufes zu veräußern, so fehlt jeder gesetzliche Grund, die Anwendung des Art. 354 H.G.B. auszuschließen. Und der Vorschrift desselben gegenüber ist die erhobene Klage unbegründet." . . .

---

27. 1. Ist der eine Postanweisung auf Grund eines Posteinlieferungsbuches annehmende Postbeamte verpflichtet, die Übereinstimmung des Buches und der Postanweisung in Ansehung der Adresse des Geldempfängers zu prüfen?

2. Ist die Postverwaltung, wenn eine solche Prüfung unterbleibt, und infolgedessen die Auszahlung des Geldes an eine andere als die im Einlieferungsbuche als Empfänger bezeichnete Person geschieht, dem Absender gegenüber schadensersatzpflichtig?

Gesetz über das Postwesen des Deutschen Reichs vom 28. Oktober 1871 (R.G.Bl. S. 347) § 6 Abs. 4.

IV. Civilsenat. Urt. v. 9. Mai 1898 i. S. B. (Kl.) w. Reichspostfiskus u. Gen. (Bekl.). Rep. IV. 388/97.

I. Landgericht I Berlin.
II. Kammergericht daselbst.

Die Klägerin hat in den Jahren 1894 bis 1896 ihre Geldversendungen mittels Postanweisungen bewirkt, auf die sie bei einem

Postamte zu Berlin die betreffenden Geldbeträge gegen Bescheinigung in den ihr vom Postamte ausgehändigten Posteinlieferungsbüchern eingezahlt hat. Der von der Klägerin mit der Einzahlung des Geldes beauftragte Buchhalter S. hat in wiederholten Fällen den ihn abfertigenden Postbeamten Postanweisungen vorgelegt, die anstatt mit der im Posteinlieferungsbuche angegebenen Adresse mit seiner eigenen Adresse oder mit einer Deckadresse versehen waren. Diese Unterschiebung ist von den Beamten nicht beachtet worden. Die auf die untergeschobenen Postanweisungen eingezahlten Beträge hat demnächst S. selbst erhoben. In dieser Weise ist der Klägerin ein Schade von 2157,55 ℳ verursacht worden, dessen Erstattung sie von S. nicht erlangen kann. Sie ist deshalb gegen die betreffenden Postbeamten, und zwar gegen einen jeden von ihnen wegen Ersatzes eines Teiles der Verlustsumme, und gegen den Reichspostfiskus wegen Ersatzes der ganzen Summe klagbar geworden. Gegen die verklagten Beamten ist der Prozeß noch nicht entschieden. Gegenüber dem verklagten Fiskus hat der erste Richter verurteilend, der zweite Richter abweisend erkannt. Auf die Revision der Klägerin hat das Reichsgericht das Berufungsurteil aufgehoben und die Sache zur anderweiten Verhandlung und Entscheidung gegen den verklagten Fiskus in die Instanz zurückverwiesen.

Aus den Gründen:

... „Der geltend gemachte Schadensanspruch ist darauf gestützt, daß den abfertigenden Postbeamten insofern ein Versehen zur Last falle, als sie es unterlassen haben, die in den Posteinlieferungsbüchern eingetragenen Empfänger mit den Adressaten auf den übergebenen Postanweisungen zu vergleichen, da, wenn solches geschehen wäre, der Versuch des Buchhalters S., die fälschlich auf ihn selbst oder unter Deckadressen ausgestellten Postanweisungen unterzuschieben, mißglückt, und folglich eine Schädigung der Klägerin abgewendet sein würde.

Dieser Klagebegründung ist der Berufungsrichter — in Übereinstimmung mit dem ersten Richter — gefolgt, indem er das behauptete Versehen der Beamten als vorliegend angenommen hat. Seine Annahme ist der Revisionsklägerin günstig und rechtlich nicht zu beanstanden. Sie gründet sich wesentlich auf die nach § 50 des Gesetzes über das Postwesen des Deutschen Reiches vom 28. Oktober 1871 vom Reichskanzler erlassene Postordnung, deren Vorschriften als Bestandteil des Vertrages zwischen der Postanstalt und dem Absender gelten. Bei seinen Ausführungen ist der Berufungsrichter davon ausgegangen, daß die Postordnung vom 8. März 1879 (Centralblatt für das Deutsche Reich S. 185) noch in Geltung stehe. Dies ist nicht zutreffend. Die erwähnte Postordnung ist durch die am 1. Juli 1892 in Kraft getretene Postordnung vom 11. Juni 1892 (Centralblatt S. 428) ersetzt worden. Dieser Irrtum ist jedoch für die Entscheidung ohne Bedeutung, da beide Postordnungen in Ansehung der hier maßgebenden Vorschriften — § 16 VII und § 27 I der älteren und § 19 VI und § 32 I der jüngeren — übereinstimmen. Nach diesen Vorschriften hat die Postbehörde dem Absender über den auf die Postanweisung eingezahlten Betrag einen Einlieferungsschein zu erteilen, und durch den Einlieferungsschein wird die Einlieferung bewiesen, sodaß der Schein diejenige Urkunde darstellt, die zum Ausweise des Vertragsabschlusses zwischen dem Absender und der Postanstalt dient. Im Anschluß hieran hat der Berufungsrichter ausgeführt: da die Postanstalt verpflichtet sei, den Postanweisungsbetrag an den Empfänger auszuzahlen, bilde die Bezeichnung des Empfängers einen wesentlichen Bestandteil des Einlieferungsscheines. Bei der Aufgabe von Postanweisungen ohne Posteinlieferungsbuch werde der Einlieferungsschein nach dem Inhalte der Postanweisung von dem Postbeamten ausgestellt, der auf der Postanweisung bezeichnete Empfänger von dort abgeschrieben. In die Posteinlieferungsbücher werde dagegen der Empfänger von dem Absender selbst eingetragen, und folglich der Posteinlieferungsschein von dem Absender und dem Postbeamten gemeinsam hergestellt. Mit der Bescheinigung des Postbeamten in den für sie bestimmten Spalten des Einlieferungsbuches werde die bescheinigte Seite zur öffentlichen Urkunde, und ihr Inhalt beweise den Abschluß des Postanweisungsvertrages. Schon aus der Bedeutung der Person des Empfängers bei diesem Vertrage ergebe sich für den annehmenden Beamten, ohne daß es einer besonderen die Vergleichung anordnenden Dienstvorschrift bedürfe, die Verpflichtung, festzustellen, daß die in den Einlieferungsbüchern verzeichneten Empfänger identisch seien mit den in den Postanweisungen aufgeführten Adressaten. Diese Verpflichtung habe aber auch noch besonderen Ausdruck gefunden in den den Einlieferungsbüchern vorgedruckten Bemerkungen, nach welchen — Nr. 2 Abs. 3 — der Postbeamte in Spalte 9 zu vermerken habe, unter welcher Nummer die Postanweisung in die Annahmebücher eingetragen sei. Durch diesen Vermerk bescheinige der Postbeamte, daß eine Postanweisung des nebenseitig bezeichneten Inhaltes von ihm angenommen sei. Eine solche Bescheinigung dürfe er aber nicht ausstellen, ohne die Identität der übergebenen Postanweisung in allen ihren Teilen mit den Eintragungen des Einlieferungsbuches durch Vergleichung näher zu ermitteln.

Der Berufungsrichter ist sodann dem ersten Richter auch darin beigetreten, daß, wenn die Vergleichung der Eintragungen im Einlieferungsbuche mit den übergebenen Postanweisungen eine Abweichung beider voneinander ergebe, es als Vertragspflicht des durch seine Beamten vertretenen verklagten Fiskus anzusehen sei, den Abschluß des Postanweisungsvertrages zu beanstanden und die Annahme des einzuzahlenden Betrages von der Aufklärung der Abweichung abhängig zu machen, da der Absender nach den angezogenen Bestimmungen der Postordnung Anspruch auf einen die thatsächliche Einlieferung beweisenden Einlieferungsschein habe, und daß ferner in der Nichterfüllung dieser Verpflichtung ein die den Beklagten vertretenden Beamten bei Eingehung des Postanweisungsvertrages treffendes Verschulden zu finden sei, das an sich den Schadensersatzanspruch begründe, da der Klägerin nach Lage der Sache jedes Mittel gefehlt habe, die von S. begangenen Betrügereien zu entdecken. Auch insoweit ist die Entscheidung der Revisionsklägerin günstig und rechtlich nicht zu beanstanden.

Dagegen ist der Berufungsrichter den weiteren Annahmen des ersten Richters, insbesondere der Annahme, daß eine die Ersatzpflicht des Beklagten ausschließende Mitverschuldung der Klägerin nicht vorliege, nicht gefolgt. Nach seiner Ausführung beruht die Auffassung des ersten Richters auf einer Verkennung der Stellung, die der Buchhalter S. bei der Abschließung der Postanweisungsverträge eingenommen habe. In dieser Hinsicht ist erwogen: der Postanweisungsvertrag werde durch Übergabe der Postanweisung und des in ihr bezeichneten Geldbetrages geschlossen. Derjenige, der die Postanweisung aufgebe, sei der Einlieferer. Mit ihm schließe der den Postfiskus vertretende Beamte den Postanweisungsvertrag ab; ihm übergebe der annehmende Beamte den Einlieferungsschein. Einlieferer der Postanweisungen sei unstreitig in allen hier in Rede stehenden Fällen der Buchhalter S.

gewesen. Dieser habe zuerst die Eintragungen der Adressaten, an die die Klägerin Geld habe senden wollen, in die Einlieferungsbücher im Auftrage der Klägerin bewirkt; ihm seien sodann die Einlieferungsbücher mit den abzusendenden Geldbeträgen übergeben; er habe endlich die Postanweisungsverträge durch Einzahlung der Geldbeträge abgeschlossen. Welche Stellung S. sonst im Geschäfte der Klägerin bekleidet habe, sei gleichgültig; jedenfalls sei er bei der Einzahlung der Postanweisungen und dem Abschlusse der durch sie bewirkten Postanweisungsverträge Bevollmächtigter der Klägerin im Sinne der Artt. 52. 298 H.G.B. gewesen. Hieraus folge, daß die Klägerin für alles verantwortlich sei, was ihr Vertreter bei dem Abschlusse der Postanweisungsverträge den Vertretern des Beklagten gegenüber gethan habe, sodaß die rechtliche Stellung der Postbeamten zum Beklagten dieselbe sei, wie die des S. zur Klägerin. S. habe aber die mit ihm kontrahierenden Postbeamten wissentlich getäuscht, und die Haftung für dieses dolose Verhalten ihres Bevollmächtigten könne die Klägerin dem Beklagten nicht zuschieben. Für die Beurteilung seien die privatrechtlichen Normen maßgebend. Wenn nun auch auf Seite der Vertreter des Beklagten eine culpa in contrahendo, die als mäßiges Versehen gelten müsse, vorliege, so stehe doch dem andererseits der auf Herbeiführung der Ausstellung einer unrichtigen Einlieferungsbescheinigung gerichtete Vorsatz des mit der Einlieferung der Postanweisungen Beauftragten der Klägerin entgegen. Das überwiegende Mitverschulden des Vertreters der Klägerin schließe aber nach §§ 18 flg. A.L.R. I. 6 die Geltendmachung eines Schadensersatzanspruches aus der den Vertretern des Beklagten zur Last gelegten geringeren Verschuldung aus. Unerheblich sei es, ob S., wie die Klägerin ihn bezeichne, nur Bote gewesen sei. Die Postanstalt habe bei regelmäßigem Ablaufe der Geschäfte überhaupt kein Interesse daran, den Absender selbst kennen zu lernen. Der Vermerk des Namens des Absenders auf dem Abschnitte der Postanweisung, wie auf dem der Packetadresse, sei zur Dokumentierung von Verbindlichkeiten der Post nicht bestimmt. Diese kontrahiere mit dem Einlieferer. Sei dieser nicht der Absender selbst, so gelte er als dessen Beauftragter. Arglist und Verschulden des Bevollmächtigten bei Eingehung des Vertrages seien aber auch vom Prinzipal zu vertreten. Die gegenteilige Auffassung würde dahin führen, daß der wissentlich und vorsätzlich veranlaßte Irrtum beim

Vertragsabschlusse entgegen der Bestimmung des § 84 A.L.R. I. 4 rechtserzeugend wäre.

Auch der vom ersten Richter getroffenen Feststellung des Kausalzusammenhanges zwischen dem Verschulden der Beamten und dem Schaden der Klägerin ist der Berufungsrichter entgegengetreten. Wenn auch die Annahmebeamten — so ist ausgeführt — die mangelnde Übereinstimmung der Adressen durch die ihnen obliegende Vergleichung ermittelt hätten, so folge daraus noch nicht, daß die deswegen eingetretene Beanstandung zur Kenntnis der Klägerin gelangt wäre; der Postbeamte würde in diesem Falle die Postanweisung wiederum nur dem Einlieferer, also S., zur Abänderung zurückgegeben haben; eine Verpflichtung der Postanstalt, der Klägerin selbst oder einem ihrer Angestellten hiervon Mitteilung zu machen, habe für die nur mit dem Einlieferer verkehrende Postanstalt nicht bestanden.

Diese Erwägungen werden von der Revision mit Recht angefochten.

Dem Berufungsrichter kann darin beigepflichtet werden, daß die Postanstalt im allgemeinen kein Interesse hat, den Absender kennen zu lernen; dies gilt, ebenso wie für den Postbeförderungsverkehr, auch für den Postanweisungsverkehr. Der der Postanweisung oder der Postpacketadresse angefügte „Abschnitt", der, wie die dort vorgedruckten Worte ergeben, auch zur Angabe des Namens, des Wohnortes und der Wohnung des Absenders dient, ist zu Mitteilungen des Absenders an den Empfänger und insbesondere dazu bestimmt, diesen über die Person des Absenders in Kenntnis zu setzen. Sein Inhalt betrifft daher vornehmlich das Verhältnis der Personen untereinander, zwischen denen die Geldsendung stattfindet. Für die Postbehörde könnte die Bezeichnung des Absenders auf dem Abschnitte nur von Bedeutung sein, wenn die Postanweisung nicht bestellbar wäre und deshalb die Rückzahlung des Geldes an den Absender erfolgen müßte. In diesem Falle würde, wenn der Absender nach Namen und Wohnort auf dem Abschnitte bezeichnet ist, das in der Postordnung — § 46 V — vorgeschriebene Ermittelungsverfahren umgangen oder vereinfacht werden können.

Auch insoweit ist dem Berufungsrichter beizustimmen, daß bei einer einzelnen Postanweisung (deren Aufgabe ohne Posteinlieferungsbuch erfolgt) der Einlieferer als Absender und damit rechtlich als die

Person anzusehen ist, die mit der Postanstalt den Postanweisungsvertrag schließt. Der Vertragsschluß vollzieht sich durch die Übergabe der Postanweisung und die Einzahlung des Geldes einerseits und die Aushändigung des Posteinlieferungsscheines andererseits, und der Besitz des letzteren bildet für die Postanstalt, sofern sie nicht ein Interesse hat, das Gegenteil darzuthun, den Ausweis für die Person des Einlieferers (vgl. § 46 II der Postordnung). Anders verhält es sich dagegen bei den unter Zugrundelegung eines von der Postanstalt ausgegebenen Posteinlieferungsbuches geschlossenen Postanweisungsverträgen. Diese Bücher sind von der Postanstalt auf den Namen einer bestimmten Person, hier der klagenden Handelsgesellschaft, ausgestellt und dieser zur Benutzung ausgehändigt. Die Bücher bezeichnen sich auf dem Titelblatt als „Posteinlieferungsbuch über die von der Firma . . . zur Post eingelieferten Wert- und Einschreibsendungen, sowie Postanweisungen und Postnachnahmesendungen", und darunter steht die Bescheinigung der betreffenden Postanstalt: „Dieses Buch ist der genannten Firma zur Benutzung ausgehändigt am . . . . Dasselbe besteht aus . . . mit laufenden Ziffern bezeichneten Seiten." Danach kann bei den auf Grund des Einlieferungsbuches erfolgenden Einzahlungen für die Postbehörde ein Zweifel über die Person des Absenders nicht bestehen. Absender ist derjenige, auf dessen Namen das Einlieferungsbuch von seiten der Postanstalt ausgefertigt, und dem es durch diese zur Benutzung übergeben ist. Dieselbe Person schließt auch mit der Postanstalt den Postanweisungsvertrag ab. Dies ist im gegenwärtigen Falle die Klägerin, und nicht S., der nur im Auftrage der Klägerin die Einlieferung besorgen sollte, gewesen. Der Vertragsschluß vollzieht sich auch in solchem Falle in anderer Weise, als bei der Einlieferung einer einzelnen Postanweisung. Der, auf dessen Namen das Einlieferungsbuch ausgefertigt ist, also der Absender, trägt in das Buch unter laufender Nummer die Geldempfänger nach Namen und Wohnort und die zu zahlenden Geldbeträge ein oder läßt diese Eintragungen bewirken; die von ihm mit der Einlieferung beauftragte Person legt das so ausgefüllte Buch mit den Postanweisungen der Postanstalt vor und zahlt die Geldbeträge ein, und der sie abfertigende Postbeamte bescheinigt in dem Buche den Eingang der der Eintragung entsprechenden Postanweisungen und den Empfang der Gesamtsumme der zu versendenden Gelder. Wie von der Revision zutreffend ausgeführt wird, ist in der seitens des Absenders bewirkten Eintragung in das Buch in klarer Weise der Wille des Absenders zum Ausdrucke gelangt, an welche Personen die Absendung des Geldes erfolgen solle. Dieser Willensäußerung gegenüber besteht die Verpflichtung der Postanstalt, nur solche Postanweisungen anzunehmen, die der Eintragung im Einlieferungsbuche entsprechen, und wenn die Postanstalt dieser ihr als vertragschließendem Teile obliegenden Pflicht nicht genügt, sondern der von ihr erteilten Bescheinigung entgegen eine mit einer anderen als der in der Eintragung angegebenen Adresse versehene Postanweisung annimmt, und infolgedessen die Auszahlung des Geldes an eine unrichtige Person erfolgt, so ist der dadurch dem Absender erwachsende Schade durch das Verschulden der Postbehörde verursacht. Dem ausdrücklich erklärten Willen des Absenders gegenüber wird auch die Schadensersatzpflicht der schuldigen Person dadurch nicht ausgeschlossen, daß, wie im vorliegenden Falle, der Einlieferer in betrüglicher Absicht unrichtige Postanweisungen untergeschoben und in dieser Weise die annehmenden Postbeamten getäuscht hat. Unter den gegebenen Verhältnissen unterliegt dieser Fall, in dem sich der Einlieferer eines dolosen Verhaltens schuldig gemacht hat, keiner anderen Beurteilung, als der Fall, in welchem infolge eines auch nur geringen Versehens eine Verwechslung der Postanweisungen stattgefunden hat, oder infolge eines Zufalles eine unrichtige Postanweisung untergelaufen ist. Die Verletzung der Vertragspflicht begründet für sich die Verbindlichkeit zum Schadensersatze. Ohne deren Eintritt würden die unrichtigen Postanweisungen nicht angenommen worden sein.

Aus diesen Ausführungen ergiebt sich zugleich die Hinfälligkeit der weiteren, von der Revision gleichfalls bemängelten Annahme des Berufungsrichters, daß es an dem ursächlichen Zusammenhange zwischen dem Verschulden der Postbeamten und dem Schaden der Klägerin fehle. Wie oben hervorgehoben, würde der Schade nicht entstanden sein, wenn die betreffenden Postanweisungen, deren Unrichtigkeit sich bei einer Vergleichung mit dem Einlieferungsbuche ergeben mußte, zurückgewiesen, die Geldbeträge nicht angenommen, und die Bescheinigungen nicht erteilt wären. Daß die Postbehörde nicht verpflichtet war, die Klägerin von der Unterschiebung unrichtiger Postanweisungen in Kenntnis zu setzen, ist als richtig anzuerkennen. Der Schade ist aber nicht infolge der Unterlassung einer solchen Mitteilung, sondern dadurch verursacht, daß die unrichtigen Postanweisungen entgegengenommen sind, und unter Zugrundelegung derselben der Postanweisungsvertrag geschlossen ist.

Wenn hiernach insoweit die Entscheidungsgründe des Berufungsrichters versagen, muß es sich bei der gegenwärtigen Beurteilung noch fragen, ob der Postfiskus für das Versehen der Beamten verhaftet ist. Wieweit die Haftpflicht der Postverwaltung in dieser Hinsicht reicht, ob sie sich nur innerhalb der durch das Postgesetz vom 28. Oktober 1871 §§ 6—12 gestellten Grenzen bewegt, oder nach allgemeinen Gesetzen regelt, ist streitig. Einer Entscheidung dieser Frage bedarf es jedoch im gegebenen Falle nicht. Die Haftpflicht des Postfiskus ergiebt sich hier aus § 6 Abs. 4 des Postgesetzes. Nach dieser Vorschrift „leistet die Postverwaltung für die auf Postanweisungen eingezahlten Beträge Garantie". Die Bestimmung ist dahin aufzufassen, daß die Garantie sich darauf erstreckt, daß die eingezahlten Beträge an den richtigen Adressaten ausgezahlt werden.

Vgl. Dambach, Gesetz über das Postwesen des Deutschen Reichs, 5. Aufl. Bem. 26 zu § 6 S. 65; Schott in Endemann, Handbuch des Handelsrechts Bd. 3 S. 572.

Wer aber der richtige Adressat ist, ergiebt der Postanweisungsvertrag, und nach diesem waren die in dem Einlieferungsbuche als Empfänger eingetragenen Personen als die richtigen Adressaten anzusehen. An diese ist aber in den hier in Rede stehenden Fällen das Geld nicht abgeführt, und daher ist die Ersatzpflicht des Postfiskus begründet.

Es unterliegt sonach das angefochtene Urteil der Aufhebung. In der Sache selbst kann noch nicht erkannt werden, da der Beklagte noch andere Gründe geltend gemacht, die seine Ersatzpflicht ausschließen, und namentlich auch den Einwand der Verjährung erhoben hat." . . .

---

28. Kommt bei Berechnung der Dienstzeit eines Reichsbeamten die Zeit in Anrechnung, für die dem Beamten Urlaub gewährt worden ist?

IV. Civilsenat. Urt. v. 12. Mai 1898 i. S. des Reichsmilitärfiskus (Bekl.) w. B. (Kl.). Rep. IV. 395/97.

I. Landgericht I Berlin.
II. Kammergericht daselbst.

Der Kläger, der zuerst im preußischen Staatsdienste und dann im Reichsdienste gestanden hat, ist am 1. April 1895 als Reichsbeamter in den Ruhestand getreten. Unter Festsetzung seiner Dienstzeit auf 38 Jahre 3 Monate und 28 Tage ist ihm durch die oberste Reichsbehörde ein Ruhegehalt von $^{43}/_{60}$ seines Diensteinkommens, von 4653 ℳ jährlich, bewilligt worden. Nach seiner Behauptung hat sich seine Dienstzeit auf 40 Jahre und 24 Tage belaufen, sodaß ihm ein Ruhegehalt von $^{45}/_{60}$ seines Diensteinkommens, mithin ein Mehrbetrag von 216 ℳ für das Jahr, zustehe. Er ist wegen der am 1. April 1895 zahlbar gewesenen Monatsrate dieses Mehrbetrages von 18 ℳ gegen den Reichsmilitärfiskus klagbar geworden. Beide Instanzrichter haben verurteilend erkannt. Die von dem Beklagten eingelegte Revision ist zurückgewiesen worden aus folgenden

Gründen:

... „Der Kläger ist am 30. März 1849 als Feldmesser für den preußischen Staat vereidigt worden. Damit hat er, wie der Beklagte in der Berufungsinstanz nicht mehr bestritten hat, die Eigenschaft eines preußischen Beamten erlangt, und er ist bis zu seinem Übertritte in den Reichsdienst preußischer Beamter geblieben. Nach dem Gesetze, betr. die Rechtsverhältnisse der Reichsbeamten, vom 31. März 1873 § 46 Abs. 1 Ziff. 2 kommt bei der Berechnung der Dienstzeit des Reichsbeamten auch die Zeit in Anrechnung, während welcher der Beamte im Dienste eines Bundesstaates sich befunden hat, und zwar wird nach Abs. 2 ebenda in diesem Falle die Dienstzeit nach den für die Berechnung der Dienstzeit im Reichsdienste gegebenen Bestimmungen berechnet.

Die Differenz zwischen den Parteien betrifft die Frage, ob bestimmte Zeitabschnitte, während welcher der Kläger in den Jahren 1859/60 und 1862 als preußischer Bauführer und Baumeister bei Privatbahnen, der hinterpommerschen und der vorpommerschen Eisenbahn, thätig gewesen ist, als zur Dienstzeit gehörend anzurechnen sind. Der Beklagte will diese Frage verneint wissen, weil als Dienstzeit im Sinne des § 46 des Reichsbeamtengesetzes nur die Zeit anzusehen sei, während deren der Beamte seine Arbeitskraft dem Staate oder Reiche wirklich gewidmet habe, sodaß die Zeit der Beurlaubung zu einer

Privatbeschäftigung bei der Berechnung der Dienstzeit außer Betracht bleiben müsse. Dieser Auffassung ist der Berufungsrichter mit Recht entgegengetreten.

Die für die Beurteilung maßgebenden reichsrechtlichen Bestimmungen geben keinen Anhalt dafür, daß es in der Absicht des Gesetzes liegt, grundsätzlich diejenige Zeit, während welcher der Beamte seinen Dienst thatsächlich nicht ausübt, er, wie hier geschehen, beurlaubt wird, also eine Unterbrechung der Dienstleistung eintritt, der Anrechnung auf die Dienstzeit zu entziehen. Das Reichsbeamtengesetz sieht im § 50 den Fall eines Festungsarrestes oder einer Kriegsgefangenschaft besonders vor und trifft unter Hinweis auf die für die Pensionierung der Militärpersonen geltenden gesetzlichen Bestimmungen (§ 24 des Reichsmilitärpensionsgesetzes vom 27. Juni 1871) eine einschränkende Anordnung, inwieweit die Zeit einer solchen Haft bei Bemessung der Dienstzeit anzurechnen sei. Diese Vorschrift ist eine singuläre, die nur im gegebenen Falle Anwendung findet. Sie stellt sich als eine Ausnahmevorschrift dar, die als solche die Annahme rechtfertigt, daß im allgemeinen eine Unterbrechung der Dienstleistung den Lauf der Dienstzeit nicht aufhebt. Daß dies die Auffassung des Gesetzes ist, läßt sich auch aus dem Wesen des Beamtendienstverhältnisses folgern. Nach § 45 des Reichsbeamtengesetzes wird die Dienstzeit vom Tage der eidlichen Verpflichtung an gerechnet. Durch die Vereidigung wird also das Dienstverhältnis als begründet angesehen. Wenn dieses aber rechtlich zur Existenz gelangt ist, so hat es auch einen dauernden Bestand. Es kann, abgesehen von dem Falle des freiwilligen Austrittes des Beamten, nur nach Maßgabe der Anstellungsbedingungen, wie dies bei Beamten, die auf Probe oder unter dem ausdrücklichen Vorbehalte des Widerrufes oder der Kündigung angestellt sind, der Fall ist, oder bei auf Lebenszeit angestellten Beamten unter Beobachtung der bestehenden Gesetzesvorschriften, also im Wege des Disziplinarverfahrens oder der Versetzung in den Ruhestand, aufgehoben werden. Der Beamte bleibt, so lange nicht die Aufhebung in dieser Weise stattgefunden hat, und zwar ohne Rücksicht darauf, ob er thatsächlich seine Arbeitskraft dem Dienste widmet, oder nicht, dem durch die Anstellung begründeten Gewaltverhältnisse des Reiches oder des Staates unterworfen. Bei dem Fortbestande des Dienstverhältnisses muß aber auch, wenn nicht besondere Ausnahmen statuiert sind, die Dienstzeit als fortlaufend angesehen werden. Dieselbe Auffassung liegt, worauf vom Berufungsrichter zutreffend hingewiesen ist, dem Reichsmilitärpensionsgesetze zu Grunde, indem dort — § 18 — ausdrücklich festgesetzt ist, daß die Dienstzeit vom Tage des Eintrittes in den Dienst bis zu dem Tage einschließlich, an welchem die Order der Verabschiedung oder Dispositionsstellung ergangen ist, gerechnet wird. Es lassen aber auch Einzelbestimmungen des Reichsbeamtengesetzes darauf schließen, daß der Fortlauf der in Anrechnung zu bringenden Dienstzeit nicht durch die thatsächliche Ausübung des Dienstes bedingt ist. Nach § 46 Abs. 1 Ziff. 1 soll bei Berechnung der Dienstzeit auch die Zeit in Anrechnung kommen, während welcher ein Beamter unter Bezug von Wartegeld im einstweiligen Ruhestande sich befunden hat. Ferner ist auf die Vorschriften über den Urlaub der Reichsbeamten, wie sie in § 14 des Gesetzes und in der auf Grund desselben ergangenen Kaiserlichen Verordnung vom 2. November 1874 enthalten sind, zu verweisen. Dort sind nur Bestimmungen über den Fortbezug des Diensteinkommens und die Deckung der Stellvertretungskosten, die unter gewissen Voraussetzungen der beurlaubte Beamte ganz oder teilweise zu tragen hat, getroffen. Dagegen ist nicht ausgesprochen, daß durch die Urlaubserteilung das Dienstverhältnis in seinem Bestande berührt, und durch sie der Fortlauf der Dienstzeit — selbst bei längerer Beurlaubung — gehemmt wird. Im Gegenteil ist im § 7 der Kaiserlichen Verordnung bestimmt, daß die Urlaubsbewilligung jederzeit zurückgenommen werden könne, wenn das dienstliche Interesse es erheische, woraus sich ergiebt, daß das Dienstverhältnis, abgesehen von den ausdrücklich getroffenen Einschränkungen, nach allen anderen Richtungen hin, also auch hinsichtlich des Fortlaufes der Dienstzeit, unverändert bestehen bleibt. Jedenfalls muß davon ausgegangen werden, daß, wenn dies nicht der Absicht des Gesetzes entsprochen hätte, solches zum Ausdrucke gebracht wäre."[1] . . .

---

[1] Vgl. Kanngießer, Das Recht der Deutschen Reichs-Beamten Anm. 2 und 5 zu § 46 des Reichsbeamtengesetzes; Pieper, Reichsbeamtengesetz Anm. 5 flg. zu § 45; Perels u. Spilling, Reichsbeamtengesetz Anm. 7 zu § 45; v. Zedlitz-Neukirch, Rechts-Verhältnisse der Reichs-Beamten Anm. 57 und 58 zu § 46 des Reichsbeamtengesetzes; Meißner, Preußisches Pensionsrecht Anm. 3 zu § 13 des preuß. Pensionsgesetzes vom 27. März 1872. D. E.

29. Welche Wirkung hat ein Vollindossament, das erteilt ist, damit der Indossatar einen Teil der Wechselsumme für eigene Rechnung, den anderen Teil für Rechnung des Indossanten beitreibe?

W.O. Artt. 10. 12. 36. 74. 82. 98.

I. Civilsenat. Urt. v. 18. Mai 1898 i. S. Tr. (Kl.) w. L. Wwe. Erben (Bekl.). Rep. I. 65/98.

I. Landgericht I Berlin.
II. Kammergericht daselbst.

Der Kläger klagte aus einem gehörig protestierten eigenen Sichtwechsel über 324 600 ℳ, den die verstorbene Witwe L. L. an Order des A. L. ausgestellt, A. L. in blanco an W., W. nach Protest an den Kläger indossiert hatte, gegen die Erben der L. L. Die Beklagten wendeten ein, und es wurde festgestellt, daß A. L. den Wechsel von der L. L. auf Grund eines gegen die guten Sitten verstoßenden Rechtsgeschäftes erhalten hatte. W. hatte den Wechsel von A. L. auf Grund eines Kaufvertrages mit der Abrede erhalten, daß er die Wechselsumme erheben, sich wegen 30 000 ℳ Kaufgelderrest aus dem Wechsel befriedigen, den überschießenden Betrag an A. L. herausgeben sollte. Die Beklagten beantragten deshalb Abweisung der Klage. Der erste Richter verurteilte nach der Klage, während der Berufungsrichter die Klage in Höhe von 294 600 ℳ abwies, in Höhe von 30 000 ℳ nebst Zinsen und dem entsprechenden Teil der Protestkosten und Provision die Beklagten verurteilte. Die dagegen von beiden Teilen eingelegte Revision wurde zurückgewiesen aus folgenden

Gründen:

... „Steht ... unanfechtbar fest, daß dem Wechsel ein unsittliches Geschäft zu Grunde liegt, so ist für A. L. ein Recht aus dem Wechsel nicht entstanden. Der Kläger ist Nachindossatar nach Protest, steht nach Art. 16 Abs. 2. Art. 98 Ziff. 2 W.O. zu seinem Vormann W. wie der Cessionar zum Cedenten und muß sich deshalb alle Einreden gefallen lassen, die den verklagten Erben gegen W. zustehen. W. hat den Wechsel durch Blankoindossament erhalten. Er hat damit das Eigentum des Wechsels und die Rechte aus dem Wechsel, nicht nur die Rechte des A. L. aus dem Wechsel erworben. Klagte er selbst, so würden ihm nach Artt. 10. 12. 36. 74. 82. 98 W.O. die persönlichen Einreden der verklagten Erben gegen A. L. nur entgegenstehen, wenn er sie bei Erwerb des Wechsels gekannt. Das ist nicht behauptet. Anders würde sich die Sache gestalten, wenn W. den Wechsel unter der Form des Vollindossamentes erhalten hätte, um ihn im eigenen Namen, aber für Rechnung des A. L. einzuziehen. Materiell wäre W. dann nur Vertreter des A. L. und handelte arglistig, wenn er eine Wechselforderung einziehen wollte, die nach dem Rechte seinem Auftraggeber nicht zusteht. Und die Arglist würde bestehen, gleichgültig ob dem W. die dem Rechte aus dem Wechsel entgegenstehende Einrede beim Empfange des Wechsels, oder bei Erhebung der Klage, oder nachher bekannt geworden.

Vgl. Entsch. des R.G.'s in Civils. Bd. 4 S. 100, Bd. 11 S. 10, Bd. 23 S. 125, Bd. 32 S. 129, Bd. 36 S. 56.

Nun hat W. unstreitig den Wechsel mit dem Vollindossament auf Grund der Bestimmung in dem schriftlichen Kaufvertrage vom 15. Januar 1896 erhalten, daß er sich wegen 30 000 M Kaufgelderforderung aus dem Wechsel bezahlt machen, die Wechselsumme erheben, den überschießenden Betrag an A. L. herausgeben solle. . . . Danach würde W. berechtigt sein, den Wechsel in Höhe von 30 000 M in eigenem Namen und für eigene Rechnung einzuklagen. Insoweit geht der Wechsel sachlich ihn an; insoweit ist er nicht Vertreter des A. L., sondern würde er eigenes Recht geltend machen. Insoweit stände ihm auch, wie der Berufungsrichter mit Recht angenommen hat, die Einrede der Arglist in dem obigen Sinne nicht entgegen, wohl aber bezüglich der 294 600 M, die er für Rechnung des A. L. einziehen sollte. Was beide Revisionen gegen die rechtliche Möglichkeit einer solchen verschiedenen Beurteilung des Klagerechts ausführen, ist nicht durchgreifend. Die Wechselordnung läßt allerdings ein Teilindossament bezüglich der Wechselsumme nicht zu, und auch in dem Sinne ist ein Teilindossament nicht denkbar, daß es teils Vollindossament, teils Inkasso- oder Prokuraindossament wäre. Aber das ist auch nicht erforderlich, um zu dem Ergebnisse des Berufungsrichters zu gelangen. Vielmehr wird davon ausgegangen, daß ein einziges Vollindossament für die ganze Wechselsumme vorliegt, daß dem W. das Eigentum an dem ganzen Wechsel übertragen ist, aber unbeschränkt nur bezüglich 30 000 M, mit einer Einschränkung bezüglich 294 600 M, und daß aus dieser Einschränkung seines Eigentums seine und des Klägers Pflicht folgt, die den Beklagten gegen A. L. zustehende Einrede zu dulden, weil, soweit diese Einschränkung reicht, die Klage nur im Interesse des A. L. erhoben ist." ...

---

30. 1. Zur Feststellung des Begriffes des Ladungsempfängers im fünften Buche des deutschen Handelsgesetzbuches.
2. Ist das Prokuraindossament beim Konnossement zulässig? Bedeutung des Zusatzes „nur zur Spedition" beim Indossament.
H.G.B. Artt. 593 Abs. 1. 615. 647.

I. Civilsenat. Urt. v. 23. Mai 1898 i. S. Sa. (Kl.) w. Si. u. Gen. (Bekl.). Rep. I. 32/98.

I. Landgericht Hamburg, Kammer für Handelssachen.
II. Oberlandesgericht daselbst.

Der Kläger hatte, ebenso wie die Beklagten, aus den Dampfern T. und H. losen Mais zu empfangen und beauftragte den Spediteur H. W. zu Hamburg, seine Teilladung abzunehmen und an ihn zu übermitteln. Zu dem Zwecke versah er nach seiner Angabe sein Konnossement mit dem Vermerke: „Nur zur Spedition durch Herrn H. W., Hamburg, an A. S. in M." Bei der Abnahme erhielt H. W. als letzter den Rest der Ladung, der aber hinter der nach Maßgabe des Konnossementes auszuliefernden Menge zurückblieb. Nach einem Beschlusse des Vereins der Hamburger Getreidehändler vom 7. Februar 1893, den die Parteien auch für ihr Rechtsverhältnis als bindend betrachteten, sollen in einem derartigen Falle diejenigen Empfänger, die in Gemäßheit des aufzumachenden Verteilungsplanes zu viel erhalten haben, dem benachteiligten Empfänger den Gegenwert für das Mehr, berechnet nach dem Tagespreise des letzten Entlöschungstages, im Verhältnisse ihrer Anteile an der Ladung vergüten. Unstreitig waren danach die Beklagten dem Kläger im ganzen 3497,66 ℳ schuldig, lehnten aber die Bezahlung ab, indem sie eine größere Forderung gegen den — bald darauf in Konkurs verfallenen — H. W. zur Aufrechnung bringen wollten. Sie erklärten sich über das auf dem Konnossement befindliche Indossament mit Nichtwissen und waren der Meinung, daß nicht der Kläger, sondern H. W. als Empfänger angesehen werden müsse.

Das Landgericht wies die auf Zahlung gerichtete Klage ab, und die Berufung wurde verworfen. Der Revision ist aber stattgegeben worden, aus folgenden

Gründen:

. . . „Die Entscheidung des Berufungsgerichtes wird durch seine thatsächlichen Feststellungen nicht getragen. Der Begriff des Ladungsempfängers ist verkannt; die formellen Erfordernisse des Indossamentes sind außer acht gelassen, und der materiellrechtliche Inhalt des als Indossament angesehenen Konnossementsvermerkes ist unzureichend gewürdigt worden.

Nach der Sachdarstellung des Klägers, die bisher keine Widerlegung gefunden hat, muß davon ausgegangen werden, daß die Konnossemente auf ihn als Empfänger ausgestellt waren, daß er sie seinerseits mit der Aufschrift: „Nur zur Spedition durch Herrn H. W., Hamburg, an A. S. in M.", versehen hat, und daß die Ware demnächst auf Vorlage der Konnossemente an H. W. ausgehändigt worden ist. Aus dieser Gestaltung der Dinge hat das Oberlandesgericht ohne weiteres gefolgert, daß der Kläger nicht mehr zur Klage berechtigt sei. Es mußte aber vor allem die Frage aufgeworfen und beantwortet werden, ob er denn seine Konnossementsrechte überhaupt abgetreten und dadurch die Eigenschaft des Empfängers verloren hatte. Denn der Anspruch wegen Minderempfanges, der nach dem . . . Beschlusse des Vereines der Getreidehändler der Hamburger Börse dem benachteiligten Konnossementsinhaber gegen die übrigen Inhaber von Teilkonnossementen zusteht, ist ein Anspruch des Ladungsempfängers und kann dem Kläger mithin nicht versagt werden, wenn er als solcher zu gelten hat.

Empfänger im Rechtssinne ist nun derjenige, an den die Güter nach dem Konnossement abzuliefern sind, und der zur Bezahlung der Fracht verbunden ist (Art. 593 Abs. 1 und Art. 615 H.G.B.). Empfang und Zahlung sind aber Recht und Pflicht des legitimierten Inhabers des Konnossementes, also der Person, die darin als Empfänger namhaft gemacht wird oder ihren Rechtserwerb durch eine zusammenhängende Reihe von Indossamenten nachzuweisen vermag (Art. 647 H.G.B.). Empfänger ist nicht jeder, dem die Güter thatsächlich eingehändigt werden, sondern der, der in eigenem Namen empfängt, oder in dessen Namen empfangen wird. Wer dem Schiffer gegenüber als der aus der Konnossementsobligation Berechtigte und Verpflichtete erscheint, wird im Seefrachtrecht Empfänger genannt. Handelt daher jemand als Bevollmächtigter des im Konnossement bezeichneten Empfängers oder seines legitimierten Indossatars, so nimmt er für ihn die Ladung entgegen, ohne dadurch selber in seine Rechtsstellung einzurücken. In seiner Person wird dem Empfänger geleistet. Dies wird rechtlich auch dann nicht anders, wenn solche Vollmacht in die Form eines Prokuraindossamentes gekleidet ist. Die Zulässigkeit eines derartigen Indossamentes beim Konnossement unterliegt keinem Bedenken. Auf die Art und Weise der Vollmachtserteilung kommt es nicht an, wenn nur ein entsprechender Wille zur äußeren Erscheinung gelangt ist. Das Prokuraindossament begründet aber nach den Bestimmungen der Wechselordnung und der Anschauung des Handelsverkehres ein Vollmachtsverhältnis. Und es ist nicht einzusehen, warum es dies nur dann nicht thun sollte, wenn es sich auf einem Konnossemente findet. Die Abgabe eines Prokuraindossamentes hat somit zur Folge, daß eine Rechtsübertragung nicht stattfindet, und der Indossant Empfänger bleibt, während sein Indossatar nur für ihn empfangen kann. Dieser besitzt das Konnossement nicht aus eigenem und selbständigem Rechte, sondern aus dem Rechte seines Indossanten.

Danach wird die rechtliche Bedeutung des fraglichen Konnossementsvermerkes festgestellt werden müssen.

Fehlt ihm, wie es bisher scheint, die Unterschrift, und ist auch der Name des Klägers nicht in solcher Weise auf das Papier gesetzt, daß er als Unterschrift gelten kann, so trägt die Erklärung überhaupt nicht den Rechtscharakter des Indossamentes. Auch ohne eine ausdrückliche Bestimmung des positiven Rechtes muß grundsätzlich an der Notwendigkeit einer derartigen Ausstellung festgehalten werden. Denn das Indossament ist ein wichtiger rechtsgeschäftlicher Akt, der zu seiner Gültigkeit der schriftlichen Form bedarf. Es muß deshalb aus der Erklärung selber bestimmt und deutlich hervorgehen, daß sich der Erklärende zu ihr bekennt und mit ihr seinen Vertragswillen kundgethan und beurkundet haben will. Ist der besprochene Vermerk aber kein Indossament, dann entbehrt er auch der rechtlichen Kraft, für sich selber als Rechtsabtretung zu wirken. Er kann höchstens Beweismoment für den Vollzug einer Handlung sein, als deren Inhalt sich nach den Parteierklärungen keineswegs eine Übertragung der Konnossementsrechte, sondern eine Bevollmächtigung darstellt.

Wenn sich aber auch im weiteren Verlauf der Verhandlungen ergeben sollte, daß ein formell gültiges Indossament vorliegt, so würden dessen Wirkungen doch über die Wirkungen eines bloßen Prokuraindossamentes nicht hinausreichen können, falls es in der That mit dem angegebenen Inhalt versehen sein sollte. Der Kläger hätte nicht etwa ein Vollindossament unter Einfügung der Zweckbestimmung vollzogen, sondern eine Formel gewählt, aus der die Absicht der Vollmachtserteilung unzweideutig hervortritt. Dies nicht aus dem Grunde, weil man ersieht, daß der Indossatar Spediteur ist und deshalb voraussetzlich als sein Spediteur für ihn handeln soll. Damit würde zunächst nur das innere Verhältnis zwischen den beteiligten Personen gekennzeichnet sein. Sobald dem Spediteur ein Vollindossament erteilt worden ist, wird er, mag es auch auf den Eigentumserwerb des Gutes nicht abgesehen sein, nichtsdestoweniger zum legitimierten Konnossementsempfänger. Die rechtliche Situation erfährt hier aber durch den Zusatz „nur zur Spedition" eine Verschiebung. Damit wurde nicht dem Indossatar eine Anweisung erteilt, deren er nicht bedurfte. Denn ihm war auch sonst bekannt, daß er nicht für sich empfangen, sondern die Ware an seinen Auftraggeber oder dessen Abnehmer befördern solle. Vielmehr richtet sich die Erklärung des Klägers an den Dritten, mit dem sein Spediteur auf Grund des Konnossementes in Beziehungen treten werde. In einer für jedermann erkennbaren Weise wird auf die Beschränktheit der diesem erteilten Befugnisse hingewiesen. Es ist klargestellt, daß keinerlei Rechtsübergang stattgefunden hat, und der Konnossementsinhaber zwar zur Entgegennahme der Ware, das jedoch namens des Empfangsberechtigten, ermächtigt sein soll, um sie an ihn überführen zu können. Insoweit, als hierzu erforderlich ist, aber auch nur insoweit, hat sich der Empfänger nach Wortlaut und Sinn der Erklärung seiner Verfügungsgewalt entäußert und zu entäußern beabsichtigt. Dieser Zweck wurde durch eine Vollmachtserteilung in sicherer und wirksamer Weise erreicht. So ist der Indossatar nicht Empfänger geworden, sondern zum Bevollmächtigten des Empfängers bestellt.

Daraus ergiebt sich, daß der Kläger im Sinne des Rechtes der Empfänger der fraglichen Teilladungen geblieben ist, wenn die thatsächlichen Verhältnisse richtig von ihm wiedergegeben sind. Und das hätte wiederum zur Folge, daß die Forderungen, die aus der Rechtsgemeinschaft der Ladungsempfänger entspringen, zwischen ihm und den Beklagten bestehen, er also der Legitimation zur Klage nicht entbehren würde." ...

---

31. Was verstehen die §§ 5, 7, 8 und 19 des Reichsgesetzes, betr. die Gesellschaften mit beschränkter Haftung, vom 20. April 1892 unter Einzahlungen auf die Stammeinlage?

I. Civilsenat. Urt. v. 25. Mai 1898 i. S. des Verwalters im Konkurse des Bauvereines K.-W.-Str. (Kl.) w. Sch. u. N. Handelsgesellsch. (Bekl.). Rep. I. 60/98.

I. Landgericht I Berlin.
II. Kammergericht daselbst.

Der Bauverein K.-W.-Str. wurde als Gesellschaft mit beschränkter Haftung errichtet und in das Handelsregister eingetragen. Nachdem er einige Jahre bestanden, wurde über sein Vermögen der Konkurs eröffnet. Durch den Gesellschaftsvertrag war das Stammkapital auf 100000 ℳ festgesetzt. Von demselben übernahmen der Beklagte Bankier Sch. und der Kaufmann P. je die Hälfte als Stammeinlagen. Sacheinlagen waren in dem Gesellschaftsvertrage nicht bedungen. Von den Geschäftsanteilen des Beklagten Bankiers Sch. und des Kaufmannes P. wurde ein Teil der Beklagten N. Handelsgesellschaft abgetreten. Kläger behauptete, daß die auf die Geschäftsanteile der beiden Beklagten entfallende Stammeinlage nicht in einer dem Gesetze und den Bestimmungen des Gesellschaftsvertrages entsprechenden Weise geleistet sei, da eine bare Einzahlung nicht stattgefunden habe, an ihre Stelle vielmehr eine Reihe von bloßen Verrechnungen getreten sei. Demgemäß verlangte er Zahlung der auf die Anteile fallenden Beträge. Die Beklagten suchten nachzuweisen, daß von ihnen Leistungen bewirkt seien, welche zur Folge gehabt, daß die Stammeinlagenbeträge zur freien Verfügung des durch seinen Geschäftsführer vertretenen Bauvereines gestanden haben. In der ersten Instanz wurde nach dem Klagantrage erkannt, in der Berufungsinstanz aber die Klage zum Teil abgewiesen. Auf die Revision des Klägers ist das Urteil der ersten Instanz wiederhergestellt aus folgenden

Gründen:

... „Der Berufungsrichter betrachtet die Einzahlungspflicht der Gesellschafter Sch. und P. hinsichtlich der ersten 50 Prozent als dadurch getilgt, daß der Bauverein auf Grund der Gutschrift von 50000 *M* seitens der Deutschen Spar- und Depositenbank, welche von Sch. und P. zu einer Zahlung in gleicher Höhe an den Bauverein angewiesen war, einen auf die Spar- und Depositenbank ausgestellten Check über 50000 *M* behufs Tilgung einer Kaufgeldschuld von diesem Betrage seinem Gläubiger v. W. gegeben, und dieser den Check als Zahlung angenommen hat. Die Hingabe eines Checks werde im Geschäftsverkehre einer Geldzahlung gleichgeachtet, und es sei deshalb als erwiesen anzunehmen, daß die ersten 50 Prozent des ganzen Stammkapitales zum Betrage von 50000 *M* eingezahlt seien. Eine Bareinzahlung hält der Berufungsrichter nicht für erforderlich.

Hinsichtlich der Erfordernisse der Einzahlung stimmen die Vorschriften des Gesetzes, betreffend die Gesellschaften mit beschränkter Haftung, vom 20. April 1892 mit den im Handelsgesetzbuch für die Aktiengesellschaften getroffenen Bestimmungen allerdings nicht vollständig überein. Während der Art. 210 Abs. 3 H.G.B. bestimmt, daß in der Anmeldung die Erklärung abzugeben ist, daß auf jede Aktie, soweit nicht andere als durch Barzahlung zu leistende Einlagen gemacht sind, der eingeforderte Betrag bar eingezahlt und im Besitze des Vorstandes sei, und während dort ferner der Begriff der baren Zahlung im Sinne des Gesetzes eine ausdrückliche Regelung gefunden hat, ist in den entsprechenden Vorschriften des Gesetzes vom 20. April 1892 der Ausdruck „bar" nicht angewendet, sondern dieselben (§§ 5. 7 Abs. 2) handeln nur von den in Geld zu leistenden Einlagen und von der Einzahlung auf das Stammkapital. Bei dem Verhältnisse der beiden Gesetze zu einander kann nur angenommen werden, daß die Abweichung eine gewollte ist. Das wird bestätigt durch die ohne Widerspruch gebliebene Begründung zu den §§ 7. 8 des Gesetzentwurfes, sofern diese folgendes enthält: „Was bei den in

Geld zu leistenden Einlagen als Einzahlung anzusehen ist, wird im Entwurf nicht näher bestimmt. Vorschriften, wie sie im Art. 210 Abs. 2 des Aktiengesetzes über das Erfordernis der Barzahlung und den Begriff derselben gegeben sind, können hier entbehrt werden. Die Gefahr von betrügerischen Manipulationen, gegen welche es nach den bei den Aktiengesellschaften gemachten Erfahrungen eines Schutzes durch derartige Vorschriften bedurfte, liegt hier sehr viel ferner. Es ist daher nach den Umständen des einzelnen Falles unter Berücksichtigung allgemeiner Verkehrsgewohnheiten zu entscheiden, was als Einzahlung zu betrachten ist. Jedenfalls muß dieselbe eine derartige sein, daß der eingezahlte Betrag zur freien Verfügung der Geschäftsführer steht."

Wenn hiernach auch das Gesetz von dem Erfordernisse der baren Einzahlung absieht, so hieße es doch die Tragweite der Abweichung von den für die Aktiengesellschaften gegebenen Vorschriften völlig überschätzen, wollte man annehmen, daß bei den Gesellschaften mit beschränkter Haftung jede Leistung, welche erweislich einen dem Betrage der Einlage gleichen Wert hat, als Einzahlung zulässig wäre und von den Geschäftsführern als solche wirksam angenommen werden könnte. Als erforderlich muß vielmehr angesehen werden, daß die Leistung, ohne den Begriff einer baren Zahlung zu erfüllen, doch alle dieser Leistungsart eigentümlichen Vorgänge für die Gesellschaft besitzt. Diese Voraussetzung trifft aber nur bei solchen Leistungen zu, welche jeden Augenblick mit zweifelloser Sicherheit in bares Geld umgesetzt werden können. Auch das Gesetz vom 20. April 1892 will, wie aus dem Zusammenhange seiner Bestimmungen sich unzweideutig ergiebt, das Erfordernis aufstellen, daß die Gesellschaft bei ihrer Entstehung nicht bloß in den Besitz gewisser Werte, sondern in den Besitz von Geldern gelangt, über welche sie, deren Eigenschaft eben als Geldes entsprechend, verfügen, und zwar frei verfügen, kann. Es will ferner Vorkehrungen dagegen treffen, daß durch Einverständnis zwischen dem einzahlungspflichtigen Gesellschafter und dem Geschäftsführer an Stelle der bedungenen Geldeinlagen Gegenstände gegeben werden, von deren Übernahme der Gesellschaftsvertrag nichts enthält, und für deren zutreffende Schätzung daher eine ausreichende Kontrole mangelt. Eine Erleichterung gewährt das Gesetz nur in dem bezeichneten einen Punkte, daß an Stelle der wirklichen Barzahlung eine mit allen besonderen Vorteilen einer solchen bekleidete anderweite Leistung genügen soll. Ob ein Check die Anforderungen des Gesetzes zu erfüllen vermag, hängt von seiner Beschaffenheit im einzelnen Falle ab. Es wird nur dann angenommen werden können, wenn der Bankier oder das Bankinstitut, auf welche er lautet, finanziell so gestellt sind, und zugleich der Betrag des Checks sich in solchen Grenzen hält, daß nach allgemeiner Anschauung der Einlösung des Checks sofort bei seiner Präsentation mit vollständiger Sicherheit entgegengesehen werden kann. Daß aber der im vorliegenden Falle auf die Deutsche Spar- und Depositenbank gezogene Check den an einen Check als Einzahlungsmittel im Sinne des Gesetzes gestellten Anforderungen genüge, ist den Feststellungen des Berufungsrichters nicht nur nicht zu entnehmen, sondern wird durch dieselben sogar widerlegt. Wie schon bemerkt, betrachtet der Berufungsrichter zunächst als erwiesen, daß Sch. und P. die Deutsche Spar- und Depositenbank angewiesen haben, 50 000 *M* für sie an den Bauverein zu zahlen, und daß diese Bank dem Bauvereine mitgeteilt hat, von Sch. und P. seien je 25 000 *M* eingezahlt, welche sie zur freien Verfügung des Bauvereines halten. In dieser Erklärung erblickt jedoch der Berufungsrichter eine Einzahlung von 50 000 *M* noch nicht, da in Wahrheit P. und Sch. nicht je 25 000 *M* bei der Spar- und Depositenbank eingezahlt, sondern diese nur gebeten hatten, ihnen einen Kredit zu eröffnen und für sie die ersten 50 Prozent zu zahlen. Ferner nimmt der Berufungsrichter an, daß von seiten der Spar- und Depositenbank auch nicht ein reales, sondern nur ein wörtliches Angebot von 50 000 *M* an den Geschäftsführer des Bauvereines stattgefunden habe, und daß selbst dieses nicht ernst gemeint gewesen sei. Auch stellt er fest, daß die Vermögensverhältnisse der genannten Bank nicht derartig seien und auch im Jahre 1892 nicht derartig gewesen seien, daß eine von ihr vorgenommene Gutschrift im Geschäftsverkehre einer Geldzahlung gleichwertig erachtet sei. Das Aktienkapital der Bank habe nur aus 100 000 *M* bestanden; Dividenden seien im Jahre 1892 nur in Höhe von 4 Prozent, in den Jahren 1893 und 1894 gar nicht verteilt, und das Jahr 1895 habe mit einem Verluste von 71 792,03 *M* abgeschlossen. Der Barbestand der Bank habe am 23. September 1892 sich nur auf 1924,07 *M* belaufen. Wenn aber die Gutschrift der Spar- und Depositenbank unter solchen Verhältnissen, wie auch der Berufungsrichter selbst annimmt, völlig ungeeignet war, einer Geldzahlung gleichgeachtet zu werden, so muß eben dasselbe auch von einem auf Grund der Gutschrift auf die Bank ausgestellten Check gelten. Es ist unerfindlich, welche Umstände einen höheren Wert des Checks sollten begründen können. Daß der Gutsbesitzer v. W. den Check thatsächlich in Zahlung genommen hat, ist für die vorliegende Frage ohne Belang. Für die Beurteilung des Checks als solchen kommt es nur auf seinen Wert an sich, nicht auf den durch seine Verwendung als Zahlungsmittels thatsächlich erreichten Erfolg an.

Prüft man aber auch die Feststellungen des Berufungsrichters von dem Gesichtspunkte aus, ob dieselben eine Tilgung der Einzahlungspflicht der Beklagten durch Verrechnung ergeben, so muß auch dies verneint werden. Eine Aufrechnung als einseitiger, auch ohne Mitwirkung der Gesellschaft wirksamer Akt ist dem zur Einzahlung der Einlage verpflichteten Gesellschafter nach § 19 Abs. 2 des Gesetzes überhaupt versagt. Aber auch ein Aufrechnungsvertrag zwischen ihm und den Geschäftsführern der Gesellschaft hat dann, wenn eine für die Überlassung von Vermögensgegenständen zu gewährende Vergütung zur Aufrechnung benutzt werden soll, nach Abs. 3 des § 19 nur unter der Voraussetzung befreiende Wirkung für ihn, daß die Leistung durch Aufrechnung in Ausführung einer nach § 5 Abs. 4 im Gesellschaftsvertrage getroffenen Bestimmung erfolgt.

Vgl. auch die Begründung des Gesetzentwurfes zu § 19, nach welcher es für geboten erachtet ist, *in diesem Punkte* für die Gesellschaften mit beschränkter Haftung strengere Anforderungen zu stellen, als sie bei den Aktiengesellschaften vorgeschrieben sind.

Im gegenwärtigen Falle sind im Gesellschaftsvertrage Bestimmungen über Übernahme von Vermögensgegenständen nicht enthalten. Die Beklagten haben nun zwar dem Bauvereine ein Vermögensobjekt nicht selbst übertragen, sondern die festgestellte Sachlage ist die, daß der Gutsbesitzer v. W. auf eine von der Spar- und Depositenbank ihm erteilte Anweisung, zufolge einer mit dieser vorher getroffenen Übereinkunft, dem Bauvereine ein Grundstück zu 930 000 *M* verkaufte, von welchem Preise er der Spar- und Depositenbank einen bestimmten Teil herauszugeben hatte. Der vorhin genannte Check wurde nur in seiner Eigenschaft als Anweisung zur Vermittelung einer Ausgleichsoperation benutzt, welche, ohne daß überhaupt eine Zahlung erfolgte, die Tilgung der Schuld von Sch. und P. gegen den Bauverein, des v. W. gegen die Spar- und Depositenbank und endlich des Bauvereines gegen v. W. bewirken sollte. Eine solche, durch Einschiebung von Zwischenpersonen ausgeführte Operation ist ebensowenig geeignet, die Aufhebung der Einlageschuld der Gesellschafter zu bewirken, wie wenn ein von ihnen unmittelbar durch Überlassung von Vermögensgegenständen erworbener Anspruch zur Aufrechnung benutzt wäre. Sie würde gerade den vom Gesetze nicht gewollten Erfolg haben, daß die Gesellschaft, anstatt Gelder zu ihrer freien Verfügung zu erlangen, gegen ihren Geldanspruch einen Vermögensgegenstand erhält, hinsichtlich dessen die Erwerbsbedingungen einer ausreichenden Kontrole zum Nachteile der Gläubiger der Gesellschaft sich entziehen. Daß die Geschäftsführer nach Errichtung der Gesellschaft kraft ihrer Verwaltungsbefugnisse (§§ 35 flg. des Gesetzes) berechtigt sind, Vermögensgegenstände von dritten Personen käuflich zu erwerben, und daß der Preis aus dem Kapitale der Gesellschaft berichtigt werden muß, ist hier nicht von Belang; es läßt die Frage unberührt, ob die Tilgung der Einlageschuld durch eine mit Heranziehung des Kaufpreisanspruches ausgeführte Verrechnungsoperation wirksam herbeigeführt werden kann. Dem Berufungsrichter ist auch nicht zuzugeben, daß durch die Verrechnung nur das Hin- und Herzählen von Geldsummen vermieden worden sei; denn ihr Zweck war nicht auf eine bloße Erleichterung des Geschäftsverkehres, sondern dahin gerichtet, die Beschaffung von Geldmitteln, wie sie nach dem Gesetze erforderlich ist, zu umgehen. Hinsichtlich der ersten 50 Prozent bleiben also die Beklagten in Höhe ihrer Anteile haftbar.

Dasselbe gilt von den letzten 50 Prozent, sofern es sich um die gegenwärtig streitigen 2800 ℳ handelt. Festgestellt ist hier, daß die Deutsche Spar- und Depositenbank am 13. Oktober 1894 auf Anweisung der N. Handelsgesellschaft dem Bauvereine 2800 ℳ gutgeschrieben hat, und daß alsdann durch eine zwischen dem Bauvereine und der Deutschen Spar- und Depositenbank vorgenommene Verrechnung eine Schuld des Bauvereines gegenüber der letzteren in Höhe von 2800 ℳ ausgeglichen ist. Auch hier hat also nicht eine Einzahlung, sondern nur eine Verrechnung stattgefunden. Diese letztere ist aber den Vorschriften in § 19 Abs. 3 gegenüber nicht geeignet, die Tilgung der Schuld der Beklagten gegen die Gesellschaft herbeizuführen." ...

---

32. Wechsel an eigene Order, auf dessen Rückseite sich als erste Namensschrift diejenige des Ausstellers befindet, zugleich aber der über dieser Namensschrift stehende Übertragungsvermerk durchstrichen ist.

W.O. Art. 36.

I. Civilsenat. Urt. v. 8. Juni 1898 i. S. des Vorschußvereines in N. (Kl.) w. M. (Bekl.). Rep. I. 56/98.

I. Landgericht Köslin.
II. Oberlandesgericht Stettin.

Die Entscheidung ist unten unter „Prozeßrecht" Nr. 107 S. 412 abgedruckt.

---

33. Erstreckt sich der Wechselanspruch des Remittenten einer Tratte, bezw. des ersten Nehmers eines eigenen Wechsels auf eine Provision von 1/3 Prozent und auf die etwaigen Protestkosten?

VI. Civilsenat. Urt. v. 16. Juni 1898 i. S. M. (Bekl.) w. Sch. & Co. (Kl.). Rep. VI. 73/98.

I. Landgericht Nürnberg, Kammer für Handelssachen.
II. Oberlandesgericht daselbst.

Der Aussteller eines eigenen Wechsels war von dem ersten Nehmer (sog. Remittenten) des letzteren, der, ohne denselben weiter begeben zu haben, zur Verfallzeit Protest mangels Zahlung hatte erheben lassen, im Wechselprozesse auf Wechselsumme, Zinsen, 1/3 Prozent Provision, Protest- und Prozeßkosten belangt und unter Vorbehalt der Ausführung seiner Rechte nach dem Klagantrage verurteilt worden. Seine hiergegen gerichtete Revision wurde im großen und ganzen zurückgewiesen; jedoch wurde vom Reichsgerichte das Berufungsurteil insoweit aufgehoben, als der Beklagte zur Zahlung von Provision verurteilt war, und insoweit die Klage abgewiesen.

Aus den Gründen:

... „Mit Unrecht ist der Klägerin auch eine Provision von $^1/_3$ Prozent ... zuerkannt worden. Eine solche Provision kommt nämlich nach Art. 50 Abs. 1 Ziff. 3, bezw. Art. 98 Ziff. 6 W.O. zwar dem Regreßberechtigten zu, und zwar diesem nach Art. 81, bezw. Art. 98 Ziff. 10 daselbst auch dem Acceptanten, bezw. beim eigenen Wechsel dem Aussteller gegenüber, nicht dagegen dem Trassanten, bezw. beim eigenen Wechsel dem sog. Remittenten.

Vgl. Rehbein, Allgemeine Deutsche Wechselordnung (Aufl. 5) Bem. 18 zu Artt. 41—55 S. 76 flg., und Staub, Kommentar zur Wechselordnung (Aufl. 2) § 17 zu Art. 50 S. 125 und § 13 zu Art. 51 S. 127.

Anderer Meinung ist freilich Grünhut (Wechselrecht Bd. 2 § 129 S. 443 flg.), unter Berufung darauf, daß der Trassant, bezw. der Remittent doch vergebliche Mühe habe aufwenden müssen; dieser Grund kann aber als triftig nicht anerkannt werden, da er dann ebenso bei jedem Gläubiger zutreffen würde, dem sein Schuldner trotz Anforderns nicht rechtzeitig gezahlt hat. Dagegen ist die Zuerkennung der geforderten Protestkosten, obgleich die Protesterhebung zur Erhaltung des Wechselrechtes hier nicht nötig war, gegen die Ansicht Thöl's (Handelsrecht Bd. 2 [Aufl. 4] § 81 Anm. 13 S. 283) und des Reichsoberhandelsgerichtes (Entsch. desselben Bd. 5 S. 104) zu billigen, weil der Protest im Wechselverkehre durchaus geschäftsüblich und zum Nachweise des Verzuges im Wechselprozesse kaum zu entbehren ist.

Vgl. Dernburg, Preußisches Privatrecht Bd. 2 (Aufl. 5) § 273 bei Anm. 17 S. 833; Lehmann, Deutsches Wechselrecht § 137 Anm. 4 S. 553; Rehbein, a. a. O.; Staub, a. a. O. § 15 zu Art. 50 S. 124 und § 9 zu Art. 99 S. 253; Grünhut, a. a. O." ...

34. Einrede der rechtskräftig entschiedenen Sache. Erfordernis der Identität des früher abgeurteilten Anspruches mit dem später geltend gemachten.

VI. Civilsenat. Urt. v. 27. Juni 1898 i. S. der Aktienbierbrauerei in L.=G. (Bekl.) w. D. (Kl.). Rep. VI. 93/98.

I. Landgericht Leipzig.
II. Oberlandesgericht Dresden.

Am Abend des 25. Juni 1877 kam der Kläger, der damals seiner Militärpflicht genügte, in dienstlichem Auftrage in die Brauerei der Beklagten und stürzte dort bei dem Versuche, seinen Auftrag auszuführen, in einen Aufzugsschacht. Er erlitt dabei Verletzungen, durch die seine Erwerbsfähigkeit dauernd beeinträchtigt wurde. Im Jahre 1892 erhob er gegen die Brauerei Klage mit dem Antrage, ihm monatlich 70 ℳ Gehalt auf die Zeit vom 1. April 1892 ab zu bezahlen. In der Klageschrift war der Unfall dargestellt mit dem Zusatze, daß dieser auf schuldhaftes Verhalten der Beklagten zurückzuführen sei, da an dem Orte, wo der Aufzugsschacht der Beklagten sich befinde, kein Licht gebrannt habe, und der Zugang zu dem Schachte nicht abgesperrt gewesen sei. Sodann war behauptet, die Beklagte sei dem Kläger, der dauernd für jede schwere Arbeit untauglich geworden sei, für den ihm hierdurch erwachsenen Schaden haftbar; sie habe deshalb mit ihm ein Abkommen dahin getroffen, daß er von ihr für Lebenszeit zur Leistung entsprechend leichter Dienste angestellt und dadurch entschädigt werden solle. Der Lohn sei zunächst auf 15 ℳ wöchentlich, dann auf 70 ℳ monatlich vereinbart worden. Demgemäß sei er zunächst als Pförtner, dann als Bierausgeber beschäftigt worden. Im Frühjahr 1892 sei er für die Zeit vom 1. April an entlassen worden, obwohl er fortdauernd bereit gewesen und noch sei, für die Beklagte seinem Zustande entsprechende Arbeit zu verrichten. Die Beklagte sei verpflichtet, „den durch das Abkommen ihm zugesicherten Schaden durch Zahlung eines Gehaltes von monatlich wenigstens 70 ℳ zu gewähren".

In jenem Prozesse wurde, nachdem Beweis erhoben worden war, die Klage durch in Rechtskraft übergegangenes Versäumnisurteil vom 24. April 1893 abgewiesen. In diesem, unter Benutzung des üblichen

Druckformulares hergestellten, Urteile lautete der zur Angabe des Sach- und Streitstandes bestimmte Abschnitt:

„nachdem Kläger aus einem Versprechen der Beklagten, bezw. aus einer durch deren Verschuldung erlittenen Körperverletzung auf Zahlung von 70 ℳ pro Monat auf die Zeit vom 1. April 1892 geklagt hat," ...

Im Jahre 1897 erhob der Kläger von neuem Klage mit dem Antrage, die verklagte Aktiengesellschaft zur Zahlung einer monatlichen Rente von 60 ℳ seit dem 1. April 1896 zu verurteilen. Er stützte die Klage auf die Behauptung, daß der von ihm am 15. Juni 1877 erlittene Unfall eine Folge schuldhaften Verhaltens der Beamten der Beklagten gewesen sei, da vor der Öffnung des Aufzugsschachtes keine Schutzvorrichtung angebracht, und der Raum vor demselben ungenügend erleuchtet gewesen sei.

Die Beklagte schützte die Einrede der rechtskräftig entschiedenen Sache vor und erreichte auf Grund derselben in erster Instanz die Klagabweisung. Dagegen sah das Oberlandesgericht die Einrede nicht als begründet an; es nahm an, der eingeklagte Anspruch sei nicht identisch mit der durch das Versäumnisurteil vom 24. April 1893 dem Kläger aberkannten Forderung. In dem zweiten Prozesse sei die Klage auf aquilische Verschuldung (sächs. B.G.B. §§ 1483 flg.) der Brauereiverwaltung gestützt, während im Vorprozesse aus einem angeblich zwischen dem Kläger und der Beklagten abgeschlossenen Vertrage geklagt gewesen sei. Allerdings sei auch in dem früheren Prozesse behauptet worden, daß der vom Kläger erlittene Unfall durch schuldhaftes Verhalten der Brauereiverwaltung verursacht worden sei; es sei aber weder nach dem Inhalte der damaligen Klageschrift, noch aus dem ergangenen Beweisbeschlusse, noch endlich aus dem Urteile vom 27. April 1893 zu entnehmen, daß in dem Vorprozesse der Anspruch auch auf das schuldhafte Verhalten der Brauereiverwaltung gestützt worden sei; vielmehr bleibe die Auffassung möglich, daß das, was bezüglich jenes schuldhaften Verhaltens behauptet worden sei, nur dazu habe dienen sollen, die auf das behauptete Entschädigungsabkommen bezüglichen Anführungen als wahrscheinlich erscheinen zu lassen, und daß auch das damalige Prozeßgericht nur über den behaupteten vertragsmäßigen Anspruch habe erkennen wollen.

Die gegen das dem Kläger eine monatliche Rente von 30 ℳ zusprechende Berufungsurteil eingelegte Revision der Beklagten wurde zurückgewiesen aus folgenden

Gründen:

... „Die Revision bekämpft die Ausführungen des angefochtenen Urteiles. Nach der früheren Klagschrift habe das Fundament der Klage nicht nur der angebliche Anstellungsvertrag, sondern auch der Unfall gebildet, der als Grund zu dem Vertragsabschlusse angegeben sei. Der Kläger habe damals ausdrücklich auf Verschuldung der Brauereiverwaltung Bezug genommen und behauptet, daß er durch die Anstellung auf Lebenszeit für sein Unglück habe entschädigt sein sollen. Hieraus ergebe sich, daß das Gehalt des Klägers nicht bloß aus dem Dienstmietvertrage, sondern in erster Linie deshalb gefordert worden sei, weil er nach der Vereinbarung der Parteien die Form habe sein sollen, in der die Entschädigung für den Unfall geleistet werde. Es sei also auf Entschädigung geklagt worden, wenn auch auf Entschädigung in einer vertragsmäßig festgesetzten Form. Der Richter hätte deshalb, wenn der behauptete Entschädigungsvertrag unerwiesen blieb, prüfen dürfen, ob nicht ein Entschädigungsanspruch auch ohne diesen Vertrag begründet sei. Und so habe im Vorprozesse das Gericht, wie der Beweisbeschluß und der Thatbestand des Versäumnisurteiles ergeben, die Sachlage aufgefaßt. Wäre in jenem Prozesse vom Kläger Berufung eingelegt worden, so würde kein Zweifel darüber haben bestehen können, daß trotz der Bestimmung in § 491 Abs. 2 C.P.O. der Berufungsrichter auch darüber hätte entscheiden dürfen, ob ein Anspruch des Klägers wegen eines von der Beklagten zu vertretenden Verschuldens begründet sei. Müsse das zugegeben werden, so stelle sich auch die von der Beklagten vorgeschützte Einrede als begründet dar.

Dieser Angriff der Revision ist jedoch nicht als begründet anzuerkennen. Nach § 293 C.P.O. wird durch das eine Klage abweisende Urteil Rechtskraft nur bezüglich desjenigen konkreten Klaganspruches geschaffen, über den erkannt worden ist. Die Einrede der rechtskräftig entschiedenen Sache würde deshalb nur dann begründet erscheinen, wenn einmal dieselben thatsächlichen und rechtlichen Umstände, aus denen jetzt der Klaganspruch hergeleitet wird, auch schon im Vorprozesse das Klagefundament gebildet hätten, und wenn weiter der jetzt aus diesen Umständen hergeleitete Anspruch seiner Richtung und seinem

Inhalte nach als derselbe angesehen werden müßte, der bereits im Vorprozesse geltend gemacht worden war. Diese letztere Voraussetzung trifft aber keinesfalls zu. Zwar wird jetzt wie früher gefordert, daß die Beklagte dem Kläger monatlich eine bestimmte Geldsumme zahle. Allein diese Summe wird im gegenwärtigen Prozesse als eine von der Beklagten unbedingt und ohne jede Gegenleistung des Klägers zu entrichtende Rente beansprucht. Dagegen hat der Kläger im Vorprozesse der Beklagten nur die Verpflichtung angesonnen, ihn bis an sein Lebensende in ihrem Dienste zu behalten und ihm für von ihr zu bestimmende, seinem Körperzustande entsprechende Arbeiten, die er zu leisten sich erbot, Dienstlohn zu bezahlen; nur für den Fall, wenn die Beklagte es ihrerseits vorziehe, von diesen Diensten keinen Gebrauch zu machen, verlangte er den geforderten Betrag auch ohne seine Dienstleistung. Daß der Kläger bei der Klagerhebung nur ein Recht des vorstehend angegebenen Inhaltes in Anspruch genommen und nur eine diesem Anspruche entsprechende Verurteilung der Beklagten angestrebt hat, kann nach dem Inhalte der Klageschrift und der Fassung der Klagebitte, in welcher ausdrücklich „Gehalt", also Vergütung für Dienste, gefordert wird, nicht zweifelhaft sein. Es liegt aber auch kein irgend zureichender Anhalt dafür vor, daß der Kläger während der mündlichen Verhandlung seine Klage bezüglich des Inhaltes der von ihm geltend gemachten Forderung abgeändert habe. Der Kläger hat im Vorprozesse seinen Klagantrag so, wie er in der Klageschrift formuliert war, verlesen ... und diesen Antrag auch in keinem der späteren Termine geändert oder durch einen andern ersetzt, wie daraus entnommen werden muß, daß in keinem Terminsprotokolle von einer Änderung des Klagantrages etwas bemerkt ist. Demgemäß ist es bloß als eine Ungenauigkeit der gebrauchten Ausdrucksweise anzusehen, wenn in dem Thatbestande des Versäumnisurteiles vom 24. April 1893 gesagt ist, der Kläger habe „auf Zahlung von 70 *M* pro Monat auf die Zeit vom 1. April 1892 ab" geklagt, während dafür hätte gesagt werden sollen, er habe auf 70 *M* G e h a l t für diese Zeit geklagt (C.P.O. § 285 verbunden mit § 269 Abss. 1. 2).

Bei dieser Sachlage erscheint zugleich die Annahme geboten, daß im Vorprozesse auch das Gericht nur über die vom Kläger allein eingeklagte Gehaltsforderung hat entscheiden wollen.

Nun ist aber ein Anspruch auf Vergütung für Dienste, zu deren Leistung der Kläger sich erbietet, rechtlich und wirtschaftlich wesentlich verschieden von einer Forderung auf Zahlung einer von einer Gegenleistung des Klägers völlig unabhängigen Geldrente; es fehlt somit im gegebenen Falle an der Identität des jetzt eingeklagten mit dem früher erhobenen, rechtskräftig abgewiesenen Anspruche.

Wenn die Revision hiergegen geltend macht, daß es sich jetzt, wie früher, um die Entschädigung des Klägers für den ihm durch den Sturz vom 25. Juni 1877 erlittenen Schaden handele, so beweist dies nichts; denn der Umstand allein, daß zwei an sich ihrem Inhalte nach verschiedene Leistungen wirtschaftlich und rechtlich demselben Zwecke dienen würden (hier der Ausgleichung der dem Kläger durch seinen Sturz erwachsenen Vermögensnachteile und der Tilgung der für die Beklagte aus dem Unfalle etwa entstandenen Verpflichtungen), reicht keineswegs hin, die auf die eine von ihnen gerichtete Forderung als mit dem auf die andere gerichteten Anspruche identisch erscheinen zu lassen.

Die weiter von der Revision geltend gemachte Erwägung aber, es würde, wenn im Vorprozesse der Kläger Berufung eingelegt hätte, von dem Berufungsgerichte ohne Verletzung der Bestimmung in § 491 Abs. 2 C.P.O. auch darüber haben entschieden werden können, ob dem Kläger wider die Beklagte ein Anspruch im Sinne von § 1489 sächs. B.G.B. zustehe, ist nicht geeignet, einen Angriff gegen die Zurückweisung der von der Beklagten vorgeschützten Einrede zu rechtfertigen. Wie die Sache sich gestaltet hätte, wenn der Kläger im Laufe des Prozesses unter Abänderung seiner Klagebitte Zuerkennung einer von seiner Gegenleistung unabhängigen Geldrente gefordert hätte, braucht nicht untersucht zu werden; jedenfalls konnte das Gericht, solange die einmal gestellte Klagebitte, die ausschließlich auf Zahlung von Vergütung für vom Kläger angebotene Dienstleistungen gerichtet war, aufrecht erhalten blieb, ihm eine Rente der bezeichneten Art weder zuerkennen, noch ihm das Recht darauf ohne eine negative Feststellungswiderklage der Beklagten aberkennen. Ausschließlich nach dieser thatsächlich eingetretenen Sachgestaltung ist die Tragweite des ergangenen Urteiles zu bestimmen.

Die Einrede der Beklagten würde hiernach selbst dann nicht als begründet erscheinen, wenn im Vorprozesse der eingeklagte Anspruch nicht allein auf den vom Kläger damals behaupteten Abfindungsvertrag, sondern auch unmittelbar auf die der Beklagten bezüglich der Herbeiführung des Unfalles beigemessene Verschuldung gestützt worden wäre. Es kann deshalb dahingestellt bleiben, ob nicht auch den Darlegungen der Vorinstanz, daß dies zu verneinen sei, beigepflichtet werden müßte." ...

---

35. Kann der Gemeinschuldner auf Erfüllung eines zweiseitigen, zur Zeit der Konkurseröffnung von ihm und vom anderen Teile noch nicht oder nicht vollständig erfüllten Vertrages bestehen, wenn der Konkursverwalter die Erfüllung aus der Konkursmasse ausdrücklich oder stillschweigend abgelehnt hat?

I. Civilsenat. Urt. v. 29. Juni 1898 i. S. B. (Kl.) w. Vereinigte Ziegelwerke T. u. M. (Bekl.). Rep. I. 152/98.

I. Landgericht I Berlin.
II. Kammergericht daselbst.

Der Kläger nahm die Beklagten aus einem angeblich mit ihnen geschlossenen Kaufvertrage in Anspruch. In erster Instanz wurden die Beklagten nach dem Klagantrage verurteilt, dem Kläger 470000 Stück Mauersteine, zum Preise von 4,50 ℳ das Tausend, zu liefern. Gegen dieses Urteil legten die Beklagten Berufung ein mit dem Antrage, dasselbe abzuändern und die Klage abzuweisen. Demnächst wurde das Verfahren durch die Eröffnung des Konkurses über das Vermögen des Klägers unterbrochen. Am 13. Mai 1897 richtete ein Mitinhaber der verklagten Handlung an den Konkursverwalter brieflich die Anfrage, ob er Erfüllung des streitigen Vertrages verlange. Der Konkursverwalter erwiderte hierauf durch Schreiben vom 21. Mai 1897, in welchem er die Beklagten ersuchte, ihm vor Abgabe einer bindenden Erklärung Mitteilung darüber zu machen, ob sie bereit seien, der Konkursmasse die vom Gemeinschuldner verauslagten Gerichtskosten mit ca. 83 ℳ und die ca. 180 ℳ betragenden Anwaltskosten zu erstatten. Dieses Schreiben blieb unbeantwortet. Demnächst erklärte die Beklagte, und sodann auch der Gemeinschuldner, daß sie das Verfahren aufnehmen; letzterer überreichte ein an ihn gerichtetes Schreiben des Konkursverwalters vom 27. Januar 1898, in welchem dieser erklärte, daß er den Eintritt in den Prozeß ablehne, aber nichts dagegen habe, daß der Gemeinschuldner ihn für seine Person aufnehme. In der mündlichen Verhandlung der Berufungsinstanz verlas der Vertreter der Beklagten den Antrag auf Abweisung der Klage; der Vertreter des Gemeinschuldners beantragte, den Rechtsstreit für durch den Gemeinschuldner aufgenommen zu erklären und die Berufung der Beklagten zurückzuweisen. Das Berufungsgericht hat dem Antrage der Beklagten entsprochen. Die vom Gemeinschuldner eingelegte Revision ist zurückgewiesen worden aus folgenden

Gründen:

„Das angefochtene Urteil beruht auf derselben Rechtsauffassung, wie die in einer im wesentlichen gleich gelagerten Sache gegebene Entscheidung des V. Civilsenates des Reichsgerichtes vom 9. Juli 1892 in Sachen G. w. B. (Rep. V. 76/92, auszugsweise mitgeteilt in der Jurist. Wochenschrift von 1892 S. 371 Nr. 8 und bei Bolze, Bd. 15 Nr. 761). Die angeführte Entscheidung kommt zu dem Ergebnisse, daß durch § 15 K.O. für zweiseitige, zur Zeit der Konkurseröffnung von dem Gemeinschuldner und vom anderen Teile nicht oder nicht vollständig erfüllte Verträge dem Konkursverwalter das Wahlrecht gewährt ist, ob er das Geschäft aus der Masse erfüllen will, oder nicht, daß aber, wenn er sich ausdrücklich oder stillschweigend für letzteres entschieden hat, diese Entscheidung auch gegen den Gemeinschuldner Geltung behält, sodaß nun also auch der Gemeinschuldner für seine Person nicht mehr auf der Erfüllung bestehen kann. Der gegenwärtig erkennende Senat des Reichsgerichtes stimmt diesem Grundsatze zu. Die von der Revision hiergegen vorgebrachten Bedenken können nicht für gerechtfertigt erachtet werden. Nicht zutreffend erscheint insbesondere der Hinweis auf die Bestimmung in § 8 Abs. 2 K.O. Diese Bestimmung, die dem Gemeinschuldner die Befugnis giebt, Rechtsstreitigkeiten über das zur Masse gehörige Vermögen, welche zur Zeit der Konkurseröffnung für ihn anhängig waren, aufzunehmen, sofern der Verwalter die Aufnahme ablehnt, hat zwar nicht, wie vom Vertreter der Revisionsbeklagten geltend gemacht ist, eine bloß formale Bedeutung, sondern enthält zugleich den materiellen Rechtssatz, daß infolge der Ablehnung des Konkursverwalters, den Rechtsstreit aufzunehmen, der streitige Anspruch nicht mehr zur Konkursmasse, sondern zum konkursfreien Vermögen des Gemeinschuldners gehört. Diese Bedeutung der erwähnten Bestimmung kann aber trotz ihrer allgemein lautenden Fassung nicht auf die im § 15 K.O. geregelten Fälle eines zweiseitigen Vertrages bezogen werden, aus dem zur Zeit der Konkurseröffnung noch für beide Teile Verpflichtungen bestehen. Will in Fällen der letzteren Art der Konkursverwalter von der ihm durch § 15 Abs. 1 eingeräumten Befugnis, das Geschäft für die Masse zu übernehmen, keinen Gebrauch machen, so hat der Gemeinschuldner regelmäßig keinen Anspruch darauf, daß das Vertragsverhältnis ihm gegenüber als fortbestehend gelte. Wie in der Entscheidung des V. Civilsenates mit Recht ausgeführt ist, würde, wenn man dem Gemeinschuldner diesen Anspruch einräumen wollte, der andere Teil nicht in der Lage sein, seine Interesseforderung im Konkurse geltend zu machen. Aber auch in Fällen, wie dem hier vorliegenden, in denen von einer solchen Interesseforderung keine Rede sein kann, weil der Mitkontrahent des Gemeinschuldners schon vor der Konkurseröffnung seinerseits die Erfüllung des Vertrages verweigert hat, kann letzterem nicht zugemutet werden, nachdem der Konkurs eröffnet ist, dem Gemeinschuldner gegenüber noch ferner im Engagement zu bleiben. Das Recht, auf Vertragserfüllung zu bestehen, hat nur der Konkursverwalter; übt er dieses Recht nicht aus, so ist auch der andere Teil nicht an den Vertrag gebunden. Der in der Entscheidung des V. Civilsenates offen gelassene Fall, daß der Gemeinschuldner bereite Mittel für die Befriedigung seines Mitkontrahenten nachweist oder Sicherheit hierfür bestellt, kann auch gegenwärtig dahingestellt bleiben, da nichts dafür vorliegt, daß dieser Fall hier gegeben ist. Sieht man von derartigen Möglichkeiten ab, so führt die dem Berufungsurteile zu Grunde liegende Auffassung auch da zu einem billigen, der Natur der Sache entsprechenden Ergebnisse, wo es sich, wie im Streitfalle, um einen Zug um Zug zu erfüllenden Vertrag handelt." ...

---

36. Gehören Entschädigungsansprüche, welche von dem Arbeiter gegen den Arbeitgeber wegen Unterlassung der zur Sicherung der Arbeiter gebotenen Schutzvorrichtungen erhoben werden, vor das ordentliche Civilgericht, oder unter Ausschluß desselben vor das Gewerbegericht?

Gewerbeordnung vom 1. Juli 1883 § 120 Abs. 3.
Reichsgesetz, betr. die Gewerbegerichte, vom 29. Juli 1890 § 3 Ziff. 2.

III. Civilsenat. Urt. v. 1. Juli 1898 i. S. F. G. (Kl.) w. A. G. (Bekl.). Rep. III. 86/98.

I. Landgericht Beuthen O. S.
II. Oberlandesgericht Breslau.

Der Kläger erlitt, während er als Lehrling in der Werkstätte des Beklagten, eines Schlossermeisters, unter Benutzung einer Maschine arbeitete, eine Verletzung der einen Hand. Er nahm den Beklagten in Anspruch, weil derselbe unterlassen habe, die Maschine mit der erforderlichen Schutzvorrichtung zu versehen.

Das Landgericht wies den Klaganspruch als verjährt nach § 54 A.L.R. I. 6 zurück, weil er sich auf außerkontraktliches Verschulden des Beklagten stütze. Nachdem darauf der Kläger in zweiter Instanz seinen Anspruch wesentlich auf den Lehrvertrag gestützt, der Beklagte aber hiergegen den Einwand der Unzulässigkeit des Rechtsweges erhoben hatte, wies das Oberlandesgericht auf Grund dieses Einwandes die Klage ab. Das Reichsgericht hob diese Entscheidung auf und verwies unter Verwerfung der erwähnten Einrede die Sache in die Berufungsinstanz zurück aus folgenden

Gründen:

„Die Entscheidung der Frage, ob im vorliegenden Falle das ordentliche Civilgericht, oder unter Ausschluß desselben das Gewerbegericht zuständig ist, hängt davon ab, ob der Klaganspruch als ein „Entschädigungsanspruch aus dem Arbeitsverhältnisse" im Sinne von § 3 Ziff. 2 des Reichsgesetzes, betreffend die Gewerbegerichte, vom 29. Juli 1890 anzusehen ist. Das Berufungsgericht hat diese letztere Frage bejaht; denn der Kläger stütze seinen Anspruch auf sein Arbeitsverhältnis zu dem Beklagten, ja sogar auf den mit demselben abgeschlossenen Lehrvertrag, und könne ihn in der That darauf stützen, da der dem Anspruche zu Grunde liegende Unfall während seiner Lehrzeit und im Gewerbebetriebe des Beklagten sich ereignet habe, und die Pflicht des Lehrherrn, seinen Lehrling vor Schaden an Leben und Gesundheit im Gewerbebetriebe zu schützen, schon durch das Arbeitsverhältnis gegeben sei. Die angeführte Gesetzesvorschrift unterscheide auch nicht zwischen verschiedenen Gründen der Entstehung des Entschädigungsanspruches.

Mit der Revision ist diese Beantwortung der erwähnten Frage zu beanstanden.

Die Vorschrift in § 3 Ziff. 2 des Gesetzes über die Gewerbegerichte ist an die Stelle der in § 120a Gew.O. in der Fassung vom 1. Juli 1883 enthaltenen getreten, wonach „Streitigkeiten der selbständigen Gewerbetreibenden mit ihren Arbeitern, die . . . auf die gegenseitigen Leistungen aus dem Arbeitsverhältnisse . . . sich beziehen", bei den für diese Angelegenheiten bestehenden besonderen Behörden, eventuell bei der Gemeindebehörde zur Entscheidung zu bringen waren. Das Gesetz über die Gewerbegerichte hat (in § 78) den § 120a aufgehoben, in seinem § 3 Ziff. 2 anstatt der „gegenseitigen Leistungen" die „Leistungen und Entschädigungsansprüche" aus dem Arbeitsverhältnisse aufgeführt und die Entscheidung darüber den Gewerbegerichten überwiesen. Durch die gegenwärtige Fassung des § 3 Ziff. 2 ist namentlich die frühere Streitfrage, ob auch die erst nach Beendigung des Arbeitsverhältnisses hervortretenden Entschädigungsansprüche der Zuständigkeit der ordentlichen Gerichte entzogen seien, in bejahendem Sinne entschiedeu, im übrigen aber die frühere Rechtslage bezüglich der Natur und des Umfanges der Ansprüche aus dem Arbeitsverhältnisse nicht wesentlich verändert worden. Unter den „Entschädigungsansprüchen" sind hiernach solche zu verstehen, welche sich unmittelbar aus dem Arbeitsvertrage oder dem Arbeitsverhältnisse, namentlich wegen Nichterfüllung der danach den Beteiligten obliegenden gegenseitigen Leistungen, ergeben, wie z. B. Entschädigungsansprüche gegen den Arbeitgeber, welcher den Arbeiter vorzeitig entlassen hat, gegen den Lehrherrn, welcher den Lehrling mangelhaft ausgebildet oder das Lehrverhältnis ohne Grund aufgelöst hat. Dagegen gehören nicht vor die Gewerbegerichte die Entschädigungsansprüche, welche nicht unmittelbar durch den Arbeits- oder Lehrvertrag, sondern durch allgemeine gesetzliche Vorschriften begründet sind, wie z. B. Ansprüche wegen Verletzung des Arbeiters durch schuldhaftes Handeln des Arbeitgebers (Gruchot, Beiträge Bd. 31 S. 1100), wegen Überschreitung des dem Lehrherrn zustehenden Züchtigungsrechtes (Entsch. des R.G.'s in Civils. Bd. 37 S. 327), Ansprüche aus dem Haftpflichtgesetze. Dasselbe muß aber auch von denjenigen Entschädigungsansprüchen gelten, welche von dem Arbeiter oder von dem — ihm hierin gleichstehenden — Lehrlinge gegen den Arbeitgeber oder den Lehrherrn wegen Unterlassung der zur Sicherung der Arbeiter gebotenen Schutzvorrichtungen erhoben werden. Allerdings ergiebt sich, wie das Reichsgericht wiederholt ausgesprochen hat,

vgl. Entsch. desselben in Civils. Bd. 8 S. 151, Bd. 12 S. 46, Bd. 15 S. 53, Bd. 18 S. 174,

die Verpflichtung zur Einführung derartiger Vorrichtungen schon aus dem Dienstmiete- oder dem Lehrvertrage. Daneben aber ist den Gewerbeunternehmern für ihren Gewerbebetrieb die gleiche Verpflichtung noch besonders durch § 120 Abs. 3 Gew.O. auferlegt worden. Diese Vorschrift stellt sich nicht blos als eine gewerbepolizeiliche dar, sondern begründet eine privatrechtliche Verantwortlichkeit des Gewerbeunternehmers gegen die Arbeiter, sowie gegen Dritte,

s. § 107 Gew.O. vom 21. Juli 1869, vgl. mit § 120 Gew.O. vom 1. Juli 1883, Entsch. des R.G.'s in Civils. Bd. 17 S. 221,

sodaß aus ihrer Nichtbefolgung im Falle von Verletzungen, welche ein Arbeiter wegen Mangels der dadurch gebotenen Schutzvorrichtungen erleidet, ein Schadensersatzanspruch gegen den Gewerbeunternehmer erwächst.

Vgl. die angeführte Entscheidung Bd. 12 S. 46.

Insoweit kann man daher nicht sagen, daß die erwähnte Verpflichtung zur Einführung von Schutzvorrichtungen und der auf deren Nichterfüllung gestützte Schadensanspruch unmittelbar und ausschließlich aus dem Arbeits- (oder Lehr-) Vertrage hervorgeht. Jedenfalls besteht die fragliche Verpflichtung noch neben den aus dem Arbeitsverhältnisse unmittelbar sich ergebenden gegenseitigen Leistungen, und es sind daher zur Entscheidung über derartige Entschädigungsansprüche nicht die Gewerbegerichte, sondern die ordentlichen Gerichte berufen. Die gleiche Ansicht findet sich — mehr oder weniger bestimmt — vertreten in den Kommentaren zu dem Gesetze über die Gewerbegerichte von Bachem S. 39, Haas S. 30, Schier S. 22, Wilhelmi und

Fürst S. 28, sowie bei Otto, die Streitigkeiten der selbständigen Gewerbetreibenden mit ihren Arbeitern S. 43.

Daß der Kläger selbst in der Berufungsinstanz die in Frage stehende Verpflichtung nur auf den Lehrvertrag gestützt hat, kann an dem soeben dargelegten Ergebnisse nichts ändern, da hierdurch die für die Anwendung des § 120 Gew.O. in Betracht kommenden Thatsachen nicht beseitigt sind, und die Hervorkehrung einer bestimmten Rechtsauffassung von Seiten einer Partei den Richter nicht bindet.

Nach vorstehender Ausführung würde die Zuständigkeit der ordentlichen Civilgerichte auch dann nicht ausgeschlossen sein, wenn, wie vom Berufungsgerichte am Ende seiner Entscheidungsgründe unterstellt ist, die Entscheidung der in § 3 Ziff. 2 des Gesetzes über die Gewerbegerichte angeführten Streitigkeiten zwischen Innungsmitgliedern und ihren Lehrlingen durch Ortsstatut den Innungen überwiesen wäre; denn der erwähnte § 3 Ziff. 2 findet hier überhaupt keine Anwendung." ...

---

37. Hat der Erwerb ausländischer Aktien im Auslande durch Beteiligung bei der Gründung der betreffenden Aktiengesellschaft als eine „Anschaffung" der Aktien im Sinne der Anmerkung zu Tarifnummer 1 und 2, bezw. des § 3 Abs. 1 des Reichsstempelgesetzes vom 27. April 1894 zu gelten?

VI. Civilsenat. Urt. v. 4. Juli 1898 i. S. L. (Kl.) w. die Hamb. Deputation f. indirekte Steuern u. Abgaben (Bekl.). Rep. VI. 149/98.

I. Landgericht Hamburg, Kammer für Handelssachen.
II. Oberlandesgericht daselbst.

Die obige Frage ist vom Reichsgerichte bejaht worden aus folgenden

Gründen:

„Der Kläger fordert in diesem Prozesse 18 M zurück, die er nach dem Verlangen der Beklagten als Urkundenstempelabgabe für eine in Schweden von ihm als Mitgründer einer dortigen Aktiengesellschaft erworbene und neuerdings nach Hamburg gebrachte Aktie unter Vorbehalt nach § 33 des Reichsstempelgesetzes vom 27. April 1894 entrichtet hat. Die Beklagte stützt die von ihr geltend gemachte Steuerpflicht auf den Tarif Nr. 1 b in Verbindung mit der Anmerkung zu Tarifnummer 1 und 2, bezw. auf § 3 Abs. 1 dieses Gesetzes. Nach jener Nr. 1 b sind mit $1^1/_2$ Prozent steuerpflichtig ausländische Aktien, wenn sie im Inlande ausgehändigt werden, und nach der erwähnten Anmerkung wird es der Aushändigung ausländischer Wertpapiere im Inlande gleichgeachtet, wenn solche Wertpapiere, welche durch ein im Auslande abgeschlossenes Geschäft von einem zur Zeit des Geschäftsabschlusses im Inlande wohnhaften Kontrahenten angeschafft sind, diesem aus dem Auslande übersandt oder von ihm oder einem Vertreter aus dem Auslande abgeholt werden. Es handelt sich nun darum, ob das Wort „angeschafft" hier und in dem sich an diese Vorschrift anschließenden § 3 des Gesetzes in dem bestimmten technischen Sinne zu nehmen ist, der nach allgemeiner Annahme dem Worte „Anschaffung" in Art. 271 Ziff. 1 H.G.B., und nach der Entscheidung der vereinigten Civilsenate in den Entsch. des R.G.'s in Civils. Bd. 31 S. 18 flg. dem Worte „Anschaffungsgeschäft" in Nr. 4 des Tarifes zum Reichsstempelgesetze vom 3. Juni 1885, und dann natürlich auch in der entsprechenden Bestimmung desjenigen vom 27. April 1894 beiwohnt, und nach welchem der Erwerb von Aktien durch Gründung der Aktiengesellschaft nicht unter diese Bezeichnung fallen würde, oder ob dem Worte „angeschafft" hier ein weiterer Sinn beizulegen ist, so daß diejenigen Vorgänge, welche nach Nr. 4a 2 Abs. 2 des Tarifes zum Gesetze vom 27. April 1894 „den Anschaffungsgeschäften gleichstehen" sollen, also u. a. die bei Errichtung einer Aktiengesellschaft stattfindende Übernahme der Aktien durch die Gründer, mit darunter fallen.

An sich wäre es natürlich ausgeschlossen, eine Bestimmung, welche in Ansehung einer bestimmten Abgabe den Anschaffungsgeschäften gewisse andere Vorgänge gleichstellt, ohne weiteres dazu zu verwerten, um an einer anderen Stelle desselben Gesetzes, wo sich eine entsprechende Bestimmung nicht findet, in Beziehung auf eine andere Abgabe unter „Anschaffungsgeschäft" nun gleich jene Vorgänge mitzuverstehen. Aber so liegt die Sache hier auch nicht. Wenn auch die Worte „Anschaffung" und „Anschaffungsgeschäft" durch ihre Zusammenstellung mit dem Kaufe, bezw. mit den Kaufgeschäften an gewissen Gesetzesstellen eine ganz bestimmte technische Bedeutung erlangt haben, so ist doch damit die Thatsache nicht beseitigt, daß das Zeitwort „anschaffen" an sich auch in einem allgemeineren Sinne gebraucht werden kann, gleichbedeutend mit „erwerben". Nun heißt es eben an den jetzt in Rede stehenden Gesetzesstellen nicht etwa: „durch ein Anschaffungsgeschäft erworben sind", sondern allgemein: „durch ein Geschäft" — nun freilich nicht: „erworben", sondern: „angeschafft sind", wo aber nichts hindert, „angeschafft" hier in dem allgemeineren Sinne von „erworben" zu verstehen; daß aber auch die Gründung einer Aktiengesellschaft ein „Geschäft" ist, wird niemand bezweifeln. Dieser freieren Auslegung den Vorzug zu geben nötigt der Umstand, daß sonst dem Gesetze ein entschiedener Mangel an Folgerichtigkeit vorzuwerfen sein würde, darin, daß bei einer Besteuerungsvorschrift den Anschaffungsgeschäften jene anderen Vorgänge gleichgestellt wären, bei einer anderen nicht, ohne daß doch für diese Verschiedenheit irgend ein innerer Grund erfindlich wäre." ...

II. Gemeines Recht.

38. Ist der Staat zur Entschädigung verpflichtet, wenn durch die im öffentlichen Interesse von der Strombauverwaltung errichteten Anlagen die Ausübung eines am Flusse bestehenden privaten Fischereirechtes ganz oder teilweise thatsächlich unmöglich gemacht wird?

III. Civilsenat. Urt. v. 1. Februar 1898 i. S. Wasserbauverwaltung in L. (Bekl.) w. B. u. Gen. (Kl.). Rep. III. 332/97.

I. Landgericht Lüneburg.
II. Oberlandesgericht Celle.

Die Kläger, als Besitzer ihrer Großköthnerstellen zu L., hatten, und zwar jeder auf der ganzen Strecke, das Recht, am südlichen Ufer der Elbe, soweit der Strom die Ortschaft L. berührt, innerhalb der Stacken zu fischen, mit welchen Netzen und Gerätschaften sie wollten. Dieses Recht war nicht der Ausfluß eines an dem Flusse bestehenden Gemeingebrauches, sondern ein besonderes servitutisches Privatrecht, auch als solches vom Fiskus in dem Vergleiche vom 23. September 1861 anerkannt, und wurde von der Beklagten an sich nicht bestritten. Vielmehr war nur streitig, wie weit in den Strom hinein das Recht zustehe, und ob neben den Klägern auch die Kleinköthner ein Fischereirecht haben.

Nach dem Erlasse des preußischen Gesetzes vom 20. August 1883, betreffend die Befugnisse der Strombauverwaltung ꝛc, errichtete der Fiskus zwischen den Buhnen sog. Parallelwerke, d. h. dem Ufer parallel laufende Steindämme, und ließ die zwischen diesen und dem

Festlande befindlichen Wasserflächen nach und nach zuschütten und dann mit Weiden bepflanzen. Die Beklagte behauptete, alle diese Arbeiten nur als zur Stromregulierung erforderliche vorgenommen zu haben, während die Kläger dies zwar für die Dämme zugeben, im übrigen aber den Landerwerb als den Zweck der Arbeiten ansahen.

Die Kläger klagten nun auf Entschädigung, weil infolge dieser Anlagen ihr Fischereirecht fast völlig beseitigt und entwertet sei, und die Beklagte gab zu, daß die Kläger zur Zeit der Klagerhebung die Fischerei nur noch an den Buhnenköpfen und an den Einfahrten erfolgreich haben ausüben können, auch daß dieses Ergebnis, das übrigens im Laufe der Zeit doch eingetreten sein würde, durch ihre Arbeiten beschleunigt sei.

Das Landgericht erklärte die Schadensansprüche der Kläger dem Grunde nach für gerechtfertigt; das Oberlandesgericht verwarf die Berufung. Die gegen das Berufungsurteil eingelegte Revision ist zurückgewiesen worden aus folgenden

Gründen:

... „Die Entscheidung hängt ... davon ab, ob der Staat, wenn er im öffentlichen Interesse in Privatrechte verletzend eingreift, zur Entschädigung verpflichtet ist. Der Eingriff kann entweder unmittelbar durch die Gesetzgebung erfolgen, oder durch Verwaltungsmaßregeln, die von den Staatsbehörden in berechtigter Ausübung ihres Amtes vorgenommen werden. Ein prinzipieller Unterschied besteht insofern nicht, als ja auch die Zulässigkeit des Eingriffes der Verwaltungsorgane durch das Gesetz gestattet sein muß. Ein thatsächlich wichtiger Unterschied ergiebt sich aber meistens dadurch, daß dann die Gesetzgebung direkt in alle die Rechte eingreift, die unter die Gesetzesbestimmung fallen, während die Verwaltungsmaßregel sich auf Grund des Gesetzes meistens gegen die Sonderrechte Einzelner richtet und damit diese um so unbilliger zu belasten scheint. Ist aber der Einzelne in seinem öffentlichrechtlichen Verhältnisse zum Staatsganzen dessen Gesetzgebung unterworfen, so muß dem Staate in beiden Fällen das Recht zustehen, nicht nur im öffentlichen Interesse in die Privatrechte der Einzelnen überhaupt einzugreifen, sondern auch dies in beiden Fällen ohne Entschädigung zu thun, obgleich die Billigkeit zu Gunsten der Entschädigung spricht. Ob aber dann, wenn das Gesetz über die Gewährung einer Entschädigung sich nicht ausspricht, im Zweifel diese

Verpflichtung anzunehmen sei, läßt sich nur nach den Normen des betreffenden Rechtsgebietes, hier des gemeinen Rechtes, entscheiden.

Ob nicht für dieses die Annahme zu weit gehe, daß im Falle unmittelbarer Aufhebung wohlerworbener Rechte durch die Gesetzgebung ganz allgemein ein Anspruch gegen den Staat auf volle Entschädigung stattfinde, soweit er nicht durch das Gesetz ausgeschlossen worden sei, und ob dieser Anspruch sogar ein privatrechtlicher sein würde,

vgl. Entsch. des R.G.'s in Civils. Bd. 12 S. 3,

kann dahingestellt bleiben, da es sich im vorliegenden Falle nicht um einen unmittelbaren Eingriff der Gesetzgebung, sondern um die konkrete Maßregel der Wasserbauverwaltung handelt. Jedenfalls fehlt es in einem Falle, wo die Maßregel im öffentlichen Interesse erfolgte und als solche berechtigt war, gerade an der Voraussetzung der Rechtswidrigkeit, an die im gemeinen Privatrechte die gegen Eingriffe gegebenen Rechtsbehelfe an sich geknüpft sind. Vielmehr wird es sich nur fragen können, ob im Gebiete des gemeinen Rechtes ein solcher, aus dem für das öffentliche Recht überhaupt wenig anwendbaren römischen Rechte nicht zu entnehmender, Rechtssatz entstanden ist. Von manchen Rechtslehrern wird er zwar in weitem Umfange anerkannt;

z. B. Regelsberger, Pandekten Bd. 1 § 113; Dernburg, Pandekten Bd. 1 § 72 bei Anm. 7;

aber er wird mehr behauptet, als bewiesen, und würde in seiner Tragweite um so schwieriger zu bestimmen sein, als darüber, was unter Schädigung „der Privatrechtssphäre" zu verstehen ist, keineswegs Einverständnis herrscht. Gehen doch schon darüber die Ansichten sehr auseinander, ob — was der erkennende Senat stets verneint hat — die auf dem Gemeingebrauch an öffentlichen Straßen und Gewässern beruhenden Gebrauchsrechte der Einzelnen zu den Rechten gehören, deren Schädigung durch Aufhebung oder Verlegung der Wege oder sonstige Änderungen einen Ersatzanspruch giebt. Enger hat der erkennende Senat den Rechtssatz in dem in den Entsch. des R.G.'s in Civils. Bd. 16 S. 159 abgedruckten Falle gefaßt, wo infolge Umbaues einer Kirche den Parochianen Kirchenstühle entzogen wurden, die ihnen auf Grund von Privatrechten zustanden; insbesondere ist dort (S. 161) ausgesprochen, daß nach allgemeinen staatsrechtlichen Grundsätzen in den Fällen, wo wohlerworbene Privatrechte als unvereinbar mit den

Rücksichten der öffentlichen Ordnung und Wohlfahrt vermöge des sog. jus eminens des Staates aufgehoben werden, eine Entschädigungspflicht eintrete. Zwar ist von demselben Senat ein Jahr später, als infolge der von der Polizeibehörde zur Verhütung einer Überschwemmung angeordneten Öffnung von Schleusen die an den Fluß grenzende Mauer eines Dritten eingestürzt war, dessen gegen den Staat gerichteter Schadensanspruch durch Urteil vom 27. Mai 1887 (Rep. III. 341/86) für unbegründet erklärt, weil nach den Grundsätzen des gemeinen Rechtes der Staat zur Entschädigung nicht verpflichtet sei, wenn infolge einer im allgemeinen Interesse erlassenen polizeilichen Verfügung das Eigentum eines Einzelnen beschädigt worden sei. Dabei ist aber zugleich anerkannt worden, daß, da in dem zu entscheidenden Falle der Schade nur als mittelbare Folge der polizeilichen Verfügung eingetreten sei, kein Widerspruch mit dem in Bd. 16 abgedruckten Urteile vorliege, auch wenn man mit diesem in analoger Anwendung der Grundsätze über die Enteignung in einem Falle, wie er dort vorgelegen habe, dahin gelangen könne, daß für die in Ausübung des jus eminens des Staates erfolgte Entziehung von Gegenständen des Privatrechtes eine Entschädigung zu gewähren sei.

Welcher Umfang dem in dem ersteren Urteile,

Entsch. des R.G.'s in Civils. Bd. 16 S. 161,

aufgestellten Rechtssatze, der dort schon auf die Aufhebung von Privatrechten beschränkt ist, beizumessen, und ob er ebenso aufrecht zu erhalten sei, bedarf nach der Lage des zur Entscheidung stehenden Falles keiner genaueren Prüfung; jedenfalls ist schon von den italienischen Rechtslehrern des Mittelalters für die Fälle der Enteignung, also der zwangsweise erfolgenden Entziehung von Gegenständen, um sie in das Vermögen des Staates oder eines Dritten zu übertragen, die Pflicht zu entschädigen angenommen, und hat mit der Rezeption des römischen Rechtes auch bei den deutschen Juristen Anerkennung und — hauptsächlich durch den Einfluß von H. Grotius — weitere Ausbildung in Theorie und Praxis gefunden. Es wird auch wohl nicht bezweifelt, daß mindestens in den Grenzen des heutigen Begriffes der Enteignung diese Anschauungen im gemeinen Rechte allgemein als Recht angesehen und zu einem wahren Gewohnheitsrechte wurden, wie schon die allgemeine Ausbildung in der Partikulargesetzgebung zeigt. Die nach der Rezeption des römischen Rechtes Jahrhunderte hindurch sowohl von den Schriftstellern aufgestellten Regeln, als auch die in der Praxis zu Gunsten der Entschädigungspflicht entschiedenen Fälle zeigen aber ferner, daß man sich nicht streng an die Grenzen der eigentlichen Expropriation band, sondern auch da eine Entschädigungspflicht des Staates billigte, wo über jene Grenzen hinaus im öffentlichen Interesse Privateigentum, z. B. durch Zerstörung, aufgeopfert werden mußte. Ist auch zuzugeben, daß diese Anschauungen in manchen Fällen, z. B. bei Zerstörung im Interesse der Kriegführung, nicht ohne Widerspruch blieben, und mag daher der sachliche Umfang des Gewohnheitsrechtes zweifelhaft sein, so ist doch jedenfalls anzunehmen, daß der Rechtsentwickelung eine analoge Anwendung der für die Enteignung feststehenden Entschädigungspflicht auf die Fälle entspricht, in denen unmittelbar die Entziehung des Eigentums oder die Aufhebung oder thatsächliche Beseitigung anderer dinglicher Rechte, auch ohne Übertragung auf den Staat, im Staatsinteresse erfolgt. Zu diesen Fällen gehört aber der vorliegende. Den Kläger steht unstreitig ein privates Fischereirecht zu, dessen Ausübung durch die nach der eigenen Angabe der Beklagten zwecks der Flußkorrektion auf dem Fischereigrunde gemachten Anlagen in dem größten Teile seines Gebietes thatsächlich unmöglich gemacht wird. Ob an den Buhnenköpfen die Möglichkeit der Ausübung der Fischerei fernerhin erhalten bleibt, kann zwar für die Höhe der zu gewährenden Entschädigung von Bedeutung sein, für die zu entscheidende Rechtsfrage aber ebensowenig, wie die nur auf einen Teil des subjektiven Rechtes sich beziehende Enteignung.

Endlich spricht im vorliegenden Falle für die Entschädigungspflicht des Staates auch der Inhalt des Gesetzes vom 20. August 1883. Zwar regelt dieses nur die Befugnisse der Strombauverwaltung gegenüber den Uferbesitzern, zu denen die Kläger nicht gehören; aber seine §§ 8 und 11 lassen doch das Prinzip erkennen, daß für die bei der Stromregulierung infolge von Maßregeln der Strombauverwaltung verursachte Schädigung dinglicher Privatrechte vom Staate Ersatz zu leisten ist. So sagt z. B. § 11 Abs. 1: „Für Abspülungen und Beschädigungen der Ufer, die durch die Strombauten hervorgerufen werden, hat der Staat Ersatz zu leisten, auch wenn dieselben nicht beabsichtigt waren." . . .

39. Haftet der Afterverpächter auch ohne ein ihm zur Last fallendes Verschulden dem Afterpächter auf das Interesse, wenn dieser von dem Eigentümer aus der Pachtsache entsetzt wird?

l. 7. l. 8. l. 9 pr. § 1. l. 33—35 Dig. loc. 19, 2.

III. Civilsenat. Urt. v. 1. März 1898 i. S. der P. Aktienbrauerei (Bekl.) u. Schn. (Nebenintervenienten) w. Sch. Ehel. (Kl.). Rep. III. 323/97.

I. Landgericht Kassel.
II. Oberlandesgericht daselbst.

Aus den Gründen:

... „Die verklagte Aktienbrauerei hatte von Schn., dem jetzigen Nebenintervenienten, dessen in Kassel belegenes Wirtschaftslokal auf die Dauer von 10 Jahren gepachtet und verafterpachtete dasselbe auf die Dauer von 5 Jahren vom 1. April 1896 ab an die Kläger. Schn. verkaufte aber darauf das Grundstück an einen Wirt V., und auf dessen Klage mußten die Kläger das Grundstück am 1. November 1896 räumen. Kläger beanspruchen nun in dem gegenwärtigen Prozeß von ihrer Verpächterin, der Beklagten, Schadensersatz wegen dieser vorzeitigen Räumung, und die Beklagte hat dieser Forderung den Einwand entgegengesetzt, daß der Verpächter dem Pächter für die Entziehung der Miet-, bezw. Pachtsache während der Mietzeit nur dann für das Interesse hafte, wenn ihn, was vorliegend nicht der Fall, ein Verschulden treffe.

Das Berufungsgericht hat unter Berufung auf l. 33 Dig. loc. 19, 2 in Übereinstimmung mit dem ersten Richter diesen Einwand zurückgewiesen, weil es für die Forderung der Kläger auf das Interesse wegen Nichterfüllung des Vertrages eines Verschuldens der Beklagten an der Entziehung der Pachtsache nicht bedürfe. Die Beklagte, so führt das Berufungsgericht aus, habe durch die Weiterverpachtung des von ihr gepachteten Schn.'schen Hauses die Garantie übernommen, daß sich der Ausführung dieses Vertrages rechtliche Hindernisse nicht in den Weg stellten. Die Kläger hätten aus dem Kontrakte gegen die Beklagte einen Anspruch auf Gewährung der gepachteten Räumlichkeiten, der sich bei der Unfähigkeit der Beklagten auf Gewährung derselben in einen Anspruch auf Leistung des Interesses verwandelt habe. Aus dem Umstande, daß Kläger gewußt, daß Beklagte eine fremde Sache vermiete, folge nicht, daß Kläger mit der Möglichkeit einer Entziehung hätten rechnen müssen. Sie seien vielmehr berechtigt gewesen, anzunehmen, daß die Beklagte, wie es ihre Sache gewesen, und wie sie in der That auch versucht habe, sich die Möglichkeit der Gewährleistung zur Vertragserfüllung sichere. Nur gegen höhere Gewalt und den gleichstehenden Zwang der Machtmittel des Staates habe die Beklagte sich nicht sichern können, und wäre durch deren Eintritt befreit worden; die Konsequenzen der Vertragsbrüchigkeit ihres Autors aber habe sie zu vertreten; sie sei in der Lage, ihrerseits an diesen Regreß zu nehmen.

Bei dieser Begründung ist vorwegzuschicken, daß darin, soweit ersichtlich, nicht aus den konkreten Umständen des vorliegenden Falles eine besondere vertragliche Garantieübernahme seitens der Beklagten thatsächlich hat festgestellt werden sollen, in welchem Falle die Revision an dieser thatsächlichen Feststellung scheitern müßte, sondern daß die darin erwähnte Garantie aus der rechtlichen Beurteilung derartiger Geschäfte gefolgert wird.

Dies vorausgeschickt, erscheint die Ausführung des Berufungsgerichtes von Rechtsirrtum nicht frei. Die von ihm angezogene l. 33, womit die folgenden ll. 34. 35 sachlich völlig übereinstimmen, spricht nicht für das Berufungsgericht, sondern gegen dasselbe, indem sie die Befreiung des Vermieters von der Leistung des Interesses nicht auf die Fälle höherer Gewalt und des Eintrittes der Staatsgewalt beschränkt, sondern allgemein die Haftung des Vermieters scheidet, je nachdem der Eingriff ausgeht von dem, quem tu prohibere possis, und dem, quem tu prohibere propter vim majorem aut potentiam ejus non poteris. Aus diesen Stellen in Verbindung mit l. 9 §§ 3. 4. l. 19 § 6. l. 30 pr. § 1 Dig. loc. u. a. hat denn die Theorie auch einstimmig gefolgert, daß im Falle nachträglicher Unmöglichkeit der Gewährung der vermieteten Sache der Vermieter dem Mieter (abgesehen von einem besonderen Garantievertrage; vgl. l. 9 § 2 Dig. loc.) auf das Interesse nur dann hafte, wenn der Vermieter an der Unmöglichkeit schuld ist. Im vorliegenden Falle liegt die Sache allerdings insofern anders, als die nachträglich hervorgetretene Unmöglichkeit der Fortgewährung der Mietsache beruht auf einem bereits bei Abschluß des Vertrages vorhanden gewesenen Mangel an der

Berechtigung des Vermieters, und insofern auf einer ursprünglichen subjektiven Unmöglichkeit der Erfüllung, in welchem Falle auch bei der Pacht und Miete, gleichwie bei jeder anderen ursprünglichen bloß subjektiven Unmöglichkeit, die l. 7. l. 8. l. 9 pr. Dig. loc. den Vermieter auch ohne Verschulden aus dem Vertrage auf das Interesse haften lassen. Aber diese Haftung setzt, wie in allen anderen derartigen Fällen, so auch bei der Pacht und Miete, wie die angezogenen Quellenstellen erkennen lassen, voraus, daß dem Mieter der Mangel der fraglichen Berechtigung, diese subjektive Unmöglichkeit, unbekannt war, weshalb denn auch nach l. 9 § 1 Dig. loc., wenn der Usufruktuar als solcher auf eine bestimmte Reihe von Jahren vermietet hat und vor Ablauf derselben stirbt, trotz seiner mangelnden Berechtigung der Erbe auf das Interesse nicht haftet. Im vorliegenden Falle ergiebt nun der zwischen den Parteien abgeschlossene Pachtvertrag selbst, und ist auch zwischen den Parteien unstreitig, daß den Klägern bekannt war, daß der Beklagten selbst nur ein Pachtrecht zustand, sodaß auch von diesem Gesichtspunkte aus die Entscheidung des Berufungsgerichtes, daß die Beklagte auch ohne Verschulden auf das Interesse hafte, nicht haltbar erscheint." . . .

---

40. Inwiefern bildet schweres Verschulden eines Ehegatten außer Ehebruch und böslicher Verlassung, insbesondere Sävitien, unter Protestanten gemeinrechtlich einen Ehescheidungsgrund?

IV. Civilsenat. Urt. v. 28. Februar 1898 i. S. F. (Bekl. u. Widerkl.) w. F. Ehefr. (Kl. u. Widerbekl.). Rep. IV. 347/97.

I. Landgericht I Berlin.
II. Kammergericht daselbst.

Die Entscheidung ist unten unter „Preußisches Recht" Nr. 61 S. 215 abgedruckt.

---

41. Wer ist beweispflichtig dafür, ob die Cession erfolgt sei, oder nicht, wenn der Schuldner dem angeblichen Cessionar ohne Prozeß gezahlt hat, später dem ursprünglichen Gläubiger zur Zahlung rechtskräftig verurteilt ist und nun das früher Gezahlte von dem angeblichen Cessionar zurückfordert?

III. Civilsenat. Urt. v. 18. März 1898 i. S. S. (Bekl.) w. K. Wwe. (Kl.). Rep. III. 355/97.

I. Landgericht Altona.
II. Oberlandesgericht Kiel.

Gründe:

„Der verstorbene K., dessen Nachlaß zu vertreten die Klägerin befugt ist, schuldete dem jetzt ebenfalls verstorbenen B. ein Darlehn von 3500 *M*. Nach des Gläubigers Tode forderte dessen Haushälterin, die Beklagte, unter Vorlegung des Schuldscheines und mit der Begründung, daß ihr die Forderung bei Lebzeiten des B. von diesem geschenkt worden sei, die Rückzahlung des Darlehns, und K., der ihren Angaben Glauben schenkte, zahlte, ohne daß ausdrücklich dabei etwas ausgemacht wurde. Nachher von den B.'schen Erben auf Zahlung belangt, ist nach K.'s Tode dessen Witwe dazu verurteilt, ohne mit der Einrede, daß der jetzigen Beklagten die Forderung geschenkt und abgetreten worden sei, durchdringen zu können, obgleich die als Zeugin vernommene jetzige Beklagte, der übrigens der Streit nicht verkündet war, die Abtretung bestätigt hatte. Infolgedessen hat die jetzige Klägerin nochmals zahlen müssen und fordert in dem vorliegenden Rechtsstreite von der Beklagten, die die frühere Prozeßführung nicht bemängelt, die dieser geleistete Zahlung zurück. Abweichend vom Landgerichte, hat das Berufungsgericht die angestellte Klage nicht als condictio indebiti, sondern als condictio ob causam datorum angesehen und die Beklagte in der Hauptsache verurteilt. Die dagegen gerichtete Revision konnte keinen Erfolg haben.

Von entscheidender Bedeutung ist im vorliegenden Falle die Frage, welche Partei beweispflichtig ist, und die Beweislast hängt wieder von der rechtlichen Natur der angestellten Klage ab. Auf den ersten Blick scheint allerdings die vom Landgerichte und von der Revision vertretene Ansicht richtig zu sein, daß nur die condictio indebiti zulässig sei, die die Klägerin zum Beweise der Nichtschuld, also des Umstandes verpflichten würde, daß der Beklagten die Forderung von B. nicht geschenkt sei. Denn in mehreren Stellen des römischen Rechtes wird auch das ein indebite solutum genannt, was bei bestehender Schuld nicht an den wahren Gläubiger, sondern an einen Dritten gezahlt ist, den man für den Gläubiger hielt. Allein diese Ansicht wird in Fällen, wie der vorliegende ist, der Sachlage nicht gerecht. Der zahlende Schuldner hat nicht eigentlich geirrt in der Person seines Gläubigers; er wollte vielmehr ganz richtig eine, wie ihm bewußt war, gegen ihn für den verstorbenen B. wirklich entstandene Forderung bezahlen und zahlte nur deshalb an die Beklagte, weil diese behauptete, die Forderung erworben zu haben, sie zu erheben befugt zu sein. Schon das römische Recht verpflichtete den Cessionar als procurator in rem suam, ebenso wie jeden anderen Bevollmächtigten, dem Schuldner diese Befugnis nachzuweisen und dafür zu haften, daß diese ihm zustehe, auch den Schuldner eventuell gegen den die Forderung einklagenden Cedenten zu vertreten, und gab die condictio ob causam datorum, wenn der Gläubiger die Einziehungsbefugnis nicht genehm hielt. Daß nach heutigem gemeinen Rechte die cedierte Forderung völlig übergeht auf den Cessionar, kann an dieser Verpflichtung nichts ändern; vielmehr erfolgt, auch wenn der Nachweis der Cession und die ausdrückliche Zusicherung der eventuellen Haftung nicht verlangt werden, die Zahlung an den Cessionar mindestens unter der aus der Natur dieses Rechtsgeschäftes sich ergebenden Voraussetzung, daß die Forderung abgetreten sei, und daß der Cessionar dies nötigenfalls nachweisen werde. Ob man noch weiter gehen und, wie anscheinend das Berufungsgericht will, dem Cessionar den Beweis der erfolgten Cession dann abschneiden darf, wenn, wie im vorliegenden Falle, der Schuldner auch dem ursprünglichen Gläubiger oder dessen Erben gegenüber bereits verurteilt ist, ohne dem angeblichen Cessionar den Streit verkündet zu haben, kann dahingestellt bleiben, da die Zuschiebung eines Eides an die Klägerin über die erfolgte Cession unzulässig ist, die Bemerkung aber, B. selbst habe dem Ehemanne der Klägerin die Abtretung der Forderung mitgeteilt, nach dem Thatbestande nur zur Widerlegung der von der Klägerin behaupteten Arglist gemacht und nicht unter Beweis gestellt worden ist." . . .

42. Kann die Rhederei des Schiffes, das auf Grund des Gesetzes vom 27. Dezember 1872, betr. die Verpflichtung deutscher Kauffahrteischiffe zur Mitnahme hilfsbedürftiger Seeleute, solche Seeleute nach Deutschland zurückbefördert hat, von der Rhederei des Schiffes, dem die Seeleute angehört haben, den die gesetzliche Entschädigung übersteigenden Betrag der üblichen Passagepreise aus dem Rechtsgrunde der Geschäftsführung ohne Auftrag oder der nützlichen Verwendung fordern?

I. Civilsenat. Urt. v. 19. März 1898 i. S. Hamb.-Amerik. Packetfahrt-Aktien-Gesellschaft (Kl.) w. W. (Bekl.). Rep. I. 483/97.

I. Landgericht Hamburg.
II. Oberlandesgericht daselbst.

Die Entscheidung ist oben unter „Reichsrecht" Nr. 13 S. 59 abgedruckt.

---

43. Vindikation gestohlener Inhaberpapiere. Nach welchem örtlichen Rechte ist dieselbe zu beurteilen?

I. Civilsenat. Urt. v. 19. März 1898 i. S. Wwe. M. (Kl.) w. W. & Co. (Bekl.). Rep. I. 421/97.

I. Landgericht Hamburg.
II. Oberlandesgericht daselbst.

Der Sachverhalt ergiebt sich aus dem Bd. 37 Nr. 20 S. 69 dieser Entscheidungen mitgeteilten in der Sache früher ergangenen Revisionsurteile. Bei der anderweitigen Verhandlung in der Berufungsinstanz wurde unstreitig, daß das den Gegenstand des Rechtsstreites bildende Wertpapier (5prozentige italienische Rente Nr. 71488 über 20000 Lire) der Klägerin am 9. Juni 1892 in einem Hamburger Hotel gestohlen sei, daß das Bankhaus M. L. S. in Paris dieses Wertpapier am 22. Dezember 1893 von dem Bankhause L. u. R. C. d'A. & Co., ebenfalls in Paris, für 16437 Frs. gekauft und am folgenden Tage mittels brieflichen Abschlusses für denselben Preis an das Bankhaus

S. K. & Co. in Berlin weiter verkauft und in Paris behufs Beförderung an die Berliner Käufer zur Post gegeben habe. Es war ferner unstreitig, daß im Dezember 1893 in Bezug auf das fragliche Papier die Veröffentlichung einer opposition in dem französischen Bulletin officiel des oppositions nicht bestanden habe.

Das Berufungsgericht erklärte durch Zwischenurteil die eventuell erhobene Einrede der Beklagten, daß der Klage nur unter der Beschränkung stattzugeben sei, daß die Klägerin gegen Auslieferung des im Streit befindlichen Rentenpapieres nebst Kupons der Beklagten 16 437 Frs. zu bezahlen habe, für begründet und verurteilte nach einer Beweiserhebung, betreffend den guten Glauben der Bankfirma S. Bl. in Berlin, sowie die Bekanntgebung des der Klägerin zugefügten Diebstahles, durch Endurteil die Beklagte, der Klägerin das vorbezeichnete Wertpapier nebst den vorhandenen, d. h. den zur Zeit der Klaganstellung noch nicht fällig gewordenen, Kupons gegen Bezahlung von 16 437 Frs. auszuliefern.

Dieses Urteil ist auf die Revision der Klägerin und die Anschließung der Beklagten und ihrer Vormänner, die ihr als Nebenintervenienten beigetreten waren, aufgehoben aus folgenden

Gründen:

„Nach der dem früheren Revisionsurteile zu Grunde liegenden rechtlichen Beurteilung haben die Beklagten sich bei dem Erwerbe des streitigen Rententitels eine grobe Fahrlässigkeit zu schulden kommen lassen, indem sie die ihnen seiner Zeit gewordene polizeiliche Diebstahlsanzeige unbeachtet gelassen haben. Die Artt. 306. 307 H.G.B. stehen ihnen daher nicht zur Seite. Das Verschulden der Beklagten würde aber, wie das Reichsgericht ausgeführt hat, unschädlich für sie sein, wenn bereits einer ihrer Vormänner Eigentum an dem Wertpapier erworben haben sollte, sei es auf Grund der Artt. 306. 307 H.G.B., oder, sofern der Erwerb sich in Frankreich vollzogen hat, nach den Grundsätzen des französischen Rechtes. Durch die Zurückverweisung der Sache sollte der Beklagten und den Nebenintervenienten die Möglichkeit gewährt werden, diesen Nachweis zu führen.

In dem gegenwärtig vorliegenden Endurteile stellt das Berufungsgericht fest, daß seitens derjenigen Vormänner der Beklagten, an die das Papier in Deutschland veräußert ist (L. & B., L., Bl.), der Nachweis eines von grobem Verschulden freien Erwerbes nicht erbracht ist. Diese Feststellung unterliegt keinem Bedenken, ist auch in der Revisionsinstanz nicht beanstandet worden.

Über den Erwerb des Papieres durch die Pariser Bankfirma M. L. S. und über die Veräußerung an deren Nachmann, das Berliner Bankhaus S. K. & Co., verhält sich das vom Berufungsgerichte erlassene Zwischenurteil, gegen welches sowohl die Revision wie die Anschlußrevision gerichtet ist. Aus der Begründung desselben ist folgendes hervorzuheben.

Das französische Gesetz über Inhaberpapiere vom 15. Juni 1872,

vgl. den Text in der Zeitschrift für Handelsrecht Bd. 19 S. 153,

auf welches das frühere Revisionsurteil zunächst hingewiesen hatte, ist hier nicht anwendbar. Nach den Bestimmungen dieses Gesetzes können gestohlene oder verlorene Inhaberpapiere dadurch gesperrt werden, daß eine opposition in dem täglich erscheinenden Bulletin officiel des oppositions veröffentlicht wird. Die Kosten der Veröffentlichung sind auf die Dauer eines Jahres im voraus zu entrichten. Die Veröffentlichung wird alsdann in jeder Nummer wiederholt und hat zur Folge, daß ein späterer Erwerb des gesperrten Papieres dem Bestohlenen oder Verlierer gegenüber wirkungslos ist. Im vorliegenden Falle war zwar alsbald nach dem Diebstahl (Juli 1892) die Einrückung einer opposition in das Bulletin veranlaßt worden; zur Zeit als S. und K. & Co. das Papier erwarben (Dezember 1893), bestand aber unbestritten die Veröffentlichung und also auch die Sperre nicht mehr.

Soweit das Gesetz vom 15. Juni 1872 keine Anwendung findet, unterliegt der Erwerb von Inhaberpapieren denselben Bestimmungen, wie der Erwerb beweglicher Sachen überhaupt, d. h. den Vorschriften der Artt. 2279. 2280 Code civil. Nach Art. 2279 erleidet der Grundsatz: „En fait de meubles, la possession vaut titre“, eine Einschränkung hinsichtlich gestohlener oder verlorener Sachen. Diese kann derjenige, dem sie abhanden gekommen sind, binnen drei Jahren seit dem Verlust vom Besitzer abfordern (revendiquer), indes zufolge Art. 2280, wenn der Besitzer die Sache „dans une foire ou dans un marché ou dans une vente publique ou d'un marchand vendant des choses pareilles“ gekauft hat, nur gegen Erstattung des dafür gezahlten Preises. Das Berufungsgericht faßt letztere Bestimmung dahin auf, daß sie nur dem gutgläubigen Erwerber zu statten komme, nimmt aber an, daß sowohl S. wie K. & Co. sich bei dem Erwerbe des Papieres in gutem Glauben befunden haben, da sie nach dem Stande der französischen Gesetzgebung trotz der ihnen etwa gemachten Diebstahlsanzeige voraussetzen durften, daß das Papier zur Zeit ihres Erwerbes keinen Beschränkungen in der Umlaufsfähigkeit unterworfen gewesen sei. Hinsichtlich des Erwerbes durch K. & Co. geht das Berufungsgericht davon aus, daß der Vertrag dieser Firma mit S. in Paris perfekt geworden, daher sowohl bezüglich seiner obligatorischen wie bezüglich der dinglichen Wirkungen nach französischem Recht zu beurteilen sei.

Auf Grund dieser Erwägungen ist das Berufungsgericht zu nachstehendem Ergebnis gelangt: nach französischem Recht haben weder S. noch K. & Co. Eigentum an dem Inhaberpapier erlangt, da zur Zeit ihres Erwerbes die der Bestohlenen zustehende dreijährige Frist für die revendication noch nicht verstrichen gewesen sei. K. & Co. konnten daher auch nicht „kraft eigenen Rechts" das Eigentum auf ihre Nachmänner übertragen. Wohl aber konnten nach französischem Rechte beide genannten Firmen sich auf Art. 2280 berufen; sie hätten daher, wenn die Abforderungsklage in Frankreich angestellt worden wäre, nur gegen Erstattung von 16 437 Frs. zur Herausgabe verurteilt werden können. Nach der Auffassung des Berufungsgerichtes ist dieser Anspruch auch vom inländischen Gerichte anzuerkennen und mit dem Papier auf die Nachmänner von K. & Co. übergegangen.

Die mitgeteilten Entscheidungsgründe sind irrevisibel, soweit sie den Inhalt des französischen Rechtes feststellen; sie unterliegen dagegen der Nachprüfung des Revisionsgerichtes, soweit sie auf Grundsätzen des internationalen Privatrechtes beruhen. Letzteres trifft zu für die Frage, ob die Einrede aus Art. 2280 der vor dem Hamburger Gericht erhobenen Eigentumsklage entgegengesetzt werden kann, und ob diese Einrede auch den Nachmännern von K. & Co. zusteht, die das Papier außerhalb des französischen Rechtsgebietes erworben haben.

Das Reichsgericht vermag sich bezüglich beider Fragen dem Berufungsgerichte nicht anzuschließen. Muß man mit dem Berufungsgerichte davon ausgehen, daß nach französischem Recht weder S. noch K. & Co. Eigentum an dem streitigen Rententitel erworben haben, so fehlt es im vorliegenden Falle an einem Rechtsgrunde für die

Anwendung des Art. 2280. Eine in der deutschen und französischen Rechtslitteratur von einzelnen Schriftstellern vertretene Ansicht geht allerdings dahin, daß der Lösungsanspruch, den das französische und preußische Recht wie auch einige andere deutsche Landesrechte dem gntgläubigen Erwerber einer beweglichen Sache einräumen, auch dann erhalten bleibt, wenn die Sache demnächst in das Herrschaftsgebiet eines Rechtes übergeht, das einen solchen Anspruch nicht anerkennt. Diese Ansicht führt indes weder zu einem juristisch befriedigenden Ergebnis, noch entspricht sie der Verkehrsnatur der beweglichen Sachen. Der Anspruch, um den es sich hier handelt, entsteht nach allen Rechtssystemen, die ihn zulassen, erst dadurch, daß der Eigentümer die Sache abfordert. Gutgläubigkeit beim Erwerbe ist nur eine Voraussetzung für die Geltendmachung des Anspruches. Schon hieraus folgt, daß dasselbe örtliche Recht, das für die Beurteilung der Vindikation maßgebend ist, auch darüber entscheiden muß, ob und in welchem Umfange auf Grund des erwähnten Anspruches ein Zurückbehaltungsrecht zusteht. Es würde auch der Verkehrssicherheit keineswegs förderlich sein, in dieser Hinsicht eine Scheidung eintreten zu lassen; ebensowenig sprechen Billigkeitsgründe hierfür. Muß der Bestohlene sich gefallen lassen, daß in Bezug auf seine Vindikationsbefugnis, sei es das Personalstatut des Beklagten, oder das Recht der belegenen Sache, oder das örtliche Recht des Prozeßgerichtes zu Grunde gelegt wird (im vorliegenden Falle führen alle drei Auffassungen zu demselben Ergebnisse), so gebietet nicht nur die juristische Konsequenz, sondern auch die Billigkeit, in Bezug auf Statthaftigkeit von Einreden gegen die Eigentumsklage den gleichen Maßstab anzulegen. Derselbe Senat des Hamburger Oberlandesgerichtes, von dem das jetzt angefochtene Urteil herrührt, hat in einer anscheinend nur in hier unerheblichen Beziehungen anders gelagerten Sache, in der es sich um eine im Gebiete des preußischen Landrechtes gestohlene, demnächst nach Hamburg verbrachte Brillantnadel handelte, den vorstehend gebilligten Standpunkt eingenommen.

Vgl. Hanseatische Gerichtszeitung 1894, Beiblatt Nr. 163 S. 303; Seuffert, Archiv Bd. 49 Nr. 229.

In der Begründung des jetzt angefochtenen Urteiles wird zwar darauf Gewicht gelegt, daß im vorliegenden Falle ein Inhaberpapier den Gegenstand des Rechtsstreites bildet. Allein für die hier in Betracht kommende Frage macht dies keinen Unterschied; im Gegenteil: der Umstand, daß Inhaberpapiere in höherem Maße als andere bewegliche Sachen einem Ortswechsel unterworfen sind, ist geeignet, die Bedenken gegen die gegenwärtig vom Berufungsgericht befolgte Auffassung zu verstärken.

Aus den dargelegten Gründen ergiebt sich, daß K. & Co., wenn sie am Orte ihrer Handelsniederlassung auf Herausgabe des gestohlenen Inhaberpapieres verklagt worden wären, eine Einrede aus Art. 2280 Code civil nicht hätten herleiten können. Noch weniger kann diese Einrede seitens ihrer Nachmänner zugelassen werden, die das Papier erst in Deutschland erworben haben.

Das Berufungsurteil ist hiernach nicht haltbar. In der Sache selbst kann noch keine Entscheidung getroffen werden. Denn nach der gegenwärtigen Sachlage erscheint die Möglichkeit nicht ausgeschlossen, daß K. & Co., wenn auch nicht nach französischem Recht, so doch auf Grund der Bestimmungen des deutschen Handelsgesetzbuches Eigentümer des streitigen Papieres geworden sind. Dies würde der Fall sein, wenn sie zur Zeit, als das ihnen von Paris übersandte Papier bei ihnen eintraf, und sie in den körperlichen Besitz desselben gelangten, redliche Erwerber im Sinne von Art. 306 H.G.B. waren, d. h. wenn sie damals glaubten und ohne grobes Verschulden glauben konnten, das Papier vom Eigentümer zu erwerben. Für eine Entscheidung hierüber fehlt es noch an der thatsächlichen Grundlage; insbesondere ist noch nicht festgestellt, ob die polizeiliche Anzeige vom Diebstahl seiner Zeit auch an K. & Co. gelangt ist." ...

---

44. Genügt zur Widerlegung der Rechtsvermutung, wonach die von einer Ehefrau nach dem 181. Tage nach Eingehung der Ehe geborenen Kinder als vom Ehemanne erzeugt gelten, schlechthin der Beweis, daß der Ehemann während der ganzen kritischen Zeit den Beischlaf mit der Ehefrau thatsächlich nicht vollzogen habe?

l. 6 Dig. de his qui sui vel alieni 1, 6.

VI. Civilsenat. Urt. v. 24. März 1898 i. S. M. (Bekl.) w. M. (Kl.). Rep. VI. 382/97.

I. Landgericht Hamburg.
II. Oberlandesgericht daselbst.

Gründe:

„Gegen die thatsächliche Beurteilung, durch welche das Berufungsgericht zur Anordnung eines vom Kläger zu leistenden Eides, daß er während der ganzen gesetzlichen kritischen Zeit mit seiner Ehefrau, der Mutter des Beklagten, den Beischlaf nicht vollzogen habe, gelangt ist, waltet keinerlei Bedenken ob. Überhaupt kommt es nach Lage der Sache nur auf die Entscheidung der Frage an, ob nach gemeinem deutschen Rechte, wie das Oberlandesgericht annimmt, die Rechtsvermutung, wonach die von einer Ehefrau nach dem 181. Tage nach Eingehung der Ehe geborenen Kinder als vom Ehemanne erzeugt gelten („Pater is est, quem nuptiae demonstrant“, nach l. 5 Dig. de in jus voc. 2,4), schon durch den Beweis, daß der Ehemann während der ganzen kritischen Zeit den Beischlaf mit seiner Frau *thatsächlich nicht vollzogen habe*, widerlegt wird, oder ob noch ein Weiteres erforderlich ist, insbesondere daß er diesen Beischlaf *unmöglich vollzogen haben könne*. Maßgebend ist in dieser Frage noch für das heutige gemeine Recht lediglich das römische Recht. Die herrschende Auffassung von diesem letzteren ist nun freilich jahrhundertelang dahin gegangen, daß jener einfache Gegenbeweis *nicht* genüge, daß vielmehr noch besondere Umstände hinzukommen müssen, wie körperliche Unfähigkeit oder ununterbrochene Abwesenheit des Mannes, welche die *Möglichkeit* eines Beischlafes während der erheblichen Zeit ganz ausschließen. Jedoch läßt sich diese Ansicht schwerlich rechtfertigen. Zuvörderst entbehrt sie schon der inneren Folgerichtigkeit; die Abgrenzung derjenigen Fälle, wo eine *Unmöglichkeit* des Beischlafes angenommen wird, erscheint als willkürlich. Logisch ist diese Unmöglichkeit z. B. ebensowohl gegeben, wenn die Ehegatten, obwohl dieselbe Wohnung teilend, während der kritischen Zeit niemals in unmittelbare körperliche Nähe zu einander gekommen sind, wie wenn sie sich während dieser Zeit beständig in verschiedenen Erdteilen aufgehalten haben; nur der *Beweis* der ersteren Thatsache wird gegebenen Falles schwerer zu erbringen sein; aber darauf kommt es für die Frage selbst natürlich nicht an. Sodann aber geben auch die in Betracht kommenden römischen Quellenstellen jener Ansicht keine ausreichende Grundlage. Eigentlich handelt es sich dabei nur um eine *einzige* Quellenstelle, die l. 6 Dig.

de his qui sui vel alieni 1,6. Dort wird allerdings zunächst von der Ansicht des Julianus berichtet, wonach es einem Manne, der während der kritischen Zeit immer mit seiner Frau zusammen gewohnt habe, nicht freistehen sollte, die Echtheit eines von der letzteren geborenen Kindes anzufechten; aber grundlos ist die Behauptung (aufgestellt z. B. von Stintzing in den Jahrbüchern f. d. Dogm. des Privatrechts, Bd. 9 S. 445 flg.), daß diese Ansicht dort sodann nicht, wie es ja häufig in Pandektenstellen vorkommt, völlig und grundsätzlich verworfen werde. Es wird vielmehr ausdrücklich der Nachweis für genügend erklärt, daß der Ehemann in der betreffenden Zeit den Beischlaf mit seiner Frau nicht vollzogen habe („aliquamdiu cum uxore non concubuisse"). Wenn dann die besonders hervorgehobenen Beispiele freilich solche sind, wo eine Unmöglichkeit des Beischlafes im Sinne der oben erwähnten Ansicht zu Tage liegt, so ist doch ganz allgemein hinzugefügt: „vel alia causa" (nämlich non concubuisse), was einschränkend auszulegen kein Grund erfindlich ist. Neben der l. 6 cit. wäre etwa noch die l. 29 § 1 Dig. de prob. 22,3 hier anzuführen, deren ganz allgemein lautende Entscheidung: „veritati locum superfore", wenigstens eher für, als gegen die hier gebilligte Ansicht spricht. Diese Ansicht hat denn auch in neuerer Zeit mehrere Vertreter gefunden.

So Puchta, Pandekten (12. Aufl.) § 41 S. 67, und Vorlesungen (6. Aufl.) Bd. 1 S. 98; Arndts, Pandekten (13. Aufl.) § 39 S. 47 flg.; Windscheid, Pandektenrecht (7. Aufl.) Bd. 1 § 56b Anm. 2 S. 138; Dernburg, Pandekten (5. Aufl.) Bd. 3 § 28 Anm. 9 S. 56; Regelsberger, Pandekten Bd. 1 § 71 Anm. 16 S. 279 flg.; Stobbe, Deutsches Privatrecht Bd. 4 § 251 Anm. 16 S. 314; Fuchs, Die Rechtsvermutung der ehelichen Vaterschaft S. 17. 51 flg.

Auch beruhen auf ihr, mit Ausnahme der Artt. 312. 313 Code civil, die betreffenden Bestimmungen aller für Deutschland in Betracht kommenden neueren Gesetzgebungen; vgl. §§ 2—4 preuß. A.L.R. II. 2, § 158 österr. B.G.B. und § 1772 sächs. B.G.B.; endlich wird dasselbe künftig rechtens sein nach dem neuen deutschen B.G.B. § 1591, wozu noch zu vergleichen ist § 264a des dem Reichstage vorgelegten Entwurfes der abgeänderten C.P.O. [1]

[1] Jetzt § 292 C.P.O. in der Fassung vom 20. Mai 1898. D. R.

Nach dem Stande der bisherigen Rechtsprechung des Reichsgerichtes wäre es freilich kaum mit dem § 137 Abs. 1 des Gerichtsverfassungsgesetzes vereinbar, auf die soeben dargelegte, ganz durchgreifende Rechtsansicht die Zurückweisung der vorliegenden Revision zu begründen. Zwar hat der IV. Civilsenat sie dem in den Beiträgen zur Erläuterung des deutschen Rechts Bd. 25 S. 1028 abgedruckten Urteile mit Entschiedenheit zu Grunde gelegt, sodaß die etwas ältere, in dieser Beziehung etwas zweideutige Entscheidung desselben Senates ebenda S. 1026 hier keinenfalls weiter in Betracht kommen würde; aber später hat der III. Civilsenat laut der Entsch. des R.G.'s in Civils. Bd. 12 S. 165 sich gegen die unbeschränkte Zulassung des fraglichen Gegenbeweises ausgesprochen,[1] und dem hat sich der jetzt erkennende Senat in der Hamburger Sache M. wider M., Rep. VI. 176/87, angeschlossen. Diese beiden Entscheidungen würden allerdings, auch abgesehen davon, daß die letztere von dem Senate selbst ohne weiteres beiseite gesetzt werden dürfte, einer abweichenden Entscheidung schließlich doch nicht im Wege stehen, da sie keineswegs auf der erwähnten, die unbeschränkte Zulassung des Beweises des Nichtbeischlafes mißbilligenden Rechtsansicht beruhen; denn die erstere hat in jenem konkreten Falle diesen Beweis aus besonderen Gründen dennoch gerade zugelassen, und bei der letzteren kam es praktisch nach Lage der Sache nur auf die, von der jetzt vorliegenden durchaus zu trennende, Frage an, ob aus dem Grade der Reife des geborenen Kindes ein Gegengrund gegen die eheliche Abstammung desselben entnommen werden dürfe. Dagegen ist ernstliche Bedenken in der jetzt fraglichen Beziehung zu erregen geeignet das Urteil des III. Civilsenates in Sachen H. wider H., Rep. III. 77/88, durch welches das damalige Berufungsurteil deswegen aufgehoben worden ist, weil dasselbe den Beweis des Nichtbeischlafes für erheblich erklärt habe, ohne daß sich aus dem allgemeinen gegenseitigen Verhältnisse der Ehegatten eine ausreichende Erklärung für diese Abweichung von der Regel des ehelichen Lebens hätte entnehmen lassen, insbesondere ohne daß ernste Ehezwistigkeiten unter ihnen vorgekommen wären. Auch ergiebt sich aus dem etwas späteren Urteile desselben Senates in Sachen

[1] Vorausgesetzt ist ihre Verneinung auch in dem Urteile desselben Senates ebenda S. 168. D. E.

W. wider R. Ehefr., Rep. III. 110/88, mindestens nicht mit Sicherheit, daß dieser seine Ansicht in der betreffenden Frage nachher geändert hätte; denn wenn hier eventuell auch der einfache Beweis, daß der Beischlaf in der kritischen Zeit thatsächlich nicht vollzogen worden sei, als genügend hingestellt zu werden scheint, so kann dies seine Erklärung sehr wohl in der Berücksichtigung des preußischen Landrechtes finden, das nach Lage jener Sache mit in Betracht zu ziehen war. Der erkennende Senat hat aber dennoch von einer Vorlegung der Rechtsfrage an die vereinigten Civilsenate deshalb abgesehen, weil sich die hier angefochtene Entscheidung des hanseatischen Oberlandesgerichtes auch von dem vom III. Civilsenate in der Sache III. 77/88 eingenommenen Standpunkte aus, welcher andererseits ja keineswegs den Beweis der Unmöglichkeit eines Beischlafes verlangt, aufrecht halten ließ. Denn das Oberlandesgericht hat durch Bezugnahme auf die von ihm als glaubwürdig betrachteten eidlichen Zeugenaussagen der Ehefrau des Klägers und auf die eigenen Aussagen des letzteren bei seiner persönlichen Vernehmung thatsächlich festgestellt, daß schon seit längerer Zeit Ehezwistigkeiten unter ihnen obgewaltet hatten, und daß der Kläger in dem von ihm gehegten Verdachte eines ehebrecherischen Verhaltens seiner Ehefrau noch einen besonderen Grund fand, sich der ehelichen Gemeinschaft mit ihr zu enthalten.

Aus diesen Gründen mußte die Revision zurückgewiesen werden."...

---

45. Findet die transmissio Justinianea nur dann statt, wenn der Erbe vor seinem Tode von der Berufung zur Erbschaft Kenntnis erlangt hat?

III. Civilsenat. Urt. v. 25. März 1898 i. S. D. (Bekl.) w. L. (Kl.). Rep. III. 408/97.

I. Landgericht Dessau.
II. Oberlandesgericht Naumburg a. S.

Die obige Frage ist verneint worden aus folgenden

Gründen:

..."Das Reichsgericht ist bereits in einer früheren Entscheidung — Rep. III. 233/88 — von der Annahme ausgegangen, daß die

Transmission der Erbschaft innerhalb der gesetzlichen Frist von einem Jahre, von der erlangten Kenntnis des Anfalles, eventuell vom Tode des Erben gerechnet, in allen Fällen Platz greift, in welchen ein Testaments- oder Intestaterbe stirbt, ohne sich über die Antretung oder Ausschlagung der Erbschaft erklärt zu haben. Diese Beurteilung muß auch bei erneuter Prüfung aufrecht erhalten werden.

Für die Entscheidung der gedachten Kontroverse ist die im Berufungsurteil erwähnte l. 7 Cod. de jure deliberandi 6,30 unerheblich, da diese Gesetzesstelle sich nicht auf die justinianische Transmission bezieht, sondern nur den auch im neueren römischen Rechte als Regel aufrecht erhaltenen Rechtssatz enthält, daß die nur deferierte, aber noch nicht erworbene Erbschaft nicht auf die Erben übergeht. Maßgebend ist allein die Auslegung der l. 19 Cod. de jure deliberandi 6,30. Es ist anzuerkennen, daß sich aus der Fassung und dem Wortlaute des Gesetzes und wegen der Berechnung der einjährigen Frist, innerhalb deren diese Transmission unbedingt erledigt sein soll, Bedenken gegen die Auslegung jener Stelle im weiteren Sinne erheben lassen; dieselben müssen jedoch zurücktreten gegen die überwiegenden inneren Gründe, welche dafür sprechen, daß das Gesetz auch auf die Erben zu beziehen ist, welche vom Erbschaftsanfall keine Kenntnis erlangt haben. Wenn die Erben der letzteren von der in der l. 19 cit. eingeführten Rechtswohlthat ausgeschlossen wären, so würde die Erbschaft für sie endgültig verloren sein, da ihnen auch im Wege der transmissio ex capite in integrum restitutionis, welche soweit nicht ausgedehnt werden darf, nicht geholfen werden könnte. Für den Ausschluß dieser Erben spricht aber nicht nur kein triftiger Grund, sondern es lag gerade ihnen gegenüber besonderer Anlaß zur Erweiterung des Transmissionsrechtes vor; denn sie würden ohne Verschulden ihres Erblassers die Erbschaft verlieren, während sie denen erhalten bliebe, deren Erblasser Kenntnis von der Delation hatte und ihnen den gebotenen Vorteil durch Erbantretung zu sichern vermochte. Es kann weder angenommen werden, daß der Gesetzgeber ein so unbilliges Resultat gewollt hat, noch daß er eine so wichtige und nahe liegende Sachlage bei der Neuordnung des Transmissionsrechtes übersehen und daher ungeordnet gelassen hat.

Geht man hiervon aus, so läßt sich auch die Fassung des Gesetzes mit dieser Auffassung in Einklang bringen. Wenn das Gesetz von den Erben spricht, welche die Antretung oder Ausschlagung der Erbschaft erwägen, so lassen doch die Worte „non tamen successioni renuntiaverit, ut ex hac causa deliberare videatur“ darauf schließen, daß unter den Überlegenden alle diejenigen verstanden sein sollen, welche bis zu ihrem Tode weder ausdrücklich, noch durch konkludente Handlungen die deferierte Erbschaft ausgeschlagen haben. Der Anfang der l. 19 cit. ist daher dahin auszulegen, daß die transmissio Justinianea allgemein und ohne Rücksicht auf die Kenntnis oder Unkenntnis des Erben von der Delation gegeben sein soll, wie dies u. a. v. Vangerow im Archiv für die civilist. Praxis Bd. 24 S. 188 flg. mit zutreffenden Gründen ausgeführt hat.“ ...

46. In welchem Verhältnisse steht der Anspruch auf Ersatz des Interesses zur actio quanti minoris? Berechnung der Preisminderung bei der letzteren Klage.

I. Civilsenat. Urt. v. 2. April 1898 i. S. Z. (Kl.) w. S. (Bekl.). Rep. I. 459/97.

I. Landgericht Hamburg, Kammer für Handelssachen.
II. Oberlandesgericht daselbst.

Der Kläger, welcher vom Beklagten laut Schlußnote vom 24. September 1896 100 Ballen italienischen Rotklee Nr. 30 zum Preise von 69 ℳ für 100 Kilo gekauft und den Preis gegen Übergabe des Konnossementes bezahlt hatte, behauptete, beim Eintreffen der Ware in Hamburg habe sich herausgestellt, daß die gelieferte Ware gegenüber der Kaufprobe einen Minderwert von 14 ℳ habe. Er berechnete den Minderwert, da ein Ballen 100 Kilo enthält, auf im ganzen 1400 ℳ und beanspruchte außerdem Ersatz für entgangenen Gewinn von 5 ℳ für je 100 Kilo, indem er behauptete, er habe die Ware an B. & Co. zum Preise von 74 ℳ für 100 Kilo, also 5 ℳ mehr als dem Einkaufspreise, weiter verkauft, diesen Kontrakt aber infolge der vertragswidrigen Lieferung des Beklagten nicht erfüllen können. Für den Fall, daß die Verbindung des Anspruches auf Erstattung des entgangenen Gewinnes mit dem Preisminderungsanspruche nicht zulässig sein sollte, führte er aus, daß bei Berechnung der Preisminderung der Preis, zu welchem er die Ware an B. & Co. weiter verkauft hatte, als der objektive Wert der fehlerfreien Ware behandelt werden müsse. Der Beklagte hielt die Verbindung der beiden Ansprüche für unzulässig und die Berücksichtigung des zwischen dem Kläger und B. & Co. vereinbarten Preises bei Berechnung der Preisminderung für ungerechtfertigt. Der Berufungsrichter erachtete die Verbindung der Klage auf Erstattung des entgangenen Gewinnes mit der Preisminderungsklage für unstatthaft und berücksichtigte bei Berechnung der Preisminderung nicht den mit B. & Co. bedungenen Preis. Die Revision des Klägers ist zurückgewiesen worden aus folgenden

Gründen:

„Der Kläger betrachtet sich dadurch als beschwert, daß ihm nicht neben der Preisminderung wegen der vertragswidrigen Lieferung gegen den Beklagten als Verkäufer Ersatz des entgangenen Gewinnes aus dem abgeschlossenen Weiterverkauf zugesprochen ist. Er führt aus, daß weder aus der historischen Grundlage der actio quanti minoris, noch nach der Natur der Sache es sich rechtfertige, dem Käufer das Recht abzuschneiden, neben der dem Sachwerte entsprechenden Reduktion des Kaufpreises den Ersatz einer auf die Vertragswidrigkeit des Verkäufers zurückzuführenden weiteren Schädigung zu verlangen.

Ob der Käufer unter Umständen neben dem Verlangen der Preisminderung einen Anspruch auf Ersatz seines Interesses an vertragsmäßiger Lieferung, und in welchem Umfange er einen solchen geltend zu machen befugt ist, kann auf sich beruhen bleiben, weil die im gegenwärtigen Falle dem Anspruche auf Vergütung des entgangenen Gewinnes gegebene Grundlage sich als unhaltbar erweist. Kläger sieht als den ihm entgangenen Gewinn den Mehrbetrag an, den er über den von ihm zu zahlenden Kaufpreis hinaus von seiner Abnehmerin, der Firma B. & Co., erhalten haben würde. Dieser Gewinn war aber durch die Lieferung vertragsmäßiger und daher vom Kläger an den Beklagten in voller Höhe des vereinbarten Kaufpreises zu bezahlender Ware bedingt. Mit der actio quanti minoris hat Kläger Minderung des Preises nach Maßgabe des geringeren Wertes der vertragswidrig gelieferten Ware begehrt und erreicht. Er kann mithin seinem Anspruche auf den entgangenen Gewinn nicht die Voraussetzung vertragsmäßiger Beschaffenheit der Ware zu Grunde legen, auf welche er zwar nach dem Vertrage einen Anspruch hatte, gegen welche er aber auch den vollen Preis zu zahlen verpflichtet gewesen wäre. Mit der Reduktion des Kaufpreises ist es unvereinbar, daß Kläger trotzdem bei Berechnung seines Anspruches auf Vergütung des entgangenen Gewinnes eine dem vollen Preise der Ware entsprechende Beschaffenheit derselben zur Grundlage nimmt.

Durch die vom Berufungsrichter angewendete Art der Berechnung der Preisminderung wird Kläger nicht beschwert. Sein Verlangen, den zwischen ihm und seiner Abnehmerin vereinbarten Preis als Marktpreis der Ware anerkannt und als bei Feststellung der Wertverhältnisse maßgebend betrachtet zu sehen, ist ungerechtfertigt. Daß aber der Marktpreis in Wirklichkeit auf einen so hohen Betrag sich belaufen habe, ist nicht behauptet, geschweige denn unter Beweis gestellt." . . .

---

47. Ist die Wahl, welche der in einem mit der Kodizillarklausel versehenen Testamente Bedachte zu treffen hat, ob er Erbe, oder Universalfideikommissar sein will, nur dann unwiderruflich, wenn sie im Prozesse erklärt wird?

l. 8 Cod. de codic. 6, 36.

III. Civilsenat. Urt. v. 12. April 1898 i. S. M. (Bekl.) w. W. u. M. (Kl.). Rep. III. 379/97.

I. Landgericht Greifswald.
II. Oberlandesgericht Stettin.

Die Beklagte war von ihrem Ehemanne in einem von ihm und ihr gemeinschaftlich errichteten Testamente, welches am Schlusse die Kodizillarklausel enthielt, zur Universalerbin eingesetzt und hatte die Erbschaft angetreten, insbesondere zum Nachlasse ihres Ehemannes gehörige Hypotheken unter Berufung auf das Testament umschreiben lassen. Da jedoch der Ehemann bereits mit seiner ersten Ehefrau ein gemeinschaftliches korrespektives Testament errichtet und die Erbschaft aus diesem Testamente angetreten hatte, so erhoben die Kläger, welche neben Anderen in dem ersten Testamente zu Nacherben bestimmt waren, gegen die Beklagte, weil ihr Ehemann infolge jenes Erbschaftsantrittes auch an seine eigenen damaligen letztwilligen Verfügungen gebunden gewesen sei, auf Herausgabe der ihnen in jenem ersten Testamente vermachten Erbschaftsanteile Klage. Die Beklagte berief sich dieser Klage gegenüber eventuell auf die Kodizillarklausel des zweiten Testamentes, wurde aber von dem Berufungsgerichte mit dieser Verteidigung aus dem Grunde zurückgewiesen, weil sie durch ihren Antrag auf Umschreibung der Hypotheken, wozu sie als Universalfideikommissarin vor Restitution der Erbschaft nicht befugt gewesen, bestimmt zu erkennen gegeben habe, daß sie die Erbschaft aus dem Testament antreten wolle, weil sie von dieser einmal getroffenen Wahl aber nicht wieder abgehen könne. Die hiergegen eingelegte Revision, welche Verletzung der Grundsätze über die Kodizillarklausel behauptete, ist vom Reichsgerichte zurückgewiesen worden.

Aus den Gründen:

... „Zweifelhaft ist ... die Entscheidung deshalb, weil nach einer noch gegenwärtig in Theorie und Praxis des gemeinen Rechtes vertretenen, besonders von Windscheid, Pandektenrecht Bd. 3 § 631 Nr. 3, im Anschluß an Donellus, Comment. in Cod. ad l. 8 Cod. 6, 36, verteidigten Ansicht die in der l. 8 Cod. cit. angeordnete Unwiderruflichkeit der einmal getroffenen Wahl nach Inhalt dieser lex nur für die im Prozesse abgegebene Erklärung gelten soll, danach dann also jene vor dem Prozesse von der Beklagten mit ihrem Antrage auf Umschreibung der Hypotheken getroffene Wahl unverbindlich und unerheblich sein würde. Dieser Auslegung der l. 8 cit. kann jedoch nicht beigepflichtet werden. Denn wenn auch zu Anfang der Stelle von dem Fall einer Klage gesprochen wird, so ist doch der Schwerpunkt der Stelle, die kaiserliche Verordnung („ut etiam illud sanciamus“), mit den Worten: „sciens se unius electione alterius sibi aditum praeclusisse“, so allgemein gefaßt, daß diese Worte auf jede Wahl, sie mag im Prozesse, oder sonst erfolgt sein, bezogen werden müssen, und der Zusammenhang ergiebt, daß durch diesen allgemeinen Satz der zu Anfang der Stelle erörterte und auch in der kaiserlichen Verordnung zunächst ins Auge gefaßte Fall der Klage seine Lösung erhalten soll. Daß nicht nur die im Prozesse erklärte Wahl bindend sei, ergiebt sich aber vor allem aus den dem mitgeteilten Satze: „sciens se unius electione alterius sibi aditum praeclusisse“, mit den Worten „ita ut“

unmittelbar angeschlossenen Beispielsfällen der Nachsuchung der bonorum possessio und missio in possessionem, bei welchen ein Prozeß nicht in Frage steht, und bei welchen gleichwohl alsbald („statim inter hujus juris auspicia“) die Wahl getroffen werden soll („propositum suae intentionis explanet“). Wenn Donellus und mit ihm Windscheid diesen letzterwähnten Satz gerade für ihre Auffassung verwerten wollen, weil sich aus dem Gebrauche des futurum exactum („ita ut sive bonorum possessionem . . . postulaverit aut mitti se in possessionem petierit“) sich ergebe, daß das „propositum explanare“, die bestimmte Erklärung, erst nötig werde, nachdem die bonorum possessio bereits agnosciert sei, sonach die Erklärungen bei letzterer nicht präjudizierlich gewesen sein könnten, so steht dem vor allem entgegen, daß es unmöglich erscheint, unter den Worten „hujus juris“ nicht die unmittelbar vorausgegangene bonorum possessio und missio in possessionem, sondern, wie es nach der Auslegung von Donellus und Windscheid geschehen müßte, die ganz zu Anfang erwähnte hereditatis petitio zu verstehen, ferner aber auch, daß die Einleitung „ita ut“ auf weitere Anwendungsfälle der aufgestellten Regel hinweist. Die Form des futurum exactum: „postulaverit“, „petierit“, kann demgegenüber umsoweniger ins Gewicht fallen, als in der justinianischen Kompilation die grammatischen Formen keineswegs immer in ihrer scharfen Bedeutung gebraucht werden, und diese Form sich im vorliegenden Falle ausreichend daraus erklärt, daß die in Betracht gezogenen Fälle in die Zukunft verlegt sind, und auch gleich der erste Fall zu Beginn der l. 8 cit.: „Si quis agere . . . voluerit“, mit dieser Form beginnt. Endlich spricht in erheblicher Weise für die diesseitige Auffassung auch der Umstand, daß in der fraglichen lex, wie sie in ihrer ursprünglichen Fassung im Codex Theodosianus lautete, als Analogien, die den Kaiser geleitet haben („sicut enim“ etc.), drei Fälle aufgeführt sind, in welchen gleichfalls die einmal erfolgte Wahl entscheidend ist, in welchen aber auch eine außergerichtliche, nicht im Prozesse erfolgte Wahl dieselbe Bedeutung hat, wie eine im Prozesse oder vor Gericht erklärte. Ist aber hiernach die Auslegung der l. 8 Cod. cit. richtig, daß nicht nur die im Prozesse erklärte, sondern jede einmal bestimmt abgegebene Erklärung, aus dem Testamente oder dem Kodizill erben zn wollen, unwiderruflich ist, so ist auch in der Ausführung des Berufungsgerichtes, mit der es die Berufung der Beklagten auf die Kodizillarklausel zurückweist, ein Rechtsirrtum nicht zu finden, die Revision daher auch mit ihrem zweiten Angriff als unbegründet zurückzuweisen."

---

48. Kann der in einem für den Überlebenden unwiderruflich gewordenen korrespektiven wechselseitigen Testamente Eingesetzte nach dem Tode des letztverstorbenen Erblassers Veräußerungen, welche dieser unter Lebenden zur Beeinträchtigung des Erbrechtes jenes Eingesetzten vorgenommen hat, anfechten? Voraussetzungen einer solchen Anfechtung einer Schenkung im einzelnen.

VI. Civilsenat. Urt. v. 5. Mai 1898 i. S. Sch. (Bekl.) w. S. (Kl.). Rep. VI. 69/98.

I. Landgericht Bremen.
II. Oberlandesgericht Hamburg.

Aus den Gründen:

„Es steht fest, daß der Kläger aus dem gemeinschaftlichen Testamente der Eheleute Hinrich S. und Meta S., geb. Schw., zu drei Sechzehnteln Erbe geworden ist, nachdem das Gesamtvermögen zunächst nach dem Tode des Ehemannes nach Art. 1 des Testamentes an die überlebende, jetzt ebenfalls verstorbene Witwe gefallen war. Die Ehefrau des Beklagten ist gleichfalls Erbin zu einem Sechzehntel, worauf es übrigens hier nicht ankommt. In diesem Prozesse sind zu der Erbquote des Klägers angefochten verschiedene Schenkungen unter Lebenden, die von der Witwe S. der Ehefrau des Beklagten, bezw. diesem als Vertreter des ehelichen Samtgutes gemacht worden sind. In betreff dreier dieser Schenkungen ist ... in dem jetzt angefochtenen Berufungsurteile die Anfechtung für begründet erklärt, und demgemäß erkannt worden.

Die gegen das Berufungsurteil gerichteten Angriffe konnten nicht zur Aufhebung desselben führen. Das gemeinsame Testament der Eheleute S. war, wie von keiner Seite bezweifelt worden ist, ein korrespektives. In Art. 1 bestimmten sie, daß der Überlebende, solange er lebe, die völlige und uneingeschränkte Verfügung unter Lebenden über ihr Vermögen haben solle, wie es auch sonst bei der bremischen

Gütergemeinschaft rechtens sei; in Art. 2 verfügten sie sodann die Erbeinsetzungen für den Fall des Todes des Längstlebenden. Die Korrespektivität des Testamentes hat im Art. 1 ihren Ausdruck darin gefunden, daß dort dem Überlebenden die volle und uneingeschränkte Verfügung nur unter Lebenden zugesprochen ist, da eben, wie in der Rechtsprechung des Reichsgerichtes feststeht, ein korrespektives wechselseitiges Testament durch den Erwerb des dem Überlebenden Zugewandten für diesen unwiderruflich und unabänderlich wird. Sodann haben im Art. 5 die beiden Testatoren sich sogar „vertragsmäßig" gegenseitig verpflichtet, das Testament als ihren gemeinschaftlichen letzten Willen bestehen zu lassen.

Ob in dieser letzteren Bestimmung mit Recht das Oberlandesgericht zugleich einen Erbvertrag gefunden hat, bezw. welche Rechtswirkung überhaupt dieser „vertragsmäßigen" Verpflichtung als solcher zukommt, kann dahingestellt bleiben. Enthielte sie den Abschluß eines Erbvertrages, so würde allerdings um so sicherer die Anfechtungsklage dann gegeben sein, wenn die Witwe S. die Schenkungen in der Absicht, die anderen eingesetzten Erben außer der Schenknehmerin an den ihnen zugedachten Erbteilen zu verkürzen, vorgenommen haben sollte; denn das vom Reichsgerichte laut der Entsch. desselben in Civils. Bd. 28 S. 174 flg. anerkannte gemeine deutsche Gewohnheitsrecht, kraft dessen der selbst im Erbvertrage zum Erben eingesetzte Kontrahent desselben gegebenen Falles solche Schenkungen anfechten kann, kommt ohne Zweifel auch dem in einem zu seinen Gunsten abgeschlossenen Erbvertrage rechtsgültig eingesetzten Dritten zu gute. Indes hiervon kann, wie gesagt, abgesehen werden. Denn wie der jetzt erkennende Senat schon in der bremischen Sache P. Ehel. w. K. u. Gen. (Rep. VI. 125/95) ausgesprochen hat, bringt es die Folgerichtigkeit mit sich, dann auch dem in einem unwiderruflich gewordenen korrespektiven Testamente eingesetzten Erben das Recht zuzuerkennen, die zur Vereitelung seines Erbrechtes von dem überlebenden Testator unter Lebenden abgeschlossenen Rechtsgeschäfte anzufechten. Soweit die anzufechtenden Rechtsgeschäfte Schenkungen sind, kommt es ferner bei solchen Anfechtungen nach der Analogie des im römischen Rechte für ähnliche Fälle Bestimmten nicht darauf an, ob der andere Kontrahent, hier also der Schenknehmer, conscius fraudis war, sondern genügt die fraudulöse Absicht des schenkenden Erblassers (vgl. Entsch.

des R.G.'s in Civils. Bd. 28 S. 175 flg.). Und endlich liegt auch hier, wie entsprechend in der Regel bei den zur Benachteiligung der Gläubiger vorgenommenen Schenkungen, die fraudulöse Absicht im Rechtssinne schon in dem Bewußtsein, daß durch die Schenkung der eingesetzte Erbe an seinem Erbteile werde verkürzt werden.

Im vorliegenden Falle nun handelt es sich nur um Schenkungen, auch bei der Übertragung der Brinksitzerstelle; denn die unentgeltliche Übertragung eines Grundstückes hört darum noch nicht auf, eine Schenkung zu sein, weil der Schenknehmer von nun an auch die auf jenem ruhenden dinglichen Lasten zu tragen hat, oder weil ihm eine nebensächliche Auflage gemacht wird. In thatsächlicher Beziehung aber hat das Oberlandesgericht ausgesprochen, die Witwe S. müsse, bei ihrer Kenntnis des Inhaltes des Testamentes (nämlich der in Art. 2 desselben für den Fall des Überlebens des betreffenden Testators vorgenommenen Erbeinsetzungen) und bei der Erheblichkeit der verschenkten Objekte, bei den fraglichen Schenkungen notwendig das Bewußtsein gehabt haben, daß sie dadurch die Erbeinsetzungen des Art. 2 außer derjenigen der Ehefrau des Beklagten im praktischen Erfolge zum Teil vereitele. Diese Annahme ist in prozessualer Hinsicht bedenkenfrei, zumal da der Beklagte selbst angeführt hat, daß die Witwe S. gewünscht habe, die im Testamente bestimmte Verteilung der Erbschaft zu Gunsten seiner Ehefrau zu verändern, und sich bei Rechtsverständigen erkundigt habe, ob sie dies nicht durch Verfügungen unter Lebenden bewirken könne.

Damit erscheint die Entscheidung des Berufungsgerichtes als gerechtfertigt." . . .

---

49. 1. Wirkt die allgemein für den Eingang der Wechselsumme außerhalb des Wechsels schriftlich erklärte Bürgschaft auch zu Gunsten derjenigen, die später durch Indossament den Wechsel erworben und die Bürgschaftsurkunde ausgehändigt erhalten haben?

2. Können die Rechte aus der für eine Wechselschuld zu Gunsten des ersten Wechselnehmers außerhalb des Wechsels eingegangenen Bürgschaft demjenigen durch Cession wirksam abgetreten werden, dem der Wechsel indossiert wird?

III. Civilsenat. Urt. v. 3. Juni 1898 i. S. M.'er Volksbank (Kl.) w. Fürstin v. J. (Bekl.). Rep. III. 40/98.

I. Landgericht Hanau.
II. Oberlandesgericht Kassel.

Gründe:

„Der Herr Erbprinz L. v. J. zu B. hat einen auf ihn von M. am 26. August 1894 an eigene Order gezogenen und am 26. Februar 1895 fällig gewordenen Wechsel über 20 000 Gulden österreich. W. acceptiert und ist in dem vorliegenden Rechtsstreite von der durch Indossament legitimierten Klägerin auf Zahlung verklagt. In beiden Vorinstanzen ist er zur Zahlung der Wechselsumme verurteilt, und diese Entscheidung ist rechtskräftig geworden. Die neben ihm als selbstschuldnerische Bürgin mitverklagte Frau Fürstin hat in einer besonderen Urkunde von demselben Tage

„für den Eingang der Wechselsumme von Gulden österr. W. 20 000 an dem Wechsel de dto B. den 26. August 1894, fällig am 26. Februar 1895, ausgestellt von M., acceptiert von meinem Sohne Erbprinzen L. v. J. ... die selbstschuldnerische Bürgschaft unter Verzicht auf die Einrede der Vorausklage"

übernommen; diese Urkunde befindet sich im Besitze der Klägerin; streitig ist aber, ob ihr von M. der Bürgschaftsanspruch abgetreten ist.

Das Berufungsgericht hat, ohne Prüfung der Sache im übrigen, die Klage gegen die Frau Fürstin abgewiesen, weil die etwa beabsichtigte Übernahme von Verbindlichkeiten gegenüber unbestimmten oder nur durch den Eintritt besonderer Thatsachen zu bestimmenden Personen nach gemeinem Rechte zwar für verschiedene verkehrsübliche Rechtsformen, nicht aber für die Übernahme einer Bürgschaft zulässig sei. Aber auch wenn die Frau Fürstin, was unentschieden gelassen ist, nur dem M. als dem ersten Wechselinhaber sich habe verpflichten wollen, so sei doch die etwa erfolgte Cession der Bürgschaftsrechte ohne Cession der Hauptforderung rechtlich unzulässig, eine Cession der Wechselforderung aber mit den Bürgschaftsrechten neben der Übertragbarkeit des Wechsels durch Indossament unmöglich, weil die Wirkung des Indossamentes eine andere, als die der Cession sein würde. Es bedürfe daher keiner Entscheidung, in welchem Sinne die

Bürgschaftsurkunde auszulegen, und ob thatsächlich eine Abtretung der Bürgschaftsrechte an die Klägerin erfolgt sei. Nach beiden Richtungen können jedoch die vom Berufungsgerichte aufgestellten Rechtsgrundsätze nicht gebilligt werden. In seiner Begründung erkennt es selbst — was auch vom Reichsgerichte wiederholt ausgesprochen ist — als zulässig an, daß eine zu Gunsten eines noch unbestimmten Gläubigers ausgestellte Bürgschaftsurkunde dem die Aufnahme eines Darlehns Wünschenden eingehändigt werde, damit dieser erst den Darlehnsgläubiger suche und durch diese Bürgschaftsurkunde sicherstelle, übersieht aber, daß die Konsequenz dieses Satzes zur Zulässigkeit auch einer mehreren Personen gegenüber, die nacheinander die Forderung erwerben, abgegebenen Bürgschaftserklärung führt, wenn darauf der Wille des Bürgen gerichtet war. In beiden Fällen handelt es sich nicht um eine durch einseitige Erklärung zu Gunsten unbestimmter Personen bereits begründete Verpflichtung — die allerdings den Bedenken des Berufungsgerichtes unterliegen würde —, sondern um eine Vertragsofferte, die erst durch die Annahme dessen, der die Hauptforderung erworben hat, zur Verpflichtung diesem gegenüber führt. Es besteht jedenfalls im gemeinen Rechte kein Rechtssatz, der dies auch dann für unwirksam erklärt, wenn, wie im vorliegenden Falle, der Bürgschaftswille auf eine bestimmte Forderung beschränkt und nur an die Personen gerichtet ist, die im Rechtsverkehre Gläubiger dieser Forderung werden. Ist ein soweit gehender Wille des Bürgen, namentlich mit Rücksicht auf den Wechselverkehr, als gewollt festzustellen, so steht kein rechtliches Bedenken dem entgegen, daß durch die Annahme dieser schriftlichen Offerte, die bis dahin stets diesen Charakter behalten würde, der Bürgschaftsvertrag mit dem Wechselinhaber nach dem Inhalte der Bürgschaftsurkunde abgeschlossen wird.

Aber auch die Cession der Bürgschaftsrechte durch den ersten Wechselgläubiger — falls nur gegen diesen der Bürgschaftswille erklärt sein sollte — ist nicht zu beanstanden. Mag man die rechtliche Natur des Wechsels auffassen, wie man will, so folgt daraus wohl, daß die nicht auf dem Wechsel stehenden Bürgschaftsrechte mit dessen Indossierung nicht ohne weiteres übergehen, aber nicht die Unmöglichkeit, sie neben dem Indossamente auf ihre Weise, also durch Cession, zu übertragen. Aus der accessorischen Natur der Bürgschaftsrechte folgt zwar, daß diese einem Dritten, der nicht Gläubiger ist und es auch nicht werden soll, nicht abgetreten werden können; damit ist aber wohl vereinbar, daß sie, wenn der Wille darauf gerichtet ist, auf den übergehen, der zugleich Inhaber der durch die Bürgschaft gesicherten Wechselforderung nach den für diese bestimmten wechselrechtlichen Formen werden soll und wird. Wieweit gehende Rechte dann für den neuen Gläubiger gegen den Bürgen entstehen, insbesondere welche Einreden ihm gegenüber aus der Person des Cedenten geltend gemacht werden können, ist davon unabhängig und nach den Grundsätzen über die Cession und danach zu bestimmen, ob etwa nach dem Bürgschaftsvertrage der Bürge sich verpflichtet hat, darüber hinaus ebenso zu haften, wie der Schuldner aus seiner Wechselverpflichtung. Gestritten wird wohl darüber, ob der Indossatar des Wechsels als solcher, auch ohne Vereinbarung mit dem Indossanten, die Abtretung außerhalb des Wechsels begründeter Nebenrechte, insbesondere Pfand- und Bürgschaftsrechte, verlangen könne (Staub, Wechselordnung § 4 zu Art. 10 S. 52), oder nur dann, wenn dies vom Indossanten besonders zugesichert sei (Bernstein, Wechselordnung S. 85, § 3, 1b zu Art. 10); aber gerade dieser Streit zeigt, daß an der Zulässigkeit einer freiwilligen Abtretung oder der Übernahme einer Verpflichtung dazu nicht gezweifelt wird.

Vgl. auch Entsch. des R.O.H.G.'s Bd. 24 S. 119.

Das Berufungsurteil mußte hiernach aufgehoben, auch die Sache an das Berufungsgericht zurückverwiesen werden, weil noch thatsächlich zu prüfen ist, ob die Frau Beklagte den späteren Wechselgläubigern sich unmittelbar verpflichten wollte, oder nur M. gegenüber, und ob in letzterem Falle die Bürgschaftsrechte abgetreten sind, eventuell ob dann auch gegen die Klägerin als Cessionarin die gegen M. angeblich bei Eingehung der Bürgschaft gemachten Vorbehalte wirksam sind."

---

50. Vertrag über den künftigen Nachlaß eines noch lebenden Dritten. Kann die zur Gültigkeit dieses Vertrages erforderliche Zustimmung des Dritten für denselben, falls dieser geisteskrank ist, durch dessen Kurator erfolgen?

III. Civilsenat. Urt. v. 10. Juni 1898 i. S. B. (Kl.) w. O. (Bekl.).
Rep. III. 282/97.

I. Landgericht Marburg.
II. Oberlandesgericht Kassel.

Aus den Gründen:

„Die Streitteile und ihre Geschwister schlossen am 2. Dezember 1875 einen Vertrag über die Verteilung des künftigen Nachlasses ihres wegen Geisteskrankheit unter Kuratel stehenden Onkels J. K. zu R. Nach Inhalt dieses Vertrages sollte Beklagter den ganzen künftigen Nachlaß erhalten und dafür unter anderem an Klägerin 200 Thaler herauszahlen. Beklagter behauptet unter dem Widerspruche der Klägerin, daß der Kurator des J. K. diesem Vertrage zur Zeit dessen Abschlusses zugestimmt habe. Nach dem im März 1895 erfolgten Tode des J. K. ist jedoch Klägerin, welche eine Zustimmung des Kurators für ungültig erachtet, mit dem Anspruche auf Herausgabe von einem Vierteile des im Besitze des Beklagten befindlichen Nachlasses nebst Zinsen und Nutzungen gemäß ihres Intestaterbrechtes hervorgetreten. Die Klage wurde in erster Instanz abgewiesen, und die Berufung der Klägerin zurückgewiesen. Das Berufungsgericht hat die Zustimmung des Kurators für erwiesen und rechtlich wirksam erachtet. Die von der Klägerin eingelegte Revision ... ist für begründet zu erachten.

Der erkennende Senat hält mit dem Berufungsgerichte an der Rechtsprechung,

vgl. Entsch. des R.G.'s in Civils. Bd. 4 Nr. 36 S. 125, und Reichsgerichtsurteil vom 17. Dezember 1895 i. S. Sch. w. G., Rep. III. 257/95,

fest, daß die Bestimmung der l. 30 Cod. de pact. 2, 3, wonach ein Vertrag über den künftigen Nachlaß eines noch lebenden Dritten nur unter der Voraussetzung, daß der letztere dem Vertrage zugestimmt und diese Zustimmung nicht später zurückgenommen hat, rechtsbeständig ist, noch heute geltendes Recht ist.

Allein die Ansicht des Berufungsgerichtes, daß ein Kurator eines Geisteskranken nach dem zur Anwendung kommenden gemeinen Rechte befugt sei, an Stelle des letzteren diese Zustimmung zu erteilen, kann nicht für richtig erachtet werden. Das Berufungsgericht erwägt, daß diese Zustimmung nicht ein derartig an die Person gebundenes Recht sei, daß sie nicht auch durch den die ganze Persönlichkeit des Erblassers vertretenden Vormund ausgeübt werden könne, und knüpft hieran die Bemerkung, daß der Vormund, dem in gleicher Weise die Sorge für das Vermögen wie für die Person des Mündels übertragen sei, mit der Zustimmung, wenn er sie im Interesse des Mündels erachte, eine ihm obliegende Verwaltungshandlung, die dem Mündel nur zum Vorteile und in keiner Weise zum Schaden gereichen könne, erfülle. Allein einmal ist es nicht richtig, daß der curator furiosi gemeinrechtlich die ganze Persönlichkeit des letzteren vertrete, wie jener z. B. eine Erbschaft für denselben durch Antretung nicht definitiv er- erwerben kann.

Vgl. Entsch. des R.G.'s in Civils. Bd. 3 Nr. 55 S. 193.

Sodann aber kann in der Zustimmung des Kurators zu einem Erbschaftsvertrage eine demselben zukommende Verwaltungshandlung nicht erblickt werden. Denn letztere setzt begrifflich voraus, daß dieselbe sich auf das Vermögen des Kuranden beziehe. Hiervon ist aber bei der Zustimmung zu einem Erbschaftsvertrage nicht die Rede. Vielmehr betrifft jene, wie dieser, lediglich den künftigen Nachlaß des Kuranden, während das dem Kuranden während seines Lebens zustehende Vermögen in keiner Weise davon betroffen wird. Es ist daher die dem Kurator zustehende Befugnis zur Vermögensverwaltung nicht geeignet, eine solche Zustimmung zu rechtfertigen. Im vorliegenden Falle kann zudem von Wahrung eines Interesses des Kuranden, dessen Verpflegung der Beklagte bereits durch einen dem Erbschaftsvertrage zeitlich vorhergehenden Vertrag übernommen hatte, nicht die Rede sein. Die von dem Berufungsurteile festgestellte Zustimmung des Kurators zu dem Vertrage vom 2. Dezember 1875 macht daher letzteren nicht gültig. Es ist vielmehr anzunehmen, daß die erforderliche Zustimmung zu einem Erbschaftsvertrage ein an die Person des künftigen Erblassers geknüpftes höchst persönliches Recht ist." ...

---

51. Welches örtliche Recht ist für die sog. privatrechtlichen Ehescheidungsstrafen maßgebend?

Vereinigte Civilsenate. Beschl. v. 25. Juni 1898 i. S. T. gesch. Ehefr. (Kl.) w. T. (Bekl.). Rep. III. 320/97.

I. Landgericht Greifswald.
II. Oberlandesgericht Stettin.

Auf Klage der Ehefrau wurde die Ehe der Parteien durch ein Urteil des Landgerichtes I Berlin getrennt, und der Beklagte unter Abweisung seiner Widerklage für den allein schuldigen Teil erklärt. Der Beklagte erhob Berufung. Das Kammergericht wies die Berufung hinsichtlich der Widerklage zurück, änderte aber zur Klage das landgerichtliche Urteil dahin ab, daß es für die Klägerin einen Eid mit der Folge normierte, daß im Schwörungsfalle die Ehe getrennt, und der Beklagte für den allein schuldigen Teil erklärt, im Nichtschwörungsfalle auch die Klage abgewiesen werde. Nachdem Klägerin den Eid geleistet, wurde durch Läuterungsurteil des Kammergerichtes jene für den Schwörungsfall festgesetzte Folge ausgesprochen. Dieses Urteil erlangte am 14. November 1893 Rechtskraft. Der Beklagte, der zur Zeit der Verkündung des Urteiles erster Instanz seinen Wohnsitz noch in Berlin gehabt hatte, hatte ihn gegen Ende des Jahres 1892 nach Stralsund im Gebiete des gemeinen Rechtes verlegt. Mit der sodann vor dem Landgerichte Greifswald erhobenen Klage verlangte die Klägerin die Verurteilung ihres geschiedenen Ehemannes zur Bezahlung von Alimenten vom 1. Januar 1896 ab, auf Grund der §§ 798 flg. des preuß. A.L.R. II. 1. Die Klage wurde abgewiesen, und die Berufung der Klägerin zurückgewiesen. Das Berufungsurteil beruhte auf der Erwägung: die nach der Sachlage erhebliche Frage, nach welchem Rechte die vermögensrechtlichen Wirkungen der Ehescheidung zu bestimmen seien, ob nach dem preußischen Allgemeinen Landrechte, unter dessen Herrschaft die Ehe zur Zeit der Erhebung der Scheidungsklage und des erstinstanzlichen Scheidungsurteiles gestanden, oder aber nach gemeinem Rechte, in dessen Geltungsbereiche der durch den Wohnsitz des verklagten Ehemannes bestimmte Ehewohnsitz zur Zeit der rechtskräftigen Auflösung der Ehe sich befand, sei nach den gemeinrechtlichen Grundsätzen über das örtliche Geltungsgebiet der Rechtsnormen dahin zu beantworten, daß maßgebend sei das Recht desjenigen Ortes, an dem zur Zeit, da das Scheidungsurteil die Rechtskraft beschritt, der Ehewohnsitz, d. h. der Wohnsitz des Ehemannes, sich befunden habe, im vorliegenden Falle also das gemeine Recht. Diesem aber sei ein Anspruch der geschiedenen unschuldigen Ehefrau auf Alimentation seitens des schuldigen Ehemannes nicht bekannt (Entsch. des R.G.'s in Civils. Bd. 8 S. 184 flg., Bd. 12 S. 193, Bd. 26 S. 193).

Der III. Civilsenat beabsichtigte, die von der Klägerin eingelegte Revision zurückzuweisen, sah sich aber daran verhindert durch das Urteil des VI. Civilsenates vom 26. November 1896 (abgedruckt in den Entsch. des R.G.'s in Civils. Bd. 38 S. 196 flg.), durch welches in einem thatsächlich gleich gelagerten Falle ausgesprochen ist, nach den gemeinrechtlichen Grundsätzen über das örtliche Geltungsgebiet der Rechtsnormen sei für die besonderen vermögensrechtlichen Folgen der Ehescheidung (die sog. Ehescheidungsstrafen) maßgebend dasjenige Recht, welches die Grundlage für die auf Grund der Schuld eines Ehegatten ausgesprochene Ehescheidung bildete.

Die zwischen dem III. und VI. Civilsenate somit streitig gewordene Rechtsfrage ist durch Beschluß der vereinigten Civilsenate im Sinne des VI. Civilsenates dahin entschieden worden:

„Nach den Grundsätzen des gemeinen Rechtes über das örtliche Geltungsgebiet der Rechtsnormen ist, wenn in dem Scheidungsurteil ein Gatte für den schuldigen Teil erklärt ist, für die sog. Ehescheidungsstrafen das Recht maßgebend, nach welchem die Ehe geschieden worden ist."

Gründe:

„Der Gerichtsstand für die Ehescheidungsklage wird nach § 568 Abs. 1 C.P.O., sofern die Klage nicht gegen den Ehemann zu erheben ist, der seine Frau verlassen und seinen Wohnsitz nur im Auslande hat (Abs. 2 daselbst), durch den allgemeinen Gerichtsstand des Ehemannes bestimmt, also durch den Wohnsitz des Ehemannes zur Zeit der Klagerhebung, eventuell durch seinen Aufenthaltsort im Deutschen Reiche, und wenn ein solcher nicht bekannt ist, durch den letzten Wohnsitz. Gemäß des für das gemeine Recht geltenden Grundsatzes ist aber für die Ehescheidung selbst vermöge der zwingenden, streng positiven Natur des Ehescheidungsrechtes das Recht des Prozeßrichters (lex fori) maßgebend. Dies wird auch für das preußische Allgemeine Landrecht als Grundsatz und Regel anerkannt.

Vgl. Entsch. des R.G.'s in Civils. Bd. 9 S. 192, Bd. 16 S. 138; vgl. auch Bd. 23 S. 332; Blätter für Rechtsanwendung in Bayern Bd. 51 S. 385; Gruchot, Beiträge Bd. 31 S. 839.

Ein während des Ehescheidungsprozesses erfolgter Domizilwechsel ist in dieser Hinsicht ohne Bedeutung.

Nach der Vorschrift des § 575 Abs. 2 C.P.O. kann mit der

Ehescheidungsklage die Klage auf die sog. Ehescheidungsstrafen nicht verbunden werden. Diese Klage ist hierdurch jetzt in einen Nachprozeß verwiesen, für welchen die allgemeinen Gerichtsstandsbestimmungen gelten. Wie anerkannt ist, werden aber durch jene Vorschrift diejenigen Vorschriften der Landesgesetze nicht berührt, nach welchen in dem Scheidungsurteile selbst die Schuld des einen oder anderen Ehegatten an der Scheidung festgestellt werden soll, oder ein solcher Ausspruch in dem Scheidungsurteile zulässig ist. In Betracht kommt in dieser Beziehung vor allem das preußische Landrecht §§ 745 flg. Tl. II. Tit. 1, wonach im Ehescheidungsprozesse die Frage, ob und welcher von den Ehegatten für den schuldigen Teil zu achten sei, mit zur Untersuchung gezogen, und das Erforderliche hierüber in dem Scheidungsurteile festgesetzt werden muß (vgl. das preußische Gesetz vom 1. März 1869, betr. die Gerichtsbarkeit und das gerichtliche Verfahren in Ehe- und Verlöbnissachen in der Provinz Hannover, § 27). Gleiche Bestimmungen finden sich auch in anderen deutschen Gesetzen, betreffend die Ehescheidung, und in fremden Rechten. Im Gebiete des gemeinen Rechtes kann diese Festsetzung im Scheidungsurteile auf Parteiantrag erfolgen; es ist aber auch die Auffassung vertreten, daß nach dem gemeinen protestantischen Eherechte der Ausspruch über die Schuld oder Unschuld der streitenden Teile in dem Scheidungsurteile selbst ergehen müsse.

Vgl. Seuffert, Archiv Bd. 28 Nr. 220, Bd. 45 Nr. 104, Bd. 50 Nr. 175.

Zweifellos wird der im Scheidungsurteile gegebene Ausspruch über die Schuldfrage rechtskräftig.

In den beiden dem Konflikte zwischen dem III. und VI. Civilsenate zu Grunde liegenden Fällen ist die Ehe durch ein preußisches Gericht nach Maßgabe der Bestimmungen des preußischen Allgemeinen Landrechtes geschieden, und der Ehemann für den schuldigen Teil erklärt, und hat derselbe während des Scheidungsprozesses den Wohnsitz an einen Ort im Gebiete des gemeinen Rechtes verlegt. Bei dem Gerichte dieses Wohnsitzes hat die Ehefrau gegen den geschiedenen Ehemann Klage auf Alimentation (Verpflegung) erhoben. Dieser Anspruch ist allerdings gemeinrechtlich nicht zu begründen, wohl aber nach dem preußischen Landrechte, welches der Frau gestattet, statt der Abfindung aus dem Vermögen des schuldigen Mannes standesmäßige

Verpflegung aus dessen Mitteln zu fordern, und deshalb hatte und hat das mit dem Anspruche befaßte Gericht nach den Grundsätzen des gemeinen Rechtes über das örtliche Geltungsgebiet der Rechtsnormen zu entscheiden, welches Recht für die sogenannten Ehescheidungsstrafen maßgebend ist.

Was unter den besonderen vermögensrechtlichen Folgen der Ehescheidung, die mit dem Namen Ehescheidungsstrafen auch heutzutage noch bezeichnet werden, zu verstehen ist, muß je aus dem betreffenden Rechte oder Gesetze entnommen werden. Hiernach beantwortet sich insbesondere die Frage, ob gewisse besondere Bestimmungen, welche die Auseinandersetzung der ehelichen Güterverhältnisse für den Fall der auf Schuld eines Gatten beruhenden Scheidung der Ehe betreffen, als Bestimmungen über Ehescheidungsstrafen aufzufassen sind, oder nicht.

Außer demjenigen Rechte, nach welchem die Ehe geschieden worden ist, könnte jedenfalls nur etwa das Recht des Ortes in Frage kommen, wo der Ehemann zu der Zeit, als das Ehescheidungsurteil rechtskräftig wurde, seinen Wohnsitz hatte,

vgl. Entsch. des R.G.'s in Civils. Bd. 38 S. 197 flg.,

also das Personalstatut des Ehemannes zu dieser Zeit, insofern darunter verstanden wird das Recht desjenigen Staates oder Rechtsgebietes, welchem der Ehemann thatsächlich durch seinen Wohnsitz angehört.

Vgl. Entsch. des R.G.'s in Civils. Bd. 8 S. 146.

Hierbei ist darauf hinzuweisen, daß, auch wenn man dasjenige Recht für maßgebend erachtet, nach welchem die Ehe geschieden wurde, vermöge der Kompetenzbestimmung des § 568 Abs. 1 C.P.O. und des vom Ehescheidungsrichter anzuwendenden materiellen Rechtes letzteres, soweit es sich um die Ehescheidungsstrafen handelt, in der Regel mit dem Personalstatut des Ehemannes zusammenfällt. Denn die Fälle, in denen die Klage auf Scheidung nicht im allgemeinen Gerichtsstande des Wohnsitzes (§ 13 C.P.O.) erhoben wird, bilden doch nur die Ausnahme. Für die Regel besteht also die Differenz darin, daß bei der Maßgeblichkeit des angewendeten Ehescheidungsrechtes das zur Zeit der Erhebung der Scheidungsklage begründete Personalstatut des Ehemannes auch für die Ehescheidungsstrafen ohne Rücksicht auf einen späteren Wechsel des Wohnsitzes entscheidend bleiben soll, während, falls das Recht des Wohnsitzes zur Zeit der Rechtskraft des Scheidungsurteiles amzuwenden wäre, der in der Zeit zwischen der Klagerhebung und jener Zeit von dem Ehemanne vorgenommene Wohnsitzwechsel von ausschlaggebender Bedeutung wäre.

Der IV. Civilsenat des Reichsgerichtes hat in dem Urteile vom 17. Oktober 1887 (abgedruckt in den Entsch. des R.G.'s in Civils. Bd. 19 S. 309) für das preußische Recht allerdings ausgesprochen, die besonderen Vermögensfolgen der Ehescheidung seien nach dem Rechte desjenigen Ortes zu bestimmen, an welchem die Eheleute bis zur Scheidung ihren Wohnsitz gehabt haben (s. Rehbein, Entsch. des Obertrib. 2. Aufl. Bd. 4 S. 356). Die nähere Begründung dieses Satzes findet sich in dem Urteile desselben Civilsenates vom 27. Mai 1881 (abgedruckt in den Entsch. des R.G.'s in Civils. Bd. 5 S. 193 flg.). Hier wird aber mit der Vorschrift des § 23 Einl. zum A.L.R. argumentiert, wo gesagt ist: „Die persönlichen Eigenschaften und Befugnisse eines Menschen werden nach den Gesetzen der Gerichtsbarkeit beurteilt, unter welcher derselbe seinen eigentlichen Wohnsitz hat." Im Anschlusse an diese Bestimmung ist dort ausgeführt, die Ehescheidung, d. h. das rechtskräftige Scheidungsurteil, habe eine Veränderung in den Zustandsverhältnissen der Parteien hervorgebracht. Für die Mehrzahl der Fälle wird diese Erwägung allerdings auf das Recht des Wohnsitzes der Eheleute zur Zeit des Scheidungsurteiles führen, weil nämlich die Ehefrau, obzwar das Ehedomizil als solches durch das Scheidungsurteil beendigt wird, meist thatsächlich bis dahin denselben Wohnsitz mit dem Ehemanne inne hat und ihn noch beibehält. Aber es kann gewiß, wie nach dem gemeinen, so auch nach dem preußischen Rechte vorkommen, daß die Ehefrau zur Zeit des Scheidungsurteiles einen anderen selbständigen Wohnsitz mit Rechtswirksamkeit begründet hat, oder auch daß, während der Ehemann seinen Wohnsitz aufgegeben hat, ohne einen neuen gewählt zu haben, die Frau einen solchen hat. Ob solchenfalles gemäß § 23 der Einleitung immer der Wohnsitz des Ehemannes zur Zeit des Scheidungsurteiles maßgebend wäre, ist doch sehr zweifelhaft; für Fälle der letzteren Art versagt die Vorschrift des § 23 a. a. O. geradezu, und könnte etwa die Anwendung der §§ 25 flg. a. a. O. in Frage kommen. Der IV. Civilsenat hatte sich in beiden Entscheidungen hiermit nicht zu befassen; nach der ihm vorgelegenen Sachlage war der Ehemann als der schuldige Teil auf die Ehescheidungsstrafe in Anspruch genommen, und in dem Urteile vom 17. Oktober 1887 ist überdies festgestellt, daß beide Eheleute zur Zeit der Rechtskraft des Scheidungsurteiles an einem und demselben Orte wohnten.

Unter Berufung auf diese für das preußische Recht auf Grund einer positiven Vorschrift dieses Rechtes ergangenen Entscheidungen stellen neuerdings v. Bar (Theorie und Praxis des internationalen Privatrechts 2. Aufl. S. 529 flg., insbesondere Anm. 88, Lehrbuch des internationalen Privat- und Strafrechts § 23 S. 84 flg.), Stobbe (Deutsches Privatrecht 3. Aufl. Bd. 1 § 34 S. 272) und Böhm (Die räumliche Herrschaft der Rechtsnormen S. 47) auch für das gemeine Recht den allgemeinen Satz auf, daß für die Folgen der Ehescheidung, über welche das Scheidungsurteil nicht erkennen konnte oder nach Maßgabe der Partikularrechte nicht erkannt habe, insbesondere für die Ehescheidungsstrafen, dasjenige Personalstatut maßgebend sein müsse, das die geschiedenen Ehegatten zur Zeit der Rechtskraft des Urteiles hatten (das Recht des Domiziles, welches die Ehegatten zu dieser Zeit hatten). Über den Fall, wenn die Ehegatten einen verschiedenen Wohnsitz haben, sprechen sich diese Schriftsteller nicht aus. Schmid (Die Herrschaft der Gesetze nach ihren räumlichen und zeitlichen Grenzen S. 83) dagegen sagt, die Trennung der Ehe könne der Richter nur nach seinem Gesetze erkennen; aber selbst die rechtlichen Wirkungen einer unter der Herrschaft einer fremden Gesetzgebung erkannten Scheidung dürfen in Beziehung auf die persönlichen Verhältnisse der Geschiedenen, wenn sie sich im Inlande niedergelassen haben oder sie sonst da rechtlich geltend machen wollen, nur nach dem Landesgesetze beurteilt werden. Wenn hiermit Schmid auch die Ehescheidungsstrafen meinen sollte (beispielsweise ist nur das Recht der Wiederverheiratung genannt), so würde dies auf der nicht zu billigenden Ansicht beruhen, daß, wie hinsichtlich der Ehescheidung, so auch der Ehescheidungsstrafen für den nur diesen befaßten Richter dessen Recht zwingender Natur sei. Andere Schriftsteller sprechen sich aber dafür aus, daß für die Ehescheidung und die Ehescheidungsstrafe ein und dasselbe Recht maßgebend sei wegen des Zusammenhanges der letzteren mit der Scheidung. So Hauser (Zeitschrift für Reichs- und Landesrecht Bd. 2 S. 316); Roth (Bayerisches Civilrecht 2. Aufl. Bd. 1 § 17 S. 160 Anm. 43, S. 161; vgl. System des deutschen Privatrechts Bd. 1 § 51 S. 288 Anm. 56): „maßgebend sind die Gesetze, welche an dem zur Zeit der Anstellung der Scheidungsklage begründeten Domizil des Ehemannes gelten" (Citat von Seuffert's Archiv Bd. 33 Nr. 97). Regelsberger (Pandekten Bd. 1 § 45 S. 178) vertritt zunächst die Ansicht, daß die Frage, welche Thatsachen den Anspruch auf Scheidung begründen, für Nichtdeutsche nach den Gesetzen ihrer Heimat, für Deutsche nach dem Gesetze des Wohnortes der Ehegatten, und zwar nach dem Gesetze zur Zeit, als die für die Scheidung geltend gemachten Thatsachen eingetreten, zu beurteilen sei, und fügt (unter Berufung auf Seuffert's Archiv Bd. 32 Nr. 203, Bd. 33 Nr. 97, Bd. 38 Nr. 1, Bd. 40 Nr. 293, und mit dem Beisatze „anders Reichsgericht V. Seite 194") bei, nach diesen Gesetzen bestimmen sich auch die rechtlichen Folgen der Scheidung. Gierke (Deutsches Privatrecht § 26 S. 236) sagt, gleichfalls unter Berufung auf Seuffert's Archiv a. a. O., über die Zulässigkeit und die Wirkungen der Ehescheidung entscheide das Personalstatut des Mannes zur Zeit der Scheidungsklage. Endlich hält Jettel (Handbuch des internationalen Privat- und Strafrechts § 16 S. 55) dafür, daß die Wirkungen der Scheidung oder Trennung einer Ehe naturgemäß nach demselben Rechte zu beurteilen seien, nach welchem über die Zulässigkeit der Scheidung oder Trennung entschieden worden sei. Unerheblich ist der Umstand, daß diese Schriftsteller zum Teil bezüglich des für die Ehescheidung maßgebenden Rechtes prinzipiell von dem durch das Reichsgericht befolgten Grundsatze abweichen. Jedenfalls gehen sie sämtlich von dem inneren Zusammenhange und der Zusammengehörigkeit der die Ehescheidung und der die vermögensrechtlichen Folgen der Scheidung betreffenden Normen aus. In diesem Sinne haben auch verschiedene deutsche Gerichtshöfe entschieden: das Oberappellationsgericht Berlin, der oberste Gerichtshof für Bayern, die Oberlandesgerichte von Celle und Braunschweig (s. Seuffert's Archiv Bd. 29 Nr. 2, Bd. 32 Nr. 203, vgl. mit Bd. 50 Nr. 17, Bd. 33 Nr. 97, Bd. 40 Nr. 293), sowie das Oberlandesgericht zu Hamburg (Entsch. des R.G.'s in Civils. Bd. 38 S. 196). Auch die in Seuffert's Archiv Bd. 38 Nr. 1 mitgeteilte Entscheidung des obersten Gerichtshofes in Wien gehört hierher; wenn daselbst nebenbei Gewicht darauf gelegt ist, daß die Parteien bayerische

Staatsangehörige seien und sich zur Zeit der Trennung der Ehe durch das bayerische Gericht in Bayern befanden, so wird doch in erster Linie betont, daß die aus der in Bayern gesetzten Thatsache der Lösung des Ehebandes resultierenden rechtlichen Folgen und Wirkungen eben nur nach bayerischem Rechte, nach welchem die Lösung der Ehe erfolgte, beurteilt werden können. Im Sinne der Ansicht, daß für die vermögensrechtlichen Folgen der verschuldeten Trennung der Ehe maßgebend sei das Recht des Wohnsitzes des Ehemannes zur Zeit, da das Scheidungsurteil rechtskräftig geworden, hat sich, soviel ersichtlich, nur das Oberlandesgericht zu Jena ausgesprochen, und zwar im Anschlusse an die erwähnten Entscheidungen des IV. Civilsenates des Reichsgerichtes. Bei diesem Stande der (gemeinrechtlichen) Litteratur und Praxis kann von einem feststehenden Rechtssatze des letzterwähnten Inhaltes nicht die Rede sein. Höchstens kann man, da die Mehrzahl der Schriftsteller und die Praxis fast durchweg sich für die Zusammengehörigkeit der die Ehescheidung und der die vermögensrechtlichen Wirkungen derselben betreffenden Normen ausgesprochen haben, im Hinblick auf die auf der anderen Seite stehenden Autoritäten sagen, die Frage, welches Recht nach dem gemeinen internationalen Privatrechte für die Ehescheidungsstrafen in Anwendung zu kommen habe, sei eine offene. Es handelt sich hiernach eigentlich um die Findung des entscheidenden Rechtssatzes an der Hand anzuerkennender Grundsätze, wobei die Rücksichtnahme auf die Zweckmäßigkeit in Ansehung der Folgen gewiß nicht ausgeschlossen ist.

Die Ansicht, daß als maßgebend zu erachten sei das Personalstatut des Ehemannes zu der Zeit, da das Scheidungsurteil rechtskräftig wird, knüpft an den gemeinrechtlichen Satz an, daß Familienrechtsverhältnisse in der Regel zu beurteilen seien nach dem Personalstatut des Ehemannes. Zu diesen Familienrechtsverhältnissen gehören auch, wird gesagt, die Rechtsverhältnisse, die sich aus der Auflösung der Ehe durch Scheidung ergeben, insbesondere die etwaige Verpflichtung des schuldigen Teiles zur Gewährung einer Abfindung oder von Alimenten an den unschuldigen Ehegatten. Jener Satz gilt für das persönliche Rechtsverhältnis der Ehegatten zu einander, besonders auch hinsichtlich der Alimentationspflicht, mit der Maßgabe, daß das Recht am jeweiligen Wohnsitz des Ehemannes anzuwenden ist. Weil der Anspruch aus der verschuldeten Auflösung der Ehe, d. h. durch das rechtskräftige, die Schuld des einen Gatten feststellende Scheidungsurteil, entstehe, wird die Zeit, zu der das Urteil die Rechtskraft beschreitet, als maßgebend angenommen. Denkt man sich die Verpflichtung zur Ehescheidungsstrafe als auf der Annahme einer Fortwirkung der persönlichen Rechtsbeziehungen der geschiedenen Ehegatten beruhend, so müßte grundsätzlich auch hinsichtlich dieser Verpflichtung das Recht am jeweiligen Wohnsitze des Ehemannes als maßgebend angesehen werden, d. h. das Recht des Ortes, wo derselbe zur Zeit, als die Vermögensstrafe geltend gemacht wird, den Wohnsitz hat. Der Umstand, daß die Verpflichtung erst durch das rechtskräftige Scheidungsurteil existent wird, rechtfertigte an sich nicht, den Zeitpunkt festzuhalten, wo das Urteil rechtskräftig geworden ist. Diese Fixierung ergiebt sich erst aus der Erkenntnis, daß durch das Scheidungsurteil die persönlichen Rechtsbeziehungen der Ehegatten zerrissen werden, und hierdurch auch das Ehedomizil als solches aufhört. Darin zeigt sich, daß unter Durchbrechung des zu Grunde gelegten Rechtssatzes willkürlich ein anderer Rechtssatz als der maßgebende aufgestellt wird. Es ist auch kein innerer Grund ersichtlich, warum, wenn die Ehefrau einen selbständigen Wohnsitz hat, sie als der unschuldige Teil an das Personalstatut des schuldigen Ehemannes zur erwähnten Zeit gebunden, oder warum unter jener Voraussetzung für den Anspruch des unschuldigen Ehemannes gegen die schuldige Ehefrau jenes Personalstatut bestimmend sein soll. Der Grundsatz versagt überdies dann, wenn der Ehemann zur Zeit der Rechtskraft des Scheidungsurteiles einen Wohnsitz nicht hat. Es ist immer mißlich, das subsidiär maßgebende Recht zu suchen,

vgl. z. B. Entsch. des R.G.'s in Civils. Bd. 31 S. 190 flg.,

zumal dann, wenn der Anspruch und die Verpflichtung erst durch das rechtskräftige Scheidungsurteil existent werden. Die Annahme, daß es sich um eine Fortwirkung der persönlichen Rechtsbeziehungen handle, ist übrigens nicht einmal für das römische Recht zu rechtfertigen. In der That handelt es sich um die vermögensrechtlichen Folgen der Auflösung der Ehe, einer gewissen Art der Auflösung. Für den Fall der Trennung der Ehe durch den Tod gelten sowohl in Ansehung der erbrechtlichen Beziehungen als der Auseinandersetzung der Güterrechtsverhältnisse bekanntermaßen feststehende Rechtssätze, welche nicht ausschließlich an das Personalstatut des Ehemannes zur Zeit solcher Trennung anknüpfen. Für den Fall der Auflösung der Ehe durch Scheidungsurteil kann hinsichtlich der Ehescheidungsstrafen das Personalstatut schon nach dem zuvor Ausgeführten nicht festgehalten werden. Als konsequent und natürlich ergiebt sich hierfür vielmehr der Satz, daß das der Scheidung selbst zu Grunde gelegte Ehescheidungsrecht — ohne Rücksicht auf eine Wohnsitzveränderung der Ehegatten während des Scheidungsprozesses oder nach Beendigung desselben — maßgebend bleibt, wegen des inneren Zusammenhanges der Vorschriften über die Zulässigkeit der Scheidung mit denen über die Ehescheidungsstrafen, wonach diese als ein Teil des Ehescheidungsrechtes erscheinen.

Dieser Zusammenhang tritt schon in den in das gemeine Recht übernommenen Vorschriften des römisch-justinianischen Rechtes über die Ehescheidungsstrafen hervor, in dem Strafcharakter dieser Vorschriften, in der Anknüpfung an die Schuld des einen Ehegatten, was zur Folge hat, daß in gewissen, besonders schweren Fällen die Scheidungsstrafe gegenüber dem gewöhnlichen Maße sich erhöht.

Vgl. Windscheid, Pandektenrecht Bd. 2 § 510; Entsch. des R.G.'s in Civils. Bd. 11 S. 201 flg. 203, Bd. 27 S. 158 flg. 171; Seuffert, Archiv Bd. 39 Nr. 220, Bd. 45 Nr. 19.

Wenn auch der Gesichtspunkt der Strafe nach heutiger gemeinrechtlicher Auffassung zurücktritt, so wird doch auch jetzt die Ehescheidungsstrafe nicht nur als Entschädigung des unschuldigen Teiles für die ihm durch die Scheidung der Ehe verursachten Nachteile, sondern auch als eine ihm gebührende Sühne angesehen. Als willkürlich (s. v. Bar a. a. O.) können die römischrechtlichen Ehescheidungsstrafen nicht deshalb bezeichnet werden, weil sie mit dem römischen Dotalsystem nicht in notwendiger Verbindung stehen. Sie sind von dem gemeinen Rechte übernommen und an die verschiedensten Güterrechtssysteme angepaßt. Wenn in gemeinrechtlichen Gebieten in deutschen Gesetzen und Statuten die Vermögensstrafen der Höhe nach abweichend vom römischen Rechte bestimmt sind, so darf hierin keine Willkür erblickt werden; vielmehr beweist dies nur, daß insoweit die Schuld und die hierfür zu gewährende Sühne verschieden beurteilt wird. In betreff der mannigfaltigen und eigenartigen Bestimmungen der deutschen Partikularrechte kann hier auf die Zusammenstellung in den Motiven (Bd. 4 S. 613 flg.) zu § 1454 des Entwurfes I.

Lesung des deutschen bürgerlichen Gesetzbuches verwiesen werden. Aus derselben ergiebt sich der innere Zusammenhang der Bestimmungen über die Ehescheidungsstrafen mit dem Ehescheidungsrechte im ganzen klar. Besonders deutlich tritt dies hervor in dem preußischen Landrechte (§§ 746 flg. Tl. II Tit. 1) und den ihm nachgebildeten Ehescheidungsrechten, in den eigentümlichen Vorschriften über die Abwägung der Schuld und über das Übergewicht der Schuld des einen Gatten über diejenige des anderen Gatten, wonach sich gemäß der Größe des Ehevergehens auch die Höhe der dem unschuldigen Teile zukommenden Abfindung bemißt, und in den Gesetzen, gemäß welcher nach dem Ermessen des Richters bei Festsetzung der Größe der Entschädigung auf die persönliche Schuld des Verpflichteten Rücksicht genommen werden soll. Diese Hinweisungen genügen in Ansehung der deutschen Gesetze und Statuten, ohne daß nötig wäre, auf sonstige Verschiedenheiten des Ehescheidungsrechtes näher einzugehen. Der IV. Civilsenat hat allerdings in dem Urteile vom 27. Mai 1881,

Entsch. des R.G.'s in Civils. Bd. 5 S. 194 flg., in welchem Falle übrigens das Scheidungsurteil einen Ausspruch über die Schuld nicht enthielt,

den Zusammenhang zwischen den Vorschriften über die Scheidung selbst und denjenigen über die besonderen vermögensrechtlichen Wirkungen in Abrede gezogen. Allein in dem späteren Urteile vom 18. Januar 1892 (abgedruckt in den Entsch. des R.G.'s in Civils. Bd. 29 S. 167 flg.) hat derselbe Senat in einem preußischrechtlichen Falle, wo in dem Scheidungsurteile der Ehemann für den schuldigen Teil erklärt war, ausgesprochen, daß mit dem Ausspruch, daß der eine Ehegatte für den schuldigen Teil zu erachten, zugleich der gesetzliche Anspruch des unschuldigen Gatten auf Abfindung gegenüber dem schuldigen Teile begründet sei, daß hierin die Zuerkennung der Abfindung dem Grunde nach liege. Hiermit ist der innere Zusammenhang der Ehescheidungsstrafe mit der auf Schuld beruhenden Ehescheidung augenscheinlich anerkannt (vgl. § 27 des angeführten Gesetzes vom 1. März 1869), und es fragt sich, ob hiernach die in dem Urteile vom 27. Mai 1881 hervortretende Anschauung noch haltbar ist. Jener Zusammenhang tritt auch in fremden Rechten in verschiedener Weise zu Tage. Das österreichische bürgerliche Gesetzbuch (§§ 1266. 1323) gewährt bei Trennung der Ehe vom Bande dem schuldlosen Gatten gegen den schuldigen den Anspruch auf volle Genugthuung, d. h. auf Ersatz des Schadens und entgangenen Gewinnes. In dem Scheidungsurteile wird zugleich ein Ausspruch über die Schuld des verklagten Teiles gegeben.

Hofdekret vom 23. August 1819; Winiwarter und Stubenrauch, Kommentare zum bürgerlichen Gesetzbuch.

Nach dem französischen Rechte (Code civil Artt. 299. 300, Gesetz vom 18. April 1886) verliert im Falle der Scheidung aus bestimmten Ursachen der schuldige Teil von Rechts wegen alle die Vorteile, welche ihm der unschuldige Teil, sei es im Heiratsvertrage, oder mittels einer während der Ehe gemachten Schenkung, zugewendet hat, sollte auch der Geber auf das Recht, diese Vorteile im Falle einer Ehescheidung zu widerrufen, im voraus verzichtet haben. Dagegen verbleiben dem unschuldigen Teile alle die Vorteile, welche ihm von dem anderen Gatten im Heiratsvertrage ausgesetzt worden sind. Wenn dem unschuldigen Gatten keine solche Vorteile ausgesetzt worden sind, oder wenn die ihm ausgesetzten Vorteile nicht zu seinem Auskommen hinreichen, so kann das Gericht, welches die Scheidung ausspricht (bezw. zuläßt), in dem Scheidungsurteile diesem Gatten im Bedürfnisfalle eine Unterhaltssumme aus dem Vermögen des schuldigen Gatten anweisen, welche jedoch nicht den dritten Teil der Einkünfte des letzteren übersteigen soll.

Vgl. Zachariä, Französisches Civilrecht 8. Aufl., Bd. 3 § 456.

Der Anspruch auf eine Unterhaltssumme kann jedoch, wenn das Scheidungsurteil nichts darüber bestimmt, auch in einem besonderen Prozesse geltend gemacht werden. Für die Schweiz überläßt das Bundesgesetz vom 24. December 1874, betr. die Feststellung und Beurkundung des Civilstandes und die Ehe, den Kantonen die Regelung der vermögensrechtlichen Folgen der Ehescheidung, während es die Ehescheidung selbst einheitlich geordnet hat. Jedoch soll hiernach der Ehescheidungsrichter über jene Folgen womöglich in dem Scheidungsurteile selbst bestimmen. Diese Folgen werden in den kantonalen Rechten, soweit sie sich nicht an den Code civil anschließen, im allgemeinen dahin bestimmt, daß der schuldige Teil dem unschuldigen Entschädigung zu gewähren hat, welche der Richter nach Art und Maß, nach allen in Betracht kommenden subjektiven und objektiven Momenten, namentlich mit Rücksicht auf das Maß der Schuld, und mit Berücksichtigung des Verhaltens der Gatten während der Ehe überhaupt zu bemessen hat. Zum Teil sind in Ansehung der Höhe der Entschädigung gewisse Grenzen gezogen; bei Ehebruch soll aber auf das Maximum der aus dem Vermögen oder dem Einkommen des Schuldigen zu leistenden Entschädigung erkannt werden.

Vgl. Huber, System und Geschichte des Schweizerischen Privatrechts Bd. 1 § 15 S. 201 flg. 211 flg.

In England ist gleichfalls die Zusammengehörigkeit der Normen über die Scheidung und derjenigen über die vom schuldigen Teile zu leistende Entschädigung oder Alimentation formal dadurch anerkannt, daß der Ehescheidungsrichter in dieser Beziehung sofort Vorsorge trifft, wobei ihm für Bemessung der Entschädigung durch eine Aversionalsumme oder Rente unter Berücksichtigung der Vermögensverhältnisse, des Betragens der Gatten während der Ehe und der Schuld freie Stellung eingeräumt ist. Ähnlich verhält es sich in den Staaten der Nordamerikanischen Union. Die Gesetzgebung einzelner Staaten kennt bedeutende Vermögensstrafen für den schuldigen Teil, insbesondere im Falle des Ehebruches. Gemeinsam ist fast allen Staatenrechten, daß die unschuldige Frau Anspruch auf Alimente hat, worüber der Richter nach seiner Beurteilung aller in Betracht kommenden Verhältnisse entscheidet und zugleich die nötigen Sicherungsmaßregeln trifft. In der Mehrzahl der Staaten wird diese Entscheidung im Scheidungsurteile getroffen.

Vgl. Brown, A Commentary on the Law of Divorce and Alimony; Pritchard, A Handbook on the Law of Marriage and Divorce.

Überall tritt also der innere Zusammenhang hervor. Dieser wird selbstverständlich für die in Deutschland geltenden Rechte nicht dadurch aufgehoben, daß zufolge der Bestimmung in § 575 Abs. 2 C.P.O. die vermögensrechtlichen Folgen der Ehescheidung nicht zugleich mit der Ehescheidungsklage geltend gemacht werden können.

Vgl. Seuffert, Archiv Bd. 40 Nr. 293.

Der Anerkennung der Maßgeblichkeit des inneren Zusammenhanges steht kein Satz des sog. internationalen Privatrechtes entgegen.

Die Richtigkeit des Prinzipes bewährt sich auch an den Folgen, bezw. an den Konsequenzen und Schwierigkeiten, welche sich ergäben, wenn das Personalstatut des Ehemannes zur Zeit der Rechtskraft des

Scheidungsurteiles als maßgebend anerkannt würde. Es steht im wesentlichen in Frage, welches Recht entscheiden soll, wenn während des Scheidungsprozesses ein Wohnsitzwechsel stattfand. Derlei Prozesse können lange Zeit dauern, und Wohnsitzveränderungen in der Zeit bis zum rechtskräftigen Urteile kommen häufig vor. Es liegt die Gefahr nahe, daß der seine Verurteilung voraussehende Ehemann vor dem Scheidungsurteile den Wohnsitz in ein Rechtsgebiet verlegt, in dem seine Verpflichtung zur Gewährung des Unterhaltes der geschiedenen Frau gegenüber nicht anerkannt wird. Für die Frau wäre es meistens z. B. ein leerer Trost, wenn sie auf die gemeinrechtliche Ehescheidungsstrafe verwiesen würde. Wo kein Vermögen vorhanden ist, fehlt es für diese Strafe am Gegenstande, gerade wie für die preußischrechtliche Abfindung, während der Mann vermöge seines Erwerbes zur Zahlung von Alimentengeldern wohl in der Lage sein kann. Hiergegen schlägt der Einwand nicht durch, daß der Mann schon im Hinblick auf den bevorstehenden Scheidungsprozeß den Wohnsitz verlegen könne. Es handelt sich um die mögliche Verhütung unliebsamer Konsequenzen. Überdies kann der Mann auch genötigt sein, den Wohnsitz zu verlegen. Er ist Beamter und wird versetzt oder muß seines Erwerbes wegen wandern. Erfahrungsgemäß ändern sich häufig gerade während des Scheidungsprozesses und durch die Erörterungen in demselben die besten Gesinnungen und Absichten. Aber auch abgesehen hiervon könnte je nach dem Maße der nach dem Personalstatute zu leistenden Strafe oder Entschädigung ein wesentlich höherer oder auch geringerer Betrag zu zahlen sein, als nach demjenigen Rechte, welches der Scheidung zu Grunde lag, was namentlich in der Mehrzahl der Fälle, in denen dieses Recht zugleich das heimische Recht der Gatten bildet, schwer empfunden würde. Andererseits müßte es als höchst bedenklich erscheinen, wenn die Ehescheidung nach einem Rechte erfolgte, welches keine Vermögensstrafe, sondern nur eine mäßige Alimentationsverpflichtung des schuldigen Gatten auf gewisse Zeit kennt, und nun auf Grund des Personalstatutes z. B. die hohe gemeinrechtliche Vermögensstrafe verlangt werden könnte. Das gemeine Recht hat sich ferner bis heute dahin fortentwickelt, daß die gemeinrechtliche Scheidungsstrafe in allen Fällen verschuldeter Ehescheidung gefordert werden kann. Aber dieser in der Praxis geübte Satz gilt doch nur für die in dem gemeinen Rechte anerkannten Ehescheidungsgründe, und es erscheint nicht zulässig, ihn ohne weiteres auch auf solche eine Schuld eines Gatten involvierende Gründe zu übertragen, die nur in einem anderen Rechte zum Verlangen der Scheidung berechtigen. Ist z. B. nach dem preußischen Landrechte (§§ 718a. 718b Tl. II Tit. 1) oder einem anderen Gesetze, welches diesen dem gemeinen Rechte fremden Scheidungsgrund,

vgl. Seuffert, Archiv Bd. 42 Nr. 37; Entsch. des R.G.'s in Civils. Bd. 15 S. 188 flg.,

zuläßt, wegen unüberwindlicher Abneigung die Ehe geschieden, und (nach dem preußischen Rechte) der klagende Ehegatte für den schuldigen Teil erklärt, so könnte im Gebiete des gemeinen Rechtes die dem anderen Teil gebührende Abfindung (§ 786 Tl. II Tit. 1) nicht verfolgt werden. Die Gestaltung dieses Scheidungsgrundes im preußischen Rechte zeigt überdies besonders deutlich den Zusammenhang derselben mit der als Folge gesetzten Ehescheidungsstrafe. Es giebt aber in den verschiedenen Ehescheidungsgesetzen außerdem manche dem gemeinen Rechte unbekannte Scheidungsgründe, die auf einer Schuld des verklagten Ehegatten beruhen. Nach § 568 Abs. 2 C.P.O. ist der von ihrem Ehemanne verlassenen Ehefrau (für alle Scheidungsgründe), wenn der Ehemann seinen Wohnsitz nur im Auslande hat und zu der Zeit, als er die Klägerin verließ, ein Deutscher war, gestattet, gegen denselben bei dem Landgerichte seines letzten Wohnsitzes im Deutschen Reiche die Scheidungsklage zu erheben. Diese Vorschrift soll der Ehefrau besonders in Fällen, wo sie nach dem Gesetze am Wohnsitze des Ehemannes Scheidung zu verlangen nicht berechtigt wäre, die Möglichkeit, die Scheidung herbeizuführen, eröffnen. Ist die Ehe daraufhin von dem deutschen Gerichte geschieden, und der Ehemann für den schuldigen Teil erklärt, so könnte die Ehefrau, falls für die Ehescheidungsstrafe das Personalstatut des Mannes zur Zeit des Scheidungsurteiles maßgebend wäre, dieser aber in einem Staate wohnt, welcher keine Ehescheidungsstrafe, vielleicht die Trennung der Ehe vom Bande überhaupt nicht kennt oder sogar die Ehe nicht als rechtsgültig geschlossen anerkennt,

vgl. Entsch. des R.G.'s in Civils. Bd. 9 S. 393 flg.,

überhaupt keine Entschädigung fordern, obwohl sie einer solchen dringend bedürfen, der Mann hinreichendes Vermögen haben, und gegen ihn auch ein Gerichtsstand im Inlande (§ 24 C.P.O.) begründet sein möchte. Derartige unliebsame und das Rechtsgefühl verletzende Konsequenzen werden vermieden, wenn man den natürlichen Zusammenhang zwischen Scheidung und Scheidungsstrafe festhält.

Von dieser Zusammengehörigkeit geht auch das Einführungsgesetz zum deutschen bürgerlichen Gesetzbuche aus. Mit der Vorschrift des Art. 17: „Für die Scheidung der Ehe sind die Gesetze des Staates maßgebend, dem der Ehemann zur Zeit der Erhebung der Klage angehört", sollen, woran nicht gezweifelt werden kann, auch die vermögensrechtlichen Wirkungen der Scheidung getroffen werden (s. Protokolle der I. Kommission S. 11524. 13099—13104, und Motive zu Art. 120 des Entwurfes des Einführungsgesetzes [jetzt Art. 201]). Unter der Klage ist aber die Ehescheidungsklage verstanden. Aus Art. 17 in Verbindung mit Art. 201 des Einführungsgesetzes erhellt zugleich, daß die Konfliktsfrage nur noch eine vorübergehende, beschränkte Bedeutung hat."

---

52. Inwieweit ist der Staat zur Entschädigung verpflichtet, wenn er im öffentlichen Interesse in Privatrechte verletzend eingreift?

III. Civilsenat. Urt. v. 28. Juni 1898 i. S. des preuß. Fiskus (Bekl.) w. Stadt Grabow (Kl.). Rep. III. 27/98.

I. Landgericht Altona.
II. Oberlandesgericht Kiel.

In der in den Entsch. des R.G.'s in Civils. Bd. 32 Nr. 34 S. 133 flg. mitgeteilten Streitsache hatte demnächst die Stadt Grabow Klage auf Schadensersatz gegen den preußischen Fiskus, vertreten durch die Bahndirektion zu Altona, erhoben. Die Klage war in beiden Vorinstanzen dem Grunde nach für berechtigt erklärt, und die Revision des Beklagten ist zurückgewiesen worden aus folgenden

Gründen:

„Die erhobene Klage richtet sich gegen den Beklagten nicht in seiner Eigenschaft als Betriebsunternehmer der Berlin-Hamburger Eisenbahn, sondern gegen den Staat als Inhaber der höchsten Staatsgewalt, welcher auf Grund seines Aufsichtsrechtes über die Eisenbahnen und den Bahnverkehr im öffentlichen Interesse in ein Privatrecht der klagenden Stadt schädigend eingegriffen hat. Die Revision hat nun ausgeführt, daß, wenn dieser Sachverhalt überall einen Schadensersatzanspruch begründen könnte, derselbe gegen den Großherzoglich mecklenburgischen Fiskus, nicht gegen den preußischen Staat zu richten gewesen wäre, da die Landeshoheit über die bei Grabow belegene Bahnstrecke der Großherzoglich mecklenburgischen Regierung zustehe. Dieser Angriff ist jedoch nicht begründet. Durch den Staatsvertrag vom 19. Dezember 1883 ist die Ausübung der staatlichen Aufsichtsrechte über den Betrieb und die Verwaltung der Berlin-Hamburger Eisenbahn bezüglich der mecklenburgischen Strecke von Mecklenburg auf den preußischen Staat übertragen, und ist im Schlußprotokolle von demselben Tage von mecklenburgischer Seite die Befugnis des preußischen Staates anerkannt, aus Gründen der Sicherheit des Betriebes und wegen wichtiger Interessen des allgemeinen Verkehres in die Fahrpläne einzugreifen. Wie in den im ersten Urteile angeführten Verfügungen des Königlich preußischen Staatsministers für öffentliche Arbeiten hervorgehoben ist, war für die Aufstellung der die Stadt Grabow schädigenden Fahrpläne das überwiegende öffentliche Interesse des allgemeinen Verkehres maßgebend. Hiernach ist nicht zweifelhaft, daß von der zuständigen preußischen Staatsbehörde eine Verfügung innerhalb des Gebietes derjenigen staatlichen Aufsichtsrechte getroffen ist, deren Ausübung dem preußischen Staate übertragen war. Der Stadt Grabow gegenüber übte also der preußische Staat das ihm kraft dieser Übertragung zustehende Aufsichtsrecht aus, und ist es für die sich daraus ergebenden Rechtsfolgen unerheblich, ob die bezüglichen Befugnisse des preußischen Staates auf originärem, oder derivativem Rechtserwerb beruhten. . . .

In der bestrittenen Rechtsfrage, inwieweit der Staat zur Entschädigung verpflichtet ist, wenn er im öffentlichen Interesse in Privatrechte verletzend eingreift, geht das Berufungsgericht davon aus, daß, soweit aus Gründen des allgemeinen Wohles, insbesondere auch im Interesse des Verkehres, Privatrechte geschädigt und beseitigt werden, der eingreifende Staat Entschädigung zu leisten hat. Im vorliegenden Falle handelt es sich um ein obligatorisches Privatrecht der Stadt Grabow, welches dieselbe durch den im Regierungsreskripte vom

12. August 1845 bestätigten Vertrag mit der Berlin-Hamburger Eisenbahngesellschaft vom 19. Juni 1845 erworben hat, und welches jetzt durch Verfügung der zuständigen obersten Verwaltungsbehörde unter Schädigung der Stadt im öffentlichen Interesse des Verkehres außer Kraft gesetzt ist.

In einem solchen Falle der unmittelbaren Beseitigung eines auf einem speziellen Rechtstitel beruhenden, wohlerworbenen Rechtes eines Einzelnen im öffentlichen Interesse durch die Staatsgewalt muß auch nach den Grundsätzen des gemeinen Rechtes der in der Klage verfolgte Ersatzanspruch für begründet erkannt werden, insoweit nicht aus der Gesetzgebung der Wille des Gesetzgebers erhellt, daß ein solcher Eingriff in das Privatrecht des Einzelnen ohne Anspruch auf Ersatz des Schadens zulässig sein soll.

Wie es für den Ersatzanspruch grundsätzlich keinen Unterschied begründet, ob der Eingriff in wohlerworbene Rechte durch die Gesetzgebung, oder durch Verwaltungsmaßregeln erfolgt ist, so ist auch die rechtliche Beschaffenheit des aufgehobenen Rechtes nicht von maßgebender Bedeutung. Der Anspruch beruht auf der zwangsweisen Aufopferung des Einzelrechtes im Interesse der öffentlichen Wohlfahrt, und es ist kein innerer Grund ersichtlich, weshalb nur einzelne bestimmte Kategorien von Privatrechten die Grundlage eines Entschädigungsanspruches bilden könnten. Wenn in der Entscheidung des Reichsgerichtes vom 1. Februar 1898 in Sachen der Königlichen Wasserbauverwaltung, vertreten durch den Königlichen Regierungspräsidenten zu Lüneburg, w. B., Rep. III. 332/97,[1] ausgeführt ist, es sei jedenfalls anzunehmen, daß der Rechtsentwickelung eine analoge Anwendung der für die Enteignung feststehenden Entschädigungspflicht auf die Fälle entspreche, in welchen unmittelbar die Entziehung des Eigentumes oder die thatsächliche Beseitigung anderer dinglicher Rechte auch ohne Übertragung auf den Staat im Staatsinteresse erfolgt, so ist damit eine grundsätzliche Beschränkung des Ersatzanspruches auf die Aufhebung dinglicher Rechte nicht ausgesprochen. Diese Erwägung war vielmehr durch den konkreten Inhalt des zu entscheidenden Rechtsfalles bestimmt, welcher keine Veranlassung zur Aufstellung eines weitergehenden Rechtssatzes gab. Die gleiche rechtliche Erwägung

[1] S. oben Nr. 38 S. 142. D. R.

trifft jedoch in Fällen der vorliegenden Art zu, in denen das auf einem Vertrage beruhende wohlerworbene Vermögensrecht eines Einzelnen im Interesse des öffentlichen Wohles außer Kraft gesetzt ist.

Die Stadt Grabow hatte dieses Recht in Händen als Äquivalent für die Aufwendungen, welche sie an Grund und Boden und anderweiten Leistungen zur Ausführung des Bahnbaues gemacht hatte. Zu diesen Leistungen konnte sie auch im öffentlichen Interesse nicht ohne Entschädigung gezwungen werden, und es erscheint nicht zulässig, daß ihr das dafür erlangte Äquivalent ohne entsprechenden Werterſatz aus Gründen des öffentlichen Wohles durch eine Verfügung der zuständigen Verwaltungsbehörde entzogen wird." ...

III. Preußisches Recht.

53. Haftet derjenige, der die Erfüllung einer von ihm vertragsmäßig übernommenen Verpflichtung einem Bevollmächtigten überträgt, seinem Gegenkontrahenten nur für culpa in eligendo?

V. Civilsenat. Urt. v. 29. Januar 1898 i. S. Qu. (Kl.) w. M. (Bekl.). Rep. V. 237/97.

I. Landgericht Danzig.
II. Oberlandesgericht Marienwerder.

Der Beklagte hatte sich in einem das Grundstück L. Nr. 350 betreffenden Tauschvertrage verpflichtet, für die Löschung zweier auf demselben eingetragenen Hypotheken von zusammen 10000 *M* „bei Vermeidung einer Konventionalstrafe von 3000 *M* bis zum 31. Dezember 1895 Sorge zu tragen". Die Löschung war unstreitig erst im Dezember 1896 erfolgt, und Beklagter wurde auf Zahlung der Konventionalstrafe, die der Kläger wegen der verspäteten Löschung als verwirkt ansah, in Anspruch genommen. Er erhob unter anderen Einreden auch die, daß er rechtzeitig den Notar S. mit Herbeiführung der Löschung beauftragt habe, und daß ein Versehen, welches etwa bei Ausführung dieses Auftrages begangen worden, nicht ihm zur Last falle. Der erste Richter verurteilte den Beklagten nach dem Klagantrage; der Berufungsrichter wies die Klage auf Grund des erwähnten Einwandes ab.

Dieses Urteil ist auf die Revision des Klägers aufgehoben, und die Sache in die Vorinstanz zurückverwiesen worden.

Aus den Gründen:

... „Dagegen sind die Ausführungen des Berufungsrichters, soweit sie sich auf den Einwand des Beklagten beziehen, daß er mit rechtzeitiger Herbeiführung der Löschung den Notar S. beauftragt habe und deshalb für ein Versehen, welches diesem zur Last falle, nicht einzustehen brauche, nicht frei von Rechtsirrtum. Der Ausgangspunkt, von welchem hierbei der Berufungsrichter ausgeht, ist allerdings richtig. Es ist anerkannten Rechtens — nicht bloß im gemeinen Rechte, sondern auch im preußischen Allgemeinen Landrechte —, daß derjenige, der sich vertragsmäßig für einen bestimmten Erfolg einzustehen verpflichtet hat, das Versehen eines Gehilfen oder Bevollmächtigten, dessen er sich zur Erfüllung des Vertrages bedient, schlechthin der Gegenpartei gegenüber vertreten muß. Mit Rücksicht hierauf kam es allerdings zunächst darauf an, durch Auslegung des Vertrages, aus welchem die Konventionalstrafe gefordert wird, festzustellen, ob der Beklagte für den Erfolg einzustehen übernommen habe. Dies hat der Berufungsrichter verneint, und gegen diese Feststellung lassen sich, da sie im Wege der Vertragsauslegung und ohne ersichtlichen Rechtsirrtum getroffen ist, begründete Bedenken in der Revisionsinstanz nicht erheben. Wenn aber der Berufungsrichter nun weiter schließt, daß der Beklagte, *weil er es nicht übernommen hat, für den Erfolg einzustehen*, nach *Absicht der Kontrahenten befugt gewesen sei*, sich eines Gehilfen oder Bevollmächtigten zu bedienen, so ist dies rechtsirrtümlich. Denn der Umstand, daß jemand nicht für den Erfolg einer von ihm versprochenen Thätigkeit einzustehen übernommen hat, ergiebt noch keineswegs, daß es in der Absicht der Kontrahenten gelegen habe, ihm bei der Erfüllung des Vertrages die Annahme eines Gehilfen oder Bevollmächtigten zu gestatten. Diese Absicht muß vielmehr entweder aus der Natur des Geschäftes hervorgehen, wie z. B. dann, wenn die übernommene Thätigkeit ohne Gehilfen oder Bevollmächtigten überhaupt nicht ausgeführt werden kann, oder sie muß aus anderen Umständen erhellen. Ist dies nicht der Fall, so verbleibt es, ohne Rücksicht darauf, ob für den Erfolg einzustehen ist, oder nicht, bei der allgemeinen Regel, daß jeder den Vertrag *selbst* zu erfüllen hat. Der vom Berufungsrichter zur Anwendung gebrachte Rechtssatz, daß derjenige, der nach Absicht der Kontrahenten als ermächtigt gelten muß, sich der Beihilfe eines Dritten zur Erfüllung einer vertragsmäßigen Verpflichtung zu bedienen, für die Versehen dieses Dritten nicht einzustehen habe, wofern ihn nur bei dessen Auswahl kein Verschulden (culpa in eligendo) treffe, vgl. hierzu Erkenntnis des Reichsgerichtes vom 20. Juni 1891, Rep. V. 77/91; Erkenntnis vom 1. Juni 1889 in Rassow u. Küntzel, Beiträge Bd. 33 S. 988; Motive zum Bürgerlichen Gesetzbuche Bd. 2 S. 29,

findet daher hier keine Anwendung. Es fehlt für ihn die Voraussetzung, unter der er Platz greifen könnte." ...

---

54. 1. Welches Gericht hat die Bekanntmachung, daß durch Vertrag vor Eingehung der Ehe die Gütergemeinschaft ausgeschlossen worden sei, zu bewirken?

2. Hat der für die Bekanntmachung eines solchen Vertrages nicht zuständige Richter, der die Bekanntmachung bewirkt und es veranlaßt hat, daß die Bekanntmachung durch das zuständige Gericht nicht bewirkt wurde, die Folgen zu vertreten?

IV. Civilsenat. Urt. v. 31. Januar 1898 i. S. E. (Bekl.) w. Sch. Ehefr. (Kl.). Rep. IV. 225/97.

I. Landgericht Breslau.
II. Oberlandesgericht daselbst.

Durch schriftlichen, in Prökuls vor dem Beklagten als dem dortigen Richter am 17. Mai 1888 anerkannten Vertrag schlossen die Klägerin und ihr jetziger Ehemann für die von ihnen einzugehende Ehe die Gütergemeinschaft aus. Die Klägerin wohnte damals im Bezirke des Amtsgerichtes Prökuls, der Bräutigam im Bezirke des Amtsgerichtes Lyck, und im Bezirke des Amtsgerichtes Lyck nahmen auch die Eheleute, wie sie bereits im Vertrage erklärt hatten, ihren ersten ehelichen Wohnsitz. Die Bekanntmachung der Ausschließung der Gütergemeinschaft erfolgte in dem Anzeiger des Amtsblattes der Königlichen Regierung zu Gumbinnen vor Abschluß der Ehe nur durch das Amtsgericht zu Prökuls, nicht aber, weder vor, noch auch nach Abschluß der Ehe, durch das Amtsgericht zu Lyck.

Im Dezember 1893, während die Eheleute noch im Bezirke des Amtsgerichtes Lyck wohnten, wurden wegen einer vollstreckbaren, der

Sparkasse des Kreises Lyck gegen den Ehemann der Klägerin zustehenden Darlehnsforderung von mehr als 1900 *M* Sachen der Klägerin gepfändet und versteigert. Mit ihrer auf jenen Ausschließungsvertrag gestützten Interventionsklage wurde die Klägerin rechtskräftig durch die Urteile des Landgerichtes zu Lyck und des Oberlandesgerichtes zu Königsberg aus dem Grunde abgewiesen, weil die Bekanntmachung der Ausschließung der Gütergemeinschaft nicht durch das zuständige Amtsgericht zu Lyck bewirkt worden sei. Für den ihr erwachsenen Schaden, bestehend in dem Werte ihrer versteigerten Sachen nebst Kosten in Höhe von angeblich 1335,20 *M*, macht die Klägerin den Beklagten verantwortlich, da dieser nach ihrer Meinung das Versehen der nicht gehörig erfolgten Bekanntmachung des Ausschließungsvertrages zu vertreten hat. Das Landgericht zu Breslau hat die Klage abgewiesen. Auf die Berufung der Klägerin hat das Oberlandesgericht, indem es gemäß § 276 C.P.O. durch Zwischenurteil über den Grund des Anspruches vorab entschieden hat, den Klaganspruch dem Grunde nach für gerechtfertigt erklärt. Die vom Beklagten eingelegte Revision ist zurückgewiesen worden aus den folgenden

Gründen:

... „Da die Bekanntmachung der Ausschließung der Gütergemeinschaft seitens des Amtsgerichtes zu Lyck gleichfalls in dem Anzeiger des Amtsblattes der Königlichen Regierung zu Gumbinnen, also in demselben Blatte, in welchem sie seitens des Amtsgerichtes zu Prökuls erfolgt ist, hätte erfolgen müssen, so ist zunächst zu prüfen, ob ohne Rücksicht auf die Zuständigkeit des veröffentlichenden Gerichtes die Veröffentlichung in dem richtigen Blatte ausreicht. Diese Frage ist von dem Berufungsgerichte in Anschluß an die Entscheidung des Reichsgerichtes vom 19. September 1881,

Entsch. des R.G.'s in Civils. Bd. 6 S. 239,

mit Recht verneint, da der Beweis der Kenntnis Dritter von der gerichtlich bekannt gemachten Ausschließung der Gütergemeinschaft auf einer gesetzlichen Fiktion beruht und in dem Falle, wenn das Gesetz für die Bekanntmachung ein bestimmtes Gericht für zuständig erklärt, die Anwendung dieser Fiktion auf die Bekanntmachung seitens eines unzuständigen Gerichtes eine gesetzlich unzulässige ausdehnende Auslegung jener Fiktion enthalten würde. Zuständig für die Bekanntmachung des hier vorliegenden Ausschließungsvertrages war, wie das

Berufungsgericht ferner mit Recht annimmt, gesetzlich allein das Amtsgericht Lyck, und der Beklagte machte sich dadurch, daß er ohne Kenntnis der hier maßgebenden gesetzlichen Vorschriften sich für zuständig erachtete, nach der in rechtlicher Beziehung unbedenklichen Begründung des Berufungsgerichts eines gemäß §§ 88. 89 A.L.R. II. 10 zu vertretenden mäßigen Versehens schuldig. Das Berufungsgericht geht nämlich davon aus, daß aus der Bestimmung des § 19 Abs. 2 A.G.O. II. 3, die folgendermaßen lautet:

„Wird die Kommunion" (der Güter) „durch einen Vertrag ausgeschlossen oder aufgehoben, so ist der Richter für die vorschriftsmäßige Bekanntmachung zu sorgen verbunden (§§ 422 bis 426 A.L.R. II. 1),"

die Verpflichtung des Beklagten, für die vorschriftsmäßige Bekanntmachung der hier ausgeschlossenen Gütergemeinschaft zu sorgen, zu entnehmen sei, und der Beklagte als Richter sich habe sagen müssen, daß die gehörige Bekanntmachung für das Verhältnis der Eheleute zu Dritten allein entscheidend sei und daher sorgfältiger Prüfung bedürfe. Das Berufungsgericht erwägt dann weiter: wenn auch der von der Ausschließung der Gütergemeinschaft handelnde § 422 A.L.R. II. 1 keine Bestimmung bezüglich der Zuständigkeit des Richters für die Bekanntmachung der Ausschließung treffe, und der eine Bestimmung bezüglich der Zuständigkeit des Richters für die Bekanntmachung enthaltende Anh. § 76 auf den über die Entstehung der Gütergemeinschaft sich verhaltenden § 356 a. a. O. folge, so könne doch nur bei oberflächlicher Betrachtung die Meinung entstehen, als ob auch der Anh. § 76 nur auf Gütergemeinschafts-Einführungsverträge sich beziehe. Denn die ratio legis, das Publikum behufs seiner Information auf einen bestimmten Richter hinzuweisen, mache eine Vorschrift über die richterliche Zuständigkeit für die Bekanntmachung der Gütergemeinschafts-Ausschließungsverträge unentbehrlich, und die allgemeine Fassung des Anh. § 76 („die Bekanntmachung des über die Gütergemeinschaft geschlossenen Vertrages gehört vor den Richter desjenigen Bezirkes, innerhalb welchem die Verlobten nach geschlossener Ehe ihren Wohnsitz nehmen") passe sowohl auf Ausschließungsverträge wie auf Einführungsverträge über die Gütergemeinschaft. Auch sei in dem Gesetze vom 20. März 1837 über die Errichtung und Bekanntmachung der Verträge wegen Einführung oder Ausschließung der ehelichen Gütergemeinschaft die Notwendigkeit der Bekanntmachung der Verträge über die Einführung der Gütergemeinschaft, nicht aber der Anh. § 76 aufgehoben, und damit dessen fernere Anwendbarkeit auf Verträge über die Gütergemeinschaft, die keine Einführungs-, sondern Ausschließungsverträge seien, beschränkt. Endlich sei in demselben Gesetze im § 4 Abs. 2 die Bekanntmachung des Gütertrennungsvertrages durch den Richter des ersten Wohnsitzes der Eheleute als Legalfall ausdrücklich vorausgesetzt.

Auf Grund dieser gesetzlichen Vorschriften gewinnt das Berufungsgericht die Überzeugung, daß die abweichende Meinung des Beklagten, die Bekanntmachung liege nicht dem Amtsgerichte Lyck, sondern dem Amtsgerichte Prökuls ob, nicht eine zulässige Auslegungsdifferenz, vielmehr ein Versehen sei, welches der Beklagte bei einem gewöhnlichen Grade von Aufmerksamkeit nach den Kenntnissen, die bei der Verwaltung seines Amtes erfordert werden, habe vermeiden können und sollen. Zur Unterstützung weist das Berufungsgericht auch noch darauf hin, daß der Beklagte durch Einsicht wissenschaftlicher Hilfsmittel und durch Befragung anderer Praktiker alsbald zur richtigen Ansicht gelangt sein würde. Auch verwirft es als gesetzlich unerheblich die Entschuldigungen, die der Beklagte auf angebliche Amtsüberlastung, Mangelhaftigkeit der Gerichtsbibliothek in Prökuls und Seltenheit solcher Verträge zu stützen versucht hat.

Für die Nachprüfung der vorstehenden Entscheidungsgründe des Berufungsurteiles kommt es allein darauf an, ob die Annahme des Berufungsgerichtes, daß der Beklagte nach den für sein Amt erforderlichen Kenntnissen bei einem gewöhnlichen Grade von Aufmerksamkeit aus den bestehenden gesetzlichen Vorschriften habe entnehmen können, daß nicht das Amtsgericht Prökuls, sondern das Amtsgericht Lyck das für die Bekanntmachung des Gütertrennungsvertrages zuständige Gericht sei, eine Rechtsnormverletzung enthält. Ist diese Frage zu verneinen, dann bedarf es eines Eingehens auf die zur Unterstützung herangezogenen Nebengründe des Berufungsgerichtes und auf die Entschuldigungsgründe des Beklagten nicht. Jene Frage ist aber zu verneinen. Die oben mitgeteilte Bestimmung des § 19 Abs. 2 A.G.O. II. 3, auf welche sich die Revision beruft, steht dem Beklagten nicht zur Seite. Diese Bestimmung spricht sich über die Zuständigkeit des Richters, welcher die Bekanntmachung vorzunehmen hat, nicht aus.

Die für die Zeit, als in betreff der Verträge über Einführung oder Ausschließung der Gütergemeinschaft allein die Allgemeine Gerichtsordnung maßgebend war, geltenden die Zuständigkeit für jene Verträge regelnden Vorschriften der Allgemeinen Gerichtsordnung sind daselbst in dem § 6 Ziff. 1 Tl. II Tit. 1 und in dem Anh. § 416 enthalten. Damals war für Verträge, wodurch die Gütergemeinschaft unter Eheleuten eingeführt oder ausgeschlossen werden sollte, die gerichtliche Bestätigung erforderlich, und diese gehörte, wie der genannte Anh. § 416 bestimmt, vor den Richter des Orts, wo die Verlobten nach geschlossener Ehe ihren Wohnsitz nahmen, und im Zweifel vor den persönlichen Richter des Bräutigams. Der für die Bestätigung zuständige Richter war aber, wie der Anh. § 76 zu § 356 A.L.R. II. 1 ergiebt, auch der für die Bekanntmachung zuständige Richter. Aus den Vorschriften der Allgemeinen Gerichtsordnung konnte daher der Beklagte, da hier inhalts des Vertrages in dem Bezirke des Amtsgerichtes Lyck sowohl der künftige erste Wohnsitz der Kontrahenten nach Abschluß der Ehe, wie auch der damalige Wohnsitz des Bräutigams sich befand, seine Zuständigkeit zur Vornahme der Bekanntmachung nicht folgern. Die gesetzlichen Vorschriften bezüglich der gerichtlichen Bestätigung der Verträge über die Einführung oder Ausschließung der Gütergemeinschaft haben jedoch keine Geltung mehr. Das oben genannte Gesetz vom 20. März 1837 hat sie aufgehoben und angeordnet, daß die Aufnahme oder Anerkennung eines solchen Vertrages vor jedem inländischen Richter erfolgen könne. Hieraus zu folgern, daß jetzt jeder inländische Richter, vor welchem ein Ausschließungsvertrag aufgenommen oder anerkannt ist, für die Bekanntmachung eines solchen Vertrages zuständig sei, würde dem Zwecke der Bekanntmachung widersprechen. Auch führt die weitere Bestimmung jenes Gesetzes, daß in den Landesteilen, in welchen die Aufnahme der Handlungen der freiwilligen Gerichtsbarkeit nur von Notarien geschieht, die Aufnahme oder Anerkennung vor diesen genüge, mit Notwendigkeit dahin, daß für die gesetzlich erforderliche Bekanntmachung eines Ausschließungsvertrages nur ein bestimmtes Gericht zuständig sein kann, und das kann mit Rücksicht auf die Bestimmung des Anh. § 76 zu § 356 A.L.R. II. 1, des Anh. § 416 zu § 6 Ziff. 1 A.G.O. II. 1 und des § 4 Abs. 2 des Gesetzes vom 20. März 1837 nur das Gericht des ersten Wohnsitzes der Eheleute sein. Da endlich auch, wie das Berufungsurteil zutreffend bemerkt, die Entscheidung des Reichsoberhandelsgerichtes,

Entsch. desselben Bd. 21 S. 239,

(die lediglich die Art der Veröffentlichung für einen Kaufmann, der die Gütergemeinschaft ausgeschlossen hat, zum Gegenstande hat und bei der Änderung des Wohnortes die Wiederholung der Eintragung in dem Handelsregister des neuen Wohnortes für erforderlich erklärt) in keiner Weise für die Zuständigkeit des Beklagten spricht, so läßt sich das Ergebnis, zu welchem das Berufungsgericht gelangt ist, daß der Beklagte aus den gesetzlichen Bestimmungen nach den Kenntnissen, die sein Amt erfordere, bei einem gewöhnlichen Grade von Aufmerksamkeit die Unzuständigkeit des Amtsgerichtes Prökuls zur Vornahme der Veröffentlichung des Vertrages vom 17. Mai 1888 habe erkennen müssen, rechtlich nicht beanstanden. Das Berufungsgericht hat damit gehörig festgestellt, daß dem Beklagten ein mäßiges Versehen zur Last falle (§ 20 A.L.R. I. 3).

In dem eigenen Verhalten der Klägerin und ihres Ehemannes, daß sie nicht selbst, als sie im Bezirke des Amtsgerichtes Lyck ihren Wohnsitz nahmen, bei dem dortigen Amtsgerichte den Vertrag zum Zwecke der Veröffentlichung vorlegten, sieht das Berufungsgericht keinen Grund zur Entlastung des Beklagten, da der Beklagte, wie das Berufungsgericht durch die Beweisaufnahme für festgestellt erachtet, dem Ehemanne der Klägerin unmittelbar nach der Aufnahme der Verhandlung über die Anerkennung des Ausschließungsvertrages auf dessen Frage, ob er bei dem Amtsgerichte Lyck noch etwas zu veranlassen habe, erwidert hat: „Nein, das geschieht alles von hier aus." Das Berufungsgericht findet hiernach in dem Verhalten der Klägerin und ihres Ehemannes höchstens ein geringes Versehen. Auch in dieser Ausführung ist eine Rechtsnormverletzung nicht erkennbar, und es trifft nicht zu, daß der Beklagte hier, wie die Revision vermeint, lediglich einen ihn gemäß § 219 A.L.R. I. 13 nur für grobes Versehen verantwortlich machenden Rat erteilt habe; denn die Auskunft, die der Beklagte erteilte, bildete einen Teil seiner richterlichen Pflichten und machte ihn daher gemäß §§ 88. 89 A.L.R. II. 10 verantwortlich."...

55. Über die Wirksamkeit einer Pfändung von hinterlegten Brandversicherungsgeldern gegenüber einer später eingeleiteten Subhastation des Grundstückes.

Eig.-Erw.-Ges. vom 5. Mai 1872 §§ 30. 31.
Immobiliar-Zwangsvollstreckungsgesetz vom 13. Juli 1883 § 206.

V. Civilsenat. Urt. v. 5. Februar 1898 i. S. Fr. (Bekl.) w. K. (Kl.). Rep. V. 166/97.

I. Landgericht Öls.
II. Oberlandesgericht Breslau.

Die Brandentschädigungssumme von 3000 *M* für die im Sommer 1893 abgebrannte Scheune des H. auf dem Grundstück Nr. 138 N.-W. war, bei dem Widerspruch des ersten Hypothekengläubigers Sch. gegen die Auszahlung an H., von der Provinzial-Land-Feuersocietät für Schlesien bei der Hinterlegungsstelle der Regierung in Breslau hinterlegt worden. Am 2./7. Februar 1894 ließ die Firma Fr. den Anspruch des H. auf die hinterlegte Summe wegen persönlicher Forderungen an H. im Arrestwege pfänden. Auf Antrag der Hypothekengläubiger S.'schen Eheleute wurde am 24. März 1894 das Zwangsversteigerungsverfahren über das Grundstück eingeleitet, welchem Verfahren der erste Hypothekengläubiger Sch. am 17. April 1894 beitrat. Im Einverständnisse aller Realgläubiger und des Subhastaten wurden mit dem Grundstück auch die hinterlegten Brandentschädigungsgelder, jedoch mit den etwaigen Beschränkungen aus der Arrestpfändung der Firma Fr., ausgeboten und durch Zuschlagsurteil vom 28. Juni 1894 dem Kläger als Meistbietendem zugeschlagen. Die letzte Hypothekengläubigerin ist mit 10 665,23 *M* ausgefallen.

Der Kläger verlangte nun von der Firma Fr., der Beklagten, die Freigebung der hinterlegten Summe von der durch sie erwirkten Pfändung. Er berief sich auf den Zuschlag in der Subhastation und auf den Umstand, daß das Reglement der Schlesischen Land-Feuersozietät nicht die Bestimmung, daß die Versicherungsgelder zur Wiederherstellung der Gebäude verwendet werden müßten (§ 30 a. E. des Eig.-Erw.-Ges.), dagegen die Bestimmung enthält, daß die Brandentschädigung an den zwischen dem Brande und der Auszahlung etwa neu eingetretenen Eigentümer des Grundstückes zu zahlen sei. Die Beklagte vertrat dagegen die Ansicht, daß ihr Pfandrecht vorgehe, und daß die Brandgelder bei Einleitung der Subhastation nicht mehr zum Vermögen des Subhastaten gehört hätten. Sie machte ferner geltend, daß nur der Hypothekengläubiger Sch. der Auszahlung an H. widersprochen habe, daß sein Pfandrecht aber durch Befriedigung in der Subhastation erloschen sei.

In erster Instanz wurde die Klage abgewiesen, in zweiter Instanz dagegen die Beklagte nach dem Klagantrage verurteilt. Die Revision der Beklagten ist zurückgewiesen worden aus folgenden

Gründen:

„Da die Statuten der Schlesischen Provinzial-Land-Feuersozietät nicht bestimmen, daß die Versicherungsgelder wieder verbaut werden müßten, und da die streitigen Versicherungsgelder auch in der That nicht verbaut worden sind, hafteten diese nach § 30 Eig.-Erw.-Ges. den eingetragenen Hypothekengläubigern des Grundstückes. Die Gefahr, daß sie an den Versicherungsnehmer ausbezahlt wurden — wodurch eine Verschmelzung der ausbezahlten Summe mit dem sonstigen Mobiliarvermögen des Grundstückseigentümers und ihr Ausscheiden aus der hypothekarischen Haftung bewirkt worden wäre —, war dadurch abgewendet worden, daß sie bei der Hinterlegungsstelle der Regierung in Breslau von der Versicherungssozietät hinterlegt worden waren. Dadurch war aber — zunächst abgesehen von der Beschränkung im § 31 Eig.-Erw.-Ges. — die Verfügungsbefugnis des Grundstückseigentümers über den in den Versicherungsgeldern steckenden Teil seines Vermögens nicht ganz beseitigt worden; insbesondere blieb auch die rechtliche Möglichkeit einer Pfändung der hinterlegten Gelder durch Gläubiger, auch durch Personalgläubiger, des Grundstückseigentümers bestehen, solange noch keine Beschlagnahme der Gelder im Wege der Zwangsvollstreckung in das unbewegliche Vermögen stattgefunden hatte (§ 206 Abs. 1 des Gesetzes vom 13. Juli 1883, betreffend die Zwangsvollstreckung in das unbewegliche Vermögen). Die Beklagte hat nun in der That die Versicherungsgelder schon vor einer solchen Beschlagnahme pfänden lassen, und es fragt sich, ob das dadurch für sie entstandene Pfandrecht in der erst hinterher eingeleiteten Zwangsversteigerung des Grundstückes als nicht bestehend behandelt werden durfte. Die Revision bestreitet freilich, daß dies überhaupt geschehen sei; sie macht vielmehr geltend, daß die Versicherungsgelder nur mit den etwaigen Beschränkungen durch ihre Arrestpfändung ausgeboten und zugeschlagen worden seien; allein darüber kann kein Zweifel bestehen, daß dadurch nicht ein Pfandrecht der Beklagten anerkannt, sondern verneint, jedoch dem Ersteher die Austragung eines etwaigen Rechtsstreites darüber zugeschoben werden sollte.

Es hat nun dem Berufungsrichter nicht beigetreten werden können, wenn er zunächst ausführt, daß die Beschlagnahme des Grundstückes durch die beiden Hypothekengläubiger, welche die Subhastation betrieben, da diese Beschlagnahme sich auch auf die hinterlegten Versicherungsgelder erstreckt habe (§ 1 Abs. 2 und § 16 des Gesetzes vom 13. Juli 1883), dem Pfändungspfandrechte der Beklagten die Wirksamkeit nehme. Der Berufungsrichter begründet das damit, daß das Pfandrecht jener Hypothekengläubiger älter gewesen sei als das Pfändungspfandrecht der Beklagten, und daß die Beschlagnahme in der Subhastation nur das alte Pfandrecht festgehalten, nicht erst ein Pfandrecht für jene Gläubiger neu begründet habe. Dies ist aber deshalb eine abwegige Betrachtung, weil die Pfandhaftung der Versicherungsgelder noch nicht schon an sich die anderweitige Verpfändung derselben durch den Grundstückseigentümer (§ 31 Eig.-Erw.-Ges.) und, solange noch keine Beschlagnahme im Wege der Immobiliar-Zwangsvollstreckung erfolgt war, nicht eine Zwangsvollstreckung in sie nach den Grundsätzen der Mobiliarpfändung ausschloß (§ 206 Abs. 1 des Gesetzes vom 13. Juli 1883). Die Versicherungsgelder waren in der That schon vor der Beschlagnahme in der Subhastation durch die Arrestpfändung der Beklagten ergriffen worden.

Dagegen gründet der Berufungsrichter weiterhin seine Entscheidung mit Recht auf die Bestimmung des § 31 Eig.-Erw.-Ges., daß die Abtretung und Verpfändung des Anspruches auf Versicherungsgelder ohne Wirksamkeit ist, soweit sie zum Nachteile der eingetragenen Gläubiger gereicht. Diese Unwirksamkeit kann allerdings nur von den benachteiligten Gläubigern geltend gemacht werden;

vgl. Turnau, Grundbuchordnung 5. Aufl. S. 741 Anm. 3; Entsch. des R.G.'s in Civils. Bd. 29 S. 240;

und es mag dahingestellt bleiben, ob der Berufungsrichter schon darin eine Benachteiligung aller eingetragenen Hypothekengläubiger finden durfte, daß ihnen in den gepfändeten Versicherungsgeldern ein parates

Befriedigungsmittel entzogen worden sei; allein es steht fest, daß in der Subhastation eine Hypothek im Betrage von 10665,23 ℳ ausgefallen ist und mit einer noch größeren Summe ausgefallen wäre, wenn nicht die Brandversicherungsgelder mit dem Grundstücke hätten ausgeboten und dem Ersteher zugeschlagen werden können. Vielleicht hätte dann, da der ausgefallene Gläubiger nur mit 1334,77 ℳ zur Hebung gelangt ist, auch noch die vorhergehende Hypothek Schaden gelitten. Es steht weiter fest, daß alle Hypothekengläubiger, also auch der Inhaber der zum Teil ausgefallenen Post, die hinterlegten Versicherungsgelder mit zum Verkaufe in der Subhastation zu stellen beschlossen haben, daß also der benachteiligte Gläubiger von der ihm gegenüber bestehenden Unwirksamkeit der Pfändung der Beklagten Gebrauch gemacht hat, wozu es nicht erst einer Beschlagnahme von seiner Seite bedurfte;

vgl. Turnau, a. a. O. S. 741 Anm. 2.; Rehbein, Entsch. des Obertribunals Bd. 3 S. 567 flg.; Rothenberg in Gruchot, Beiträge Bd. 35 S. 330.

Daß die ausgefallene Post erst nach der Hinterlegung der Versicherungsgelder eingetragen worden ist, war unerheblich, da die Hinterlegung an dem rechtlichen Verhältnisse der Versicherungsgelder zu den an dem Grundstücke bestehenden Pfandrechten nichts änderte, und nur entscheidend ist, daß die Post vor der Arrestpfändung der Beklagten eingetragen worden war." . . .

---

56. Unter welchen Voraussetzungen kann nach § 542 A.L.R. I. 20 eine Geldschuld wegen einer dem Schuldner zustehenden Gegenforderung zurückbehalten werden?

I. Civilsenat. Urt. v. 5. Februar 1898 i. S. der Messing-Gewerkschaft (Kl.) w. Kr. & Co. (Bekl.). Rep. I. 360/97.

I. Landgericht Frankfurt a. O.
II. Kammergericht Berlin.

Die Entscheidung ist oben unter „Reichsrecht" Nr. 4 S. 19 abgedruckt.

57. 1. In welchem Umfange ist der Pfandnehmer von Inhaberpapieren verpflichtet, die Befugnis des Verpfänders zur Verfügung über die Papiere zu prüfen?

2. Ist jemand redlicher Pfandnehmer von Inhaberpapieren, wenn er aus grober Fahrlässigkeit keine Kenntnis davon hatte, daß die Papiere bereits vor der Verpfändung einem Dritten verkauft, aber noch nicht übergeben waren?

A.L.R. I. 10 § 25, I. 19 § 5, I. 2 §§ 124. 133, I. 7 §§ 11. 13. 15.

I. Civilsenat. Urt. v. 9. Februar 1898 i. S. des Deutschen Kreditvereins (Kl.) w. die Potsdamer Straßenbahngesellschaft (Bekl.). Rep. I. 361/97.

I. Landgericht Potsdam.
II. Kammergericht Berlin.

Der klagende Verein war eine eingetragene Genossenschaft mit beschränkter Haftpflicht. Seine Klage war in erster Linie darauf gerichtet,

die Beklagte zu verurteilen, gegen Aushändigung der Aktien der Potsdamer Straßenbahn-Aktiengesellschaft Nr. 4201—4322, Nr. 4324—4343 und Nr. 4355—4360 über je 1000 ℳ an den Kläger 155505 ℳ nebst 6 Prozent Zinsen seit dem Tage der Klagezustellung zu zahlen,

in zweiter Linie darauf,

die Beklagte zu verurteilen, anzuerkennen, daß die vorbezeichneten Aktien vollgültig seien, und daß demgemäß der Kläger einen mit seinem Aktienbesitz im Verhältnisse stehenden Anteil an dem Vermögen der Beklagten habe und, solange die verklagte Gesellschaft bestehe, einen Anspruch auf den reinen Gewinn habe, soweit dieser nach dem Gesellschaftsvertrage zur Verteilung unter die Aktionäre bestimmt sei.

Unstreitig war folgendes. Die Generalversammlung der verklagten Gesellschaft beschloß am 18. Dezember 1894 in gesetzmäßiger Weise, das Grundkapital der Gesellschaft um 200 000 ℳ herabzusetzen. Dieser Beschluß wurde auch in das Handelsregister eingetragen und in gehöriger Weise veröffentlicht. Die Beklagte kaufte darauf von dem Bankdirektor Fr. in Berlin, der damals Vorsitzender des Aufsichtsrates der Beklagten war, Aktien der verklagten Gesellschaft zum

Nominalbetrage von 200 000 *M*. Die darüber von Fr. ausgestellte Schlußnote vom 28. Dezember 1894 bezeichnet als Gegenstand des Geschäftes: 200 000 *M* neue Potsdamer Straßenbahngesellschafts-Aktien, und enthält den Vermerk, daß die Lieferung dieser Aktien nach Ablauf des Sperrjahres zu erfolgen habe.

In der 2. Beilage der am 14. März 1895 ausgegebenen Nummer 123 des Berliner Börsenkuriers ist ein vom 5. März datierter Prospekt der Potsdamer Straßenbahngesellschaft veröffentlicht, in dem es heißt: „Der Beschluß, das Grundkapital um 200 000 *M* zu reduzieren, ist am 27. Dezember 1894 in das Handelsregister eingetragen, und sind die Aktien Nr. 4201—4400 nebst Dividendenschein pro 1894 von unserer Gesellschaft erworben worden. Nach Vernichtung dieser 200 Aktien beträgt daher das Aktienkapital unserer Gesellschaft 1 049 800 *M*, eingeteilt" &c.

Der Kläger behauptete, der Kaufmann W., damals Genosse des klagenden Kreditvereines, und 16 andere Genossen hätten von ihm im Jahre 1895 nach und nach Darlehne von zusammen 510 000 *M* erhalten, und es seien ihm zur Sicherheit wegen aller Forderungen aus diesen Darlehnen außer anderen Wertpapieren in der Zeit vom 18. März bis zum 3. Mai 1895 die im Klagantrage bezeichneten Aktien verpfändet worden. Die Darlehne seien zur Verfallzeit nicht bezahlt, und die Zwangsvollstreckungen durchweg fruchtlos ausgefallen. Die Beklagte wendete unter anderem ein, daß der Kläger nicht redlicher Pfandnehmer gewesen sei, und verwies in dieser Beziehung insbesondere auf die erwähnte Veröffentlichung im Berliner Börsenkurier.

Das Landgericht wies die Klage ab, und die Berufung des Klägers hatte keinen Erfolg. Die Revision des Klägers wurde zurückgewiesen aus folgenden

Gründen:

„Es kann auf sich beruhen bleiben, ob und unter welchem rechtlichen Gesichtspunkte sich der eine oder andere der beiden Klaganträge als an und für sich begründet darstellt, ob die Beklagte das Eigentum an den streitigen Aktien erworben hat, und ob es ihr zum Verschulden anzurechnen ist, daß sie die gekauften Aktien im Gewahrsam des Fr. gelassen hatte. In keinem Falle kann die Klage Erfolg haben, wenn der Kläger nicht redlicher Pfandnehmer war. Daß er es nicht war, hat das Berufungsgericht angenommen, und die thatsächlichen Feststellungen sowohl wie die rechtlichen Ausführungen, auf denen diese Annahme beruht, lassen eine Gesetzesverletzung nicht erkennen.

Einwandsfrei ist festgestellt, daß der Kaufvertrag, durch den die Beklagte 200 000 ℳ neue Potsdamer Straßenbahngesellschafts-Aktien von Fr. zurückkaufte, die Aktien Nr. 4201—4400 zum Gegenstande hatte, und andererseits, daß W. vor der Verpfändung der in der Klage bezeichneten Aktien diese nicht durch Rechtsgeschäft von Fr. erworben, sondern lediglich thatsächlich zum Zweck der Verpfändung von ihm eingehändigt erhalten hatte. Das Berufungsgericht verweist ferner auf den in der 2. Beilage der Nr. 123 des Berliner Börsenkuriers vom 14. März 1895 veröffentlichten Prospekt der Beklagten. Aus ihm war nach der Annahme des Berufungsgerichtes zu ersehen, daß die Beklagte mindestens einen Titel zum Eigentumserwerb an den Aktien Nr. 4201—4400 durch Rückkauf von Fr. erlangt hatte. Daß dies zutreffend ist, kann auch keinem begründeten Zweifel unterliegen. Denn in dem Prospekte wurde kundgegeben, daß die im Jahre 1893 neu ausgegebenen 400 000 ℳ Aktien Nr. 4001—4400 an Fr. al pari begeben, und weiterhin, daß in Anlaß des Generalversammlungsbeschlusses, das Grundkapital um 200 000 ℳ herabzusetzen, der Gesellschaft 200 000 ℳ der zuletzt ausgegebenen Aktien al pari *wieder* zur Verfügung gestellt, und die Aktien Nr. 4201—4400 von der Gesellschaft erworben worden seien.

Das Berufungsgericht findet, daß durch die Nichtbeachtung dieser einige Tage vor der ersten Verpfändung erfolgten Bekanntmachung der Kläger sich einer groben Fahrlässigkeit schuldig gemacht habe, und er deshalb als redlicher Pfandnehmer nicht anzusehen sei. Es führt aus: nach dem Statut sei der Zweck der klagenden Genossenschaft Kreditgewährung, Beleihung der Fabrikate der Genossen in bankmäßiger Form, Ausführung von Kommissionen aller Art; die formularmäßig ausgefüllten, in diesem Prozeß übergebenen gedruckten Pfandscheine zeigten deutlich, daß Kläger Geschäfte eines Bankiers betreibe; bei diesem Geschäftsbetriebe träfen den Kläger auch die Verpflichtungen eines Bankiers, zu denen insbesondere auch die Verpflichtung gehöre, die öffentlichen Bekanntmachungen in den wichtigsten Börsenblättern zu lesen und zu beachten; der Berliner Börsenkurier gehöre seiner Bedeutung und Verbreitung nach zu diesen Blättern; der Kläger habe somit dadurch eine grobe Fahrlässigkeit begangen, daß er bei den Lombardierungen die am 14. März 1895 erschienene Bekanntmachung der Beklagten völlig außer acht gelassen habe.

Die hiergegen von der Revision erhobenen Bedenken können, wenn man die gesamte Sachlage berücksichtigt, nicht für begründet erachtet werden. Die klagende Genossenschaft hat ihren Sitz in Berlin und steht somit den in Betracht kommenden Verhältnissen sehr nahe. Sie macht zwar geltend, daß sie Lombardgeschäfte der hier fraglichen Art niemals geschlossen hätte. Aber gerade dann mußte es sie befremden, daß ihr angesonnen wurde, solche Geschäfte einzugehen. Auffallend müßte es überdies auch an sich erscheinen, daß ihr kurz hintereinander in einer Hand befindliche Aktien im Gesamtnominalbetrage von nicht weniger als 148 000 ℳ zum Zweck der Beleihung angeboten wurden. Sie hatte daher dringende Veranlassung, sich über die Verfügungsbefugnis des Inhabers oder seines Hintermannes zu vergewissern und zu dem Behuf die ihr zu Gebote stehenden Erkenntnismittel zu benutzen, und es kann nicht füglich bezweifelt werden, daß, wenn sie dies gethan hätte, ihre Aufmerksamkeit auf das bekannt gemachte Rechtsverhältnis der Beklagten zu Fr. gelenkt worden wäre. Mit welchem Mangel an jeglicher Sorgfalt die klagende Genossenschaft zu Werke gegangen, ist insbesondere auch darin zu Tage getreten, daß es, wie sich aus ihrem eigenen Schreiben an die Beklagte vom 8. Februar 1896 ergiebt, dem Fr. gelungen ist, durch denselben W., der die 148 000 ℳ Aktien verpfändete, auch noch 260 Druckformulare von Aktien im Nominalbetrage von 260 000 ℳ bei ihr zu lombardieren.

Hiernach ist die Annahme des Berufungsgerichtes, daß die Unbekanntschaft der klagenden Genossenschaft mit dem Titel der Beklagten zur Zeit der Verpfändungen der Aktien auf ein ihr zur Last fallendes grobes Verschulden zurückzuführen sei, nicht zu beanstanden. In diesem Falle war aber die Genossenschaft nicht redliche Pfandnehmerin und ist sie nicht redliche Pfandbesitzerin. Das ergiebt sich aus den hier in Betracht kommenden, von den Artt. 306. 307 H.G.B. unberührt gebliebenen und für die Rechtsverhältnisse in betreff beweglicher Sachen noch maßgebenden Vorschriften des § 25 A.L.R. I. 10, § 5 I. 19, in Verbindung mit den Bestimmungen daselbst in §§ 124. 133 I. 2, §§ 11. 13. 15 I. 7. Denn wenn auf der einen Seite für den Erwerb eines dinglichen Rechtes ein gültiger Titel wesentlich ist, auf der anderen schon ein gültiger Titel ein Recht zur Sache gewährt, so folgt daraus, daß, wo es auf Redlichkeit des Erwerbes ankommt, die Redlichkeit auch die Berücksichtigung eines etwa vorhandenen Titels erfordert, der älter ist, als der dem Erwerber zur Seite stehende, und daß daher unredlicher Erwerber nicht nur der ist, dem das Vorhandensein eines solchen älteren Titels bekannt war, sondern auch derjenige, dem das nämliche infolge grober Fahrlässigkeit nicht bekannt war." ...

---

58. Hat derjenige, welcher zur Wahrnehmung einer polizeilich gebotenen Handlung einen Vertreter bestellt hat, die absolute Pflicht, denselben zu überwachen?

A.L.R. I. 6 § 26.

VI. Civilsenat. Urt. v. 10. Februar 1898 i. S. Frau H. (Bekl.) w. Z. Ehefr. (Kl.). Rep. VI. 332/97.

I. Landgericht Gnesen.
II. Oberlandesgericht Posen.

Die Klägerin war am 25. Dezember 1895, nachmittags 4 Uhr, auf dem Bürgersteige in der F.-Straße zu G. vor dem Hause der Beklagten infolge Glatteises ausgeglitten, wobei sie den rechten Vorderarm im Handgelenke gebrochen hatte. Sie machte klagend für die Folgen dieses Unfalles die Beklagte haftbar. Es wurde wegen dieser Haftbarkeit auf den § 25 der Straßenpolizeiordnung für G. vom 10. November 1875 in der Fassung der Polizeiverordnung vom 28. Juli 1888 in Verbindung mit § 26 A.L.R. I. 6 Bezug genommen, und geltend gemacht, die Beklagte, welche in Wiesbaden wohne, habe zwar den Arbeiter Sk. mit der Reinigung des Bürgersteiges beauftragt, aber es an der bei dem körperlichen Zustande dieser Persönlichkeit besonders erforderlichen Beaufsichtigung der Arbeiten derselben fehlen lassen. Vom Berufungsgericht wurde der Anspruch der Klägerin für dem Grunde nach gerechtfertigt anerkannt. Gegen diese Entscheidung richtete sich die von der Beklagten eingelegte Revision, welche darauf gestützt war, daß die Vorinstanz, nachdem sie festgestellt habe, daß Sk. eine für die Wahrnehmung des fraglichen Geschäftes geeignete Person sei, zu Unrecht ein Verschulden der Beklagten in dem Mangel der Beaufsichtigung ihres Beauftragten gefunden habe. Auf die Revision ist das angefochtene Urteil aufgehoben, und die Sache in die Vorinstanz zurückverwiesen worden, aus folgenden

Gründen:

„Es erscheint rechtsirrtümlich, wenn das Berufungsgericht, dessen Ausführungen eine andere Auffassung nicht zulassen, annimmt, die Beklagte, welche an der eigenen Wahrnehmung der in Rede stehenden Thätigkeit behindert ist und daher einen Vertreter in der Person des Sk. zur Vornahme des fraglichen Geschäftes bestellt hat, sei unter allen Umständen verpflichtet gewesen, diesen Vertreter in Rücksicht auf die ihm übertragenen Arbeiten durch Bestellung eines Aufsehers zu überwachen. Es ist vielmehr, wovon auch das Reichsgericht in seinen bisherigen diese Frage betreffenden Entscheidungen,

Gruchot, Bd. 36 Seite 448 und Bd. 39 Seite 1009, ferner Rep. VI. 425/96 und 321/97,

im allgemeinen ausgegangen ist, die Lage des einzelnen Falles dafür maßgebend, ob eine solche Kontrolepflicht existiert.

Ergiebt die konkrete Sachlage, daß bei dem Vertreter Unregelmäßigkeiten in der Wahrnehmung der von ihm übernommenen Pflicht stattgefunden, oder daß in der Person desselben Umstände vorhanden, welche das Vorkommen solcher Unregelmäßigkeiten besorgen lassen, so muß die Verbindlichkeit dazu, eine Überwachung vorzunehmen, als an sich gegeben erachtet werden.

In ersterer Richtung sind vorliegend Anhaltspunkte aus den bisherigen Verhandlungen nicht zu entnehmen. Dagegen darf, was den zweiten Punkt betrifft, neben dem ärztlichen Gutachten des Dr. med. W. das in den Vorentscheidungen unberücksichtigt gebliebene Polizeiattest nicht außer acht gelassen werden, wonach Sk. im Winter, also gerade in der Jahreszeit, welche bezüglich des Wegschaffens des Glatteises von Erheblichkeit ist, meist krank ist, sodaß seine Fähigkeit, regelmäßig seinem Dienste vorzukommen, in einigen Zweifel gestellt erscheint.

Andererseits kommt in Betracht, ob die auswärts wohnende Beklagte, von der nicht behauptet ist, daß ihr solche gesundheitliche Verhältnisse des anscheinend schon seit lange von ihr in der fraglichen

Weise beschäftigten Sk., welche diesen an der regelmäßigen Wahrnehmung seines Dienstes hindern, bekannt geworden, annehmen durfte, daß sie in jenem eine völlig geeignete Persönlichkeit für die Ausübung der fraglichen Thätigkeit gefunden uud in der Folgezeit besessen habe, in welchem Falle eine Kontrolepflicht bei ihr nicht als vorhanden anzunehmen. Jene Annahme kann, wie zu beachten, bei der Beklagten als vorhanden besonders auch dann nicht in Betracht kommen, wenn sie es in schuldhafter Weise etwa unterlassen hat, in der Richtung, ob Sk. fortdauernd die in Rede stehenden Arbeiten regelmäßig besorge, oder ob rücksichtlich solcher Besorgung Hinderungsgründe eingetreten, Erkundigungen anzustellen. Es kann in Frage kommen, ob nicht für solche Nachforschungen namentlich dadurch Veranlassung vorlag, daß Sk. nicht in dem betreffenden Hause, vielmehr, wenigstens nach dem Vorbringen der Klägerin, sehr entfernt wohnt, und daß ferner derselbe eine bejahrte Persönlichkeit ist." ...

---

59. Auszahlung einer Gesamthypothek durch den Eigentümer eines der belasteten Grundstücke; erwirbt er die Hypothek an den anderen Grundstücken auch bei einer Zahlung gegen Quittung (nicht gegen Cession)?

V. Civilsenat. Urt. v. 12. Februar 1898 i. S. B. (Bekl.) w. L. (Kl.). Rep. V. 264/97.

I. Landgericht Brieg.
II. Oberlandesgericht Breslau.

Der Kläger verlangte, daß Beklagter ihm unter Herausgabe des Hypothekenbriefes die Hypothek von 4500 *M* abtrete und auf ihn umschreiben lasse, die auf vier näher bezeichneten Grundstücken für den Beklagten eingetragen stand und vom Kläger an den Beklagten bezahlt worden war. Die Grundstücke gehörten früher alle der Handelsfrau R. und waren von dieser für eine Darlehns- und Warenforderung des Beklagten von 4500 *M* am 31. Mai 1889 verpfändet worden. Durch Vertrag vom 6. Juli 1892 hatte der Kläger zwei, und später noch ein drittes dieser Grundstücke gekauft; das vierte gehörte noch der R., die mit der Klage einverstanden war. Im übrigen aus den

Gründen:

„Die Revision hat zunächst die in den Vorinstanzen nicht erörterte Frage angeregt, ob der Grundstückseigentümer, der eine Gesamthypothek auszahlt, auch dann die Hypothek in vollem Umfange, auch gegen mitverhaftete fremde Grundstücke, erwerbe, wenn diese Zahlung nicht gegen Cession der Hypothek erfolgt sei. Diese Frage wurde in der Praxis nach dem Rechte vor der Grundbuchgesetzgebung von 1872 verneint. Eine verschiedene Behandlung der Frage, je nachdem gegen Cession, oder unter Quittung gezahlt worden ist, läßt sich jedoch seit dieser Gesetzgebung nicht rechtfertigen.

Vgl. Turnau, Grundbuchordnung 5. Aufl. Bd. 1 S. 408 flg., mit Nachweisungen.

Nach § 63 Eig.-Erw.-Ges. vom 5. Mai 1872 hat der zahlende Eigentümer die freie Wahl, ob er Cession, oder löschungsfähige Quittung verlangen will, und nach § 64 gewinnt er auch in letzterem Falle die volle Verfügung über die Hypothek. In dieser Beziehung sind also die Wirkungen je der Cession der Hypothek oder ihrer Quittierung einander gleichgestellt. Auch die Gesamthypothek ist nur eine einzige Hypothek; das Verfügungsrecht über sie ergreift sie daher naturgemäß in ganzem Umfange. Die Unterscheidung, welche künftig das deutsche Bürgerliche Gesetzbuch in § 1173 macht, je nachdem der zahlende Eigentümer einen Ersatzanspruch gegen die Eigentümer der mitverhafteten Grundstücke hat, oder nicht, ist dem bisherigen Rechte fremd." ...

---

60. Übergang des allgemeinen Rechtes der Persönlichkeit auf die Erben?

I. Civilsenat. Urt. v. 28. Februar 1898 i. S. W. Erben (Kl. u. Widerbekl.) w. Earl of D. (Bekl. u. Widerkl.). Rep. I. 4/98.

I. Landgericht Leipzig.
II. Oberlandesgericht Dresden.

Die Entscheidung ist oben unter „Reichsrecht" Nr. 10 S. 43 abgedruckt.

---

61. 1. Welches Recht ist maßgebend für die Entscheidung der Frage, ob nach stattgehabtem Domizilwechsel der Eheleute eine an dem früheren Wohnsitze derselben begangene Handlung einen Ehescheidungsgrund darstellt?

2. Inwiefern bildet schweres Verschulden eines Ehegatten außer Ehebruch und böslicher Verlassung, insbesondere Sävitien, unter Protestanten gemeinrechtlich einen Ehescheidungsgrund?

IV. Civilsenat. Urt. v. 28. Februar 1898 i. S. F. (Bekl. u. Widerkl.) w. F. Ehefr. (Kl. u. Widerbekl.). Rep. IV. 347/97.

I. Landgericht I Berlin.
II. Kammergericht daselbst.

Aus den Gründen:

„Parteien, deren Ehe in Wandsbeck geschlossen worden ist, haben demnächst längere Zeit ihren Wohnsitz in Kiel gehabt. Von dort ist der Ehemann unter Zurücklassung seiner Familie im Jahre 1894 zuerst nach Hamburg und sodann nach Berlin verzogen. Die Ehefrau hat darauf beim Landgericht I Berlin die Ehescheidungsklage angestellt und dieselbe auf zwei lebens- und gesundheitsgefährliche Mißhandlungen gestützt, welche ihr der Ehemann zu Kiel im März 1893 und im Mai 1894 zugefügt habe. Vom Beklagten ist in der Berufungsinstanz Widerklage mit der Behauptung erhoben, daß Klägerin ihn in den Jahren 1893 und 1894 zu Kiel in der gröblichsten Weise beleidigt habe. Der Berufungsrichter hat auf die Klage und auf die Widerklage die Ehe der Parteien getrennt und den Beklagten und Widerkläger für den überwiegend schuldigen Teil erklärt.

Der Berufungsrichter geht unter Bezugnahme auf das Urteil des III. Civilsenates des Reichsgerichtes vom 19. Juni 1883,

Entsch. des R.G.'s in Civils. Bd. 9 S. 191,

davon aus, daß, obwohl das Ehevergehen des Beklagten zu Kiel begangen sein solle, doch nicht das gemeine Recht, sondern das preußische Allgemeine Landrecht zur Anwendung komme. Die Revision macht dagegen geltend, daß nach dem eingetretenen Domizilwechsel das gemeine Recht Platz greife, indem sie sich auf das Urteil des jetzt erkennenden Senates vom 27. Mai 1886 (abgedruckt bei Gruchot, Bd. 31 S. 839) beruft.

In dem durch das erwähnte Urteil des III. Civilsenates vom 19. Juni 1883 entschiedenen Falle war die Sachlage folgende: der in Halle a. S. wohnhafte Ehemann war daselbst zu einer Zuchthaus- und Gefängnisstrafe verurteilt und hatte dann seinen Wohnsitz nach Hannover verlegt. Die Ehefrau stellte bei dem Landgerichte in Hannover die Ehescheidungsklage an, indem sie ausführte, daß für die Beurteilung des Ehescheidungsgrundes das preußische Allgemeine Landrecht maßgebend sei. Diese Annahme hat das Reichsgericht verworfen, und ausgeführt, daß das gemeine Recht anzuwenden sei, weil der über die Ehescheidung urteilende Richter nur das Gesetz seines Landes befolgen dürfe, also das Recht anzuwenden habe, welches im Bezirke des für die Ehescheidungsklage zuständigen Gerichtes Geltung habe, und unter dessen Herrschaft die Ehe zu der Zeit stehe, wo deren Trennung verlangt werde, und weil dieser Grundsatz nicht bloß für diejenigen Ehescheidungsgründe, welche zu der Zeit entstanden seien, während welcher die Eheleute ihren Wohnsitz im Bezirke des angerufenen Gerichtes gehabt, sondern auch bezüglich derjenigen gelte, die bereits entstanden gewesen seien, als die Eheleute ihr Domizil in einem anderen Rechtsgebiete gehabt, welche aber erst nach der Verlegung des Domizils in das Gebiet des von dem Kläger angerufenen Gerichtes geltend gemacht würden.

In einem anderen, durch das spätere Urteil des III. Senates vom 26. Juni 1886,

Entsch. des R.G.'s in Civils. Bd. 16 S. 138,

entschiedenen Falle hatte der Ehemann an seinem früheren Wohnorte in Straßburg i. E. einen von dem französischen Rechte nicht als Ehescheidungsgrund angesehenen Ehebruch begangen. Die Klage wegen dieses Ehebruches war gegen den Ehemann an seinem späteren Wohnorte zu Frankfurt a. M. vor dem dortigen Landgerichte erhoben, und die Ehe geschieden, weil der Ehebruch nach gemeinem Rechte, als dem Rechte des Ortes, an welchem der Beklagte zur Zeit der Erhebung der Klage seinen Wohnsitz hatte, zu beurteilen sei. Der genannte Senat hat hier ausgeführt, der Einwand, daß eine That, welche nach dem sie im Zeitpunkte ihrer Begehung beherrschenden Rechte keinen Ehescheidungsgrund abgegeben, nicht durch die spätere Verlegung des Wohnsitzes in ein anderes Rechtsgebiet rückwirkend zu einem Scheidungsgrunde geworden sein könne, komme nicht in Betracht gegenüber der für den Prozeßrichter absolut bindenden Kraft der seinem Ehescheidungsrechte zu Grunde liegenden sittlichen Anschauungen, und wenn in dem Urteile vom 19. Juni 1883 ausgesprochen sei, daß ein für eine Ehefrau durch das Verhalten ihres Ehemannes während des früheren Wohnsitzes *bereits begründet* gewesener Scheidungsgrund ihr durch die Verlegung des Wohnsitzes des Ehemannes in ein anderes, diesen Scheidungsgrund nicht anerkennendes Rechtsgebiet wieder entzogen werde, so könne man auch keinen Anstand nehmen, das frühere Verhalten des Ehemannes nach dem für ihn nachteiligeren Ehescheidungsrechte seines von ihm *selbst freiwillig* erwählten neuen Wohnsitzes beurteilen zu lassen.

Dagegen ist in einem Falle, wo der Ehemann die Klage vor dem Landgerichte in Potsdam erhoben hatte wegen zweier Scheidungsgründe, welche bereits an einem früheren Domizil, an dem gemeines Recht galt, entstanden waren, und in welchem der Berufungsrichter unter der Feststellung, daß nach gemeinem protestantischen Kirchenrechte jene beiden Gründe nicht Ehescheidungsgründe seien, die Klage abgewiesen hatte, weil die Handlung, welche in dem früheren Ehedomizile keinen Ehescheidungsgrund gebildet, in dieser Qualität auch gegenüber dem widersprechenden Rechte des Klagortes einen Ehescheidungsgrund nicht geben könne, von dem jetzt erkennenden Senate in dem bereits erwähnten Urteile vom 27. Mai 1886 der Entscheidungsgrund des Berufungsrichters gebilligt, und ausgeführt worden:

„Die Anwendung des Grundsatzes, daß auch nach preußischem Rechte der über die Ehescheidung angerufene und urteilende Richter nur dasjenige Recht anwendet, welches in seinem Bezirke zur Zeit der verlangten Ehetrennung gilt, setzt doch bei stattgehabter Änderung des Ehedomizils voraus, daß die in einem früheren Ehedomizile verübte und in dem späteren Ehedomizile als Ehescheidungsgrund aufgestellte That bereits nach dem Gesetze des früheren Domizils einen zulässigen Ehescheidungsgrund bildet, und daß es daher nicht genügt, wenn die nach dem Rechte des früheren Domizils zur Ehescheidung *nicht* berechtigende That nach dem Rechte des Klageortes einen Ehescheidungsgrund abgiebt. Das beruht auf der konservativen Tendenz in Ehesachen und auf der Lebenserfahrung, daß die Ethik in der Ehe beherrscht wird von der Sitte, der Gewohnheit und der Kulturstufe der Zeit und des Landes, unter deren Rechte die Eheleute leben. Jener Grundsatz ist daher in Ansehung der Zeit schon in § XIV des Publikations-Patents von 1794 anerkannt, der nur von den vermögensrechtlichen Ansprüchen der Eheleute, nicht von den Ehescheidungsgründen spricht, in den späteren Publikations-Patenten vom 9. September 1814 § 9 und vom 9. November 1816 § 11 aber ausdrücklich für die zeitliche Anwendung der Gesetze zur Geltung gebracht, indem es dort heißt: „Die Gründe einer nach dem 1. Januar 1815“ [bezw. 1817] „nachgesuchten Ehescheidung werden dagegen“ — d. h. im Gegensatze zu den vermögensrechtlichen Ansprüchen — „nach den Vorschriften des Allgemeinen Landrechts beurteilt, und können nicht auf Thatsachen gegründet werden, welche sich früher ereigneten, und die das damals geltende Gesetz nicht für einen Ehescheidungsgrund geachtet hat.“ Dieses, vom Gesetzgeber für die zeitliche Anwendung der Gesetze ausgesprochene, aus der Notwendigkeit der Verhältnisse entlehnte Prinzip gilt aber, bei der Gleichheit der Gründe, auch für die örtliche Anwendung kollidierender Gesetze.“ Die Urteile beider Senate stimmen also darin überein, daß für Ehescheidungsgründe das Recht des Ortes gilt, an welchem die Klage erhoben wird; sie weichen aber darin von einander ab, daß nach den Ausführungen des III. Senates dieser Grundsatz unbedingt in jedem Falle zur Anwendung zu bringen, nach denen des IV. Senates aber eine Ausnahme dahin zu machen ist, daß bei stattgehabtem Domizilwechsel das Recht des früheren Wohnsitzes alsdann entscheidet, wenn dieses die dort vorgefallene Handlung als Ehescheidungsgrund nicht kennt. Mit dieser Abweichung ist jedoch ein nach § 137 G.V.G. zu lösender Konflikt nicht gegeben; denn die erstgenannten beiden Urteile betreffen lediglich Fälle des gemeinen Rechtes, welches an beiden Klagorten, Hannover und Frankfurt a. M., gilt, und gehen auf eine Erörterung des preußischen Allgemeinen Landrechtes nicht ein, während das Urteil des IV. Senates — Klagort Potsdam — gerade auf preußischem Rechte beruht und dessen Bestimmungen unter Zugrundelegung der in den Publikations-Patenten zum Allgemeinen Landrecht erlassenen Vorschriften erörtert. Der erkennende Senat hält an den in dem letzteren Urteil dargelegten Grundsätzen für das preußische Recht auch jetzt fest, wie dieselben auch in der preußischrechtlichen Litteratur,

Bornemann, Erörterungen im Gebiete des preußischen Rechts

S. 50. 51. 135; Eccius, Preußisches Privatrecht 7. Aufl. Bd. 1 § 11 S. 65; Dernburg, Lehrbuch des preußischen Privatrechts 4. Aufl. Bd. 3 § 4 S. 12; Erler, Ehescheidungsrecht S. 65, allgemein als zutreffend anerkannt werden.

Der Berufungsrichter hat nun, ohne den hervorgehobenen Unterschied zu machen, lediglich auf Grund der gemeinrechtlichen Entscheidung des III. Senates das Allgemeine Landrecht für maßgebend erachtet. Der Umstand, daß nach dem oben Gesagten dieser Entscheidungsgrund nicht richtig ist, führt jedoch nicht notwendig zur Aufhebung des Urteiles und Zurückverweisung der Sache in die Vorinstanz. Denn als Ehescheidungsgrund für die Klage ist geltend gemacht und vom Berufungsrichter für begründet erachtet die Thatsache, daß der Beklagte die Klägerin im Mai 1894 derartig mit der Faust auf den Mund geschlagen hat, daß ihr zwei Vorderzähne locker geworden und später ausgefallen sind, also eine gesundheitgefährdende Mißhandlung. Nach preußischem Rechte (§ 699 A.L.R. II. 1) gewährt eine derartige Mißhandlung zweifellos einen Ehescheidungsgrund. Ist das auch nach gemeinem Rechte der Fall, so kommt preußisches Recht zur Anwendung; kennt das gemeine Recht diesen Ehescheidungsgrund nicht, so entscheidet das gemeine Recht.

Wenn nun auch die Frage, ob Sävitien nach gemeinem Rechte einen Ehescheidungsgrund gewähren, in den Vorinstanzen nicht erörtert ist, so ist der Revisionsrichter doch zur selbständigen Entscheidung dieser Frage, soweit es sich um rein rechtliche Erwägungen handelt, jedenfalls berufen und, soweit auch thatsächliche dabei in Betracht kommen, nach der konkreten Sachlage gleichfalls berechtigt. Nach gemeinem protestantischen Eherechte — Parteien sind evangelisch — sind als Ehescheidungsgründe anerkannt: Ehebruch, bösliche Verlassung und sonstiges schweres Verschulden des Gatten, welches dem anderen das eheliche Zusammenleben unthunlich macht (Dernburg, Pandekten 2. Aufl. Bd. 3 § 10 S. 18), oder, wie Scheurl (Das gemeine deutsche Eherecht S. 316) den dritten Grund bezeichnet, jede einseitige Verschuldung, welche eine so totale Verletzung des ehelichen Rechtes der anderen Ehehälfte ist, daß dieser genügende Rechtshilfe dagegen nur durch Ehescheidung gewährt werden kann. Insbesondere werden allgemein hierzu Sävitien gerechnet, insofern dieselben derartige sind, daß der Richter die Überzeugung gewinnt, daß dadurch im konkreten

Falle eine so tiefgehende Zerrüttung des ehelichen Verhältnisses herbeigeführt ist, daß dem klagenden Ehegatten die Fortsetzung der Ehe nicht zugemutet werden kann (vgl. die Zusammenstellung in den Motiven zum Bürgerlichen Gesetzbuche Bd. 4 S. 564 und die dort aufgeführten gemeinrechtlichen Entscheidungen). Der Begriff der gesundheitgefährlichen Mißhandlung ist aber nach gemeinem und nach preußischem Rechte derselbe, und in dieser Hinsicht hat der Berufungsrichter ohne Rechtsirrtum festgestellt, daß die erwähnte Mißhandlung unter diesen Begriff fällt. Danach liegt auch nach gemeinem Rechte ein Ehescheidungsgrund vor, und es ist, da die thatsächlichen, auf dem Ergebnisse der Beweisaufnahme beruhenden Feststellungen mit Erfolg nicht angreifbar sind, die Entscheidung auf die Klage aufrecht zu erhalten, und die Revision gegen diese Entscheidung zurückzuweisen. Auch die Gründe, aus denen der Berufungsrichter eine Verzeihung verneint hat, erscheinen nicht rechtsirrtümlich.

Auf die Widerklage ist nach dem Antrage des Beklagten und Widerklägers gleichfalls die Ehetrennung ausgesprochen. Die Klägerin hat hiergegen nur für den Fall die Anschlußrevision eingelegt, daß der Revision des Beklagten stattgegeben werden sollte. Da letzteres nicht der Fall ist, so erledigt sich dadurch die nur eventuell erhobene Anschlußrevision.

Da über den Ehescheidungsgrund nach preußischem Rechte zu entscheiden ist, so findet letzteres auch auf die Beurteilung der Schuldfrage Anwendung, und hier geben die Erwägungen des Berufungsrichters zu rechtlichen Bedenken keine Veranlassung." . . .

---

62. Hat derjenige, welcher einem Anderen den Gebrauch von Sachen gegen Entgelt und gegen die Verpflichtung überlassen hat, bei nicht pünktlicher Zahlung des vereinbarten Entgeltes die sofortige Zurücknahme der Sachen zu dulden, die Nichterfüllung seitens des Gegners zu beweisen, wenn er aus diesem Grunde die Zurückgabe der Sachen verlangt?

VI. Civilsenat. Urt. v. 28. Februar 1898 i. S. B. Wwe. u. Gen. (Kl.) w. H. Ehel. (Bekl.). Rep. VI. 352/97.

I. Landgericht I Berlin.
II. Kammergericht daselbst.

Auf Grund der Verträge vom 18. Dezember 1895, 11. Juni 1889 und 21. Juni 1891 überließ der Erblasser der Kläger den Beklagten drei Droschken zum Gebrauche. Die Beklagten verpflichteten sich dagegen, am Tage des Vertragsabschlusses und sodann monatlich bestimmte Beträge zu zahlen und für den Fall nicht pünktlicher Zahlung der festgesetzten Raten dem Vermieter die sofortige Zurücknahme der Droschken zu gestatten. Ferner war verabredet, daß dieser Vertrag so lange dauern sollte, bis die Zahlungen den näher angegebenen Wert der Droschken erreicht hätten, und wenn die Zahlungen regelmäßig und vollständig erfolgt wären, sollte der Vermieter verpflichtet sein, die bis dahin vermieteten Gegenstände den Mietern durch besonderen Vertrag käuflich zu überlassen und die gezahlte Miete als Kaufgeld anzurechnen. Die Kläger verlangten nun unter der Behauptung, daß die Beklagten die ihnen obliegenden Zahlungen nur teilweise geleistet haben, Herausgabe der Droschken. Die Beklagten behaupteten dagegen, ihre Verpflichtungen in vollem Umfange erfüllt zu haben, und beantragten Abweisung der Klage.

Der erste Richter machte die Entscheidung von dem den Klägern über die Bezahlung der sämtlichen Mietraten zugeschobenen und von ihnen angenommenen Eide abhängig. Das Berufungsgericht nahm dagegen an, daß die Kläger die Nichterfüllung der den Beklagten obliegenden Verpflichtungen beweisen müßten, und erkannte auf den den letzteren von den Klägern über die Nichtberichtigung der fälligen Mietraten zugeschobenen Eid. Dieses Urteil ist auf die Revision der Kläger aufgehoben worden.

Aus den Gründen:

„Das Berufungsgericht geht bei Begründung seiner Entscheidung über den Antrag auf Herausgabe der Droschken ... davon aus, daß jede Partei die für ihren Anspruch maßgebenden rechtsbegründenden Thatsachen zu beweisen habe, während dem Gegner nur der Beweis der rechtshindernden oder rechtsaufhebenden Thatsachen obliege, und zwar ohne Unterschied, ob es sich dabei um negative, oder um positive Thatsachen handele. Ob dieser an sich richtige Grundsatz ausnahmslos anzuwenden ist, kann dahingestellt bleiben. Denn jedenfalls folgt aus demselben nicht die Richtigkeit der weiteren Annahme des Berufungsgerichtes, daß die Kläger zur Rechtfertigung des bezeichneten Anspruches die Nichtzahlung der Mietraten zu beweisen haben.

Nach den Verträgen vom 18. Dezember 1885, 11. Juni 1889 und 21. Juni 1891, mag man sie als wirkliche Mietverträge, oder als bedingte Kaufverträge ansehen, hatte der Erblasser der Kläger den Beklagten zunächst nur den Gebrauch der Droschken zu gewähren, während die Beklagten die Verpflichtung übernahmen, dem Erblasser der Kläger bestimmte Beträge zu bezahlen und im Falle nicht rechtzeitiger Zahlung die Zurücknahme der Droschken durch ihn zu dulden. Der Erblasser der Kläger erwarb demnach durch die Verträge gegen die Überlassung des Gebrauches der Droschken zwei Ansprüche, den auf Zahlung der sogenannten Mietraten und den auf Znrücknahme der den Beklagten überlassenen Wagen für den Fall der Nichtzahlung der fälligen Beträge. Für beide Ansprüche sind die Verträge die rechtserzeugende Thatsache.

Ein obligatorischer Anspruch ist nun so lange als fortbestehend anzusehen, bis seine Aufhebung nachgewiesen ist. Deshalb muß derjenige, welcher die Aufhebung, eine rechtsvernichtende Thatsache, behauptet, dieselbe beweisen. Zweifellos würden gegenüber der Klage auf die fälligen Mietbeträge die Beklagten die Tilgung beweisen müssen, wenn sie aus diesem Grunde die Abweisung der Klage verlangten. Das gleiche muß aber auch gelten, wenn der andere Anspruch aus den Verträgen, der auf Rückgabe der Droschken, geltend gemacht wird, da das Bestehen der Zahlungsverbindlichkeit im Verhältnisse der Parteien ganz allgemein so lange als vorhanden gilt, als nicht die Aufhebung derselben dargethan ist. Es müßte ja sonst, wenn beide Ansprüche, der auf Zahlung und der auf Zurückgabe der Droschken wegen nicht rechtzeitiger Zahlung, in einer Klage geltend gemacht würden, bezüglich des ersten Anspruches der Beklagte die Erfüllung, und bezüglich des zweiten Anspruches der Kläger die Nichterfüllung nachweisen. Gelänge nun beiden Teilen der ihnen obliegende Beweis nicht, so würde Beklagter zur Zahlung der eingeklagten Mietbeträge zu verurteilen sein, weil die Bezahlung der Mietbeträge als nicht wahr zu erachten sein würde, Kläger dagegen mit dem Anspruche auf Zurückgabe der Droschken abzuweisen sein, weil die Nichtbezahlung der Mietbeträge als nicht wahr zu erachten sein würde. Ein solches Resultat kann unmöglich für richtig erachtet werden.

Das Reichsgericht, V. Civilsenat, hat denn auch in dem Urteile vom 13. Juli 1887, abgedruckt in Seuffert, Archiv Bd. 43 Nr. 13, ausgesprochen, daß, wenn der Pächter bei nicht pünktlicher Pachtzahlung zur sofortigen Räumung verpflichtet ist, ebenso wenn einem Vertrage eine kassatorische Klausel oder die Verabredung einer Konventionalstrafe hinzugefügt ist, nicht derjenige, welcher die Räumung, beziehungsweise die Konventionalstrafe fordert oder Rechte aus der kassatorischen Klausel geltend macht, die Nichterfüllung seitens des Gegners zu beweisen hat, letzterem vielmehr der Nachweis der Erfüllung obliegt, wenn er solche behauptet. Die Ansicht, daß, wenn sich an die Nichterfüllung einer Verbindlichkeit eine ungünstige Folge knüpft, der Beweis der Erfüllung vom Verpflichteten zu führen ist, wird denn auch in der Litteratur und Praxis überwiegend als der richtige anerkannt (vgl. die in dem Urteile vom 13. Juli 1887 angeführten Urteile und Schriftsteller). Insbesondere ist auch Eccius dieser Ansicht — vgl. Bd. 1 § 54 Anm. 12; § 106 Nr. VI und § 107 bei Anm. 29 u. 30 —, und stützt das Berufungsgericht auf denselben mit Unrecht seine abweichende Ansicht. Das bürgerliche Gesetzbuch regelt die Beweislast für die Fälle, daß eine Konventionalstrafe ausbedungen, oder dem Gläubiger bei der Nichterfüllung das Recht des Rücktrittes zustehen soll, in den §§ 345, bezw. 358 und bestimmt, daß der Schuldner die behauptete Erfüllung zu beweisen hat, sofern nicht die geschuldete Leistung in einem Unterlassen besteht.

In den Motiven zu § 425 des ersten Entwurfes — jetzt § 345 — heißt es, daß durch die Vorschrift die Beweislastfrage vor den Zweifeln, welche in der Praxis desfalls aufgetaucht sind, im Sinne der den allgemeinen Grundsätzen über die Beweislast entsprechenden, als richtig anerkannten Ansicht sichergestellt werden solle.

Übereinstimmend mit § 345 lautet auch die Vorschrift des § 1435 sächs. B.G.B." . . .

---

63. Ist ein stellvertretender Fleischschauamts-Vorsteher des städtischen Centralviehhofes in Berlin als ein Gemeindebeamter, der auf Lebenszeit angestellt ist, anzusehen?

Gesetz vom 18. März 1868, betr. die Errichtung öffentlicher Schlachthäuser (G.S. S. 277), nebst Ergänzungsgesetz vom 9. März 1881 (G.S. S. 273).

Städte-Ordnung für die sechs östlichen Provinzen vom 30. Mai 1853 (G.S. S. 261) § 56 Ziff. 6.

IV. Civilsenat. Urt. v. 7. März 1898 i. S. N. (Kl.) w. Stadt Berlin (Bekl.). Rep. IV. 274/97.

I. Landgericht I Berlin.
II. Kammergericht daselbst.

Der Kläger fordert von der Stadtgemeinde Berlin die Zahlung der ihm als stellvertretendem Fleischschauamts-Vorsteher bewilligten jährlichen Remuneration von 400 ℳ für die Zeit vom 1. Mai 1889 bis zum 31. Dezember 1896, indem er ausführt, daß er durch die Übertragung jener Stellung lebenslänglich angestellter städtischer Beamter geworden, jedoch anfangs Mai 1889 zu Unrecht entlassen sei. Nachdem er von beiden Vorderrichtern mit seiner Forderung abgewiesen ist, hat er unter Wiederholung seines Klagantrages Revision eingelegt. Diese ist zurückgewiesen aus folgenden

Gründen:

... „In dem preußischen Gesetze vom 18. März 1868 und in dem abändernd und ergänzend zu jenem Gesetze erlassenen preußischen Gesetze vom 9. März 1881 ist bestimmt, 1. daß in denjenigen Gemeinden, in welchen ein öffentliches Schlachthaus errichtet ist, durch Gemeindebeschluß angeordnet werden kann, daß ausschließlich in dem öffentlichen Schlachthause das Schlachten von Vieh vorzunehmen, und alles in dasselbe gelangende Schlachtvieh zur Feststellung seines Gesundheitszustandes sowohl vor als nach dem Schlachten einer Untersuchung durch Sachverständige zu unterwerfen sei, 2. daß das Regulativ für die Untersuchung durch Gemeindebeschluß festzusetzen ist. Die Stadt Berlin hat ein öffentliches Schlachthaus errichtet und durch Gemeindebeschluß vom 15. und 16. Juni 1882 sowohl den Schlachthauszwang wie auch die obligatorische Fleischschau angeordnet, ferner mit Genehmigung des Oberpräsidenten das Regulativ für die Untersuchung des Schlachtviehes vom 23. Februar 1883 erlassen. In diesem Regulativ ist die Feststellung des Gesundheitszustandes des Schlachtviehes durch die vom Magistrat bestellten Sachverständigen vorgeschrieben, und in betreff der Sachverständigen folgende Bestimmung getroffen:

„Sachverständige sind der Ober-Tierarzt und der Stellvertreter desselben, die Tierärzte, die Vorsteher und Vorsteher-Stellvertreter der Fleischschauämter, die Fleischbeschauer und die Probenehmer. Dieselben werden auf Widerruf durch den Magistrat angestellt, nachdem das Königliche Polizeipräsidium erklärt hat, daß gegen ihre Anstellung seitens desselben nichts eingewendet wird. Der Widerruf muß erfolgen, wenn das Königliche Polizeipräsidium seine Zustimmung zur Anstellung zurücknimmt."

Der Kläger war zunächst nur als Fleischbeschauer thätig und erhielt als solcher für jedes von ihm untersuchte Schwein 50 ₰. Neben dieser seiner Thätigkeit wurde ihm dann die Stellung als zweiter Vorsteher-Stellvertreter des Fleischschauamtes gegen eine jährliche Remuneration von 400 ℳ übertragen, und ihm hiervon durch folgendes Schreiben des Kuratoriums des städtischen Centralviehhofes vom 14. November 1883 Mitteilung gemacht:

„Sie werden hierdurch benachrichtigt, daß wir Sie vom 15. dss. Mts. ab zum zweiten Vorsteher-Stellvertreter des Fleischschauamts mit einer in monatlichen Raten postnumerando zahlbaren Remuneration von 400 ℳ jährlich gewählt und die Hauptkasse der städtischen Werke mit entsprechender Zahlungsanweisung versehen haben."

Als zweiter Vorsteher-Stellvertreter des Fleischschauamtes hatte der Kläger im Falle der Behinderung oder Überlastung des Vorstehers verschiedene Obliegenheiten zu erfüllen; es lag ihm die Führung des Schauamtsregisters ob, ebenso die Probenverteilung, die Eintragung des Untersuchungsergebnisses in das Buch des Probenehmers (Schaubuch), die Prüfung des Untersuchungsergebnisses beim Auffinden von Trichinen, die eventuelle Benachrichtigung des Obertierarztes zur Herbeiführung eines Obergutachtens, die Ausstellung von Schlachtzetteln und Bescheinigungen über den Befund inländischer Schinken, besonders aber die Überwachung der Thätigkeit der übrigen Beschauer, welche wöchentlich mindestens einmal in betreff der Zuverlässigkeit ihrer Untersuchungen revidiert werden mußten. Aus dieser seiner Stellung wurde der Kläger auf die Beschwerde einer Beschauerin über eine ihr vom Kläger widerfahrene Beleidigung durch Verfügung des Kuratoriums des städtischen Centralviehhofes vom 3. Mai 1889 wegen groben Mißbrauches seiner Amtsbefugnisse unter Verlust seiner

Remuneration unter die Fleischbeschauer zurückversetzt und später im Oktober 1889 auch als Fleischbeschauer entlassen.

Der Kläger gründet seine Behauptung, daß ihm die Eigenschaft eines gemäß § 56 Ziff. 6 der Städte-Ordnung vom 30. Mai 1853 angestellten städtischen Beamten zustehe, auf das oben mitgeteilte Schreiben des Kuratoriums des städtischen Centralviehhofes, betreffend seine Wahl zum zweiten Vorsteher-Stellvertreter des Fleischschauamtes, in Verbindung mit seiner Vereidigung und auf die langjährige Ausübung der ihm in dieser Stellung obliegenden Thätigkeit in Verbindung mit dem diese seine Thätigkeit genehmigenden Verhalten des Magistrates der Beklagten.

Das Berufungsgericht hat die Frage, ob der Kläger als ein gemäß § 56 Ziff. 6 der Städte-Ordnung vom 30. Mai 1853 angestellter städtischer Beamter anzusehen sei, aus verschiedenen Gründen verneint. Von diesen können diejenigen Gründe, welche von der Auffassung ausgehen, daß dem Schreiben des Kuratoriums des städtischen Centralviehhofes vom 14. November 1883 die Wirkung einer Amtsübertragung nicht beizumessen sei, und inhaltlich die Thätigkeit des Klägers als Vorsteher-Stellvertreters sich nicht von einer bei größeren gewerblichen Betrieben üblichen Beaufsichtigung durch damit betraute Aufsichtspersonen unterscheide, auf sich beruhen, da der weitere, aus dem Regulativ für die Untersuchung des Schlachtviehs vom 23. Februar 1883 entnommene Entscheidungsgrund für zutreffend zu erachten ist. Das Regulativ, welches kraft der in den Gesetzen vom 18. März 1868 und 9. März 1881 den Gemeinden erteilten Ermächtigung erlassen und deshalb einem Gesetze gleichzustellen ist, hat einmal die Vorsteher-Stellvertreter des Fleischschauamtes ausdrücklich nur als Sachverständige bezeichnet, dann aber auch die Anstellung dieser Sachverständigen derartig von der Genehmigung des Königlichen Polizeipräsidiums abhängig gemacht, daß der Widerruf ihrer Anstellung erfolgen muß, wenn das Königliche Polizeipräsidium seine Zustimmung zur Anstellung zurücknimmt. Diese in der Anstellung liegende Beschränkung würde unter allen Umständen, auch wenn der Kläger als angestellter Beamter anzusehen wäre, die Möglichkeit ausschließen, daß er gemäß § 56 Ziff. 6 der Städte-Ordnung als lebenslänglich angestellter städtischer Beamter angesehen werden könnte. Darauf, ob dem Kläger gegenüber eine Zurücknahme der polizeilichen Genehmigung nicht erfolgt, und aus diesem Grunde seine etwaige Stellung als Beamten nicht erloschen ist, wie in dem Falle des Urteiles des IV. Civilsenates des Reichsgerichtes vom 29. März 1897 bezüglich eines Standesbeamten (Entsch. des R.G.'s in Civils. Bd. 39 S. 261), kommt es im vorliegenden Falle nicht weiter an." ...

---

64. Kann der Vater über ausstehende Forderungen des minderjährigen Kindes, die diesem zur Sicherheit besonders verschrieben sind, mit Einwilligung des Vormundschaftsgerichtes gültig verfügen, oder ist in solchem Falle, insbesondere wenn das Interesse des Vaters mit dem des Kindes in Widerstreit steht, dem Kinde zu seiner Vertretung ein Pfleger zu bestellen?

A.L.R. II. 2 §§ 168 flg.

Vormundschaftsordnung vom 5. Juli 1875 § 86.

IV. Civilsenat. Urt. v. 7. März 1898 i. S. W. u. Gen. (Kl.) w. H. (Bekl.). Rep. IV. 276/97.

I. Landgericht Breslau.
II. Oberlandesgericht daselbst.

Der Apotheker W. hatte sich nach dem Tode seiner ersten Ehefrau vor Eingehung der zweiten Ehe mit seinen vier — damals und auch noch jetzt minderjährigen — Kindern aus der ersten Ehe, den Klägern, wegen des mütterlichen Nachlasses auseinandergesetzt. In dem am 30. Juli 1890 errichteten Rezesse war der Muttererbteil der Kläger auf je 4500 ℳ, zusammen 18000 ℳ, festgesetzt, und hatte der Vater der Kläger „zur Sicherheit dieser seinen Kindern zur besonderen Sicherheit gemäß § 169 A.L.R. II. 2 verschriebenen Erbgelder" das ihm damals gehörige Apothekengrundstück zu G. verpfändet. Die hypothekarische Eintragung der Erbgelder im Grundbuche war hinter den auf dem Grundstücke schon haftenden Hypotheken von 61500 ℳ erfolgt. Durch Vertrag vom 19. April 1893 verkaufte der Vater der Kläger das Pfandgrundstück für den Preis von 100000 ℳ an den Beklagten, der, unter Barzahlung und Verrechnung von 36500 ℳ, Hypotheken in Höhe von 63500 ℳ, nämlich die vor den Erbgeldern eingetragenen 61500 ℳ und von den letzteren 2000 ℳ, in Anrechnung auf das Kaufgeld übernahm, wogegen sich der Vater der Kläger verpflichtete, den überschießenden Teil der Erbgelder mit 16000 ℳ zur Löschung zu bringen. In Erfüllung dieser Verpflichtung quittierte der Vater der Kläger in deren Namen in der Urkunde vom 22. Januar 1894 über den Empfang von 16000 ℳ unter Bewilligung der Löschung dieses Betrages im Grundbuche; auch erwirkte er für diese Quittung und Löschungsbewilligung von dem Amtsgerichte zu B. die vormundschaftsgerichtliche Genehmigung. Das Amtsgericht zu G. lehnte jedoch den Antrag des Beklagten, auf Grund dieser Urkunden die Löschung vorzunehmen, ab, und diese Entscheidung wurde auf die Beschwerden des Beklagten durch das Landgericht zu O. und das Kammergericht aufrecht erhalten. Inzwischen war der Vater der Kläger auf die Klage des — jetzigen — Beklagten durch Urteil des Landgerichtes zu L. verurteilt worden, die Erbgelderforderung der Kläger von 18000 ℳ, in Höhe von 16000 ℳ zur Löschung zu bringen oder die zur Löschung erforderlichen Urkunden zu beschaffen. Für dieses Urteil extrahierte der Beklagte nach dem inzwischen eingetretenen Tode des Vaters der Kläger gegen dessen Erben, die zweite Ehefrau und die Kläger, die Vollstreckungsklausel, worauf seinem Antrage gemäß auf Grund dieser Urkunden die Löschung der 16000 ℳ Erbgelder im Grundbuche erfolgte.

Die Kläger, nach deren Behauptung der Nachlaß ihres Vaters unzulänglich ist, haben den Beklagten wegen Zahlung von 16000 ℳ in Anspruch genommen. Das Landgericht hat in Höhe von 14500 ℳ verurteilend erkannt, das Oberlandesgericht auf die Berufung des Beklagten dagegen die Klage gänzlich abgewiesen. Das Reichsgericht hat auf die Revision der Kläger das Berufungsurteil aufgehoben und die Sache zur anderweiten Verhandlung und Entscheidung in die Instanz zurückverwiesen.

Aus den Gründen:

... „Der Berufungsrichter ist in Übereinstimmung mit dem ersten Richter davon ausgegangen, daß die Löschung der streitigen Erbgelderforderung auf Grund des gegen den Vater der Kläger ergangenen Urteiles und der gegen die Erben erwirkten Vollstreckungsklausel zu Unrecht erfolgt sei. Diese Annahme ist rechtlich nicht zu beanstanden. Der Begründung des ersten Richters, der sich das Berufungsgericht angeschlossen hat, ist beizutreten. Das Urteil war nicht auf die Einwilligung in die Löschung gerichtet, sondern der Vater der Kläger war verurteilt, die Erbteilsforderung zur Löschung zu bringen. Es stand also die Vornahme einer Handlung in Frage, und folglich hätte bei der Zwangsvollstreckung nach Maßgabe der §§ 773 flg. C.P.O. vorgegangen werden sollen. Wäre dies geschehen, so würden die Kläger in der Lage gewesen sein, ihre Eigenschaft als Vorbehaltserben geltend zu machen und dadurch die Löschung ihrer Forderung im Grundbuche abzuwenden.

Der Berufungsrichter hat jenen Umstand aber für unerheblich und nicht geeignet erachtet, zur Unterstützung des Klaganspuches zu dienen, indem er im Gegensatze zu dem ersten Urteile und der vorerwähnten, im Beschwerdewege ergangenen Entscheidung des Kammergerichtes vom 7. Oktober 1895 (mitgeteilt im Jahrbuch der Entscheidungen des Kammergerichts Bd. 15 S. 148) angenommen hat, daß materiell die Löschung mit Rücksicht auf die von dem Vormundschaftsgerichte genehmigte Einwilligung des Vaters der Kläger gerechtfertigt gewesen sei. Dem Vater seien zwar, so ist erwogen, für den Fall, daß den Kindern, wie hier, ein Kapital zu Sicherheit besonders verschrieben sei, die Rechte entzogen, die ihm nach § 169 A.L.R. II. 2 sonst hinsichtlich der ausstehenden Kapitalien der Kinder zustehen; eine derartige Forderung falle aber unter § 170 a. a. O., sodaß es gemäß § 173 ebenda zur Verfügung über dieselbe durch den Vater nur der Einwilligung des Vormundschaftsgerichtes, aber keiner weiteren Förmlichkeit, also auch nicht, wie der erste Richter und das Kammergericht meinten, der Zuziehung eines den Kindern bestellten Pflegers, bedürfe; dieser Rechtszustand sei durch die Vormundschaftsordnung vom 5. Juli 1875 nicht berührt; denn nach § 86 derselben sei den unter väterlicher Gewalt stehenden Personen nur für Angelegenheiten, bei denen die Ausübung der väterlichen Rechte erforderlich sei, jedoch aus thatsächlichen oder rechtlichen Gründen nicht stattfinden könne, ein Pfleger zu bestellen; die Voraussetzung dieser Vorschrift treffe hier aber nicht zu.

Diese Auffassung beruht, wie von der Revision mit Recht gerügt ist, auf einer Verletzung der §§ 168 flg. A.L.R. II. 2 und des § 86 der Vormundschaftsordnung.

Nach § 168 a. a. O. gebührt dem Vater während der Dauer der väterlichen Gewalt die Verwaltung und der Nießbrauch an dem nicht freien Vermögen der Kinder. Die §§ 169 flg. enthalten Vorschriften, die diese Befugnis des Vaters näher regeln und seine Rechte teilweise abweichend von den Rechten, die sonst dem Verwalter und Nießbraucher zustehen, bestimmen. Der § 169 räumt dem Vater das Recht ein, ausstehende Kapitalien der Kinder nach Gutbefinden einzuziehen, anderweit zu belegen, auch sich selbst zum Schuldner der Kinder zu bestellen, schließt dieses Recht aber hinsichtlich derjenigen Kapitalien aus, die den Kindern zur Sicherheit besonders verschrieben sind, oder in Ansehung deren die Verwaltung des Vaters durch besondere Gesetze oder rechtsgültige Willenserklärungen eingeschränkt ist. Die §§ 170 flg. verordnen, daß bei anderen Vermögensstücken der Vater, so lange die Kinder noch minderjährig sind, zu allen Veränderungen der Substanz, die ein Nießbraucher nicht ohne den Eigentümer vornehmen kann, die Einwilligung des Vormundschaftsgerichtes einholen, und daß dies besonders geschehen muß, wenn Grundstücke oder Gerechtigkeiten während der Minderjährigkeit der Kinder veräußert, verpfändet oder sonst belastet werden sollen, daß aber außer der Einwilligung des Vormundschaftsgerichtes zur Gültigkeit des Geschäftes keine weiteren Förmlichkeiten erforderlich sind.

Daß es sich um ein Kapital handelt, das den Klägern im Sinne des § 169 zur Sicherheit besonders verschrieben war, ist von beiden Instanzrichtern mit Recht angenommen. Der Rezeß vom 30. Juli 1890 enthält die ausdrückliche Festsetzung, daß die Erbteilsforderung von 18000 ℳ den Klägern von ihrem Vater zur besonderen Sicherheit verschrieben sei.

Es kann dahingestellt bleiben, inwieweit die Wortfassung des Gesetzes der Auslegung des Berufungsrichters entgegenstehen könnte, indem der § 169 von den ausstehenden Kapitalien der Kinder handelt, während sich die §§ 170 flg. auf die anderen Vermögensstücke beziehen. Auch bedarf es keines Eingehens auf die Frage, ob dem Vater in den im § 169 vorgesehenen Ausnahmefällen, in denen seine Befugnis, die ausstehenden Forderungen der Kinder einzuziehen oder anderweit zu belegen, also die Befugnis, über die Substanz der Kapitalien zu verfügen, ausgeschlossen oder eingeschränkt ist, das Recht, die Kinder zu vertreten, überhaupt entzogen worden ist, sodaß überall, wo es sich um die Verfügung über solche Kapitalien handelt, die Einsetzung einer Pflegschaft erfolgen müßte, da das Vormundschaftsgericht als solches zur Vertretung der Pflegebefohlenen nicht berufen ist. Im gegebenen Falle mußte die Einsetzung einer Pflegschaft aus einem besonderen Grunde geboten erscheinen. Der Vater der Kläger war hinsichtlich der streitigen, den Kindern zur Sicherheit besonders verschriebenen Erbgelderforderung der Schuldner seiner Kinder und hatte diesen zum Zwecke der Sicherstellung wegen der Forderung gegen ihn mit dem von ihm damals besessenen Grundstücke Hypothek bestellt. Wenn aber unter diesen Verhältnissen der Vater, wie geschehen, vorging, den Verkauf des Grundstückes dazu benutzte, um sich in den Besitz desjenigen Teiles des Kaufgeldes zu setzen, der dem von dem Käufer nicht in Anrechnung auf das Kaufgeld übernommenen Teile der Erbgelderhypothek entsprach, und insoweit namens der Kinder in die Löschung der Hypothek einwilligte, so stand bei diesen Verfügungen sein Interesse mit dem Interesse der Kinder im Widerstreite. Er gab im eigenen Interesse — um die Barzahlung des betreffenden Teiles des Kaufpreises von dem Käufer zu erlangen — die den Kindern bestellte Sicherheit auf und schädigte damit das Interesse der Kinder. Im Falle eines Widerstreites zwischen dem Interesse des Vaters und dem der Kinder ist aber der Vater zur Vertretung der letzteren bei Rechtsgeschäften nicht legitimiert. Der Vater der Kläger war daher nicht befugt, namens der Kinder die Löschung des Muttererbteiles auf dem Pfandgrundstücke zu bewilligen. Die von ihm erteilte Einwilligung konnte auch aus dem vorerwähnten Grunde durch den Hinzutritt der Genehmigung des Vormundschaftsgerichtes nicht rechtswirksam werden; vielmehr hätte es der Bestellung eines Pflegers für die Kläger bedurft, der namens dieser über die Löschungsbewilligung zu befinden hatte. Abweichend hiervon gestaltet sich die Sache auch dann nicht, wenn es sich um die Verfügung über einen anderen Vermögensgegenstand der Kinder, als über die im § 169 gedachten Forderungen, handelt, sofern zwischen dem Vater und den Kindern widerstreitende Interessen obwalten. Daß in allen solchen Fällen den Kindern ein besonderer Vertreter zuzuordnen ist, hat das Allgemeine Landrecht in den §§ 28 flg. II. 18 ausdrücklich vorgeschrieben, und wenn auch diese Vorschriften durch die Vormundschaftsordnung vom 5. Juli 1875 § 102 formell aufgehoben sind, so haben sie doch ihre Bedeutung für die Auslegung und insbesondere auch für die Beurteilung der Tragweite der Bestimmungen der §§ 169 flg. A.L.R. II. 2 behalten. Die Vormundschaftsordnung vom 5. Juli 1875 hat aber auch nach dieser Richtung das bisher bestandene Recht materiell nicht beseitigt. Der § 86 bestimmt, daß die in väterlicher Gewalt oder unter Vormundschaft stehenden Personen einen Pfleger für Angelegenheiten erhalten, bei welchen die Ausübung der väterlichen oder vormundschaftlichen Rechte erforderlich ist, jedoch aus thatsächlichen oder rechtlichen Gründen nicht stattfinden kann. Ein solcher rechtlicher Hinderungsgrund waltet aber für den Vater dann ob, wenn sein Interesse und das der Kinder im Widerstreite stehen.

Eine gleiche Auffassung liegt dem Urteile des V. Civilsenates des Reichsgerichtes vom 19. Dezember 1883 (mitgeteilt in Gruchot's Beiträgen Bd. 28 S. 960) zu Grunde. Andererseits hat solche Auffassung weder in der Praxis noch in der Theorie direkten Widerspruch gefunden. Denn wenngleich die Ansichten darüber auseinandergehen, ob die Rechtswirksamkeit der Verfügung des Vaters über die im § 169 a. a. O. bezeichneten Kapitalien der Kinder nur durch den Hinzutritt der Genehmigung des Vormundschaftsgerichtes bedingt ist, oder ob der Vater in diesen Fällen von der Vertretung der Kinder überhaupt ausgeschlossen ist, sodaß es regelmäßig der Einsetzung einer Pflegschaft bedarf, so ist doch von keiner Seite ausdrücklich in Abrede genommen worden, daß der Vater in Fällen solcher Art zur Vertretung der Kinder dann, wenn sein Interesse mit dem der Kinder kollidiert, nicht legitimiert, und daß folglich unter dieser Voraussetzung die Bestellung eines Pflegers zum Zwecke der Wahrnehmung der Rechte der Kinder geboten ist.[1]

---

[1] Dernburg, Preuß. Privatrecht Bd. 3 Aufl. 4 § 55 Anm. 3 und 13; Förster-Eccius, Preuß. Privatrecht Aufl. 7 Bd. 4 § 223 Anm. 20. 25; Koch, Landrecht Anm. 25 zu § 169 II. 2; Rehbein, Entsch. des Preuß. Obertrib. Bd. 4 S. 464; Turnau, Grundbuchordnung Aufl. 5 Bd. 2 S. 384—389; Loewenstein, Vormundschaftsordnung Aufl. 2 Anm. 291 zu § 86, Anm. 317 IIIb zu § 102; Wachler, Vormundschaftsordnung Aufl. 2 Anm. 4 zu § 86; Anton, Vormundschaftsordnung Aufl. 2 Anm. 2 zu § 86; Neumann, Vormundschaftsordnung Aufl. 2 Anm. zu § 95; Hesse, Vormundschaftsordnung Aufl. 2 Anm. 6 zu § 86; Philler, Vormundschaftsordnung Aufl. 2 Anm. 368 zu § 86; Arndts u. Leonhard, Vormundschaftsrecht S. 94; Dernburg u. Schultzenstein, Vormundschaftsrecht Aufl. 3 § 99 Anm. 6; Wundsch in Gruchot's Beiträgen Bd. 21 S. 282; Brettner, ebenda Bd. 20 S. 702; Entsch. des Preuß. Obertrib. Bd. 14 S. 64. 68; Johow, Jahrbuch für Entscheidungen der Appellationsgerichte Bd. 5 S. 291, Bd. 6 S. 201, Bd. 7 S. 278, Bd. 8 S. 98 flg.; Jahrbuch für Entscheidungen des Kammergerichts Bd. 10 S. 69. D. E.

Darnach unterliegt das angefochtene Urteil als auf einer Rechtsnormverletzung beruhend der Aufhebung." . . .

---

65. Ist ein Grundstückseigentümer, welcher seine Besitzung vor dem 28. Juli 1893 durch Gutsüberlassungsvertrag erlangt hat, zur Rückerstattung der dem Erblasser seines Vorbesitzers gewährten Grundsteuerentschädigung verpflichtet, wenn er selbst weder Erbe, noch Erbeserbe des Entschädigungsempfängers geworden ist?

Gesetz vom 14. Juli 1893 wegen Aufhebung direkter Staatssteuern (G.S. S. 119).

IV. Civilsenat. Urt. v. 24. Februar 1898 i. S. preuß. Fiskus (Bekl.) w. H. (Kl.). Rep. IV. 262/97.

I. Landgericht Nordhausen.
II. Oberlandesgericht Naumburg a. S.

Aus den Gründen:

„Dem Großvater des Klägers mütterlicherseits sind im Jahre 1869 auf Grund des Gesetzes vom 21. Mai 1861 als Entschädigung für die Aufhebung der Grundsteuerfreiheit des ihm damals gehörig gewesenen Rittergutes K. 6718,30 ℳ vom Fiskus gezahlt worden. Die drei Erben dieses Entschädigungsempfängers, nämlich die Mutter des Klägers und zwei Brüder derselben, ließen das gedachte Gut später im Wege der freiwilligen Subhastation erbteilungshalber versteigern. Dabei wurde dasselbe von der Mutter des Klägers und von dem einen ihrer Brüder gemeinschaftlich erstanden. Demnächst hat der Kläger von seiner Mutter deren Anteil am Eigentume des Gutes infolge eines mit derselben am 13. April 1888 abgeschlossenen „Überlassungsvertrages" für einen „Annahmepreis" von 282000 ℳ erworben. Dabei verpflichtete sich der Kläger, seinen Eltern eine lebenslängliche Rente zu zahlen, während der Annahmepreis ihm im übrigen auf sein künftiges Muttererbteil überwiesen wurde. Wegen einer etwaigen Abfindung anderer gesetzlicher Erben ist in diesem Vertrage eine Bestimmung nicht getroffen; auch herrscht darüber kein Streit, daß der Kläger Geschwister nicht besitzt. Bei dieser Sachlage ist seitens der Königlichen Regierung zu Merseburg angenommen worden, daß der Kläger — obwohl seine Mutter zur Zeit noch lebt — auf Grund des Gesetzes vom 14. Juli 1893 wegen Aufhebung direkter Staatssteuern verpflichtet sei, von der seinem Großvater gezahlten Entschädigungssumme den dritten Teil mit 2239,43 ℳ zurückzuzahlen. Gegen den desfallsigen Festsetzungsbeschluß hat der Kläger rechtzeitig den Rechtsweg beschritten, und in zweiter Instanz ist der Beklagte dem Klagantrage entsprechend verurteilt, anzuerkennen, daß der Kläger nicht verpflichtet ist, das gezahlte Entschädigungskapital zum Teilbetrage von 2239,43 ℳ an die Staatskasse zurückzuerstatten.

Die vom Beklagten gegen diese Entscheidung eingelegte Revision konnte für begründet nicht erachtet werden.

Im § 18 Abs. 1 des Gesetzes wegen Aufhebung direkter Staatssteuern vom 14. Juli 1893 ist grundsätzlich ausgesprochen worden:

die ... für die Aufhebung von Grundsteuerbefreiungen und Grundsteuerbevorzugungen geleisteten Entschädigungen sind nach Maßgabe der folgenden Bestimmungen an die Staatskasse zurückzuerstatten.

Im Anschlusse hieran enthält der § 19 a. a. O. die nachstehenden, hier in Betracht kommenden Vorschriften:

Abs. 1. Die Rückerstattung (§ 18) bleibt ausgeschlossen bezüglich derjenigen Güter und Grundstücke, welche nach erfolgter Entschädigung durch lästiges (entgeltliches) Rechtsgeschäft veräußert worden sind.

Abs. 5. Bezüglich derjenigen Güter und Grundstücke, deren Eigentum nach erfolgter Entschädigung durch Schenkung, Vermächtnis, infolge von Erbteilungen oder Gutsüberlassungsverträgen übergegangen ist, bleibt die Rückerstattung des Entschädigungskapitals zu demjenigen Bruchteile ausgeschlossen, zu welchem der zeitige Eigentümer weder unmittelbar noch mittelbar Erbe des Entschädigten geworden ist.

Weiter ist im § 25 Abs. 1 ebenda bestimmt, daß die aus den gedachten Paragraphen folgenden Verpflichtungen auf den Gütern und Grundstücken, für welche die Entschädigung geleistet war, als eine öffentliche, auf jeden Besitzer übergehende Last ruhen sollen, und diese Bestimmung ist nach § 30 Abs. 1 a. a. O. mit der am 28. Juli 1893 erfolgten Verkündigung des Gesetzes zur Geltung gelangt.

Faßt man nun zunächst den Wortlaut dieser Vorschriften an sich ins Auge, so können die Bestimmungen des § 19 Abss. 1 und 5 a. a. O. nur dahin verstanden werden:

daß eine Rückerstattung der Grundsteuerentschädigung überhaupt nicht stattzufinden hat, wenn der Übergang des betreffenden Grundstückes auf den „zeitigen", das heißt: auf den am 28. Juli 1893 besitzenden, Eigentümer durch ein von dem Entschädigten selbst oder von einem seiner Rechtsnachfolger vorgenommenes (unter die Bestimmung des Abs. 1 a. a. O. fallendes) lästiges Veräußerungsgeschäft vermittelt worden war;

wogegen in den Fällen, in welchen der Eigentumsübergang durch Schenkung, Vermächtnis, Erbteilung oder Gutsüberlassungsvertrag vermittelt wurde, eine Rückerstattung insoweit eintreten soll, als der zeitige Eigentümer Erbe oder Erbeserbe des Entschädigungsempfängers geworden ist, sodaß also hier der Eintritt einer Rückerstattungspflicht an die Voraussetzung eines stattgehabten Erbganges, und zwar mit der Maßgabe geknüpft wird, daß die Rückerstattung auf den der Erbquote des zeitigen Eigentümers entsprechenden Bruchteil der in Frage kommenden Entschädigungssumme beschränkt bleibt, wenn der zeitige Eigentümer nicht der alleinige Erbe des Entschädigten geworden ist.

Mit dieser Auffassung stimmt auch die vom Finanzminister erlassene (im Kommentar von Strutz S. 153 flg. abgedruckte) Anweisung wegen Rückerstattung der Grundsteuerentschädigungen vom 29. November 1893 im wesentlichen überein, indem darin unter Anlehnung an die Gesetzesworte erklärt worden ist:

Artikel 4:

Die Rückerstattung ... bleibt ausgeschlossen:

1. bezüglich der Güter und Grundstücke, die nach erfolgter Entschädigung und vor dem 28. Juli 1893 ... durch lästiges (entgeltliches) Rechtsgeschäft veräußert worden sind;
2. bezüglich der Güter und Grundstücke, deren Eigentum nach erfolgter Entschädigung durch Schenkung, Vermächtnis, infolge von Erbteilungen oder von Gutsüberlassungsverträgen übergegangen ist, zu demjenigen Bruchteil, zu welchem der am Tage vor dem 28. Juli 1893 vorhanden gewesene Eigentümer weder unmittelbar noch mittelbar Erbe des Entschädigten geworden war.

Artikel 7:

1. Die Bestimmungen unter Nr. 1 und 2 im Art. 4 lassen die Verpflichtung zur Rückerstattung bestehen für alle Güter und Grundstücke, deren am Tage vor dem 28. Juli 1893 vorhandene Besitzer
   a) die Entschädigung selbst empfangen haben, oder
   b) durch Schenkung, Vermächtnis, Erbteilung oder Gutsüberlassung unmittelbar oder mittelbar Besitznachfolger des Entschädigungsempfängers geworden sind.
2. Wenn aber in dem Falle unter Nr. 1 zu b der Besitznachfolger nicht einziger Erbe des Entschädigungsempfängers geworden ist, so geht die Verpflichtung zur Rückerstattung nicht über denjenigen Teil des Entschädigungskapitales hinaus, der dem Anteile des Besitznachfolgers an dem Nachlasse des Entschädigungsempfängers entspricht.

Der Fall, in welchem ein Besitznachfolger (zu 1 b) Erbe des Entschädigten überhaupt nicht geworden ist, wird dabei allerdings nicht ausdrücklich erwähnt; aus dem unter Nr. 2 Gesagten ergiebt sich aber ohne weiteres, daß von einer Verpflichtung zur Rückerstattung nicht die Rede sein kann, wenn ein für die Berechnung des zurückzuzahlenden Betrages maßgebender und deshalb für diese Berechnung erforderlicher Anteil des Besitznachfolgers am Nachlasse des Entschädigten gar nicht existiert.

Auch die Entstehungsgeschichte der fraglichen Gesetzesbestimmung nötigt zu keiner anderen Auslegung. In dieser Beziehung ist folgendes hervorzuheben.

In dem ursprünglichen Entwurfe (vgl. Stenograph. Berichte des Hauses der Abgeordneten von 1892/93 Anlagen Bd. 2 S. 435) fehlte die jetzt im Abs. 5 des § 19 enthaltene Bestimmung gänzlich, und auch die Tragweite des ersten Absatzes sollte insofern eine andere sein, als folgende Fassung vorgeschlagen worden war:

> Die Rückerstattung bleibt ausgeschlossen bezüglich derjenigen Güter und Grundstücke, welche nach erfolgter Entschädigung durch lästiges (entgeltliches) Rechtsgeschäft, mit Ausnahme der Fälle der Erbteilungen und der Gutsüberlassungsverträge, veräußert worden sind.

Danach sollte also eine volle Rückerstattung nicht nur in allen Fällen unentgeltlichen Erwerbes, sondern auch dann stattfinden, wenn das Eigentum infolge einer Erbteilung oder eines Gutsüberlassungsvertrages erlangt war. In der Begründung des Entwurfes (vgl. ebenda S. 454) ist dazu insbesondere hinsichtlich der Gutsüberlassungsverträge bemerkt worden, daß auch die Fälle der sog. anticipierten Erbfolge, in denen die Eltern einem Kinde, der Regel nach unter Bestimmung der Abfindung der übrigen Kinder vom elterlichen Vermögen, ihre Besitzung übertrügen, nicht anders behandelt werden könnten als die Fälle der Erbteilung.

Demgegenüber machte die Kommission des Abgeordnetenhauses einen bei den späteren Verhandlungen unverändert angenommenen Abänderungsvorschlag, welcher (vgl. ebenda, Anlagen Bd. 5 S. 2281 und Bd. 5 der Drucksachen Nr. 126 S. 46) dahin ging:

1. im Abs. 1 des § 19 die Worte „mit Ausnahme der Fälle der Erbteilungen und der Gutsüberlassungsverträge" zu streichen;
2. am Schlusse desselben Paragraphen als letzten Absatz diejenigen Worte hinzuzufügen, welche jetzt den fünften Absatz bilden.

Zur Motivierung wurde dabei in dem Berichte der Kommission hervorgehoben:

Bei der Begrenzung der Rückzahlungsverpflichtung müßten diejenigen Fälle unterschieden werden, in denen das betreffende Grundstück und die gewährte Entschädigung sich noch in derselben Hand befänden, und diejenigen Fälle, wo diese Voraussetzung nicht zutreffe. In den ersteren Fällen würde die Rückzahlung gerecht und billig sein, da der Besitzer des Grundstückes sonst einen doppelten Vorteil, den Fortbesitz der Entschädigung und Grundsteuerfreiheit, haben würde; in den anderen Fällen ließe sich die Rückzahlung dagegen nicht begründen. Demgemäß sei die Verpflichtung zur vollen Zurückzahlung aufzuerlegen:

1. den Fideikommißinhabern . . .;
2. denjenigen Empfängern einer Grundsteuerentschädigung, welche jetzt noch am Leben seien und sich im Besitze des Gutes befänden;
3. solchen Personen, welche als einzige Erben oder als alleinige Übernehmer durch Gutsüberlassungsverträge derartige Grundstücke übernommen hätten.

An einer späteren Stelle des Kommissionsberichtes ist jedoch noch bemerkt:

Wenn der Eigentumsübergang durch Schenkungen, Vermächtnis, Erbteilungen oder auf Grund von Gutsüberlassungsverträgen erfolgt sei, so werde dagegen billigerweise nur derjenige Teil des Entschädigungskapitals nach den oben erörterten Gesichtspunkten zurückgefordert werden können, welcher dem Anteile des zeitigen Eigentümers an dem Nachlasse des Entschädigungsempfängers entspreche. Dies solle durch den Antrag zum Ausdruck gebracht werden.

Zu Zweifeln könnte hierbei nur der Satz unter Nr. 3 Veranlassung geben. Wäre aber damit der (nach dem Wortlaute allerdings nahe liegende) Sinn zu verbinden,

daß die volle Rückerstattungspflicht in allen Fällen, in welchen die Überlassung des Gutes an einen einzelnen Übernehmer stattgefunden hat, schlechthin, also auch dann eintreten müsse, wenn der auf Grund eines solchen Titels besitzende zeitige Eigentümer an dem Nachlasse des Entschädigungsempfängers als Erbe desselben überhaupt nicht oder nur zu einem Bruchteile partizipiert,

so würde sich die Kommission hierdurch nicht nur mit ihren sonstigen Ausführungen und insbesondere mit dem späteren von dem Erwerbe durch Gutsüberlassungsvertrag nochmals handelnden Satze ihres Berichtes, sondern sogar mit dem Wortlaute ihres Antrages in Widerspruch gesetzt haben. Ist dagegen davon auszugehen, daß mit dem Ausspruche zu 3, soweit er sich speziell auf Gutsüberlassungsverträge bezog, nur einem mit dem erwähnten späteren Satze des Kommissionsberichtes im Zusammenhange stehenden und hierdurch modifizierten Gedanken hat Ausdruck gegeben werden sollen, so schwindet jener Widerspruch, und es behält dann der in Rede stehende Ausspruch zu 3 immer noch eine zutreffende Bedeutung für den Fall, wenn auf den Übernehmer des Gutes nachträglich auch das sonstige Vermögen des Entschädigten im Wege der Erbfolge, und zwar nicht bloß zu einem Bruchteile, übergegangen ist. Dem in solcher Weise eingeschränkten Gedanken wurde durch die gewählte Fassung des Kommissionsantrages genügend Rechnung getragen; denn nach der diesem Antrage gleichlautenden Bestimmung des § 19 Abs. 5 a. a. O. kann darüber ein Zweifel nicht obwalten, daß eine Rückerstattung im vollen Umfange auch dann stattzufinden hat, wenn der „zeitige“ Eigentümer das Gut zwar nicht durch Erbgang, sondern unter Lebenden mittels Gutsüberlassungsvertrages von dem Entschädigungsempfänger oder von dem Universalerben desselben erworben hatte, er demnächst aber selbst alleiniger Erbe, beziehungsweise Erbeserbe des Entschädigten geworden war. Der Umstand, daß man sich bei der Formulierung des Kommissionsantrages auf die erwähnten Abänderungsvorschläge beschränkt hat, drängt hiernach zu der Annahme, daß die Kommission in der That von der zuletzt bezeichneten, dem Wortlaute des Gesetzes entsprechenden Auffassung ausgegangen sein wird.

Auch aus den weiteren Verhandlungen ist etwas Anderes bezüglich der Tragweite, welche den in Betracht kommenden Bestimmungen des § 19 a. a. O. hat beigelegt werden sollen, nicht zu entnehmen.

Seitens der Revision wird zwar noch darauf hingewiesen, daß der Abs. 5 des § 19 vier Fälle behandele, von denen zwei (Vermächtnis und Erbteilung) den bereits eingetretenen Tod des früheren Besitzers voraussetzten, während die beiden anderen Veräußerungsarten (Schenkung und Gutsüberlassung) bei der Ausführung einer sogenannten anticipierten Erbfolge angewendet zu werden pflegten, und daß somit die in Rede stehende Gesetzesvorschrift, durch welche jene vier Erwerbsarten zusammengefaßt würden, sowohl auf die wirkliche wie auch auf die fiktive Erbschaft bezogen werden müsse. Demgegenüber ist jedoch hervorzuheben, daß bei einer Schenkung doch nur unter ganz besonderen Voraussetzungen von einer anticipierten Erbfolge gesprochen werden könnte. Übrigens würde sich der Gesetzgeber auch einer nicht ohne weiteres anzunehmenden Ungenauigkeit im Ausdrucke schuldig gemacht haben, falls er mit der fraglichen Bestimmung die Absicht verfolgt hätte, in den Fällen, wo der Erwerb auf Schenkung, Vermächtnis oder Gutsüberlassungsvertrag beruht, eine Rückerstattungspflicht auch dann eintreten zu lassen, wenn der auf Grund eines solchen Titels zum Besitz gelangte Eigentümer nicht einmal zum kleinsten Bruchteile, also überhaupt nicht, wirklicher Erbe des Entschädigten geworden ist....

Dem Berufungsrichter ist hiernach darin beizutreten, daß eine Rückerstattungspflicht nicht eingetreten sein kann, wenn der Grundstückseigentümer, welcher seine Besitzung vor dem 28. Juli 1893 durch Schenkung, Vermächtnis oder Gutsüberlassungsvertrag erlangt hatte, wirklicher Erbe (Universalsuccessor) des Entschädigten überhaupt nicht geworden ist.

Vgl. auch Entsch. des R.G.'s in Civils. Bd. 38 S. 355.

Im vorliegenden Falle ist der Kläger, dessen Mutter noch lebt, weder unmittelbar noch mittelbar Erbe seines Großvaters (des Entschädigten) geworden; ja es ist nicht einmal mit Sicherheit abzusehen, ob und zu welchem Teile er dereinst Erbe seiner Mutter und infolgedessen mittelbarer Erbe des Entschädigungsempfängers werden wird.

Die vom Kläger erhobene negative Feststellungsklage ist daher vom Berufungsrichter mit Recht für begründet erklärt worden.

Ob etwa in dem Falle, wenn der Kläger dereinst mittelbarer Erbe des Entschädigten werden wird, Ansprüche gegen ihn noch zu erheben sein möchten, oder ob dies, namentlich im Hinblick auf die Bestimmungen der §§ 23. 25. 30. des in Rede stehenden Gesetzes, nicht möglich sein wird, kann für jetzt unerörtert bleiben." ...

---

66. Was ist unmittelbarer Schade im Sinne des preußischen Allgemeinen Landrechtes, insbesondere bei Körperverletzungen?

VI. Civilsenat. Urt. v. 14. März 1898 i. S. M. (Bekl.) w. A. St. u. F. St. (Kl.). Rep. VI. 342/97.

I. Landgericht Frankfurt a. O.
II. Kammergericht Berlin.

Der am 28. Juni 1876 geborene Maurer A. St. versuchte am 11. Oktober 1893 die neben der Ziegelei des Beklagten liegende Halde Staubkohlen zu überschreiten, brach bis an die Kniee in die unter der Oberfläche in Brand geratene Kohle ein und erlitt hierdurch eine Verbrennung der Füße, die angeblich eine dauernde Arbeits- und Erwerbsunfähigkeit zur Folge hatte. A. St. war an diesem Tage als Arbeiter auf der Ziegelei eingetreten und mit Kohlensieben beschäftigt worden.

Der Vater des Verletzten F. St. erhob nun für seinen minderjährigen Sohn und für sich Klagen gegen den Beklagten, erstere mit dem Antrage auf Verurteilung zur Bezahlung von 843,75 ℳ nebst Zinsen, ferner einer lebenslänglichen Rente von 375 ℳ vom 11. Januar

1896 ab, letztere mit dem Antrage, ihn wegen der Forderungen des praktischen Arztes Dr. J. zu F. von 304 *M* und des Apothekers Dr. R. zu F. von 49,49 *M*, die ihm für die Kur seines Sohnes erwachsen, außer Schuldverbindlichkeit zu setzen.

Durch Urteil des Landgerichtes wurden die Kläger abgewiesen, auf deren Berufung jedoch durch Urteil des Kammergerichtes der Anspruch der Kläger dem Grunde nach für gerechtfertigt erklärt.

Auf die Revision des Beklagten wurde das Berufungsurteil insoweit aufgehoben, als durch dasselbe der Anspruch des Klägers A. St. dem Grunde nach für gerechtfertigt erklärt worden, und in der Sache selbst die Berufung des Klägers A. St. gegen das Urteil des Landgerichtes zurückgewiesen; im übrigen wurde die Revision zurückgewiesen.

Gründe:

„Der Kläger A. St. wurde nach Inhalt der Klage im Unfallversicherungsverfahren rechtskräftig abgewiesen, weil kein Betriebsunfall vorgelegen. Das Gericht erster Instanz nahm mäßiges Verschulden auf Seite des Beklagten, grobes auf Seite des Klägers A. St. an.

Das Berufungsgericht stellt fest, daß der Beklagte das unmittelbar neben seiner Ziegelei liegende Kohlenlager zum Betriebe der Ziegelei benutzt, daß im Freien lagernde Staubkohle ohne jederzeit äußerlich hervortretende Erkennbarkeit in Brand gerät, und daß der Kläger ungeachtet vorgängiger Warnung vor der Gefahr die Halde beschritten habe. Wegen der äußerlich nicht immer erkennbaren Gefahr erachtet das Berufungsgericht den Gewerbeunternehmer auf Grund des § 120a der Gewerbeordnung verpflichtet, „die bei dem Staubkohlenlager **verkehrenden Personen, insonderheit** die dicht dabei beschäftigten **Ziegeleiarbeiter**," von dem Betreten der als Brandherd nicht sofort erkennbaren Haldenstellen durch geeignete Schutzvorrichtungen abzuhalten. In der Unterlassung der Herstellung und geeigneten Unterhaltung einer Schutzvorrichtung, wie eines Sandwalles von angemessener Breite und Höhe, sieht das Berufungsgericht ein die Haftbarkeit des Gewerbeunternehmers begründendes grobes Versehen im Sinne des § 18 A.L.R. I. 3. Es erachtet aber auch abgesehen von den Bestimmungen des § 120a der Gewerbeordnung die Unterlassung der Herstellung einer das Betreten hindernden Einfriedigung als eine grob fahrlässige Vernachlässigung der Pflichten gegen alle in der Nähe des Staubkohlenlagers Verkehrenden. In dem Betreten der Halde gegen die Warnung sieht das Berufungsgericht ebenfalls ein grobes Verschulden des Beschädigten, das jedoch gemäß § 18 A.L.R. I. 6 den Beklagten nicht von der Vergütung des unmittelbaren Schadens befreie.

Die Revision macht geltend, der Kläger A. St. sei bei einer Thätigkeit verunglückt, die mit dem Gewerbebetriebe des Beklagten in gar keiner Beziehung gestanden; § 120a der Gewerbeordnung finde daher keine Anwendung. Verpflichte kein Gesetz den Beklagten zu Schutzvorrichtungen, so könne er auch nicht für deren Unterlassung verantwortlich gemacht werden. Jedenfalls habe er nicht zu beachten brauchen, daß Personen in grobem Versehen die gefährliche Stelle beträten. Der Berufungsrichter verkenne dies, unter Verletzung der §§ 1 flg. 13. 18 A.L.R. I. 6. Auch die Mahnung, die Halde nicht zu betreten, sei eine Schutzmaßregel.

Diese Ausführungen können zwar nicht als richtig erachtet werden.

Ein auf grobes Versehen des Betriebsunternehmers begründeter Anspruch wegen eines Betriebsunfalles wäre allerdings durch § 95 des Unfallversicherungsgesetzes vom 6. Juli 1884 ausgeschlossen. Dieser Ausschluß betrifft aber nur Betriebsunfälle.

Vgl. Entsch. des R.G.'s in Civils. Bd. 24 S. 119.

Da die unmittelbar neben der Ziegelei liegende Kohlenhalde zur Ziegelfabrikation benutzt wird, so gehört sie zur Betriebsstätte. Durch die vom Gewerbeunternehmer herzustellenden Vorrichtungen soll der Arbeiter gemäß § 120a der Gewerbeordnung in der Fassung des Gesetzes vom 1. Juni 1891 nicht nur gegen gefährliche Berührungen mit Maschinen oder Maschinenteilen, sondern auch gegen andere in der Natur der Betriebsstätte oder des Betriebes liegende Gefahren geschützt werden. Der Schutz beschränkt sich also nicht bloß auf die Arbeitsverrichtung, sondern erstreckt sich auf den Verkehr des Arbeiters an der Betriebsstätte selbst. Das Berufungsgericht stellt fest, daß der Kläger A. St. als in der Ziegelei aufgenommener Arbeiter an der Betriebsstätte mit Kohlensieben beschäftigt gewesen, und daß die Vorkehrungen des Beklagten zum Schutze gegen das Betreten der als Brandstellen nicht sofort erkennbaren Haldenstellen in keiner Weise genügt hätten. Damit ist eine die Verantwortlichkeit des Beklagten begründende Zwangspflicht, sowie die Verletzung derselben als Grundlage des Schadensersatzanspruches dargethan. Ob diese Pflicht auch schon durch die Rücksicht auf den Verkehr von Menschen überhaupt begründet gewesen, bedarf sonach keiner Prüfung. Ob das dem Beklagten zur Last fallende Versehen bei gewöhnlichen Fähigkeiten „ohne Anstrengung der Aufmerksamkeit" vermieden werden konnte, beurteilt das Berufungsgericht auf Grund thatsächlicher Würdigung der Sachlage. Die Erwägung der Lage der Halden, der Eigentümlichkeit und schweren Erkennbarkeit der Gefahr und des Verhaltens des Klägers A. St. bestimmen das Urteil des Berufungsgerichts über den Grad des Versehens des A. St. und jenes des Beklagten. Es gelangt somit auf Grund thatsächlicher Erwägungen zu dem Schlusse, daß das Versehen des einen wie des anderen ohne Anstrengung der Aufmerksamkeit hätte vermieden werden können. Die Grundlage der Annahme eines groben Versehens im Sinne des § 18 A.L.R. I. 3 auf beiden Seiten entzieht sich der Nachprüfung; die Annahme selbst enthält keinen Rechtsirrtum.

Auf Grund des § 18 A.L.R. I. 6 erachtet nun das Berufungsgericht den Beklagten durch das Verschulden des Klägers von der Vergütung des aus grobem Versehen zugefügten unmittelbaren Schadens nicht für befreit. Zum wirklichen unmittelbaren Schaden rechnet es aber auch den entgangenen Gewinn im Sinne des § 13 A.L.R. I. 6, also den Gewinn, den A. St. durch den gewöhnlichen Gebrauch desjenigen, woran er gekränkt worden, erlangt haben würde, wenn seine Beschädigung nicht erfolgt wäre, das ist: den üblichen Arbeitslohn.

Diese Stellung des entgangenen Gewinnes im Sinne des § 13 A.L.R. I. 6 unter den unmittelbaren Schaden entspricht nicht den Bestimmungen der §§ 2. 12. 13. 15. 18. 111. 118 A.L.R. I. 6. Der Gegensatz des unmittelbaren und mittelbaren Schadens führt zwar, wie der Gegensatz zwischen den unmittelbaren und mittelbaren Folgen einer Handlung (§§ 4. 5 A.L.R. I. 3) auf die Ursache, der Gegensatz des damnum emergens, der Vermögenseinbuße, und des lucrum cessans, der Vereitelung von Gewinn, auf die Wirkung zurück. Die Ursache, der zureichende Grund einer Erscheinung, der Wirkung, kann eine unmittelbare, die durch sich selbst und allein wirkt, oder eine mittelbare sein, die durch andere Ursachen wirkt. Je nach dem Wirken einer einfachen, oder zusammengesetzten Kausalität liegt also ein unmittelbarer, oder mittelbarer Schade vor. Betrachtet man die Arbeitskraft und die durch sie begründete Erwerbsfähigkeit des Menschen als den dem schädigenden Ereignisse ausgesetzten Gegenstand, so kann die Zerstörung oder Schädigung der Arbeitskraft und der Erwerbsfähigkeit als positiver und je nach der die Schädigung bewirkenden Ursache als unmittelbarer Schade erachtet werden. Die Verbrennung der Füße und die durch den pathologischen Verlauf des Heilungsprozesses entstandene Verstümmelung der Füße und der dadurch bewirkte Verlust der Erwerbsfähigkeit sind durch ein und dasselbe Ereignis verursacht. Von diesem Gesichtspunkte aus ließe sich somit der Verlust der Erwerbsfähigkeit unter den Begriff des unmittelbaren Schadens stellen. Der Anschlag einer Rente, die dem Verdienste entspräche, den der Beschädigte ohne den Eintritt des schädigenden Ereignisses gehabt haben würde, ließe sich dann als eine Form der Bewertung des Verlustes auffassen.

Dies ist aber nicht der Standpunkt des preußischen Allgemeinen Landrechtes. Es rechnet zwar gemäß § 1 I. 6 jede Verschlimmerung des Zustandes eines Menschen in Ansehung seines Körpers zum Schaden. Schon die Definition des § 2 A.L.R. I. 6: „wird ein solcher Nachteil durch eine Handlung oder Unterlassung unmittelbar und zunächst bewirkt", läßt aber entnehmen, daß im Sinne des Landrechtes sich dem Begriffe der Unmittelbarkeit auch noch das Moment der sofortigen Erkennbarkeit der Wirkung, der zeitlichen Nähe des Hervortretens derselben beigesellt hat. Indem das Landrecht ferner in den Bestimmungen der §§ 115—122 I. 6 als den zugefügten Schaden nicht den gänzlichen oder teilweisen Verlust der Erwerbsfähigkeit als solchen, sondern dessen Folgen, den Entgang des Erwerbes, aufstellt, reiht sich dieser Schade unter den entgangenen Gewinn im Sinne des Landrechtes. Gegen die in der Entscheidung des erkennenden Senates vom 21. Dezember 1893, Rep. VI. 259/93,

Entsch. des R.G.'s in Civils. Bd. 32 S. 319,

ausgesprochene Annahme, daß gemäß der eine Anwendung der allgemeinen Grundsätze über Schadensersatz enthaltenden Bestimmungen der §§ 111. 118 A.L.R. I. 6 bei Körperverletzungen die Kur- und Heilungskosten den unmittelbaren Schaden bilden, lassen sich demnach auch die allgemeinen Begriffe des Landrechtes über Mittelbarkeit und Unmittelbarkeit nicht verwerten. Drückt die mitwirkende Verschuldung des Beschädigten gemäß § 18 A.L.R. I. 6 die Haftung des „Beleidigers" auf das Maß der Haftung für geringes Versehen (§ 15

A.L.R. I. 6) herab, so muß sich die Haftung auch auf den gemäß §§ 118. 111 A.L.R. I. 6 für geringes Versehen bei Körperverletzungen bestimmten Umfang beschränken.

Hiernach konnte nur der vom Vater des Beschädigten auf Ersatz der Kurkosten erhobene und dem Grunde nach vom Berufungsgericht als gerechtfertigt erklärte Anspruch für begründet erachtet werden.

Demgemäß war das Urteil des Berufungsgerichtes insoweit aufzuheben, als durch dasselbe der Anspruch des Klägers A. St. dem Grunde nach für gerechtfertigt erklärt ist, und in der Sache selbst die Berufung des Klägers A. St. gegen das Urteil des Landgerichtes ... zurückzuweisen. Im übrigen war die Revision zurückzuweisen." ...

---

67. Zur Auslegung der Tarifstelle 70c des Stempelsteuergesetzes vom 31. Juli 1895.

IV. Civilsenat. Urt. v. 14. März 1898 i. S. Feuerversicherungsbank für Deutschland (Kl.) w. preuß. Fiskus (Bekl.). Rep. IV. 286/97.

I. Landgericht I Berlin.
II. Kammergericht daselbst.

Die Klägerin hat bei der Versteuerung von 76 Feuerversicherungsverträgen, welche von ihr mit verschiedenen Personen auf je mehrere Jahre abgeschlossen sind, die nach dem preußischen Gesetze vom 31. Juli 1895 erforderliche Stempelsteuer in der Art berechnet, daß sie die versicherte Summe mit der Zahl der Versicherungsjahre multipliziert und diese Gesamtsumme als Gegenstand der Besteuerung zu dem Steuersatze von $^1/_{1000}$ vom Hundert angenommen hat (Tarifposition 70c). Die Steuerbehörde ist dagegen der Ansicht, daß den Gegenstand der Besteuerung die versicherte Summe als solche, ohne Rücksicht auf die Versicherungsdauer, bilde, und daß von dieser Summe zunächst der Stempelbetrag für ein Versicherungsjahr nach dem Steuersatze von $^1/_{1000}$ vom Hundert berechnet, und der so gewonnene Stempelbetrag sodann mit der Zahl der Versicherungsjahre multipliziert werden müsse. Der praktische Unterschied zwischen den beiden

Berechnungsarten besteht darin, daß im ersten Falle die Stempelabgabe nur einmal — nach der Abstufung von 10 ₰ für je 10000 ℳ oder einen Bruchteil dieses Betrages — abzurunden ist, im anderen Falle so viele Male, als Versicherungsjahre in Betracht kommen. Hieraus ergiebt sich für die Stempelabgaben von den oben gedachten 76 Feuerversicherungsverträgen, je nachdem die eine, oder die andere Berechnungsart in Anwendung gebracht wird, eine Differenz von 15,60 ℳ. Die Klägerin hat diese Summe durch nachträgliche Entwertung von Stempelmarken gezahlt und fordert sie nunmehr von dem preußischen Stempelfiskus zurück.

Die Klage ist in allen Instanzen abgewiesen worden.

Gründe:

„Die Tarifposition 70c zu dem Stempelsteuergesetze vom 31. Juli 1895 lautet:

„Versicherungsverträge, auch in der Form von Policen und deren Verlängerungen, wenn sie betreffen:

Versicherungen gegen andere Gefahren (Feuer-, Hagel-, Viehversicherungen u. s. w.), für jedes Jahr der Versicherungsdauer

$^1/_{1000}$ vom Hundert

d. i. 1 ₰ von 1000 ℳ der versicherten Summe in Abstufungen von 10 ₰ für je 10000 ℳ oder einen Bruchteil dieses Betrages."

Die Vorschrift bildet, wie das Berufungsgericht mit Recht annimmt, ein einheitliches Ganzes und ist von diesem Gesichtspunkte aus zu interpretieren. Sie besagt klar und unzweideutig, daß den Gegenstand der Besteuerung die versicherte Summe, und also diejenige Summe ausmache, welche der Versicherer als „Vergütung des aus einer bestimmten Gefahr die versicherte Sache treffenden Schadens" zu entrichten übernimmt (§ 1934 A.L.R. II. 8). Diese Versicherungssumme wird durch die Dauer der Versicherung nicht geändert. Von ihr soll die Stempelabgabe zu dem Steuersatze von $^1/_{1000}$ vom Hundert, d. h. von 1 ₰ von 1000 ℳ in Abstufungen von 10 ₰ für je 10000 ℳ oder einen Bruchteil dieses Betrages, berechnet werden, Diese Stempelabgabe soll bei einjähriger oder kürzerer (Tarifposition 70c Abs. 2) Versicherung einmal, bei mehrjähriger Versicherung so viele Male, als Versicherungsjahre oder deren Bruchteile in Betracht kommen, erhoben werden. Bei einem Versicherungsvertrage also, welcher über 12000 ℳ auf 4 Jahre geschlossen ist, würde die Stempelabgabe in der Weise zu ermitteln sein, daß zunächst $^1/_{1000}$ Prozent von 12000 ℳ berechnet wird. Der sich ergebende Betrag von 12 ₰ wäre auf 20 ₰ abzurunden. Diese Summe würde die Jahresabgabe — die Stempeleinheit — bilden. Dieselbe müßte bei der vierjährigen Versicherung viermal genommen werden, um so im Betrage von 80 ₰ die zu erhebende Stempelabgabe darzustellen. Unter Anwendung dieser Grundsätze hat die Steuerbehörde mit Recht von der Klägerin einen Stempelbetrag von 15,60 ℳ nachgefordert, und es ist daher die auf Erstattung dieses Betrages gerichtete Klage unbegründet.

Unter der Herrschaft des Gesetzes vom 7. März 1822 (Tarifposition „Assekuranz-Policen") wurde die Versicherungsprämie als der steuerpflichtige Gegenstand des Versicherungsvertrages betrachtet, und bei mehrjährigen Versicherungen die Gesamtsumme der Jahresprämien der Versteuerung zu Grunde gelegt.

Vgl. Striethorst, Archiv Bd. 55 S. 258.

In Übereinstimmung hiermit bestimmt die Tarifposition 70b des Gesetzes vom 31. Juli 1895, daß bei Unfall- und Haftpflichtversicherungen die Stempelabgabe von dem Gesamtbetrage der verabredeten Prämien zu berechnen sei. In der Tarifposition 70c dagegen ist das Prinzip der Prämienbesteuerung verlassen. Für dieselbe ist daher die auf diesem Prinzipe beruhende Berechnung der Stempelabgabe weder unmittelbar noch analog anwendbar."

---

68. Ist das Kündigungsrecht des Mieters im Falle des § 312 A.L.R. I. 21 von der vorgängigen Stellung eines Untermieters bedingt, wenn der Vermieter auf die Anfrage des Mieters wegen der Gestattung der Untervermietung eine diese ausschließende Erklärung abgiebt?

VI. Civilsenat. Urt. v. 17. März 1898 i. S. E. (Bekl.) w. P. (Kl.). Rep. VI. 433/97.

I. Landgericht I Berlin.
II. Kammergericht daselbst.

Der Kläger hatte in dem Hause des Beklagten eine Wohnung um einen Jahresmietzins von 3240 ℳ bis zum 1. Oktober 1897 gemietet und wünschte diese Wohnung schon am 1. Oktober 1896 zu verlassen. Nach fruchtlosen Verhandlungen mit dem Beklagten über die Weitervermietung der Wohnung stellte der Kläger mit Brief vom 11. Juni 1896 an den Beklagten die Anfrage, ob er darein willige, daß er ihm eine geeignete Persönlichkeit als Untermieter stelle, der also in seinen Vertrag für die Dauer desselben bis zum 1. Oktober 1897 eintrete. Auf die schriftliche Erwiderung des Beklagten vom 19. Juni 1896, er nehme einen neuen Mieter nur unter der Bedingung an, daß dieser keine Ansprüche an den Wirt stelle und sich einschließlich des von dem Kläger noch zu zahlenden Jahres auf weitere fünf Jahre zu einem Mietpreise von 3800 ℳ verpflichte, erklärte der Kläger mit Brief vom 20. Juni 1896, daß er sich, da der Beklagte ihm die Stellung eines Untermieters für die Dauer seines Vertrages nicht gestatte, auf den gesetzlichen Standpunkt stelle und auf Grund des § 312 A.L.R. I. 21 die Wohnung zum 1. Oktober 1896 kündige. Da der Beklagte den Auszug nicht gestattete, erwirkte der Kläger beim Amtsgericht eine einstweilige Verfügung, gemäß welcher ihm gegen Hinterlegung von 3300 ℳ die sofortige Räumung der Wohnung gestattet wurde. Auf Grund dieser einstweiligen Verfügung hinterlegte der Kläger bei der Konsistorial-, Militär- und Baukasse 3300 ℳ, räumte die Wohnung und erhob nun Klage gegen den Beklagten auf Einwilligung zur Auszahlung der hinterlegten Summe nebst den Hinterlegungszinsen an ihn. Der Beklagte bestritt die Berechtigung des Klägers zur Kündigung, beantragte die Abweisung der Klage und erhob Widerklage auf Verurteilung des Klägers zur Bezahlung von 810 ℳ nebst 5 Proc. Zinsen seit dem 1. Oktober 1896.

Durch Urteil des Landgerichtes wurde der Beklagte zur Einwilligung in die Auszahlung der hinterlegten Summe von 3300 ℳ nebst den aufgelaufenen Hinterlegungszinsen an den Kläger verurteilt und mit der erhobenen Widerklage abgewiesen. Die Berufung und die Revision des Beklagten wurden zurückgewiesen, letztere aus folgenden

Gründen:

„Das Berufungsgericht sieht in dem Antwortschreiben des Beklagten vom 19. Juni 1896 die grundlose Verweigerung der Annahme eines Untermieters und erachtet demgemäß den Kläger gemäß § 312 A.L.R. I. 21 zur Kündigung innerhalb der in § 344 desselben Titels bestimmten Frist für berechtigt.

Die Revision macht zunächst geltend, das vom Mieter an den Vermieter gestellte Verlangen, vor Bezeichnung des Untermieters eine Erklärung wegen der Untermiete abzugeben, sei ein unberechtigtes; jedenfalls aber verpflichte es den Vermieter nicht zu einer bindenden Erklärung.

Rehbein spricht sich allerdings in den Entscheidungen des Obertribunals Bd. 3 S. 838 Anm. c dahin aus, die Genehmigung der Untermiete müsse unter Angabe der Person des Untermieters nachgesucht werden, weil der Vermieter ohnedies sein Prüfungsrecht nicht ausüben könne. Dies erkenne auch das Obertribunal Bd. 59 S. 161 an, ziehe aber aus der besonderen Sachlage doch eine andere Folge. Ein Recht zur Kündigung habe nur der Mieter, der aftervermieten wolle und eine Person habe, deren Aufnahme der Vermieter nicht versagen dürfe. Der Revision ist auch ferner einzuräumen, daß in dem durch das Urteil des erkennenden Senates vom 17. Juni 1895,

Entsch. des R.G.'s in Civils. Bd. 35 S. 314,

entschiedenen Falle der Mieter zunächst einen Untermieter gestellt hatte.

Dennoch ist sowohl in der Entscheidung des Obertribunales vom 14. Oktober 1867,

Entsch. des Obertribunals Bd. 59 S. 161,

als in dem Urteile des Reichsgerichtes vom 17. Juni 1895,

Entsch. des R.G.'s in Civils. Bd. 35 S. 314,

anerkannt, daß die Kündigungsbefugnis des Mieters im Falle allgemeiner und unbedingter Versagung der Untermiete von der vorgängigen Stellung eines Untermieters nicht bedingt sei. Die Entscheidung des Obertribunales erkennt zwar an, daß der Vermieter vor der Bezeichnung einer bestimmten Person als Untermieters jede Erklärung über die Gestattung der Untermiete ablehnen dürfe, ohne sich der Kündigungsbefugnis des Mieters auszusetzen, erachtet aber ebenso den Vermieter für berechtigt, seine Erklärung schon vor der Bezeichnung eines Untermieters zur Vermeidung jeder ferneren Verhandlung hierüber abzugeben, für den Fall allgemeiner Versagung den Mieter aber nicht für verpflichtet, einen etwaigen Untermieter namhaft zu machen. Das erwähnte

Urteil des erkennenden Senats beschränkt sich nicht auf die Prüfung der Zurückweisung des gestellten Untermieters, sondern folgert aus der Erklärung des Vermieters, er nehme nur altrenommierte Geschäfte auf, eine zur Kündigung berechtigende Weigerung. Von dem in den beiden Erkenntnissen ausgesprochenen Grundsatze abzugehen, erschien kein Anlaß gegeben.

Die auch in das Bürgerliche Gesetzbuch übergegangene Bestimmung (§ 549 B.G.B.) soll, abweichend von dem lediglich das Vertragsrecht berücksichtigenden gemeinen Recht, auch dem für das Mietverhältnis belangreichen gegenseitigen persönlichen Vertrauen Rechnung tragen. Dem Vermieter soll kein Untermieter aufgedrängt werden. Andrerseits kann, wenn keine begründeten Einwendungen gegen den Untermieter bestehen, die Verweigerung der Untermiete als Schikane erscheinen. Dem Interesse des Mieters wird für diesen Fall das Kündigungsrecht eingeräumt. Muß dem Vermieter ein Prüfungsrecht zustehen, so würde das Erfordernis der Stellung eines Untermieters sich doch zu einem bloßen Formalismus gestalten, wenn der Vermieter von vornherein erklärt, daß er das Prüfungsrecht nicht ausüben wolle, da er sich auf eine Untermiete überhaupt nicht einlasse. Stellt sich der Vermieter sofort auf den Standpunkt, der den Gesetzgeber bestimmt, das Interesse des Mieters durch Gewährung des Kündigungsrechtes zu wahren, so ist nicht abzusehen, warum noch vor der Ausübung dieses Rechtes ein Vorstadium von Verhandlungen durchgemacht werden sollte, dessen Zwecklosigkeit von vornherein feststünde. Zudem würde es dem Mieter wohl nicht gelingen, einen Untermieter zum Zwecke der bloßen Vorstellung zu gewinnen. Ob die Verweigerung der Untermiete schlechthin, oder durch Aufstellung sie ausschließender Bedingungen erfolgt, erscheint gleichgültig.

Die weiteren Angriffe der Revision betreffen die Auslegung der Erklärungen der Parteien vom 11. Juni und 19. Juni 1896. Die Darlegung des Inhaltes und Sinnes dieser Erklärungen fällt in das Gebiet der einer Nachprüfung in der Revisionsinstanz entzogenen thatsächlichen Feststellung. Das Berufungsgericht stellt in dieser Beziehung fest, daß der Brief vom 11. Juni 1896 die deutliche und unzweideutige Anfrage wegen der Gestattung der Untermiete enthielt, der Beklagte über diesen Sinn der Anfrage nicht im Zweifel sein konnte, dessen Antwortschreiben vom 19. Juni 1896 aber die unbedingte Ablehnung der Untermiete zum Ausdruck brachte. Ein Verstoß gegen Auslegungsregeln ist nicht ersichtlich." ...

---

69. Haftet der Schiedsrichter für ein bei Erlassung des Schiedsspruches begangenes Versehen?

VI. Civilsenat. Urt. v. 21. März 1898 i. S. der Deutschen Volksbau-Aktiengesellschaft (Kl.) w. L. (Bekl.). Rep. VI. 350/97.

I. Landgericht I Berlin.
II. Kammergericht daselbst.

In den bei dem Landgerichte I Berlin anhängig gewesenen Prozessen des Kaufmannes B. gegen die Deutsche Volksbaugenossenschaft, eingetragene Genossenschaft mit beschränkter Haftpflicht, hatten diese Parteien einen Schiedsvertrag geschlossen, wonach sämtliche zwischen ihnen schwebende Streitigkeiten von einem durch das Prozeßgericht zu ernennenden Sachverständigen geschlichtet werden sollten, diesem auch die Entscheidung über die gerichtlichen und außergerichtlichen Kosten übertragen wurde. Die Streitigkeiten hatten die Ansprüche der Genossenschaft für die von ihr im Auftrage B.'s ausgeführte Bebauung eines Grundstückes betroffen. Das Landgericht hatte zum Schiedsrichter den jetzigen Beklagten ernannt, der sich der Aufgabe unterzogen und das schiedsgerichtliche Urteil erlassen hatte.

Die Klägerin verlangte nun als Cessionarin der genannten Genossenschaft mit der erhobenen Klage die Verurteilung des Beklagten zur Bezahlung von 1672,29 ℳ als Schadensersatz. Zur Klagebegründung versuchte sie unter Eingehen auf einzelne Positionen der Baurechnung und der hierauf bezüglichen Entscheidungen des Schiedsspruches darzulegen, daß der Beklagte vielfach, ohne sich die Kenntnis der sachlichen Grundlagen, insbesondere durch wiederholte Besichtigung des Bauwesens, verschafft zu haben, ohne nähere Begründung, teilweise aus Irrtum oder Kleinlichkeit zu Unrecht Abstriche in dem genannten Betrage an der Baurechnung gemacht habe. Hiernach falle dem Beklagten grobes Versehen bei Fällung des Schiedsspruches zur Last, und für solches Verschulden hafte der Beklagte jedenfalls nach den für die Verantwortlichkeit des Schiedsrichters maßgebenden Vorschriften des preußischen Allgemeinen Landrechtes, betreffend die Verträge über Handlungen.

Die Berufung der Klägerin gegen das die Klage abweisende Urteil erster Instanz wurde zurückgewiesen. Die von ihr eingelegte Revision ist gleichfalls zurückgewiesen, aus folgenden

Gründen:

„Das Berufungsgericht geht im Anschluß an das in den Entsch. des R.G.'s in Civils. Bd. 38 S. 338 flg. mitgeteilte Urteil des IV. Civilsenates vom 18. Januar 1897 davon aus, daß der Spruchrichter nach preußischem Rechte von den Parteien nicht schon wegen eines bei der Urteilsfällung begangenen Versehens, sondern nur im Falle seiner Arglist in Anspruch genommen werden könne, und ist der Ansicht, daß, obwohl das Verhältnis der Kompromittierenden zum Schiedsrichter auf einem Vertrage (receptum) beruhe, doch im wesentlichen diejenigen Gründe, welche zu jener Begrenzung der Haftung des Spruchrichters nötigen, auch für die Stellung des Schiedsrichters und das Maß seiner Verantwortlichkeit als maßgebend zu erachten seien.

Die Revision hält diesen Standpunkt für rechtsirrtümlich. Geltend gemacht wird: der zwischen den Parteien und dem Schiedsrichter geschlossene Vertrag sei allein für den Umfang der Verantwortlichkeit des Schiedsrichters maßgebend; denn nur auf Grund dieses Vertrages, also freiwillig, werde der Schiedsrichter thätig. Demnach könne nach dem preußischen Rechte nicht daran gezweifelt werden, daß der Schiedsrichter wegen Fehler im Schiedsspruche mindestens für grobes Versehen einzustehen habe.

Die Auffassung des Berufungsgerichtes ist jedoch als die richtige anzuerkennen. Zunächst tritt der erkennende Senat für das preußische Recht in Ansehung der Haftung des Spruchrichters der in dem angeführten Urteile des IV. Civilsenates ausgesprochenen Ansicht bei. Wollen Parteien die Entscheidung der zwischen ihnen schwebenden Rechtsstreitigkeit einem Schiedsrichter unterbreiten, so gehört neben dem Schiedsvertrag zur Ausführung desselben noch der zwischen den Parteien und dem Schiedsrichter zu schließende Vertrag, das sogenannte receptum arbitri. Das Berufungsgericht unterstellt auch hier, in Übereinstimmung mit der Klägerin und dem Beklagten, den Abschluß dieses Vertrages. Diese Annahme ist gerechtfertigt, insofern das frühere Prozeßgericht in Vertretung der damaligen Parteien den Beklagten als Schiedsrichter wählte, und dies dem letzteren bei der Annahme der Wahl bekannt war. Wo die Gesetzgebung das Rechtsverhältnis zwischen den kompromittierenden Parteien und dem Schiedsrichter positiv regelt (wie das sächsische B.G.B. § 1421; vgl. auch den Dresdener Entwurf über Schuldverhältnisse Art. 1041), hat es bei den aus solcher Regelung für die Frage der Haftung des Schiedsrichters gegenüber den Parteien zu ziehenden Konsequenzen sein Bewenden (vgl. Seuffert's Archiv Bd. 25 Nr. 107). Im römischen Rechte war mit dem compromissum und receptum notwendig ein Strafgeding verbunden. Entzog sich eine Partei dem Verfahren vor dem Schiedsrichter, oder weigerte sie dem Schiedsspruche den Gehorsam, so war dem anderen Teile die Klage auf die poena gegeben. Andererseits stand der Schiedsrichter in Ansehung seiner Funktionen unter der Aufsicht und dem Zwange der Obrigkeit (des Prätors). Zweifel an der Gerechtigkeit und Billigkeit des Schiedsspruches allein berechtigten jedoch weder ein solches Einschreiten, noch eine Partei zur Verweigerung des Gehorsams. Wo dagegen der Vorwurf der Rechtsbeugung durch den Schiedsrichter begründet war, schritt der Prätor ein, und war der verletzten Partei gegen die petitio poenae eine exceptio gegeben (vgl. Dig. de rec. 4, 8; Cod. de rec. arb. 2, 56; Nov. 82 c. 11). Die Schriftsteller des gemeinen Rechtes befassen sich kaum mit der Erörterung darüber, unter welche Vertragskategorie das receptum zu stellen sei, wenn ihm auch da und dort Mandatscharakter zugesprochen wird.

Vgl. Glück, Erläuterung der Pandecten Bd. 6 S. 73 flg.; Seuffert, Pandekten § 351; Arndts, Pandekten § 270 Anm. 2; Sintenis, Civilrecht Bd. 2 § 107 Anm. 88. 127; Windscheid, Pandekten Bd. 2 § 417; Kohler in Gruchot's Beiträgen Bd. 31 S. 324.

Daubenspeck (Die Schiedsgerichte für Regulierung der Bergschäden S. 43) leitet für das gemeine Recht aus dem von ihm unterstellten Mandatscharakter des receptum die Haftung des Schiedsrichters auch für levis culpa ab, wogegen Weizsäcker (Das römische Schiedsrichteramt

S. 63 flg.), Mayer (Die Vereinbarung schiedsrichterlicher Rechtsstreitentscheidung S. 60. 92) und Matthiass (Die Entwicklung des römischen Schiedsgerichts S. 24) wesentlich mit Rücksicht auf die eigentümliche Stellung und Funktion des Schiedsrichters den Parteien eine Klage gegen denselben nur im Falle seines dolus, einer Rechtsbeugung, zugestehen. Das preußische Recht bestimmt über die hier allein zur Entscheidung stehende Frage, inwieweit der Schiedsrichter wegen Pflichtwidrigkeiten beim Schiedsspruche von den Parteien in Anspruch genommen werden kann, nichts. Das Allgemeine Landrecht enthält über den Schiedsvertrag und das receptum überhaupt keine Vorschriften; denjenigen der Allgemeinen Gerichtsordnung (I. 2 §§ 167 flg.) ist für jene Frage unmittelbar nichts zu entnehmen. Dies gilt auch von den Vorschriften der Reichscivilprozeßordnung (§§ 851 flg.). Dieselben stehen aber zum mindesten einer freien Beurteilung der Haftung des Schiedsrichters nicht entgegen, wenn auch die Auffassung, daß das receptum neuerdings zu einer Einrichtung des öffentlichen Rechtes geworden sei, nicht als eine begründete anzuerkennen ist. Für das preußische Recht wird darüber gestritten, unter welche Vertragskategorie das receptum arbitri zu stellen sei. Koch bezeichnet es als mietsähnlichen Innominatkontrakt (Privatrecht Bd. 2 S. 483; Recht der Forderungen Bd. 3 S. 93); Gruchot (Beiträge Bd. 16 S. 36), v. Daniels (Lehrbuch des gemeinen preußischen Privatrechts Bd. 4 S. 196; Handbuch der preußischen Civilrechtspflege Bd. 1 S. 362 Anm. 4) und Daubenspeck (a. a. O.) betrachten es als eine Art des Vollmachtsvertrages, Rehbein (Entsch. des Obertrib. Bd. 2 S. 557 Anm.) dagegen, in Übereinstimmung mit der Judikatur des preußischen Obertribunals (Entsch. desselben Bd. 45 S. 435; Striethorst, Archiv Bd. 41 S. 207; Gruchot, Beiträge Bd. 1 S. 481), als Vertrag über Handlungen (vgl. auch Eccius, Preuß. Privatrecht Bd. 1 § 49 a). Gruchot und Daubenspeck ziehen aus ihrer Auffassung die Konsequenz, daß der Schiedsrichter den Parteien aus Pflichtwidrigkeiten bei der Spruchfällung nach Maßgabe der §§ 55 flg. A.L.R. I. 13 für schuldbares Versehen einzustehen habe. Gerade für diese Frage muß aber dahingestellt bleiben, ob das receptum sich unter eine der im Landrechte normierten Vertragsarten subsumieren läßt, und welche als die passende erscheinen mag. Der Vertrag zwischen den Parteien und dem Schiedsrichter ist nach seinem Inhalte und

Gegenstande ein eigenartiger Vertrag, der in dieser Hinsicht, soweit nicht ausdrückliche Vorschriften entgegenstehen, eine besondere Beurteilung erheischt. Die allgemeinen Bestimmungen in §§ 277 flg. A.L.R. I. 5 (§§ 16 flg. A.L.R. I. 3) stehen nicht entgegen. Die Natur des Vertrages widerstrebt insbesondere der Anwendung der daselbst aufgestellten Gesichtspunkte, nach welchen sich die Haftung der in einem Vertragsverhältnisse Stehenden abstuft. Die Eigenartigkeit des Vertrages besteht darin, daß die Parteien entsprechend dem Schiedsvertrage einem Dritten die Funktion eines Richters über die zwischen ihnen streitige Angelegenheit übertragen, den Schiedsrichter in die Stellung des vom Staate bestellten Richters über sich erheben, und die von den Parteien gewählte Person diese Stellung und Funktion übernimmt. Der Schiedsrichter soll nach dem Vertrage den zwischen den Kompromittierenden bestehenden Streit entscheiden, unabhängig wie der Richter, und er hat zu diesem Behufe im wesentlichen dieselbe geistige Thätigkeit zu entfalten, wie dieser, nur daß, sofern der Schiedsvertrag und das receptum nicht besondere Schranken setzen, die Stellung des Schiedsrichters gegenüber dem materiellen Rechte und dem Prozeßgesetze eine viel freiere ist, als diejenige des Staatsrichters.

Vgl. Civilprozeßordnung § 860; Motive dazu S. 476; Entsch. des R.G.'s in Civils. Bd. 23 S. 436.

Hiermit verträgt sich die Annahme der Haftung des Schiedsrichters wegen Versehens, auch wegen groben Versehens, bei Abgabe des Spruches nicht. Auch er soll und muß möglichst unbefangen und frei von der Furcht, nach Abgabe des Schiedsspruches wegen eines solchen Versehens in Anspruch genommen zu werden, seine Aufgabe erfüllen können. Soweit es sich um die Anwendung von Gesetzen oder um die Auslegung von Urkunden handelt, liegt die Notwendigkeit dieser Auffassung ganz klar vor. Was das Verfahren betrifft, so sind die Parteien durch die Vorschriften der §§ 867 flg. C.P.O. geschützt. Haben sie wesentliche Bestimmungen des Verfahrens als Grundlage für den Schiedsspruch vereinbart, so kommt ihnen im Falle einer Verletzung dieser Vertragsbestimmungen insbesondere die Vorschrift des § 867 Ziff. 1 zu statten. Soweit es mit dem Wesen des Schiedsvertrages und des Schiedsspruches vereinbar ist, wird den Parteien hiernach durch das Gesetz die Möglichkeit, die Aufhebung des Schiedsspruches zu erlangen, gewährleistet. Daneben steht nichts im Wege, daß die Parteien, wenn sie es für angemessen erachten, als eine Garantie für einen sachgemäßen und gerechten Schiedsspruch noch eine schiedsrichterliche Rekursinstanz vereinbaren. Hierzu kommt, daß die Reichsgesetze die richterliche und die schiedsrichterliche Funktion, das gerichtliche Urteil und den Schiedsspruch in einigen wichtigen Beziehungen auf gleicher Linie behandeln. Der Schiedsspruch kann (§ 867 Ziff. 6 C.P.O.) aus den gegenüber den Urteilen der Gerichte in § 543 Ziff. 1—6 statuierten Restitutionsgründen angefochten werden, während die Aufhebung eines Schiedsspruches wegen eines neu aufgefundenen Urteiles oder einer neu aufgefundenen Urkunde (§ 543 Ziff. 7 a. a. O.) bemerkenswerterweise deshalb ausgeschlossen ist, weil diese Aufhebung eine materielle Beurteilung der Sache durch das staatliche Gericht erfordern würde (Motive S. 478 flg.). Die Ablehnung eines Schiedsrichters ist (§ 858 Abs. 1 C.P.O.) aus denselben Gründen und unter denselben Voraussetzungen gestattet, wie die Ablehnung des Richters. Sodann ist die Rechtsbeugung durch einen Schiedsrichter unter dasselbe Strafgesetz gestellt, wie diejenige durch einen Richter, und ebenso sind in Ansehung der Bestechung Richter und Schiedsrichter strafgesetzlich gleichgestellt (§§ 334—336 St.G.B.). Wenn auch hieraus nicht der Schluß gezogen werden darf, daß der Schiedsrichter eine öffentlichrechtliche Stellung habe, oder daß dem Schiedsspruche eine formell autoritative Bedeutung zukomme (dagegen vgl. §§ 866. 868 C.P.O.), so folgt daraus doch, daß die Gesetze die Funktion des Schiedsrichters ähnlich wie diejenige des Richters betrachten und unter staatlichen Schutz stellen. Diese Erwägungen nötigen zu der Annahme, daß ein Schiedsrichter in Beziehung auf seinen Spruch, wo nicht aus positiven gesetzlichen Bestimmungen eine weitergehende Haftung zu entnehmen ist, von der Partei nur unter derselben Voraussetzung in Anspruch genommen werden kann, wie der Richter, im Gebiete des preußischen Rechtes also nur dann, wenn er vorsätzlich das Recht gebeugt hat.

Vgl. Entsch. des R.G.'s in Civils. Bd. 38 S. 341.

Es ist auch ohne weiteres davon auszugehen, daß die Parteien selbst da, wo ihnen nicht das maßgebende Landesrecht eine andere Auffassung an die Hand giebt, nicht an ein höheres Maß der Verantwortlichkeit denken. Der Vorwurf eines arglistigen Verhaltens des Beklagten, einer Rechtsbeugung, ist von der Klägerin nicht erhoben und wäre in ihrem thatsächlichen Vorbringen nicht begründet, wie das Berufungsgericht mit Recht annimmt.

Zu demselben Ergebnisse gelangt man für das preußische Recht auch, wenn man von dem receptum als Grundlage der Thätigkeit des Schiedsrichters im konkreten Falle absehen müßte. Es kämen dann die Vorschriften des Allgemeinen Landrechtes über die Haftung aus unerlaubten Handlungen in Frage. Diejenigen in §§ 88 flg. II. 10 über die Haftung der Beamten bei Ausübung ihres Amtes können auf den Schiedsrichter, der eben kein Beamter ist, nicht übertragen werden. Der Anwendung dieser wie der allgemeinen Bestimmungen in Teil I Tit. 6 des Allgemeinen Landrechtes stehen gleichmäßig die zuvor ausgeführten, zumal die aus der Eigenartigkeit der Stellung und Thätigkeit des Schiedsrichters entnommenen Gründe entgegen, die zur analogen Beurteilung der Haftung des Schiedsrichters, wie bei dem Richter, führen.

Die Prüfung der Frage, ob die Klägerin wegen ihrer vermeintlichen Beschwerden Abhilfe auf dem in § 867 C.P.O. geordneten Wege verlangen könnte, und ob die Inanspruchnahme des Schiedsrichters überhaupt zulässig ist, bevor zutreffendenfalles dieser Weg beschritten ist, erübrigt sich, da schon nach dem Ausgeführten die Revision als unbegründet zurückgewiesen werden muß." ...

---

70. Ist es zulässig, den Ersatz des Minderwertes (§ 8 Abs. 2 des Enteignungsgesetzes) dadurch zu leisten, daß dem Enteigneten statt einer Geldentschädigung der Erwerb einer den Minderwert ausgleichenden Landfläche zu angemessenem Preise angeboten wird?

V. Civilsenat. Urt. v. 30. März 1898 i. S. B. (Kl.) w. preuß. Staatsbauverwaltung (Bekl.). Rep. V. 324/97.

I. Landgericht Münster.
II. Oberlandesgericht Hamm.

Der Kläger verlangte eine Entschädigung von ursprünglich 8000 ℳ dafür, daß ihm durch Enteignung von 28 Morgen von seinem etwa 307 Morgen großen Gute zum Bau des Dortmund-Ems-Kanales die Privatjagdberechtigung auf dem ihm verbliebenen Restgute verloren gegangen war. Er erstritt in erster Instanz ein obsiegliches Urteil in Höhe von 4000 ℳ, welches auf die Berufung der Beklagten in zweiter Instanz dahin abgeändert wurde, daß die Beklagte nur schuldig sei, an den Kläger 400,60 ℳ nebst Zinsen zu zahlen.

Auf Revision des Klägers ist dieses Urteil aufgehoben, und die Sache in die Berufungsinstanz zurückverwiesen worden.

Aus den Gründen:

... „Der Berufungsrichter ist zu dem Ergebnisse, die dem Kläger zuzusprechende Entschädigung auf nur 400,60 ℳ festzusetzen, obwohl er feststellt, daß Kläger durch den Wegfall der Jagd einen jährlichen Ertragsverlust von 71,20 ℳ erleidet, von der Annahme aus gelangt, daß Kläger verpflichtet gewesen sei, die ihm von der Beklagten zum Preise von 32 ℳ pro Ar zum Kaufe angebotenen beiden Parzellen von zusammen 515 Ar käuflich zu erwerben und hierdurch seinen Grundbesitz wieder auf einen Flächenraum abzurunden, bei welchem er nach § 2 des Jagdpolizeigesetzes vom 7. März 1850 zur eigenen Ausübung des Jagdrechtes befugt sein würde. Diese Annahme ist, wie die Revision zutreffend rügt, rechtsirrtümlich. Ihre Unrichtigkeit ergiebt sich sofort, wenn man sich den Fall so denkt, daß der Fiskus bei einer Enteignung dem Grundbesitzer, um ihn nicht für den Verlust des Jagdrechtes nach § 8 Abs. 2 des Enteignungsgesetzes entschädigen zu müssen, eine der enteigneten Fläche entsprechende Morgenanzahl benachbarten Landes zum Erwerbe angeboten und dafür einen angemessenen Preis, der von der Enteignungsentschädigung in Abzug kommen solle, verlangt hätte. Auf ein solches Angebot einzugehen ist der Expropriat nach den Vorschriften des Enteignungsgesetzes vom 11. Juni 1874 nicht verpflichtet. Denn nach § 7 daselbst „wird die Entschädigung in Geld gewährt", und es unterliegt nach dem Zusammenhange, in welchem diese Vorschrift mit dem unmittelbar darauf folgenden § 8 steht, keinem Zweifel, daß dies grundsätzlich auch für diejenige Entschädigung gelten muß, die nach § 8 Abs. 2 für den Minderwert des dem Enteigneten verbleibenden übrigen Grundbesitzes zu gewähren ist. Die Geldentschädigung aber darf nicht wieder dadurch verkürzt werden, daß der Grundbesitzer genötigt wird, einen

Teil derselben im Interesse des Exproprianten aufzuwenden. Dies käme schließlich darauf hinaus, daß die Entschädigung nicht in Geld, sondern in Grund und Boden gewährt würde, während es hierbei, wie § 7 ausdrücklich vorschreibt, nur da verbleiben soll, wo es in Spezialgesetzen (vgl. z. B. A.L.R. I. 9 § 271, II. 15 § 20) besonders vorgeschrieben ist.

Vgl. auch Loebell, Enteignungsgesetz zu §§ 7 und 10.

Richtig ist allerdings, daß bei Abmessung der Höhe der Entschädigung darauf Bedacht genommen werden soll, den Enteigneten in den Stand zu setzen, einen gleichwertigen Grundbesitz wieder zu erwerben. Aber diese Erwägung kann nur für die Höhe der Entschädigung einen angemessenen Anhalt gewähren; sie darf nicht dahin führen, den Enteigneten zu solchem Erwerbe für verpflichtet zu erachten." ...

---

71. Ist nach den Grundsätzen des preußischen Allgemeinen Landrechtes und des märkischen Provinzialrechtes die Ehefrau berechtigt und verpflichtet, sich ohne Zuziehung ihres Ehemannes gegen die Klage aus einer obligatorischen Verpflichtung zu verteidigen, die sie mit Einwilligung ihres Ehemannes übernommen hat?[1]

A.L.R. II. 1 §§ 320. 329.

C.P.O. § 51 Abs. 2.

I. Civilsenat. Urt. v. 18. April 1898 i. S. Kr. (Kl.) w. Str. Ehefr. (Bekl.). Rep. I. 22/98.

I. Landgericht II Berlin.
II. Kammergericht daselbst.

Der Kläger nahm die verklagte Ehefrau im Wechselprozesse auf Zahlung aus einem Wechsel in Anspruch, den der Ehemann der Beklagten zahlbar bei Sicht an den Kläger auf die Beklagte gezogen, die Beklagte acceptiert hatte. Die Klage wurde gegen die Ehefrau allein erhoben. Die Beklagte beantragte die Abweisung der Klage, weil sie ohne Zuziehung ihres Ehemannes passiv nicht legitimiert, und weil die Klage auch materiell nicht begründet sei.

[1] Vgl. Bd. 39 dieser Sammlung Nr. 71 S. 281 u. Nr. 79 S. 306. D. R.

Der erste Richter wies die Klage als materiell unbegründet ab. Der Kläger legte gegen die Ehefrau „im Beistande ihres Ehemannes" Berufung ein. Nachdem der Konkurs über das Vermögen des Ehemannes eröffnet war, wurde die Berufungsschrift der Beklagten und dem Konkursverwalter zugestellt. Der Verwalter bat in einem Schreiben vom 28. September 1897, ihn nicht zuzuziehen, und erklärte seine Genehmigung, daß die Beklagte allein den Prozeß führe. Die Berufung wurde zurückgewiesen. Auf die Revision des Klägers ist das Berufungsurteil aufgehoben aus folgenden

Gründen:

„Der Berufungsrichter weist die Klage ohne Prüfung der erhobenen materiellen Einreden ab, weil die verklagte Ehefrau allein passiv nicht legitimiert sei. Wäre dem beizutreten, so würde an der Sache dadurch nichts geändert, daß die Berufung gegen den Ehemann als ehelichen Beistand mitgerichtet ist. Die Klage ist nur gegen die Ehefrau erhoben, das erste Urteil nur der Ehefrau zugestellt. Die Berufungsschrift ist zwar auch dem Verwalter des inzwischen über das Vermögen des Ehemannes eröffneten Konkurses zugestellt, und dieser hat, wie festgestellt, erklärt, daß die Ehefrau den Prozeß allein führen könne. Aber daraus ergiebt sich nicht, daß der Ehemann die Prozeßführung der Ehefrau nachträglich auch für die erste Instanz genehmigt hat. Es folgt daraus nur, daß die Masse trotzdem, daß der Nießbrauch des Ehemannes am Eingebrachten der Frau nach § 1 Abs. 2 K.O. in die Konkursmasse gefallen ist, kein Interesse an dem Rechtsstreite hat.

Die Rechtsauffassung des Berufungsrichters, daß die Ehefrau allein nicht passiv legitimiert sei, beruht darauf, daß durch den Rechtsstreit in die eherechtlichen Vermögensbefugnisse des nicht zugezogenen Ehemannes eingegriffen werde. Gestützt ist dies auf das Allgemeine Landrecht, das als übereinstimmend mit dem märkischen Provinzialrechte bezeichnet wird, und auf die Urteile in den Entsch. des R.G.'s in Civils. Bd. 13 S. 290 und Bd. 28 S. 331. Eine Vorschrift des Allgemeinen Landrechtes oder des märkischen Provinzialrechtes ist nicht angegeben. Da die eherechtlichen Vermögensbefugnisse des Ehemannes den Entscheidungsgrund abgeben sollen, können nur die Vorschriften in Tl. II Tit. 1 A.L.R. gemeint sein. Diese sind in der Kurmark nach § VII des Publikations-Patents vom 5. Februar 1794 soweit suspendiert, als sie das gerade Gegenteil eines klaren und unstreitig recipiert gewesenen römischen oder anderen fremden Gesetzes enthalten. Der Berufungsrichter giebt zu erkennen, daß er eine Abweichung des Allgemeinen Landrechtes und des märkischen Provinzialrechtes nicht annimmt. Sein Urteil beruht danach auf der Anwendung des Allgemeinen Landrechtes. Die Vorschriften desselben rechtfertigen aber die getroffene Entscheidung im vorliegenden Falle nicht.

Die Beklagte wird aus einem Wechsel in Anspruch genommen, den ihr Ehemann auf sie gezogen, und den sie acceptiert hat. Die Beklagte ist als märkische Ehefrau ohne Konsens des Ehemannes vertrags-, verpflichtungs- und wechselfähig, nach § 51 Abs. 1 C.P.O. deshalb auch prozeßfähig. Der § 320 A.L.R. II. 1 ist in der Mark suspendiert.

Vgl. Entsch. des Obertrib. Bd. 24 S. 260. 275, Bd. 29 S. 137; Striethorst, Archiv Bd. 13 S. 140.

Der Berufungsrichter verneint auch nicht dies, sondern die Passivlegitimation, weil es sich nicht um vorbehaltenes Vermögen der Beklagten handle, und dieselbe nicht Handelsfrau sei. Und es ist richtig, daß nach Allgemeinem Landrechte wie nach märkischem Provinzialrechte der Satz des alten sächsischen Rechtes gilt, daß der Ehefrau über das in die Ehe gebrachte, nicht vorbehaltene Vermögen keine einseitige Disposition zusteht. Darauf beruht das Urteil des Reichsgerichtes in seinen Entsch. in Civils. Bd. 13 S. 290. 294, wo es sich um Vindikation eines auf den Namen der Ehefrau eingetragenen Grundstückes und Fortschaffung eines auf demselben erbauten Hauses handelte, und mit Recht angenommen ist, daß diese Klage gegen beide Eheleute zu richten sei, weil der § 51 C.P.O. die auf den güterrechtlichen Befugnissen des Ehemannes beruhenden landesrechtlichen Beschränkungen der Verfügungsfähigkeit der Ehefrau unberührt gelassen habe, die Frage, ob ein Grundstück Eigentum der Ehefrau, deshalb nur einheitlich gegen beide Eheleute entschieden werden könne.

Vgl. Bolze, Praxis des Reichsgerichts Bd. 22 Nr. 697 b u. d.

Wo es sich um aktive oder passive Disposition der Ehefrau über Bestandteile des eingebrachten Frauengutes handelt, kommt ihre Verpflichtungsfähigkeit nicht in Frage. Richtig ist auch, daß die Ehefrau durch einseitig übernommene obligatorische Verpflichtungen die Rechte des Ehemannes am Frauengut nicht schmälern kann. Ob daraus folgt, daß die Ehefrau auch der persönlichen Klage aus einer solchen Verpflichtung gegenüber passiv nicht legitimiert ist, wie das Reichsgericht namentlich in dem vom Berufungsrichter angezogenen Urteile in den Entsch. des R.G.'s in Civils. Bd. 28 S. 331 flg. angenommen hat, kann auf sich beruhen. Um eine solche einseitig übernommene Verpflichtung handelt es sich hier nicht. Der Wechsel ist vom Ehemanne der Beklagten auf sie gezogen. Damit hat er genehmigt, daß sie sich und ihr Vermögen durch ihr Accept verpflichte, und sich selbst dem Wechselinhaber nach § 329 A.L.R. II. 1, auch abgesehen von seiner Verpflichtung aus der Ausstellung des Wechsels, civilrechtlich mit seinem Vermögen und dem dazu gehörigen Nießbrauch am Eingebrachten der Ehefrau haftbar gemacht. Damit ist die Schranke beseitigt, die aus seinen güterrechtlichen Befugnissen dem Angriffe des Gläubigers gegen das Eingebrachte und die Ehefrau allein gezogen werden könnte. Nach der konkreten Sachlage werden überdies diese Befugnisse durch den Rechtsstreit gegen die Ehefrau allein überhaupt nicht berührt. Die Beklagte hat den Wechsel unstreitig acceptiert, um dem Wechselinhaber für ein ihrem Ehemanne gegebenes Darlehn Sicherheit zu verschaffen. Die Beklagte verteidigt sich und die Inanspruchnahme der Substanz ihres Vermögens aus der Acceptverpflichtung durch die Behauptung, daß ihre Verpflichtung erloschen sei. Damit trifft sie keine dem Ehemanne nachteilige oder präjudizierliche Verfügung über das Eingebrachte. Dringt sie mit ihrer Verteidigung durch, so ist auch das Recht des Ehemannes gewahrt; dringt sie nicht durch, so präjudiziert dies dem Ehemanne nicht, weil selbstverständlich das gegen die Ehefrau allein ergangene Urteil seine Rechte am Eingebrachten nicht beseitigt. Es kann deshalb auch nicht geltend gemacht werden, daß die für die Passivlegitimation der Ehefrau bedeutsame Thatsache, daß der Ehemann den Wechsel auf die Ehefrau gezogen und seine und zugleich die Haftung des Eingebrachten begründet habe, nur im Rechtsstreite mit dem Ehemanne ausgetragen werden könne. Die Passivlegitimation ist nach dem Inhalte der Klage und dem Rechtsstoffe zu beurteilen, der dem Rechtsstreite zu Grunde liegt, und aus diesem ergiebt sich hier kein Anstand gegen die Passivlegitimation der Beklagten, die verpflichtungs- und prozeßfähig ist und sich gegen ihre Inanspruchnahme aus dem Wechsel verteidigt. Zu solcher Verteidigung war sie schon nach § 21 Satz 1 A.G.O. I. 1 unter Umständen selbständig berechtigt, und ist es jetzt nach § 51 Abs. 2 C.P.O. unbeschränkt. Da sie selbständig verpflichtungsfähig, ist sie zu dieser Verteidigung auch selbständig verpflichtet. Sie kann den Kläger nicht darauf verweisen, daß ihr Ehemann mitverklagt werden müsse. Sie steht neben dem aus dem Wechsel und der Genehmigung verpflichteten Ehemanne wie ein Mitschuldner neben dem anderen. Nach den §§ 430 flg. A.L.R. I. 5 kann sie nicht einwenden, daß der Ehemann nicht zugezogen sei. Wäre der Ehemann mitverklagt, so würde sein und seiner Gläubiger Interesse daran, daß auch die Ehefrau aus dem Wechsel mit der Substanz des Eingebrachten verhaftet, die Beklagte nach § 438 A.L.R. I. 5 nicht hindern, ihre Verteidigung selbständig zu führen. Nach alledem ist kein Rechtsgrund vorhanden, das Recht und die Pflicht der Beklagten zu verneinen, sich selbständig auf die Klage einzulassen." ...

---

72. Welchen Einfluß hat das Aufhören der Vormundschaft auf die vom Vormunde für den Mündel geschlossenen Vollmachtsverträge? A.L.R. I. 13 § 196, Einl. § 101.

V. Civilsenat. Urt. v. 26. April 1898 i. S. W. u. Gen. (Bekl.) w. Sch. (Kl.). Rep. V. 373/97.

I. Landgericht Beuthen O. S.
II. Oberlandesgericht Breslau.

Aus den Gründen:

„Die Beklagten werden von den Klägern als Erben und Erbeserben des Grubendirektors W. in Anspruch genommen. Da eine Teilung der Nachlässe nicht behauptet ist, so ist davon auszugehen, daß die Gemeinschaft unter ihnen noch fortbesteht, und daraus ergiebt sich, daß die Klage gegen die Gesamtheit der Erben zu richten war, und die Kläger abgewiesen werden müssen, wenn auch nur einer der Erben nicht mitverklagt sein sollte (§ 127 A.L.R. I. 17). Diesen

Grundsätzen folgen auch die Kläger, indem sie in der Klageschrift richtig sämtliche Erben und Erbeserben des Grubendirektors W. als die Beklagten bezeichnen. Die Klage ist jedoch, soweit die Erben des nach dem Erblasser verstorbenen Hugo W. in Betracht kommen, nicht persönlich diesen zugestellt worden, sondern dem Kaufmann Karl W., der von der Witwe W. namens der Erben ihres Mannes Hugo W. mit Generalvollmacht versehen war, und die Revision meint, daß diese Vollmacht, soweit sie den Sohn Gustav W. betreffe, durch dessen Großjährigkeit schon vor Erhebung der Klage erloschen gewesen sei, dieser Miterbe daher nicht als mitverklagt angesehen werden könne. Ist dies richtig, so war Gustav W. nicht Partei geworden, und durften deshalb auf ihn nicht die Grundsätze von der Streitgenossenschaft, insbesondere der § 59 C.P.O., angewandt werden. Der Berufungsrichter führt in dieser Beziehung folgendes aus:

Zur Zeit der Ausstellung der Vollmacht sei Gustav W. noch minderjährig gewesen. Die Vollmacht habe Karl W. ausdrücklich zur Prozeßführung ermächtigt, und sie müsse, da eine Kündigung nicht erfolgt sei, als fortwirkend erachtet werden, wenn auch Gustav W. zur Zeit der Klagezustellung bereits großjährig gewesen sei. . . . Wenn auch in der Berufungsinstanz der Prozeßbevollmächtigte der übrigen Beklagten erklärt habe, daß er den genannten Beklagten nicht vertrete, so sei dies deshalb belanglos, weil der letztere als Miterbe des Socius W. zu den übrigen Mitbeklagten in dem Verhältnisse notwendiger Streitgenossenschaft stehe und daher durch diese mitvertreten werde.

Diesen Ausführungen kann nicht beigetreten werden. Abzuweisen ist zunächst die Ansicht, daß auf die vorliegende Generalvollmacht die Grundsätze von der Prozeßvollmacht zur Anwendung zu bringen seien. Allerdings hatte der bestellte Generalbevollmächtigte durch die ihm erteilte Vollmacht auch die Befugnis erlangt, im Falle, daß seine Machtgeber klagen oder verklagt werden sollten, einen beim Prozeßgericht zugelassenen Anwalt als Vertreter seiner Machtgeber zu bestellen, und die von ihm auf Grund dessen erteilte Prozeßvollmacht unterliegt zweifellos der Vorschrift des § 82 C.P.O., wird also weder durch den Tod des Vollmachtgebers, noch durch eine Veränderung in seiner Prozeßfähigkeit oder in seiner gesetzlichen Vertretung aufgehoben; aber die Generalvollmacht bildet ein einheitliches Ganzes und unterliegt in allen ihren Bestimmungen den Grundsätzen des Civilrechtes, ohne daß zwischen den einzelnen dem Bevollmächtigten erteilten Machtbefugnissen zu unterscheiden wäre.

Ob die von einem Vormunde für seinen Mündel erteilte Vollmacht mit der Großjährigkeit des Mündels erlischt, ist im Gebiete des preußischen Rechtes streitig. Die Frage wird bejaht von Dernburg (Lehrbuch des preußischen Privatrechts Bd. 2 § 183) und Koch (Kommentar zum Allgemeinen Landrecht § 196 Tl. I. Tit. 13 Anmerkung), sowie vom preußischen Kammergericht in dem Beschlusse vom 28. September 1885 (Johow, Jahrbuch Bd. 6 S. 71); sie wird verneint von Förster-Eccius (Preußisches Privatrecht 7. Aufl. Bd. 2 S. 350) und den Herausgebern des Koch'schen Kommentars. Wenn auch die letztere Ansicht im wesentlichen für zutreffend zu erachten ist, so kann ihr doch nur mit Einschränkungen beigetreten werden.

Die Vertreter der ersteren Ansicht berufen sich vielfach auf den § 196 A.L.R. I. 13, worin bestimmt ist:

> Was wegen der Aufhebung des (Vollmachts-)Vertrags durch den Tod des einen oder des andern Kontrahenten verordnet ist, gilt auch in dem Falle, wenn einer derselben seinen eigenen Geschäften vorzustehen unfähig wird.

Diese Gesetzesbestimmung trifft jedoch nicht die vorliegende Frage; sie spricht nur von der Unfähigkeit, seinen eigenen Angelegenheiten vorzustehen, nicht von dem Aufhören der Vertretungsbefugnis, insbesondere des vormundschaftlichen Amtes. Die Revision beruft sich, der Ansicht des Kammergerichtes folgend, auf den § 101 Einl. zum A.L.R., wonach niemand mehr Rechte auf einen Anderen übertragen kann, als er selbst besitzt. Im wesentlichen stimmt damit Dernburg überein, der die Grundsätze vom Erlöschen einer Substitution analog angewandt wissen will. Dies würde zutreffen, wenn der Vormund, der in dieser Eigenschaft eine Vollmacht ausstellt, nur seine aus der Vormundschaft fließenden Vertretungsbefugnisse auf den Bevollmächtigten übertrüge. Aber bei Abschließung des Vollmachtsvertrages handelt er, wie bei allen anderen Verträgen, die er für den Mündel eingeht, als dessen Organ und verpflichtet und berechtigt diesen dadurch unmittelbar; es entstehen zwischen dem Mündel und dem Bevollmächtigten dieselben rechtlichen Beziehungen, wie zwischen diesem und einer völlig geschäftsfähigen Person. Daraus folgt, daß auch der vom Vormunde geschlossene Vollmachtsvertrag der allgemeinen Rechtsregel unterliegt, wonach die vom Vormunde in dieser Eigenschaft eingegangenen Verträge den Mündel auch über die Dauer der Vormundschaft hinaus verpflichten. Aber diese Regel erleidet hinsichtlich der Vollmacht erhebliche Einschränkungen, die sich aus dem Wesen der Vollmacht und der vormundschaftlichen Verwaltung ergeben. Die Vollmacht ist niemals Selbstzweck; sie dient nur wirtschaftlichen Zwecken, die in der Regel nur auf dem Gebiete der Vermögensverwaltung liegen. Der Vormund ist zweifellos berechtigt, sich bei Verwaltung des Mündelgutes fremder Hilfe zu bedienen und zu diesem Behufe Vollmachtsverträge für den Mündel zu schließen. Selbst einen Generalbevollmächtigten ist er zu bestellen befugt. Aber die Verwaltungsbefugnisse des Vormundes stehen denen des Eigentümers des Vermögens nicht gleich. Die vormundschaftliche Verwaltung ist ein Ausfluß der Schutzbedürftigkeit des Mündels und soll dazu dienen, das Mündelgut zu erhalten und zu verbessern. Nur soweit reichen in vermögensrechtlicher Beziehung die Vertretungsbefugnisse des Vormundes, und ihm steht deshalb das Recht, den Mündel durch Vollmachtsverträge zu verpflichten und ihm über die Dauer der Vormundschaft hinaus einen Vertreter zu bestellen, nur dann zu, wenn die Zwecke der vormundschaftlichen Verwaltung dies als notwendig erscheinen lassen. Der Regel nach wird hiernach der Vormund nur für befugt erachtet werden können, für die bereits schwebenden Angelegenheiten oder für solche, welche, wenn sie auch in die Großjährigkeit fallen werden, doch schon jetzt die Bestellung eines Vertreters als zweckmäßig erscheinen lassen, dem Mündel einen Bevollmächtigten zu bestellen und ihn dabei über die Dauer der Vormundschaft hinaus zu verpflichten. Aber bei einer Generalvollmacht, die, wie die vorliegende, alle Vermögensangelegenheiten des Mündels bezüglich des Nachlasses des Großvaters umfaßt und dabei, abgesehen vom Widerruf, zeitlich unbeschränkt ist, können diese Voraussetzungen nur ausnahmsweise zutreffen. Der Vormund überschreitet seine vormundschaftlichen Befugnisse, wenn er für seinen Mündel Vollmachtsverträge schließt, die diesen über die Vormundschaft hinaus auf unbestimmte Zeit in allen seinen Angelegenheiten binden würden, ohne daß die vormundschaftliche Verwaltung dies erforderlich machte. Da von keiner Seite geltend gemacht ist, daß die jetzt streitige Rechtsangelegenheit schon während der Vormundschaft einer Regelung bedurft hätte, so kann, vorausgesetzt daß die Behauptung der Beklagten, Gustav W. sei schon zur Zeit der Zustellung der Klage großjährig gewesen, richtig ist, die von dessen Mutter und Vormünderin dem Mitbeklagten Karl W. erteilte Generalvollmacht nicht für ausreichend angesehen werden, diesen als Vertreter des Gustav W. zu legitimieren. Jener Behauptung der Beklagten sind aber die Kläger, wie der Thatbestand des Berufungsurteiles ergiebt, nicht entgegengetreten, und deshalb ist anzunehmen, daß sie auf Wahrheit beruht.

Aus alledem ergiebt sich, daß die Klage dem Mitbeklagten Gustav W. nicht gehörig zugestellt ist, und der Berufungsrichter, der ihn dessenungeachtet als Streitgenossen ansieht, verstößt damit gegen wesentliche Grundsätze des Verfahrens. Sein Urteil unterliegt aus diesem Grunde der Aufhebung." ...

---

73. Kann nach preußischem Rechte der von einem Anderen als einem öffentlichen Armenverbande erhobene Anspruch auf Erstattung gewährter Armenunterstützung gegen einen Armenverband im Rechtswege verfolgt werden, ohne daß zuvor von der Verwaltungsbehörde entschieden ist, daß, in welcher Höhe und in welcher Weise eine Unterstützung im Wege der öffentlichen Armenpflege erforderlich gewesen sei?

Vereinigte Civilsenate. Beschl. v. 27. April 1898 i. S. des Ortsarmenverbandes M. (Bekl.) w. Ortskrankenkasse zu H. (Kl.). Rep. VI. 186/97.

I. Landgericht II Berlin.
II. Kammergericht daselbst.

Die vereinigten Civilsenate haben die zwischen dem VI. Civilsenate einerseits und dem III. und IV. Civilsenate andererseits streitig gewordene Rechtsfrage dahin entschieden:

„Nach preußischem Rechte kann der von einem Anderen als einem öffentlichen Armenverbande erhobene Anspruch auf Erstattung gewährter Armenunterstützung gegen einen Armenverband im Rechtswege verfolgt werden, bevor von der Verwaltungsbehörde entschieden ist, daß, in welcher Höhe und in welcher Weise eine Unterstützung im Wege der öffentlichen Armenpflege erforderlich gewesen sei."

Gründe:

„Die klagende Ortskrankenkasse hat einen Flößer, der ihr als Mitglied angehörte, als er von einer Kieslowry überfahren worden war, auf ihre Kosten während eines Zeitraumes von 420 Tagen in einem Spital verpflegen lassen und für ihn, als er von da entlassen wurde, Kleidungsstücke zum Preise von 28 ℳ beschafft. Der Verunglückte hatte zur Zeit des Unfalles seinen Unterstützungswohnsitz in M. Die Klägerin fordert unter der Bezugnahme darauf, daß sie den Verpflegungsaufwand nur für 13 Wochen zu tragen verpflichtet gewesen, von dem Beklagten Ersatz des Verpflegungsaufwandes für 329 Tage mit 1 ℳ für den Tag, sowie Vergütung der für die Kleidungsstücke ausgegebenen 28 ℳ. Der Beklagte hatte die Zulässigkeit des Rechtsweges bestritten; das Landgericht ... hat jedoch den Einwand verworfen und nach dem Klagantrage erkannt; die dagegen vom Beklagten eingelegte Berufung ist von dem Kammergerichte ... zurückgewiesen worden.

Der VI. Civilsenat des Reichsgerichtes hat die von dem Beklagten gegen das Berufungsurteil eingelegte Revision, soweit sie sich gegen die Verwerfung der Einrede der Unzulässigkeit des Rechtsweges richtet, für unbegründet erachtet, sich jedoch durch mehrere Entscheidungen anderer Civilsenate des Reichsgerichtes behindert gesehen, in diesem Sinne zu erkennen, nämlich durch die Urteile des IV. Senates vom 10. Januar 1881, Rep. IV. 396/80 — abgedruckt in den Entsch. des R.G.'s in Civils. Bd. 3 S. 270 flg. —, vom 25. September 1890, Rep. IV. 98/90 — abgedruckt in derselben Sammlung Bd. 27 S. 176 flg. —, und vom 9. Januar 1896, Rep. IV. 225/95 — auszugsweise mitgeteilt in der Juristischen Wochenschrift 1896 S. 142 Nr. 64 —, sowie die Urteile des III. Senates vom 20. Juni 1884, Rep. III. 117/84, und vom 20. März 1885, Rep. III. 335/84.

Der VI. Civilsenat hat deshalb über die Frage:

Kann nach preußischem Rechte der von einem Anderen als einem öffentlichen Armenverbande erhobene Anspruch auf Erstattung gewährter Armenunterstützung gegen einen Armenverband im Rechtswege verfolgt werden, bevor von der Verwaltungsbehörde entschieden ist, daß und in welchem Umfange eine Unterstützung im Wege der öffentlichen Armenpflege erforderlich gewesen sei?

die Entscheidung der vereinigten Civilsenate eingeholt. Daß ein Konfliktsfall im Sinne des § 137 G.V.G. vorliegt, ist nicht zweifelhaft. In den angeführten Urteilen des IV. und des III. Civilsenates ist angenommen worden, daß über Ansprüche der in der vorstehenden Frage bezeichneten Art im Civilrechtswege nur dann entschieden werden dürfe, wenn entweder zwischen den Parteien Einverständnis darüber bestehe, daß, in welcher Höhe und in welcher Weise der verklagte Armenverband zur Gewährung öffentlicher Unterstützung an den betreffenden Armen verpflichtet gewesen sei, oder über diese Fragen eine die Verpflichtung des Armenverbandes feststellende Entscheidung der zuständigen Verwaltungsbehörde ergangen sei; dagegen will der VI. Civilsenat aussprechen, daß die Beschreitung des Rechtsweges bei Streitigkeiten der in Rede stehenden Art unbeschränkt statthaft sei.

Der Konflikt beschränkt sich jedoch, wie besonders hervorzuheben ist, darauf, ob beim Mangel einer Entscheidung der Verwaltungsbehörde der Rechtsweg zulässig sei, oder nicht, berührt dagegen nicht die weitere Frage, ob etwa dann, wenn eine die Verpflichtung des verklagten Armenverbandes feststellende Entscheidung der Verwaltungsbehörde nicht vorliege, aus diesem Grunde der Anspruch der Klagpartei auf Ersatz des von ihr zur Unterstützung des Armen Aufgewendeten als materiell unbegründet zu erachten sei.

Vgl. die Ausführungen des Vertreters des Ministeriums der Landwirtschaft in den Verhandlungen einer Kommission des Abgeordnetenhauses vom 16. Februar 1888 in den Anlagen zu den stenographischen Berichten des Abgeordnetenhauses 1888 Nr. 82 Bd. 3 S. 1534.

Über diese materiellrechtliche Frage enthält keines der in Rede stehenden Urteile des III. und IV. Civilsenates eine Entscheidung; insbesondere ist auch in dem Urteile des IV. Senates vom 9. Januar 1896, obwohl im decisiven Teile einfach auf Klagabweisung erkannt ist, wie sich aus der Begründung unzweifelhaft ergiebt, lediglich Unzulässigkeit des Rechtsweges angenommen, und die Frage über den Bestand des Klaganspruches unentschieden gelassen worden.

Die Frage, in welcher Weise Privatpersonen oder juristische Personen, die nicht auf Grund der gesetzlichen Bestimmungen über die öffentliche Armenpflege zur Unterstützung hilfsbedürftiger Personen berufen sind, dann, wenn sie eine solche Person unterstützt haben, ihren vermeintlichen Anspruch auf Ersatz ihres Aufwandes gegen den öffentlichen Armenverband, dem nach ihrer Meinung die Unterstützung obgelegen hätte, zu verfolgen haben, ist in Preußen schon seit langer Zeit bestritten. Auf der einen Seite ist angenommen worden, daß es sich dabei um Ansprüche handele, die auf den Privatrechtstiteln der Geschäftsführung ohne Auftrag oder der nützlichen Verwendung beruhten, und daß deshalb nach allgemeinen Grundsätzen der Rechtsweg zulässig sei. Von anderer Seite ist in früherer Zeit aus den Bestimmungen in §§ 33 flg. des Armengesetzes vom 31. Dezember 1842 (G.S. von 1843 S. 8 flg.), später aus § 63 des zur Ausführung des Bundesgesetzes über den Unterstützungswohnsitz ergangenen preußischen Gesetzes vom 8. März 1871 (G.S. S. 145) abgeleitet worden, daß nicht nur dem Armen selbst der Rechtsweg zur Erlangung von Armenunterstützung gegenüber dem Armenverbande versagt sei, sondern auch dem Dritten, der Ersatz des von ihm einem Hilfsbedürftigen Gewährten von einem öffentlichen Armenverbande beanspruche, der Rechtsweg nicht, oder doch nur in beschränkter Weise offen stehe. Das vormalige preußische Obertribunal hat für Streitigkeiten dieser Art zwar zunächst in einem Urteile vom 28. Oktober 1847,

Striethorst, Archiv Bd. 1 S. 44,

den Rechtsweg als zulässig erachtet, jedoch bereits in einem Urteile vom 17. August 1849 (a. a. O. Bd. 1 S. 41) den direkt entgegengesetzten Standpunkt eingenommen. In einer am 21. Februar 1853 von dem Plenum des Obertribunales gefällten Entscheidung ist keine dieser Auffassungen voll gebilligt, sondern ausgesprochen worden, daß eine Klage der in Rede stehenden Art zwar nicht unbedingt vom Rechtswege ausgeschlossen sei, aber nur dann zugelassen werden könne, wenn sie begründet werde durch die vorhergehende Entscheidung der Verwaltungsbehörde darüber, ob überhaupt ein Fall, wo Unterstützung aus öffentlichen Fonds habe in Anspruch genommen werden können, vorgelegen habe, und in welcher Weise und in welchem Betrage sie zu gewähren gewesen wäre.

Vgl. Entsch. des Obertribunals Bd. 24 S. 245 flg.

Diese auf das Armengesetz von 1842 gestützte Ansicht ist nach dem Inkrafttreten des Gesetzes vom 8. März 1871 mit Rücksicht auf die in § 63 desselben enthaltenen Bestimmungen aufrecht erhalten worden (a. a. O. Bd. 73 S. 239 flg., Bd. 82 S. 53 flg.). Ihr haben sich die Oberlandesgerichte zu Kiel, zu Kassel (Seuffert, Archiv Bd. 41 Nr. 140. 293, Bd. 42 Nr. 143), zu Marienwerder (preuß. Just.-Min.-Bl. von 1895 S. 27) und zu Frankfurt a. M. (in einem Urteile des I. Civilsenates vom 25. Februar 1884 i. S. des preuß. Staatsfiskus gegen den Ortsarmenverband in Sigmaringen) angeschlossen.

Dagegen ist die Meinung, daß über Streitigkeiten der in Frage stehenden Art allein die ordentlichen Gerichte zu entscheiden hätten, zur Zeit der Geltung des Armengesetzes von 1842 in einem von den Ministerien der geistlichen, Unterrichts- und Medizinalangelegenheiten und des Inneren erlassenen gemeinschaftlichen Reskript vom 23. April 1847 (Ministerialblatt für die innere Verwaltung von 1847 S. 168 flg.), und später nach dem Inkrafttreten des Gesetzes vom 8. März 1871 von dem Bundesamt für Heimatwesen (Stolp, Entsch. oberster deutscher Gerichtshöfe in Streitsachen des öffentlichen Rechts Bd. 1 S. 5 flg.), ferner in dem im Just.-Min.-Bl. von 1895 S. 26 flg. mitgeteilten Falle in allen Verwaltungsinstanzen vertreten worden. In gleichem Sinne hat sich bei den Kommissionsberatungen des Abgeordnetenhauses 1888 der Vertreter des Ministeriums der Landwirtschaft ausgesprochen (Stenographische Berichte Bd. 3 Nr. 82 S. 1534); auch das Oberverwaltungsgericht erachtet anscheinend die unbeschränkte Zuständigkeit der ordentlichen Gerichte für begründet.

Vgl. Entsch. des R.G.'s in Civils. Bd. 28 S. 142 flg.; s. auch die Zeitschrift: Arbeiterversorgung, Bd. 8 S. 200 flg.

Der Gerichtshof zur Entscheidung der Kompetenzkonflikte hat zunächst in zwei Erkenntnissen die Gerichte als uneingeschränkt zuständig bezeichnet (Ministerialblatt für die innere Verwaltung von 1872 S. 76, 1878 S. 14), später sich der Meinung des Obertribunales und des IV. Civilsenates des Reichsgerichtes angeschlossen (angezogenes Ministerialblatt von 1885 S. 228 und Just.-Min.-Bl. von 1890 S. 87); zuletzt aber ist er zu der zuerst befolgten Meinung zurückgekehrt (Just.-Min.-Bl. von 1890 S. 84 flg., 1895 S. 26 flg.).

Auch in der Litteratur ist die Frage, welche Behörden zur Entscheidung berufen seien, streitig.

Vgl. Koch, Allgemeines Landrecht, 8. Aufl. Bd. 4 S. 1227; Rehbein u. Reincke, Allgemeines Landrecht, 5. Aufl. Bd. 4 S. 900 Anm. 57; Eger, Gesetz über den Unterstützungswohnsitz, 3. Aufl. S. 292; andererseits Oppenhoff, Ressortverhältnisse S. 396 Anm. 111. 112; v. Woedtke, Krankenversicherungsgesetz, 5. Aufl. S. 398; Schäfer in Gruchot's Beiträgen Bd. 41 S. 267 flg. (insbesondere S. 278 flg.).

Bei der Entscheidung der hiernach streitigen Frage ist der vom VI. Civilsenate des Reichsgerichtes vertretenen Auffassung der Vorzug zu geben gewesen.

Wenn eine zur öffentlichen Armenpflege nicht berufene physische oder juristische Person aus eigenem Antriebe einen Hilfsbedürftigen unterstützt hat und Ersatz ihres Aufwandes von dem unterstützungspflichtigen Armenverbande fordert, so wird damit ein Anspruch aus der Geschäftsführung ohne Auftrag oder der nützlichen Verwendung, also aus an sich civilrechtlichen Rechtstiteln, geltend gemacht. Demnach gehören Streitigkeiten dieser Art gemäß § 13 G.V.G. vor die ordentlichen Gerichte. Hieran wird durch den Umstand allein, daß der Anspruch dem öffentlichen Rechte entspringt, und bei der Entscheidung über ihn auch über Fragen des öffentlichen Rechtes erkannt werden muß, grundsätzlich nichts geändert; insbesondere wird hierdurch keine Beschränkung der Gerichte bezüglich einzelner bei der Entscheidung bedeutsamer Fragen begründet. Diejenige Staatsbehörde, der die Entscheidung über einen Anspruch überhaupt zusteht, ist auch zuständig, über alle Rechtsfragen zu befinden, von deren Beantwortung die Entscheidung über den Anspruch abhängt; die Zuständigkeit der Gerichte umfaßt daher auch die Fragen, welche öffentlichrechtlicher Natur sind.

Vgl. Entsch. des R.G.'s in Civils. Bd. 14 S. 263, Bd. 22 S. 288, Bd. 25 S. 330.

Eine Beschränkung der gerichtlichen Zuständigkeit, wie sie das Obertribunal und der III. und IV. Civilsenat des Reichsgerichtes statuiert haben, könnte hiernach nur dann angenommen werden, wenn insoweit eine besondere dies verfügende Gesetzesvorschrift, wie sie beispielsweise § 6 des preußischen Gesetzes vom 11. Mai 1842 enthält, vorhanden wäre.

Eine solche soll nach der Ansicht des vormaligen Obertribunales, der sich der III. und IV. Civilsenat des Reichsgerichtes angeschlossen haben, in § 63 des oben angezogenen Gesetzes vom 8. März 1871 enthalten sein. Dieser Annahme steht jedoch der Wortlaut des Gesetzes nicht zur Seite, sondern entgegen. Der erste Absatz des § 63 behandelt in klarer, zu einem Zweifel nicht Anlaß bietender Weise ausschließlich das Verhältnis des Armen selbst zu dem Armenverbande und schneidet dem ersteren die Möglichkeit, Ansprüche auf Unterstützung im ordentlichen Rechtswege zu verfolgen, ab. Im zweiten Absatz wird allerdings im allgemeinen von „Beschwerden gegen Verfügungen der Vorstände der Armenverbände" gesprochen; allein es handelt sich dabei eben nicht um eine selbständige, sondern um eine Bestimmung, die mit demjenigen, was im ersten Absatze vorgeschrieben ist, unmittelbar zusammenhängt. Aus diesem Zusammenhange, der durch die Zusammenfassung in einem Paragraphen deutlich zum Ausdruck gebracht ist, ergiebt sich von selbst, daß der zweite Absatz nur die Behörde bezeichnen soll, die über die im ersten Absatze erwähnten Ansprüche, also über diejenigen des Armen selbst, im Beschwerdefall entscheiden soll.

Eine andere, weitergehende Auslegung ist auch aus der Entstehungsgeschichte des § 63 nicht abzuleiten. Der Regierungsentwurf enthielt eine dem jetzigen § 63 des Gesetzes entsprechende Bestimmung überhaupt nicht; diese ist vielmehr auf Grund der Vorschläge der Kommission des Abgeordnetenhauses in das Gesetz aufgenommen worden; einen Anhalt für die Auslegung bietet der Bericht der Kommission nach keiner Richtung.

Vgl. die Anlagen zu den Stenographischen Berichten über die Verhandlungen des Abgeordnetenhauses 1870/71 S. 185 flg. 301. 302.

Nun darf allerdings aus dem Umstande, daß der erste Absatz des § 63, abgesehen von einer unzweifelhaft bedeutungslosen Vertauschung eines Wortes mit einem gleichbedeutenden, mit § 33 des Armengesetzes vom 31. Dezember 1842 übereinstimmt, entnommen werden, daß nach dem Willen des Gesetzgebers an dem Rechtszustande, der durch jene ältere Bestimmung geschaffen worden war, nichts geändert, und dies durch die Wiederholung der Bestimmung in dem neuen Gesetze noch besonders zum Ausdrucke gebracht werden sollte. Allein diese Erwägung beweist für die daraus vom Obertribunale abgeleitete Schlußfolgerung um deswillen nichts, weil § 33 des Gesetzes von 1842 auch nur von dem Verhältnisse des Armen selbst zu dem Armenverbande handelt. Wenn aber hier behauptet worden ist, es müsse nach den legislatorischen Vorarbeiten des bezeichneten Gesetzes, namentlich nach den Verhandlungen des Staatsrates, angenommen werden, daß, wie dem Armen selbst der Rechtsweg versagt sei, dies in gleichem Maße bei dem der Fall sein müsse, welcher wegen der von ihm dem Armen gewährten Unterstützung Ansprüche auf Grund nützlicher Verwendung gegen den Armenverband geltend mache, so kann auch dem nicht beigepflichtet werden. Dasjenige, was das Obertribunal insoweit selbst mitgeteilt hat,

vgl. Entsch. desselben Bd. 24 S. 251 flg.,

gestattet eine Folgerung der angegebenen Art nicht; denn es ist darin nichts mehr enthalten, als eine Darlegung der Anschauung, daß die Armenpflege nicht sowohl um des Armen selbst willen, als im Interesse der Gesellschaft stattfinde, und dem ersteren gegenüber lediglich eine außerhalb der Rechtssphäre fallende Bethätigung der christlichen Nächstenliebe in Frage komme. Die gleiche Auffassung hat später in der Begründung zu dem unter dem 21. Mai 1855 publizierten Gesetze nochmals, und besonders scharfen, Ausdruck gefunden. Weder in den vom Obertribunale mitgeteilten, noch in den eben erwähnten späteren Ausführungen findet sich ein Anhalt dafür, daß man mit den dem Armen den Rechtsweg versagenden Bestimmungen auch die gerichtliche Zuständigkeit bezüglich der Entscheidung über Ersatzansprüche Dritter habe beschränken wollen.

Ebensowenig kann zugegeben werden, daß aus den §§ 30. 34. 35 des Armengesetzes ein Argument für eine solche Auslegung des § 33 desselben Gesetzes, und damit mittelbar für die des § 63 des Gesetzes vom 8. März 1871 entnommen werden könne, daß insbesondere die in den Schlußworten des § 34 enthaltene Bestimmung über Versagung des Rechtsweges eine „untrennbar jeden Erstattungsanspruch bedingende" allgemeine Regel sei.

Vgl. Entsch. des Obertribunals Bd. 24 S. 257 flg.; Entsch. des R.G.'s in Civils. Bd. 3 S. 272.

Die §§ 30. 34. 35 des Gesetzes von 1842 sind vielmehr durchweg Sondervorschriften, die ihrem klaren Wortlaute nach nur für die darin bezeichneten speziellen Verhältnisse getroffen sind, und deren einzelnen

Sätzen nicht unter Außerachtlassung des Zusammenhanges, in dem sie stehen, die Bedeutung genereller Rechtsregeln beigelegt werden darf.

Für die Beschränkung des Rechtsweges bei Ersatzansprüchen der hier in Rede stehenden Art sind weiter eine Reihe von Gründen geltend gemacht worden, die nicht unmittelbar auf den Wortlaut der in Betracht kommenden gesetzlichen Bestimmungen oder deren Entstehungsgeschichte, sondern auf allgemeine rechtliche Erwägungen gestützt werden. Die einschlagenden Ausführungen sollen zum Teil darthun, daß die nach dem Wortlaute des Gesetzes anscheinend nur das Verhältnis des Armen zum Armenverbande betreffenden Kompetenzbestimmungen nach dem annehmbaren Willen des Gesetzgebers auch gegenüber dem Dritten, der von einem Armenverbande Ersatz fordere, gelten sollten und dementsprechend ausgelegt werden müßten; zum Teil aber gehen sie dahin, aus den für den Armen selbst bestehenden Beschränkungen folge von selbst, ohne daß es insoweit einer besonderen Bestimmung bedurft habe, vermöge rechtlicher Konsequenz, daß auch für den Ersatzanspruch des Dritten der Rechtsweg nur beschränkt zulässig sei. Im einzelnen gehen die nach diesen Richtungen geltend gemachten Erwägungen dahin: nach unzweifelhafter gesetzlicher Bestimmung sei der Rechtsweg nicht nur dem Armen selbst, der sich über Versagung oder ungenügende Bewilligung einer Unterstützung beschwere, versagt, sondern es sei auch bei Streitigkeiten zwischen Armenverbänden darüber, ob der eine dem anderen für die einem Armen gewährte Unterstützung Ersatz zu leisten habe, die Entscheidung früher in wesentlichen Punkten, jetzt ganz den Verwaltungsbehörden zugewiesen. Der Gesetzgeber sehe also diese Behörden als diejenigen Stellen an, von denen eine sachgemäße Entscheidung vornehmlich zu erwarten sei. Es sei nicht abzusehen, was ihn veranlaßt haben könnte, diese Auffassung nicht auch in den Fällen zur Geltung zu bringen, wenn ein Anderer als ein Armenverband für die einem Armen gewährte Unterstützung Ersatz fordere; auch die Erstattungsansprüche der Armenverbände untereinander könnten nur auf den Privatrechtstitel der nützlichen Verwendung gestützt werden; es sei aber kein Grund abzusehen, weshalb ein aus dem gleichen Rechtstitel abgeleiteter Anspruch anders zu behandeln sein sollte, je nachdem er von einer Privatperson, oder einem Armenverbande erhoben werde, und weshalb die Privatperson durch Offenhaltung des Rechtsweges erheblich hätte begünstigt werden sollen.

Vgl. insbesondere Entsch. des Obertribunals Bd. 24 S. 258 flg.; Entsch. des R.G.'s in Civils. Bd. 3 S. 273 flg.

Übrigens könnten, wenn dem Dritten der Rechtsweg offen stände, die für den Armen selbst getroffenen einschränkenden Bestimmungen leicht völlig vereitelt werden.

Vgl. Entsch. des Obertribunals Bd. 24 S. 254; Entsch. des R.G.'s in Civils. Bd. 27 S. 178.

Diese Erwägungen würden jedoch, selbst wenn sie allenthalben als an sich zutreffend anzuerkennen wären, nicht geeignet sein, die daraus abgeleitete Schlußfolgerung zu rechtfertigen. Denn es würde sich daraus nur ergeben, daß Zweckmäßigkeitsgründe den Gesetzgeber hätten veranlassen mögen, auch für Ersatzansprüche des Dritten den Rechtsweg auszuschließen oder zu beschränken, wie dies anderwärts in der That geschehen ist.

Vgl. für Bayern das Gesetz vom 8. August 1878 Art. 10 Ziff. 5, für Württemberg die Gesetze vom 17. April 1873 Artt. 4—7 und vom 16. Dezember 1876 Art. 10 Ziff. 3, für Baden die Gesetze vom 5. Mai 1870 §§ 6 flg. und vom 14. März 1872 § 4.

Nicht aber könnten jene Erwägungen für geeignet angesehen werden, dem Gesetze eine Deutung zu geben, die mit seinem Wortlaute nicht im Einklange steht, und von welcher auch aus der Entstehungsgeschichte nicht nachgewiesen werden kann, daß sie dem Willen des Gesetzgebers entspreche.

Übrigens kann aber auch nicht zugegeben werden, daß jene Erwägungen überhaupt allenthalben zutreffend seien. Dafern dem Armen für seine Person ein wirkliches Recht auf Unterstützung überhaupt zugesprochen werden kann, ist es doch keinesfalls ein solches von civilrechtlicher Natur. Ebenso handelt es sich bei den Streitigkeiten zwischen Armenverbänden, welche dem Verwaltungsstreitverfahren zugewiesen sind, nicht um Ansprüche, welche auf Privatrechtstiteln, insbesondere denjenigen der Geschäftsführung ohne Auftrag oder der nützlichen Verwendung, beruhen. Der Armenverband, der einen in seinem Bezirke hilfsbedürftig gewordenen Armen unterstützt, erfüllt damit eine ihm selbst obliegende Verpflichtung (Gesetz über den Unterstützungswohnsitz §§ 28. 29. 60), und die Frage, ob und in welchem Umfange er Ersatzansprüche gegen einen anderen Verband habe, ist nicht nach civilrechtlichen Regeln, sondern nach den öffentlichrechtlichen Normen zu beurteilen, welche durch das angezogene Gesetz (§§ 29. 30. 60. 55. 56. 58) geschaffen worden sind, und nur soweit solche öffentlich-rechtliche Ansprüche erhoben werden, findet das durch jenes Gesetz und die zu seiner Ausführung ergangenen Landesgesetze vorgeschriebene Verwaltungsverfahren statt.

Vgl. Gesetz über den Unterstützungswohnsitz §§ 37. 61; Zuständigkeitsgesetz vom 1. August 1883 § 39; vgl. auch v. Brauchitsch, Verwaltungsgesetze Bd. 1 S. 293, Bd. 3 S. 672; Eger, Gesetz über den Unterstützungswohnsitz 3. Aufl. S. 229 flg.

Es entspricht somit nur der inneren Natur der dabei in Betracht kommenden Rechtsverhältnisse, wenn für die bezeichneten Streitigkeiten zwischen Armenverbänden, und ebenso für Beschwerden des Armen Verwaltungsbehörden, bezw. Verwaltungsgerichte zur Entscheidung berufen worden sind, und es kann daraus, daß dies geschehen ist, kein Grund für die Annahme entnommen werden, daß der Gesetzgeber auch die Entscheidung über die an sich unzweifelhaft civilrechtlichen Ansprüche anderer Personen, die Ersatz für die einem Armen gewährte Unterstützung von einem Armenverbande fordern, den ordentlichen Gerichten ganz oder teilweise habe entziehen wollen. Es kann auch darin, daß diesen Personen der Rechtsweg nicht versagt worden ist, keine „Begünstigung" gegenüber den Armenverbänden erblickt werden, da nicht erweisbar ist, daß der Gesetzgeber den ordentlichen Rechtsweg als ein für die Klagepartei günstigeres Verfahren als das Verwaltungsverfahren angesehen habe. Die Gefahr endlich, daß durch das Zwischenschieben einer dritten Person die in § 63 Abs. 1 des Gesetzes vom 8. März 1871 bezüglich des Armen selbst getroffene Bestimmung illusorisch gemacht werden könnte, ist eine so fernliegende, daß der Gesetzgeber gewiß keinen Anlaß gehabt hat, aus diesem Grunde die allgemeinen Regeln über die Zuständigkeit der Gerichte zu durchbrechen.

Zur Begründung der Annahme einer Beschränkung der gerichtlichen Zuständigkeit ist weiter geltend gemacht worden, daß in dem Entlastungsanspruche des Dritten „ein Widerspruch mit dem öffentlichen Charakter der Armenpflege, mit ihrem gesetzlichen, auf eine Mildthätigkeit hinweisenden Prinzipe und ihren Zwecken hervortrete". Auch fordere der Dritte die Bezahlung einer Geldsumme, während der Armenverband oft seinen Pflichten durch Gewährung von Naturalien, durch

Aufnahme in ein Armenhaus, durch Verschaffung von Arbeitsverdienst ꝛc genügen könne; es werde also, wenn dem Dritten Ersatz seines Aufwandes zugesprochen würde, eine Verschlechterung der Lage des Armenverbandes eintreten. Diese Ausführungen haben jedoch damit, welche Behörden über den von dem Dritten erhobenen Anspruch zu entscheiden haben, überhaupt nichts zu thun, sondern betreffen allein die Frage, ob und in welchem Umfange ein Anspruch des Dritten als begründet erachtet werden könne. Die Erwägung, daß eine sachgemäße Feststellung und Beurteilung der hierbei in Betracht kommenden Verhältnisse in höherem Grade von den Verwaltungsbehörden als von den Civilgerichten erwartet werden dürfe, würde auch hier nur beweisen, daß für eine Ausschließung oder Beschränkung des ordentlichen Rechtsweges Gründe der Zweckmäßigkeit sprächen, nicht aber berechtigen, dem bestehenden Gesetze eine ihm nach seinem Wortlaute und seiner Entstehungsgeschichee nicht zukommende Auslegung zu geben.

Es ist endlich noch behauptet worden, das Recht des Ersatz seines Aufwandes fordernden Dritten sei rechtlich abhängig von dem des unterstützten Armen und könne niemals weiter gehen, als dieses; deshalb seien die für den Armen selbst bestehenden Beschränkungen in der Verfolgung seiner Rechte vermöge rechtlicher Konsequenz auch für den Dritten maßgebend.

Vgl. Entsch. des Obertribunals Bd. 24 S. 250 flg., Bd. 82 S. 55; Urteil des IV. Civilsenates des Reichsgerichtes vom 9. Januar 1896 Rep. IV. 225/95.

Auch dem ist nicht beizustimmen. Wie die zur Entscheidung stehende Zuständigkeitsfrage zu beurteilen wäre, wenn der Dritte bei seinem Ersatzanspruche wirklich nicht ein eigenes, in seiner Person entstandenes Recht verfolgte, sondern ein auf ihn übergegangenes Recht des unterstützten Armen, kann unerörtert bleiben; denn die von dem Obertribunal zunächst (Bd. 24 S. 250 flg.) vertretene Meinung, daß bei der Klage des Dritten eine Sachgestaltung der zuletzt erwähnten Art vorliege, ist von diesem Gerichtshof selbst später (Bd. 82 S. 55) als unhaltbar fallen gelassen und auch von dem IV. Civilsenate des Reichsgerichtes (Urteil vom 9. Januar 1896) mit Recht mißbilligt worden. Festgehalten worden ist nur an der Annahme, daß das Recht des Dritten abhängig sei von dem Rechte des Armen und mit Erfolg nur geltend gemacht werden könne, wenn der Arme eine öffentliche Unterstützung überhaupt und in dem seitens des Dritten gewährten Umfange insbesondere hätte beanspruchen können" (angezogenes Urteil des IV. Civilsenates des Reichsgerichtes.) Es würde indes, auch wenn uneingeschränkt eingeräumt werden müßte, daß eine solche Abhängigkeit des Rechtes des Dritten von dem des Armen bestehe, daraus für die hier allein in Rede stehende Zuständigkeitsfrage nichts folgen. Denn wie schon oben bemerkt worden ist, besteht in Preußen keine allgemeine Vorschrift, wonach dann, wenn in einem an sich civilrechtlichen Streite die Entscheidung in der Hauptsache von der Beantwortung von Fragen des öffentlichen Rechtes abhängt, die gerichtliche Zuständigkeit ausgeschlossen und dergestalt beschränkt wäre, daß über die einschlagenden öffentlichrechtlichen Fragen die Verwaltungsbehörden zu entscheiden hätten; auch besteht nicht etwa eine allgemeine Vorschrift dieser Art für Streitigkeiten aus nützlicher Verwendung, dahin, daß, wenn die Verwendung in der Erfüllung einer angeblichen öffentlichrechtlichen Verpflichtung des Beklagten bestanden haben soll, die Entscheidung darüber, ob diese Verpflichtung bestanden habe, den Gerichten entzogen wäre. Nur durch singuläre Vorschriften, die auf Zweckmäßigkeitsrücksichten zurückzuführen sind, ist in einzelnen Fällen für Streitigkeiten der bezeichneten Art der ordentliche Rechtsweg beschränkt worden, übrigens nicht durch eine bloße Einengung der gerichtlichen Zuständigkeit, wie sie nach der Meinung des Obertribunales und des III. und IV. Civilsenates des Reichsgerichtes hier stattfinden soll, sondern durch Ersetzung des Civilprozeßverfahrens durch das Verwaltungsstreitverfahren.

Vgl. z. B. Zuständigkeitsgesetz vom 1. August 1883 § 47 Abss. 3. 4, § 56 Ziff. 5, § 66 Ziff. 3. 4; Entsch. des R.G.'s in Civils. Bd. 25 S. 325 flg., Bd. 27 S. 207 flg.

Nicht unerwähnt mag übrigens bleiben, daß eine unbedingte Abhängigkeit des Rechtes des Dritten von dem des Armen überhaupt nicht anerkannt werden kann. Für die Frage, ob in dem, was der Dritte dem Armen geleistet hat, insoweit, als er Ersatz fordert, eine nützliche Verwendung zum Besten des in Anspruch genommenen Armenverbandes (§§ 268. 269 A.L.R. I. 13) zu finden sei, ist allein entscheidend, ob der Armenverband zu der Ausgabe, die der Dritte für ihn bestritten haben will, durch das Gesetz verpflichtet gewesen ist; dagegen ist es gleichgültig, wem gegenüber die Verpflichtung bestanden hat. Es würde daher der Begründung des Ersatzanspruches unschädlich sein, wenn, wofür man sich nicht ohne Grund auf die Vorarbeiten zu dem Armengesetz von 1842 und die Motive zu dem Gesetz vom 21. Mai 1855 berufen könnte (vgl. noch v. Flottwell, Armenrecht und Armenpolizei S. 245 flg.), anzunehmen wäre, daß der Arme selbst gar keinen wirklichen Anspruch, auch keinen dem öffentlichen Rechte entsprungenen, auf Unterstützung habe, daß vielmehr, wie die Motive zu dem Gesetz von 1855 sagen, den Armenverbänden aus höheren, dem Interesse der Gesellschaft entnommenen Rücksichten die Pflicht auferlegt sei, ihre Armen nicht dem Elende zu überlassen, und „daß die Pflicht, welche der Armenverband insoweit zu erfüllen habe, keine Pflicht sei, die ihm dem Armen gegenüber, sondern eine solche, die ihm dem Staate gegenüber obliege.

Es ist hiernach keine der Erwägungen, welche für die Beschränkung des Rechtsweges bei Streitigkeiten der hier in Rede stehenden Art geltend gemacht worden sind, als geeignet anzusehen, die daraus abgeleiteten Folgerungen zu rechtfertigen. Könnten aber, was die Auslegung des § 63 des Gesetzes vom 8. März 1871 betrifft, noch Zweifel bestehen, so wären diese jedenfalls durch die Bestimmungen in § 41 des Zuständigkeitsgesetzes vom 1. August 1883 beseitigt. Die im zweiten Absatze des § 63 des Gesetzes vom 8. März 1871 getroffene Kompetenzvorschrift ist abgeändert worden durch § 75 des Zuständigkeitsgesetzes vom 26. Juli 1876, der später durch § 41 des Zuständigkeitsgesetzes vom 1. August 1883 ersetzt worden ist. In dieser, auf § 63 des Gesetzes vom 8. März 1871 besonders hinweisenden, Bestimmung ist durch die gewählte Wortfassung deutlich zum Ausdruck gebracht, daß sie sich nur auf Beschwerden des Armen selbst beziehen solle. Wenn in dem reichsgerichtlichen Urteile vom 25. September 1890,

Entsch. des R.G.'s in Civils. Bd. 27 S. 180 flg.,

bemerkt worden ist, die Fassung auch dieser Gesetzesvorschrift nötige nicht zu der Annahme, daß die dem Armen selbst gegen ablehnende Bescheide des Ortsarmenverbandes gegebene Beschwerde dem Dritten versagt sei, so verstößt, wenn hiermit gesagt sein soll, daß vermöge des § 41 die dort bezeichneten Verwaltungsbehörden auch zur Entscheidung über Beschwerden des Dritten berufen seien, dies gegen den klaren Wortlaut des Gesetzes. Wenn hierüber ein Zweifel überhaupt möglich wäre, würde er hinfällig werden, wenn man erwägt, daß die Frage wegen der Zuständigkeit bei Streitigkeiten über Ersatzansprüche

Dritter, wie die am Eingange der gegenwärtigen Entscheidung gegebenen Nachweisungen ergeben, schon lange vor dem Erlaß des Zuständigkeitsgesetzes streitig war, und daher, wenn die Entscheidung auch über Ersatzansprüche Dritter den in § 41 bezeichneten Behörden hätte zugewiesen werden sollen, dringendster Anlaß vorgelegen hätte, dies deutlich zum Ausdruck zu bringen. Wenn dies nicht nur nicht geschehen, sondern eine Wortfassung gewählt worden ist, die das, was sich bei § 63 des Gesetzes vom 8. März 1871 erst aus dem Zusammenhange des zweiten mit dem ersten Absatze ergab, daß nämlich die getroffene Bestimmung sich nur auf die Beschwerden des Armen selbst beziehe, noch besonders ausspricht, so erscheint jeder Zweifel in der erwähnten Richtung ausgeschlossen.

Aus dem Umstande, daß § 41 des Zuständigkeitsgesetzes hiernach sich auf Ersatzansprüche Dritter nicht bezieht, in Verbindung mit der weiteren Thatsache, daß auch sonst keine Gesetzesbestimmung besteht, durch welche die zur Entscheidung über solche Ansprüche zuständige Verwaltungsbehörde bezeichnet wäre, würde sich demnach, wenn gleichwohl eine Beschränkung der gerichtlichen Zuständigkeit statuiert würde, ergeben, daß es in Preußen überhaupt keine Möglichkeit gebe, eine Entscheidung über Ansprüche der in Frage befangenen Art zu erreichen; eine Annahme, die ohne weiteres abzuweisen ist. Auch diese Erwägung beweist daher, daß die Unterstellung, die gerichtliche Zuständigkeit sei in der seither von dem Obertribunale und dem Reichsgerichte angenommenen Weise beschränkt, unhaltbar ist."

---

74. 1. **Wird ein einheitlicher Vertrag dadurch vollständig ungültig, daß eine einzelne Bestimmung desselben ungültig ist?**

2. **Ist eine Offerte, nach der ein gewerbliches Unternehmen zum Zwecke seiner Umwandlung in ein Aktienunternehmen angestellt wird, wegen Unbestimmtheit oder Unbestimmbarkeit des Inhaltes unverbindlich, wenn die Gegenleistung zum Teil in Aktien der zu gründenden Gesellschaft erfolgen soll, und der Offerent seine Mitwirkung bei deren Gründung und Leitung verspricht, die näheren Bestimmungen über die Höhe des Grundkapitales und die sonstigen Gesellschaftseinrichtungen aber dem anderen Teile überlassen sind?**

I. Civilsenat. Urt. v. 6. April 1898 i. S. der Deutschen Kredit- und Baubank (Kl.) w. B. u. Gen. (Bekl.). Rep. I. 461/97.

I. Landgericht Potsdam.
II. Kammergericht Berlin.

Die Beklagten boten im Jahre 1895 ihre Brauereien in der Absicht, sie miteinander zu vereinigen und in ein Aktienunternehmen umwandeln zu lassen, der Firma Gebr. Sch. zu Berlin zu bestimmten Preisen und unter bestimmten, im einzelnen festgesetzten Bedingungen zum Kaufe an. Der Kaufpreis sollte teils durch Barzahlung, teils durch Übernahme von Hypotheken, teils durch Verabfolgung von Aktien der durch Gebr. Sch. unter Einlage der Brauereien zu gründenden Aktiengesellschaft berichtigt werden, die Offerten für Gebr. Sch. oder deren Order gelten, und die Beklagten bei Konventionalstrafen bis zu einem gewissen Zeitpunkte an ihre Offerten gebnnden sein. Am 18. November 1895 übertrug die Firma Gebr. Sch. ihre Rechte aus den getroffenen Abreden auf die Klägerin, die den Beklagten am 28. November mitteilte, daß sie die Offerten acceptiere, zur sofortigen Gründung der Aktiengesellschaft und zur Entgegennahme der Auflassung bereit sei. Die Beklagten lehnten aber die Erfüllung ab und ließen demnächst ihre Brauereien in Gemeinschaft mit einer weiteren, zu W. belegenen Brauerei durch ein anderes Bankhaus in ein Aktienunternehmen umwandeln. Die Klägerin klagte unter Vorbehalt ihrer weitergehenden Ansprüche einen Teilbetrag der Konventionalstrafen ein.

Das Landgericht wies die Klage ab, und die Berufung wurde verworfen. Ihre Revision ist zurückgewiesen worden aus folgenden

Gründen:

... „In der Sache selber ist davon auszugehen, daß die Offerten der Beklagten insofern einheitlicher Natur sind, als ihre verschiedenen Bestimmungen in einer notwendigen inneren Beziehung zu einander stehen. Mögen sie auch nicht sämtlich unter einen und denselben rechtlichen Gesichtspunkt gebracht werden können, so darf doch keine aus dem Zusammenhange des Ganzen gelöst und als in sich selbständiger Antragsbestandteil betrachtet werden. Die Ungültigkeit eines Teiles hat daher die Ungültigkeit der Offerte selber zur Folge, wenn nicht angenommen werden kann, daß dieselbe auch ohne ihn gemacht worden wäre. Sollte durch einfache Acceptation ein bindender Vertrag zustande kommen, so mußten die wesentlichen Abreden in ihrer Gesamtheit möglich und ausführbar sein. Ließ aber die Ungültigkeit oder Unausführbarkeit eines Teiles des Antragsinhaltes das Zustandekommen eines Vertrages als ausgeschlossen erscheinen, so fiel die Strafbestimmung zusammen, in welchem Sinne sie immer gemeint sein mochte.

Von dieser Erwägung aus gelangt man zu der Verwerfung der Revision.

Ob die Offerten als Kauf-, oder als Illationsofferten angesehen werden müssen, oder ob sie nach ihrem Rechtsgehalte in verschiedene Rechtskategorien fallen, kann unbesprochen bleiben. Soviel steht außer Zweifel, daß die Brauereien nur mit der Zweckbestimmung, in ein Aktienunternehmen umgewandelt zu werden, aus dem Vermögen der Versprechenden ausgeschieden werden sollten. Die Errichtung der Gesellschaft ist die Bedingung, an die die Offerten geknüpft worden sind, und die Übernahme eines erheblichen Teiles des Aktienbestandes nebst der Verpflichtung zur unmittelbaren Illation der Brauereien gehören ebenso wie die versprochene Mitwirkung des Beklagten B. bei der Gründung und der versprochene Eintritt aller Beklagten in den Vorstand oder den Aufsichtsrat zu den Leistungen, die ihnen nach Maßgabe der Offertschreiben obliegen sollten. Sie hatten sich also in der umfassendsten Weise bei der Gesellschaft zu beteiligen, wenn freilich auch nur einer von ihnen sich geradezu anheischig machte, Mitkontrahent des Aktiengesellschaftsvertrages zu werden. Die Verpflichtungen, unter die sie sich damit stellten, sind aber zu unbestimmt, um als rechtsgültig angesehen werden zu können. Ihr Inhalt läßt sich aus ihnen selber und den Satzungen der objektiven Rechtsordnung überhaupt nicht ermitteln, sondern soll erst durch das Belieben des Mitkontrahenten gegeben werden. Der Wille, aus einem Abkommen verpflichtet zu sein, entbehrt aber der rechtlichen Anerkennung, falls der gesamte Inhalt des Abkommens von der Willkür eines Anderen abhängig ist.

Wenn sich die Beklagten mit der teilweisen Begleichung des Kaufpreises in Aktien und mit der Übernahme von Ämtern einverstanden erklärten, so wurden sie damit gezwungen, sich an einer Gesellschaft zu beteiligen, die nach allen Beziehungen vollständig in der Luft stand. Es war dabei alles dem Ermessen des Rechtsvorgängers der Klägerin überlassen, und dieser hatte noch keinerlei weitere Bestimmung getroffen. Nur der Zweck des Unternehmens konnte nicht fraglich sein. Im ungewissen blieb aber schon der Umfang des Betriebes, sofern die Umwandluug von einer oder von zwei oder von drei Brauereien in Aussicht genommen war. Statutarische Festsetzungen oder sonstige Abmachungen über die Höhe des Grundkapitales und die weiteren Gesellschaftseinrichtungen lagen nicht vor. War freilich in dem Ankaufspreise der Brauereien eine niedrigste Kapitalgrenze gegeben, so konnte doch der Maximalbetrag beliebig von der Käuferin festgesetzt werden. Über die Organisation der Gesellschaft, die für deren Prosperität von der wesentlichsten Bedeutung war, hatte man sich ebensowenig verständigt, wie über die Rechtsstellung ihrer Vertreter und die Vergütung, die den Aufsichtsratsmitgliedern für ihre Thätigkeit gewährt werden sollte. Der Wert der Aktien mußte danach als ein unbestimmter und unbestimmbarer erscheinen, und die mit der zugesagten Leistung der Gesellschaft verknüpften Rechte und Verbindlichkeiten sind inhaltlich nicht soweit abgesteckt worden, als zur Herbeiführung einer vertragsmäßigen Bindung unbedingt nötig war. Dazu kommt noch, daß die Beklagten sämtlich in die Rolle von Gesellschaftsgründern treten sollten; die Beklagten H. und L. & Pl. freilich nur dadurch, daß sie sich bereit erklärten, auf Verlangen Sacheinlagen zu leisten. Auch die hiermit begründete Verpflichtung entbehrt der erforderlichen Bestimmtheit. Die civilrechtliche und strafrechtliche Verantwortlichkeit, die sie übernehmen sollten, war unübersehbar und nach Entstehung und Umfang ihrer Einwirkung völlig entzogen.

Unter diesen Umständen sind die besprochenen Vertragsbestimmungen nicht rechtswirksam. Die Beklagten haben eine Zusage ohne festen Inhalt gegeben und sich zu binden geglaubt, wo eine Bindung rechtlich undenkbar ist. Der Wegfall dieses Teiles der Leistungen hindert aber überhaupt die Perfektion des Abkommens. Denn eben der wegfallende Teil ist für das ganze beabsichtigte Rechtsverhältnis von so maßgebender Bedeutung, daß man nicht unterstellen darf, die Beteiligten würden dasselbe auch ohne ihn ins Leben gerufen haben. Verliert aber die Offerte selber ihre Kraft, so kann auch auf Grund der zu ihrer Sicherung bestimmten Vertragsklausel kein Anspruch erhoben werden." ...

75. Mittelbarer Schade. Ist das Bestehen einer Rechtsnorm, durch welche die Folgen einer Handlung bestimmt werden, ein von der Handlung verschiedenes Ereignis im Sinne des § 3 A.L.R. I. 6? Kann derjenige, der durch Verletzung einer Vertragspflicht einem Anderen Schaden zugefügt hat, den Ersatz des mittelbaren Schadens und des entgangenen Gewinnes unter Berufung auf § 19 A.L.R. I. 6 mit der Behauptung ablehnen, daß der Andere das von ihm wahrgenommene vertragswidrige Verhalten nicht gehindert habe? Versagung genügenden rechtlichen Gehörs durch Berücksichtigung von Umständen, die nicht einen Gegenstand der Verhandlung gebildet haben.

VI. Civilsenat. Urt. v. 28. April 1898 i. S. G. u. Gen. (Bekl.) w. Sch. (Kl.). Rep. VI. 9/98.

I. Landgericht Bartenstein.
II. Oberlandesgericht Königsberg.

Die Beklagten hatten für das ihnen gemeinschaftlich gehörige Rittergut M., dessen Verwaltung sie ihrem Generalbevollmächtigten A. G. übertragen hatten, dem Kläger die Leitung der vorhandenen Spiritusbrennerei und Rektifizierungsanlage übertragen. Sie stellten der auf Bezahlung von rückständigem Gehalt gerichteten Klage einrede- und widerklageweise den Einwand entgegen, daß ihnen eine Schädenforderung in Höhe von 3488 ℳ gegen den Kläger zustehe. Dieser habe nämlich in der Zeit vom 9. Januar bis zum 31. August 1893 aus 44765 Liter Rohspiritus und 2412 Liter sog. Vor- und Nachlauf nur 40873 Liter Reinspiritus und 1921 Liter Vor- und Nachlauf erzielt, während er bei pflichtgemäßer Rektifizierung 3488 Liter Reinspiritus mehr hätte gewinnen müssen. Dieses Quantum, das ihnen durch das böswillige oder fahrlässige Verhalten des Klägers entgangen sei, hätte unversteuert einen Wert von 1046,40 ℳ besessen; sie hätten aber dafür — als für die sog. Fehlmenge — nach dem Reichsgesetze vom 24. Juni 1887 die gesetzliche Verbrauchsabgabe mit 2441,60 ℳ entrichten müssen, ihr Gesamtschade betrage also 3488 ℳ.

Die erste Instanz verurteilte unter Abweisung der Widerklage die Beklagten nach dem Klagantrage; das Oberlandesgericht erließ ein Teilurteil, in welchem es die erste Entscheidung, soweit darin die Widerklage abgewiesen, und die Verurteilung der Beklagten zur Bezahlung von 133,60 ℳ nebst Zinsen ausgesprochen war, aufrecht erhielt. Es erachtete nämlich die von den Beklagten vorgeschützte Gegenforderung insoweit für unbegründet, als Ersatz der für die Fehlmenge gezahlten Verbrauchsabgabe von 2441,60 ℳ beansprucht werde.

Auf die Revision der Beklagten ist das Urteil aufgehoben worden aus folgenden

Gründen:

„Die Beklagten gründen ihre Gegenforderung auf die Behauptung, der Kläger habe die von ihm durch den Vertrag vom 12. April 1889 übernommenen Verpflichtungen absichtlich oder fahrlässigerweise verletzt und ihnen dadurch einen Schaden von 3488 ℳ verursacht. . . .

Der Kläger bestreitet, daß ihn ein Verschulden treffe; er hätte aus den 47177 Litern Rohspiritus und Nachlauf überhaupt nicht noch 3488 Liter Reinspiritus gewinnen können; auch habe er mehr als 40873 Liter Reinspiritus daraus erzeugt; es sei aber ein Teil davon dadurch verloren gegangen, daß das Cementbassin, in dem der Reinspiritus bis zur Abfüllung in Fässer aufbewahrt worden sei, nicht vollständig dicht gewesen, vielmehr ein erheblicher Teil des Spiritus durch Haarrisse des Cementbelages entwichen sei.

Das Berufungsgericht erachtet die geltend gemachte Schädenforderung, soweit Ersatz der für die 3488 Liter gezahlten Verbrauchsabgabe beansprucht wird, für unbegründet. Es nimmt zwar als erwiesen an, daß der Kläger bei gehöriger Erfüllung seiner Obliegenheiten aus den 47177 Litern Rohspiritus und Vor- und Nachlauf außer 40873 Liter Reinspiritus und 1921 Liter Vor- und Nachlauf noch 3488 Liter Reinspiritus hätte gewinnen müssen; es sei also an sich der von den Beklagten behauptete Schade erwiesen, und dem Kläger liege ob, nachzuweisen, daß der Schade durch von ihm nicht zu vertretende Umstände entstanden sei; indes erscheine seine Ersatzpflicht, was den von den Beklagten geforderten Ersatz der Verbrauchssteuer anlange, auch ohne einen solchen Nachweis nach Lage der Sache ausgeschlossen. Der den Beklagten in der bezeichneten Richtung erwachsene Schade sei nämlich als ein nur mittelbarer anzusehen; sie könnten deshalb nach den Bestimmungen in §§ 18. 19 A.L.R. I. 6, selbst wenn dem Kläger vorsätzliche Schadenszufügung zur Last fallen sollte, Ersatz dieses Schadens dann nicht beanspruchen, wenn sie sich bezüglich der Abwendung desselben ein grobes Versehen hätten zu schulden kommen lassen. Das aber sei anzunehmen. Sie hätten seit Jahren gewußt, daß die Rektifikationsthätigkeit des Klägers nicht diejenige Ausbeute ergeben habe, die das Gesetz in seinen Steuervorschriften voraussetze. Sie oder doch ihr Bevollmächtigter G. hätten gewußt, daß der Kläger dieses ungünstige Resultat auf Entschwinden des Spiritus zurückführe; eine angestellte Untersuchung habe ergeben, daß der Rektifizierungsapparat gut fungiert habe. Gleichwohl sei die große Fehlmenge entstanden. Nach den bestehenden Einrichtungen hätte das Ergebnis jeder einzelnen Rektifikation leicht festgestellt werden können; die Beklagten hätten es aber an jeder Kontrole fehlen, und hingehen lassen, daß der Kläger die von ihm zu führenden Bücher in ungenügender Weise geführt habe. Selbst nachdem an den fortwährenden Verlusten kein Zweifel mehr möglich gewesen sei, und G. aus dem Geruche der nach der Alle abgeleiteten Flüssigkeiten den Schluß gezogen gehabt habe, daß der Kläger alkoholhaltigen Ablauf weglaufen lasse, sei verabsäumt worden, einzuschreiten und den Kläger in hinreichender Weise zu kontrolieren. Wäre das geschehen, so hätte ein so großer Schade keinesfalls entstehen können. In diesem Verhalten sei ein grobes Verschulden der Beklagten zu finden, das den Anspruch auf Ersatz des mittelbaren Schadens ausschließe.

Diese Ausführungen sind von der Revision mit Recht als nach mehrfacher Richtung rechtsirrtümlich angefochten worden.

Unrichtig ist schon die für die Argumentation des Berufungsgerichtes grundlegende Annahme, daß der den Beklagten erwachsene Schade, soweit die von ihnen entrichtete Verbrauchsabgabe in Frage ist, ein nur mittelbarer im Sinne von § 3 A.L.R. I. 6 sei. Das Berufungsgericht stützt diese Auffassung auf die Erwägung, insoweit sei der Schade durch das Verhalten des Klägers nicht unmittelbar und zunächst bewirkt, sondern nur durch dasselbe in Verbindung mit der von der Handlung des Klägers verschiedenen Thatsache, daß das Gesetz auch den in Wirklichkeit nicht produzierten Reinspiritus mit der Verbrauchsabgabe belege, dafern er bei gehöriger Ausnutzung des Rohspiritus hätte gewonnen werden können.

Diese Annahme würde auch dann unhaltbar erscheinen, wenn wirklich, wie die Vorinstanz unterstellt, von den Beklagten zwei selbständig nebeneinander bestehende Gegenforderungen, eine in Höhe von 1046,40 M, die andere zum Betrage von 2441,60 M, geltend gemacht worden wären, und, was die letztere anlangt, für die Beklagten die Notwendigkeit, 2441,60 M Verbrauchsabgabe für die Fehlmenge zu entrichten, durch das — angebliche — rechtswidrige Verhalten des Klägers begründet worden wäre. Ein durch die Handlungsweise eines Menschen veranlaßter Schade ist nach §§ 2. 3 A.L.R. I. 6 in Verbindung mit §§ 4. 5 A.L.R. I. 3 ein unmittelbarer, wenn er aus der Handlung nach dem natürlichen oder gewöhnlichen Laufe der Dinge hervorging, ein mittelbarer, wenn er sich nur aus der Verbindung der Handlung mit einem anderen, von derselben verschiedenen Ereignisse, also durch das Zusammenwirken mehrerer, nicht notwendig und nicht gewöhnlich zusammentreffender Vorgänge oder aber durch eine nicht gewöhnliche Beschaffenheit der beschädigten Person oder Sache entwickelt hat.

Vgl. Dernburg, Preußisches Privatrecht 5. Aufl. Bd. 2 S. 181 § 76. Wäre nun wirklich durch das von den Beklagten dem Kläger beigemessene schuldhafte Verhalten desselben für die Beklagten die rechtliche Verpflichtung begründet worden, für 3488 Liter Spiritus, die thatsächlich nicht gewonnen worden sind, die durch das Gesetz vom 24. Juni 1887 geregelte Verbrauchsabgabe zu entrichten, so würde doch das Bestehen dieses Gesetzes niemals als ein besonderes Ereignis in dem vorstehend bezeichneten Sinne aufgefaßt werden können, durch das in Verbindung mit der Handlungsweise des Klägers den Beklagten ein Vermögensschade verursacht wäre. Durch das angezogene Gesetz ist für seinen Geltungsbereich ein allgemeiner Rechtszustand herbeigeführt worden, der es mit sich bringt, daß nicht bloß gewöhnlich, sondern sogar immer und mit rechtlicher Notwendigkeit jeder Spiritusproduzent, wenn er den aus dem steuerlichen Verschlusse herausgegebenen Rohspiritus bei der Rektifizierung nicht vollständig ausbeutet, die Verbrauchsabgabe auch für ein von ihm thatsächlich nicht gewonnenes Quantum von Reinspiritus entrichten muß. Es ist deshalb, wenn die mangelhafte Ausbeutung des Rohspiritus auf dem schuldhaften Verhalten einer Person beruht, der entstehende Schade eine, und zwar notwendige, Folge allein dieses Verhaltens; das Bestehen der Rechtsordnung, vermöge deren dieses Verhalten die schädigende Wirkung hervorruft, ist kein neben der Handlungsweise der betreffenden Person eintretendes Ereignis, sondern, ganz ebenso wie das Vorhandensein von Naturgesetzen, nach denen ein gewisses menschliches

Thun bestimmte Folgen hervorruft, ein Faktor, durch den die unmittelbaren Wirkungen der in Frage stehenden menschlichen Handlungen bestimmt werden. Die Argumentation der Vorinstanz ist im Grunde nicht weniger unrichtig, als es etwa die Annahme sein würde: wenn infolge der Verschuldung eines Menschen aus der Höhe ein schwerer Körper hinabfalle, und von diesem eine unten stehende Person verletzt werde, so sei der dieser erwachsene Schade nur ein mittelbarer, weil neben der Handlung des Beschädigers noch ein weiteres „Ereignis", nämlich das Vorhandensein der Schwerkraft und der Fallgesetze, zur Herbeiführung des Schadens mitgewirkt habe.

Übrigens ist aber, wie bereits angedeutet worden ist, schon der Ausgangspunkt der Vorinstanz verfehlt, wenn sie annimmt, es liege, was die 2441,60 ℳ betrifft, eine selbständige Gegenforderung vor, und diese werde darauf gestützt, daß durch das schuldhafte Verhalten des Klägers für die Beklagten die Verpflichtung erwachsen sei, 2441,60 ℳ als Verbrauchsabgabe zu bezahlen. Wie das angefochtene Urteil selbst feststellt, gelangte der in der M.'er Brennerei erzeugte Rohspiritus mit dem Augenblicke, wo er dem Kläger zur Rektifizierung herausgegeben wurde, außerhalb des steuerlichen Verschlusses und wurde damit abgabepflichtig. Wenn die Verbrauchsabgabe zunächst nur hinsichtlich derjenigen Mengen Reinspiritus eingezogen wurde, die der Behörde als in den freien Verkehr gebracht angezeigt wurden, so war dies nur eine Modalität der Erhebung der Steuer, die für den Umfang der Abgabepflicht ohne Bedeutung war; für den auf die angegebene Weise noch nicht zur Steuer herangezogenen Teil des Rohspiritus wurde — abzüglich des Schwundes — die Verbrauchsabgabe nachträglich bei der periodischen Feststellung der sog. Fehlmenge erhoben. Bei dieser Sachlage läßt sich nicht sagen, es habe, wenn durch Verschuldung des Klägers 3488 Liter Reinspiritus zu wenig gewonnen worden sein sollten, sein Verhalten eine Steuerpflicht der Beklagten begründet oder auf den Umfang der Steuer überhaupt einen Einfluß geübt. Die Beklagten hätten vielmehr, wenn die 3488 Liter gewonnen worden wären, die in Frage stehende Abgabe von 2441,60 ℳ ebenfalls entrichten müssen; sie sind nur durch den Umstand, daß die 3488 Liter Reinspiritus nicht gewonnen worden oder für sie verloren gegangen sind, von ihrer Verpflichtung, die Abgabe zu bezahlen, nicht frei geworden. Ihr Schade besteht hiernach nicht darin, daß sie diese

Summe haben bezahlen müssen, sondern darin, daß ihnen der Wert, den die 3488 Liter Reinspiritus gehabt haben würden, entzogen worden ist, und die Bezahlung der 2441,60 ℳ kommt lediglich als ein Faktor in Betracht, durch den der Wert der 3488 Liter mit bestimmt wird. Sie würden nämlich, da sie die Abgabe für dieses Quantum haben entrichten müssen, dann, wenn ihnen dasselbe nicht bei der Rektifizierung des Rohspiritus oder sonst verloren gegangen wäre, 3488 Liter versteuerten Reinspiritus mehr erlangt und gehabt haben, als thatsächlich der Fall gewesen ist. Nun ist der Natur der Sache nach der Wert von bereits versteuertem Spiritus um den Betrag der dafür entrichteten Verbrauchsabgabe höher, als der Wert eines gleich großen Quantums unversteuerten Spiritus von gleicher Güte. Hätten also 3488 Liter unversteuerten Reinspiritus einen Wert von 1046,40 ℳ gehabt, so würden bei einer Verbrauchsabgabe von 2441,60 ℳ die gleiche Anzahl Liter von versteuertem Spiritus 3488 ℳ wert gewesen sein.

Es liegt auf der Hand, daß bei dieser Sachlage eine Unterscheidung in der Beurteilung der von den Beklagten geltend gemachten Gegenforderung danach, wieviel von dem berechneten Gesamtbetrage auf den Wert des unversteuerten Spiritus, wieviel auf die Verbrauchsabgabe entfällt, überhaupt keine Berechtigung hat, und schon deshalb die Annahme der Vorinstanz, daß es sich bezüglich der Verbrauchsabgabe um mittelbaren Schaden handele, unhaltbar ist. Es ist vielmehr nur eine einheitliche Gegenforderung der Beklagten in Frage; sie beanspruchen einfach den Wert des ihnen angeblich durch Verschuldung des Klägers entgangenen Quantums versteuerten Reinspiritus.

Schon die vorstehend dargelegten Erwägungen müssen zur Aufhebung des angefochtenen Urteiles führen; es mag jedoch nicht unerwähnt bleiben, daß die in diesem enthaltenen Ausführungen auch nach anderen Richtungen zu beanstanden sind.

Das Oberlandesgericht nimmt an, die Beklagten hätten die schädlichen Folgen des nach ihrer Behauptung schuldhaften Verhaltens des Klägers auch bei gewöhnlichen Fähigkeiten ohne Anstrengung der Aufmerksamkeit abwenden können, wenn sie sein Gebaren bei der Rektifizierung des Rohspiritus überwacht und da, wo er unrichtig oder pflichtwidrig gehandelt habe, eingegriffen hätten; deshalb stehe ihrem Schadensersatzanspruche die Bestimmung in § 19 A.L.R. I. 6 entgegen. Aus demjenigen, was das Berufungsgericht nach dieser

Richtung im einzelnen ausgeführt hat, ergiebt sich, daß das grobe Versehen der Beklagten nicht darin bestanden haben soll, daß sie unterlassen hätten, im einzelnen Falle die ihnen schädlichen Folgen des Verfahrens des Klägers, soweit es noch möglich war, durch geeignete Gegenmaßregeln zu verhüten oder zu verringern; vielmehr nimmt das Berufungsgericht an, die Beklagten hätten, nachdem sie durch zahlreiche Wahrnehmungen erkannt gehabt, daß der Kläger dauernd oder doch oft bei der Rektifizierung des Spiritus inkorrekt oder geradezu pflichtwidrig gehandelt habe, ihn durch Beaufsichtigung seiner ferneren Thätigkeit abhalten müssen, auch weiter noch inkorrekt oder pflichtwidrig zu verfahren, und ihr eigenes Verschulden bestehe darin, daß sie dies unterlassen hätten. Die Annahme, daß bei solchem Sachstande den Beklagten die Bestimmung des § 19 A.L.R. I. 6 entgegenstehe, ist rechtsirrtümlich. Der angezogene Paragraph bestimmt, der Beschädigte könne Ersatz für mittelbaren Schaden und für entgangenen Gewinn nicht fordern, wenn er bei der Abwendung des Schadens sich selbst ein grobes Versehen habe zu schulden kommen lassen. Nach dem Wortlaut dieser Bestimmung kann nicht zweifelhaft sein, daß der Gesetzgeber unter „Abwendung des Schadens" durch den Beschädigten mindestens zunächst ein Eingreifen desselben gemeint hat, durch welches der schädliche Erfolg einer von einem Anderen **bereits vorgenommenen** rechtswidrigen Handlung ganz oder doch zum Teil verhütet werden kann. Das Gesetz verlangt also von dem Beschädigten, daß er dem Fortwirken der von einem Anderen vorgenommenen ihm selbst nachteiligen Handlung nicht müßig zusehe; er soll vielmehr, soweit er es vermag, verhindern, daß ihn die von dem Anderen vorgenommene Handlung schädige, bezw. ihm weiter Schaden verursache.

Vgl. Dernburg, a. a. O. Bd. 2 S. 182 § 76 unter 4.

Es kann dahingestellt bleiben, ob unter Umständen eine schuldhafte Nichtabwendung des Schadens durch den Beschädigten im Sinne von § 19, bezw. § 21 A.L.R. I. 6 auch dann angenommen werden könne, wenn der Beschädigte es, obwohl er dazu imstande war, unterlassen hat, den Beschädiger an seinem rechtswidrigen Thun zu hindern und hierdurch die Entstehung des Schadens auszuschließen, oder wenn er etwa erst durch eigenes unvorsichtiges Gebaren dem Beschädiger die Möglichkeit zu seinem Thun verschafft hat; denn jedenfalls könnte unter den Umständen des hier vorliegenden Falles eine Beschränkung oder Ausschließung der Schadensersatzansprüche der Beklagten aus § 19 a. a. O. nicht hergeleitet werden. Es handelt sich hier um Schäden, die der Kläger innerhalb eines Vertragsverhältnisses durch böswillige oder mindestens fahrlässige Verletzung seiner Vertragspflichten verursacht haben soll. Nun erscheint es nach den allgemeinen Grundsätzen über die Haftung der Beteiligten bei Verträgen (§ 277 A.L.R. I. 5) jedenfalls ausgeschlossen, daß nach dem Willen des Gesetzgebers derjenige, welcher absichtlich oder fahrlässig seine vertraglichen Pflichten verletzt, die nach der Natur des Vertragsverhältnisses begründete Haftung für sein rechtswidriges Verhalten ganz oder teilweise unter der Berufung darauf, daß ihn der andere Teil nicht verhindert habe, rechtswidrig zu handeln, sollte ablehnen dürfen. Es mag, was im besonderen Vertragsverhältnisse der hier in Rede stehenden Art betrifft, nicht in Zweifel gezogen werden, daß unter Umständen dann, wenn ein Dienstherr oder Besteller ein gewisses vertragswidriges Handeln des Bediensteten oder des Werkmeisters, das ihm Schaden bringt, wahrnimmt und längere Zeit hindurch widerspruchslos hinnimmt, aus diesem seinem Verhalten ein Grund hergeleitet werden kann zur Ablehnung von Schädenforderungen, die nachträglich auf das vertragswidrige Verhalten des anderen Teiles gestützt werden; denn es kann nach Befinden in dem widerspruchslosen Geschehenlassen eine stillschweigende Billigung jenes Verhaltens erblickt werden, oder auch die Annahme gerechtfertigt sein, daß es gegen Treue und Glauben verstoße, wenn der Beschädigte zunächst den Anschein erwecke, als habe er gegen das Gebaren des Anderen nichts einzuwenden, und dann gleichwohl aus demselben Schadensersatzansprüche herleite. Auch sind unzweifelhaft Fälle möglich, wo nach dem Willen der Beteiligten der Dienstherr oder Besteller zur Beaufsichtigung des unter seinen Augen arbeitenden Bediensteten oder Werkmeisters nicht nur berechtigt, sondern auch verpflichtet sein soll, dergestalt daß er den Anderen von unrichtigem Verfahren abhalten soll. Erwägungen der vorstehend bezeichneten Art, wonach im vorliegenden Falle die Haftung des Klägers für etwaige von ihm begangene Versehen als ganz oder teilweise ausgeschlossen zu erachten wäre, sind jedoch von der Vorinstanz überhaupt nicht geltend gemacht worden; ebensowenig ergeben ihre Feststellungen, daß hier ein Sachverhalt, der solche Erwägungen rechtfertigen könnte, vorliege.

Mit Recht hat aber die Revision noch weiter geltend gemacht, daß die Argumentation des angefochtenen Urteiles, soweit sie das den Beklagten beigemessene eigene Verschulden betrifft, prozessual zu beanstanden sei. Der Kläger hat sich darauf, daß die Beklagten insoweit ein Vorwurf treffe, gar nicht bezogen; es ist auch die Frage, ob dies der Fall sei, nach dem Thatbestande des vorigen Urteiles überhaupt nicht Gegenstand der mündlichen Verhandlung gewesen. Bei diesem Sachstande durfte das Berufungsgericht die Entscheidung auf die von ihm hervorgehobenen Umstände nicht stützen; jedenfalls hätte es die Parteien auf die von ihm ins Auge gefaßten Umstände hinweisen und den Beklagten Gelegenheit geben müssen, dasjenige geltend zu machen, was sie zur Feststellung des Sachverhaltes und zur Rechtfertigung ihres Verhaltens, bezw. desjenigen des G. — für dessen Thun und Lassen die Vorinstanz die Beklagten ohne weiteres nach jeder Richtung als haftbar ansieht — vorzubringen hatten. Nach demjenigen, was in der hier fraglichen Beziehung aus dem Thatbestande und den Akten zu entnehmen ist, ist den Parteien gerade in den für die jetzt vorliegende Entscheidung maßgebend gewesenen Punkten das rechtliche Gehör nicht in zureichender Weise gewährt worden." ...

---

76. 1. **Zulässigkeit des Rechtsweges bei einer Klage aus dem mit einem Rentengutsvertrage für den Fall, daß dieser von der Generalkommission nicht bestätigt werde, verbundenen Pachtvertrage.**
Gesetz vom 7. Juli 1891 § 12.

2. **Nichtigkeit eines Kaufvertrages, der infolge eines Abkommens abgeschlossen wird, in welchem der Käufer gegen die Abschließung jenes Vertrages eine unerlaubte Handlung versprochen hat.**

VI. Civilsenat. Urt. v. 2. Mai 1898 i. S. M. (Bekl.) w. D. (Kl.). Rep. VI. 18/98.

I. Landgericht Tilsit.
II. Oberlandesgericht Königsberg.

Aus den Gründen:

„I. Mit Unrecht bestreitet die Revision die Zulässigkeit des Rechtsweges.

Es bedarf hier keines Eingehens auf die Frage nach den Grenzen, in welchen durch § 12 des preußischen Gesetzes, betreffend die Beförderung der Errichtung von Rentengütern, vom 7. Juli 1891 (G.S. S. 279) die Entscheidung über die bei der Rentengutsbildung und aus Anlaß derselben vorkommenden Rechtsstreitigkeiten den Generalkommissionen zugewiesen ist.

Vgl. darüber die Urteile des Reichsgerichtes vom 29. April 1896, Entsch. des R.G.'s in Civils. Bd. 37 S. 392, vom 17. September 1897, mitgeteilt im preußischen Justizministerialblatt von 1898 S. 80, und vom 12. Januar 1898, teilweise abgedruckt in der Juristischen Wochenschrift von 1898 S. 186 Nr. 84.

Im vorliegenden Rechtsstreite handelt es sich überhaupt nicht um eine ein Rentengut betreffende Angelegenheit. Der Kläger klagt nicht aus dem Rentengutsvertrage, sondern aus dem mit dem Vertrage verbundenen, für den Fall der Nichtbestätigung des Rentengutsvertrages von den Parteien errichteten Pachtvertrage. Die Verbindung dieses Vertrages mit dem Rentengutsvertrage ist für die Zuständigkeitsfrage ohne Belang. Daraus, daß auch der Pachtvertrag unter Vermittelung der Generalkommission geschlossen ist, folgt für deren Zuständigkeit nichts, da sich letztere zweifellos nur auf Rentengüter bezieht. Ebensowenig wird der Rechtsweg dadurch ausgeschlossen, daß das Bestehen des Pachtvertrages von dem Nichtzustandekommen der Rentengutsbildung abhing, hier also darüber zu befinden ist, ob das Verfahren zur Bildung des Rentengutes geführt habe, oder nicht. Dies festzustellen, ist Sache des Gerichtes, da der erhobene Anspruch, der eine solche Feststellung erforderlich macht, seinem Gegenstande nach der Zuständigkeit der Gerichte unterliegt.

II. Das Berufungsgericht erachtet es für bewiesen, daß die Parteien im September 1894 einen schriftlichen unbedingten Kaufvertrag über das in Rede stehende Grundstück zum Preise von 1500 ℳ abgeschlossen haben. Es stellt aber weiter fest, daß der Kläger sich vom Beklagten und dessen Ehefrau habe versprechen lassen, in dem bevorstehenden Strafprozesse gegen den Kläger wegen Majestätsbeleidigung zu dessen Gunsten Zeugnis abzulegen, wobei nur an eine wissentliche

Verletzung der Eidespflicht zu denken sei, und daß der Kaufvertrag die vereinbarte Gegenleistung für dieses Versprechen gewesen sei. Hieran knüpft sich die Ausführung: das Abkommen über die Ablegung eines günstigen Zeugnisses für den Kläger gegen Abtretung des Grundstückes sei nach § 68 A.L.R. I. 5 nichtig, und die Nichtigkeit übertrage sich auf das in Erfüllung des Abkommens geschlossene Kaufgeschäft. Nach §§ 172 flg. 205 flg. A.L.R. I. 16 dürfe derjenige, der eine Sache oder Summe als Gegenleistung für eine unerlaubte Handlung erhalte, nicht im Besitze des Vorteiles bleiben. Der hierin zu erkennende allgemeine Grundsatz müsse auch da Anwendung finden, wo die Abschließung eines Vertrages die Gegenleistung bilde. Danach sei der Kaufvertrag unkräftig gewesen, die Punktation vom 3. März 1894 also mit dem darin enthaltenen bedingten Pachtvertrage in Kraft geblieben, und der gegen die Klage erhobene Einwand des Beklagten sei zu verwerfen.

Diese Ausführungen sind freilich nicht unbedenklich. Kämen hier mit Bezug auf den Kaufvertrag die Grundsätze von der Zurückforderung des aus einem verbotenen Geschäfte oder zu einem unerlaubten Zwecke Gegebenen zur Anwendung, so würde der Kaufvertrag nicht ohne weiteres nichtig, sondern nur im Wege der Kondiktion rückgängig zu machen sein; diese Kondiktion aber würde nicht dem Kläger zustehen (§§ 172. 173. 205 A.L.R. I. 16). Das Ergebnis müßte also die Abweisung der Klage sein.

Indes ist an der Nichtigkeit des Kaufvertrages nicht zu zweifeln. Er ist nichtig, weil er auf Belohnung für eine in den Gesetzen mißbilligte Handlung abzielte (§ 8 A.L.R. I. 4). Der Kaufvertrag steht daher der Klage nicht entgegen." . . .

---

77. 1. Hat die Erbunfähigkeit der Mönche und Nonnen aus §§ 1199 bis 1201 A.L.R. II. 11 die Zugehörigkeit zu einem mit Korporationsrechten ausgestatteten Kloster zur Voraussetzung?

2. Sind die Niederlassungen der durch das Gesetz vom 31. Mai 1875, betr. die geistlichen Orden und ordensähnlichen Kongregationen der katholischen Kirche (G.S. S. 217), vom Gebiete der preußischen

Monarchie ausgeschlossenen Orden und ordensähnlichen Kongregationen mit ihrer Auflösung, auch bei thatsächlichem Fortbestande, der ihnen zustehenden Korporationsrechte verlustig gegangen?

3. Können die zurückgekehrten, vor ihrer Auflösung mit Korporationsrechten ausgestatteten Niederlassungen der durch Art. 5 des Gesetzes vom 29. April 1887, betr. Abänderungen der kirchenpolitischen Gesetze (G.S. S. 127), wieder zugelassenen Orden und ordensähnlichen Kongregationen der katholischen Kirche Korporationsrechte nur durch ein besonderes Gesetz wieder erlangen?

Verfassungs-Urkunde für den Preußischen Staat vom 31. Januar 1850 (G.S. S. 17) Art. 13.

IV. Civilsenat. Urt. v. 5. Mai 1898 i. S. W. Nachlaßpfleger (Bekl.) w. W. u. Gen. (Kl.). Rep. IV. 367/97.

I. Landgericht Essen.
II. Oberlandesgericht Hamm.

Am 16. September 1894 ist zu Essen, seinem Wohnsitze, der Bäckermeister W. verstorben, mit Hinterlassung eines Vermögens von etwa 150000 *M*. Zur Erhaltung des Nachlasses und Ausmittelung der Erben ist der Beklagte zum Pfleger bestellt. Die beiden Klägerinnen sind die alleinigen vollbürtigen Geschwister des Verstorbenen, der weder Ascendenten noch Descendenten hinterlassen, auch eine letztwillige Verfügung nicht errichtet hat, und verlangen als nächste gesetzliche Erben die Herausgabe des Nachlasses, während der Beklagte ihr Erbrecht nicht anerkennt. Die Klägerinnen sind nämlich bereits vor dem Jahre 1875 als Chorschwestern in das Ursulinerinnenkloster zu Ahrweiler eingetreten und gehören noch gegenwärtig, die eine als „Mère", die andere als „Soeur", den Niederlassungen der Ursulinerinnen in Enghien und Seroulle in Belgien an, wohin sie bei der im Jahre 1879 infolge des Gesetzes vom 31. Mai 1875, betreffend die geistlichen Orden und ordensähnlichen Kongregationen der katholischen Kirche, erfolgten Auflösung der Klostergemeinde zu Ahrweiler versetzt wurden. Sie sind dort auch verblieben, als auf Grund des Gesetzes vom 29. April 1887, betreffend Abänderung der kirchenpolitischen Gesetze, die Klostergemeinde selbst nach Ahrweiler zurückkehrte, zu welcher nunmehr die Niederlassungen in Enghien und Seroulle als

Filialen des Mutterhauses gehören. Für die Niederlassungen der Ursulinerinnen zu Ahrweiler sowohl wie zu Enghien und Seroulle gelten auf Grund der Bulle des Papstes Pius V. vom 5. Februar 1618 die Regel des heiligen Augustinus und die Konstitutionen der geistlichen Jungfrauen der heiligen Ursula nach dem Institute von Bordeaux. Der Beklagte ist hiernach der Meinung, daß den Klägerinnen das in Anspruch genommene Erbrecht nicht zustehe, weil sie als Nonnen nach Ablegung des Klostergelübdes gemäß §§ 1199 flg. A.L.R. II. 11 überhaupt erbunfähig seien. Demgegenüber vertreten die Klägerinnen in erster Reihe die Auffassung, daß die §§ 1199 flg. A.L.R. II. 11 mit Aufhebung des bürgerlichen Todes durch Art. 10 der Verfassungs-Urkunde für den Preußischen Staat vom 31. Januar 1850 überhaupt ihre Geltung verloren hätten, keinesfalls aber ihnen entgegenständen, da die Rechts- und somit auch die Erbfähigkeit einer Person sich nach dem Rechte ihres Wohnsitzes bestimme, und nach dem danach für sie — die Klägerinnen — maßgebenden belgischen Rechte — Code civil — der Eintritt in das Kloster den Verlust der Erbfähigkeit nicht nach sich ziehe. Sodann sind die Klägerinnen aber auch der Ansicht, daß die §§ 1199 flg. A.L.R. II. 11 nur Anwendung finden auf solche Mönche und Nonnen, die einem wirklichen Orden und einer mit Korporationsrechten ausgestatteten Klostergesellschaft angehören und das feierliche Gelübde abgelegt haben; alles Voraussetzungen, die bei ihnen nicht zuträfen, da die Ursulinerinnen keinen Orden, sondern nur eine Kongregation bildeten, ihre Niederlassungen und deren Mutterhaus in Ahrweiler Korporationsrechte nicht besäßen, sie auch nicht das feierliche, sondern nur das einfache Gelübde abgelegt hätten, und zwar immer nur auf fünf Jahre, wie es denn den Ursulinerinnen überhaupt verboten sei, ewige Gelübde abzulegen.

Das Landgericht hat den Beklagten verurteilt, das von den Klägerinnen in Anspruch genommene Erbrecht anzuerkennen und ihnen den Nachlaß herauszugeben. Die dagegen erhobene Berufung ist zurückgewiesen.

Auch die Revision ist zurückgewiesen worden, aus folgenden

Gründen:

„Der Beklagte stützt die von ihm erhobene Einrede der Erbunfähigkeit der beiden Klägerinnen auf die Bestimmungen in den §§ 1199—1201 A.L.R. II. 11, welche dahin gehen:

§ 1199: Nach abgelegtem Klostergelübde werden Mönche und Nonnen, in Ansehung aller weltlichen Geschäfte, als verstorben angesehen.

§ 1200: Sie sind unfähig, Eigentum oder andere Rechte zu erwerben, zu besitzen oder darüber zu verfügen.

§ 1201: Bei Erb- und anderen Anfällen treten diejenigen an ihre Stelle, denen ein solcher Anfall zukommen würde, wenn jene gar nicht mehr vorhanden wären.

Diese Vorschriften stehen in engem Zusammenhange mit den §§ 939. 940. 1057 a. a. O.

§ 939: Unter geistlichen Gesellschaften, deren Mitglieder sich mit anderen Religionsübungen, als der Seelsorge, hauptsächlich beschäftigen, werden die vom Staate aufgenommenen Stifter, Klöster und Orden verstanden.

§ 940: Diese haben, unter dem Namen der Kapitel und Konvente, mit anderen Korporationen im Staat gleiche Rechte (Tit. 6).

§ 1057: Klostergesellschaften sind geistliche Korporationen, deren Mitglieder zu gemeinschaftlichem Leben und gemeinschaftlicher Religionsübung, nach gewissen von der Kirche bestätigten Regeln, durch feierliche Gelübde sich verpflichtet haben.

Wäre die von den Klägerinnen auch in der Revisionsinstanz in erster Reihe geltend gemachte Auffassung zutreffend, daß die §§ 1199 bis 1201 a. a. O. durch den Art. 10 der Verfassungs-Urkunde vom 31. Januar 1850: „Der bürgerliche Tod und die Strafe der Vermögenseinziehung finden nicht statt", für aufgehoben zu erachten seien, so wäre der Klaganspruch und das demselben stattgebende Berufungsurteil ohne weiteres gerechtfertigt, da unter den Parteien sonst kein Streit darüber obwaltet, daß die Klägerinnen, als die alleinigen vollbürtigen Geschwister des W., dessen nächste gesetzliche Erben sein würden. Es muß aber dem Berufungsgerichte darin beigetreten werden, daß die §§ 1199—1201 a. a. O. durch Art. 10 der Verfassung nicht beseitigt sind." (Dies wird näher ausgeführt; sodann werden die gegen die zwingende Natur der Vorschriften in den §§ 1199—1201 a. a. O. erhobenen Bedenken widerlegt, und darauf fortgefahren:)

„Die Anwendbarkeit der §§ 1199 flg. A.L.R. II. 11 und den Eintritt der durch diese Vorschriften angeordneten Erbunfähigkeit der

Mönche und Nonnen erachtet das Berufungsgericht durch drei Voraussetzungen bedingt: Ablegung des feierlichen Gelübdes, Zugehörigkeit zu einem vom Papste bestätigten Orden und Mitgliedschaft bei einer solchen Niederlassung des Ordens, welche Korporationsrechte besitzt. Die Zugehörigkeit der Klägerinnen zu einem vom Papste bestätigten Orden nimmt das Berufungsgericht als vorliegend auf Grund der Feststellung an, daß für das Ursulinerinnenkloster zu Ahrweiler, mit den Filialniederlassungen in Enghien und Seroulle, die durch die Bulle des Papstes Pius V. vom 5. Februar 1618 bestätigten Ordensregeln der dadurch als Orden anerkannten Vereinigung der Ursulinerinnen von Bordeaux gelten. Von der Feststellung der unter den Parteien streitig gebliebenen Frage, ob die Klägerinnen das feierliche Gelübde, oder nur ein Gelübde auf bestimmte Zeit, welches letztere die Erbunfähigkeit nach der Auffassung des Berufungsgerichtes zu begründen nicht geeignet wäre, abgelegt haben, ist abgesehen, indem das Berufungsgericht zu der Feststellung gelangt, daß das Ursulinerinnenkloster zu Ahrweiler, dem die Klägerinnen als Mitglieder der Filialen in Enghien und Seroulle angehören, mit Korporationsrechten nicht ausgestattet ist, und schon danach die von dem Beklagten erhobene Einrede der Erbunfähigkeit der Klägerinnen für unbegründet annimmt. Die Entscheidung des Berufungsgerichtes beruht hiernach auf der Auslegung der §§ 1199 flg. A.L.R. II. 11 dahin: daß die Erbunfähigkeit der Mönche und Nonnen durch deren Zugehörigkeit zu einem mit Korporationsrechten ausgestatteten Kloster bedingt ist, in Verbindung mit der thatsächlichen Feststellung, daß das Kloster, dessen Mitglieder die Klägerinnen sind, Korporationsrechte nicht besitzt. Die Revision greift das Berufungsurteil nach beiden Richtungen an, jedoch ohne Erfolg.

Das Erfordernis der Korporationsrechte der Ordensniederlassung als bedingender Voraussetzung der Erbunfähigkeit der zu derselben gehörigen Mönche und Nonnen gemäß der §§ 1199 flg. a. a. O. begründet das Berufungsgericht, unter Hervorhebung des in den oben wiedergegebenen §§ 939. 940. 1057 a. a. O. aufgestellten Begriffes der geistlichen Gesellschaften überhaupt und der Klostergesellschaften insbesondere, mit der Ausführung, daß diese Klostergesellschaften es seien, deren Angehörige nach abgelegtem feierlichen Gelübde eigentums- und erbunfähig sein sollen. Das Allgemeine Landrecht habe diesen Personen die Geschäftsfähigkeit absprechen können, ohne ihnen gesetzliche Vertreter zu bestellen, weil es dem Kloster die juristische Persönlichkeit zusprach, und dieses daher, wie ein gesetzlicher Vertreter, die Lebensbedürfnisse seiner rechtlosen Angehörigen befriedigte. Wäre dem Kloster nicht das Korporationsrecht verliehen, so würde weder dieses, noch würden die Angehörigen desselben auch nur die unbedeutendsten Rechtsgeschäfte, welche zur Befriedigung der Lebensbedürfnisse erforderlich seien, abschließen können, und würde das Vermögen der Professen dem Zugriffe jedes Dritten preisgegeben sein. Wenn nun auch angesichts des Art. 13 der Verfassungs-Urkunde vom 31. Januar 1850 Klöster bestehen könnten, welche Rechtsfähigkeit nicht besitzen, so seien dieselben doch nicht geistliche Korporationen im Sinne des § 1057 A.L.R. II. 11, und daher auch deren Angehörige nicht diejenigen Mönche und Nonnen, denen das Allgemeine Landrecht die Geschäfts- und Rechtsfähigkeit abspreche. Demgegenüber hält die Revision an der von dem Beklagten bereits in den Vorinstanzen geltend gemachten Auffassung fest, daß der Mangel der Korporationsrechte einem Kloster den rechtlichen Charakter eines solchen im Sinne des Allgemeinen Landrechtes keineswegs entziehe, da diese Eigenschaft für das Wesen eines Klosters von keiner maßgebenden Bedeutung sei.

Das Berufungsgericht befindet sich im Ergebnisse in Übereinstimmung mit der Ansicht des preußischen Obertribunales, wie sie in dem Urteile vom 27. November 1860,

Striethorst, Archiv Bd. 39 S. 231,

näher begründet und in dem Urteile vom 11. Dezember 1866 (a. a. O. Bd. 65 S. 181) aufrecht erhalten ist, dahin, daß die Bestimmungen der § 1199—1201 A.L.R. II. 11 nur auf die Mitglieder staatlich genehmigter und mit Korporationsrechten versehener Klöster, welche ein feierliches Gelübde abgelegt haben, anwendbar sind. Dieselbe Auffassung liegt dem Erlasse des Ministers des Innern vom 16. April 1862 (Archiv für katholisches Kirchenrecht Bd. 11 S. 275) zu Grunde, wird auch von C. F. Koch (Preußisches Erbrecht S. 144), sowie von Friedberg (Lehrbuch des katholischen und evangelischen Kirchenrechts 4. Aufl. S. 231) geteilt, und erscheint auch begründet.

Der „Von den Rechten und Pflichten der Kirchen und geistlichen Gesellschaften" handelnde Titel 11 Teils II des Allgemeinen Landrechtes ordnet in den Abschnitten 12—20 (§§ 939—1232), in Anschluß an die allgemeine Einteilung der Religionsgesellschaften in „Kirchengesellschaften“ und „geistliche Gesellschaften“ — §§ 11. 12 —, die rechtlichen Verhältnisse der „geistlichen Gesellschaften“ und ihrer Mitglieder. Dabei werden gegen die Verleihung der Korporationsrechte — § 940 Tit. 11, in Verbindung mit § 25 Tit. 6 Tl. II des Allgemeinen Landrechtes — auch die staatlichen Aufsichtsbefugnisse näher bestimmt, und sind die letzteren gerade bei den Klostergesellschaften, namentlich was die Aufnahme der Mönche und Nonnen und die Ausübung der Klosterzucht betrifft, von einschneidender Bedeutung, wie denn nach § 1161 a. a. O. überhaupt kein Staatsangehöriger ohne Vorwissen und Erlaubnis des Staates in ein Kloster aufgenommen werden darf. Bei dieser selbständigen rechtlichen Gestaltung der Klostergesellschaften können die derselben zu Grunde liegenden Vorschriften nur in ihrem Zusammenhange mit dem ganzen Rechtsinstitute in ihrer rechtlichen Tragweite gewürdigt werden, und zwar umsomehr, als diese Vorschriften, wie der ganze Titel 11, dazu bestimmt sind, an die Stelle des kanonischen Rechtes zu treten, auf welches gemäß der Bestimmung in § I des Publikationspatentes vom 5. Februar 1794 als zu den „anderen fremden subsidiarischen Rechten und Gesetzen“ gehörig nicht mehr zurückgegangen werden darf.

Vgl. Koch, Kommentar zum Allgemeinen Landrecht Anm. 1 zu Titel 11, Teil II.

Daraus ergiebt sich dann aber, daß, wie der ganze Abschnitt 18: „Von Mönchen und Ordensleuten“, mit den Vorschriften der §§ 1160—1209 die Aufgabe hat, die rechtlichen Verhältnisse derselben als Mitglieder der durch die Bestimmungen der §§ 939—1021: „Von geistlichen Gesellschaften überhaupt,“ und der §§ 1057—1069: „Von Klostergesellschaften“, gestalteten Klostergesellschaften zu regeln, so auch insbesondere die in den §§ 1199—1201 ausgesprochene Eigentums- und Erbunfähigkeit der Mönche und Nonnen nach abgelegtem Gelübde nur diejenigen trifft, welche einem nach Maßgabe der Vorschriften in den §§ 939—1021 und §§ 1057—1069 organisierten Kloster angehören. Zum Wesen eines solchen Klosters in rechtlicher Beziehung — auf welche es für die hier zu treffende Entscheidung ausschlaggebend ankommt — gehört die Eigenschaft als geistliche Korporation, als selbständiges Rechtssubjekt, und es entfällt daher bezüglich derjenigen Mönche und Nonnen, deren Kloster mit Korporationsrechten nicht ausgestattet ist, die ihre Vermögensunfähigkeit begründende Voraussetzung. Der abweichenden, von der Revision in Bezug genommenen Auffassung von Hinschius in Koch's Kommentar zum Allgemeinen Landrecht in Note 1 zu § 1057 und in Note 15 Abs. 3 zu § 1200 a. a. O. läßt sich nicht beitreten. Der Grund, daß das Verlangen der Staatsgenehmigung als Voraussetzung der Anwendbarkeit der beschränkenden Vorschriften über die Klöster ein Privilegium für die Nichtnachsuchung der Genehmigung erteile, während nach der Auffassung des Allgemeinen Landrechtes die Klöster erst durch die staatliche Aufnahme ein Recht auf Existenz erlangen konnten, mithin ohne diese Genehmigung gar nicht geduldet werden durften, übersieht, daß der Existenz von Klostergesellschaften in der Gestalt von sog. „erlaubten Gesellschaften" im Sinne der §§ 2. 11 flg. A.L.R. II. 6 auch ohne Staatsgenehmigung schon nach Allgemeinem Landrechte nichts im Wege gestanden hätte; im übrigen aber würde die Möglichkeit der Umgehung der Bestimmungen in den §§ 1199 flg. A.L.R. II. 11 nicht deren Anwendung auf Fälle rechtfertigen, deren Lage eine wesentlich verschiedene ist. Der andere Grund wird darauf gestützt, daß die Korporationsrechte nach Allgemeinem Landrechte eine einfache Folge der Staatsgenehmigung gewesen seien, und der § 940 a. a. O. hierauf nur aufmerksam mache, sodaß aus dem Mangel der Korporationsrechte nicht folge, daß ein solches Kloster nicht ein Kloster im Sinne des Allgemeinen Landrechtes sei. Indes das Schwergewicht liegt in dem als Vorbedingung der Korporationsrechte in § 939 a. a. O. vorgesehenen Erfordernisse der Staatsgenehmigung, durch welche die vom Gesetze weiter geordnete rechtliche Gestaltung der geistlichen Gesellschaften gesichert, und es nunmehr gerechtfertigt wird, durch die Bestimmung in § 940 denselben gleiche Rechte mit anderen Korporationen nach Maßgabe der Bestimmungen des Titels 6 Teils II des Allgemeinen Landrechtes zu erteilen. Es handelt sich bei der Vorschrift in § 940 keineswegs um einen bloßen Hinweis, sondern um eine Bestimmung rechtserzeugenden Inhaltes, da nach § 25 A.L.R. II. 6 die Rechte der Korporationen und Gemeinen nur solchen vom Staate genehmigten Gesellschaften zustehen, die sich zu einem fortdauernden gemeinnützigen Zwecke verbunden haben. Die wesentliche Bedeutung der Verleihung der Korporationsrechte für die rechtliche Gestaltung der Klostergesellschaften und damit auch für die Beantwortung der Frage nach der Anwendbarkeit der Bestimmungen in den §§ 1199 flg. A.L.R. II. 11 ist daher nicht zu verkennen. Wenn übrigens Hinschius a. a. O. bemerkt, daß das preußische Obertribunal die Auffassung in dem Urteile vom 27. November 1860 in der späteren Entscheidung vom 15. Juni 1877,

Striethorst, Archiv Bd. 97 S. 252,

habe fallen lassen, so steht dem entgegen, daß in den Gründen der letzteren Entscheidung nur dargelegt ist, daß, wie die Klöster, so auch vom Staate anerkannte Kongregationen als geistliche Gesellschaften im Sinne des § 12 A.L.R. II. 11 den Bestimmungen des Abschnittes 12 Titels 11 Teils II des Allgemeinen Landrechtes unterliegen.

Die Revision greift aber auch die der Entscheidung des Berufungsgerichtes zu Grunde liegende Feststellung, daß das Ursulinerinnenkloster zu Ahrweiler, dem die Klägerinnen als Mitglieder der Filialen desselben in Enghien und Seroulle angehören, Korporationsrechte nicht besitze, als auf Rechtsirrtum beruhend an. Das Berufungsgericht erachtet auf Grund der durch die vorgelegten Akten der Verwaltungsbehörden erfolgten Beweisaufnahme, unter eingehender Würdigung des in Betracht kommenden, näher dargelegten Inhaltes der Akten, für dargethan, einerseits daß das Ursulinerinnenkloster zu Ahrweiler bis zum Jahre 1879 Korporationsrechte besessen hat, andererseits aber auch daß dasselbe demnächst infolge des Ausschlusses der Orden und ordensähnlichen Kongregationen der katholischen Kirche von dem Gebiete der Preußischen Monarchie durch das Gesetz vom 31. Mai 1875 als Korporation zu existieren aufgehört hat. Nach der Feststellung des Berufungsgerichtes hat sich zwar damals die Klostergemeinde thatsächlich nicht aufgelöst, indem die zu derselben gehörigen Nonnen, unter ihnen die Klägerinnen, in Niederlassungen nach Belgien übergeführt wurden, auch mit Genehmigung der zuständigen Behörde acht Chorschwestern, die auf das klösterliche Leben verzichten sollten, zur Fortsetzung des Unterrichtes unter Leitung einer weltlichen Lehrerin in Ahrweiler verbleiben durften. Das Berufungsgericht ist aber der Meinung, daß der thatsächliche Fortbestand der Klostergemeinde den Untergang der Korporationsrechte nicht habe verhindern können. „Denn" — so wird ausgeführt — „die Eigenschaft der juristischen Persönlichkeit ist nur eine gedachte, fingierte; sie besteht nur, weil der Staat diese Personifikation anerkennt, und besteht daher nicht mehr, wenn der Staat ihr die Anerkennung versagt." Hiergegen richtet sich die Revision mit der Ausführung, daß, wie der Zweck des Gesetzes vom 31. Mai 1875 sich auf die Ausschließung der Orden und ordensähnlichen Kongregationen vom Gebiete des Preußischen Staates beschränkt habe, so auch die Wirkung des Gesetzes in Ansehung der einzelnen Niederlassungen sich nicht weiter erstreckt und insbesondere den außerhalb des Staatsgebietes fortbestehenden Niederlassungen die ihnen vor der Ausschließung innerhalb des Staatsgebietes verliehenen Korporationsrechte nicht genommen habe. Indes wenn das Dasein der juristischen Persönlichkeit, wie das Berufungsgericht zutreffend hervorhebt, allein und ausschließlich auf der rechtlichen Anerkennung beruht, so muß sie bei der Entziehung der letzteren notwendig zu bestehen aufhören. Diese Anerkennung entfiel für das Ursulinerinnenkloster in Ahrweiler mit der nach Maßgabe der Bestimmung in § 1 Abs. 3 des Gesetzes vom 31. Mai 1875 durch die zuständige Behörde im Jahre 1879 erfolgten Auflösung, und es konnte von da ab von dem Kloster als Korporation im rechtlichen Sinne überhaupt nicht mehr die Rede sein, gleichviel ob im Inlande, oder im Auslande; denn die begründende Anerkennung war schlechthin zurückgezogen.

Hat hiernach das Berufungsgericht mit Recht angenommen, daß das Ursulinerinnenkloster in Ahrweiler infolge seiner Auflösung im Jahre 1879 als Korporation zu bestehen aufgehört hat, so kann auch die weitere Annahme des Berufungsgerichtes keinem Bedenken unterliegen, daß nunmehr, auch nach Wiederzulassung des Ordens der Ursulinerinnen auf Grund des Art. 5 § 1c des Gesetzes vom 29. April 1887, betreffend Abänderungen der kirchenpolitischen Gesetze, und nach der mit Genehmigung des Ministers erfolgten Wiedererrichtung der Niederlassung der Ursulinerinnen in Ahrweiler, diese Niederlassung mit Rücksicht auf die Bestimmung in Art. 13 der Verfassung, wonach die Religionsgesellschaften sowie die geistlichen Gesellschaften, welche keine Korporationsrechte haben, diese Rechte nur durch besondere Gesetze erlangen können, nur durch ein Gesetz die verlorenen Korporationsrechte wieder erhalten kann. Ein besonderes Gesetz ist bisher zu Gunsten der Niederlassung in Ahrweiler nicht ergangen; das nach dieser Richtung hin erlassene Gesetz vom 22. Mai 1888, betreffend die Verleihung von Korporationsrechten an Niederlassungen geistlicher

Orden, betrifft andere Niederlassungen. Die Revision weist aber darauf hin, daß die Bestimmungen in Art. 5 des erwähnten Gesetzes vom 29. April 1887 die Auslegung zuließen, daß den Niederlassungen der wieder zugelassenen Orden und Kongregationen, denen vor der Ausschließung Korporationsrechte zugestanden, letztere ohne weiteres nach der Rückkehr wieder zustehen sollten. Die Revision gründet diese Auffassung insbesondere auf die Vorschrift in Art. 5 § 4, wonach „das vom Staate in Verwahrung und Verwaltung genommene Vermögen der aufgelösten Niederlassungen den betreffenden wiedererrichteten Niederlassungen zurückgegeben wird, sobald dieselben Korporationsrechte besitzen und in rechtsverbindlicher Weise die Verpflichtung zur Unterhaltung der Mitglieder der aufgelösten Niederlassungen übernommen haben". Auch das Berufungsgericht hat diese Frage einer eingehenden Prüfung unterzogen und dabei insbesondere die Verhandlungen in der zur Vorberatung des Entwurfes zu dem Gesetze vom 29. April 1887 eingesetzten XII. Kommission des Herrenhauses berücksichtigt, auf deren unverändert in das Gesetz übergegangenem Vorschlage der in der Regierungsvorlage selbst noch nicht enthaltene § 4 des Art. 5 beruht. Diese Verhandlungen kommen für die Auslegung des Gesetzes umsomehr in Betracht, als in den nachfolgenden Beratungen der gesetzgebenden Körperschaften eine abweichende Auffassung über die Tragweite der Bestimmung in § 4 des Art. 5, als wie sie in dem schriftlichen Kommissionsberichte Nr. 65 S. 30—33 Bd. 2 der Sammlung sämtlicher Drucksachen des Herrenhauses Session 1887 niedergelegt ist, nicht zum Ausdruck gelangt ist. Dem Berufungsgericht ist nun darin beizutreten, daß die in Art. 5 ausgesprochene Wiederzulassung nur den Orden oder die ordensähnliche Kongregation als solche betrifft, während die einzelnen Niederlassungen nach § 2 des Art. 5 nur mit Genehmigung des Ministers wieder eingenommen oder neu begründet werden dürfen. Schon hieraus folgt, daß eine einfache Wiedereinsetzung der einzelnen Niederlassungen bei ihrer etwaigen Rückkehr in den vorigen Stand, als welche sich das selbständige Wiederaufleben der Korporationsrechte darstellen würde, vom Gesetzgeber nicht beabsichtigt ist. Nach dem Entwurfe des Gesetzes, dessen Art. 5 sich auf die Bestimmungen des § 1a, b, d und der §§ 2. 3 des Art. 5 des jetzigen Gesetzes beschränkte, und nach der Begründung des Entwurfes (Nr. 34 S. 4. 9. 10 Bd. 1 der Sammlung a. a. O.) konnte nach dieser Richtung ein Zweifel nicht bestehen, wie denn auch dementsprechend der Minister der geistlichen Angelegenheiten bei der Kommissionsberatung über den Antrag auf Einfügung des jetzigen § 4 des Art. 5 bemerkte: in die Regierungsvorlage sei aus dem Grunde eine diese Frage regelnde Bestimmung nicht aufgenommen worden, weil man sich gesagt habe, man wolle zuerst abwarten, welche Orden zurückkehrten, und in welche Niederlassungen, und wie die Frage nach den Korporationsrechten zu erledigen sei. Wenn sich dies übersehen lasse, werde man zur Ausführung des § 4 des Gesetzes vom 31. Mai 1875 ein Gesetz entwerfen, welches auf einem hinreichend sicheren Fundament beruhe (Nr. 65 S. 31 Bd. 2 der Sammlung a. a. O.). Diesem Standpunkte der Staatsregierung entspricht auch die Einbringung des Entwurfes zu dem oben erwähnten Gesetze vom 22. Mai 1888, dessen es nicht bedurft hätte, wenn die Korporationsrechte der betreffenden Niederlassungen infolge der Zulassung ihrer Orden oder ordensähnlichen Kongregationen durch Art. 5 des Gesetzes vom 29. April 1887 wieder aufgelebt wären, insbesondere auch, worauf die Revisionsbeklagten hinweisen, die dem Gesetzentwurfe beigegebene Begründung, in welcher es unter Voranstellung des § 4 des Art. 5 des Gesetzes vom 29. April 1887 heißt:

„Nach dieser Bestimmung haben die durch das Gesetz vom 31. Mai 1875 ergriffenen Niederlassungen der Orden und ordensähnlichen Kongregationen, welche mit ihrer Auflösung die Korporationsrechte, soweit sie solche besessen, verloren haben, die letzteren nicht schon durch ihre gemäß Art. 5 der Novelle vom 29. April 1887 erfolgte Wiederzulassung wieder erlangt.

Sollen diesen Niederlassungen Korporationsrechte beigelegt werden, so bedarf es dazu nach Art. 13 der Verfassungsurkunde vom 31. Januar 1850, da zu den dort bezeichneten geistlichen Gesellschaften auch die geistlichen Orden und ordensähnlichen Kongregationen der katholischen Kirche gehören, einer besonderen gesetzlichen Bestimmung." (Nr. 61 S. 4 Bd. 2 der Sammlung der bezeichneten Drucksachen der Session 1888.)

Allerdings bemerkte der Minister der geistlichen Angelegenheiten bei der Beratung des Gesetzentwurfes im Herrenhause selbst erläuternd, daß die Worte im § 4 des Art. 5 des Gesetzes vom 29. April 1887:

„sobald dieselben Korporationsrechte besitzen", es zweifelhaft ließen, ob sie bedeuteten: „insofern dieselben Korporationsrechte besitzen", oder: „sobald sie Korporationsrechte besitzen werden", und daß „eben die Unklarheit durch das gegenwärtige Gesetz erledigt werden solle" (Stenographische Berichte des Herrenhauses der Session 1888 Bd. 1 S. 87). Auch erklärte bei dieser Gelegenheit (a. a. O. S. 88) das Mitglied des Herrenhauses Dr. Dernburg, ohne auf Widerspruch von anderer Seite zu stoßen, und unter Zustimmung des Berichterstatters, daß mit dem Gesetze der Frage, ob die betreffenden Niederlassungen nicht auch ohne dasselbe Korporationsrechte hätten, nicht vorgegriffen werden sollte; „es solle vielmehr ein neues Privileg erteilt werden, welches sich den bisherigen Zuständen nicht widersetze, sondern Korporationsrechte festsetze, wenn sie nicht bestanden, oder bekräftige, wenn sie bestanden". Aber die Auffassung, als ob mit Art. 5 des Gesetzes vom 29. April 1887 auch beabsichtigt sei, den zurückkehrenden Niederlassungen der wieder zugelassenen Orden und Kongregationen die bei der Auflösung erloschenen Korporationsrechte ohne weiteres wieder zu verleihen, ist auch hier nirgends zu Tage getreten. Der § 4 des Art. 5 dieses Gesetzes insbesondere gestattet eine solche Folgerung ebenfalls nicht. Diese Bestimmung hat den ausgesprochenen und von dem Antragsteller betonten Zweck, das Recht der wieder errichteten Niederlassungen auf ihr früheres Vermögen von vornherein zu sichern. Bei der Beratung in der Kommission des Herrenhauses wurde es aber als zweckmäßig bezeichnet, dieses Recht auch an die Voraussetzung zu knüpfen, daß die Niederlassung im Besitze von Korporationsrechten sei. Und auf das gegen den Antrag, welcher demnächst unverändert in das Gesetz übergegangen ist, von anderer Seite erhobene Bedenken, daß „der Antrag darüber Unklarheit lasse, bezw. erregen könne, ob die aufgelösten Niederlassungen ihr Korporationsrecht verloren haben, oder dasselbe noch nicht untergegangen sei", wurde von dem Antragsteller entgegnet, „daß dies vielleicht bei den verschiedenen Niederlassungen verschieden zu beurteilen sei und der Fassung des Antrags sowohl in dem einen wie in dem anderen Falle entspreche, daß es aber von großem Interesse sei, es nicht künftiger Gesetzgebung zu überlassen, sondern schon jetzt festzustellen, daß die betreffenden Ordensniederlassungen ihr Vermögen erhalten, sobald die selbstverständlichen Voraussetzungen geordnet sind" (Nr. 65 S. 32. 33 Bd. 2 der

Sammlung der bezeichneten Drucksachen von 1887). Hiernach hat der Antragsteller selbst den Worten seines Antrages: „sobald dieselben Korporationsrechte besitzen", nur den Inhalt der Bestimmung einer Voraussetzung der Zurückgabe des Vermögens der aufgelösten und zurückgekehrten Niederlassung beigelegt, während dadurch die Frage, ob diese Voraussetzung vorliege, nicht hat entschieden werden sollen. Nach alledem, und da, wie schon hervorgehoben, auch bei den weiteren Verhandlungen der gesetzgebenden Körperschaften eine abweichende Auffassung nicht hervorgetreten ist, ist es nur zutreffend, wenn das Berufungsgericht annimmt, daß der Art. 5 des Gesetzes vom 29. April 1887 die Frage, ob die zurückkehrenden Niederlassungen die verlorenen Korporationsrechte von selbst wieder erlangen, ebenso unentschieden gelassen hat, wie die Frage, ob die Korporationsrechte der Niederlassungen, falls sie solche überhaupt besaßen, bei der Auflösung infolge des Gesetzes vom 31. Mai 1875 untergegangen sind.

Hiernach ist das Berufungsurteil gerechtfertigt, ohne daß es noch der Erörterung bedarf, ob die Erbunfähigkeit der Mönche und Nonnen nicht nur bei Ablegung des feierlichen Gelübdes, wovon das Berufungsgericht ausgeht, sondern auch, wie der Beklagte meint, als Folge des einfachen Gelübdes eintritt. Die Revision war daher, wie geschehen, als unbegründet zurückzuweisen." ...

---

78. 1. Erleidet der Grundsatz, daß die Erbfähigkeit nach dem Rechte am Wohnsitze des Berufenen zu beurteilen sei, eine Ausnahme bei den im öffentlichen Interesse gegebenen Vorschriften zwingender Natur? Gehören zu den letzteren die in den §§ 1199 flg. A.L.R. II. 11 getroffenen Bestimmungen, und finden diese selbst dann Anwendung, wenn das ausländische Recht eine entgegenstehende Anordnung enthält?

2. Können die genannten §§ 1199 flg. nur auf Mitglieder der Orden im eigentlichen Sinne, d. h. auf diejenigen Ordensleute angewendet werden, welche durch feierliches Gelübde in eine vom Staate genehmigte und mit Korporationsrechten versehene Klostergesellschaft eingetreten sind, und fehlt letztere Voraussetzung bei den Mitgliedern der Gesellschaft vom heiligen Herzen Jesu? Unterschied zwischen Klostergesellschaften und Kongregationen.

IV. Civilsenat. Urt. v. 5. Mai 1898 i. S. S. (Kl.) w. D. u. Gen. (Bekl.). Rep. IV. 376/97.

I. Landgericht Münster.
II. Oberlandesgericht Hamm.

Aus den Gründen:

„Die zu Münster, ihrem Wohnsitze, ohne letztwillige Verfügung verstorbene Witwe A. D. hat als einzige Nachkommen ihre beiden Töchter, die Beklagten, hinterlassen, welche beide Mitglieder der Congrégation des Dames du Sacré-Cœur de Jésus sind und im Auslande wohnen, die eine zu Vaals in Holland, die andere zu Le Mans in Frankreich. Auf den im Besitze der Beklagten befindlichen Nachlaß der Witwe D. erhebt Kläger, ein Brudersohn der genannten Witwe, unter der Behauptung Anspruch, daß die Beklagten nach §§ 1199 flg. A.L.R. II. 11 erbunfähig seien, und daß deshalb der Nachlaß ihm als dem nächsten gesetzlichen Erben zustehe. Kläger ist mit der auf Anerkennung seines Erbrechtes und auf Herausgabe des Nachlasses gerichteten Klage in beiden Instanzen abgewiesen, und die von ihm noch eingelegte Revision zurückgewiesen worden.

1. Unter den Parteien ist zunächst streitig, welches Recht für die Frage der Erbfähigkeit anzuwenden sei.

Mit Bezug auf den in dem Urteile des Obertribunales vom 17. Januar 1860,

Entsch. des Obertribunals Bd. 43 S. 242,

ausgesprochenen Grundsatz, es sei die persönliche Rechtsfähigkeit nach den Gesetzen des Wohnortes zu beurteilen, nimmt das Landgericht an, daß für die Erbfähigkeit das Recht des Wohnsitzes der Person, hier also das holländische, bezw. das französische Recht, maßgebend sei; es erkennt, da nach beiden Rechten Mönche und Nonnen erb- und erwerbsfähig seien, das Erbrecht der Beklagten an und hat deshalb schon aus diesem Grunde die Klage abgewiesen.

Der Berufungsrichter geht dagegen davon aus, daß lediglich preußisches Recht Platz greife, und führt aus:

Die Regel, daß die Erbfähigkeit, als zu den persönlichen Eigenschaften eines Menschen gehörig, im allgemeinen gemäß § 23 Einl. zum A.L.R. nach dem Rechte am Wohnsitze des Berufenen zu beurteilen sei, erleide eine Ausnahme bei den im öffentlichen Interesse gegebenen Vorschriften zwingender Natur. Durch die Vorschriften der §§ 1199 flg. A.L.R. II. 11 solle verhindert werden, daß Mönche und Nonnen Erbschaften erwerben und dadurch auf ihr Kloster bringen könnten; es sei also bezweckt, dem Anhäufen von Vermögen in der sog. toten Hand entgegenzutreten, damit es nicht dem Verkehr dauernd entzogen werde. Dieser Zweck liege auf volkswirtschaftlichem Gebiete. Jene Vorschriften seien also im öffentlichen Interesse gegeben und müßten deshalb auch gegenüber den im Auslande wohnenden Ordensangehörigen zur Anwendung kommen.

Diese Erwägungen geben zu rechtlichen Bedenken keine Veranlassung, sind vielmehr als zutreffende anzuerkennen. Der Berufungsrichter erkennt an sich den im § 23 Einl. zum A.L.R. aufgestellten Grundsatz an, daß die Erbfähigkeit nach dem Rechte des Domizils des Berufenen zu beurteilen sei, macht von dieser allgemeinen Regel aber eine Ausnahme bei den im öffentlichen Interesse gegebenen Vorschriften zwingender Natur und rechnet zu den letzteren die in den §§ 1199 flg. A.L.R. II. 11 getroffenen Bestimmungen. In dieser Auffassung befindet sich der Berufungsrichter in Übereinstimmung mit dem in dem Urteile des erkennenden Senates vom 13. Juli 1893,

Entsch. des R.G.'s in Civils. Bd. 32 S. 177,

ausgesprochenen Grundsatze, daß die Vorschriften der §§ 1199 flg. a. a. O. im öffentlichen Interesse erlassen sind und selbst dann Anwendung finden müssen, sofern das ausländische Recht eine entgegenstehende Anordnung enthält. Wenn die Revisionsbeklagten geltend machen, daß der erwähnte Ausspruch in dem genannten Urteile nur nebensächlicher Natur sei, so ist diese Annahme unbegründet; vielmehr war derselbe gerade für die materiellrechtliche Entscheidung von prinzipieller Bedeutung, und eine nähere Begründung ist dort nur deshalb unterblieben, weil es sich damals lediglich um die Frage der Parteifähigkeit einer russischen Nonne handelte. Mit dem erwähnten Grundsatze steht die von v. Savigny aufgestellte und fast allgemein anerkannte Theorie im Einklange, daß das Recht desjenigen Rechtsgebietes anzuwenden ist, welchem das Rechtsverhältnis seiner Natur nach angehört oder unterworfen ist (v. Savigny, System Bd. 8 S. 28. 108). Es wird daselbst S. 313 und 161 ausgeführt, daß die persönliche Fähigkeit der zur Erbschaft berufenen Personen in der Regel nach ihrem Wohnsitz, nicht nach dem des Erblassers zu beurteilen ist, und zwar nach dem Wohnsitze, den sie zur Zeit des Todes des Erblassers haben, daß Ausnahmen jedoch da eintreten, wo Gesetze von zwingender Natur in Betracht kommen, und daß, wenn der eingesetzte Erbe durch den bürgerlichen Tod nach dem Gesetze seines Wohnsitzes zur Erbfolge unfähig ist, welches Hindernis anderweit nicht anerkannt wird, oder wenn ein beschränkendes Gesetz über den Erwerb der toten Hand im Wege steht, alsdann nicht das am Wohnsitze des Erben, sondern das am Orte des urteilenden Richters geltende Gesetz anzuwenden ist. Mit diesem als richtig zu erachtenden Prinzip stimmen überein die Ausführungen bei v. Bar (Internationales Privatrecht Bd. 1 S. 414), Stobbe (Handbuch des Deutschen Privatrechts 3. Aufl. Bd. 1 S. 242. 286), v. Roth (System des Deutschen Privatrechts Bd. 1 S. 282—286. 294) und die dort angeführten Schriftsteller, darunter auch Förster (Preußisches Privatrecht Bd. 1 § 11), ferner die Beschlüsse des Kammergerichtes vom 26. Oktober 1885 und 4. Mai 1888 bei Johow (Jahrbücher Bd. 6 S. 27 und Bd. 8 S. 119). Auch Dernburg (Lehrbuch des Preußischen Privatrechts 5. Aufl. Bd. 1 S. 50) legt das entscheidende Gewicht auf den Grund und Zweck des betreffenden Gesetzes.

Hiernach hat der Berufungsrichter mit Recht angenommen, daß für die Frage der Erbfähigkeit der beiden Beklagten nicht das holländische, bezw. französische, sondern lediglich das preußische Recht zur Anwendung kommt.

2. Ist das aber der Fall, so muß dem Berufungsrichter zunächst auch darin beigetreten werden, daß die hier in Betracht kommenden Vorschriften der §§ 1199 flg. A.L.R. II. 11 durch Art. 10 der preußischen Verfassungs-Urkunde vom 31. Januar 1850 nicht aufgehoben sind, daß letztere Bestimmung vielmehr nur den bürgerlichen Tod als Strafmittel beseitigt, dagegen die Folgen des Klostergelübdes nicht berührt.

Vgl. Entsch. des Obertribunals vom 4. Februar 1861 bei Striethorst, Archiv Bd. 40 S. 230; Johow, Jahrbücher Bd. 6 S. 28, Bd. 8 S. 118; Koch, Allgemeines Landrecht Anm. 14 zu § 1199 II. 11; Förster a. a. O. Bd. 1 § 19 Anm. 10; Rehbein, Entsch. des Obertribunals Bd. 2 S. 465.

Mit Recht gehen nun beide Instanzrichter davon aus, daß §§ 1199 flg. a. a. O. nur auf solche Personen anzuwenden seien, die nach abgelegtem Klostergelübde in ein Kloster eingetreten sind, daß letztere Voraussetzung aber bei den Mitgliedern der Gesellschaft der Damen vom heiligen Herzen Jesu fehle. Nach der Bescheinigung des bischöflichen Generalvikariats zu Münster vom 31. Mai 1895 ist die im Anfange dieses Jahrhunderts (15. Juli 1826) entstandene Genossenschaft der Damen vom Sacré-Cœur de Jésus kein kirchlich approbierter Orden mit feierlichen Gelübden, vielmehr lediglich ein frommes Institut, dessen Mitglieder nur einfache Gelübde ablegen; dieselben behalten das Eigentumsrecht an ihrem Vermögen und können solches erwerben und darüber verfügen. Ausweise des Statutes der Genossenschaft widmen sich die Schwestern (les dames religieuses) der Erziehung der weiblichen Jugend (Art. 1). Jedes Haus steht in geistlicher Hinsicht unter dem Bischofe der Diözese (Art. 14). Die Probezeit beträgt zwei Jahre; nach Ablauf derselben können die Novizen mit Zustimmung des Bischofes zum Gelübde zugelassen werden (Art. 17). Jede Schwester behält das Eigentum ihres Vermögens und das Recht, darüber nach den Gesetzen zu verfügen; die Einkünfte stehen nur der Gesellschaft zu, welche Rechnung darüber nicht zu legen hat (Art. 18). Tritt eine Schwester aus, so kann sie nur die etwa eingebrachte Mitgift beanspruchen, nicht aber das bezahlte Kostgeld, und auch nicht die Einkünfte des Vermögens; das Eigentum allein wird ihr zurückgewährt, in dem Zustande, in welchem es sich befindet (Art. 19). Der Berufungsrichter erörtert zunächst den wesentlichen Unterschied zwischen dem feierlichen Gelübde (votum sollemne) und dem einfachen Gelübde (votum simplex) nach kanonischem Rechte und führt sodann aus, daß die Vorschriften der §§ 1199—1201 a. a. O., wie ihr Zusammenhang mit den §§ 939. 1057 und 1171 a. a. O. ergebe, sich nur auf die Mitglieder der Orden im eigentlichen Sinne, d. h. auf diejenigen Ordensleute beschränke, welche durch feierliches Gelübde in eine vom Staate aufgenommene, d. h. vom Staate genehmigte und mit Korporationsrechten versehene, Klostergesellschaft eingetreten sind. Er hebt ferner hervor, daß die Kongregationen, in denen nach kanonischem Rechte nur einfache Gelübde abgelegt werden könnten, im Allgemeinen Landrechte gar nicht erwähnt sind, und folgert hieraus, einmal daß die Kongregationen als vom Staate nicht aufgenommene geistliche Gesellschaften keine Korporationen, sondern Privatgesellschaften und als solche vermögensunfähig seien, und sodann daß auch die die Erwerbsfähigkeit der wirklichen Mönche und Nonnen beseitigenden Vorschriften des Allgemeinen Landrechtes keine Anwendung auf die Mitglieder der Kongregationen finden können. Der Berufungsrichter nimmt hierfür Bezug auf die Urteile des Obertribunales vom 27. November 1860 und 11. Dezember 1866 (Striethorst, Archiv Bd. 39 S. 231 und Bd. 65 S. 181), sowie auf den Erlaß des preußischen Ministers des Innern vom 16. April 1862 (abgedruckt im Archiv für katholisches Kirchenrecht Bd. 11 S. 275). Die hiervon abweichende Ansicht des Kammergerichtes in dem Beschlusse vom 5. April 1893 (Johow, Jahrbücher Bd. 13 S. 70) — in welchem angenommen ist, daß die §§ 1199 flg. a. a. O. ohne Unterscheidung des Ordens und Gelübdes auch da anzuwenden seien, wo nur ein votum simplex abgelegt worden —, sowie die von Hinschius (Anm. 15 zu § 1199 bei Koch, Landrecht) ausgesprochene Annahme, daß eine analoge Anwendung der §§ 1199 flg. auf Kongregationen „wegen der Wesensgleichheit der Orden und Kongregationen" zulässig sei, erachtet der Berufungsrichter für unzutreffend, weil jene Vorschriften, als singuläre, der analogen Anwendung entzogen seien.

Der Berufungsrichter hält es weiter für unzulässig, die Vorschriften des Landrechtes über die Klostergesellschaften in ihren nachteiligen Bestimmungen auf die Kongregationen und deren Mitglieder anzuwenden, während ihnen die Vorteile derselben vorenthalten blieben. Denn das Allgemeine Landrecht habe, so wird ausgeführt, nur die durch feierliche Gelübde gebundenen Mitglieder der vom Staate mit Korporationsrechten ausgestatteten Klostergesellschaften im Auge; während es den einzelnen Mitgliedern die Vermögensfähigkeit genommen, habe es dieselbe der Gesamtheit als Korporation gegeben, und es sei so für die Existenzmöglichkeit der selbst erwerbsunfähigen Mönche und Nonnen in der Vermögensfähigkeit der Klostergesellschaft als Korporation gesorgt. Die Kongregationen dagegen entbehrten der Korporationsrechte, welche sie früher nur durch staatliche Genehmigung und jetzt durch besonderes Gesetz erlangen könnten; wollte man nun bei der Vermögensunfähigkeit der Kongregation als solcher auch noch aus § 1199 die Vermögensunfähigkeit der Mitglieder derselben ableiten, so würde ihnen die Existenzmöglichkeit genommen.

Der Berufungsrichter stellt endlich fest, daß die Kongregation der Damen vom heiligen Herzen Jesu als solche in Preußen keine Korporationsrechte hatte, sowie daß ihr letztere auch nicht besonders vom Staate verliehen worden sind, und gelangt zu dem Ergebnisse, daß somit die Beklagten nach preußischem Rechte erbfähig sind und als gesetzliche Erben ihrer Mutter deren Nachlaß erworben haben.

Die Revision erachtet die Annahme des Berufungsrichters für rechtsirrthümlich, daß eine analoge Anwendung der landrechtlichen Vorschriften auf Kongregationen ausgeschlossen sei, indem sie ausführt: der Satz des römischen Rechtes, daß singuläres Recht der Anwendung der Analogie entzogen sei, fehle im Allgemeinen Landrechte. Das römische Recht habe unter jus singulare ein Privilegium verstanden und deshalb Veranlassung gehabt, allgemeine Bestimmungen zu geben, insbesondere die Analogie auszuschließen, während das Landrecht derartige allgemeine Bestimmungen nur für Privilegien (Berechtigungen im subjektiven Sinne) in den §§ 54 flg. der Einleitung statuiere. Das jus singulare des Landrechtes unterscheide sich von dem allgemeinen Rechte des Landrechtes nur dadurch, daß es einen beschränkteren Umfang der Geltung habe; es theile aber im übrigen den Charakter der Allgemeinheit des Inhaltes. Weiter macht die Revision geltend, die Annahme des Berufungsrichters, daß das Gesetz dem einzelnen Mitgliede der Klostergesellschaften die Vermögensfähigkeit deshalb genommen habe, weil es diese Fähigkeit der Gesamtheit der Mitglieder als Korporation verliehen habe, finde im Gesetze keinen Anhalt; vielmehr sei durch § 1199 nur bezweckt, zu verhindern, daß Mönche und Ordensleute Erbschaften erwerben und dadurch auf ihr Kloster bringen könnten; daraus, daß das Landrecht den Klöstern Korporationsrechte beilege, folge noch nicht, daß ein Kloster, welches diese nicht habe, kein Kloster im landrechtlichen Sinne sei.

Den Angriffen der Revision muß jedoch der Erfolg versagt bleiben. Die Erwägungen, auf welche der Berufungsrichter seine Annahme stützt, daß die §§ 1199—1201 a. a. O. nur auf Mitglieder der Orden im eigentlichen Sinne, nicht aber auf die von Kongregationen Anwendung finden können, lassen einen Rechtsirrthum oder eine Rechtsnormverletzung nicht erkennen. In dem Urteile des Obertribunales vom 27. November 1860 (Striethorst, Archiv Bd. 39 S. 231), und ebenso in dem späteren vom 11. Dezember 1866 (Striethorst, Archiv Bd. 65 S. 181) ist des Näheren dargelegt, daß eine Gesellschaft nur mit Genehmigung des Staates zu einer Klostergesellschaft gebildet und dadurch zu einer Korporation erhoben werden kann, von der Existenz eines Klosters im Sinne des Allgemeinen Landrechtes somit nicht die Rede sein kann, bevor dasselbe die Genehmigung des Staates erhalten und damit zu einer Korporation erhoben ist (§§ 939. 948 flg. 1057 A.L.R. II. 11), ferner daß die Bestimmungen der §§ 1199—1201 a. a. O. die Ablegung eines wirklichen Klostergelübdes voraussetzen, mithin in der Bedeutung, daß damit der Eintritt in ein Kloster, also in eine geistliche Gesellschaft bewirkt werden soll, welche nach den genannten Gesetzen die Genehmigung des Staates erhalten hat und dadurch zu einer Korporation erhoben ist, und weiter, daß dadurch allein, daß eine Anstalt zur Erziehung und zum Unterricht der weiblichen Jugend unter die Leitung einer geistlichen Gesellschaft gestellt ist, dieselbe noch nicht den Charakter eines Klosters erhält, und die in eine solche Gesellschaft Eintretende nicht die Disposition über ihr Vermögen verliert. Diesen auf einer erschöpfenden Erörterung des Zweckes und des Zusammenhanges der gedachten gesetzlichen Bestimmungen beruhenden und eingehend begründeten Grundsätzen muß überall beigetreten werden. Dieselben, insbesondere die Annahme, daß die §§ 1199 flg. a. a. O. auf die Mitglieder von Kongregationen nicht anwendbar, diese Mitglieder vielmehr in jeder Beziehung als erb-, dispositions- und erwerbsfähig anzusehen sind, werden auch, mit alleiniger Ausnahme von Hinschius, von allen Kirchenrechtslehrern geteilt;

vgl. v. Schulte, Lehrbuch des Kirchenrechts 4. Aufl. S. 452;
Richter, Lehrbuch des Kirchenrechts 8. Aufl. S. 1244 Anm. 2;
Friedberg, Lehrbuch des Kirchenrechts 4. Aufl. S. 231;

und ebenso stehen damit im Einklange die Bemerkungen von Dernburg (Lehrbuch des Preußischen Privatrechts 5. Aufl. Bd. 1 S. 80) und von F. Schuppe (Das Wesen und die Rechtsverhältnisse der neueren religiösen Frauengenossenschaften S. 106 flg.), ferner der bereits genannte Erlaß des preußischen Ministers des Innern vom 16. April 1862, sowie das bei Gruchot Bd. 21 S. 615 abgedruckte Urteil vom 3. März 1873.

Der vom Berufungsrichter erwähnte Beschluß des Kammergerichtes vom 5. April 1893 (Johow, Bd. 13 S. 70) betraf in seinem Kernpunkte die Entscheidung der Frage, ob auch die Ablegung des votum simplex genüge, um Mitglied einer Klostergesellschaft in Bayern zu werden, steht also mit Rücksicht auf die dortige konkrete

Sachlage dem oben gedachten Grundsatze nicht entgegen. Hinschius (Die Orden und Kongregationen S. 8. 109) erkennt zwar an, daß das Landrecht, welches die religiösen Genossenschaften in den Kreis seiner gesetzlichen Regelung gezogen hat, in seinen bezüglichen Vorschriften (§§ 939. 1057—1069. 1160—1209 II. 11) ausdrücklich nur der Orden im eigentlichen Sinne erwähnt und Kongregationen überhaupt nicht kennt, giebt auch den — vom Berufungsrichter überall zutreffend und erschöpfend gewürdigten — Unterschied zu, welcher zwischen den Klostergesellschaften und Kongregationen, sowie zwischen den feierlichen und einfachen Gelübden besteht, hält jedoch, und zwar „wegen der Wesensgleichheit der Orden und Kongregationen", eine analoge Anwendung der für die ersteren erlassenen Bestimmungen auch auf die letzteren für statthaft. Diese von ihm allein vertretene Ansicht findet jedoch im Gesetze keine Stütze, und seine Bemerkung, daß das Obertribunal in dem Urteile vom 15. Juni 1877 (Striethorst, Archiv Bd. 97 S. 252) seine frühere Ansicht geändert habe, trifft nicht zu; denn der dortige Fall betraf die Frage, ob der Bischof berechtigt sei, einen Bevollmächtigten zur Vertheidigung der Rechte eines Klosters zu bestellen, und ob zum kirchlichen Vermögen auch das Vermögen der geistlichen Institute zu rechnen sei, und es wird in den Gründen nur dargelegt, daß, wie die Klöster, so auch vom Staate anerkannte Korporationen als geistliche Gesellschaften im Sinne des § 12 a. a. O. den Bestimmungen des Abschnittes 12 Titels 11 Teils II des Allgemeinen Landrechts unterliegen.

Was nun die Revision über das jus singulare des römischen Rechtes und über die Bestimmungen des Allgemeinen Landrechtes hinsichtlich der Privilegien anführt, ist in keiner Weise geeignet, die Erwägungen des Berufungsrichters zu widerlegen. Nach § 46 Einl. zum A.L.R. darf der Richter den Gesetzen keinen anderen Sinn beilegen, als welcher aus den Worten und dem Zusammenhange derselben, in Beziehung auf den streitigen Gegenstand, oder aus dem nächsten unzweifelhaften Grunde des Gesetzes deutlich erhellt. Von diesem Grundsatze geht auch der Berufungsrichter aus; er prüft die Vorschriften der §§ 1199—1201 nach ihrem Wortlaut und Zweck, sowie nach ihrem Zusammenhange mit den anderen Vorschriften desselben Titels und legt das Gesetz dahin aus, daß die ersteren nur für wirkliche Mönche und Nonnen gegeben sind, nicht aber auch für

Mitglieder der Kongregationen, und die Erwägungen, auf denen diese Auslegung beruht, sind wohl begründet und nicht zu beanstanden. Die Richtigkeit des Satzes, daß eine die Rechts- und Erwerbsfähigkeit beschränkende Gesetzesbestimmung nicht über ihren Fall und dessen Voraussetzungen hinaus Anwendung finden kann, ist nicht zu bezweifeln, und der dagegen gerichtete Angriff der Revision verfehlt. Der Berufungsrichter erkennt ferner ausdrücklich an, daß der Zweck der §§ 1199 flg. auf Verhinderung der Übertragung des Vermögens an die tote Hand gerichtet sei, und macht außerdem aus allgemeinen Gesichtspunkten geltend, daß die den Mönchen und Nonnen auferlegte Vermögenslosigkeit in der der Klostergesellschaft selbst gegebenen Vermögensfähigkeit ihre Ausgleichung finde. Es ist nicht erfindlich, welches Gesetz hierdurch verletzt sein soll, und die Behauptung, es könne ein Kloster, welches Korporationsrechte nicht habe, doch ein Kloster im landrechtlichen Sinne sein, ist unrichtig und enthält nur eine von Hinschius ohne jede Begründung gemachte Bemerkung."...

---

79. Verteilung des Gesamterlöses in der Zwangsversteigerung auf mehrere Grundstücke, soweit es dabei auf die Zubehöreigenschaft mitversteigerter Mobilien ankommt. Wie ist letztere zu bestimmen, wenn die mehreren Grundstücke zusammen ein Fabriketablissement gebildet haben?

V. Civilsenat. Urt. v. 7. Mai 1898 i. S. E. (Kl.) w. St. (Bekl.). Rep. V. 289/97.

I. Landgericht Paderborn.
II. Oberlandesgericht Hamm.

Der Revision der Klägerin ist vom Reichsgerichte stattgegeben worden. Aus den (das Sachverhältnis ergebenden)

Gründen:

..."In thatsächlicher Beziehung steht fest, daß die vier ... Grundstücke zu einem ungetrennten Preise ausgeboten und zugeschlagen worden sind, und daß jedes derselben im Grundbuche eine besondere Nummer und ein eigenes Grundbuchblatt besitzt. Es handelt sich nun um die Verteilung des Gesamtpreises auf die einzelnen Grundstücke gemäß §§ 38. 112 des Gesetzes vom 13. Juli 1883, für welche der Berufungsrichter in Übereinstimmung mit den vom erkennenden Senat des Reichsgerichtes in dem Urteile vom 23. Juni 1897,

Entsch. des R.G.'s in Civils. Bd. 39 S. 318 flg.,

ausgesprochenen Grundsätzen den durch Sachverständige ermittelten Wert, und nicht das in § 38 Abs. 2 a. a. O. angegebene Wertverhältnis maßgebend sein lassen will. Der Berufungsrichter stellt im Anschluß an das von dem Baurat B. erstattete Gutachten, welchem er unter eingehender Begründung den Vorzug vor den Gutachten der anderen Sachverständigen gegeben hat, den Wert der Grundstücke einschließlich der auf ihnen vorhandenen Gebäude wie folgt fest: für das Grundstück Nr. 1 auf 24 403,20 ℳ; für das Grundstück Nr. 2 auf 28 475,30 ℳ; für das Grundstück Nr. 3 auf 14 914,76 ℳ; für das Grundstück Nr. 4, auf welchem sich Gebäude nicht befinden, auf 592 ℳ. Außer diesen Werten kommt aber weiter in Betracht, daß auf den versteigerten Grundstücken eine mechanische Seilereifabrik betrieben wurde, für welche Maschinen im Gesamtwerte von 57 380 ℳ angeschafft, mitverkauft und mitzugeschlagen worden sind. Diese Maschinen befanden sich, wie der Berufungsrichter unangefochten festgestellt hat, nur in den auf dem Grundstück Nr. 2 errichteten Gebäuden; mit ihnen waren sie zum Teil (Dampfkessel, Dampfmaschinen, Transmissionen) fest verbunden; zum Teil (Arbeitsmaschinen) waren sie in ihnen ohne feste Verbindung aufgestellt. Es fragt sich nun, welchen Grundstücken der Wert dieser Maschinen bei der Verteilung des Gesamterlöses zugerechnet werden soll. Diese Frage beantwortet der Berufungsrichter dahin, daß er denjenigen Grundstücken zugerechnet werden müsse, „welche zum Betriebe der mechanischen Seilereifabrik, in der die Maschinen verwendet wurden, thatsächlich gedient haben", und stellt nunmehr — wiederum im Anschluß an das B.'sche Gutachten — fest, daß dies bei den Grundstücken Nr. 1, 2 und 3 der Fall gewesen sei, während das Grundstück Nr. 4 in keiner Beziehung zum Fabrikbetriebe gestanden habe. Was insbesondere das Grundstück Nr. 3 anlangt, so müsse dieses als zum Fabriketablissement gehörig angesehen werden, weil die auf der Parzelle Nr. 3151/77 stehenden Gebäude als Lagerräume zur Aufbewahrung der Rohstoffe und fertigen Waren gedient hätten, und die Parzelle Nr. 3152/77 als

Zugang zu diesen Räumen habe verwendet werden müssen. Müßten hiernach die drei Grundstücke Nr. 1, 2 und 3 als ein Fabriketablissement gelten, so folge daraus, daß jedem von ihnen ein verhältnismäßiger Teil des Wertes der Maschinen als Zubehör zugerechnet werden müsse. Dementsprechend werden nun die einzelnen Werte berechnet. . . .

Mit Recht wird diese Begründung von der Revision als teilweise rechtsirrtümlich bezeichnet. Sie ist dies zunächst insofern, als sie darauf, daß ein Teil der Maschinen mit den auf dem Grundstück Nr. 2 stehenden Gebäuden in feste Verbindung gebracht ist, keine Rücksicht nimmt. Dieser Umstand ist von dem Standpunkte aus, welchen der Berufungsrichter vertritt, wesentlich, weil die so verbundenen Maschinen Substanzteile desjenigen Grundstückes, mit welchem die feste Verbindung hergestellt worden ist, hier also Substanzteile des Grundstückes Nr. 2, geworden sind,

vgl. Entsch. des R.G.'s in Civils. Bd. 2 S. 251, Bd. 26 S. 343; Rassow-Küntzel, Beiträge Bd. 30 S. 846; Zeitschrift für Bergrecht Bd. 30 S. 84,

und sich damit für die Beurteilung der Frage, ob ihr Wert trotzdem auch den anderen Grundstücken anteilig zuzurechnen ist, eine andere rechtliche Grundlage ergeben würde. Käme es hierauf an, so hätte die Sache in die Vorinstanz zurückverwiesen werden müssen, um festzustellen, bei welchen Maschinen eine solche dauernde, die Substanzeigenschaft begründende Verbindung stattgefunden hat.

Es kommt aber hierauf nicht an, weil die Revision begründet ist, auch wenn man davon, daß ein Teil der Maschinen zur Substanz des Grundstückes Nr. 2 gehören würde, ganz absieht. Der Berufungsrichter hat im Anschluß an das B.'sche Gutachten festgestellt, daß die Grundstücke Nr. 1, 2 und 3 insofern zu einer wirtschaftlichen Einheit verbunden sind, als sie sämtlich zum Betriebe desselben Fabrikgeschäftes dienen. Auf dem Grundstück Nr. 1 befindet sich das Wohnhaus und das Kontor; auf Nr. 2 ist die eigentliche Produktionsstätte, und Nr. 3 enthält die Lagerräume für Material und Waren. Aus dieser Gemeinsamkeit für denselben Endzweck (für das Fabrikgeschäft) schließt der Berufungsrichter, daß die drei Grundstücke auch rechtlich als ein Grundstück, nämlich als ein Fabrikgrundstück, anzusehen seien, und folgert hieraus, daß die Pertinenzien des einen Grundstückes zugleich Pertinenzstücke des anderen geworden seien. Dies ist unrichtig. Es ist dabei übersehen, daß trotz der Einheitlichkeit des Endzweckes jedes der drei Grundstücke seine eigene und von den anderen Grundstücken verschiedene wirtschaftliche Bestimmung beibehalten hat. Allerdings gehören alle drei Grundstücke zum Fabrikgeschäft; ein jedes dient ihm aber nur in einer bestimmten, seiner eigenen wirtschaftlichen Beschaffenheit entsprechenden Weise. Sie sind nicht ein Grundstück mit derselben wirtschaftlichen Bestimmung geworden, sondern sind geblieben, was sie waren: das eine bestimmt zum Wohnen und zur Geschäftsleitung, das andere bestimmt zur Herstellung der Waren, mit deren Anfertigung sich die „Fabrik" beschäftigt, das dritte bestimmt zum Warenlager und zur Aufbewahrung des Materiales. Daraus folgt dann aber auch, daß die Zubehörstücke des einen Grundstückes nicht zugleich Zubehörstücke des anderen sind. Denn die Zubehöreigenschaft richtet sich auch nach preußischem Rechte — ebenso wie nach dem künftigen Rechte des Bürgerlichen Gesetzbuches (§ 97 daselbst) — nach dem wirtschaftlichen Zwecke desjenigen Grundstückes, zu welchem die Nebensache in einem entsprechenden räumlichen Verhältnisse steht, oder — wie der § 42 A.L.R. I. 2 sagt — mit welchem sie in „fortwährende Verbindung" gebracht ist (§ 46 a. a. O.).

Vgl. Eccius, Preußisches Privatrecht Bd. 1 § 21 Anm. 33; und Dernburg, Preußisches Privatrecht Bd. 1 § 62.

Die Maschinen dienten nur zur Herstellung der Waren auf dem Grundstück Nr. 2, auf dem sie sich befanden; die Sachverständigen heben dies ausdrücklich hervor, und es besteht kein Zweifel darüber, daß an dieser produktiven, das eigentliche Fabrikgrundstück kennzeichnenden Thätigkeit die Grundstücke Nr. 1 und Nr. 3 keinen Teil hatten. Demzufolge dienten die Maschinen auch nur dem wirtschaftlichen Zwecke dieses Grundstückes, und dies darf nicht dadurch verwischt werden, daß über den jedem der drei Grundstücke eigentümlichen wirtschaftschaftlichen Zweck noch ein aus dem Fabrikgeschäft hergeleiteter Gesamtzweck übergeordnet wird. Denn nicht ein Fabrikgeschäft ist versteigert worden, sondern die Grundstücke. Mögen daher auch in Ansehung der Fabrik die Maschinen als zu dieser gehörig betrachtet werden, so sind sie doch — was die Frage nach ihrer Zubehörigkeit zu einem Grundstück anlangt — nur Zubehörstücke des Grundstückes

Nr. 2, weil sie nur dem wirtschaftlichen Zwecke dieses Grundstückes zu dienen bestimmt waren.

Hiernach unterliegt die Vorentscheidung, die den Zubehörbegriff auf einer unrichtigen Grundlage konstruiert, der Aufhebung." ...

---

80. Darf derjenige, der sich verpflichtet hat, den Kohlenbedarf für seine Kalkwerke für eine bestimmte Zeit zu bestimmtem Preise zu entnehmen, sich dem Verkäufer gegenüber darauf berufen, daß ihm infolge des freiwilligen Verkaufes seiner Werke die Erfüllung des Vertrages unmöglich geworden sei?

A.L.R. I. 5 §§ 380. 381.

I. Civilsenat. Urt. v. 7. Mai 1898 i. S. E. (Bekl.) w. F. (Kl.). Rep. I. 48/98.

I. Landgericht Breslau.
II. Oberlandesgericht daselbst.

Die Entscheidung ist oben unter „Reichsrecht" Nr. 26 S. 100 abgedruckt.

---

81. Kann der die Zwangsverwaltung betreibende Gläubiger für die von ihm geleisteten Vorschüsse das Vorrecht aus § 24 des Gesetzes vom 13. Juli 1883 auch dann beanspruchen, wenn die in der Zwangsverwaltung erzielten Erntevorräte, durch deren Verkauf während der Zwangsverwaltung die Vorschüsse hätten gedeckt werden können und sollen, unverkauft geblieben und mit dem Grundstücke versteigert worden sind?

Zwangsvollstreckungsgesetz vom 13. Juli 1883 §§ 24. 148. 150.

V. Civilsenat. Urt. v. 18. Mai 1898 i. S. der National-Hypothekenkredit-Gesellschaft (Bekl.) w. Aktiengesellschaft M. M. & Co. (Kl.). Rep. V. 350/97.

I. Landgericht Gnesen.
II. Oberlandesgericht Posen.

Über das Rittergut J. wurde auf Antrag der Beklagten, für die auf ihm eine Hypothek von 145 000 M eingetragen war, am 12. Februar 1894 die Zwangsverwaltung, und am 16. April 1894 auf Antrag der Klägerin, für die auf ihm eine Kautionshypothek von 40000 M haftete, die Zwangsversteigerung eingeleitet. Die Beklagte trat diesem Verfahren bei und erstand im Oktober 1894 das Grundstück für ein Meistgebot von 446 000 M. In der Kaufgelderverteilung gelangte die Beklagte mit ihrer Hypothekenforderung nebst Zinsen vollständig zur Hebung, während die Klägerin mit der von ihr liquidierten Kautionshypothek in Höhe von 38 744,99 M ausfiel. Dieser Ausfall ergab sich dadurch, daß die Beklagte an Vorschüssen, die sie während der Zwangsverwaltung zur Erhaltung und nötigen Verbesserung des Gutes geleistet habe, und die aus den Einkünften nicht hätten gedeckt werden können, 39 508,03 M und an Zinsen hiervon bis zum Tage der Kaufgelderbelegung 930,48 M liquidierte, für welche Beträge sie das Vorrecht des § 24 des Gesetzes vom 13. Juli 1883 in Anspruch nahm. Klägerin bestritt diese Liquidate, und zwar die Vorschüsse in Höhe von 25 000 M und die Zinsen zum vollen Betrage; es wurde daher eine Streitmasse in Höhe 25 930,48 M gebildet und zur Hinterlegungsstelle abgeführt. Klägerin wurde zur Klage verwiesen und erhob diese.

Der erste Richter sprach die Streitmasse in Höhe von 12 193 M der Klägerin und in Höhe von 13 737,48 M der Beklagten zu; der zweite Richter erhöhte auf die Berufung beider Parteien den der Klägerin zugesprochenen Betrag auf 17 690,48 M. Dieses Urteil ist, soweit der Klägerin ein Betrag zugesprochen war, auf die Revision der Beklagten aufgehoben, und die Sache zur anderweitigen Verhandlung und Entscheidung an das Berufungsgericht zurückverwiesen worden.

Aus den Gründen:

... „Begründet ist ... die Revision insoweit, als es sich um die Frage handelt, ob die Beklagte für die von ihr geleisteten Vorschüsse das Vorrecht des § 24 des Gesetzes vom 13. Juli 1883 in Anspruch nehmen kann.

Darüber besteht zunächst kein Zweifel, daß die beiden ersten Voraussetzungen, die diese gesetzliche Vorschrift für das Vorrecht des die Zwangsverwaltung betreibenden Gläubigers aufstellt, für die Beklagte vorliegen. Denn die Zwangsverwaltung des Grundstückes ist unstreitig bis zum Zuschlage fortgesetzt worden, und die von der Beklagten gezahlten Vorschüsse von zusammen 39 508,03 ℳ sind zur Erhaltung und nötigen Verbesserung des Grundstückes nicht bloß geleistet, sondern auch thatsächlich verwendet worden. . . . Damit ist auch das zweite vom Gesetz aufgestellte Erfordernis,

vgl. hierzu Entsch. des R.G.'s in Civils. Bd. 17 S. 273. 276,

als vorhanden festgestellt.

Der Punkt, bei welchem die rechtliche Beurteilung des Berufungsrichters fehlgeht, bezieht sich auf die Schlußvorschrift des § 24, wonach den Vorschüssen des die Zwangsverwaltung betreibenden Gläubigers das Vorrecht nur gewährt wird, soweit sie „aus den Einkünften nicht erstattet werden können". Hier deduziert der Berufungsrichter so: wäre die Zwangsverwaltung ordnungsmäßig geführt, d. h. wäre darauf Bedacht genommen worden, durch Verkauf der nicht zur Fortführung der Wirtschaft erforderlichen Erntevorräte einen Barbestand zu schaffen, aus welchem zunächst die Vorschüsse zu decken gewesen wären, so hätten der Beklagten ihre Vorschüsse in Höhe von 16 760 ℳ aus den Einkünften der Zwangsverwaltung erstattet werden können. Die Voraussetzung des Gesetzes, daß die Vorschüsse „aus den Einkünften nicht erstattet werden können", liege also nicht vor, und deshalb stehe der Beklagten in Höhe dieser 16 760 ℳ das Vorrecht des § 24 nicht zu.

Mit dieser Ausführung wird die Bedeutung des § 24 verkannt. Dieser beruht auf der Erwägung, daß sich die in der Zwangsversteigerung zur Hebung kommenden Realgläubiger mit dem Schaden des die Zwangsverwaltung betreibenden Gläubigers bereichern würden, wenn das Grundstück durch Verwendung der von diesem geleisteten Verwaltungsvorschüsse erhalten oder mit den nötigen Verbesserungen ausgestattet worden ist, und der hierdurch erzielte Kaufpreis lediglich den Realgläubigern nach der unter ihnen bestehenden Rangordnung zu gute käme. Daß dies die für den Gesetzgeber maßgebende Erwägung war, ergiebt sich daraus, daß „ein solcher Zusammenhang der Zwangsverwaltung mit der Zwangsversteigerung vorausgesetzt wird, welcher die Annahme rechtfertigt, daß die aufgewendeten Kosten das Grundstück für die Zwangsversteigerung erhalten oder wiederhergestellt haben".

Vgl. Begründung des Regierungsentwurfes S. 76, bei Stegemann, Materialien zum Gesetze vom 13. Juli 1883 S. 57.

Hierauf beruht es, daß § 24 ausdrücklich eine bis zur Zwangsversteigerung fortgesetzte Zwangsverwaltung voraussetzt.

Diese dem Gesetze zu Grunde liegende Erwägung muß nun aber auch dann Platz greifen, wenn in der Zwangsverwaltung durch Verwendung der Vorschüsse Erntebestände erzielt worden sind, die sich zur Zeit der Zwangsversteigerung noch unverkauft auf dem Grundstück befunden und mit ihm zusammen das Versteigerungsobjekt gebildet haben. Es mag sein, daß dies bei einem ordnungsmäßigen Gange der Zwangsverwaltung nicht der Fall sein sollte, weil es Aufgabe und Pflicht des Verwalters ist, durch rechtzeitigen Verkauf der für die Bewirtschaftung entbehrlichen Vorräte für Erstattung der vom Gläubiger geleisteten Vorschüsse zu sorgen. Aber wenn dies nicht geschieht, sei es, daß der Verwalter mit dem Verkauf der Erzeugnisse saumselig ist, oder daß sich ihm eine passende Gelegenheit zu ihrer angemessenen Verwertung nicht bietet, so bleibt doch in Ansehung der Versteigerung das Ergebnis dieses, daß ein Teil des Versteigerungsobjektes, nämlich die Erntevorräte, durch Verwendung der Verwaltungsvorschüsse aufgebracht worden ist, und daß die Realgläubiger sich insoweit mit dem Schaden des die Zwangsverwaltung betreibenden Gläubigers bereichern würden, als angenommen werden kann, daß das Meistgebot nur mit Rücksicht auf die mitverkaufte Ernte die erzielte Höhe erreicht hat.

In dieser Beziehung unterscheidet sich der vorliegende Fall ersichtlich von dem durch Urteil des Reichsgerichtes vom 13. November 1889,

Entsch. des R.G.'s in Civils. Bd. 25 S. 227,

entschiedenen. Denn damals hatte der Verwalter die erzielten Einkünfte verschleudert, und von ihnen war nichts — weder in natura, noch sonst — in die Zwangsversteigerung hinübergekommen. Von einer Bereicherung der Realgläubiger durch die in der Zwangsverwaltung erzielten Einkünfte konnte also damals keine Rede sein. Im vorliegenden Falle aber sind solche Einkünfte erzielt; sie sind nur nicht, wie es hätte geschehen müssen, während der Zwangsverwaltung verkauft, sondern aufbewahrt und dann zugleich mit dem Grundstück versteigert und zugeschlagen worden. Dadurch aber konnten die in der Zwangsverwaltung begründeten Rechte derjenigen Gläubiger, deren Ansprüche aus den erzielten Einkünften vorweg zu bestreiten sind, wie dies § 148 des Gesetzes vom 13. Juli 1883 bezüglich der Verwaltungsvorschüsse vorschreibt, nicht beseitigt werden. Vielmehr greift auch in solchem Falle der in § 150 Abs. 2 des Gesetzes ausgesprochene Grundsatz durch, daß die Rechte der einzelnen Gläubiger auf die in der Zwangsverwaltung erzielten und in ihr nicht verteilten Einkünfte bei der Verteilung im Versteigerungsverfahren zu berücksichtigen sind. Sowie diese Rechte gewahrt bleiben, wenn sich die Versteigerung und der Zuschlag auf die in der Zwangsverwaltung erzielten und bei Erteilung des Zuschlages noch in Natur auf dem Grundstück vorhandenen Einkünfte nicht mit erstreckt hat,

vgl. Entsch. des R.G.'s in Civils. Bd. 25 S. 237. 242,

so müssen sie auch bestehen bleiben, wenn eine Verschmelzung beider Massen in der Weise zustande gekommen ist, daß die nicht veräußerten Einkünfte zugleich mit dem Grundstück versteigert und zugeschlagen worden sind.

Aus dem Vorstehenden folgt nun aber nicht, daß die Realgläubiger, welche in der Zwangsversteigerung aus dem Meistgebot zur Befriedigung gelangen, sich gerade um denjenigen Betrag zum Schaden des die Zwangsverwaltung betreibenden Gläubigers bereichern würden, welcher dem Werte der mitversteigerten Erntevorräte entspricht. Es wäre ein Fehlschluß, wenn man schlechthin annehmen wollte, daß das Meistgebot um diesen Betrag geringer ausgefallen sein würde, wenn das Grundstück ohne die Vorräte ausgeboten und zugeschlagen worden wäre. Es kommt vielmehr darauf an, in welchem Verhältnisse das Meistgebot zu dem Werte des Grundstückes einschließlich der hinzugetretenen Ernte steht, und nach diesem Verhältnisse muß ermittelt werden, wieviel von dem Meistgebot auf die mitversteigerte Ernte zu rechnen ist. Hierüber bedarf es einer erneuten Verhandlung der Parteien und einer richterlichen Feststellung." ...

82. Wird der Veräußerer eines Grundstückes von seiner persönlichen Schuldverbindlichkeit infolge der Nichterhebung der Klage des Gläubigers gegen den Erwerber auch in dem Falle frei, wenn der Ablauf der Klagefrist in die Zeit von der durch einen anderen Gläubiger betriebenen Zwangsversteigerung des Pfandgrundstückes an bis zum Zuschlage fällt?

Eig.-Erw.-Ges. vom 5. Mai 1872 § 41 Abs. 2.

V. Civilsenat. Urt. v. 18. Mai 1898 i. S. S. u. K. (Bekl.) w. K. Wwe. (Kl.). Rep. V. 400/97.

I. Landgericht I Berlin.
II. Kammergericht daselbst.

Auf dem Grundstücke L. Bd. 8 Nr. 278 war in Abteilung III unter Nr. 12 für den Ehemann und Erblasser der Klägerin eine Darlehnshypothek von 4000 *M* nebst 5 Prozent Zinsen eingetragen. Dazu war am 14. Dezember 1893 vermerkt: „Die Kündigung vorstehender 4000 *M* Abteilung III Nr. 12 ist, falls die Zinsen pünktlich, d. h. binnen vier Wochen nach der Fälligkeit," — die Zinsen waren vom 1. Februar 1891 ab in vierteljährigen Kalenderterminen postnumerando zu entrichten — „gezahlt werden, dem Gläubiger nicht vor dem 1. Januar 1899 gestattet, während bei nicht pünktlicher Zinszahlung das Kapital nach dreimonatiger Kündigung zahlbar ist." Der Grundstückseigentümer Dr. haftete für die Hypothekenforderung persönlich. Dieser verkaufte das Grundstück an den Beklagten zu 1, welcher es kurz darauf der Beklagten zu 2 weiter verkaufte. Beide Käufer übernahmen die Hypothek in Anrechnung auf den Kaufpreis und wurden als Eigentümer eingetragen. Mit Brief vom 9. Januar 1894 machte Beklagter zu 1 dem Ehemanne der Klägerin die Schuldübernahme bekannt. Dieser kündigte der Beklagten zu 2 mit Schreiben vom 19. Juli 1894, zugestellt am 25. Juli 1894, die Hypothek. Beim Beginn des Jahres 1895 wurde das Zwangsversteigerungsverfahren auf Antrag eines anderen Hypothekariers eingeleitet; am 26. April 1895 fand die Versteigerung, am 1. Mai 1895 die Erteilung des Zuschlages statt. Bei der Kaufgelderbelegung am 19./21 Juni 1895 fiel die Klägerin mit ihrer Hypothek zum Betrage von 3666,34 *M* aus. Mit der im September 1896 zugestellten Klage beantragte die Klägerin, die beiden Beklagten als Gesamtschuldner zur Zahlung von 3666,34 *M* nebst 5 Prozent Zinsen seit dem 20. Juni 1895 zu verurteilen. Diesem Antrage entsprechend war die Beklagte zu 2 rechtskräftig verurteilt. Der erste Richter wies aber die Klage gegen den Beklagten zu 1 ab. Auf die Berufung der Klägerin wurde jedoch auch der Beklagte zu 1 klagegemäß, und zwar unter Solidarhaft mit der Beklagten zu 2, verurteilt. Seiner Revision ist stattgegeben aus folgenden

Gründen:

„Das Berufungsgericht hat seine Entscheidung in folgender Weise begründet: dadurch, daß die am 1. Juli 1894 fällig gewordenen Zinsen nicht innerhalb vier Wochen gezahlt seien, habe der Ehemann der Klägerin die Befugnis erlangt, die Hypothek zur Auszahlung nach drei Monaten zu kündigen. Die Kündigung könne, obwohl sie früher erfolgt sei, erst vom 29. Juli 1894 an gerechnet werden, da die Zahlungsfrist für die Zinsen sich bis dahin erstreckt habe. Die Hypothek sei demnach am 29. Oktober 1894 fällig geworden und habe bis zum 29. April 1895 eingeklagt werden müssen. Dies sei aber dadurch überflüssig geworden, daß die Hypothek durch die am 26. April 1895 erfolgte Versteigerung des Pfandgrundstückes thatsächlich schon untergegangen gewesen sei. Denn mit Abschluß der Bietungsverhandlung habe schon objektiv festgestanden, daß Klägerin mit ihrer Hypothek ausfallen werde, wenn das Verfahren formell seinen Abschluß auch erst mit dem Zuschlagsurteile und der Kaufgelderbelegung gefunden habe. . . .

Daß die am 25. Juli 1894 erfolgte Kündigung erst am 29. Juli mit Ablauf der für die Zinszahlung festgesetzten Frist wirksam werden konnte, und daß infolgedessen die Fälligkeit des Kapitales am 29. Oktober 1894 eingetreten ist, nehmen beide Vorderrichter an. Dies entspricht der Judikatur des Reichsgerichtes. Die beiden Vorderrichter weichen dagegen in der Frage voneinander ab, ob dem Umstande, daß beim Ablauf der Klagefrist am 29. April 1895 das Pfandgrundstück bereits am 26. April versteigert war, aber die Verkündung des Zuschlagsurteiles erst am 1. Mai 1895 erfolgen sollte, ein Einfluß auf die Entscheidung beizumessen sei. Während der erste Richter dies verneint, weil bis zum 29. April die Hypothek bestanden habe und deshalb bis dahin noch habe eingeklagt werden können, bejaht es das Berufungsgericht, weil durch die Versteigerung am 26. April die Hypothek thatsächlich untergegangen sei. Es soll nicht verkannt werden, daß für die letztere Ansicht sich Zweckmäßigkeitsgründe anführen lassen; das Gesetz aber, welches gegenüber den sonstigen Bestimmungen des bürgerlichen Rechtes die Bedeutung einer Ausnahmevorschrift hat, läßt eine freie Auslegung und Behandlung in Bezug auf den sich aus seinem Wortlaute ergebenden Sinn nicht zu.

Durch die Bestimmung des § 41 Abs. 2 Eig.=Erw.=Ges.:

„Der Veräußerer wird von seiner persönlichen Verbindlichkeit frei, wenn der Gläubiger nicht innerhalb eines Jahres, nachdem ihm der Veräußerer die Schuldübernahme bekannt gemacht, die Hypothek dem Eigentümer des Grundstücks gekündigt und binnen sechs Monaten nach der Fälligkeit eingeklagt hat",

soll die Härte und Unbilligkeit gemildert werden, die darin liegen würde, daß der Gläubiger, obwohl er nach Abs. 1 des § 41 durch die Übernahme der Hypothek durch den Erwerber in diesem einen neuen persönlichen Schuldner erhält, noch nach Jahren gegen den Veräußerer oder dessen Erben mit der persönlichen Klage vorgehen könnte. Andererseits soll aber auch der Gläubiger nicht geschädigt werden. Nach den Motiven (Ausg. von Werner Bd. 2 S. 26) soll derselbe ohne seinen Willen nicht in die Lage gebracht werden, seine persönliche Klage gegen den Veräußerer zu verlieren. Es ist ihm deshalb die Wahl gelassen zwischen der persönlichen Klage gegen den Veräußerer und der gegen den Erwerber, damit er die Möglichkeit hat, sich an den Zahlungsfähigeren zu halten, wenn er bei dem Grundstücke ausfällt. Hat der Gläubiger sein Wahlrecht ausgeübt, hat er den Erwerber einmal als persönlichen Schuldner angenommen, so kann er nicht mehr auf den alten Schuldner zurückgreifen. Die Ausübung des Wahlrechtes wird im Gesetze darin gefunden, daß der Gläubiger, nachdem er vom Veräußerer die Übernahme durch den Erwerber erfahren hat, sich unthätig verhält und dadurch an den Tag legt, daß er sich die Übernahme gefallen läßt, indem er das Kapital dem neuen Schuldner beläßt, obwohl er es ihm kündigen konnte. Deshalb ist vorgeschrieben, daß, wenn ein Jahr lang die Kündigung nicht erfolgt, oder, wenn sie erfolgt ist, der Gläubiger nicht binnen sechs Monaten nach der Fälligkeit klagt, der Veräußerer von seiner persönlichen Schuldverbindlichkeit frei wird. Das Gesetz sieht also in der Unterlassung der fristgerechten Kündigung und Klagerhebung eine Willenserklärung des Gläubigers, daß er an Stelle und unter Ausscheiden des Veräußerers aus seiner bisherigen Schuldverbindlichkeit den Erwerber als Schuldner angenommen hat. Durch die Unthätigkeit des Gläubigers wird nicht bloß eine Vermutung für seinen Willen begründet, welche durch Gegenbeweis widerlegt werden könnte, sondern es wird darin eine Willenserklärung gefunden, die unwiderleglich und unwiderruflich ist. Ist doch der Gläubiger nicht einmal befugt, ohne Zustimmung des Veräußerers nach Vereinbarung mit dem Erwerber die gesetzlichen Kündigungs- und Klagefristen zu verändern.

Vgl. Entsch. des R.G.'s in Civils. Bd. 37 S. 204; Rassow und Küntzel, Beiträge Bd. 40 S. 1065.

Hat also der Gläubiger nach rechtzeitiger Kündigung die Klagefrist ungenutzt verstreichen lassen, so ist der Veräußerer frei geworden. Allerdings wird hierbei vorausgesetzt, daß die Kündigung und Einklagung der Hypothek während des Laufes der Fristen möglich war. Ist dies nicht der Fall, hat die Hypothek vor dem Ablaufe der Kündigungsfrist oder nach erfolgter Kündigung vor Eintritt des Fälligkeitszeitpunktes oder nach eingetretener Fälligkeit vor Ablauf des für die Erhebung der Klage bestimmten Zeitraumes infolge Zwangsverkaufes zu bestehen aufgehört, dann kann auch in der Nichtkündigung, bezw. Nichteinklagung der Hypothek jene Willenserklärung des Gläubigers nicht enthalten sein.

Vgl. Entsch. des R.G.'s in Civils. Bd. 5 S. 329, Bd. 20 S. 238.

Dafür, daß dem Gläubiger, der sich den persönlichen Anspruch gegen den Veräußerer erhalten will, die Kündigung und Einklagung der Hypothek erspart wird, wenn auf Antrag eines anderen Gläubigers innerhalb der für jenen geltenden Fristen das Zwangsversteigerungsverfahren eingeleitet ist und später zur Durchführung gelangt, fehlt im Gesetze jeder Anhalt. Im § 41 Abs. 2 wird die Thätigkeit gerade des Gläubigers verlangt, dessen Hypothek übernommen ist, damit der Veräußerer dafür verhaftet bleibt.

Nach diesen Grundsätzen stellt sich die Sache so. Am 29. April 1895 lief für die Klägerin die Klagefrist ab. In diesem Zeitpunkte bestand die Hypothek noch, da das Grundstück davon erst durch den Verkauf, also durch das Zuschlagsurteil, welches am 1. Mai erlassen ist, frei wurde (Gesetz vom 13. Juli 1883 § 22 Abs. 2). Der Klägerin war somit bis zum 29. April die Einklagung der Hypothek nicht unmöglich. Da sie die Einklagung unterlassen hat, so hat sie damit den Veräußerer aus der persönlichen Schuldverbindlichkeit entlassen. Für die Annahme, daß die Wirkungen des Zuschlagsurteiles hinsichtlich des Erlöschens der nicht vom Ersteher übernommenen Hypotheken auf den Zeitpunkt des Abschlusses des Versteigerungsprotokolles zurückzubeziehen seien, fehlt im Gesetze jeder Anhalt. Es muß daher das die Klage abweisende Urteil des ersten Richters durch Zurückweisung der Berufung der Klägerin wiederhergestellt werden." ...

---

83. Zur Frage der Perfektion des Vertrages beim Kaufe.
A.L.R. II. 11 § 12.

I. Civilsenat. Urt. v. 28. Mai 1898 i. S. Sp. Söhne (Kl.) w. N. & P. (Bekl.). Rep. I. 38/98.

I. Landgericht I Berlin, Kammer für Handelssachen.
II. Kammergericht daselbst.

Nachdem die Beklagte von der Klägerin im November und Dezember 1895 mehrere kleinere Posten Moufflonfelle gegen Kassa gekauft hatte, verhandelten beide am 8. Mai 1896 über den Kauf eines Postens von 900 und 690 Stück solcher Ware zum Preise von 5844 *M*. Die Klägerin behauptete, daß das Geschäft, nachdem sie zuerst den von dem Teilhaber der Beklagten, N., verlangten Preis nicht bewilligt, schließlich am Vormittag zu den angegebenen Preisen mit der Abrede zustande gekommen, daß N. die Ware am Nachmittag abnehmen solle. Unstreitig entstanden am Nachmittag, als N. bei der Klägerin erschien, Differenzen über die Zahlungsbedingungen, und N. nahm die Ware nicht ab.

Die Klägerin wurde deshalb auf Zahlung des Preises nebst Zinsen seit dem 8. Mai 1896 klagbar, wogegen die Beklagte geltend machte, daß Sp. dem N. schon bei einem der früheren Geschäfte für die Saison 1896 Kredit zugesagt habe, und daß im Handel mit

Rauchwaren bei solchen Posten, wie im Mai 1896 gehandelt, ein Kredit von 3 bis 4 Monaten auch Usance sei. Sie behauptete, daß für sie als Kürschner ein Kassageschäft über ca. 6000 ℳ im Mai keinen Sinn gehabt haben würde, da die Ware erst September oder Oktober in Arbeit genommen werde, und für sie die Zeit September bis Dezember in Betracht komme.

Der erste Richter wies die Klage ab, und die Berufung der Klägerin wurde zurückgewiesen. Die Revision blieb ohne Erfolg, aus folgenden

Gründen:

„Der Berufungsrichter weist die Klage in Übereinstimmung mit dem ersten Richter ab, weil das Geschäft nicht fertig zustande gekommen sei. Festgestellt ist, daß handelsgebräuchlich in Berlin im Rauchwarenhandel ein Zahlungsziel von 6 Monaten bewilligt wird, und daß Sp. dem N. im Oktober oder November 1895 erklärt hat, er werde bei Kauf eines größeren Postens im Jahre 1896 Ziel gewähren, N. brauche vorher kein Geld hineinzustecken. Diese Feststellung ist nicht angegriffen, und es ist unstreitig, daß, nachdem die Parteien am 8. Mai 1896 vormittags über 3 Kisten besserer Moufflons zu 4,50 ℳ pro Stück und 1 Kiste Sekundaware zu 2,60 ℳ pro Stück verhandelt, und N. von den 3 Kisten eine und die Kiste mit der Sekundaware Stück für Stück besichtigt, am Nachmittage Streit über die Konditionen entstanden ist, indem Sp. Barzahlung, N. Kredit verlangt hat. Der Berufungsrichter führt aus, daß N. nach der Zusage des Sp. ihm gegenüber habe annehmen können, es werde ihm ein Zahlungsziel bewilligt werden, und nur gegen Bewilligung eines solchen habe kaufen wollen, und daß, da Sp. nur gegen bar habe verkaufen wollen, die zum Vertragsabschlusse erforderliche Willenseinigung gefehlt habe.

Diese Ausführung verstößt nicht gegen das Gesetz.

Grundsätzlich genügt zwar zum Kaufabschlusse die Einigung über Sache und Preis (§ 12 A.L.R. I. 11). Der erste Richter, die Kammer für Handelssachen, verneint selbst diese Einigung, weil bei Geschäften der vorliegenden Art, wo der Preis pro Stück bestimmt ist, im Geschäftsverkehre die Zuzählung Stück für Stück für den Geschäftsabschluß vorausgesetzt werde, die unstreitig nur teilweise erfolgt ist, weil vor der Beendigung der Zuzählung der Streit über die Konditionen entstand. Aber auch abgesehen von diesem, vom Berufungsrichter nicht erörterten, Punkt, fehlt es an der für den Vertragsabschluß erforderlichen Willenseinigung, wenn anzunehmen ist, daß die Parteien, oder auch nur eine derselben, die Einigung über noch andere Modalitäten des Geschäftes als Sache und Preis vorausgesetzt haben und darüber nicht einig geworden sind. Ob dies der Fall, ist Sache der thatsächlichen Prüfung des einzelnen Falles. Hier stellt der Berufungsrichter fest, daß N. damit rechnen durfte, und Sp. damit rechnen mußte, daß ein Zahlungsziel verlangt und bewilligt werden würde. Selbst wenn beide am 8. Mai vormittags über Ware und Preis einig geworden, und N., wie die Revision geltend macht, die Abholung der Ware am Nachmittage zugesagt hat, was streitig ist, lag doch im Sinne beider der Vorbehalt der Verhandlung und Einigung über das Zahlungsziel, und es enthält keinen Rechtsirrtum, wenn der Berufungsrichter beim Mangel dieser Einigung die für den Vertragsabschluß erforderliche Willenseinigung verneint. Die Ausführung der Revision, der Perfektion des Geschäftes stehe nichts entgegen, weil die Bewilligung eines Zahlungszieles als stillschweigend vereinbart zu gelten habe, ist ebenso unhaltbar, wie die vom Berufungsrichter mit Recht zurückgewiesene Replik der Klägerin in den Instanzen, daß das Zahlungsziel inzwischen verflossen sei. Der Klage, die Zahlung gegen Ware fordert, wäre damit nicht aufgeholfen. Denn abgesehen davon, daß das Zahlungsziel selbst nicht feststeht, sondern nach der Feststellung des Berufungsrichters noch der Feststellung durch Vereinbarung bedurfte, könnte die Klägerin, wenn ein Zahlungsziel als vereinbart zu gelten hätte, immer erst die Zahlung nach Vorleistung durch Lieferung der Ware fordern. Durch den Zeitpunkt der Lieferung der Ware würde erst der Endtermin der Zahlungsfrist bestimmt. Und da die Klägerin ohne Zahlung nicht liefern will, während sie vorleisten muß, wenn ein Zahlungsziel als vereinbart gilt, ist die Klage unter allen Umständen unbegründet.“ ...

84. Kann der Verkäufer das Verfolgungsrecht ohne Rücksicht auf abweichende Vorschriften des sonst etwa für dessen Ausübung maßgeblichen Rechtes dann unter allen Umständen geltend machen, wenn es nach dem Rechte des Bestimmungsortes begründet ist?

I. Civilsenat. Urt. v. 4. Juni 1898 i. S. K. & Co. (Bekl.) w. S. & G. (Kl.). Rep. I. 59/98.

I. Landgericht Danzig.
II. Oberlandesgericht Marienwerder.

Die Klägerin hatte dem Kaufmann F. zu Warschau im Spätsommer 1896 85 Sack Kaffee — angeblich mit der Bestimmung, daß Bremen Erfüllungsort sein solle — verkauft und diese Ware in Partien von 38 und 47 Sack dem Spediteur J. N. zu Danzig mit dem Auftrage übersandt, sie zur Verfügung des Käufers zu halten. Am 5. Oktober forderte F. den N. auf, die Partie von 38 Sack an J. Fr. & Co. in Warschau zu verladen. Noch ehe dieselbe aus Danzig abgegangen war, widerrief aber die Klägerin durch Telegramm und Brief vom 14. Oktober ihren Auftrag, weil sie erfahren hatte, daß F. seine Zahlungen eingestellt habe. Sie wies N. an, nach Anordnung ihres Agenten mit dem Kaffee zu verfahren. N. nahm ihn deshalb auf Lager und verständigte die Klägerin hiervon am 15. Oktober.

An dem gleichen Tage erwirkte die Beklagte wegen einer angeblichen Forderung gegen F. in Höhe von 9432 ℳ einen Arrestbefehl und pfändete auf Grund desselben am 17. Oktober dessen Anspruch an N. auf Herausgabe der 85 Sack Kaffee, nachdem sie den Drittschuldner bereits am 16. Oktober von der bevorstehenden Pfändung brieflich benachrichtigt hatte. Infolge davon weigerte N. sich anfangs, den weiteren Verfügungen der Klägerin über den Kaffee zu entsprechen. Im Laufe des Rechtsstreites gab er ihn jedoch ihr heraus, nachdem sie erklärt hatte, für alle Folgen aufkommen zu wollen.

Die Klägerin bestritt jedes Recht der Beklagten auf den Kaffee, weil sie selber das Eigentumsrecht daran nie verloren habe und auch nach dem in Warschau geltenden Rechte zur Ausübung des Verfolgungsrechtes befugt gewesen sei. Sie verlangte, daß die Beklagte ihre Berechtigung anerkenne. Das Landgericht wies die Klage ab; das

Berufungsgericht aber erkannte nach deren Antrag. Die Revision ist verworfen aus folgenden

Gründen:

„Der Klagebitte ist nachzugeben, wenn der Klägerin das Verfolgungsrecht, auf das sie sich stützt, thatsächlich zur Seite steht. Denn für solchen Fall waren die Wirkungen des Rechtsgeschäftes, das sie mit dem Schuldner der Beklagten geschlossen hatte, schon wieder aufgehoben, als diese den daraus abgeleiteten Anspruch desselben im Wege der Pfändung an sich zu bringen suchte.

Das Berufungsgericht hat seiner Beurteilung nicht das deutsche, sondern das in Warschau bestehende Recht zu Grunde gelegt und danach das Verfolgungsrecht anerkannt. Die Revision verwirft diesen Standpunkt und ist der Meinung, daß ausschließlich die Satzungen des deutschen Rechtes herangezogen werden dürften. Die Frage, die hiermit aufgeworfen wird, ist für die Entscheidung des Rechtsstreites von besonderer Bedeutung. Denn während das deutsche Recht die Ausübung des Verfolgungsrechtes an die Eröffnung des Konkursverfahrens knüpft, wird es nach den unanfechtbaren Feststellungen des Berufungsgerichtes von den in Warschau geltenden Vorschriften des Code de commerce zugelassen, sobald der Schuldner seine Zahlungen eingestellt hat. Dieses war der Fall, jenes nicht, als die Ware von der Klägerin angehalten wurde. Das Verfolgungsrecht findet daher nur dann einen zureichenden Halt, wenn der Rückgriff auf das französische Recht als statthaft erscheint.

Es kann nun sehr zweifelhaft sein, aus dem Rechte welchen Ortes grundsätzlich die Norm der Entscheidnng entlehnt werden muß. Das internationale Privatrecht hat feste und allgemein anerkannte Regeln in dieser Beziehung nicht ausgebildet. Das Verfolgungsrecht erzeugt eine Obligation, die sich freilich an ein vorhandenes Vertragsverhältnis anknüpft, substanziell aber nicht auf diesem Vertragsverhältnisse, sondern unmittelbar auf Gesetz beruht. Wie nach deutschem Rechte die Konkurseröffnung, so ist nach französischem Rechte die Zahlungseinstellung dasjenige rechtliche Ereignis, in dem es den Grund seines Daseins hat. Es könnte daher das Recht in Frage kommen, auf dessen Herrschaftsgebiet sich der Zustand, aus dem das Rechtsverhältnis hervorgeht, verwirklicht hat, nach dem der zahlungsfähige Schuldner lebt, oder das Konkursverfahren bestimmt wird. Andererseits ließe sich aber auch mit guten Gründen die Annahme verteidigen, daß das Verfolgungsrecht nach Dasein und Wirkung den Gesetzen des Landes unterstehe, in dem es zur praktischen Bethätigung gelangt, in dem die verfolgte Sache ergriffen, oder der Richter um Hilfe angerufen wird. Endlich würde es möglich sein, an das Recht des Absenders oder an das Recht des Bestimmungsortes zu denken. Die Ansichten, die in der Doktrin und Rechtsprechung der verschiedenen Kulturländer Vertretung finden, gehen weit auseinander, ohne daß es bisher gelungen wäre, zu einheitlichen Grundsätzen durchzudringen.

Vgl. Voigt im Neuen Archiv für Handelsrecht Bd. 3 S. 272 flg.; Petersen u. Kleinfeller, Konkursordnung für das Deutsche Reich Bem. I a. E. zu § 36; v. Bar, Theorie und Praxis des internationalen Privatrechts Bd. 2 § 486; Story, Commentaries on the Conflict of Laws Chap. 9 §§ 401. 402; Wharton, A Treatise on the Conflict of Laws Chap. 7 § 535; Abbott, Law of Merchant Ships and Seamen Chap. 9 p. 671. 672 (13. Aufl.); Despagnet, Précis de droit international privé, Nr. 666 (p. 648 flg.); Dubois, La faillite dans le droit international privé, p. 140 flg., insbesondere Anm. 160; Carle, Il fallimento nei rapporti internazionali, p. 95 flg.

Einer prinzipiellen Lösung der Frage bedarf es hier aber nicht. Denn der Anspruch der Klägerin ist unter allen Umständen begründet, welches Recht auch an sich und im allgemeinen maßgebend sein möchte. Es ist nicht zweifelhaft, daß der Schutz des Rechtes von Warschau nach dessen Inhalte nicht nur dem inländischen, sondern auch dem ausländischen Gläubiger jedenfalls dann zu gute kommt, wenn er gegen seinen dortigen Schuldner vor den dortigen Gerichten sein Verfolgungsrecht rücksichtlich einer im dortigen Gerichtsbezirke angetroffenen Sache zur Geltung bringt. Die Klägerin konnte die Ware also aufhalten, sobald sie die russische Grenze überschritten hatte. Daraus ergiebt sich aber mit Notwendigkeit, daß ihr die gleiche Befugnis auch schon vor diesem Moment eingeräumt werden muß, selbst wenn übrigens das deutsche Recht Anwendung finden sollte. Denn es wäre unvernünftig und stände mit den praktischen Zwecken jedes Rechtssystems in Widerspruch, wollte man die Weiterbeförderung der Ware zu einer unerläßlichen Rechtsvoraussetzung für den Eintritt des Rückforderungsrechtes erheben. Damit würde ein Rechtsformalismus anerkannt sein, der aller inneren Berechtigung entbehrte und mit Rücksicht auf die durch ihn gezeitigten wirtschaftlichen Ergebnisse und Mißstände nicht wohl erträglich erschiene. Die Fortsetzung des noch unvollendeten Transportes kann niemals die rechtliche Bedingung für den Erwerb der Befugnis sein, den Rücktransport zu verlangen. Sobald der Verkäufer seinen Willen bethätigt, daß der Kaufgegenstand nicht ausgeliefert werden soll, kann der Käufer solche Auslieferung nicht mehr fordern, wenn der Anspruch des Verkäufers nach dem Rechte des Bestimmungsortes begründet ist. Während die Ware sich noch auf dem Wege befindet, stehen dem Käufer keine weitergehenden Befugnisse zu, als ihm nach ihrer Ankunft zustehen würden. Der Verkäufer ist solchen Falles in der Lage, das ihm günstigere Recht des Bestimmungsortes für sich geltend zu machen. Die Klägerin beruft sich daher mit gutem Grunde auf das französische Recht, und es verschlägt nichts, daß die Voraussetzungen des deutschen Rechtes nicht gegeben sind." ...

---

85. Ist der Rechtsweg bei Streitigkeiten zwischen den Ortsarmenverbänden und den Kreisen wegen der Kosten für die Verpflegung hilfsbedürftiger Geisteskranker unbedingt ausgeschlossen?

Preußisches Gesetz vom 11. Juli 1891, betr. Abänderung der §§ 31. 65. 68 des Gesetzes zur Ausführung des Bundesgesetzes über den Unterstützungswohnsitz vom 8. März 1871 (G.S. von 1891 S. 300, von 1871 S. 130), Art. I §§ 31. 31a. 31c.

IV. Civilsenat. Urt. v. 23. Juni 1898 i. S. des Kreises Schl. (Kl.) w. Ortsarmenverband D. (Bekl.). Rep. IV. 32/98.

I. Landgericht Stolp.
II. Oberlandesgericht Stettin.

Die geisteskranken Kinder des zu D. verstorbenen Büdners N. sind während der Zeit vom Februar 1894 bis Dezember 1895 in der Provinzial-Irrenanstalt zu Kückenmühle verpflegt worden. Der klagende Kreis hat die entstandenen Verpflegungskosten von 925,40 ℳ an die Provinzialverwaltung gezahlt und im gegenwärtigen Rechtsstreite unter Hinweis auf Art. I § 31a des preußischen Gesetzes vom

11. Juli 1891 von dem verklagten Ortsarmenverbande die Erstattung des dritten Teiles des bezahlten Betrages mit 308,46 *M* verlangt. Der Beklagte hat den Anspruch bestritten. Der erste Richter hat verurteilend erkannt, der zweite Richter dagegen die Klage wegen Unzulässigkeit des Rechtsweges abgewiesen. Auf die Revision des Klägers hat das Reichsgericht das Berufungsurteil aufgehoben und die Sache in die Instanz zurückverwiesen aus folgenden

Gründen:

... „Nach Art. I § 31 des Gesetzes vom 11. Juli 1891 sind die Landarmenverbände verpflichtet, für Bewahrung, Kur und Pflege der hilfsbedürftigen Geisteskranken, Idioten ꝛc, soweit dieselben der Anstaltspflege bedürfen, in geeigneten Anstalten Fürsorge zu treffen. Nach § 31a ebenda hat die allgemeinen Verwaltungskosten der Anstalten und die Kosten der von der Anstalt selbst bewirkten Beerdigung der Landarmenverband zu tragen; dieser ist dagegen berechtigt, sofern es sich nicht um einen landarmen Hilfsbedürftigen handelt, vorbehaltlich anderweiter Vereinbarung Ersatz der sonstigen Kosten von dem endgültig unterstützungspflichtigen Ortsarmenverbande zu verlangen; die Erstattung erfolgt durch Vermittelung des Kreises, dem dieser Ortsarmenverband angehört; der Kreis ist verpflichtet, dem Ortsarmenverbande mindestens zwei Drittel der von letzterem aufzubringenden Kosten als Beihilfe zu gewähren. Nach § 31c unterliegen Streitigkeiten zwischen den Ortsarmenverbänden und den zur Beihilfe verpflichteten Kreisen der Entscheidung im Verwaltungsstreitverfahren; zuständig in erster Instanz ist der Bezirksausschuß, in zweiter Instanz das Oberverwaltungsgericht.

Der Berufungsentscheidung liegt die Auffassung zu Grunde, daß nach der letzteren Bestimmung das Verwaltungsstreitverfahren in allen Streitigkeiten zwischen den Ortsarmenverbänden und dem Kreise, die die Erstattungspflicht der Ortsarmenverbände zum Gegenstande haben, eintrete und nicht auf den Fall beschränkt sei, wenn der Streit die vom Kreise dem Ortsarmenverbande in Höhe von zwei Dritteln der Kosten zu gewährende Beihilfe betreffen, und daß daher auch im vorliegenden Falle, in dem der Kreis, der die ganzen Kosten bezahlt habe, vom Ortsarmenverbande das auf diesen entfallende Drittel erstattet verlange, der Rechtsweg ausgeschlossen sei. Diese Auffassung, der schon das preußische Oberverwaltungsgericht in der

Entscheidung vom 14. Mai 1895 (Entsch. jenes Gerichtshofes Bd. 28 S. 141 flg.) entgegengetreten ist, kann als begründet nicht anerkannt werden.

Der Berufungsrichter stützt sich auf die Entstehungsgeschichte des Gesetzes, jedoch mit Unrecht. Diese steht ihm nicht zur Seite.

Der § 31 des Gesetzes vom 8. März 1871 legte den Landarmenverbänden die Befugnis bei, die Kosten der öffentlichen Armenpflege, die die Fürsorge für Geisteskranke, Idioten ꝛc verursacht, unmittelbar zu übernehmen. Diese Vorschrift, die zu einer Erleichterung der einzelnen Ortsarmenverbände in Ansehung der außerordentlichen Armenlast führen sollte, hatte den erwarteten Erfolg nicht. Die Staatsregierung legte deshalb dem Landtage, und zwar zuerst dem Herrenhause,

vgl. Drucksachen des Herrenhauses, Session 1890/91, Bd. 1 Nr. 5,

zum Zwecke der Abänderung des § 31 des bestehenden Gesetzes einen Gesetzentwurf des Inhaltes vor:

die Landarmenverbände seien verpflichtet, für Bewahrung, Kur und Pflege der hilfsbedürftigen Geisteskranken, Idioten ꝛc Anstalten einzurichten und zu unterhalten; der Landarmenverband trage die allgemeinen Verwaltungskosten der Anstalten; die sonstigen Kosten seien ihm von dem vorläufig unterstützungspflichtigen Ortsarmenverbande zu $^1/_3$, von dem Kreise, dem dieser Ortsarmenverband angehöre, zu $^2/_3$ zu erstatten, unter Vorbehalt des Rückgriffes gegen den endgültig fürsorgepflichtigen Ortsarmenverband, bezw. den betreffenden Kreis.

Der Entwurf enthielt sodann die Bestimmung:

„Streitigkeiten unter den Armenverbänden oder Kreisen über die vorstehend geregelte Erstattungs- und Übernahmepflicht unterliegen der Entscheidung im Verwaltungsstreitverfahren."

Das Herrenhaus billigte den Entwurf im allgemeinen, änderte ihn jedoch in Ansehung des zur Erstattung der „sonstigen Kosten" Verpflichteten dahin ab, daß dieser in erster Reihe der Kreis allein sein sollte, indem folgende Fassung gewählt wurde:

„Die sonstigen Kosten hat dem Landarmenverbande ... der Kreis, dem der vorläufig unterstützungspflichtige Ortsarmenverband angehört, zu erstatten; dem Kreise bleibt der Rückgriff vorbehalten in Höhe von $^1/_3$ der aufgewendeten Kosten gegen den ihm angehörigen endgültig fürsorgepflichtigen Ortsarmenverband, in ganzer Höhe der Kosten gegen den Kreis, dem der endgültig fürsorgepflichtige Ortsarmenverband angehört; diesem Kreise hat wiederum der ihm angehörige endgültig fürsorgepflichtige Ortsarmenverband $^1/_3$ der erstatteten Kosten zu ersetzen."

Ferner wurde die letzterwähnte Bestimmung des Entwurfes anderweit dahin gefaßt:

„Streitigkeiten über die vorstehend geregelten Verpflichtungen unterliegen der Entscheidung im Verwaltungsstreitverfahren."

Vgl. Drucksachen des Herrenhauses, Session 1890/91 Bd. 1 Nr. 34; Stenographische Berichte, Sitzung 7 derselben Session, Bd. 1 S. 58 bis 75.

Das Haus der Abgeordneten, an das der so veränderte Entwurf gelangte, hielt die vom Herrenhause gewählte Konstruktion in betreff der Person des Erstattungspflichtigen nicht für konform dem Reichsgesetze über den Unterstützungswohnsitz, das zwar Land- und Ortsarmenverbände, nicht aber Kreise als Organe der Armenpflege kenne, und modifizierte die Vorlage in dem Sinne, wie sie nachher in den §§ 31, 31 a und 31 c Gesetz geworden ist. Die Änderung rührt aus einem Gegenentwurfe her, der in der Kommission des Abgeordnetenhauses eingebracht, und zu dessen Begründung ausgeführt war:

Der Rückgriff des Landarmenverbandes müsse formell gegen den Ortsarmenverband gerichtet werden, welchem reichsgesetzlich die Unterstützungspflicht obliege; thatsächlich aber werde dadurch, daß die Vermittelung des Kreises vorgeschrieben sei, derselbe praktische Vorteil erreicht, als wenn der Rückgriff gegen den Kreis in erster und gegen den Ortsarmenverband in zweiter Linie gerichtet werde. Durch die Vermittelung des Kreises solle der direkte Verkehr zwischen Land- und Ortsarmenverband vermieden werden, da derselbe nicht zu einer Beschleunigung, sondern häufig zu einer Verschleppung der Angelegenheiten führe.

Vgl. Kommissionsbericht in den Anlagen zu den stenographischen Berichten der Verhandlungen des Hauses der Abgeordneten, Session 1890/91 Bd. 3 S. 2332—2340; Stenographische Berichte des Hauses der Abgeordneten, Session 1890/91, Sitzungen 95 und 97, Bd. 5 S. 2554—2566, S. 2597—2607.

Das Herrenhaus trat demnächst den Beschlüssen des Hauses der Abgeordneten in der hier in Rede stehenden Frage bei.

Vgl. Stenographische Berichte der Herrenhauses, Session 1890/91, Sitzung 23, Bd. 1 S. 341—346.

Das Berufungsgericht hat noch auf eine Äußerung des Berichterstatters des Herrenhauses bei Gelegenheit der ersten Verhandlung im Herrenhause bezüglich der Fassung der Bestimmung über die Zuständigkeitsfrage Gewicht gelegt, die dahin geht:

bei Fassung der Regierungsvorlage hätte man zweifelhaft sein können, ob dort die Streitigkeiten auch ganz bestimmt gefaßt sein möchten; denn es könnten die Streitigkeiten nicht bloß unter den Armenverbänden und Kreisen, sie könnten auch unter Armenverbänden und Armenverbänden, sowie unter Kreisen und Kreisen entstehen; die von der Kommission beschlossene Änderung umfasse sämtliche Streitigkeiten, wie immer sie auch beschaffen sein möchten.

Vgl. Stenographische Berichte des Herrenhauses a. a. O. S. 67.

Gestützt auf dieses Gesetzesmaterial hat der Berufungsrichter erwogen: nach den ersten Beschlüssen des Herrenhauses, denen die Regierung nicht widersprochen habe, sei zweifellos für den Rückgriff des Kreises in Höhe des einen Drittels gegen den Ortsarmenverband das Verwaltungsstreitverfahren eröffnet, und der ordentliche Rechtsweg ausgeschlossen gewesen. Daß das Abgeordnetenhaus hinsichtlich der Zuständigkeitsfrage Änderungen habe vornehmen wollen, sei weder aus dem Kommissionsberichte noch aus den Verhandlungen des Hauses, das den Beschlüssen der Kommission durchweg beigetreten sei, ersichtlich. Zu einer Änderung habe auch kein Anlaß vorgelegen, da nur formell die Rechtsstellung des Kreises gegenüber dem Landarmenverbande anderweit habe geregelt werden sollen, um mit den reichsgesetzlichen Grundsätzen im Einklange zu bleiben. Wenn daher sowohl Regierung wie Herrenhaus davon ausgegangen seien, daß Streitigkeiten zwischen Kreis und Ortsarmenverband auf diesem neu geregelten Gebiete der außerordentlichen Armenlast allgemein und unterschiedslos im Verwaltungsstreitverfahren erledigt werden sollten, so sei mangels widersprechender Zeugnisse anzunehmen, daß auch das Abgeordnetenhaus an jener Vorschrift habe festhalten wollen. Dem

§ 31c des Gesetzes müsse demnach die Bedeutung beigemessen werden, daß bei Streitigkeiten zwischen Kreis und Ortsarmenverband auf dem Gebiete der außerordentlichen Armenlast lediglich das Verwaltungsstreitverfahren eintrete.

Diesen Erwägungen steht entgegen, daß nicht bloß formell, sondern materiell der Kreis nach dem Gesetze, wie es zufolge der Beschlüsse des Abgeordnetenhauses zustande gekommen ist, eine wesentlich andere rechtliche Stellung einnimmt, als er nach den Beschlüssen des Herrenhauses einnehmen sollte, und schon hieraus ergeben sich die Schlußfolgerungen, die der Berufungsrichter zum Zwecke der Auslegung des Gesetzes aus den Beschlüssen des Herrenhauses, denen völlig abweichende Voraussetzungen zu Grunde liegen, gezogen wissen will, als hinfällig. Nach den Beschlüssen des Herrenhauses sollte der Kreis dem Landarmenverbande gegenüber in Ansehung der entstandenen Pflegekosten erstattungspflichtig sein, und ihm sollte nur der Rückgriff hinsichtlich eines Teiles oder des ganzen Betrages der gezahlten Pflegekosten gegen den ihm angehörigen endgültig fürsorgepflichtigen Ortsarmenverband oder gegen den Kreis, dem der endgültig fürsorgepflichtige Ortsarmenverband angehört, vorbehalten sein. Nach dem Gesetze ist dagegen der Ortsarmenverband dem Landarmenverbande gegenüber erstattungspflichtig, und die Verpflichtung des Kreises ist anderweit geregelt. Dem Kreise ist eine neue, und zwar doppelte, Verpflichtung auferlegt, nämlich einmal: „die Erstattung der Pflegekosten zu vermitteln", und sodann: „dem Ortsarmenverbande mindestens zwei Drittel der von ihm aufzubringenden Kosten als Beihilfe zu gewähren". Im Zusammenhange mit der Festsetzung dieser doppelten Verpflichtung ist die Wortfassung des nachfolgenden § 31c:

„Streitigkeiten zwischen den Ortsarmenverbänden und den zur Beihilfe verpflichteten Kreisen unterliegen der Entscheidung im Verwaltungsstreitverfahren",

von wesentlicher Bedeutung. Wie in Übereinstimmung mit den Ausführungen des Oberverwaltungsgerichtes in dem oben bezeichneten Urteile anzunehmen ist, kann die zwischen den Worten: „den ... Kreisen", gemachte Einschaltung: „zur Beihilfe verpflichteten," nur dazu dienen, den Gegenstand des Streites, für den die Verwaltungsklage nur zugelassen wird, näher zu begrenzen, nämlich dahin, daß der Streit nur die auf die Beihilfe bezüglichen Ansprüche betreffen darf, nicht aber auch die aus der Vermittelung entsprungenen. Die streitige Frage wird sonach schon durch den Wortlaut des Gesetzes entschieden. Dem Oberverwaltungsgerichte ist aber auch in seinen weiteren, dahin gehenden Ausführungen beizutreten:

die Vermittelung des Kreises sei darauf beschränkt, die Willensübereinstimmung des Land- und des Ortsarmenverbandes über das Recht und die Pflicht zur Kostentragung herbeizuführen, und sei jedenfalls durch das Gesetz nicht dahin ausgedehnt, daß der Kreis verpflichtet oder berechtigt wäre, für einen von beiden Beteiligten Vorschußzahlungen zu leisten oder auch nur verbindliche Erklärungen abzugeben. Wenn somit aber nicht wohl ersichtlich sei, wie aus dieser Vermittelung Rechtsansprüche des Kreises gegen einen der beiden Armenverbände oder umgekehrt entstehen könnten, so sei noch weniger erkennbar, weshalb, wenn dies dennoch der Fall wäre, und wenn über solche Ansprüche das Verwaltungsstreitverfahren hätte zugelassen werden sollen, dies dem Kreise nur gegenüber dem Ortsarmenverbande, und nicht auch gegenüber dem Landarmenverbande verstattet sein sollte; letzteres sei aber nach der Fassung des Gesetzes ausgeschlossen.

Für die Richtigkeit der obigen Auslegung spricht sodann, worauf das Oberverwaltungsgericht gleichfalls hingewiesen hat, auch die Äußerung des Ministers des Inneren bei der zweiten Verhandlung über den Entwurf im Herrenhause. Der Minister hat sich auf eine Anfrage, ob bei der Fassung des Gesetzes nach den Beschlüssen des Abgeordnetenhauses die Verpflichtung des Kreises, für die Pflegekosten zu haften, ausgeschlossen sei, dahin ausgesprochen:

„Es ist ausdrücklich in der Konstruktion, welche das Abgeordnetenhaus diesem Gesetze gegeben hat, ausgesprochen, daß dem Landarmenverbande gegenüber der Ortsarmenverband der Erstattungspflichtige sein soll, sodaß also, wenn die Sache zum Streit kommt, die Parteirollen zweifellos gegeben sind. Die Vermittelung des Kreises ist zu einem anderen Zwecke eingesetzt, weil nämlich die Feststellung darüber, wo der Unterstützungswohnsitz begründet oder verloren gegangen ist, welcher Ortsarmenverband zur Unterstützung verpflichtet ist, überaus schwierig ist, und diese Feststellung sicherer und besser von dem Kreise gemacht werden kann, als von dem Ortsarmenverbande. Deshalb ist die Vermittelung des Kreises hier eingefügt worden. Außerdem ist aber auch ein Rechtsverhältnis zwischen dem Kreise und dem Ortsarmenverbande begründet. Der Ortsarmenverband hat gegenüber dem Kreise das Recht, zu verlangen, daß derselbe zwei Drittel der Kosten übernimmt, und sobald hierüber Streit entsteht, ist dieser Streit zwischen dem Kreise und dem Ortsarmenverbande auszutragen. Alsdann finden die Bestimmungen Anwendung, welche besagen, daß diese im Verwaltungsstreitverfahren zu erledigende Differenz durch den Bezirksausschuß in erster Instanz, durch das Oberverwaltungsgericht in zweiter Instanz zu entscheiden ist, während in dem ersten Falle, wo es sich um Streitigkeiten zwischen dem Landarmenverband und dem Ortsarmenverband handelt, zwar in erster Instanz auch der Bezirksausschuß, in zweiter Instanz aber das Bundesamt für Heimatwesen zu entscheiden haben wird."

Vgl. Stenographische Berichte des Herrenhauses a. a. O. Bd. 1 S. 343.

Aus diesen Darlegungen ergiebt sich im Gegensatze zu der Annahme des Berufungsrichters zweifellos, daß das Verwaltungsstreitverfahren zwischen Kreis und Ortsarmenverband nur bei Streitigkeiten über die Gewährung der Beihilfe seitens des ersteren an den letzteren eintritt.

Der Berufungsrichter hat zur Unterstützung seiner Ansicht noch ferner geltend gemacht: die gegnerische Auffassung führe zu unannehmbaren Konsequenzen; der Betrag von zwei Dritteln der Kosten stelle nur das Minimum dar, das der Kreis dem Ortsarmenverbande als Beihilfe zu gewähren habe; wenn nun aber jene Auffassung richtig wäre, so müßte, wenn der auf Erstattung von einem Drittel der Kosten im Rechtswege belangte Ortsarmenverband den Einwand erheben würde, daß aus gewissen Gründen der Kreis mehr als zwei Drittel beizusteuern habe, auch über einen solchen Einwand im ordentlichen Rechtswege entschieden werden, was aber offenbar nicht im Sinne des Gesetzes liege. Auch diese Argumentation ist nicht durchgreifend. Daß, wenn dem Ortsarmenverbande überhaupt ein Rechtsanspruch auf eine größere Beihilfe als zwei Drittel der Pflegekosten zusteht, über diesen Anspruch gemäß § 31c des Gesetzes nur im Verwaltungsstreitverfahren zu entscheiden sein würde, ist anzuerkennen. Dieser Umstand kann aber nicht den Ausschluß des Rechtsweges über einen Anspruch, wie den eingeklagten, zur Folge haben. Der Ortsarmenverband müßte seinen Mehranspruch selbständig im Verwaltungsstreitverfahren verfolgen und geeignetenfalls auf Grund des § 139 C.P.O. die Aussetzung der Verhandlung im gerichtlichen Verfahren bis zur Entscheidung der Verwaltungsstreitbehörde betreiben.

Ist nun aber der § 31c des Gesetzes vom 11. Juli 1891 in der erörterten Weise auszulegen, so begründet er nicht die Ausschließung des Rechtsweges im gegenwärtigen Rechtsstreite. Denn es handelt sich hier nicht um die Gewährung einer Beihilfe zu den von dem Beklagten zu tragenden Pflegekosten, sondern um die Erstattung des von dem Beklagten zu leistenden Drittels, das der Kläger für diesen vorschußweise an den Landarmenverband gezahlt hat. Aus anderen Gründen ist der Rechtsweg gleichfalls nicht ausgeschlossen. Es steht ein rein privatrechtlicher Anspruch aus der nützlichen Verwendung oder der Geschäftsführung in Frage." ...

IV. Rheinisches Recht.

86. 1. Zulässigkeit der Klage eines Jagdpächters gegenüber demjenigen, der seinerseits das Jagdrecht für dieselbe Zeit und in demselben Bezirke in Anspruch nimmt, auf Feststellung, daß diesem das Recht zur Ausübung der Jagd nicht zustehe?

2. Formelle Erfordernisse der Gültigkeit eines Jagdpachtvertrages im Gebiete des rheinischen Rechtes.

3. Hat, wenn dieselbe Jagd für dieselbe Zeit an zwei verschiedene Personen verpachtet ist, derjenige den Vorrang, der den der Zeit nach früheren Pachtvertrag für sich hat, oder geht derjenige vor, der in den Besitz der Jagd eingetreten ist?

II. Civilsenat. Urt. v. 8. Februar 1898 i. S. B. (Kl. u. Widerbekl.) w. L. (Bekl. u. Widerkl.). Rep. II. 327/97.

I. Landgericht Düsseldorf.
II. Oberlandesgericht Köln.

Bei der am 17. Januar 1896 stattgehabten öffentlichen Verpachtung der Jagden in der Gemeinde M.-Gladbach-Land hatte der Beklagte, Kaufmann L. daselbst, für die Jagd in dem Jagdbezirke II ein Gebot von 1260 ℳ jährlich abgegeben. Durch Gemeinderatsbeschluß vom 24. Januar 1896 wurde ihm für dieses Gebot der Zuschlag erteilt, und durch Schreiben von demselben Tage teilte ihm der Beigeordnete M., in Stellvertretung des Bürgermeisters von M.-Gladbach-Land, mit, daß ihm durch den Beschluß des Gemeinderates die Jagd im Jagdbezirke II vom 1. Februar 1896 ab auf die Dauer von neun Jahren zu dem jährlichen Preise von 1260 ℳ verpachtet worden sei. Das Schreiben enthielt den Zusatz: „Die Ausfertigung des Jagdpachtvertrages bleibt vorbehalten." Den Empfang dieser Mitteilung bestätigte L. durch Zuschrift vom 31. Januar 1896. Auf Veranlassung des Landrates erklärte der Gemeinderat in der Sitzung vom 12. Februar 1896 den mit L. geschlossenen Vertrag für aufgehoben und verpachtete nunmehr die betreffende Jagd an den jetzigen Kläger, Kaufmann B. zu M.-Gladbach. Am 6. Juli 1896 wurde der bezügliche Jagdpachtvertrag zwischen dem Bürgermeister einerseits und B. andererseits schriftlich vollzogen.

Als über das Recht zur Ausübung der Jagd Streitigkeiten zwischen L. und B. entstanden, erhob letzterer gegen ersteren Klage mit dem Antrage auf Feststellung, daß dem Beklagten der Anspruch auf Untersagung der Ausübung der Jagd in dem Jagdbezirke II der Gemeinde M.-Gladbach-Land nicht zustehe. Der Beklagte beantragte Abweisung der Klage und erhob Widerklage mit dem Antrage auf Feststellung, daß Kläger zur Ausübung der Jagd in dem in Frage stehenden Jagdbezirke nicht berechtigt sei.

Das Landgericht wies sowohl die Hauptklage wie die Widerklage ab, indem es annahm, daß dem Jagdpächter nur ein Klagerecht gegenüber der Gemeinde auf Einräumung des Jagdrechtes, nicht aber auch eine Klage gegen den Dritten, der dasselbe Jagdrecht in Anspruch nehme, zustehe. Von dem Oberlandesgerichte wurde die Berufung des Klägers zurückgewiesen, dagegen auf die Berufung des Beklagten und Widerklägers unter Abänderung des angefochtenen Urteiles festgestellt, daß der Kläger und Widerbeklagte nicht berechtigt sei, die Jagd im Jagdbezirke II der Gemeinde M.-Gladbach-Land auszuüben. Die gegen dieses Urteil eingelegte Revision wurde zurückgewiesen aus folgenden

Gründen:

... „1. Zunächst ist dem Oberlandesgerichte in rechtlicher Hinsicht insoweit beizupflichten, als dasselbe die vom Landgerichte verneinte Frage der Zulässigkeit der von den Parteien, welche von der Gemeinde M.-Gladbach-Land die Jagd in demselben Jagdbezirke für dieselbe Zeit gepachtet haben, angestellten Klage und Widerklage auf Feststellung, daß der Gegenpartei das von derselben beanspruchte Jagdrecht nicht zustehe, gemäß § 231 C.P.O. in bejahendem Sinne entschieden hat. Die Feststellungsklage setzt allerdings nach § 231 a. a. O. ein Rechtsverhältnis voraus; es ist aber nicht richtig, wenn das Landgericht das Vorhandensein eines solchen um deswillen verneint, weil keine direkten rechtlichen Beziehungen zwischen den Parteien beständen, diese vielmehr nur jede ihren obligatorischen Anspruch auf Einräumung der Jagdausübung gegen die Gemeinde geltend machen könnten. Ein Rechtsverhältnis im Sinne des § 231 a. a. O. kann auch ohne solche direkte rechtliche Beziehungen gegeben sein, wenn, wie im vorliegenden Falle, die Parteien Anspruch auf Nutzungsrechte an derselben Sache geltend machen, welche miteinander kollidieren. Sodann ist aber auch dem Oberlandesgerichte dahin beizupflichten, daß der Jagdberechtigte, insbesondere derjenige, welcher von der Gemeindebehörde als gesetzlicher Vertreterin der beteiligten Grundbesitzer die Jagd gepachtet hat, befugt ist, sein Jagdrecht — auf dessen rechtliche Natur noch bei der Beurteilung zur Sache zurückzukommen sein wird — gegenüber jedem Dritten, der störend in dasselbe eingreift, zur Geltung zu bringen. Daß solche gegenseitige Störungen seitens der Parteien als Prätendenten erfolgt sind, hat das Oberlandesgericht thatsächlich festgestellt. Daraus ergiebt sich einerseits ein direkt zwischen den Parteien streitiges Rechtsverhältnis, andererseits das vom Oberlandesgerichte festgestellte alsbaldige Interesse an der beantragten Feststellung. Der erkennende Senat hat denn auch in einem früheren Falle die Zulässigkeit einer derartigen Feststellungsklage seitens eines Jagdpächters gegen einen anderen, welche die Jagd in demselben Jagdbezirke von verschiedenen Gemeinden angepachtet hatten, unbedenklich zugelassen (vgl. die Entscheidungen Rep. II. 273/90, 174/91, auch Rheinisches Archiv Bd. 91 Abt. 1 S. 234 flg.).

2. Zur Sache hat das Oberlandesgericht angenommen, daß durch die öffentliche Verpachtung der Gemeindejagd M.-Gladbach-Land vom 17. Januar 1896, den Gemeinderatsbeschluß vom 24. Januar 1896, durch welchen dem Beklagten und Widerkläger L. der Zuschlag auf dessen Gebot von 1260 ℳ jährlich bei jener Verpachtung erteilt wurde, ferner die schriftliche Mitteilung dieses Beschlusses seitens des Beigeordneten M. in Vertretung des Bürgermeisters von demselben Tage an den Beklagten zwischen dem letzteren und der genannten Gemeinde ein rechtsgültiger Pachtvertrag auf die Dauer von 9 Jahren bezüglich des Jagdbezirkes II zustande gekommen sei. Wenn hiergegen seitens der Revision geltend gemacht wird, diese Feststellung sei unter Ver-

letzung des § 9 des Jagdpolizeigesetzes vom 7. März 1850 erfolgt, weil das nach dieser Bestimmung allein zur Vertretung der Gesamtheit der Grundbesitzer des Jagdbezirkes berufene Organ, nämlich der Bürgermeister, die nach der Gemeindeordnung für die Rheinprovinz vom 23. Juli 1845 (§ 102) erforderliche Urkunde nicht erteilt habe, auch nicht durch diesen, sondern durch den unzuständigen Gemeinderat die Verpachtung erfolgt sei, so kann das als zutreffend nicht erachtet werden. Einer besonderen Form bedarf es für die Gültigkeit des Jagdpachtvertrages im Gebiete des rheinisch-französischen Rechtes überhaupt nicht, da weder die Gemeindeordnung, noch das Jagdpolizeigesetz eine solche Vorschrift enthält, somit der Grundsatz des französischen Rechtes, daß Verträge durch bloße Übereinkunft zustande kommen und rechtswirksam werden, auch hier Anwendung findet. Bezüglich des Hinweises auf den § 102 der Gemeindeordnung würde übrigens in Betracht kommen, daß insoweit eine nicht revisible Rechtsnorm in Frage steht, und daher die demselben vom Oberlandesgerichte in dem bezeichneten Sinne gegebene Auslegung maßgebend bleiben muß. Daß aber der Abschluß des Pachtvertrages unter entscheidender Mitwirkung des Bürgermeisters, bezw. des nach Maßgabe des § 103 Abs. 2 der Gemeindeordnung zu seiner Vertretung berufenen Beigeordneten erfolgt ist, hat das Oberlandesgericht thatsächlich und ersichtlich ohne Rechtsirrtum festgestellt, sodaß, auch wenn dem § 9 des Jagdpolizeigesetzes, mit der Revision, die allerdings durchgängig, namentlich auch von den Verwaltungsbehörden, vertretene Auslegung zu geben sein mag, daß unter der Gemeindebehörde, welche die Grundbesitzer in Jagdangelegenheiten zu vertreten hat, im Gebiete der Gemeindeordnung für die Rheinprovinz der Bürgermeister zu verstehen ist, dadurch im vorliegenden Falle die Rechtsgültigkeit des Pachtvertrages des Beklagten nicht in Frage gestellt wird.

Ebenso unbegründet ist die weitere Aufstellung der Revision, der Jagdpachtvertrag sei auch deshalb ungültig, weil er im Verwaltungswege aufgehoben, und diese Aufhebung von den zuständigen Behörden nicht beseitigt sei, vielmehr dem Beklagten die Ausübung der Jagd polizeilich verboten sei. Es widerlegt sich dies schon durch den Hinweis darauf, daß ein lediglich privatrechtlicher Vertrag durch irgend welche Maßnahmen der Verwaltungsbehörden, sei es der vertragschließenden Gemeindeverwaltung selbst, sei es der Aufsichtsbehörden derselben, in seiner privatrechtlichen Wirksamkeit nicht berührt werden kann.

3. Das Oberlandesgericht hat sodann weiterhin aus der Rechtswirksamkeit des Pachtvertrages des Beklagten die Unbegründetheit der Klage und die Begründetheit der Widerklage hergeleitet, ohne auf die Frage einzugehen, ob nicht auch der Kläger einen rechtsgültigen Pachtvertrag mit der Gemeinde abgeschlossen habe. Im wesentlichen wird dies darauf gegründet, daß der Pachtvertrag des Beklagten der der Zeit nach ältere sei, und aus diesem Grunde dem späteren Pachtvertrage des Klägers vorgehen würde, auch wenn dieser rechtsgültig sein sollte, während die Revision auch diese Annahme, entsprechend den Ausführungen in den Vorinstanzen, als rechtlich unzutreffend bezeichnet, weil nach den auch für den Jagdpachtvertrag maßgebenden Grundsätzen des französischen Rechtes über Pacht und Miete, falls dieselbe Sache zwei Personen gleichzeitig vermietet oder verpachtet ist, nicht die Priorität, sondern der Besitz für den Vorrang maßgebend sei, Kläger aber, wie er auch in den Vorinstanzen zum Beweise verstellte, sich im Besitze des Jagdrechtes befunden habe und noch befinde.

Demgegenüber ist mit dem Oberlandesgerichte davon auszugehen, daß durch den Jagdpachtvertrag der Anpächter nicht bloß den obligatorischen Anspruch erwirbt, daß die Verpächterin ihm die Ausübung der Jagd gestatte. Es wird ihm vielmehr für die Pachtzeit das Jagdrecht, ein quasi-dingliches Recht, bestehend in der ausschließlichen Befugnis zur Verfolgung und Gewinnung des Wildes in dem ihm verpachteten Jagdbezirke, übertragen. Hat aber die Gemeindebehörde durch einen gültigen Vertrag dieses Jagdrecht einem Anpächter übertragen, so kann sie dasselbe nicht durch einen späteren Vertrag für dieselbe Zeit und denselben Bezirk mit Rechtswirksamkeit einem Anderen übertragen; denn sie hat sich desselben namens der, in Gemäßheit des § 3 des Jagdgesetzes vom 31. Oktober 1848 an sich berechtigten, Grundbesitzer selbst begeben. Der zweite Anpächter erwirbt danach nur ein obligatorisches Recht auf Einräumung der Jagd, bezw. eventuell Anspruch auf Schadensersatz der Verpächterin gegenüber, nicht auch das Jagdrecht. Der Art. 1141 B.G.B. findet auf das vorliegende Verhältnis ebensowenig Anwendung wie Art. 2279, da beide nur für res corporales gelten. Auch aus der Bestimmung des Art. 1690 B.G.B., wonach bei der Cession der Übergang der Forderung im Verhältnisse zu Dritten erst durch die Zustellung an den Schuldner bewirkt wird, sonach bei der Cession einer Forderung an zwei Personen derjenige vorgeht, dessen Cession zuerst zugestellt ist, auch wenn dieselbe der Zeit nach die spätere ist, läßt sich nicht ein allgemeines Prinzip des französischen Rechtes herleiten, welches der vorerörterten Annahme bezüglich der rechtlichen Wirkungen des Pachtvertrages entgegenstünde. Ob im Falle der Vermietung derselben Sache an zwei verschiedene Mieter demjenigen der Vorrang zusteht, der im Besitze des Mietobjektes sich befindet, auch wenn sein Mietvertrag der Zeit nach der spätere ist, — eine auch unter den französischen Autoren bestrittene Frage — bedarf nicht der Entscheidung, da dies für das vorliegende Verhältnis des Jagdpachtvertrages schon um deswillen nicht maßgebend sein könnte, weil ein eigentlicher Besitz des Jagdrechtes mit Rücksicht auf dessen rechtliche Natur nach den Grundsätzen des französischen Rechtes ausgeschlossen erscheint." . . .

---

87. Gehört das in Art. 1130 B.G.B. enthaltene Verbot der Erbverträge dergestalt der öffentlichen Ordnung an, daß einem im Gebiete des gemeinen Rechtes bereits durch Erbvertrag unwiderruflich erworbenen Rechte auf den Nachlaß des demnächst in die Rheinprovinz übergesiedelten und dort verstorbenen Erblassers der Rechtsschutz zu versagen ist?

II. Civilsenat. Urt. v. 19. April 1898 i. S. Witwe M. u. Gen. (Kl.) w. Witwe K. (Bekl.). Rep. II. 32/98.

I. Landgericht Köln.
II. Oberlandesgericht daselbst.

Die Eheleute L. wohnten in Ems im Bezirke des gemeinen Rechtes und errichteten dort ein gemeinschaftliches Testament, worin sie sich gegenseitig zu Erben ihres Nachlasses einsetzten und ferner bestimmten, daß im Falle des Erstversterbens des Ehemannes nach dem Tode von beiden Eheleuten der gesamte Nachlaß von beiden an die nächsten Verwandten des Ehemannes als Erben fallen solle. Der Ehemann L. starb zuerst im Jahre 1878, und die Ehefrau L. trat die Erbschaft ihres Mannes an. Im Jahre 1896 verzog die Witwe L. zu ihrer Schwester Witwe K. nach Köln und errichtete dort vor einem Notar ein neues Testament, worin sie alle früher getroffenen Verfügungen widerrief und die Witwe K. zur Universalerbin ihres Nachlasses einsetzte. Im Dezember 1896 starb die Witwe L. zu Köln, und die in ihrem letzten Testamente eingesetzte Witwe K. trat ihren Nachlaß an. Nun erhoben die in dem früheren gemeinschaftlichen Testamente der Eheleute L. eingesetzten nächsten Verwandten des Ehemannes L. auf Grund dieses Testamentes gegen die Witwe K. Klage auf Herausgabe des Nachlasses der Witwe L. Das Landgericht hat nach dem Klagantrage erkannt, das Oberlandesgericht jedoch die Klage abgewiesen. Auf die Revision der Kläger wurde das Urteil des Oberlandesgerichtes aufgehoben aus folgenden

Gründen:

„Die Revision mußte für begründet erachtet werden.

Das Oberlandesgericht nimmt an, daß dem korrespektiven Testamente eine Vereinbarung der Eheleute L. hinsichtlich der von ihnen getroffenen letztwilligen Verfügungen zu Grunde liege, und daß die Witwe L. daher, nachdem sie die Erbschaft ihres Mannes angetreten hatte, nach gemeinem Rechte nicht mehr berechtigt gewesen sei, eine anderweitige letztwillige Verfügung zu treffen. Diese Annahme steht in Übereinstimmung mit dem vom Oberlandesgerichte angezogenen Urteile des III. Civilsenates des Reichsgerichtes,

Entsch. des R.G.'s in Civils. Bd. 6 S. 174,

welches ebenfalls einen Fall zu erörtern hatte, wo Eheleute durch ein gemeinschaftliches Testament sich gegenseitig und zugleich für den Todesfall des überlebenden Ehegatten dritte Personen, einen beiderseitigen Neffen und die Geschwister desselben, zu Erben eingesetzt hatten. Die Annahme des Oberlandesgerichtes beruht auf der Anwendung des gemeinen Rechtes, welches für den Oberlandesgerichtsbezirk Köln nicht revisibel ist (§ 511 C.P.O.). Das Oberlandesgericht vertritt nun aber ferner die Auffassung, daß trotz des Eintrittes der vorgedachten rechtlichen Folgen des als Erbvertrag zu behandelnden gemeinschaftlichen Testamentes durch die Verlegung des Domiziles der Witwe L. aus dem Bezirke des gemeinen Rechtes nach Köln der ganze Vertrag hinfällig geworden sei, und die Witwe L. wieder die freie Testierfähigkeit über ihr Vermögen erlangt habe. Diese Auffassung ist, wie die

Revision mit Recht geltend macht, nicht zu billigen und verletzt den Art. 1130 B.G.B. Es ist dem Oberlandesgerichte zuzugeben, daß das in diesem Artikel enthaltene Verbot der Erbverträge der öffentlichen Ordnung angehört, obgleich ausnahmsweise die Zulässigkeit von Erbverträgen bei Abschließung von Eheverträgen anerkannt wird (Artt. 1091 flg. B.G.B.). Ferner muß als richtig angesehen werden, daß bei Fragen des internationalen Rechtes auch innerhalb des preußischen Staates ein Territorium, welches einem besonderen materiellen Rechte unterworfen ist, gegenüber solchen Landesteilen, in welchen ein anderes materielles Recht gilt, als Ausland zu behandeln ist. Aber unrichtig ist es, wenn das Oberlandesgericht dem im Bezirke des gemeinen Rechtes errichteten Erbvertrage jede Wirkung im Bezirke des rheinischen Rechtes unter den dargelegten Umständen abspricht. Es kommt darauf an, ob die Kläger bereits vor der Domizilverlegung der Witwe L. nach Köln im Bezirke des gemeinen Rechtes ein wohlerworbenes Recht auf den Nachlaß derselben erlangt hatten, oder nicht. Hatten sie dieses Recht erlangt, so können sie dasselbe auch in der Rheinprovinz zur Ausübung bringen, und die Gerichte haben zu dieser Ausübung hilfreiche Hand zu leisten. Das wird durch den Art. 1130 a. a. O. nicht untersagt. Dieser Artikel untersagt nur die Erwerbung eines Nachlasses, d. h. die Übertragung des Erbrechtes, durch Vertrag. Solange daher die Erwerbung des Rechtes auf den Nachlaß nicht vollständig im Auslande, wo die Erwerbung durch Vertrag möglich ist, stattgefunden hat, vielmehr noch einzelne Handlungen oder Thatsachen, welche zur Erwerbung dieses Rechtes gehören oder auch diese Erwerbung nur vollenden, im Inlande stattzufinden haben, werden die Wirkungen eines Erbvertrages im Inlande nicht anzuerkennen sein, aber auch nur unter dieser Voraussetzung. Diesen rechtlichen Standpunkt hat auch der Kassationshof in Paris in dem Urteile vom 12. Juli 1842 (Dalloz, Répert., mot Lois Nr. 304) eingenommen. Es handelte sich dabei allerdings nur um die Frage, ob ein vor Einführung des Code civil in Frankreich geschlossener Erbvertrag nach Einführung des Code seine Wirkung äußern könne. Diese Frage ist aber im Prinzipe dieselbe mit der hier in Bezug auf die örtlichen, nicht die zeitlichen Grenzen des Gesetzes zu treffenden Entscheidung. Jenes Urteil lautet:

„Jugé: que l'institution contractuelle faite sous l'empire d'une coutume par un individu décédé après la promulgation du code civil, doit être régie, en ce qui touche les dispositions irrévocables, par la loi de l'époque du contrat, et, en ce qui touche les biens qui n'étaient pas irrévocablement acquis à l'institué, par la loi du décès."

Der Kassationshof hat es mit Recht nicht für unsittlich gehalten, daß eine durch Erbvertrag in unwiderruflicher Weise vor Einführung des Code erworbene Erbberechtigung nach Einführung des Code zur Ausführung gelange, wenn der Erblasser, der vorher vertraglich über seinen Nachlaß verfügt hatte, erst unter der Herrschaft des neuen Gesetzes, welches die Erbverträge verbietet, gestorben ist. Vgl. hierüber Laurent, tome I Nr. 235, woselbst auch zutreffend hervorgehoben wird, daß zwar der unwiderruflich eingesetzte Vertragserbe durch diese Einsetzung den Nachlaß selbst noch nicht erwerbe, da dies erst mit dem Tode des Einsetzenden geschehen könne, daß er aber durch den Vertrag ein bedingtes Recht auf den Nachlaß des später versterbenden Erblassers erworben habe, und daß bedingte Rechte ebensowohl zum Vermögen ihres Inhabers gehören wie unbedingte.

Daß aber die Kläger bereits vor Übersiedelung der Witwe L. nach Köln ein unwiderrufliches Recht auf den Nachlaß der beiden Eheleute L. erworben hatten, hat das Oberlandesgericht selbst in nicht revisibler Weise festgestellt, indem es ausspricht, daß die Witwe L. die in dem gemeinschaftlichen Testamente zu Gunsten der Kläger getroffene Erbeseinsetzung nicht mehr durch eine andere letztwillige Verfügung habe ändern können. Damit war das allerdings durch den Tod der Witwe L. bedingte Recht auf die Erwerbung des Nachlasses, das Erbrecht, ein wohlerworbenes Recht der Kläger geworden. Zur Erwerbung dieses Rechtes war eine weitere Handlung im Rechtsgebiete des rheinischen Rechtes nicht mehr erforderlich, und deshalb steht auch der Verwirklichung dieses Rechtes als eines reinen Vermögensrechtes im Gebiete des rheinischen Rechtes ein Hindernis nicht entgegen.

Anders würde sich die Sache allerdings verhalten, wenn es sich um die Verwirklichung eines Rechtes handelte, dessen Ausübung überhaupt im rheinischen Rechtsgebiete untersagt wäre. Würde z. B. jemand in einem Staate, welcher die Sklaverei zuläßt, das Eigentum an einem Sklaven rechtsgültig erworben haben, so würden die Gerichte, wenn der Sklave sich in der Rheinprovinz aufhielte, eine Klage auf Anerkennung des Eigentumes an dem Sklaven zurückweisen müssen, weil diese Anerkennung der öffentlichen Ordnung und einem absoluten Verbotsgesetze widerstreiten würde. Auf diesen Fall würde die Erwägung des Oberlandesgerichtes passen, daß dem ausländischen unsittlichen Rechtsverhältnisse der Rechtsschutz zu versagen sei; dagegen ist es unzutreffend, wenn die Gründe sagen, daß das Gebundensein der Witwe L. an den Erbvertrag, nachdem sie ihr Domizil in das rheinische Rechtsgebiet verlegt habe und hiernach dem rheinischen Rechte unterworfen worden sei, einen nach rheinischrechtlichen Anschauungen fortdauernd unsittlichen Zustand geschaffen habe." ...

V. Prozeßrecht.

88. Zulässigkeit der Klage eines Jagdpächters gegenüber demjenigen, der seinerseits das Jagdrecht für dieselbe Zeit und in demselben Bezirke in Anspruch nimmt, auf Feststellung, daß diesem das Recht zur Ausübung der Jagd nicht zustehe?

II. Civilsenat. Urt. v. 8. Februar 1898 i. S. B. (Kl.) w. L. (Bekl.). Rep. II. 327/97.

I. Landgericht Düsseldorf.
II. Oberlandesgericht Köln.

Die Entscheidung ist oben unter „Rheinisches Recht" Nr. 86 S. 345 abgedruckt.

---

89. Muß nach § 300 Abs. 2 C.P.O. im Falle einer Vertagung die nicht erschienene Partei stets zu dem neuen Termine geladen werden, oder gilt diese Vorschrift nur für die Fälle, in denen der Antrag auf Erlassung eines Versäumnisurteiles zurückgewiesen, und dann eine Vertagung angeordnet wurde?

II. Civilsenat. Beschl. v. 8. Februar 1898 i. S. L. & Cie. (Kl.) w. Kn. u. Gen. (Bekl.). Beschw.-Rep. II. 26/98.

I. Oberlandesgericht Köln.

Aus den Gründen:

„Die Klägerin hat gegen die Witwe und die Erben des zu Koblenz verstorbenen Bäckers W. B. Klage erhoben und, nachdem ihre Klage vom Landgerichte Koblenz zurückgewiesen worden war, allen Beklagten gegenüber Berufung eingelegt. Die zu diesen Beklagten gehörenden Eheleute Kn. haben in der Berufungsinstanz einen Prozeßbevollmächtigten nicht aufgestellt; dagegen ist dies seitens der übrigen Berufungsbeklagten geschehen. ... Der den Eheleuten Kn. gegenüber von der Klägerin gestellte Antrag auf Erlassung eines Versäumnisurteiles ... wurde vom Oberlandesgericht zurückgewiesen, weil nach § 300 Abs. 2 C.P.O. die Berufungsklägerin die Beklagten nach jeder Verlegung zu dem verkündeten neuen Termine hätte laden müssen, und ohne eine solche Ladung ein Versäumnisurteil nicht erlassen werden dürfe. Die dieser Entscheidung zu Grunde liegende Auffassung wird zwar von angesehenen Schriftstellern vertreten; sie ist aber nicht für zutreffend zu erachten. Der § 195 C.P.O. schreibt ganz allgemein vor, daß zu Terminen, die in verkündeten Entscheidungen bestimmt worden sind, eine Ladung der Parteien nicht erforderlich ist. Diese Vorschrift gilt unzweifelhaft auch dann, wenn in dem Termine, in dem die Entscheidung verkündet wurde, nur eine Partei erschienen war. Das ist auch in der Begründung der §§ 184. 186 des Entwurfes zur C.P.O. hervorgehoben und bei den Verhandlungen der Justizkommission des Reichstages (Protokolle S. 74) als richtig anerkannt worden. Hier wurde zwar ein Antrag gestellt, nach welchem die Verkündung nur für die im Termine anwesenden Personen als Ladung gelten sollte. Dieser Antrag wurde aber abgelehnt, nachdem hervorgehoben worden war, die Änderung würde zu großen Weitläufigkeiten führen und unnötige Kosten verursachen. Von einem Vertreter der verbündeten Regierungen, wie auch von einem Mitgliede der Kommission wurde ohne Widerspruch hervorgehoben, es sei Sache der nicht erschienenen Partei, sich zu erkundigen, ob durch die in ihrer Abwesenheit verkündeten Entscheidungen ein Termin angesetzt worden sei. Von der in § 195 aufgestellten Regel giebt es nun zwar in der C.P.O. verschiedene Ausnahmen. Es ist mehrfach, z. B. in den §§ 300 und 302, ausdrücklich vorgeschrieben, daß die nicht erschienene Partei zu dem neuen Termine trotz dessen Verkündung zu laden sei. Diese Vorschriften, die schon in der Begründung des Entwurfes (a. a. O.) als Abweichungen von dem in § 195 aufgestellten Grundsatze, auf dem auch § 283 Abs. 1 C.P.O. beruht, bezeichnet wurden, dürfen aber nicht auf andere Fälle ausgedehnt werden. Der Schlußsatz des § 302 findet unzweifelhaft nur dann Anwendung, wenn das Gericht auf Grund der vorhergehenden Vorschriften die Verhandlung über den Antrag auf Erlassung des Versäumnisurteiles von Amtswegen verlegt hat. Nicht anders verhält es sich aber in Ansehung des § 300. Auch hier kann der Abs. 2 nur auf diejenigen Fälle bezogen werden, in welchen dieser Paragraph überhaupt zur Anwendung kam, d. h. das Gericht den Antrag auf Erlassung eines Versäumnisurteiles zurückgewiesen hat, und dann auf Antrag der erschienenen Partei die Verhandlung vertagt wurde.[1] Wenn, obgleich die Anwendung des § 300 nicht erfolgte, ja nicht einmal in Frage kam, die Verhandlung auf Antrag des Klägers vertagt wurde, ohne daß dieser ein Versäumnisurteil beantragt hatte, trifft auch der Grund, der die erwähnten Ausnahmebestimmungen herbeiführte, nicht zu. Eine nochmalige Ladung der nicht erschienenen Partei wurde in den §§ 300 und 302 vorgeschrieben, weil sie, wenn ein Versäumnisurteil von der erschienenen Partei nicht verlangt werden darf, jedenfalls als zweckmäßig erscheint, ja für diejenigen Fälle, in denen eine rechtzeitige Ladung nicht vorliegt, unbedingt gefordert werden mußte. Für diese Fälle greifen die praktischen Erwägungen, welche die in § 195 enthaltenen Bestimmungen veranlaßten, allerdings nicht durch. Dagegen besteht kein Grund, dieser Vorschrift ihre Wirksamkeit für die nicht erschienenen Parteien bezüglich aller Fälle zu entziehen, in denen es später zu einem Versäumnisurteil kommen kann. Der § 195 würde sonst im wesentlichen nur für solche Fälle praktische Bedeutung haben, in denen bei der mündlichen Verhandlung beide Parteien vertreten waren. Es würden nicht bloß viele unnötige Kosten entstehen, welche durch § 195 vermieden werden sollten, sondern es würde auch der erschienenen Partei erschwert, etwaigen auf eine Terminsverlegung gerichteten Wünschen der zur Zeit nicht durch einen Prozeßbevollmächtigten vertretenen Gegenpartei zu entsprechen, obgleich die Verlegung auch in ihrem eigenen Interesse liegen kann. Das war nicht die Absicht des Gesetzes. Es wird zwar vielfach auf die allgemeine Fassung von § 300 Abs. 2 verwiesen. Dieser Grund schlägt aber nicht durch. Wenn zwei Vorschriften nicht in besonderen Paragraphen gegeben, sondern in denselben Paragraphen aufgenommen worden sind, ist regelmäßig anzunehmen, daß alle darin enthaltenen

[1] Vgl. jedoch diese Sammlung Bd. 23 Nr. 88 S. 369. D. R.

Vorschriften für den nämlichen Fall gelten sollen. Abs. 2 darf daher nicht auf solche Fälle angewendet werden, in welchen Abs. 1 nicht zur Anwendung kommt. Dies ist umsoweniger gestattet, als dem § 195 durch eine derartige Auslegung im wesentlichen seine Wirksamkeit für Fälle entzogen würde, in denen eine Partei nicht bei der mündlichen Verhandlung erschienen war. Nach der vom Oberlandesgericht gebilligten Auffassung wäre auch der Schlußsatz des § 302 ganz überflüssig gewesen. Daß in § 300 Abs. 1 das Recht der erschienenen Partei auf Vertagung erwähnt wird, steht der Beschränkung des Abs. 2 auf die dargelegten Fälle nicht im Wege; denn dadurch sollte nur das erwähnte Recht für alle Fälle außer Zweifel gestellt werden. Auch ändert der Umstand, daß es im Falle der Vertagung ungewiß sein kann, ob nicht § 300 Abs. 1 Ziff. 2 trotzdem zutreffe, an der Beurteilung der Sache nichts. Diese Vorschrift kommt hinsichtlich der Ladung zum ersten Termine auch in den späteren Terminen stets zur Anwendung, wenn auf Grund dieser Ladung ein Versäumnisurteil beantragt wird. Der Beklagte wird also dadurch, daß bei einer einfachen Vertagung eine nochmalige Ladung nicht erforderlich ist, nicht schlechter gestellt, als wenn schon im ersten Termine das Versäumnisurteil beantragt worden wäre." ...

---

90. 1. Wird die Wirksamkeit der Zustellung einer Rechtsmittelschrift von Anwalt zu Anwalt dadurch beeinträchtigt, daß sie durch einen Anwalt ausgeführt wird, der bei dem Rechtsmittelgerichte nicht zugelassen ist?

2. Kann der Gerichtsstand des Erfüllungsortes auf eine Vertragsklausel über den Erfüllungsort gestützt werden, wenn die Klausel mit der rechtlichen Natur des Vertrages im Widerspruche steht?

I. Civilsenat. Urt. v. 9. Februar 1898 i. S. R. (Bekl.) w. D.-A. Maschinen-Gesellschaft (Kl.). Rep. I. 508/97.

I. Landgericht Frankfurt a. M.
II. Oberlandesgericht daselbst.

Im September 1896 verhandelte der in Frankfurt a. O. domiziliierte Beklagte mit dem Reisenden der in Frankfurt a. M. domiziliierten

Klägerin in Frankfurt a. O. über Lieferung von Maschinen an ihn. Nach dem von ihm unterzeichneten Schlußschein sollte ein Mietvertrag abgeschlossen werden. Bestätigung seines Hauses hatte der Reisende vorbehalten. Am 6. November 1896 verhandelte der Beklagte mit der Klägerin selbst in Frankfurt a. M. Unter dem 7. November übersandte die Klägerin ihm der Absprache gemäß den über das abgeschlossene Mietgeschäft aufgesetzten Vertrag. Am 21. November sandte der Beklagte den vollzogenen Vertrag an die Klägerin zurück. Der dann auch von der Klägerin mit Unterschrift versehene und vom 18. Januar 1897 datierte Mietvertrag enthielt die Bestimmung, daß der Mieter eine Kaution von 3000 *M* zu leisten habe, von denen nach der Abrede 1500 *M* vor der Lieferung, 1500 *M* nach der Aufstellung zu zahlen seien. Auf der ersten Seite des Vertrages befand sich am Rande quer zum Texte der gedruckte Vermerk: „Als Erfüllungsort ist Frankfurt a. M. zu betrachten. Reklamationen müssen innerhalb 14 Tage gemacht werden, da solche später nicht mehr berücksichtigt werden können.“ Mündlich war darüber nicht verhandelt.

Im Januar 1897 wurde die Klägerin nach Aufstellung der Maschinen auf Zahlung des Restes der Kaution von 1500 *M* gegen den Beklagten bei dem Landgerichte zu Frankfurt a. M. klagbar. Der Beklagte erhob die Einrede der Unzuständigkeit des Gerichtes und verweigerte die Verhandlung zur Hauptsache. Er machte geltend, daß bei dem Vertragsschlusse am 6. November von dem Erfüllungsorte nicht die Rede gewesen sei, daß die Klägerin ihn auch nachher auf den, nicht im Kontext stehenden, vorgedruckten Vermerk nicht aufmerksam gemacht, daß er denselben nicht bemerkt habe und erst durch Erhebung der Klage darauf aufmerksam gemacht sei. Die Klägerin widersprach dem und schob dem Beklagten den Eid darüber zu, daß er den Randvermerk vor der Unterschrift gelesen habe.

Der erste Richter verwarf die Einrede, und die Berufung des Beklagten wurde zurückgewiesen. Auf die Revision des Beklagten ist das Berufungsurteil aufgehoben, und unter Abänderung des ersten Urteils die Klage abgewiesen worden, aus folgenden

Gründen:

„1. Die formale Rüge, die von der Revision gegen die Zulässigkeit der Berufung erhoben, ist unbegründet. Die Berufungsschrift ist von dem Rechtsanwalt L. gezeichnet, der beim Oberlandesgericht zugelassen ist. Zugestellt ist sie dem Prozeßbevollmächtigten der Klägerin in erster Instanz. Wenn dieser die Zustellung durch Rechtanwalt M., der beim Landgerichte zugelassen, bekennt, so ist darin nach § 181 C.P.O. ein Verstoß, der die Zustellung unwirksam machte, nicht zu finden. Entscheidend ist nach § 181 Abs. 2 der Nachweis der Zustellung durch das schriftliche Empfangsbekenntnis des Anwaltes, dem zugestellt worden ist. Durch wen er das zuzustellende Schriftstück erhalten hat, ist gleichgültig, wenn er es angenommen, und der gegnerische Anwalt das Empfangsbekenntnis erhalten und angenommen hat. Daraus, daß der Prozeßbevollmächtigte des Beklagten für die Berufungsinstanz die Berufungsschrift gezeichnet, der Prozeßbevollmächtigte der Klägerin über den Empfang quittiert, und der Prozeßbevollmächtigte des Beklagten das Empfangsbekenntnis angenommen hat, folgt im Zusammenhalt mit dem Inhalt des Empfangsbekenntnisses, daß M. im Auftrage des L. gehandelt, und der Prozeßbevollmächtigte der Klägerin dagegen nichts zu erinnern gefunden hat. Von derselben Auffassung geht das bei Bolze, Praxis Bd. 14 Nr. 591f mitgeteilte Urteil des Reichsgerichtes vom 17. Dezember 1892 aus.

2. In der Sache selbst kann der Beurteilung, welche die Einrede der Unzuständigkeit in den Vorinstanzen gefunden hat, nicht beigetreten werden.

Der Vertrag ist in Frankfurt a. M. am 6. November 1896 geschlossen. Aus dem Schreiben der Klägerin vom 7. November ergiebt sich dies, und daß verabredet ist, über das abgeschlossene Geschäft einen schriftlichen Vertrag aufzusetzen. Unstreitig ist bei dem mündlichen Abschluß davon, daß Erfüllungsort für den Vertrag Frankfurt a. M. sein sollte, nicht die Rede gewesen. Erst der von der Klägerin dem Beklagten zugesandte Vertragsentwurf enthält eine solche Klausel im Vordruck quer am Rande neben dem Kontext des Vertrages. Darin kann die Proposition dieser Klausel seitens der Klägerin an den Beklagten gefunden werden. Mußte der Beklagte sie als solche auffassen, so hat er durch die Unterschrift des Vertrages sie genehmigt, wenn er Kenntnis von ihr gehabt hat. Darauf, daß die Klausel am Rande, nicht im Kontext des Vertrages sich befindet, würde ein entscheidendes Gewicht nicht zu legen sein.

Aber die Annahme des Berufungsrichters, daß der Beklagte den vorgedruckten Randvermerk als Vertragsinhalt habe ansehen müssen und durch seine Unterschrift genehmigt habe, übersieht die klare Sachlage des Falles. Die Klausel kann nur dahin verstanden werden, daß sie den Erfüllungsort für beide Kontrahenten bestimmen soll. So hat sie aber nach der rechtlichen Natur des Vertrages keinen Sinn. Der Vertrag ist ein Mietvertrag. Daß er als Lieferungsvertrag, nicht als Mietvertrag gewollt, behauptet die Klägerin selbst nicht. Er hat als Mietvertrag auch einen guten Sinn. Die Klägerin wollte ihr Eigentum an den Maschinen nicht aufgeben, ersichtlich, weil sie dem Beklagten nicht traute. Der Vertrag bestimmt ausdrücklich, daß die Maschinen Eigentum der Klägerin bleiben. Die Klägerin verlangt in dem Zusatze unter dem Vertrage, daß der Hauswirt des Beklagten ihr Eigentum ausdrücklich anerkenne, offenbar, um von vornherein die Geltendmachung des Pfandrechtes desselben als Vermieters unmöglich zu machen und ihr Aussonderungsrecht im Konkurse zu wahren. Die nach dem Werte der Maschinen bemessene Miete ist vierteljährlich zu zahlen, und die Klägerin zum Rücktritt berechtigt, wenn die Miete nicht pünktlich bezahlt wird. Der Mieter ist berechtigt, die Maschinen jederzeit oder nach Ablauf der bis zum 1. Juli 1900 bestimmten Mietzeit als sein Eigentum gegen Zahlung des festgesetzten Wertes nach Abzug der gezahlten Mieten und der Kaution zu erwerben. Die Klägerin hatte die Maschinen in Frankfurt a. O. aufzustellen, und da sie dort dem Gebrauche des Mieters zu dienen hatten, nach der Natur des Mietvertrages den Gebrauch dort zu gewähren. Danach kann nicht davon die Rede sein, daß für die Klägerin Frankfurt a. M. als Erfüllungsort auch nur gemeint sein kann. Insoweit steht die Klausel in unlöslichem Widerspruch mit der Natur des Vertrages. Das, was sie besagt, kann nicht gewollt sein, und der Beklagte war berechtigt, anzunehmen, daß der Vordruck, von dem mündlich nichts verabredet, aus Versehen stehen geblieben sei. Seine Unterschrift hat deshalb nicht die Bedeutung der Genehmigung der Klausel, auch wenn er sie gelesen hat; die Klausel ist vielmehr in ihrem ganzen Umfange bedeutungslos. Von gleichen Grundsätzen ist das Reichsgericht bereits in seinem Urteil vom 1. Mai 1897, Rep. I. 454/96, in einem Falle ausgegangen, wo eine Dampfanlage komplet betriebsfähig zu liefern und an einem Orte außerhalb Berlins zu montieren war, in dem vorgedruckten Kontext des Vertrages aber Berlin als Erfüllungsort bezeichnet war. Dieser Klausel ist die rechtliche Bedeutung abgesprochen, weil sie mit dem Inhalte des Vertrages in Widerspruch stehe, die in Berlin auf Erfüllung des Vertrages durch Zahlung des Preises erhobene Klage deshalb abgewiesen.

Die vorliegende Klage liegt nicht anders." ...

---

91. Ist bei Klagen, welche die Ernennung eines Schiedsrichters oder andere zur Vorbereitung eines schiedsrichterlichen Verfahrens dienende Vorgänge betreffen, der Wert der der Entscheidung des Schiedsgerichtes zu unterbreitenden Ansprüche zugleich als Wert des Streitgegenstandes anzusehen?

VI. Civilsenat. Urt. v. 14. Februar 1898 i. S. G. Konkursm. (Kl.) w. B. (Bekl.). Rep. VI. 419/97.

I. Landgericht Ratibor.
II. Oberlandesgericht Breslau.

Die Klägerin hatte in erster Instanz die gerichtliche Ernennung eines Schiedsrichters zur Entscheidung über die von ihr gegen den Beklagten aus einem gewissen Bauvertrage geltend gemachte Restforderung von 5164,69 ℳ erwirkt. Das Berufungsgericht wies dagegen auf Berufung des Beklagten die Klage ab. In einem besonderen Beschlusse setzte es den Wert des Streitgegenstandes auf 1000 ℳ fest. Die sodann von der Klägerin eingelegte Revision wurde als unzulässig verworfen aus den folgenden

Gründen:

„Wenn bei Klagen, welche die Ernennung oder Ablehnung eines Schiedsrichters oder ähnliche, zur Vorbereitung eines schiedsrichterlichen Verfahrens dienende Vorgänge betreffen, die der Entscheidung des Schiedsgerichtes zu unterbreitenden Ansprüche für die Wertbestimmung unmittelbar maßgebend wären, so könnte im vorliegenden Falle die Zulässigkeit der Revision keinem Bedenken unterliegen. In einzelnen ähnlichen Fällen ist früher vom I. Civilsenate des Reichsgerichtes auch wirklich diese Art der Wertbestimmung grundsätzlich für die richtige erklärt worden; vgl. die Beschwerdesachen I. 52/87 und 18/88. Später hat aber nicht nur der II. Civilsenat in entgegengesetztem Sinne entschieden, in der Beschwerdesache II. 13/91, sondern auch der I. Civilsenat hat seine frühere Meinung aufgegeben und sich für eine niedrigere, wenn auch unter Berücksichtigung des Streitwertes des eventuellen schiedsgerichtlichen Verfahrens, doch nach freiem Ermessen vorzunehmende Wertschätzung erklärt, in der Beschwerdesache I. 91/97. Dieser Ansicht schließt sich auch der jetzt erkennende Senat an, in der Erwägung, daß bei allen Streitigkeiten über die Bildung eines Schiedsgerichtes doch der diesem eventuell zur Entscheidung zu unterbreitende Anspruch selbst noch nicht endgültig auf dem Spiele steht, und daher das vermögensrechtliche Interesse der Parteien an dem Ausgange jener vorbereitenden Streitigkeiten ein erheblich geringeres ist.

Hatte aber hiernach das Reichsgericht eine freie Schätzung im Sinne des § 3 C.P.O. vorzunehmen, so fand es keinen Anlaß, hierbei über die vom Oberlandesgericht für angemessen erachteten 1000 ℳ hinaus zu gehen, zumal da auch von keinem der beteiligten Anwälte eine Beschwerde gegen diesen Beschluß des Berufungsgerichtes erhoben worden war." ...

---

92. Unter welchen Voraussetzungen findet § 14 der Gebührenordnung für Zeugen und Sachverständige, wonach öffentliche Beamte Tagegelder und Erstattung von Reisekosten nach Maßgabe der für Dienstreisen geltenden Vorschriften erhalten, auf mittelbare Staatsbeamte im Königreiche Preußen Anwendung?

III. Civilsenat. Beschl. v. 15. Februar 1898 i. S. M. (Kl.) w. Provinz Schleswig-Holstein (Bekl.). Beschw.-Rep. III. 13/98.

I. Landgericht Kiel.
II. Oberlandesgericht daselbst.

Gründe:

„Der Beschwerdeführer, ein Beamter im Dienste der Provinz Schleswig-Holstein, ist am 25. Juni 1897 vor dem Landgerichte zu

Kiel als Zeuge über Umstände, von denen er in Ausübung seines Amtes Kenntnis erhalten hatte, vernommen worden und hat gemäß §§ 7. 8 der Gebührenordnung für Zeugen und Sachverständige vom 30. Juni 1878 den Betrag von 11,90 M an Zeugengebühren erhalten. Der Beschwerdeführer beanspruchte jedoch . . . auf Grund des § 14 Abs. 1 Ziff. 1 der Gebührenordnung Tagegelder und Erstattung von Reisekosten nach Maßgabe der für Dienstreisen der Beamten der Provinz Schleswig-Holstein geltenden Vorschriften im Gesamtbetrage von 19,70 M und beantragte Nachzahlung von 7,80 M. Das Landgericht . . . hat in der Erwägung, daß ein Anspruch auf Grund des § 14 Abs. 1 Ziff. 1 der Gebührenordnung auch solchen mittelbaren Staatsbeamten zuzubilligen ist, deren Anspruch auf Tagegelder und Erstattung von Reisekosten auf allgemeinen reglementarischen Anordnungen beruht, durch Beschluß vom 3. Juli 1897 verfügt, daß dem Zeugen Tagegelder und Reisekosten nach Maßgabe der für seine Dienstreisen geltenden Vorschriften zu zahlen sind. Demgemäß erhielt der Zeuge den von ihm beanspruchten Betrag ausbezahlt. Gegen den Beschluß vom 3. Juli 1897 hat der Oberstaatsanwalt zu Kiel . . . Beschwerde eingelegt und mit der Begründung, daß § 14 der Gebührenordnung nur auf solche Beamte, welche ex lege einen Anspruch auf Tagegelder und Reisekosten bei Dienstreisen hätten, bezogen werden könne, und daß dies lediglich die unmittelbaren Staatsbeamten, zu denen der Zeuge nicht gehöre, seien, den Antrag gestellt: unter Aufhebung des Beschlusses vom 3. Juli 1897 die Vergütung des Zeugen auf den ursprünglichen Betrag von 11,90 M festzusetzen und die Wiedereinziehung der zuvielgezahlten 7,80 M zu beschließen. Das Oberlandesgericht . . . hat aus den in der Beschwerde geltend gemachten Gründen . . . unter Aufhebung des angefochtenen Beschlusses die Erinnerung des Zeugen gegen die Gebührenfestsetzung zurückgewiesen und die Wiedereinziehung des zuvielbezahlten Betrages von 7,80 M angeordnet, Kosten der Beschwerdeinstanz jedoch außer Ansatz gelassen. Die gegen diesen Beschluß seitens des Zeugen eingelegte weitere Beschwerde ist nach § 17 der Gebührenordnung in Verbindung mit §§ 531. 532 C.P.O. zulässig und erscheint auch als begründet.

Nach § 14 der Gebührenordnung erhalten öffentliche Beamte Tagegelder und Erstattung von Reisekosten nach Maßgabe der für Dienstreisen geltenden Vorschriften. Es kann nun zunächst keinem

Zweifel unterliegen, daß der Beschwerdeführer, der als schleswig-holsteinischer Provinzialbeamter nach § 96 der Provinzialordnung für die Provinz Schleswig-Holstein vom 27. Mai 1888 (vgl. das preußische Gesetz von demselben Tage, betreffend die Einführung der Provinzialordnung vom 29. Juni 1875 in der Provinz Schleswig-Holstein) die Rechte und Pflichten mittelbarer Staatsbeamten besitzt, zu den öffentlichen Beamten im Sinne des § 14 der Gebührenordnung gehört. Es kann sich vielmehr nur fragen, ob für den Beschwerdeführer Vorschriften über Tagegelder und Erstattung von Reisekosten für Dienstreisen bestehen. In dieser Beziehung wird in dem angefochtenen Beschlusse offenbar, im Gegensatz zu dem erstinstanzlichen Beschlusse, von der Erwägung ausgegangen, daß unter dem Ausdrucke „Vorschriften" lediglich Gesetze im technischen Sinne zu verstehen seien. Hierfür bietet aber weder der Wortlaut, noch die Entstehungsgeschichte der Gebührenordnung einen Anhaltspunkt. Der erstere kann doch nur dahin führen, unter dem Ausdruck „Vorschriften" die Bezeichnung einer objektiven Rechtsnorm zu verstehen. Hinsichtlich der Entstehungsgeschichte ist zu erwähnen, daß die Motive auf S. 218 (in Nr. 76 der Drucksachen des Deutschen Reichstages, III. Legislaturperiode, 2. Session 1878) im allgemeinen hervorheben, daß sich der Entwurf genau an die Vorschriften des preußischen Gesetzes vom 1. Juli 1875 über die Gebühren der Zeugen und Sachverständigen anschließt. Dieses letztere Gesetz kennt aber eine Bevorzugung von öffentlichen Beamten betreffs der Zeugen- und Sachverständigengebühren überhaupt nicht, und aus den Motiven zu diesem Gesetze (S. 15 in Nr. 156 der Drucksachen des Preußischen Abgeordnetenhauses, XII. Legislaturperiode, 2. Session 1875) geht hervor, daß die Bestimmung der preußischen Verordnung vom 29. März 1844 (§ 2 Ziff. 6 und § 9 Abs. 2) über die Gebühren der Sachverständigen und Zeugen bei gerichtlichen Geschäften, nach der die als Sachverständige oder Zeugen zugezogenen Staatsbeamten dieselben Diäten und Reisekosten, wie reglementsmäßig bei Reisen in Dienstangelegenheiten, zu erhalten hatten (welche Bestimmung nur auf unmittelbare Staatsbeamte angewendet wurde; vgl. allgemeine Verfügung des Königlich Preußischen Justizministers vom 10. Juli 1855, in dem preußischen Justizministerialblatt von 1855 S. 218), durch das Gesetz vom 1. Juli 1875 aufgehoben worden ist. Die vor dem 1. Oktober 1879 in Preußen geltenden Bestimmungen, welche einen Unterschied zwischen Privatpersonen und öffentlichen Beamten bezüglich der Zeugen- und Sachverständigengebühren in der hier fraglichen Beziehung also nicht mehr kannten, können deshalb bei Auslegung des ein Privileg der öffentlichen Beamten normierenden und insofern von dem erwähnten preußischen Gesetz vom 1. Juli 1875 abweichenden § 14 der Gebührenordnung überhaupt nicht herangezogen werden. Die Motive zu diesem § 14 sprechen ebenfalls ganz allgemein von den für Dienstreisen geltenden Vorschriften (vgl. S. 219 in Nr. 76 der Drucksachen des Deutschen Reichstages, III. Legislaturperiode, 2. Session 1878). Gegen eine beschränkte Auslegung des § 14 der Gebührenordnung spricht auch, daß in anderen deutschen Staaten vor dem 1. Oktober 1879 teilweise weitergehende Bestimmungen als der erwähnte § 14 existierten (vgl. z. B. § 8 der württembergischen Verordnung vom 5. Juli 1873, betreffend die Gebühren der Zeugen und Sachverständigen in gerichtlichen Strafsachen, und § 1 der württembergischen Verordnung von demselben Tage, betreffend die Gebühren der Zeugen in bürgerlichen Rechtsstreitigkeiten).

Ist sonach die Annahme der Vorinstanz für eine unrichtige zu erachten, so fragt es sich nur noch, ob für den Beschwerdeführer solche Vorschriften im Sinne des § 14 der Gebührenordnung bestehen. Diese Frage ist aber zu bejahen. Denn nach den §§ 95. 96 der Provinzialordnung für Schleswig-Holstein werden die Art der Anstellung und die besonderen dienstlichen Verhältnisse der (insbesondere auch der in der Provinzialchaussee- und Wegeverwaltung angestellten) Provinzialbeamten durch zu erlassende Reglements geordnet, und bleiben bis zum Erlasse neuer Reglements die bestehenden Reglements in Geltung. Die hinsichtlich der Tagegelder und Reisekosten für Dienstreisen des Beschwerdeführers geltenden reglementarischen Bestimmungen beruhen daher auf gesetzlicher Grundlage und gehören als eine objektive Rechtsnorm zu den Vorschriften im Sinne des § 14 der Gebührenordnung.

Demnach ist der dies verneinende Beschluß der Vorinstanz aufzuheben, und die Beschwerde des Oberstaatsanwaltes gegen den Beschluß des Landgerichtes zu Kiel als unbegründet zurückzuweisen."

93. Von wann ab ist die Frist für den Antrag auf Wiedereinsetzung in den vorigen Stand zu rechnen, wenn das behufs Einlegung des Rechtsmittels erbetene Armenrecht von dem Instanzgerichte versagt, demnächst von dem Beschwerdegerichte bewilligt wird?

C.P.O. §§ 212. 214.

VI. Civilsenat. Urt. v. 10. März 1898 i. S. N. (Kl.) w. Z. (Bekl.). Rep. VI. 425/97.

I. Landgericht Naumburg a. S.
II. Oberlandesgericht daselbst.

Das die Klage abweisende Urteil erster Instanz war dem Kläger am 27. März 1897 zugestellt worden. Das von ihm am 22. April 1897 eingereichte Gesuch um Zulassung zum Armenrecht für die Berufungsinstanz wurde durch Beschluß des Oberlandesgerichtes vom 26. April zurückgewiesen. Auf die Beschwerde des Klägers bewilligte das Reichsgericht ihm das Armenrecht. Demzufolge beschloß das Oberlandesgericht am 25. Mai, dem Kläger den Rechtsanwalt Pf. gemäß § 107 Ziff. 3 C.P.O. beizuordnen. Der von diesem verfaßte Schriftsatz, enthaltend den Antrag auf Wiedereinsetzung des Klägers in den vorigen Stand gegen den Ablauf der Notfrist für die Einlegung der Berufung und die Berufung, wurde dem Beklagten am 14. Juni 1897 zugestellt. Das Oberlandesgericht verwarf die Berufung als unzulässig. Die Revision des Klägers ist zurückgewiesen aus folgenden

Gründen:

„Das Berufungsgericht führt zwei selbständige Gründe für die Verwerfung der Berufung an: einmal, die gesetzliche Frist für die Beantragung der Wiedereinsetzung in den vorigen Stand (§§ 212. 214 C.P.O.) sei versäumt; außerdem enthalte der am 14. Juni 1897 dem Beklagten zugestellte Schriftsatz insofern nicht die Angabe der sämtlichen die Wiedereinsetzung begründenden Thatsachen (§ 214 Abs. 1 Ziff. 1 C.P.O.), als in ihm die Darlegung fehle, daß das der Einlegung der Berufung entgegengestandene Hindernis über die Berufungsnotfrist hinaus fortgedauert habe und so spät gehoben sei, daß die Wiedereinsetzung nach § 212 C.P.O. noch zulässig erscheine.

Zum ersten Grund führt das Berufungsgericht aus, nach Inhalt der Akten habe der Kläger den die Zuordnung eines Armenanwaltes betreffenden Beschluß vom 25. Mai 1897 spätestens am 30. Mai 1897 erhalten. Die Berufungsschrift mit dem Wiedereinsetzungsgesuch sei aber dem Anwalt der Beklagten erst am 14. Juni 1897 zugestellt worden. Die gesetzliche zweiwöchige Frist sei somit versäumt. Das Berufungsgericht berechnet hiernach diese Frist vom Tage der Zustellung des genannten Beschlusses an den Kläger selbst ab und unterstellt zu seinen Gunsten, daß er den Beschluß am 30. Mai erhalten habe. Bei Zugrundelegung dieses Tages wäre die gesetzliche zweiwöchige Frist für die Beantragung der Wiedereinsetzung allerdings am 13. Juni 1897 abgelaufen, wenn dieser Tag ein Werktag gewesen wäre. Der 13. Juni fiel aber im Jahre 1897, was das Berufungsgericht übersehen hat, auf einen Sonntag. Die Frist endigte gemäß § 200 Abs. 2 C.P.O. erst mit dem Ablauf des nächstfolgenden Werktages, des 14. Juni. Die Frist müßte deshalb, gerechnet vom 30. Mai ab, als gewahrt angesehen werden. Allein die Frist ist in der That versäumt worden. Das der Wahrung der Notfrist entgegenstehende Hindernis bestand in der Versagung des Armenrechtes und in der Notwendigkeit der Beschreitung des Beschwerdeweges. Wird, wie hier, der Beschwerde stattgegeben, und in der Folge von dem für das Rechtsmittel zuständigen Gerichte die Beiordnung eines Armenanwaltes an die Partei beschlossen, so ist mit der Bekanntgabe dieses Beschlusses an den beigeordneten Rechtsanwalt das Hindernis als gehoben anzusehen. Nach der nicht beanstandeten Feststellung im Thatbestande des Berufungsurteiles erfolgte die Zustellung des Beschlusses vom 25. Mai 1897 an den dem Kläger beigeordneten Rechtsanwalt Pf. am Freitag, 28. Mai. Von da ab konnte derselbe im Interesse des Klägers thätig sein und war hierzu veranlaßt. Der Beginn der zweiwöchigen Frist muß vom 28. Mai ab gerechnet werden. Hiernach lief sie schon am Freitag, 11. Juni ab. Nur in besonderen Fällen, wenn der bestellte Armenanwalt nach der Bekanntgabe seiner Beiordnung außer stande wäre, im Interesse der armen Partei thätig zu sein, könnte der Beginn der Frist nicht vom Tage dieser Bekanntgabe an gerechnet werden. Es wäre dann Thatfrage, wann das Hindernis als gehoben angesehen werden könnte. Solche besondere Umstände sind nicht geltend gemacht. Der Mangel einer Prozeßvollmacht kann für sich allein nicht als ein solcher Umstand in Betracht kommen. Im vorliegenden Falle konnte und mußte der beigeordnete

Rechtsanwalt sofort die dem Berufungsgerichte mit dem Armenrechtsgesuche vorgelegenen Akten einsehen. Aus ihnen hätte er alsbald die prozessuale Lage genau ersehen, insbesondere aus dem Armenrechtsgesuche, daß das Urteil erster Instanz vom 27. März 1897 zugestellt worden sei, daß es sich also um den Antrag auf Wiedereinsetzung gegen den Ablauf der Berufungsfrist handle. Er hat überdies nach der Feststellung im Thatbestande des Berufungsurteiles durch Brief des Klägers vom 1. Juni die erforderliche Information erhalten. Die zweiwöchige Frist ist eben auch dazu gegeben, um innerhalb derselben das erforderliche Material für den Wiedereinsetzungsantrag und die Nachholung der versäumten Prozeßhandlung zu sammeln. Sie ist selbstverständlich nicht dahin zu verstehen, das für alle Fälle der Beginn derselben erst von da ab gerechnet werden dürfe, wo die Partei oder ihr Anwalt das Material gesammelt hat. Es liegt auf der Hand, daß hierdurch für die meisten Fälle die Berechnung der Frist ins Ungewisse gestellt würde.

Demzufolge muß die Revision gemäß § 526 C.P.O. zurückgewiesen werden, ohne daß nötig wäre, auf den zweiten, sich an das in den Entsch. des R.G.'s in Civils. Bd. 31 S. 400 flg. veröffentlichte Urteil des IV. Civilsenates vom 6. April 1893 anlehnenden Entscheidungsgrund des Berufungsgerichtes und auf die hiergegen erhobenen Revisionsangriffe einzugehen." . . .

---

94. Kann die Revision zurückgewiesen werden, wenn das angegriffene Urteil des Berufungsgerichtes, welches die Abweisung einer Feststellungsklage sowohl mangels der Voraussetzungen des § 231 C.P.O., als auch wegen Unbegründetheit des Rechtsanspruches bestätigt, in ersterer Beziehung auf Verletzung der §§ 231. 253 C.P.O. beruht?

II. Civilsenat. Urt. v. 18. März 1898 i. S. Gemeinde L. (Kl.) w. F. F. Standesherrschaft (Bekl.). Rep. II. 358/97.

I. Landgericht Freiburg.
II. Oberlandesgericht Karlsruhe.

Gründe:

„Das angefochtene Teilurteil konnte nicht aufrecht erhalten werden.

Die Klage gründet sich auf ein Beholzungsrecht, nach welchem die verklagte Standesherrschaft gegenüber der klagenden Gemeinde verpflichtet ist, den Gemeindebürgern nach deren Bedürfnis unentgeltlich Brenn-, Bau- und Nutzholz aus gewissen Waldungen zu verabfolgen, soweit und solange es die Regeln der Forstwirtschaft erlauben. Sie ist durch ein für den Gemeindebürger W. B. gestelltes Gesuch um Verabfolgung des für dessen Neubau erforderlichen Bauholzes und die Weigerung der Beklagten veranlaßt, diesem Gesuche zu entsprechen, ehe nicht der Nachweis geliefert sei, daß W. B. sein Bedürfnis weder durch Miete noch durch Ankauf eines Hauses befriedigen könne. Der erste Antrag der Klage wurde hiernach auf Verurteilung der Beklagten zur Verabfolgung des nach einer aufgestellten Holzliste für den Neubau des W. B. angesprochenen Bauholzes gerichtet, und hiermit unter Ziff. 2 der weitere Antrag auf Feststellung verbunden, daß Beklagte nicht berechtigt sei, von der Klägerin, wenn solche Holz zu einem Bau auf Grund ihres Beholzungsrechtes verlange, den Nachweis zu fordern, daß das Bedürfnis nicht durch Kauf oder Miete befriedigt werden könne. Das Landgericht hat mit seinem die Klage abweisenden Urteil . . . über beide Klaganträge erkannt. Gegenüber dem Feststellungsbegehren beruht diese Entscheidung darauf, daß das Landgericht den Standpunkt der Beklagten hinsichtlich der Voraussetzungen ihrer Holzabgabepflicht gebilligt hat, und da hiernach angenommen wurde, daß die Gemeinde mit Unrecht die Abgabe von Bauholz für W. B., ohne das Bedürfnis in der erwähnten Weise darzulegen, fordere, ist auch der Leistungsanspruch unter Ziff. 1 des Klagantrages abgewiesen worden. Die Frage der Statthaftigkeit des zweiten Antrages nach § 231 C.P.O. ist in der ersten Instanz unerörtert gelassen worden, und der Thatbestand des landgerichtlichen Urteiles ergiebt, daß auch die Beklagte auf dem prinzipiellen Austrag der streitigen Frage bestand. Das Berufungsgericht, vor welchem mit Zustimmung der Parteien nur über den Feststellungsantrag verhandelt wurde, hat nach den Gründen seines die Berufung der Klägerin, soweit solche gegen die Abweisung des Begehrens Ziff. 2 der Klage gerichtet ist, zurückweisenden Teilurteiles von Amtswegen die Statthaftigkeit dieses Antrages nach Maßgabe des § 231 C.P.O., wie ihm dies zustand, geprüft und ist hierbei zu dem Ergebnisse gelangt, daß zwar ein Rechtsverhältnis im Sinne dieser Gesetzesvorschrift bestehe, daß aber das weitere Erfordernis des § 231 C.P.O., ein rechtliches Interesse der Klägerin an der alsbaldigen Feststellung, nicht anzuerkennen, und deshalb die erhobene Feststellungsklage „schon aus diesem Grunde" zurückzuweisen sei. Dieser Begründung hat es jedoch noch die weitere beigefügt, daß zudem die beantragte Feststellung, indem damit der Ausspruch, daß die Beklagte niemals die Abgabe von Bauholz von dem erwähnten Nachweise abhängig machen dürfe, verlangt werde, materiell viel zu weit gehe, was durch auf die Sache selbst eingehende Erwägungen nachzuweisen gesucht wird. Diese beiden Gründe für die Verwerfung der Berufung sind insofern miteinander unvereinbar, als die materielle Entscheidung über eine Feststellungsklage voraussetzt, daß die Klage nicht für unstatthaft erklärt werde. Wenn das Recht auf die verlangte richterliche Entscheidung versagt wird, kann nicht zugleich eine Entscheidung über den Streitgegenstand selbst gegeben werden, da diese der prozessualen Voraussetzung für eine solche entbehren würde. Es muß hiernach als unbestimmt betrachtet werden, ob das angefochtene Urteil auf der Verneinung der Voraussetzungen des § 231 C.P.O. beruhe, oder eine sachliche Entscheidung über den Umfang der Berechtigung der Klägerin enthalte. Die Tragweite eines auf die eine oder auf die andere Weise begründeten Urteiles ist aber eine ganz verschiedene. Das Urteil, durch welches eine Feststellungsklage wegen Mangels der Statthaftigkeit (angebrachtermaßen) abgewiesen wird, begründet nicht die Einrede der Rechtskraft gegenüber einer späteren Leistungsklage; die klagende Gemeinde könnte daher bei künftigen Leistungsklagen die in Rede stehende Streitfrage wieder zur Entscheidung verstellen, und selbst die Erhebung einer neuen Feststellungsklage wäre nach Eintritt bisher fehlender Voraussetzungen nicht ausgeschlossen. Da nun das Berufungsgericht in seinen Gründen nicht etwa bloße Bedenken gegenüber der formellen Seite der Klage angedeutet, sondern den Anspruch auf richterliche Entscheidung auf die erhobene Feststellungsklage wegen mangelnder Erfordernisse des § 231 C.P.O. bestimmt verneint hat, kann das Revisionsgericht das Urteil zweiter Instanz, um Klägerin nicht in Nachteil zu setzen, nur als eine über die formellen Voraussetzungen der Feststellungsklage ergangene Entscheidung behandeln. Dies hat zur Aufhebung des angefochtenen Urteiles geführt, da die Verneinung der Statthaftigkeit der erhobenen Feststellungsklage auf Verletzung der §§ 231. 253 C.P.O. beruht, wie sich aus den folgenden Erwägungen ergiebt.

Über den Umfang des Beholzungsrechtes der Klägerin in der von der Beklagten bestrittenen Richtung mußte schon wegen des erhobenen Anspruches auf Leistung zu Gunsten des W. B. entschieden werden, und wäre daher Klägerin nach § 253 C.P.O. berechtigt gewesen, sobald die Beklagte dem Leistungsbegehren gegenüber auf der Berechtigung zur Forderung des Nachweises, daß das Wohnungsbedürfnis nicht durch Miete oder Kauf befriedigt werden könne, beharrte, die Feststellung ihrer ohne das Erfordernis dieses Nachweises behaupteten Holzberechtigung zu verlangen. Wenn nun auch Klägerin, da der prinzipielle Streitpunkt bereits bei den vorausgegangenen Verhandlungen der Parteien hervorgetreten war, schon mit der Leistungsklage den Feststellungsantrag verband, so hat sie damit doch nicht minder ein auch im Laufe des Verfahrens streitig gewordenes Rechtsverhältnis geltend gemacht, von dessen Bestehen oder Nichtbestehen die Entscheidung des Rechtsstreites abhängig war, und wegen dessen Nichtbestehens das Landgericht auch die Leistungsklage abgewiesen hat. Überdies ist aber auch der Begriff des rechtlichen Interesses an einer alsbaldigen Entscheidung im Sinne des § 231 C.P.O. von dem Berufungsgericht zu eng gefaßt worden. Da eine bestimmte Voraussetzung des Beholzungsrechtes den Gegenstand des außergerichtlichen Streites der Parteien bildete, und es sich um wiederkehrende Leistungen handelt, für welche jederzeit ein Bedürfnisfall eintreten kann, in welchem die gleiche Frage wieder der Entscheidung bedürfte, bestand ein rechtliches Interesse an einer alsbaldigen einheitlichen Entscheidung, durch welche weitere Prozesse abgeschnitten werden konnten, und, wenn sie im Sinne der klagenden Gemeinde ausfiel, die Begründung der Holzabgabegesuche erheblich vereinfacht und erleichtert worden wäre. Es handelt sich nicht um bloße Auslegung eines Rechtstitels und um die bloße Möglichkeit eines künftigen Einwandes, sondern um einen ganz bestimmten, schon jetzt vorliegenden Streitpunkt, also ein Interesse, welches sich auf das bestehende gegenseitige Rechtsverhältnis der Parteien bezieht.

Nach dem Angeführten war auf die beigefügten den Streitgegenstand selbst betreffenden Erwägungen des angefochtenen Urteiles, welches nicht als eine der Rechtskraft fähige Entscheidung in der Sache selbst angesehen werden konnte, von seiten des Revisionsgerichtes nicht einzugehen, das Urteil vielmehr wegen Verletzung der §§ 231. 253 C.P.O. aufzuheben, und die Sache, um nunmehr vom Standpunkte der Zulässigkeit der erhobenen Feststellungsklage aus über den Rechtsanspruch selbst zu verhandeln und zu entscheiden, an das Berufungsgericht zurückzuverweisen."

---

95. 1. Rechtliche Bedeutung der Vollstreckungsklausel. Darf sie aus einer vollstreckbaren Urkunde für künftige, noch nicht existente Forderungen erteilt werden?

2. Giebt es eine Klage auf Nichtigkeitserklärung der Vollstreckungsklausel?

3. Kann auf Unzulässigkeit weiterer Zwangsvollstreckung aus einer vollstreckbaren Urkunde im Gerichtsstande des Gläubigers geklagt werden?

4. Zur Anwendung des § 130 C.P.O.

C.P.O. §§ 644 flg. 662. 663. 664 flg. 703. 705. 707.

I. Civilsenat. Urt. v. 21. März 1898 i. S. Skl. (Kl.) w. J. (Bekl.). Rep. I. 432/97.

I. Landgericht Frankfurt a. M.
II. Oberlandesgericht daselbst.

Durch notariellen Vertrag vom 23. Juli 1886 verkaufte der Beklagte seine drei Warenabzahlungsgeschäfte in St. und Str. dem Kläger für 173230,41 *M*. Der Kaufpreis, der bis zum 15. April 1889 zu zahlen war, wurde bezahlt, und die darüber gegebenen Wechselakzepte wurden dem Kläger zurückgegeben. In dem Vertrage hatte der Kläger sich bei einer Konventionalstrafe von 5000 *M* verpflichtet, an Plätzen, wo sich Abzahlungsgeschäfte unter der Firma des Beklagten befinden, kein solches Geschäft zu errichten. Der Kläger errichtete im Jahre 1896 in Fr. dieser Bestimmung zuwider ein solches Geschäft und verwirkte unstreitig die Vertragsstrafe. In dem Vertrage hatte der Kläger sich bezüglich aller Zahlungsverpflichtungen aus dem

Vertrage für den Fall des Verzuges der sofortigen Zwangsvollstreckung unterworfen und den Beklagten ermächtigt, sich vollstreckbare Ausfertigung erteilen zu lassen, ohne den Nachweis der Zahlungssäumnis zu erbringen. Am 13. Februar 1896 wurde dem Beklagten von dem Notar, der den Vertrag aufgenommen hatte, auf seinen Antrag Ausfertigung des Vertrages zum Zwecke der Zwangsvollstreckung ohne Beschränkung erteilt, und der mit der Vollstreckung wegen der Konventionalstrafe von 5000 ℳ beauftragte Gerichtsvollzieher trieb diesen Betrag vom Kläger bei.

Im Juni 1896 wurde der Kläger auf Nichtigkeitserklärung der Vollstreckungsklausel und Verlautbarung derselben auf der Urschrift der Vertragsurkunde und auf die Feststellung klagbar, daß dem Beklagten aus der Vertragsurkunde ein fälliger Anspruch und überhaupt ein Anspruch, bezüglich dessen die Vollstreckungsklausel erteilt werden konnte, nicht zustehe, und daß die Kaufpreisforderung getilgt sei. Die Klage wurde darauf gestützt, daß die Vollstreckungsklausel so allgemein, wie es geschehen, nach §§ 664. 666. 703 C.P.O. überhaupt nicht, und jedenfalls nur in Höhe von 5000 ℳ habe erteilt werden dürfen, daß sie nach Zahlung der verwirkten Strafe ihre Wirksamkeit verloren habe und aus der Welt geschafft werden müsse, weil sie den Kläger der fortwährenden Gefahr neuer Zwangsvollstreckung auch wegen der getilgten Kaufpreisforderung aussetze.

Der Beklagte beantragte Abweisung der Klage, weil er die Zahlung des Kaufpreises nie bestritten, der Feststellungsklage insoweit das Interesse an der alsbaldigen Feststellung fehle, im übrigen die Vollstreckungsklausel zu Recht erteilt sei.

Der erste Richter wies die Klage ab; der Berufungsrichter erkannte dagegen, daß dem Beklagten aus der notariellen Urkunde vom 23. Juli 1886 ein Anspruch auf Zahlung des Kaufpreises von 173230,41 ℳ nicht mehr zustehe, und wies die Berufung im übrigen zurück. Dieses Urteil ist auf die Revision beider Teile aufgehoben, und das erste Urteil dahin abgeändert, daß die weitere Zwangsvollstreckung aus der vollstreckbaren Urkunde vom 23. Juli 1886 für unzulässig erklärt ist, aus folgenden

Gründen:

„Der Kläger will nach der Begründung der Klage und der Berufung die Gefahr beseitigen, die ihm daraus entstehen kann, daß der

Beklagte vollstreckbare Ausfertigung der notariellen Urkunde vom 23. Juli 1886 mit einer allgemeinen unbeschränkten Vollstreckungsklausel in Händen hat, obwohl der Beklagte zur Zeit eine vollstreckbare Forderung aus dem Vertrage nicht hat. Aus dem Vertrage geht für den Beklagten eine unbedingte Forderung auf das Kaufgeld ... hervor, und eine bedingte Forderung auf 5000 M Konventionalstrafe im Falle der Errichtung eines Abzahlungsgeschäftes an einem Orte, wo der Kläger ein solches hat. Die Kaufpreisforderung ist unstreitig getilgt, und die Ratenwechsel sind zurückgegeben. Unstreitig hat der Kläger die Konventionalstrafe ... dadurch verwirkt, daß er 1896 in Fr. ein Abzahlungsgeschäft errichtet hat. Diese Strafe ist auf Grund der Vollstreckungsklausel beigetrieben; der Kläger hat sie bezahlt, ohne gegen die Zulässigkeit der Zwangsvollstreckung Einwendungen zu erheben, und Quittung erhalten. Eine Forderung steht dem Beklagten, wie er zugesteht, aus dem Vertrage vom 23. Juli 1886 zur Zeit nicht zu. Daß die Vollstreckungsklausel auf Grund des Vertrages w e g e n der im Januar 1896 unstreitig verwirkten Konventionalstrafe angesichts der §§ 664. 667. 703. 705 Abs. 5 C.P.O. nicht erteilt werden durfte, ist jetzt nicht mehr in der Urteilsformel auszusprechen. Nachdem der Kläger sich die Zwangsvollstreckung wegen dieser 5000 M hat gefallen lassen und die Strafe bezahlt hat, auch gar nicht leugnet, daß er sie zu bezahlen hatte, fehlt es für eine solche Entscheidung an jedem praktischen Anlaß.

Aber aus dem Vertrage vom 23. Juli 1886 können weitere Forderungen auf Konventionalstrafe entstehen, sobald der Kläger wiederum ein Konkurrenzgeschäft außerhalb Fr. an einem Orte errichtet, wo der Beklagte ein gleiches Geschäft betreibt. Daß die Vollstreckungsklausel wegen einer solchen zur Zeit ihrer Erteilung noch nicht entstandenen, von dem Eintritt einer künftigen, ungewissen Thatsache abhängigen Forderung nicht erteilt werden durfte, ist außer aller Frage. Aus der allgemeinen Fassung der §§ 662. 663 C.P.O. folgt nichts dagegen. Der rechtliche Inhalt der Vollstreckungsklausel ist die Zulassung der Zwangsvollstreckung. Zulässig ist aber die Zwangsvollstreckung, wie sich aus den §§ 644 flg. 664 flg. C.P.O. klar ergiebt, nur wegen existenter Forderungen, wegen bedingter nur nach dem Eintritte der Thatsache, von der ihre Entstehung abhängig ist. Nur bezüglich solcher Forderungen darf die Vollstreckungsklausel erteilt werden, und auch, nachdem die Bedingung eingetreten ist, nur wenn der Beweis des Eintrittes durch öffentliche Urkunden geführt ist (§ 664). Der Beklagte besteht auch der Klage gegenüber darauf, daß die Klausel zu Recht erteilt sei, und giebt dadurch zu erkennen, daß er sie in dem obigen unzulässigen Umfange auffaßt, und er hat von der Vollstreckungsklausel bei Einziehung der 5000 ℳ Gebrauch gemacht, ohne daß die Voraussetzungen des § 664 C.P.O. vorlagen.

Damit hat er, wie die Revision des Klägers mit Recht geltend macht, begründeten Anlaß zur Klage gegeben. Der Kläger sieht sich mit Grund dadurch als gefährdet an, daß der Beklagte eine Vollstreckungsklausel hat und in Händen behalten will, die ihn in den Stand setzt, noch einmal, wie er es bereits gethan, eine Konventionalstrafe beizutreiben, ohne den Beweis ihrer Verwirkung zu erbringen, und ohne daß der Kläger in der Lage wäre, die Zwangsvollstreckung so schleunig zu hindern, daß sie in seinen Geschäftsbetrieb nicht eingreift.

Dadurch werden die gestellten Klaganträge allerdings nicht gerechtfertigt. Die Nichtigkeitserklärung der Vollstreckungsklausel und die Verlautbarung derselben auf dem Vollstreckungstitel kennt das Gesetz nicht. Es läßt nur Einwendungen gegen die Zulässigkeit der Klausel im Wege der Beschwerde oder der Klage, und gegen die Vollstreckung wegen Einreden gegen den festgestellten Anspruch im Wege der Klage zu (§§ 668. 669. 686. 705. 707 C.P.O.). Und zu der Klage auf Feststellung, daß dem Beklagten ein fälliger Anspruch aus dem Vertrage nicht zustehe, die Kaufgeldforderung getilgt sei, lag kein Anlaß vor, da zwischen den Parteien nie darüber Streit bestanden hat, weder vor noch in dem Rechtsstreite. Der Kläger, der nach Zahlung des Kaufpreises die Wechsel zurückerhalten, hatte namentlich kein Recht, noch die Feststellung zu verlangen, daß die Forderung getilgt sei. Dazu gab auch die Vollstreckungsklausel, nachdem der Beklagte von derselben nur wegen der verwirkten Strafe Gebrauch gemacht hatte, keinen Anlaß. Insoweit ist der Revision des Beklagten beizutreten. Der Streit der Parteien bewegt sich lediglich darüber, ob in Zukunft wegen künftiger Konventionalstrafe auf Grund der Vollstreckungsklausel vollstreckt werden kann. Die Unzulässigkeit solcher Vollstreckung überhaupt auszusprechen, steht die ungeeignete Formulierung des Klagantrages nicht entgegen. Nach § 130 C.P.O. hätte schon in den Instanzen auf solche zweckentsprechende Formulierung des Antrages hingewirkt werden können und sollen. Der Ausspruch der Unzulässigkeit weiterer Zwangsvollstreckung liegt innerhalb des Grundes und des Zweckes der Klage und enthält gegenüber dem Klagantrage auf Nichtigkeitserklärung kein Mehr, sondern ein Weniger, wie der Beklagte in dieser Instanz zugegeben hat. Der in der Klage enthaltene Anspruch dieser Art konnte auch in dem vorliegenden, besonders gestalteten Falle, trotz des § 707 C.P.O. in dem allgemeinen Gerichtsstande des Beklagten als des Gläubigers ebenso erhoben werden, wie die Klage auf Quittung oder Herausgabe des Vollstreckungstitels, für die in der Civilprozeßordnung ein besonderer Gerichtsstand nicht geordnet ist." ...

---

96. Darf das Gericht, wenn es die geschlossene mündliche Verhandlung zur Vervollständigung des mündlichen Vortrages wiederzueröffnen beschlossen hat, ohne die Vervollständigung des Sachvortrages erkennen, weil eine oder beide Parteien nach der Eröffnung jenes Beschlusses nicht mehr anwesend waren?

C.P.O. §§ 130. 142.

I. Civilsenat. Urt. v. 23. März 1898 i. S. G. (Kl.) w. Fr. (Bekl.). Rep. I. 433/97.

I. Landgericht Breslau.
II. Oberlandesgericht daselbst.

Die Frage ist, unter Aufhebung des Berufungsurteiles, verneint aus folgenden, den Sachverhalt ergebenden

Gründen:

„Das Berufungsurteil hat aufgehoben werden müssen, weil die §§ 130. 142 C.P.O. verletzt sind.

Der Kläger hat in der Berufungsinstanz in dem Schriftsatze vom 3. Juli 1897 behauptet und unter Beweis gestellt, daß er die Beklagte im Januar 1895 in ihrem Kontor aufgesucht und ihr die von ihr in dem Briefe vom 16. Januar geforderte Auskunft über den Preis erteilt habe. Nach der Feststellung des Berufungsrichters ist dies in der mündlichen Verhandlung am 6. Juli 1897 nicht vorgetragen. Aber der Berufungsrichter sagt in seinem Urteil selbst, daß er für erforderlich erachtet habe, durch Befragen festzustellen, ob der Vortrag dieser Behauptung nur aus Versehen unterblieben sei, und ob die Behauptung aufgestellt werden solle. In der mündlichen Verhandlung vom 6. Juli 1897 ist ausweislich des Protokolles deshalb nach Schließung der Verhandlung zur Sache beschlossen und verkündet, die mündliche Verhandlung wieder zu eröffnen, die Verhandlung über diesen Punkt aber unterblieben, weil der Anwalt des Klägers sich inzwischen entfernt hatte. Demnächst ist das Urteil ohne Berücksichtigung der Behauptung erlassen.

Die Revision rügt dieses Verfahren mit Recht. Die Wiedereröffnung der Verhandlung besagte, daß das Gericht gefunden hatte, die Erörterung der Sache sei nicht erschöpft, die im Schriftsatze behauptete, aber nicht vorgetragene Thatsache erheblich, und deshalb die dem Vorsitzenden nach § 130 C.P.O. obliegende Verpflichtung zu erfüllen. Dann hatte das Gericht aber für die Vervollständigung der Verhandlung zu sorgen. Es durfte davon nicht abgesehen werden, weil der Kläger nicht verhandeln konnte, da sein Vertreter sich entfernt hatte. Der Kläger war nicht in Versäumnis, da die Verhandlung, in der er verhandelt hatte, geschlossen war, und er die Verkündigung der Entscheidung erwarten konnte, bei der es nach §§ 281. 283 C.P.O. seiner Anwesenheit nicht bedurfte. Hielt das Gericht weitere Verhandlung für erforderlich, so hatte es, da der Kläger nicht vertreten war, neuen Termin zur Verhandlung zu verkünden, durfte aber nicht ohne neue Verhandlung und ohne Gehör des Klägers auf Grund unvollständiger Verhandlung erkennen." ...

---

97. Ist gegen das die Klage im ganzen abweisende Berufungsurteil die Revision des Beklagten statthaft, wenn sie sich nur darauf stützt, daß die Abweisung nicht deshalb erfolgt ist, weil die Klageforderung unbegründet, sondern deshalb, weil sie durch Zahlung getilgt sei?

VI. Civilsenat. Urt. v. 24. März 1898 i. S. K. (Bekl.) w. B. (Kl.). Rep. VI. 379/97.

I. Landgericht I Berlin.
II. Kammergericht daselbst.

Der Beklagte hatte in den Jahren 1888 und 1889 auf zwei Grundstücken mehrere Wohnhäuser bauen lassen. Der Kläger behauptete, er habe auf Grund mündlicher Vereinbarung mit dem Beklagten diesem hierzu die erforderlichen Bauzeichnungen gefertigt und die Oberaufsicht über die Bauten ausgeübt. Außerdem habe er im Auftrage des Beklagten diesem die Beschaffung von Baugeldern vermittelt. Sein Bruder C. B. sei mit Wissen des Beklagten hierbei als sein Generalbevollmächtigter mitthätig gewesen. Er berechnete als angemessene Vergütung für seine Arbeitsleistungen und Bemühungen insgesamt 7577,10 ℳ. In einem zwischen der Firma B. & K. und dem jetzigen Kläger anhängig gewesenen Rechtsstreite hatte die Firma von dem letzteren die Rückzahlung einer größeren Zahl angeblich demselben als Darlehn gegebener Beträge, zusammen 2513,70 ℳ, gefordert, und der Kläger hiergegen geltend gemacht, er habe diese Beträge vom Beklagten als Abschlagszahlungen auf die Vergütung für die erwähnte Thätigkeit während der Bauzeit erhalten. Die Darlehnsklage der Firma war rechtskräftig zurückgewiesen. Kläger zog nun im gegenwärtigen Prozesse von seinem angeblichen Guthaben von 7577,10 ℳ die 2513,70 ℳ ab, wonach er die Verurteilung des Beklagten zur Bezahlung von 5063,40 ℳ beantragte. Beklagter wandte ein, nicht Kläger, sondern dessen Bruder sei von ihm, und zwar für einen festen monatlichen Gehalt, mit der Bauleitung beauftragt worden. Kläger habe gar nichts geleistet, auch keine Baugelder vermittelt. An C. B. habe er, Beklagter, für seine Dienste in verschiedenen Posten zusammen 2810 ℳ bezahlt.

Das Landgericht wies die Klage ab, weil Kläger nicht Beauftragter des Beklagten, sondern Gesellschafter der Firma B. & K. und als solcher thätig gewesen sei, sich deshalb mit seinen vermeintlichen Ansprüchen nur an diese Gesellschaft halten könne, und die Berufung des Klägers wurde von dem Kammergericht zurückgewiesen.

Das Kammergericht führte aus: es sei erwiesen, daß zwischen dem Kläger und dem Beklagten in Beziehung auf die fraglichen Bauwesen ein Vertragsverhältnis mit dem vom Kläger behaupteten Inhalt bestanden habe, sowie daß Beklagter mit der Vertretung des Klägers durch seinen Bruder C. B. einverstanden gewesen sei. Unbestritten sei, daß die einzelnen technischen Leistungen, welche der Klagrechnung zu Grunde gelegt sind, bei den Bauten für Beklagten gemacht worden seien. Hiernach gebühre dem Kläger für die wirklich geleisteten Handlungen nach § 873 A.L.R. I. 11 eine angemessene Vergütung. Bewiesen sei ferner die Behauptung des Klägers, daß Beklagter den Auftrag zur Beschaffung der Baugelderdarlehen erteilt, und Kläger in Person oder durch seinen Vertreter C. B. diese Darlehen vermittelt habe. Hierfür gebühre dem Kläger nach § 874 A.L.R. I. 11 eine Vergeltung nach dem niedrigsten durch einen Sachverständigen zu bemessenden Satze. Nach dem in diesen Beziehungen eingezogenen Gutachten eines Bausachverständigen seien dem Kläger zuzubilligen für die Zeichnungen und die Bauleitung 790 *M* und 840 *M* und für die Vermittelung der Darlehen 620 *M*, zusammen 2250 *M*. Hierauf gehen aber die unstreitigen Vorschüsse im Gesamtbetrage von 2513,70 *M* ab, sodaß Kläger einen weiteren Anspruch gegen den Beklagten nicht habe.

Der Beklagte, welcher allein die Revision einlegte, erachtete sich durch das Berufungsurteil deshalb als beschwert, weil durch dasselbe der Anspruch des Klägers zu dem Betrage von 2250 *M* als bestehend anerkannt, die Klage nicht als unbegründet zurückgewiesen sei. Zur sachlichen Begründung der Revision und zugleich der Statthaftigkeit derselben wurde geltend gemacht: die Klage sei nur auf Grund der Gegenforderung des Beklagten (von 2513,70 *M*) abgewiesen. Ohne Berücksichtigung seien aber geblieben einmal der Einwand der Zahlung durch Auskehrung von 2810 *M* an C. B., sodann die von dem Beklagten gegenüber dem Sachverständigen-Gutachten aufgestellte Behauptung, daß Kläger völlig wertlose Dienste geleistet habe; endlich entbehre die Zubilligung einer Provision für die Beschaffung der Baugelder thatsächlich und rechtlich der genügenden Begründung.

Das Reichsgericht hat die Revision als unzulässig verworfen aus folgenden

Gründen:

... „Die Statthaftigkeit der Revision hängt davon ab, ob der Beklagte durch das Berufungsurteil beschwert ist. Eine Gegenforderung gegen den Klaganspruch hat der Beklagte nicht geltend gemacht. Ebensowenig hat der Kläger die hier in Betracht kommenden Zahlungen von 2513,70 *M* unter dem Gesichtspunkte einer Gegenforderung des Beklagten im Wege der Kompensation verrechnet, vielmehr auch in diesem Rechtsstreite als Abschlagszahlungen dem Beklagten gutgeschrieben, wogegen Beklagter nichts eingewendet hat. Mit Recht hat deshalb das Berufungsgericht diesen Posten in gleicher Weise behandelt, nämlich als liquide Zahlung. Schon aus diesem Grunde kann also von der Anwendung der Vorschrift in § 293 Abs. 2 C.P.O., an welche hier der Revisionskläger wohl denkt, keine Rede sein. Beschwert wäre der Beklagte im übrigen nur, wenn durch das Berufungsurteil dem Kläger ein Teil des Klaganspruches, nämlich, wie Beklagter unterstellt, der Betrag von 2250 *M*, zuerkannt wäre. Dann könnte auch an dem Vorhandensein der Revisionssumme nicht gezweifelt werden. Dies ist aber nicht der Fall. Maßgebend ist der Inhalt des Urteiles selbst, soweit durch dasselbe über den durch Klage oder Widerklage erhobenen Anspruch entschieden wird (§ 293 Abs. 1 C.P.O.). Durch das Berufungsurteil ist aber der Klaganspruch im ganzen zurückgewiesen. Auf die Begründung des Urteiles kann es bei diesem Inhalt der in ihm enthaltenen Entscheidung nicht ankommen. Beklagter hat an das Bestreiten der klägerischen Forderung aus dem Grunde, weil die Dienste des Klägers wertlos gewesen, beziehungsweise überhaupt nicht geleistet seien, nicht die Erhebung einer Widerklage angeknüpft.

Vgl. Entsch. des R.G.'s in Civils. Bd. 4 S. 355 flg.

Da die Klage im ganzen abgewiesen ist, so steht das Berufungsurteil auch nicht, wie Beklagter meint, einer etwaigen Rückforderung der 2513,70 *M* im Wege, und daß Beklagter an der Rückforderung der angeblich von ihm an den Bruder des Klägers für die hier fraglichen Dienste weiter gezahlten 2810 *M* durch das Berufungsurteil nicht gehindert ist, liegt vollends klar vor." . . .

---

98. Bleibt die Anschließung, welche der Revisionsbeklagte in einem dem Gegner innerhalb der Revisionsfrist zugestellten Schriftsatze erklärt, in der mündlichen Verhandlung aber nicht aufrecht erhalten hat, anhängig, bis sie zurückgenommen oder durch Urteil zurückgewiesen, bezw. als unzulässig verworfen ist?

VI. Civilsenat. Urt. v. 24. März 1898 i. S. B. (Bekl.) w. O. (Kl.). Rep. VI. 432/97.

I. Landgericht I Berlin.
II. Kammergericht daselbst.

Aus den Gründen:

... „Die Anschließung an das vom Gegner eingelegte Rechtsmittel ist nach den Vorschriften der Civilprozeßordnung nicht selbst ein Rechtsmittel, giebt dem Berufungs-, bezw. Revisionsbeklagten vielmehr nur das Recht, auch seinerseits Anträge zu stellen, um zu bewirken, daß der Rechtsstreit von der höheren Instanz in weiterem Umfange entschieden werde, als es nach den Anträgen des Gegners infolge der §§ 487. 522 C.P.O. geschehen müßte.

Vgl. Entsch. des R.G.'s in Civils. Bd. 7 S. 345, Bd. 12 S. 435, Bd. 29 S. 375.

Die Anschließung kann demnach nicht, wie die Rechtsmittel, durch einen dem Gegner zugestellten Schriftsatz, sondern nach den allgemeinen Vorschriften der Civilprozeßordnung über die in der mündlichen Verhandlung zu berücksichtigenden Anträge erst in dieser wirksam erklärt werden. Findet eine solche nicht statt, weil das Rechtsmittel des Gegners zurückgenommen oder als unzulässig verworfen ist, so kann deshalb auch eine Anschließung nicht geltend gemacht werden (§ 483 Abs. 1 C.P.O.).

Nun enthält § 483 Abs. 2 allerdings die nach § 518 auch in der Revisionsinstanz entsprechend anzuwendende Vorschrift, daß, wenn sich der Berufungsbeklagte innerhalb der Berufungsfrist der erhobenen Berufung angeschlossen hat, es so anzusehen sei, als habe er die Berufung selbständig eingelegt. Würde nach dieser Bestimmung anzunehmen sein, daß für eine innerhalb der bezeichneten Frist erklärte Anschließung die sämtlichen für das Rechtsmittel selbst geltenden Vorschriften maßgebend sein sollen, und daß die Frist gewahrt ist, wenn der Berufungs-, bezw. Revisionsbeklagte die Anschließung auch nur in einem dem Gegner in der vorgeschriebenen Zeit zugestellten Schriftsatze geltend gemacht hat, so würde auch die von dem Revisionsbeklagten im gegenwärtigen Rechtsstreite erklärte Anschließung so lange anhängig bleiben, bis sie in zulässiger Weise zurückgenommen oder durch Urteil zurückgewiesen, bezw. als unzulässig verworfen ist; denn das angefochtene Urteil ist am 9. November 1897, und der Schriftsatz, in welchem Kläger angezeigt hat, daß er Anschlußrevision gegen das näher bezeichnete Urteil einlegen wolle, dem Gegner am 9. Dezember 1897, also vor Ablauf der Revisionsfrist, zugestellt.

Es ist nun auch anzunehmen, daß die Vorschrift des § 483 Abs. 2 Anwendung findet, wenn der Berufungs-, bezw. Revisionsbeklagte nur in einem dem Gegner innerhalb der Rechtsmittelfrist zugestellten Schriftsatze angezeigt hat, daß er sich dem Rechtsmittel anschließe. Die Frist, welche zwischen der Zustellung der Berufungs-, bezw. Revisionsschrift und dem Termine zur mündlichen Verhandlung liegen muß, beträgt, abgesehen von Meß- und Marktsachen, mindestens einen Monat (§§ 481. 517. 234 C.P.O.). Die Berufungs- und Revisionsfrist beträgt ebenfalls einen Monat, von der Zustellung des Urteiles ab gerechnet (§§ 477. 514 C.P.O.). Sie ist also an dem Tage, an welchem der Termin zur mündlichen Verhandlung frühestens stattfinden kann, der Regel nach bereits abgelaufen, sodaß der im § 483 Abs. 2 vorgesehene Fall nur ausnahmsweise eintreten könnte, wenn die Frist durch eine in der mündlichen Verhandlung erklärte Anschließung gewahrt werden müßte. In der Litteratur, insbesondere von den Kommentaren der Civilprozeßordnung, wird denn auch fast allgemein die Zustellung eines Schriftsatzes zur Wahrung der Frist des § 483 Abs. 2 für genügend erklärt, und das Reichsgericht hat in dem Urteile vom 14. Dezember 1886,

Entsch. des R.G.'s in Civils. Bd. 17 S. 45,

den § 483 Abs. 2 auch in einem Falle angewendet, in welchem innerhalb der Frist die Anschließung nur in einem Schriftsatze geltend gemacht war.

Dagegen stehen der Annahme, daß auf eine in der Frist erklärte Anschließung nach § 483 Abs. 2 die für das Rechtsmittel selbst geltenden Vorschriften Anwendung finden sollen, erhebliche Bedenken entgegen.

Da der Berufungs- und Revisionsbeklagte durch die Anschließung im allgemeinen nur das Recht erwirbt, bei der Verhandlung in der höheren Instanz durch Anträge eine Änderung des früheren Urteiles zu seinen Gunsten herbeizuführen, so kann er sich dem Rechtsmittel des Gegners anschließen, wenn er die Entscheidung auch nur im Kostenpunkte anfechten will,

vgl. Entsch. des R.G.'s in Civils. Bd. 13 S. 432,

wenn der Berufungsbeklagte durch das erste Urteil nicht beschwert war, in der Berufungsinstanz aber seinen Antrag in der durch die §§ 491. 240 Nr. 2 u. 3 a. a. O. gestatteten Weise erweitern will,

vgl. Entsch. des R.G.'s in Civils. Bd. 29 S. 375,

wenn für die Beschwerde des Revisionsbeklagten die Revisionssumme nicht vorhanden ist,

vgl. Entsch. des R.G.'s in Civils. Bd. 7 S. 342.

Auch kann eine Anschließung eventuell, nämlich für den Fall erhoben werden, daß dem Antrage, das Rechtsmittel des Gegners zu verwerfen, nicht stattgegeben werden sollte.

Vgl. Entsch. des R.G.'s in Civils. Bd. 13 S. 358.

Alle diese Befugnisse würde derjenige nicht haben, welcher sich dem Rechtsmittel innerhalb der Rechtsmittelfrist angeschlossen hat, wenn für diese Anschließung die für das Rechtsmittel selbst geltenden Bestimmungen maßgebend wären. Er müßte also, um sich dieselben zu sichern, mit der Anschließung bis zum Ablauf der Rechtsmittelfrist warten und, wenn diese an dem zur mündlichen Verhandlung bestimmten Termine noch nicht abgelaufen ist, stets die Vertagung des Termines bis zum Ablauf der Frist beantragen. Der Revisionsbeklagte soll ferner nach § 519 C.P.O. dem Revisionskläger innerhalb der ersten zwei Dritteile der Zeit, welche zwischen der Zustellung der Revisionsschrift und dem Termine zur mündlichen Verhandlung liegt, einen vorbereitenden Schriftsatz zustellen lassen, welcher im Falle der Anschließung deren Begründung enthält. Wäre nun der Termin auf einen Tag bestimmt, welcher kurz nach Ablauf der Rechtsmittelfrist liegt, so könnte er dieser Vorschrift nicht nachkommen, wenn seine Beschwerde die Revisionssumme nicht erreicht, da die Anschließung alsdann in der Revisionsfrist erklärt ist und, wenn sie deshalb wie eine selbständige Revision zu behandeln wäre, nicht zulässig sein würde. Sie müßte, wie jede in der Rechtsmittelfrist erklärte Anschließung, welche den für das Rechtsmittel selbst geltenden Erfordernissen nicht entspricht, als unzulässig verworfen werden, während sie zulässig sein würde, sobald sie auch nur einen Tag nach Ablauf der Rechtsmittelfrist erklärt ist.

Eine solche Auslegung der Vorschrift des § 483 Abs. 2 a. a. O. könnte nun nur dann für zutreffend erachtet werden, wenn die gesetzlichen Vorschriften zu derselben zwingen. Dies ist aber nicht der Fall.

Nach den §§ 482. 518 kann sich der Berufungs-, bezw. Revisionsbeklagte dem Rechtsmittel des Gegners stets anschließen, wenn er eine

Änderung der Vorentscheidung in irgend einem Punkte zu seinen Gunsten verlangt. Die Anschließung verliert aber ihre Wirkung, wenn das Rechtsmittel des Gegners zurückgenommen oder als unzulässig verworfen wird; d. h. der Berufungs-, bezw. Revisionsbeklagte kann in in diesem Falle nicht verlangen, daß über Anträge von ihm, die sich nicht auf das Rechtsmittel des Gegners beziehen, verhandelt, und die Vorentscheidung zu seinen Gunsten verändert werde (§ 483 Abs. 1 C.P.O). Wenn im Anschluß hieran in dem Abs. 2 dieses Paragraphen bestimmt wird, daß, wenn Berufungsbeklagter innerhalb der Berufungsfrist sich der erhobenen Berufung angeschlossen hat, es so angesehen werden soll, als habe er die Berufung selbständig eingelegt, so hat dies den Sinn, daß eine derartige Anschließung nicht unbedingt wirkungslos wird, wenn die Berufung des Gegners zurückgenommen oder als unzulässig verworfen wird, daß vielmehr der Berufungsbeklagte selbständig durch seine Anschließung eine Verhandlung in der Berufungsinstanz und eine Änderung des Urteils herbeiführen *kann*, vorausgesetzt daß eine selbständige Berufung von ihm überhaupt eingelegt werden konnte.

Für die vorstehende Auslegung des § 483 Abs. 2 spricht denn auch die Entstehungsgeschichte dieser Vorschrift.

Der Entwurf einer Civilprozeßordnung nach den von der deutschen Civilprozeßkommission zu Hannover bei der zweiten Lesung gefaßten Beschlüssen gewährt in den §§ 576. 577 dem Berufungsbeklagten die Befugnis, durch Anschließung seine eigenen Beschwerden geltend zu machen. Diese Anschließung sollte bis zum Schlusse der mündlichen Verhandlung erfolgen können, und es sollte durch Zurücknahme oder Unzulässigkeit der Berufung weder die erfolgte Anschließung beseitigt, noch die Geltendmachung der schriftlich erklärten Anschließung gehindert werden, wenn die behufs der Anschließung erhobenen Beschwerden mittels selbständiger Berufung hätten geltend gemacht werden können und bereits in der mündlichen Verhandlung oder in einem dem Berufungskläger behändigten Schriftsatze bezeichnet worden waren.

In der Kommission zur Ausarbeitung einer Civilprozeßordnung für den Norddeutschen Bund, bei deren Berathungen hauptsächlich der vorbezeichnete Entwurf zu Grunde gelegt wurde, gingen die Meinungen darüber auseinander, ob die Anschließung nur in der mündlichen Verhandlung erklärt werden könne, oder ob nicht schon einem dem Gegner zugestellten, die Anschlußberufung enthaltenden Schriftsatze

Wirkung beizulegen sei, welche durch die Zurücknahme der Berufung nicht wieder beseitigt werden könne. Es wurde dem Redaktionsausschusse das Nähere übertragen (vgl. Protokolle Bd. 3 S. 1507 flg.).

Die Vorschrifen über die Anschließung erhielten darauf folgende, von der Kommission genehmigte Fassung:

§ 781. Der Berufungsbeklagte kann sich der von dem Berufungskläger eingelegten Berufung (Hauptberufung) anschließen. — Abs. 2 interessiert nicht. —

§ 782. Die Anschlußberufung verliert ihre Wirkung:

1. wenn der Berufungskläger die Berufung zurücknimmt, bevor die Hauptverhandlung geschlossen ist;
2. wenn die Hauptberufung als unzulässig verworfen wird.

§ 783. Die Bestimmungen des § 782 kommen nicht zur Anwendung, wenn der Berufungsbeklagte, welchem die Hauptberufung zusteht, die Anschlußberufung in einem innerhalb der Berufungsfrist zugestellten Schriftsatze erklärt (vgl. Protok. Bd. 5 S. 2576).

Der im preußischen Justizministerium bearbeitete und der von der durch den Bundesrat im Jahre 1871 berufenen Kommission ausgearbeitete Entwurf halten diese Bestimmungen im übrigen aufrecht; nur ist der § 783 des norddeutschen Entwurfes durch folgende Bestimmung ersetzt, und zwar in dem Entwurfe des Justizministeriums durch

§ 439 Abs. 2: Hat der Berufungsbeklagte innerhalb der Berufungsfrist sich der erhobenen Berufung angeschlossen, so wird es so angesehen, als habe derselbe die Berufung erhoben, sofern eine solche überhaupt zulässig ist,

in dem § 456 des Entwurfes der Kommission durch die demnächst in die Civilprozeßordnung übergegangene Bestimmung.

In der im wesentlichen gleichlautenden Begründung zu den zuletzt erwähnten beiden Entwürfen und zu der Civilprozeßordnung heißt es sodann:

„Die Anschließung wird durch die Beantwortung der Berufung oder durch einen anderen Schriftsatz vorbereitet und erfolgt erst durch die Stellung der bezüglichen Anträge in der mündlichen Verhandlung.... Die frühere Zurücknahme der Berufung macht die Anschließung unmöglich. Ebenso muß die Anschließung durch Wegfall der Berufung selbst ihre Wirkung verlieren, wenn die Berufung als unzulässig verworfen werden muß. Nur in dem Falle, daß der Anschluß innerhalb der Berufungsfrist erfolgt ist, hat die sonst bloß vorbereitende Erklärung die erhöhte Bedeutung der eigenen Berufung. In diesem Falle ist die Anschließung von dem Bestehen der Berufung unabhängig (vgl. hannov. § 577 und nordd. Entwurf § 783). Sofern diese Unabhängigkeit beansprucht wird, ist aber auch die Zulässigkeit der Berufung selbständig zu prüfen; nur die besondere Ladung zur mündlichen Verhandlung ist entbehrlich."

Nach der Fassung der bezüglichen Vorschriften in dem norddeutschen Entwurfe kann es nun nicht zweifelhaft sein, daß der § 783 dem Berufungsbeklagten nur das Recht gewährt, durch Stellung eines Antrages in der mündlichen Verhandlung die Entscheidung über denselben herbeizuführen, auch wenn die Berufung des Gegners zurückgenommen oder als unzulässig verworfen ist, er, der Berufungsbeklagte, aber innerhalb der Berufungsfrist die Anschließung in einem dem Gegner zugestellten Schriftsatze erklärt hat und seinerseits zur Einlegung der Berufung befugt ist. Nach der Begründung der späteren Entwürfe und der Civilprozeßordnung, namentlich auch der ausdrücklichen Bezugnahme auf den § 783 des norddeutschen Entwurfes, hat der Gesetzgeber aber offenbar die Bestimmungen dieses Entwurfes materiell nicht abändern, sondern durch die von ihm beliebte Fassung dasselbe ausdrücken wollen, nämlich nur, daß die in der Rechtsmittelfrist erklärte Anschließung in der mündlichen Verhandlung geltend gemacht werden kann, auch wenn das Rechtsmittel des Gegners zurückgenommen oder verworfen ist." ...

---

99. 1. Gilt der ausschließliche dingliche Gerichtsstand auch gegen die Mitglieder der preußischen landesherrlichen Familie? Wäre ein entgegengesetztes Herkommen rechtsverbindlich?

2. Prozeßlegitimation der Hofkammer der Königlich preußischen Familiengüter.

C.P.O. § 25.

Einf.-Ges. zur C.P.O. § 5.

Preuß. Ausf.-Gesetz zur C.P.O. § 3.

V. Civilsenat. Urt. v. 26. März 1898 i. S. v. A. (Kl.) w. Se. Majestät Kaiser Wilhelm u. Gen. (Bekl.). Rep. V. 321/97.

I. Geheimer Justizrat 1. Instanz zu Berlin.
II. Geheimer Justizrat 2. Instanz daselbst.

Der Kläger behauptete, seit dem Aussterben der Christoph v. A.'schen Linie im Jahre 1869 nach Lehnrecht in das Eigentum der Rittergüter Gl. und Sch. succediert zu haben, die in den Jahren 1735—1737 aus dem Lehnsbesitz der Christoph'schen Linie gegen den Widerspruch der Agnaten an König Friedrich Wilhelm I. von Preußen veräußert worden seien. Nach dem Tode des Prinzen August von Preußen (1843), zu dessen Hausfideikommiß sie gehörten, waren die Güter an die Krone Preußen heimgefallen und stehen jetzt im Grundbuche auf den Namen Sr. Majestät des Kaisers und Königs Wilhelm und als zum Königlich preußischen Hausfideikommiß gehörig eingetragen. Der Kläger erhob gegen Se. Majestät und noch drei Agnaten desselben Klage mit dem Antrage: zu bewilligen, daß Kläger als Eigentümer der erwähnten Güter eingetragen, und deren im Grundbuche vermerkte Zugehörigkeit zum Königlichen Hausfideikommiß gelöscht werde, sowie anzuerkennen, daß der Besitz der Hofkammer der Königlichen Familiengüter seit 1870 oder doch 1876 ein mindestens ungerechtfertigter gewesen sei. Diese Klage wurde bei dem Geheimen Justizrat in Berlin angestellt und dem Minister des Königlichen Hauses, der Hofkammer der Königlichen Familiengüter und den Herren Beklagten persönlich zugestellt.

Die Hofkammer der Königlichen Familiengüter, der von den Herren Mitbeklagten Prinzen Heinrich und Friedrich Leopold von Preußen besondere Vollmacht erteilt worden war, und die auch eine „Vollmacht" des Ministers des Königlichen Hauses vorlegte, erhob in Beantwortung der Klage — unter Verweigerung der Einlassung zur Hauptsache — die Einrede der Unzuständigkeit des angegangenen Geheimen Justizrates, weil in dem ausschließlichen dinglichen Gerichtsstande hätte geklagt werden müssen. Der Kläger bestritt dies und bemängelte überdies die Legitimation der Hofkammer, die eine bloße Privatbehörde, und nicht als solche rechtsfähig sei. Er hat die Klage, soweit sie durch Zustellung an die Hofkammer erhoben sei, zurückgezogen.

In erster Instanz wurde die Klage wegen Unzuständigkeit des Geheimen Justizrates abgewiesen, und sodann die Berufung des Klägers zurückgewiesen, ebenso seine Revision, diese aus folgenden

Gründen:

„1. Dem Berufungsrichter ist zunächst darin beizutreten, daß die Bedenken des Klägers gegen die Prozeßlegitimation der Königlichen Hofkammer unbegründet sind. Der Hofkammer der Königlichen Familiengüter ist durch Kabinetsorder vom 30. August 1843 die Verwaltung der nach dem Tode des Prinzen August von Preußen der Krone heimgefallenen Hausfideikommißgüter, zu denen die hier streitigen Güter gehören, übertragen worden.

Vgl. Preuß. Just.-Minist.-Bl. 1843 S. 232; v. Rönne, Staatsrecht der preuß. Monarchie Bd. 3 § 191 (4. Aufl. S. 84 Anm. 9); Schulze, Hausgesetze S. 619. 620 unter a.

Es kann dahingestellt bleiben, ob die Hofkammer, wie die beiden Vorinstanzen annehmen, eine mit staatlichen Aufgaben ausgestattete, öffentliche Behörde sei; jedenfalls gehört sie zu den für die Vermögensverwaltung der deutschen Landesherren und der Mitglieder der deutschen landesherrlichen Familien bestehenden Behörden, die nach § 3 des preuß. Ausf.-Ges. zur C.P.O. vom 24. März 1879 im Sinne der Vorschriften der Civilprozeßordnung als die gesetzlichen Vertreter derselben für alle zu ihrem Geschäftskreise gehörigen Gegenstände gelten. Dies wird dadurch nicht ausgeschlossen, daß die Hofkammer in der erwähnten Kabinetsorder der ersten Abteilung des Ministeriums des Königlichen Hauses unterstellt worden ist; jeder etwaige Zweifel daran wird übrigens dadurch beseitigt, daß der Minister des Königlichen Hauses in der bei den Akten befindlichen „Vollmacht" vom 23. Februar 1897 erklärt hat, die Hofkammer habe ressortmäßig die Krone als Allerhöchste Eigentümerin der der Hofkammer unterstellten Königlichen Hausfideikommißgüter zu vertreten und sei demgemäß auch ermächtigt, diesen Prozeß zu führen.

Daß der Kläger erklärt hat, die Klage zurückzunehmen, soweit sie der Hofkammer zugestellt worden sei, hat keine Bedeutung, da die Klage gegen die Herren Beklagten aufrechterhalten worden ist, und der Kläger nichts darüber zu bestimmen hat, wer die Herren Beklagten im Prozeß zu vertreten habe.

2. Auch die Frage nach der Zuständigkeit des angegangenen Geheimen Justizrates ist richtig, in verneinendem Sinne, entschieden worden. Es ist eine dingliche Klage angestellt; für dingliche Klagen in Ansehung unbeweglicher Sachen ist nach § 25 C.P.O. das Gericht der belegenen Sache ausschließlich zuständig, und in dieser Beziehung enthalten weder die Hausverfassung der preußischen landesherrlichen Familie, noch die preußischen Landesgesetze in Ansehung des Landesherrn und der Mitglieder der landesherrlichen Familie (§ 5 des Einf.-Ges. zur C.P.O.) abweichende Bestimmungen.

Was zunächst die Hausverfassung anlangt, so kann die Bedeutung der einander widersprechenden Kabinetsordern vom 12. März 1805 und vom 17. Juni 1806,

N. C. C. Bd. 11 Nr. 37 S. 2949, Bd. 12 Nr. 82 S. 671,

von denen übrigens die jüngere von der Ausschließlichkeit des dinglichen Gerichtsstandes ausgeht, um deswillen unerörtert bleiben, weil die Verordnung vom 2. Januar 1849 über die Aufhebung der Privatgerichtsbarkeit und des eximierten Gerichtsstandes, in § 11 die bezüglichen Bestimmungen der Hausverfassung der Königlichen Familie nur insoweit in Kraft gelassen hat, als sie Bestimmungen über Rechtsstreitigkeiten unter Mitgliedern der Königlichen Familie und über die nicht streitigen Rechtsangelegenheiten der zur Königlichen Familie gehörigen Personen enthalten, während im übrigen in § 9 der eximierte und privilegierte Gerichtsstand für Personen und Sachen allgemein aufgehoben wurde, womit auch etwaige Ausnahmen für Rechtsstreitigkeiten dinglicher Art zwischen dem Könige oder den Mitgliedern der landesherrlichen Familie und dritten Personen beseitigt worden sein würden. Hieran ist später durch das Gesetz vom 26. April 1851, betreffend die Zusätze zu der Verordnung vom 2. Januar 1849, in Art. III nur das geändert, daß die Mitglieder der Königlichen Familie ihren persönlichen Gerichtsstand bei dem mit dem Kammergericht verbundenen Geheimen Justizrat haben sollen. Diese Bestimmung bezieht sich wörtlich nur auf den persönlichen Gerichtsstand; es ergiebt sich aber auch aus den Kammerverhandlungen darüber, daß die gesetzgebenden Faktoren nur den Gerichtsstand des Wohnsitzes, der bei den Höchsten Personen oft wechsele, zu centralisieren beabsichtigten.

Vgl. den Bericht der Justizkommission der 2. Kammer, Nr. 144

ihrer Drucksachen 1850/51 (Stenograph. Berichte der 2. Kammer Bd. 4 S. 1055 flg. 1061).

Aber auch das vor Einführung der deutschen Civilprozeßordnung in Preußen geltend gewesene Prozeßrecht (die dortigen Landesgesetze im Sinne des § 5 des Einf.-Ges. zur C.P.O.) enthielt keine von der Ausschließlichkeit des dinglichen Gerichtsstandes (§ 25 C.P.O.) abweichende Bestimmung. Es ist allerdings früher darüber gestritten worden, ob durch die preußische Allgemeine Gerichtsordnung vom 6. Juli 1793 für dingliche Klagen ein ausschließlicher Gerichtsstand am Ort der Belegenheit eingeführt oder vielmehr aufrechterhalten worden sei; denn bereits in § 14 Tl. IV Tit. 2 des Corpus juris Fridericianum war die Konkurrenz des persönlichen Gerichtsstandes mit dem dinglichen in Ansehung unbeweglicher Sachen der Regel nach als unzulässig bezeichnet. Es mag auch zugegeben werden, daß sich nach dem Inhalt der einschlagenden Bestimmungen der A.G.O. (§§ 4. 107. 111. 115 I. 2 und § 17 Ziff. 1 I. 19) darüber streiten ließ. Das Reichsgericht tritt jedoch der sich für die Ausschließlichkeit des dinglichen Gerichtsstandes entscheidenden Ansicht des vormaligen preußischen Obertribunales,

Entsch. desselben Bd. 40 Nr. 277 flg. (vgl. auch Striethorst, Archiv Bd. 36 Nr. 45 S. 171),

bei, indem es mit dem Obertribunal und gegen die Ausführungen von

Koch, Anleitung zur preuß. Prozeßpraxis Bd. 1 § 44 S. 163 flg.,

in der ausdrücklichen Zulassung einer Wahl zwischen beiden Gerichtsständen bei der Konkurrenz eines dinglichen und eines persönlichen Anspruches (§ 115 A.G.O. I. 2) und in dem ausdrücklichen Verbot einer dinglichen Widerklage im persönlichen Gerichtsstande (§ 17 Ziff. 1 A.G.O. I. 19) deutlich die Absicht des Gesetzgebers ausgedrückt findet, rein dingliche Klagen ausschließlich an den Gerichtsstand der belegenen Sache zu binden. Seit jener erstgedachten Entscheidung des Obertribunales vom 7. März 1859 hat auch, soviel bekannt, die preußische Praxis an der Ausschließlichkeit des dinglichen Gerichtsstandes festgehalten.

Der Kläger beruft sich freilich noch auf ein entgegenstehendes Herkommen, indem er behauptet, daß der Geheime Justizrat ständig über dingliche Klagen entschieden habe; allein auch damit kann die Zuständigkeit des angegangenen Gerichtes nicht begründet werden.

Ein Gewohnheitsrecht des behaupteten Inhaltes hätte sich bei dem oben wiedergegebenen Inhalte der §§ 9 und 11 der Verordnung vom 2. Januar 1849 seit diesem Zeitpunkte neu bilden müssen, und das ist von vornherein unwahrscheinlich. Die erste Instanz spricht auch ausdrücklich aus, daß ein derartiges Herkommen nicht bestehe. Der Berufungsrichter läßt freilich dahingestellt, ob sich nachweisen lasse, daß der Geheime Justizrat eine Reihe von Entscheidungen in dinglichen Rechtsstreitigkeiten gefällt habe; er hält dies für unerheblich, weil dadurch nicht ausgeschlossen werde, daß noch mehr solcher Entscheidungen im dinglichen Gerichtsstande ergangen seien, und es ist der Revision zuzugeben, daß diese Erwägung die Behauptung des Klägers nicht trifft, die gerade auf die Statthaftigkeit einer Wahl (elektive Konkurrenz) zwischen beiden Gerichtsständen gerichtet ist. Aber wenn auch angesichts des bei Striethorst, Archiv Bd. 90 S. 1 flg., mitgeteilten Falles solcher Art die Möglichkeit zuzugeben sein mag, daß noch in anderen Fällen dingliche Rechtsstreitigkeiten vor dem Geheimen Justizrat verhandelt und entschieden worden sind, so ist doch vom Berufungsrichter mit Recht ferner hervorgehoben worden, daß eine rechtsgültige Gewohnheit dadurch aus dem Grunde nicht hätte entstehen können, weil das Gewohnheitsrecht nicht als allgemeine Rechtsquelle neben den gegen Ende des vorigen Jahrhunderts begonnenen Kodifikationen des preußischen Rechtes anerkannt werden kann. Es ist dies in § 3 der Einleitung zum Allgemeinen Landrechte und in § VII des Publikationspatentes zu demselben vom 5. Februar 1794 deutlich zum Ausdruck gebracht worden. Daß dieser Grundsatz auch für das Gebiet des in der Allgemeinen Gerichtsordnung kodifizierten Prozeßrechtes gelten soll, ist nach dem Inhalte der Kabinetsorder vom 14. April 1780,

vgl. Eccius, Preuß. Privatrecht Bd. 1 § 2,

womit beide Kodifikationen, die des Prozeß- und die des materiellen Rechtes, eingeleitet wurden, nicht zu bezweifeln; denn darin wird die Aufgabe gestellt, eine feste geschriebene Grundlage des Rechtes zu schaffen an Stelle des bisherigen, u. a. durch die schwer nachweislichen Gewohnheiten unsicher gewordenen Rechtszustandes.

Vgl. Heffter, Civilproceß im Gebiet des Allgemeinen Landrechts § 5 S. 5 Anm. 4. 5.

Dem Vorstehenden nach ist die Zuständigkeit des Geheimen Justizrates für die Verhandlung und Entscheidung des vorliegenden dinglichen Rechtsstreites mit Recht verneint worden. Die Revision war deshalb auf Kosten des Revisionsklägers zurückzuweisen."

---

100. 1. Wird die Zwangsvollstreckung durch Vornahme von Vollstreckungshandlungen zum Zwecke der Vollziehung einer einstweiligen Verfügung beendigt?
2. Gerichtsstand für die Widerspruchsklage im Sinne des § 690 C.P.O.

IV. Civilsenat. Urt. v. 31. März 1898 i. S. M. (Kl.) w. B. (Bekl.). Rep. IV. 303/97.

I. Landgericht I Berlin.
II. Kammergericht daselbst.

Durch Beschluß des Landgerichtes I zu Berlin war in der Streitsache des jetzigen Beklagten gegen seine Ehefrau auf Grund des § 814 C.P.O. im Wege der einstweiligen Verfügung angeordnet, daß die Frau B. 4000 ℳ, die sie auf einen Check von einer Bank abgehoben haben sollte, an einen von dem Ehemanne zu benennenden Gerichtsvollzieher zum Zwecke der Hinterlegung bis zur rechtskräftigen Entscheidung der Hauptsache herauszugeben habe. Auf Grund dieses Beschlusses hatte der von dem Beklagten beauftragte Gerichtsvollzieher zu Pankow, wo die Schuldnerin inzwischen Aufenthalt genommen hatte, in ihrer Wohnung vorgefundenes Geld im Betrage von 1800 ℳ an sich genommen und bei der Vereinigten Konsistorial-, Militär- und Baukasse zu Berlin hinterlegt. Der Kläger ist unter der Behauptung, daß die fraglichen 1800 ℳ sein Eigentum seien, bei dem oben gegenannten Gerichte mit dem Verlangen klagbar geworden, der Beklagte solle in die Herauszahlung der hinterlegten 1800 ℳ an ihn willigen oder an ihn 1800 ℳ zahlen. Beide Instanzgerichte haben, ohne daß ein dahingehender Einwand von dem Beklagten erhoben war, die Klage wegen Unzuständigkeit des angegangenen Gerichtes abgewiesen, indem sie angenommen haben, daß das Landgericht II zu Berlin, in dessen Bezirke die Zwangsvollstreckung stattgefunden habe, das ausschließlich zuständige Gericht sei. Die von dem Kläger eingelegte Revision ist zurückgewiesen worden aus folgenden

Gründen:

... „Die Entscheidung hängt von der Frage ab, ob die Zwangsvollstreckung mit der Fortnahme und der Hinterlegung der 1800 *M* beendigt worden ist. Ist mit den Instanzrichtern diese Frage zu verneinen, also anzunehmen, daß das Zwangsvollstreckungsverfahren noch schwebt, so findet die Zuständigkeitsbestimmung des § 690 C.P.O. Anwendung. Nach dieser Vorschrift, die zur Voraussetzung hat, daß die Zwangsvollstreckung noch nicht beendigt ist, hat der Dritte, welcher behauptet, daß ihm an dem Gegenstande der Zwangsvollstreckung ein die Veräußerung hinderndes Recht zustehe, seinen Widerspruch gegen die Zwangsvollstreckung im Wege der Klage bei dem Gerichte geltend zu machen, in dessen Bezirke die Zwangsvollstreckung erfolgt, und dieses Gericht würde im vorliegenden Falle das Landgericht II zu Berlin sein. Der bezeichnete Gerichtsstand ist nach § 707 C.P.O. ein ausschließlicher, und deshalb die Vereinbarung der Parteien über einen anderen Gerichtsstand gemäß § 40 Abs. 2 ebenda unzulässig. Der Kläger hat jene Voraussetzung des § 690 a. a. O. nicht für vorliegend erachtet, weil es sich nur um die Vollstreckung der einstweiligen Verfügung gehandelt habe, solche aber mit Wegnahme und Abführung des Geldes an die Hinterlegungsstelle beendigt worden sei.

Dieser Annahme ist der Berufungsrichter mit Recht entgegengetreten. Derselben würde beizustimmen sein, wenn die Hinterlegung des Geldes den Gegenstand der der Schuldnerin obliegenden Verpflichtung bildete, da alsdann durch die Bewirkung der Hinterlegung die Befriedigung des Beklagten — und die Zwangsvollstreckung ist auf Befriedigung des Gläubigers gerichtet — eingetreten wäre, und folglich weitere Vollstreckungsmaßregeln nicht in Frage treten könnten. Dies trifft jedoch hier nicht zu. Der Beklagte hat gegen seine Ehefrau einen Anspruch auf Herausgabe des von ihr auf Grund des Checks erhobenen Geldes geltend gemacht, und die von ihm nach § 814 C.P.O. beantragte einstweilige Verfügung bezweckt die Sicherstellung dieses Anspruches, damit ihm nicht infolge etwaiger Beiseiteschaffung des Geldes durch die Ehefrau die Verwirklichung seines Rechtes vereitelt oder erschwert werde. Die Ausführung der Anordnung durch Fortnahme und Hinterlegung des Geldes stellt sich danach aber nicht als ein auf die Herbeiführung der Befriedigung des Beklagten wegen des geltend gemachten Anspruches gerichteter Akt, sondern nur als der Anfang der Zwangsvollstreckung dar, die demnächst, sobald die Entscheidung der Hauptsache zu Gunsten des Beklagten stattgefunden hat, zur Befriedigung des letzteren führen wird. Die fraglichen Maßnahmen lassen sich daher nur als vorweg genommene Vollstreckungshandlungen auffassen, die als solche in den Rahmen der künftigen Zwangsvollstreckung für die Hauptsache fallen. Die Richtigkeit dieser Auffassung kann nach der obwaltenden rechtlichen Lage nicht in Zweifel gezogen werden. Sie ergiebt sich aus dem inneren Zusammenhange, in welchem Hauptsache und einstweilige Verfügung stehen, sowie aus dem Zwecke der einstweiligen Verfügung, der, ebenso wie der Zweck des Arrestes, wesentlich auf die Sicherung der künftigen Zwangsvollstreckung gerichtet ist, und dessen Erreichung nach den Umständen die Vorwegnahme einzelner Vollstreckungshandlungen, die sonst der späteren Zwangsvollstreckung vorbehalten blieben, erforderlich machen muß. Die vorgenommenen Vollstreckungshandlungen kennzeichnen sich aber auch als innerhalb des Rahmens der Zwangsvollstreckung für die Hauptsache liegend insofern, als es einer nachmaligen Vornahme derselben bei dem Eintritte dieser Zwangsvollstreckung nicht bedarf, diese sich vielmehr an den durch die Ausführung der einstweiligen Verfügung geschaffenen Rechtszustand anschließt. Die sämtlichen Vollstreckungshandlungen stellen sonach ein einheitliches Verfahren dar, dessen Beendigung erst mit der Befriedigung des Gläubigers aus dem Gegenstande der Zwangsvollstreckung eintritt. Daß diese Auffassung mit Rücksicht auf die Lage des gegenwärtigen Falles, in welchem die streitigen 1800 ℳ infolge der Hinterlegung bei der Konsistorial-, Militär- und Baukasse in das Eigentum des Staates übergegangen sind, keine Änderung erleidet, hat der Berufungsrichter zutreffend ausgeführt. Allerdings ist der Gegenstand der Zwangsvollstreckung für die Hauptsache insofern verändert, als nunmehr an die Stelle der fortgenommenen Geldstücke der Anspruch an die Staatskasse getreten ist. Dies ist jedoch für die gegenwärtige Beurteilung unerheblich. Denn der Anspruch an die Staatskasse bildet für den Beklagten in derselben Weise eine Sicherung für die künftige Befriedigung, wie sie die Aufbewahrung des fortgenommenen Geldes selbst gebildet haben würde, und wie die Befriedigung des Beklagten erst durch die Aushändigung des Geldes an ihn erfolgt wäre, so kann sie jetzt erst durch die Überweisung des Anspruches an die Hinterlegungsstelle auf Auszahlung von 1800 ℳ an ihn erfolgen." ...

---

101. Ist die Fortsetzung des schiedsrichterlichen Verfahrens nach Erlaß eines Schiedsspruches zulässig, wenn der Schiedsspruch im Versäumnisverfahren erlassen und deshalb aufgehoben ist?

C.P.O. §§ 865. 867 Ziff. 1. 868.

I. Civilsenat. Urt. v. 6. April 1898 i. S. Ei. (Kl.) w. E. & Co. (Bekl.). Rep. I. 17/98.

I. Landgericht Stettin.
II. Oberlandesgericht daselbst.

Der Kläger und die Aktiengesellschaft V. Sch. standen in Geschäftsverbindung, die durch einen Vertrag geregelt war, dessen § 18 bestimmte, daß alle Streitigkeiten und Differenzen durch ein Schiedsgericht endgültig und unter Verzicht auf jede Berufung an die ordentlichen Gerichte erledigt werden sollten. Im Jahre 1892 klagte die Aktiengesellschaft gegen den jetzigen Kläger auf Zahlung einer Summe vor dem Schiedsgerichte, das am 20. Januar 1893 ein Versäumnisurteil auf Zahlung erließ und den gegen diesen Spruch vor Niederlegung und Zustellung eingelegten Einspruch durch Versäumnisurteil vom 24. Februar 1893 verwarf. Der ordnungsmäßig niedergelegte und zugestellte Spruch vom 24. Februar 1893 wurde auf Klage des damaligen Beklagten durch Urteil des Oberlandesgerichtes zu Stettin vom 18. April 1894 auf Grund des § 867 Ziff. 1 C.P.O. rechtskräftig aufgehoben. Nachdem die Aktiengesellschaft im August 1894 in Liquidation gegangen war und im November 1894 ihr gesamtes Vermögen an die offene Handelsgesellschaft E. & Co. übertragen hatte, setzte das Schiedsgericht das Verfahren fort und erließ am 3. April 1895 einen neuen Spruch auf Verurteilung zur Zahlung, der ordnungsmäßig niedergelegt und zugestellt wurde. Im August 1895 erhob der jetzige Kläger gegen die Aktiengesellschaft Klage auf Aufhebung dieses Spruches; die Aktiengesellschaft erhob Widerklage auf Zulässigkeit der Zwangsvollstreckung. Nachdem die Aktiengesellschaft im Dezember 1895 im Handelsregister gelöscht, traten E. & Co. in den Rechtsstreit ein. Der erste Richter wies die Klage ab und erkannte nach der Widerklage. Die Berufung wurde zurückgewiesen. Auf die Revision des Klägers ist, unter Abweisung der Widerklage, auf Aufhebung des Schiedsspruches vom 3. April 1895 erkannt aus folgenden

Gründen:

... „Der Schiedsspruch vom 3. April 1895 ist, wie festgestellt, dem § 865 C.P.O entsprechend ordnungsmäßig zugestellt und hinterlegt. Er ist ergangen zwischen der Aktiengesellschaft in Liquidation und dem Kläger. Bei Erhebung der Klage auf Aufhebung des Schiedsspruches im August 1895 bestand die Aktiengesellschaft noch ebenso wie bei Erteilung des Schiedsspruches. Sie ist, wie festgestellt, erst am 24. Dezember 1895 im Handelsregister gelöscht. Daraus, daß die Aktiengesellschaft bereits im November 1894 ihr Vermögen nebst den Außenständen und damit auch die durch den angefochtenen Schiedsspruch festgestellte Forderung gegen den Kläger an die Gesellschaft E. & Co. übertragen hat, sind Anstände in der Sache nicht zu erheben. Das schiedsrichterliche Verfahren wegen dieser Forderung ist im Jahre 1892 in die Wege geleitet. Es wurde nach § 236 C.P.O. durch den Übergang der Forderung auf die Firma E. & Co. nicht berührt. Wäre der Schiedsspruch zu Recht ergangen, so könnte die Firma E. & Co. mit der Forderung auch die Rechte aus dem Schiedsspruche durch die Klage auf Erlaß des Vollstreckungsurteiles gemäß § 868 Abs. 1 C.P.O. gegen den Kläger, der Kläger aber die ihm im § 868 Abs. 2 nachgelassene Verteidigung durch Berufung auf die Unzulässigkeit des schiedsrichterlichen Verfahrens im Wege der Einrede oder Widerklage nur gegen die Gesellschaft E. & Co. geltend machen. Hier liegt die Sache umgekehrt. Die Widerklage auf Erlaß des Vollstreckungsurteiles kann nach dem Erlöschen der Aktiengesellschaft nur noch von der Handelsgesellschaft E. & Co. als der Gläubigerin verfolgt werden, und den Eintritt dieser Firma in den Rechtsstreit über die Klage hat sich der Kläger bereits in erster Instanz nach Aussetzung und Wiederaufnahme des Verfahrens durch die Firma E. & Co. gefallen lassen.

Im übrigen kann dem Berufungsrichter nicht beigetreten werden.

Für die Frage der Zulässigkeit des schiedsrichterlichen Verfahrens nach Erlaß der beiden Sprüche vom 20. Jannar und 24. Februar 1893 ist mit dem Berufungsrichter davon auszugehen, daß grundsätzlich mit dem Erlasse des Schiedsspruches die Thätigkeit des Schiedsgerichtes erschöpft ist, und daß aus dem § 18 des Schiedsvertrages im vorliegenden Falle etwas anderes nicht herzuleiten ist. Durch den Schiedsspruch vom 20. Januar 1893 hatten die Schiedsrichter ihre Aufgabe allerdings nicht erschöpft, und der Schiedsvertrag und seine Wirkung war nicht erloschen, weil der Spruch den Parteien nicht ordnungsmäßig zugestellt und nicht ordnungsmäßig hinterlegt war. Dieser Spruch hinderte die Schiedsrichter an der Fortsetzung des Verfahrens auf den Einspruch des Klägers nicht. Aber mit dem Erlasse des Schiedsspruches vom 24. Februar 1893, der ordnungsmäßig zugestellt und hinterlegt ist, erreichte das schiedsrichterliche Verfahren sein Ende, und die Wirkung des Schiedsvertrages erlosch. Die Schiedsrichter haben mit diesem Spruche eine endgültige Entscheidung geben wollen und gegeben.

Daran wird dadurch nichts geändert, daß dieser Spruch gegen das Gesetz verstieß und deshalb aufgehoben worden ist. Damit wurde nicht, wie der Berufungsrichter annimmt, der Spruch vom 20. Januar 1893 wiederhergestellt und mit dem dagegen erhobenen Einspruche von neuem der Beurteilung des Schiedsrichters unterworfen. Im Sinne des Gesetzes war der Spruch vom 20. Januar 1893, da er nicht ordnungsmäßig zugestellt und hinterlegt war, nicht erlassen, und das Urteil auf Aufhebung des Schiedsspruches hat nicht die Bedeutung, die im Verfahren vor den Gerichten das in der höheren Instanz ergehende aufhebende, nicht in der Sache entscheidende Urteil hat. Das schiedsrichterliche Verfahren wird nicht von neuem eröffnet. Vielmehr folgt aus der Aufhebung des ordnungsmäßig zugestellten und hinterlegten Schiedsspruches, sobald er den Streit vollständig erledigen sollte und erledigte, wie das Reichsgericht wiederholt ausgesprochen hat, nichts, als daß das schiedsrichterliche Verfahren ohne haltbares Ergebnis verlaufen ist, und daß der Streit der Parteien nunmehr allein der richterlichen Entscheidung unterliegt.

Danach war der Schiedsspruch vom 3. April 1895 unzulässig, weil nach Aufhebung des Spruches vom 24. Februar 1893 das schiedsrichterliche Verfahren unzulässig war (§ 867 Ziff. 1 C.P.O.)." ...

---

102. Nach welchem Maßstabe und zu welchem Teile kann, wenn gegen mehrere Personen geklagt, und hinsichtlich der Kosten dahin entschieden ist, daß diese, soweit sie durch das Verfahren gegen den einen Streitgenossen entstanden seien, von diesem, dagegen soweit sie durch das Verfahren gegen den anderen Streitgenossen entstanden seien, vom Kläger zu tragen seien, der Kläger seine Kosten von dem unterliegenden Streitgenossen erstattet verlangen?

VI. Civilsenat. Beschl. v. 25. April 1898 i. S. Ba. (Kl.) w. Bö. u. dessen Ehefrau (Bekl.). Beschw.-Rep. VI. 87/98.

I. Landgericht I Berlin.
II. Kammergericht daselbst.

Gründe:

„Die gegen beide Bö.'sche Eheleute auf Zahlung von 400 M gerichtete Klage ist vom Landgerichte der Ehefrau gegenüber abgewiesen, während der Ehemann klagegemäß verurteilt ist. Bezüglich des Kostenpunktes entschied das Landgericht, daß die Kosten des Rechtsstreites, soweit sie durch das Verfahren gegen den verklagten Ehemann entstanden seien, von diesem, dagegen soweit sie durch das Verfahren gegen die verklagte Ehefrau entstanden seien, vom Kläger zu tragen seien.

Der Kläger hat auf Grund dieser Entscheidung Erstattung seiner Kosten vom verklagten Ehemanne verlangt, und das Landgericht hat die liquidierten Kosten mit Ausschluß von 1,85 M Schreibgebühren und Zustellungskosten, welche nur die verklagte Ehefrau angehen, festgesetzt. Auf die Beschwerde des verklagten Ehemannes hat das Kammergericht die festgesetzten Kosten auf die Hälfte herabgesetzt. Hiergegen richtet sich die weitere Beschwerde. Dieselbe erscheint jedoch nicht begründet.

Es handelt sich darum, wie die oben wiedergegebene Kostenentscheidung des Landgerichtes zu verstehen ist. Die unsachgemäße Fassung der Entscheidung stellt, wie nicht zu verkennen ist, dem Verständnisse erhebliche Schwierigkeiten entgegen. Denn die Voraussetzung, daß durch das Verfahren gegen den Ehemann und durch dasjenige gegen die Ehefrau durchgängig getrennte Kosten entstanden seien, trifft nicht zu; die hier in Rede stehenden Kosten des Klägers sind zumeist solche, auf deren Höhe die Streitgenossenschaft der verklagten Eheleute ohne allen Einfluß war, und die daher auch entstanden wären, wenn nur der eine oder der andere der Eheleute verklagt worden wäre. Es muß aber dem Kammergerichte darin beigestimmt werden, daß aus der Entscheidung des Landgerichtes so viel hervorgeht, daß der Kläger seine außergerichtlichen Kosten vom verklagten Ehemanne nur teilweise erstattet verlangen kann, und daß, da ein anderer Maßstab nicht angegeben, und die Beteiligung der Beklagten am Rechtsstreite die gleiche ist, die Teilung der Kosten zur Hälfte als dem Urteile entsprechend anzusehen ist. Die Auffassung des Landgerichtes im Kostenfestsetzungsbeschlusse, nach welcher der Ehemann sämtliche Kosten des Klägers mit Ausnahme derjenigen — ganz unbeträchtlichen — Auslagen zu tragen haben soll, die ausschließlich die Ehefrau angehen, entspricht dem Urteile nicht.

Danach war die weitere Beschwerde zurückzuweisen."

---

103. Bedarf der Revisionsbeklagte, dem als solchem auf Grund des § 110 Abs. 2 Satzes 2 C.P.O. das Armenrecht bewilligt ist, in allen Fällen noch einer besonderen Bewilligung, wenn er sich der Revision anschließen will?

Vereinigte Civilsenate. Beschl. v. 27. April 1898 i. S. P. (Kl.) w. M. (Bekl.). Rep. III. 403/96.

Die vorangestellte, zwischen dem III. und dem V. Civilsenate streitig gewordene Rechtsfrage ist von den vereinigten Civilsenaten dahin entschieden worden:

„Der Revisionsbeklagte, dem als solchem auf Grund des § 110 Abs. 2 Satzes 2 C.P.O. das Armenrecht bewilligt ist, bedarf in allen Fällen noch einer besonderen Bewilligung, wenn er sich der Revision anschließen will."

Gründe:

„Der § 106 C.P.O. bestimmt, daß nur dann das Armenrecht zu bewilligen ist, wenn die beabsichtigte Rechtsverfolgung oder Rechtsverteidigung nicht mutwillig oder aussichtslos ist. Der armen Partei soll die Möglichkeit gewährt werden, vorläufig ohne Kosten ihre nicht offenbar unbegründeten Ansprüche und Einwendungen im Prozesse geltend zu machen; aber es soll nicht die Hand zur mutwilligen Belästigung und Schädigung namentlich der Gegenpartei geboten werden, die sonst hohe Kosten würde aufwenden müssen, ohne von der zweifellos unterliegenden armen Partei Ersatz erlangen zu können.

Dieser Grundsatz ist ausnahmslos im Gesetze festgehalten; nur scheinbar liegt eine Ausnahme in der Vorschrift des § 110 Abs. 2 Satzes 2, daß in der höheren Instanz, wenn der Gegner das Rechtsmittel eingelegt hat, nicht zu prüfen ist, ob die Rechtsverfolgung oder Rechtsverteidigung der Partei mutwillig oder aussichtslos erscheine. Nur eine besondere Prüfung soll in solchen Fällen als überflüssig unterbleiben; denn soweit das Recht der armen Partei durch das angegriffene Urteil bereits anerkannt ist, kann man, ohne das Ansehen der Gerichte zu schädigen, nicht wohl sagen, ihre Verteidigung der ihr günstigen Entscheidung sei aussichtslos, und jedenfalls spricht dann schon so viel zu ihren Gunsten, daß eine besondere Prüfung nicht nötig ist.

Vgl. Hahn, Materialien zur Civilprozeßordnung Bd. 1 S. 557 (Antrag Struckmann und Begründung).

Diese Einschränkung aber kann schon nach ihrem Grunde nur soweit eintreten, wie das Urteil zu Gunsten der armen Partei lautet, wie es vom Gegner angegriffen ist. Will dagegen die arme Partei selbst das Urteil angreifen, so muß die Prüfung, ob dies mutwillig oder aussichtslos sei, eintreten; denn insoweit hat sie das Urteil nicht nur nicht für, sondern sogar gegen sich. Man kann auch nicht für das Gegenteil sich darauf berufen, daß der Revisionsbeklagte das Recht habe, sich dem Rechtsmittel des Gegners anzuschließen, man könne daher die arme Partei, der als Revisionsbeklagter das Armenrecht bewilligt werden müsse, nicht hindern, sich dieses Rechtes zu bedienen. Allerdings kann man das nicht; aber sie hat auch das Recht, selbständig Revision einzulegen, und ohne Zweifel kann man nicht sagen, auch dazu nütze ihr das auf Grund des § 110 Abs. 2 Satzes 2 bewilligte Armenrecht. In beiden Fällen greift sie das Urteil an; beide sind, mit seltenen Ausnahmen, praktisch gleichwertig; in beiden muß sie es aber auf ihre Kosten thun, wenn ihr nicht für diesen Angriff das Armenrecht bewilligt ist.

Auch kann man keinen Unterschied machen, je nachdem die Anschließung innerhalb der Rechtsmittelfrist, oder nach deren Ablauf erklärt ist, auch nicht unterscheiden, ob sie denselben Anspruch betrifft, wie das vom Gegner eingelegte Rechtsmittel, oder andere. Denn das Gesetz deutet solche Unterschiede durchaus nicht an, und der von ihm für die Ausnahme angesprochene Grund, daß der Revisionsbeklagte bereits eine Entscheidung für sich hat, trifft in keinem dieser Fälle zu. Selbst wenn in einzelnen Fällen besondere Gerichtsgebühren für die Anschließung nicht zu erheben wären, würde dies zu einer anderen Beurteilung nicht führen, da nicht nur diese, sondern auch die erheblichen Mehrkosten in Frage stehen, die der Gegenpartei durch einen völlig aussichtslosen Angriff der armen Partei verursacht werden.

Ohne Bedeutung für die zu entscheidende Frage ist auch der in der Entscheidung des V. Senates hervorgehobene Umstand, daß im § 110 sowohl die Rechtsverfolgung als die Rechtsverteidigung erwähnt wird. Dieselbe Fassung findet sich im § 106, bezeichnet also, wie dort, nur die Parteirolle der die Bewilligung des Armenrechtes nachsuchenden Partei. Der entscheidende Grund des Gesetzes ist in allen Fällen, daß die Prüfung, ob mutwillig oder aussichtslos, nur unterbleibt, soweit in der Vorinstanz zu Gunsten der armen Partei erkannt ist; soweit dies nicht zutrifft, ist stets nach der Regel des § 106 zu verfahren.

Selbstverständlich ist hiernach, daß in dem Beschlusse der höheren Instanz, sei es durch Hinweisung auf den § 110 Abs. 2 Satz 2, oder in anderer Weise, erkennbar zu machen ist, ob das Armenrecht nur in diesem beschränkten Umfange, oder nach vorgängiger Prüfung auch für eine etwa beabsichtigte Anschließung bewilligt wird."

104. Versagung genügenden rechtlichen Gehörs durch Berücksichtigung von Umständen, die nicht einen Gegenstand der Verhandlung gebildet haben.

VI. Civilsenat. Urt. v. 28. April 1898 i. S. G. u. Gen. (Bekl.) w. Sch. (Kl.). Rep. VI. 9/98.

I. Landgericht Bartenstein.
II. Oberlandesgericht Königsberg.

Die Entscheidung ist oben unter „Preußisches Recht" Nr. 75 S. 268 abgedruckt.

105. Genügt zur Aufnahme eines unterbrochenen Verfahrens die Zustellung des Urteiles, oder ist die Erklärung der Aufnahme in einem zugestellten Schriftsatze erforderlich?

VI. Civilsenat. Urt. v. 9. Mai 1898 i. S. Dr. (Bekl.) w. Dr. (Kl.). Rep. VI. 52/98.

I. Landgericht Bautzen.
II. Oberlandesgericht Dresden.

Der den Klägern für die erste Instanz zunächst beigeordnete Armenanwalt, Rechtsanwalt B., starb nach Verkündung, aber vor Zustellung des Urteiles des Landgerichtes, durch welches Beklagter unter Abweisung seiner Widerklage nach dem Klagantrage verurteilt wurde. Der Vorsitzende des Landgerichtes bestellte hierauf den Klägern in der Person des Justizrates M. einen anderen Armenanwalt. Dieser ließ am 1. August 1896 dem Prozeßbevollmächtigten des Beklagten erster Instanz, Rechtsanwalt N., das Urteil zustellen. Am 9. März 1897 aber ließ er dem Rechtsanwalte N. einen Schriftsatz zustellen, welcher die Anzeige enthält, daß er den Klägern als Armenanwalt zugeordnet worden sei und deren Vertretung übernommen habe. Am 11. März 1897 erfolgte sodann wiederholte Zustellung des Urteiles erster Instanz an Rechtsanwalt N. durch den Justizrat M., worauf am 26. nnd 30., bezw. schon am 20. März 1897 die

Zustellung der Berufungsschrift durch den Prozeßbevollmächtigten des Beklagten zweiter Instanz an den Justizrat M. und an den Prozeßbevollmächtigten der Kläger zweiter Instanz stattfand. Das Oberlandesgericht verwarf die Berufung des Beklagten als unzulässig. Der Revision des Beklagten ist stattgegeben worden aus folgenden

Gründen:

„Durch den vor der Zustellung des Urteiles erster Instanz erfolgten Tod des Anwaltes der Kläger wurde das Verfahren unterbrochen, und zwar auf so lange, bis der bestellte neue Anwalt von seiner Bestellung dem Gegner Anzeige machte (§ 221 Abs. 1 C.P.O.). Das Berufungsgericht erblickt, ausgehend von der Ansicht, daß zur Aufnahme eines unterbrochenen Verfahrens auch eine konkludente Handlung genüge, und daß eine solche in der Vornahme einer den Streitgegenstand betreffenden Prozeßhandlung der aufnahmepflichtigen Partei überhaupt liegen könne, in der am 1. August 1896 durch den neuen Anwalt der Kläger, Justizrat M., bewirkten Zustellung des Urteiles an den Anwalt des Beklagten die stillschweigende Erklärung der Aufnahme des unterbrochenen Verfahrens. Denn diese Prozeßhandlung sei von derjenigen Prozeßpartei ausgegangen, welcher gegenüber die Unterbrechung des Verfahrens eingetreten gewesen, und es sei diese auf Betreiben des Justizrates M. vorgenommene Zustellungshandlung nicht anders als aus der bethätigten und für alle sonst am Verfahren Beteiligten erkennbaren Absicht der Fortstellung des unterbrochenen Verfahrens zu erklären. Das Berufungsgericht erwägt im Anschlusse hieran weiter, unbestritten habe innerhalb Monatsfrist seit dem 1. August 1896 eine Zustellung der Berufungsschrift seitens des Beklagten an die Gegenpartei nicht stattgefunden, und es könne eine allerdings schon am 30. Juli 1896 erfolgte Zustellung der Berufungsschrift, weil vor der Zustellung des Urteiles erster Instanz (1. August 1896) erfolgt, nach § 477 Abs. 2 Satz 2 C.P.O., als wirkungslos, nicht weiter in Betracht kommen; es müsse deshalb auch die erst im März 1897 erfolgte Wiederholung der Zustellung der Berufungsschrift, selbst wenn sie gegenüber der Urteilszustellung vom 11. März 1897 hätte wirksam werden können, der Urteilszustellung vom 1. August 1896 gegenüber als verspätet angesehen, und demgemäß die Berufung nach § 477 Abs. 1. § 497 Satz 2 C.P.O. als unzulässig verworfen werden.

Dem Berufungsgerichte kann zwar darin beigetreten werden, daß die Urteilszustellung eine Prozeßhandlung zur Hauptsache ist.

Vgl. Entsch. des R.G.'s in Civils. Bd. 13 S. 317.

Dagegen ist die Anschauung des Berufungsgerichtes, daß in der Urteilszustellung, wenn sie von derjenigen Partei, welche die Aufnahme zu erklären hat, bewirkt werde, eine rechtswirksame Aufnahmeerklärung gefunden werden kann, rechtsirrig. Nach § 221 Abs. 1 C.P.O. hat behufs der Aufnahme der bestellte neue Anwalt dem Gegner von seiner Bestellung Anzeige zu machen, und nach § 227 C.P.O. erfolgen die Aufnahme eines unterbrochenen (oder ausgesetzten) Verfahrens und die in dem Titel über Unterbrechung und Aussetzung des Verfahrens (§§ 217 flg. C.P.O.) erwähnten Anzeigen durch Zustellung eines Schriftsatzes. Für den vorliegenden Fall bestimmt also § 221 den Inhalt des nach § 227 dem Gegner zuzustellenden Schriftsatzes. In den Motiven (zu § 219 des Entwurfes S. 179) wird die Vorschrift des § 227 damit gerechtfertigt, daß, wenn sie sich auch dem Modus des Prozeßbetriebes durch die Partei anschließe, durch diese Form der Aufnahmeerklärung ein fester Zeitpunkt für die Beendigung der Unterbrechung (und Aussetzung) gewonnen werde, was rücksichtlich des damit zusammenfallenden Wiederbeginnes der Fatalien durchaus unentbehrlich erscheine. Es handelt sich hiernach, woran übrigens auch die Fassung des § 227 keinen Zweifel läßt, um eine auf wichtigen Gründen beruhende formale Vorschrift, von der nach den Motiven nur für den Fall eine Ausnahme zugelassen werden soll, wenn die Aufnahme in einer mündlichen Verhandlung erklärt wird. Die Vorschrift des § 227 wird auch überall, von den Kommentatoren und in der Praxis, so verstanden und gehandhabt, daß die Aufnahme eben nur durch Erklärung in einem zugestellten Schriftsatze (oder in einer mündlichen Verhandlung) erfolgen kann. Zumal die Praxis des Reichsgerichtes steht in dieser Beziehung fest.

Vgl. Entsch. des R.G.'s in Civils. Bd. 13 S. 316, Bd. 14 S. 334, Bd. 30 S. 409, Bd. 38 S. 416.

Einzelne Senate des Reichsgerichtes glaubten nur in bestimmten Fällen dem praktischen Bedürfnisse insoweit entgegenkommen zu sollen, als sie die ausdrückliche Erklärung der Aufnahme des Verfahrens in dem zugestellten Schriftsatze nicht für unumgänglich erforderlich, vielmehr für genügend erachteten, daß aus dem Inhalte des das ausgesetzte (fortzusetzende) Verfahren betreffenden Schriftsatzes, aus der in dem Schriftsatze und dessen Zustellung vorgenommenen Prozeßhandlung der aufnahmepflichtigen Partei auf deren Absicht, hierdurch das Verfahren aufzunehmen, geschlossen werden mußte.

Vgl. Entsch. des R.G.'s in Civils. Bd. 14 S. 334; Juristische Wochenschrift 1891 S. 468 Nr. 11, 1895 S. 102; Seuffert, Archiv Bd. 51 Nr. 140.

Weiter gehen auch die Kommentatoren nicht, soweit sie sich über die Form, wie die Aufnahme zu bewirken ist, eingehender auslassen. Es ist unzulässig, aus den zuletzt erwähnten Entscheidungen das allgemeine Prinzip abzuleiten, auf dem das Berufungsurteil beruht. Die Vorschrift, daß die Aufnahme eines unterbrochenen Verfahrens durch Zustellung eines Schriftsatzes erfolgen muß, bleibt für alle Fälle bestehen. Es liegt überdies auf der Hand, daß gerade, wo es sich um die Einhaltung einer Notfrist handelt, die Zustellung des Urteiles für sich nur eine durchaus unsichere Grundlage für die Beurteilung der Frage bieten könnte, ob diese Zustellung in der Absicht der Aufnahme, oder aus einem die prozessuale Sachlage betreffenden Irrtume erfolgte. Die Bemerkung des Berufungsgerichtes, die Zustellung vom 1. August 1896 könne nur aus der Absicht des Justizrates M., das unterbrochene Verfahren fortzusetzen, erklärt werden, steht auch auf sehr schwachen Füßen. Sie wird insbesondere durch das Schreiben des Justizrates M. an sein Bureau vom 27. Juli 1896, mit dem er den Auftrag der Zustellung erteilte, zum mindesten nicht unterstützt. Es kommt jedoch darauf, ob Justizrat M. jene Absicht hatte, und dieselbe dem Gegner erkennbar war, gar nicht an, weil eben diese Absicht nicht in derjenigen Form, welche die Civilprozeßordnung als unerläßlich vorschreibt, erklärt worden wäre.

Demgemäß muß das angefochtene Urteil, ohne daß auf die gegen die formelle Gültigkeit des Zustellungsaktes vom 1. August 1896 erhobenen Bedenken einzugehen wäre, aufgehoben, und die Sache zur anderweiten Verhandlung und Entscheidung an das Berufungsgericht zurückverwiesen werden. Das Reichsgericht ist nicht in der Lage, die Wirksamkeit der Aufnahmeerklärung vom 9. März 1897 und der nachfolgenden Zustellungsakte vom 11., 26., 30. und 20. März 1897 zu beurteilen, da hierüber eine Entscheidung des Berufungsgerichtes noch aussteht, und nicht ersichtlich ist, daß über die Wirksamkeit dieser

Akte schon verhandelt worden ist. Sicher ist nur soviel, daß die Zustellung vom 1. August 1896, weil sie während der Unterbrechung des Verfahrens erfolgte, als Zustellung nicht weiter in Betracht kommt (§ 226 Abs. 2 C.P.O.)." ...

---

106. Muß der im Urkunden- oder Wechselprozesse als Kläger unter seiner Firma und unter seinem bürgerlichen Namen auftretende Einzelkaufmann mit der Klage einen urkundlichen Nachweis vorlegen, daß er Inhaber der Firma sei?

VI. Civilsenat. Urt. v. 16. Mai 1898 i. S. G. P. Nachf. (Kl.) w. L. (Bekl.). Rep. VI. 61/98.

I. Landgericht Bayreuth.
II. Oberlandesgericht Bamberg.

Rechtsanwalt M. in B. erhob namens der Firma H. P. Nachfolger, Getreide- und Agenturengeschäft in K., „vertreten durch den Inhaber A. P. dortselbst", unter Vorlage von drei Wechseln nebst Protesturkunden gegen den Bauer L. als Acceptanten Klage im Wechselprozesse mit dem Antrage auf Verurteilung desselben zur Bezahlung der Gesamtwechselsumme von 2300 ℳ nebst Zinsen, Protestkosten und Provision. Einer der Wechsel war bei der klagenden Firma H. P. Nachfolger domiziliiert und war laut Protestes zur Verfallzeit dem A. P., als Inhaber derselben, vergeblich zur Zahlung präsentiert worden. Der Beklagte machte geltend, die Eigenschaft des Klägers A. P. als Wechselgläubigers sei nicht durch Urkunden nachgewiesen; die Firma H. P. Nachfolger sei im Firmenregister nicht eingetragen; die Berechtigung des Klägers zur Führung der bezeichneten Firma für jetzt und für die Zeit des Wechselgiros werde bestritten.

Durch Urteil des Landgerichtes wurde die Klage als in der gewählten Prozeßart unstatthaft abgewiesen, durch Urteil des Oberlandesgerichtes die „vom Kläger A. P." eingelegte Berufung als unbegründet zurückgewiesen. Auf die Revision des Klägers wurde das Urteil des Oberlandesgerichtes aufgehoben, und die Sache zur anderweiten Verhandlung und Entscheidung an das Berufungsgericht zurückverwiesen.

Gründe:

„Das Berufungsgericht stellt fest, aus dem Inhalte der Urkunden sei zu entnehmen, daß die Firma H. P. Nachfolger die Wechsel durch das vorausgehende Blankoindossament des Wechselausstellers und Remittenten P. H. erworben, die Wechsel weiter indossiert und im Regreßwege zurückerhalten habe, die Firma H. P. Nachfolger also wohl als Eigentümerin des Wechsels legitimiert und wechselberechtigt erscheine. Dagegen, erörtert es weiter, sei aus dem Inhalte der Wechsel keineswegs ersichtlich, daß der als Kläger auftretende A. P. Inhaber jener Firma und demnach zur Klage aus den Wechseln legitimiert sei. Auch durch die Protesturkunde werde der Nachweis der Identität des Klägers A. P. mit dem Inhaber der kritischen Firma nicht erbracht; denn sie lasse nicht entnehmen, daß die Angabe des Gerichtsvollziehers: „sprechend mit dem Inhaber der genannten Firma, dem Herrn Getreidehändler A. P.", einer anderen Quelle als der eigenen Angabe des Klägers selbst entnommen sei. Weitere urkundliche Beweismittel für die Inhaberschaft seien mit der Klagestellung nicht geboten worden. Die Frage der Inhaberschaft betreffe die Aktivlegitimation, gehöre also zu den klagebegründenden Thatsachen. Die Vorschrift des § 556 Satz 2 C.P.O. schließe die Nachbringung der die Klage begründenden Urkunden jedenfalls dann aus, wenn der Mangel gerügt werde. Deshalb hätten auch die in der Berufungsverhandlung zum Nachweise der Inhaberschaft vorgelegten Urkunden nicht berücksichtigt werden können.

Die Revision rügt, das Berufungsgericht habe mit Unrecht die Inhaberschaft der Firma als klagebegründende Thatsache erachtet und unter die Bestimmung des § 556 Satz 2 C.P.O. gestellt. Auch wenn man annehme, daß auf Grund eines Vollindossaments geklagt werde, könne die Vorlage eines urkundlichen Nachweises der Inhaberschaft zu der Klage nicht gefordert werden. Die Firma sei der kaufmännische Name, unter dem der Kaufmann seine Geschäfte betreibe. Es sei Sache der Einrede, darzuthun, daß der Kläger nicht Inhaber der Firma sei. Übrigens sei der Kläger ja durch Blankoindossament legitimiert.

Daß die Versäumnis der Vorschrift des § 556 Satz 2 C.P.O. durch die nachträgliche Vorlage der gemäß § 555 C.P.O. zur Begründung des Anspruches erforderlichen Urkunden nicht gehoben werden kann, und die Abweisung der Klage als im Urkunden- oder Wechselprozesse unstatthafter zur Folge hat, ist anerkannt.

Vgl. v. Wilmowski u. Levy, Civilprozeßordnung 7. Aufl. Bd. 2 S. 838, zu § 556 Bem. 3.

Nach der Feststellung des Berufungsgerichtes erhebt der Kläger den Wechselanspruch nicht auf Grund eines Blankoindossamentes als Indossatar, sondern als Indossant, an den der Wechsel im Regreßwege zurückgegangen ist (Art. 51 W.O.). Durch das Blankoindossament allein ist daher die Legitimation des Klägers zu der erhobenen Klage nicht hergestellt.

Daß der Gerichtsvollzieher eines Städtchens von etwa 8000 Einwohnern in der Lage ist, sich über die Identität des Inhabers eines größeren, von diesem seit einer Reihe von Jahren betriebenen Geschäftes zu vergewissern, sollte man annehmen dürfen. Hiernach wäre die weitere Annahme zulässig, daß der Gerichtsvollzieher die Beurkundung „sprechend mit dem Inhaber" auf Grund eigener, selbst amtlicher Kenntnis vorgenommen. Da jedoch der Protestbeamte bei gewissenhafter Ausführung seines Auftrages sich zwar über die Identität des Protestaten informieren wird, immerhin aber in dieser Beziehung die Aufgabe und Pflicht eines Urkundsbeamten nicht hat,

vgl. Entsch. des R.O.H.G.'s Bd. 17 S. 59,

so fällt der Zweifel des Berufungsgerichtes über die Feststellung der Identität in das Gebiet der einer Nachprüfung in der Revisionsinstanz entzogenen Würdigung von Thatsachen.

Die Wechselordnung gestattet die Zeichnung (Unterschrift) wahlweise mit dem Namen oder der Firma, dem Einzelkaufmanne also mit dem bürgerlichen Namen oder mit seinem Handelsnamen (Art. 4 Ziff. 3. 5. 7. Artt. 12. 21 W.O.). Die Wechselberechtigung und die Wechselverpflichtung wird daher durch die Zeichnung mit der Firma, dem Namen, unter dem der Kaufmann im Handel seine Geschäfte betreibt und die Unterschrift abgiebt (Art. 15 H.G.B.), begründet und nachgewiesen.

Nach der herrschenden Meinung begründet der Besitz des mit dem vorprotestlichen Indossament versehenen Wechsels und des Protestes jedenfalls die Vermutung, der Besitzer habe den Wechsel im Regreßwege eingelöst.

Vgl. Staub, Kommentar zur Wechselordnung Art. 51 § 2;

Borchardt, Die Allgemeine Deutsche Wechselordnung mit Kommentar 8. Aufl. Zus. 437.

Durch die vorgelegten, der Klageschrift in Abschrift beigelegten Urkunden ist, wie auch das Berufungsgericht annimmt, also dargethan, daß der Inhaber der Firma H. P. Nachfolger den geltend gemachten Wechselanspruch zu erheben berechtigt ist.

Wird der Prozeßweg vom oder gegen den Kaufmann beschritten, so ist es zunächst eine Frage der Bezeichnung der Partei im Sinne des § 230 Abs. 2 Ziff. 1 C.P.O., ob der Kaufmann mit seinem bürgerlichen Namen, oder seinem Handelsnamen, der Firma, genannt wird.

Vgl. Staub, Kommentar zum Handelsgesetzbuch 5. Aufl. zu Art. 15 § 6a S. 33 flg.; v. Wilmowski u. Levy, Civilprozeßordnung 7. Aufl. zu § 230 Bem. 3, Bd. 1 S. 375.

Tritt der Kaufmann unter seinem bürgerlichen Namen auf, so kann bestritten werden, daß er der Träger dieses Namens sei, tritt er unter seinem Handelsnamen, der Firma, auf, daß er der Träger dieses Handelsnamens, der Inhaber der Firma sei. Nennt er den Handelsnamen, die Firma, und den bürgerlichen Namen, so kann das eine oder das andere oder beides bestritten werden. In jedem Falle handelt es sich um eine Identitätsfrage.

Die Bezeichnung der Partei gehört nicht zu den klagebegründenden Thatsachen im Sinne der §§ 555. 556 C.P.O. Keine Prozeßordnung hat einen Paßzwang für das Betreten der Gerichtsschwelle begründet. Auch im Prozeßverkehr wird Betrug oder absichtliche Täuschung nicht vermutet. Jeder gilt zunächst als der, als den er sich vorstellt. Was vom Träger des bürgerlichen Namens gilt, muß auch vom Träger des Handelsnamens gelten. Daß der mit seinem bürgerlichen Namen und seinem Handelsnamen, der Firma, als Kläger im Urkundenprozeß auftretende Kaufmann für den Fall einer etwaigen Bestreitung seines Handelsnamens schon mit der Klage einen urkundlichen Nachweis des letzteren vorlege, kann somit ebensowenig gefordert werden, als daß er Vorsichts halber seinen bürgerlichen Namen mit einem Taufscheine oder einem Auszuge aus dem Geburtsregister schon in der Klageschrift belege. Die Prüfung und Bestreitung der Identität des Wechselgläubigers muß allerdings auch dem Wechselschuldner zugestanden werden.

Vgl. Thöl, Wechselrecht § 150 S. 514; Staub, Kommentar zur Allgemeinen Deutschen Wechselordnung zu Art. 36 § 17.

Die Annahme, daß durch die Firma eine zweifellose Identitätsfeststellung nicht erreicht werde, hat im Verein mit der Erwägung der Schwierigkeiten, die sich durch einen Wechsel der Firmeninhaberschaft innerhalb der verschiedenen Stadien des Prozesses bis zur Exekution ergeben könnten, zu der Ansicht geführt, daß ein Einzelkaufmann unter seiner Firma nicht im Prozesse auftreten, vielmehr nur unter seinem bürgerlichen Namen klagen und verklagt werden dürfe.

Vgl. Staub, Kommentar zum Handelsgesetzbuch 5. Aufl. S. 33 § 6a.

Der erkennende Senat erachtet im Anschlusse an die Rechtsprechung des Reichsoberhandelsgerichtes den gerade auch mit Rücksicht auf die Bedürfnisse des Wechselprozesses in § 17 des Handelsgesetzbuches vom 10. Mai 1897 anerkannten Grundsatz, daß der Kaufmann unter seiner Firma klagen und verklagt werden könne, auch für das bestehende Recht als eine den Bedürfnissen des Handelsverkehres entsprechende, folgerichtige Entwickelung der civilrechtlichen und im Handelsverkehre anerkannten Bedeutung der Firma.

Vgl. Entsch. des R.O.H.G.'s Bd. 3 S. 411, Bd. 23 S. 101; Denkschrift zu dem Entwurf eines Handelsgesetzbuchs S. 31.

Aus der Berechtigung des Auftretens unter der Firma folgt aber nicht nur, daß der dermalige Inhaber der Firma als Kläger oder Beklagter gilt, sondern auch, daß, selbst wenn ein etwaiger Wechsel der Firmeninhaberschaft für die in Frage stehende Berechtigung oder Verpflichtung in Betracht kommt, die Darlegung, daß ungeachtet des Wechsels der Inhaberschaft der dermalige Inhaber berechtigt oder verpflichtet sei, nicht zur Klagebegründung erforderlich ist.

Vgl. Entsch. des R.O.H.G.'s Bd. 23 S. 101.

Das Berufungsgericht hat daher rechtsirrtümlich die in der Berufungsinstanz vorgelegten urkundlichen Nachweise ... einer Würdigung nicht unterstellt." ...

107. Ist die Klage im Wechselprozesse aus einem Wechsel an eigene Order zuzulassen, auf dessen Rückseite sich als erste Namensschrift diejenige des Ausstellers befindet, zugleich aber der über dieser Namensschrift stehende Übertragungsvermerk durchstrichen ist?

W.O. Art. 36.
C.P.O. § 555.

I. Civilsenat. Urt. v. 8. Juni 1898 i. S. des Vorschußvereines in N. (Kl.) w. M. (Bekl.). Rep. I. 56/98.

I. Landgericht Köslin.
II. Oberlandesgericht Stettin.

Der im Wechselprozeß erhobenen Klage lag ein in N. am 15. März 1896 ausgestellter, vom Beklagten auf F. K. in R. gezogener, als „zahlbar bei der Vorschuß-Kasse zu N.“ bezeichneter, mit dem Akzeptvermerk: „Angenommen F. K.“, versehener Sichtwechsel an eigene Order zu Grunde. Auf der Rückseite befand sich der durch farbigen Stempel hergestellte, aber wieder durchstrichene Vermerk:

„An die Ordre des Vorschuß-Vereins zu N., eingetragene Genossenschaft mit beschränkter Haftpflicht.

Werth erhalten.

N., den . . . . . 18 . .“.

Darunter stand undurchstrichen die Namensunterschrift des Beklagten. Dann folgte ein mit dem vorerwähnten Vermerk gleichlautender, ebenfalls durch farbigen Stempel hergestellter, nicht durchstrichener Vermerk mit der Unterschrift H. A.

Am 17. September 1897 wurde der Wechsel im Auftrage des klagenden Vorschußvereines zu N. und in dessen Geschäftslokale protestiert.

Das Landgericht verurteilte dem Klagantrage gemäß; dagegen wurde vom Oberlandesgerichte die Klage als im Wechselprozeß unstatthaft abgewiesen, nachdem der Beklagte noch eingewendet hatte: der Kläger sei durch den Wechsel nicht als dessen Inhaber legitimiert; es fehle an einem Giro, durch welches H. A., der Vormann und Indossant des Klägers, den Wechsel gültig erworben habe; denn das vorhergehende Giro des Beklagten sei kein Blankogiro; vielmehr sei es vom Beklagten als Vollgiro unterschrieben, nnd der über dem

Namen befindliche Vermerk später von dem Kassenbeamten des klagenden Vereines, ohne daß Beklagter gefragt worden, durchstrichen worden. Der Kläger hatte diese Anführungen bestritten. Er hatte behauptet, das Wechselformular sei vom Vorschußvereine geliefert und mit den beiden Farbendruckstempeln versehen dem Akzeptanten ausgehändigt, um die Unterschriften der Bürgen zu beschaffen und mit diesen und seinem Akzepte den Wechsel behufs des Geldempfanges zurückzubringen; der Beklagte habe den ersten Übertragungsvermerk selbst durchstrichen, um ein Blankogiro herzustellen, oder doch seine Unterschrift erst nach Durchstreichung des Vermerkes in der Absicht bewirkt, ein Blankogiro zu geben. Beide Teile hatten über ihre Behauptungen Eide zugeschoben, die angenommen waren. Die Revision des Klägers ist zurückgewiesen worden aus nachfolgenden

Gründen:

... „Die für die Entscheidung maßgebenden Rechtsnormen sind der Art. 36 W.O. und der § 555 C.P.O. Nach Art. 36 W.O. wird der Inhaber eines indossierten Wechsels nur durch eine zusammenhängende, bis auf ihn hinuntergehende Reihe von Indossamenten als Eigentümer des Wechsels legitimiert. Dabei sind allerdings ausgestrichene Indossamente als nicht geschrieben anzusehen. Auf dem vorliegenden Wechsel ist aber ausgestrichen nicht ein ganzes Indossament, sondern nur der über der Namensschrift des Beklagten auf der Rückseite des Wechsels befindliche Übertragungsvermerk, und ein allgemeinerer Rechtssatz, nach welchem auch dieser ausgestrichene Übertragungsvermerk als nicht geschrieben anzusehen wäre, besteht nicht. Nun ist es freilich möglich, daß die Ausstreichung bereits erfolgt war, als der Beklagte seine Namensschrift auf die Rückseite des Wechsels setzte, oder daß sie zwar erst nach der Vollziehung der Namensschrift, aber vom Beklagten selbst oder doch mit dessen Zustimmung vorgenommen worden ist, und man kann zugeben, daß in jedem dieser drei Fälle ein gültiges Blankoindossament, durch welches der Vormann des Klägers berechtigter Erwerber des Wechsels geworden wäre, vorliegen würde. Ebensowohl möglich ist es aber, daß der Übertragungsvermerk, nachdem ihn der Beklagte unterschrieben hatte, ohne dessen Zustimmung ausgestrichen worden ist, und in diesem Falle würde dem Indossament des H. A. ein gültiges Blankoindossament des Beklagten nicht vorhergehen. Die hiernach bestehenden thatsächlichen Zweifel zu beseitigen, war die Aufgabe des Klägers, und er konnte sie nach § 555 C.P.O. in prozessualisch zulässiger Weise nur beseitigen durch Urkundenbeweis, da sein Anspruch sich nur dann als begründet darstellt, wenn er legitimierter Inhaber des Wechsels ist; einen solchen Beweis hat er aber nicht anzubieten vermocht.

Ob der Kläger in der Lage gewesen wäre, durch Ausstreichung des Indossamentes von H. A. äußerlich seine Legitimation herzustellen, kann auf sich beruhen bleiben. Wo Art. 55 W.O. zutrifft, braucht allerdings der Indossant diejenigen Indossamente, die er auszustreichen befugt ist, nicht wirklich auszustreichen. Daraus folgt aber nicht, daß im gegebenen Falle die vorhanden gewesene thatsächliche Möglichkeit der Ausstreichung der vorgenommenen Ausstreichung gleichsteht.

Vgl. Entsch. des R.O.H.G.'s Bd. 22 S. 323; Entsch. des R.G.'s in Civils. Bd. 1 S. 33." ...

108. Bewirkt nach Einlegung der Revision durch mehrere Streitgenossen die Unterbrechung des Verfahrens gegen einen derselben die Unzulässigkeit der Revision des anderen, wenn dessen Beschwerde allein die Revisionssumme nicht erreicht?

III. Civilsenat. Urt. v. 10. Juni 1898 i. S. J. (Bekl.) w. J. (Kl.). Rep. III. 374/97.

I. Landgericht Hall.
II. Oberlandesgericht Stuttgart.

Die obige Frage ist verneint aus folgenden

Gründen:

„Die Beklagten waren im angefochtenen Urteile schuldig erkannt, an die Kläger 1572,77 *M* mit 5 Prozent Zinsen vom 10. Oktober 1894 an zu zahlen, und war von dieser Summe dem Beklagten Wilhelm J. der Betrag von 997,42 *M*, dem Friedrich J. 575,35 *M* mit Zinsen zur Last gelegt. Die Revision gegen dieses Urteil war von beiden Beklagten im gemeinschaftlichen Schriftsatze vom 19. November 1897 eingelegt, und wenn nach der Zustellung dieses Schriftsatzes im

Laufe der Revisionsinstanz durch Eröffnung des Konkurses das Verfahren bezüglich des Wilhelm J. unterbrochen wurde, und bisher dessen Wiederaufnahme nicht erfolgt ist, so folgt hieraus nicht, daß die Revision des Friedrich J. nunmehr wegen fehlender Revisionssumme als unzulässig zu verwerfen wäre, wie die Revisionsbeklagten ausgeführt haben. Die Zulässigkeit der Revision, welche nach dem Verhältnisse der Summen von der Verbindung mit der Revision des Wilhelm J. abhing, war zur Zeit der Revisionseinlegung unbedenklich gegeben, und seither ist kein Umstand eingetreten, welcher hierin eine wesentliche Änderung bewirken konnte. Das gesamte durch die Revisionseinlegung seitens beider Beklagten begründete Verfahren ist anhängig geblieben, und die Konkurseröffnung über das Vermögen des Wilhelm J. hemmt nur einstweilen die Durchführung seiner Revision, steht aber dem nicht entgegen, daß über die von der Unterbrechung des Verfahrens nicht betroffene Revision des Friedrich J. durch Teilurteil entschieden wird." ...

---

109. Kann die Eideszuschiebung an notwendige Streitgenossen noch zurückgenommen oder durch andere Beweismittel ersetzt werden, wenn der durch Beweisbeschluß angeordnete Eid schon von einigen Streitgenossen abgeleistet worden ist?

V. Civilsenat. Urt. v. 15. Juni 1898 i. S. D. (Kl.) w. S. Erben (Bekl.). Rep. V. 6/98.

I. Landgericht Brieg.
II. Oberlandesgericht Breslau.

Gegen die neun Erben des verstorbenen S. wurde auf Schadensersatz geklagt wegen angeblicher Entwertung einer Hypothekenforderuug der Klägerin durch Schuld des Erblassers. In erster Instanz wurde eine Beweiserhebung über die bestrittenen Behauptungen der Klägerin durch die von ihr angerufenen Zeugen beschlossen. Als der Zeuge L. nicht gefunden werden konnte, und die übrigen Zeugen nichts Sachdienliches aussagten, verzichtete die Klägerin auf den Zeugen L. und schob den Beklagten den Eid zu, den diese annahmen, und dessen Ableistung das Landgericht im Beschlußwege anordnete. Nachdem sechs Beklagte den Eid abgeleistet hatten, zog die Klägerin die Eideszuschiebung den übrigen drei Beklagten gegenüber zurück und wiederholte jetzt die Benennung des L. als Zeugen unter Angabe seiner Adresse in Paris. Das Landgericht wies nunmehr die Klage ab, indem es die Zurücknahme der Eideszuschiebung als für sämtliche neun Beklagte wirksam ansah und die Vernehmung des L. für unerheblich erachtete.

In zweiter Instanz wiederholte die Klägerin nochmals die Benennung des L. als Zeugen, dessen Vernehmung vom Berufungsgerichte auch beschlossen wurde; L. war aber inzwischen wieder verschwunden, worauf die Klägerin an seiner Stelle zwei neue Zeugen namhaft machte. Das Berufungsgericht änderte dann auch das erste Urteil dahin ab, daß der in erster Instanz beschlossene Eid noch von den drei Beklagten, die dort nicht geschworen hatten, abzuleisten sei, und, wenn dies geschehe, die Klage abgewiesen werde, anderenfalls die sämtlichen Beklagten zur Zahlung der eingeklagten Summe mit Zinsen verurteilt würden.

Dieses Urteil ist vom Reichsgericht aufgehoben worden aus den folgenden

Gründen:

„Die Klage ist von beiden Vorinstanzen unter Verwerfung der dagegen erhobenen Einreden für begründet erachtet worden, und hiergegen, wie gegen die weitere Annahme der Vorinstanzen, daß den Beklagten gegenüber das Streitverhältnis nur einheitlich festgestellt werden könne, lassen sich keine Bedenken erheben. Der Angriff der Revision richtet sich lediglich gegen die Beurteilung, welche die von der Klägerin erklärte Zurücknahme der Eideszuschiebung und Geltendmachung anderer Beweismittel, nachdem der Eid schon von einem Teil der Streitgenossen abgeleistet worden war, seitens des Berufungsgerichtes gefunden hat.

Während der erste Richter dieser Erklärung der Klägerin die Wirkung beimißt, das ganze Eidesverfahren zu beseitigen, einschließlich der schon erfolgten Eidesleistung von sechs Streitgenossen, versagt der Berufungsrichter ihr die Zulässigkeit und gelangt auf diese Weise dazu, die Fortsetzung der unterbrochenen Eidesabnahme anzuordnen und den Ausgang des Prozesses von dem Ausfalle des Eidesverfahrens abhängig zu machen. Er führt aus:

Das Gesetz enthalte allerdings keine Bestimmung darüber, bis zu welchem Zeitpunkte die Zurücknahme der Eideszuschiebung gültig vorgenommen werden könne; aber die Eidesabnahme sei ein untrennbarer Akt, der nach seinem Beginne nicht wieder unterbrochen werden dürfe. Bei der Eidesleistung durch eine Einzelpartei würde es der Heiligkeit des Eides widersprechen, wenn es dem Gegner gestattet würde, die schon begonnene feierliche Ableistung durch eine einseitige Erklärung aufzuhalten; auch würde das die unerträgliche Folge haben, daß der Beweisführer zunächst versuchen könne, ob der Schwurpflichtige schwören werde, um dann noch andere Beweismittel einzuschieben. Ebenso einheitlich und untrennbar müsse aber das Eidesverfahren bei schwurpflichtigen Streitgenossen sein; sonst entstände auch die bedenkliche Folge, daß der Beweisführer das Spiel treiben könne, einige der Streitgenossen umsonst schwören zu lassen. Bei solchen Streitgenossen, denen gegenüber nur eine einheitliche Feststellung des Streitverhältnisses möglich sei, könne überdies begrifflich die Zurücknahme der Eideszuschiebung wirksam nur allen gegenüber, und denen, die schon geschworen hätten, gegenüber gar nicht geschehen, wie denn im vorliegenden Falle die Zurücknahme thatsächlich auch nur den Streitgenossen gegenüber erklärt worden sei, die noch nicht geschworen hätten.

Mit Recht werden diese Ausführungen und die darauf gestützte Entscheidung von der Revision angegriffen.

Der § 418 C.P.O. gestattet den Parteien, auch noch nach der Zuschiebung, Annahme oder Zurückschiebung des Eides andere Beweismittel geltend zu machen. Der Zeitpunkt, bis zu welchem dies gestattet ist, ergiebt sich im allgemeinen aus § 256, wonach Beweismittel bis zum Schluß der mündlichen Verhandlung, auf welche das Urteil ergeht, geltend gemacht werden können. Für den Fall aber, daß, wie hier, die Eidesleistung durch Beschluß angeordnet worden ist (§ 426), tritt diese Zeitgrenze früher ein; denn da nach § 428 durch Leistung des Eides voller Beweis der beschworenen Thatsache begründet wird, ist jedenfalls nach der Eidesleistung die Geltendmachung anderer Beweismittel begrifflich ausgeschlossen.

Vgl. Entsch. des R.G.'s Bd. 17 Nr. 81 S. 335.

Wenn es die Civilprozeßordnung nicht anders anordnet, muß aber auch bis zu dem Zeitpunkte, in welchem durch die Eidesleistung voller Beweis erbracht wird, also bis zur Vollendung der Eidesleistung, die Nachbringung anderer Beweismittel zulässig sein; denn begrifflich schließt erst die Erbringung des Beweises andere Beweismittel aus, und erbracht ist der Beweis erst mit der vollendeten Eidesleistung. Auf eine hiervon abweichende Bestimmung der Civilprozeßordnung hat sich der Berufungsrichter nicht stützen können; er ist nur der Ansicht, daß die Eidesleistung ein untrennbarer Akt sei, und daß der Heiligkeit des Eides Abbruch geschehe, wenn es dem Beweisführer gestattet werde, bloße Versuche mit dem Eidesbeweise anzustellen. Der letzteren Erwägung kann indes kein entscheidendes Gewicht beigemessen werden, umsoweniger als sich ebensogut Fälle denken lassen, in denen die Heiligkeit des Eides gerade dadurch gefördert wird, daß der Beweisführer es nicht erst zu der Ausschwörung überflüssiger oder gar falscher Eide kommen läßt. Eine Untrennbarkeit des Aktes der Eidesleistung läßt sich aber aus dem Gesetze nicht erweisen; von ihr könnte auch der Regel nach nur allenfalls dann die Rede sein, wenn eine Einzelpartei den Eid zu leisten hat, und selbst in diesem Falle fehlt es an jeder sicheren Handhabe für die Angabe, bis zu welchem Abschnitt in der fortschreitenden Handlung der Eidesableistung (§§ 442—446 C.P.O.) eine Unterbrechung zugelassen werden dürfe, selbst wenn man dem Richter hierbei die Ausübung der ihm nach § 177 G.V.G. zustehenden Sitzungspolizei gestattete. Im vorliegenden Falle handelt es sich übrigens nicht um die Eidesleistung einer einzelnen Partei, sondern um die von notwendigen Streitgenossen im Sinne des § 434 C.P.O., die schon dadurch in mehrere Akte auseinander fiel, daß, wie das Protokoll des Amtsgerichtes Str. vom 18. Februar 1896 ergiebt, die vor diesem Amtsgericht vereidigten sechs Streitgenossen den Eid einzeln abgeleistet haben, die aber überdies seitens der anderen drei Streitgenossen vor einem anderen Amtsgericht stattfinden sollte.

Vollendet wäre diese Eidesleistung erst dann gewesen, wenn alle Streitgenossen den Eid abgeleistet hätten. Bis dahin, daß dies geschah, hatte dem Vorstehenden nach in Gemäßheit des § 418 jede Partei, auch jeder der verklagten neun Streitgenossen, solange er selbst nicht geschworen hatte, das Recht, andere Beweismittel geltend zu machen. Durch die Ableistung des Eides seitens einiger Streitgenossen konnte dieses Recht nicht verschränkt werden, weil trotzdem noch keine Vollendung der Eidesleistung der verklagten Partei, also noch kein die Nachbringung anderer Beweismittel ausschließender Beweis vorlag. Wenn in dem vom Berufungsrichter angezogenen Kommentar zur Civilprozeßordnung von Reincke § 434 Bem. 2 bemerkt wird, daß auch der Widerruf einer Eideszuschiebung oder Zurückschiebung nur dann von Wirksamkeit sei, wenn er seitens aller Streitgenossen oder gegenüber allen erfolge, so ist dabei offenbar nur an den regelmäßigen Fall gedacht worden, daß mit der Eidesleistung noch nicht begonnen war.

Mit Unrecht hat demnach der Berufungsrichter den von der Klägerin angetretenen Zeugenbeweis, — den er nicht etwa für unerheblich erklärt hat, — abgelehnt. Selbst wenn er diesen Beweis als überflüssig angesehen hätte und hätte ansehen dürfen, würde er der von der Klägerin erklärten Zurücknahme der Eideszuschiebung haben stattgeben müssen; denn bei dem erörterten Inhalte des § 418 C.P.O. einerseits und bei der Beschränkung der in § 423 andererseits angeordneten Unwiderruflichkeit auf die Annahme und auf die Zurückschiebung des Eides kann nicht bezweifelt werden, daß auch der bloße Widerruf einer Eideszuschiebung im Falle der Eidesanordnung durch Beweisbeschluß bis zur Ableistung des Eides statthaft ist, worüber auch in der prozeßrechtlichen Litteratur nahezu Einstimmigkeit herrscht.

Es hat demnach das Berufungsurteil aufgehoben, und die Sache in die Berufungsinstanz zurückverwiesen werden müssen. Für die demnächstige Beweiswürdigung ist noch die Bemerkung hinzuzufügen, daß — entsprechend der ein gleiches für den Fall der Eidesverweigerung einzelner Streitgenossen vorschreibenden Bestimmung des § 434 Abs. 2 C.P.O. — die Thatsache nicht ohne Berücksichtigung bleiben darf, daß sechs Streitgenossen den zugeschobenen Eid abgeleistet haben."

---

110. Bedeutung und rechtliche Wirkung einer im Falle des § 739 C.P.O. vom Drittschuldner abgegebenen Erklärung, daß er die Forderung als begründet anerkenne und Zahlung zu leisten bereit sei.

I. Civilsenat. Urt. v. 15. Juni 1898 i. S. M. (Kl.) w. W. (Bekl.). Rep. I. 132/98.

I. Landgericht I Berlin.
II. Kammergericht daselbst.

Zum Zwecke der Vollstreckung eines vom Kläger gegen den Fabrikanten O. erwirkten Arrestes wurde am 19. Juli 1895 eine Forderung des O. gegen den Beklagten gepfändet. Der Beklagte erklärte auf eine bei Zustellung des Pfändungsbeschlusses vom Gerichtsvollzieher im Auftrage des Klägers an ihn gerichtete Aufforderung, die Forderung bestehe, er könne aber darüber, wann sie fällig werde, augenblicklich Auskunft nicht erteilen. Am 25. Juli ersuchte der Rechtsanwalt B. im Namen des Klägers den Beklagten brieflich um eine umgehende Ergänzung seiner Erklärung dahin, wann die gepfändete Forderung fällig werde. Als keine Antwort einging, erinnerte der Rechtsanwalt B. durch Schreiben vom 8. August 1895, und nunmehr entgegnete der Beklagte durch Schreiben vom 20. August, daß die O.'sche Forderung am 1. Juli 1905 fällig werde, und daß er am Fälligkeitstage Zahlung leisten werde. Die Forderung wurde dem Kläger inzwischen auf Grund eines von ihm erwirkten vollstreckbaren Urteiles zur Einziehung überwiesen. Später erklärte der Beklagte, daß er Zahlung verweigern werde. Kläger schritt zur Anstellung einer Feststellungsklage. Während derselben vom ersten Richter stattgegeben ist, hat der Berufungsrichter sie zurückgewiesen. Auf die Revision des Klägers ist das erste Urteil wiederhergestellt worden aus folgenden

Gründen:

„Der Berufungsrichter geht davon aus, der erste Richter erblicke in der Erklärung des Beklagten dem Gerichtsvollzieher gegenüber mit Recht nichts Anderes, als die Erfüllung einer prozessualen Pflicht; seine Annahme aber, daß das Schreiben vom 20. August 1895 allen Erfordernissen eines rechtsgültigen, den Beklagten verpflichtenden Anerkenntnisses entspreche, erscheine nicht als zutreffend; sie lasse außer acht, daß jenes Schreiben nicht in sich abgeschlossen sei, sondern im Zusammenhange mit dem ganzen Sachverhalte beurteilt werden müsse. Nur zu einer Ergänzung der dem Gerichtsvollzieher abgegebenen Erklärung sei der Beklagte aufgefordert, und nur dem Zwecke einer solchen solle der Brief vom 20. August dienen. Es sei auch kein

Grund ersichtlich, weshalb der Beklagte sich dem Kläger gegenüber weitergehend hätte verpflichten wollen, als er dem O. gegenüber verpflichtet war. Von einem Anerkenntnisse stehe in dem Schreiben nichts. Zwar gehe der Beklagte insofern über die Anfrage des Klägers hinaus, als er am Fälligkeitstage Zahlung zu leisten verspreche; aber einerseits sage er nichts von einer Zahlung an den Kläger, und andererseits erhelle, daß das Versprechen nur unter der selbstverständlichen Voraussetzung abgegeben sei, daß in der Zwischenzeit bis zur Fälligkeit keine das Vertragsverhältnis aufhebenden Ereignisse eintreten würden. Dem Zahlungsversprechen des Beklagten sei also nur die Bedeutung beizulegen, daß er den Kläger nach Maßgabe seiner Schuld dem O. gegenüber befriedigen wolle.

Diese Erwägungen müssen für rechtsirrtümlich erachtet werden. Nach § 739 Ziff. 1 C.P.O. hat der Drittschuldner sich auf Verlangen des Gläubigers darüber zu erklären, ob und inwieweit er die Forderung als begründet anerkenne und Zahlung zu leisten bereit sei. Den Gegenstand der hier auferlegten Pflicht bildet eine Erklärung, die nur ihren möglichen Richtungen nach bezeichnet ist, und deren Nichtabgabe keinen Nachteil in der Sache, sondern nur eine Verbindlichkeit zum Schadensersatz zur Folge hat. Die von dem Gläubiger an den Drittschuldner zu stellende Frage aber richtet sich im Sinne des Gesetzes nicht dahin, ob und welche Mitteilungen er über die Forderung zu machen vermöge, sondern ob er sie als bestehend gelten lassen und bezahlen wolle. In einer Bejahung der Frage, so wie sie hiernach dem Gesetze gemäß gestellt worden ist, liegt demnach auch keine bloße Auskunft über die Existenz der Forderung und die zeitige Willensmeinung des Schuldners hinsichtlich ihrer Bezahlung, sondern sie charakterisiert sich als eine Willenserklärung. Wer, als Drittschuldner zu einer Erklärung über die Existenz des Anspruches aufgefordert, diese anerkennt, bringt damit zum Ausdruck, daß er das Erklärte, obwohl für ihn nachteilig, gegen sich gelten lassen und zu demselben stehen will; er gewährt dem Gläubiger eine Grundlage, deren Wert nicht in der Glaubhaftigkeit des Erklärten, sondern in der Bedeutung der Erklärung als Willens- und Dispositionsaktes liegen soll. Und ebenso enthält die auf Anfordern des Gläubigers erklärte Bereitwilligkeit zur Zahlung die Zusage, daß die Zahlung erfolgen werde und erfolgen solle; auch ihr Wert besteht in ihrer Eigenschaft als Willenserklärung. Ob Anerkenntnis und Zahlungsversprechen eine rechtliche Wirkung haben, und welche, ist nicht in der Civilprozeßordnung bestimmt, sondern nach dem zur Anwendung kommenden materiellen Rechte zu beurteilen. Die Civilprozeßordnung ergiebt nur, was die Bedeutung der an den Drittschuldner zu richtenden Frage und der ihr entsprechenden bejahenden Erwiderung ist.

Der Beklagte hat nun am 20. Juli 1895 dem Gerichtsvollzieher gegenüber auf dessen im Auftrage des Klägers an ihn gerichtete Frage erklärt, daß die Forderung bestehe. Schon hierin muß ein Anerkenntnis derselben gefunden werden. In seinem Schreiben vom 20. August aber, in welchem er nachträglich die Fälligkeit angiebt, liegt eine Bestätigung der ersten Erklärung, welcher er noch hinzufügt, daß er an dem von ihm angegebenen Fälligkeitstage Zahlung leisten werde. Dieser letzte Teil der Erklärung stellt sich als ein Zahlungsversprechen dar. Ein solches betrachtet auch der Berufungsrichter als vorliegend; seine Annahme aber, daß das Versprechen nur dahin gehe, den Kläger nach Maßgabe der Schuld des Beklagten dem O. gegenüber zu befriedigen, erscheint als unhaltbar. Die Frage, an wen die Zahlung erfolgen werde, blieb von dem Versprechen unberührt und mußte sich demnächst je nach Art und Wirksamkeit der den Übergang der Forderung auf den Kläger bezweckenden prozessualen Akte entscheiden; zu der Zeit, als die Erklärungen erfolgten, hatte eine Überweisung der Forderung noch nicht stattgefunden; es lag damals überhaupt nur eine Arrestpfändung vor. Demgemäß bleibt auch der § 412 A.L.R. I. 11 außer Anwendung. Die Erklärung bezieht sich nur auf die Forderung an sich, indem der Drittschuldner diese anerkennt und an die zur Einkassierung des Betrages berechtigte Person zu bezahlen sich verpflichtet. Ein, wie der Berufungsrichter annimmt, nur dahin gehendes Versprechen, daß die Forderung berichtigt werden solle, wenn und sofern dieselbe begründet sei, würde in dieser Richtung inhaltlos sein und dem Zwecke der Erklärungspflicht zuwiderlaufen. Daß der Berufungsrichter das Urteil des Reichsgerichtes vom 26. Januar 1892 (Entsch. desselben in Civils. Bd. 29 S. 337) für seine Auffassung heranziehen zu können glaubt, beruht auf einem unrichtigen Verständnisse desselben; denn dieses Urteil nimmt gerade die verbindende Natur der Erklärung an und erachtet ein nicht vorbehaltenes Kompensationsrecht ihr gegenüber für ausgeschlossen.

Im gegenwärtigen Falle wendet der Beklagte ein, daß er unter einer bestimmten Bedingung zum Rücktritt vom Kaufvertrage mit O. berechtigt gewesen, daß die Bedingung existent geworden, und daß er vom Vertrage zurückgetreten sei. Diese Einrede setzt sich mit der von ihm abgegebenen Erklärung in Widerspruch; als letztere erfolgte, war der Beklagte sich nicht nur des Vorhandenseines des bedingten Rücktrittsrechtes bewußt, sondern er nahm auch, wenn schon nicht als gewiß, so doch als höchst wahrscheinlich an, daß die Bedingung sich erfüllen werde. In der Versammlung der Kommanditgesellschaft O.'s Erben vom 25. Juli 1895 war eine Bilanz vorgelegt, welche einen Anteil der Ehefrau des Beklagten von 11600 *M* ergab. Wenn die Kommanditisten diese Bilanz auch nicht sofort genehmigt haben, so fehlte doch jeder Anhalt dafür, daß der Anteil der Ehefrau des Beklagten sich auf 15000 *M* belaufen könne, und hat Beklagter auch, ohne die Feststellung der Bilanz abzuwarten, schon am 13. September 1895 seinen Rücktritt vom Vertrage mit O. erklärt. Wenn der Beklagte unter den angegebenen Verhältnissen in voller Erkenntnis der Erheblichkeit des Rücktrittsrechtes und seiner Ausübung für alle Beteiligten, nach wiederholter Aufforderung zur Erklärung, die Forderung schlechthin anerkannte und zu bezahlen versprach, so beseitigte er damit dem Kläger gegenüber auch die Wirksamkeit des Rücktrittes. Der Vorbehalt desselben ist nicht selbstverständlich, sondern hätte zum Ausdruck gebracht werden müssen. Mit Aufhebungsgründen, welche erst später zur Entstehung kommen oder doch dem Erklärenden bekannt werden, kann der bedungene Rücktritt nicht auf gleiche Linie gestellt werden.

Daß endlich das Anerkenntnis mit Zahlungsversprechen in Fällen der vorliegenden Art auch rechtlich geeignet ist, eine seinem Inhalte entsprechende Wirkung hervorzubringen, muß nach den Grundsätzen des preußischen Allgemeinen Landrechtes ebensowohl wie nach denen des gemeinen Rechtes angenommen werden. Durch die Pfändung der Forderung ist begründeter Anlaß zu einer Erklärung über die Existenz derselben gegeben. Wenn der Schuldner dem auf Verlangen des Gläubigers in der Weise Rechnung trägt, daß er eine die Schuld vorbehaltlos anerkennende, konstitutiv zu wirken bestimmte Erklärung abgiebt, und zwar unter Wahrung der vorgeschriebenen Form, so steht dem Eintritt einer entsprechenden Rechtswirkung nichts entgegen. Die Anfechtung der Erklärung wegen Betruges oder Irrtumes bleibt dem Schuldner unbenommen; im gegenwärtigen Falle ist aber eine solche nicht versucht worden." . . .

---

111. Ist nach der österreichischen Exekutionsordnung vom 27. Mai 1896 die Gegenseitigkeit im Sinne des § 661 Ziff. 5 C.P.O. verbürgt?

I. Civilsenat. Urt. v. 15. Juni 1898 i. S. Qu. (Bekl.) w. M. (Kl.). Rep. I. 199/98.

I. Landgericht I Berlin.
II. Kammergericht daselbst.

Der Kläger, der in Österreich domiziliiert ist, hatte gegen den damals und jetzt in Berlin wohnhaften Beklagten auf Klagen, die demselben in seinem Bureau durch Übergabe an einen Schreiber im Wege der Rechtshilfe durch einen vom Amtsgerichte I Berlin dazu beauftragten Gerichtsvollzieher zugestellt waren, rechtskräftige Urteile des Handelsgerichtes zu Prag vom Jahre 1883 und 1884 auf Zahlung von drei in Prag domiziliierten Wechseln erstritten und erhob im Jahre 1895 Klage auf Erlaß des Vollstreckungsurteiles. Der Beklagte beantragte Abweisung der Klage, weil ihm weder die 1883 erhobenen Klagen, noch die Urteile zugestellt worden, auch die Gegenseitigkeit nicht verbürgt sei.

Der erste Richter erkannte nach der Klage, und die Berufung wurde zurückgewiesen. Auf die Revision des Beklagten ist die Klage abgewiesen worden aus folgenden

Gründen:

. . . „Dem Berufungsrichter kann in der Beurteilung des unter Ziff. 5 des § 661 C.P.O. aufgestellten Erfordernisses der verbürgten Gegenseitigkeit nicht beigetreten werden. Dabei ist davon auszugehen, daß das Vollstreckungsurteil nach § 661 C.P.O. nur erlassen werden kann, wenn die gesetzliche Voraussetzung der verbürgten Gegenseitigkeit zur Zeit des Erlasses des Vollstreckungsurteiles vorhanden ist. Es kommt deshalb darauf nichts an, daß die Gegenseitigkeit in

Österreich bis zum Schlusse des Jahres 1897 durch die thatsächliche Übung der Gerichte verbürgt war, wie das Reichsgericht wiederholt angenommen hat. Da das Berufungsurteil, welches das Vollstreckungsurteil enthält, am 4. Januar 1898 ergangen ist, war zu prüfen, ob nach der am 1. Januar 1898 in Kraft getretenen österreichischen Exekutionsordnung vom 27. Mai 1896 (Österr. R.G.Bl. S. 269) die Gegenseitigkeit verbürgt ist. Der Berufungsrichter hat dieselbe nicht außer acht gelassen, aber doch auf Grund derselben keine solche Feststellung getroffen, die nach § 525 C.P.O. für den Revisionsrichter bindend wäre.

Der § 79 jener Exekutionsordnung läßt die Exekution aus Urteilen auswärtiger Gerichte nur zu, wenn die Gegenseitigkeit durch Staatsverträge oder durch darüber erlassene, im Reichsgesetzblatt kundgegebene Regierungserklärungen verbürgt ist. Außerdem fordert der § 80 der Exekutionsordnung neben der Zuständigkeit des auswärtigen Gerichtes und der Rechtskraft des Urteiles unter 2, daß die Ladung, durch die das Verfahren vor dem auswärtigen Gerichte eingeleitet worden, der Person, gegen die in Österreich aus dem auswärtigen Urteile die Exekution geführt werden soll, entweder in dem auswärtigen Gebiete, oder mittels Gewährung der Rechtshilfe in einem anderen Staatsgebiete, oder im Inlande zu eigenen Händen zugestellt worden ist. Ladung durch Ersatzzustellung ist, abweichend von § 661 Ziff. 4 C.P.O., nicht zugelassen.

Danach kann seit dem 1. Januar 1898 das Urteil eines deutschen Gerichtes in Österreich nur dann vollstreckt werden, wenn dem Exequenden die Ladung in Person zugestellt ist. Die notwendige Folge ist, daß seit dem 1. Januar 1898 auch ein in Österreich gegen einen Deutschen ergangenes Urteil im Deutschen Reiche nur vollstreckt, das Vollstreckungsurteil für ein solches Urteil nur dann erlassen werden darf, wenn die Ladung dem verklagten Deutschen in Person zugestellt ist. Die Urteile der österreichischen Gerichte, für welche der Kläger das Vollstreckungsurteil verlangt, sind aber auf Klagen ergangen, die dem Beklagten, wie festgestellt, nicht in Person zugestellt sind. Für diese Urteile kann deshalb nach dem Grundsatze der Gegenseitigkeit die Vollstreckung in Deutschland nicht gefordert werden.

Daran wird dadurch nichts geändert, daß durch Verordnung des österreichischen Justizministers vom 10. Dezember 1897 im Reichsgesetzblatt für die im Reichsrate vertretenen Königreiche und Länder (S. 1477) bekannt gegeben ist, die Gegenseitigkeit sei für die im § 1 Ziff. 1. 2. 3. 7. 11 der Exekutionsordnung angeführten Exekutionstitel auch als verbürgt anzusehen, wenn es sich gemäß § 79 der Exekutionsordnung um Exekutionen auf Grund von Akten und Urkunden handle, die im Deutschen Reiche errichtet werden. Denn der § 80 der Exekutionsordnung fordert „überdies", d. h. außer der kundgemachten verbürgten Gegenseitigkeit, für die Exekution von Erkenntnissen auswärtiger Gerichte die Erfüllung der oben erörterten, hier fehlenden Voraussetzung unter 2. Für Urteile deutscher Gerichte, die gegen einen nicht persönlich geladenen Österreicher ergangen, ist dadurch die Gegenseitigkeit offensichtlich nicht verbürgt. Und es kann nicht in Zweifel gezogen werden, daß damit die Gegenseitigkeit, die § 661 Ziff. 5 fordert, in einem wesentlichen Punkte fehlt, wenn es auch richtig ist, daß nach § 80 Ziff. 2 der Exekutionsordnung die Exekution in Österreich auch gegen einen Deutschen und aus deutschem Urteil nur zulässig ist, wenn er im Prozeß persönlich geladen war.

Darauf, daß der Beklagte in dem Verfahren von den österreichischen Gerichten nach den damals geltenden Vorschriften und auch dem § 661 Ziff. 4 deutsch. C.P.O. entsprechend gesetzmäßig geladen war, kommt es nicht an. Weder die Exekutionsordnung vom 27. Mai 1896, noch die Verordnung vom 10. Dezember 1897 bieten irgend einen Anhalt dafür, daß die Exekutionsordnung entgegen ihrer rechtlichen Natur als Prozeßgesetzes und öffentlichen Rechtes nicht sofort unbeschränkt Anwendung finden soll, und die österreichischen Gerichte ermächtigt wären, für Urteile, die vor dem 1. Januar 1898 ergangen, von dem Erfordernisse der Ziff. 2 des § 80 abzusehen." ...

---

112. Ist in Fällen, wo das anzufechtende Urteil nach dem Antrage der Partei gleichzeitig mit der Rechtsmittelschrift öffentlich zugestellt werden soll, das zur Entscheidung über das Rechtsmittel berufene Gericht zuständig, auch die öffentliche Zustellung des anzufechtenden Urteiles zu bewilligen?

Vereinigte Civilsenate. Beschl. v. 25. Juni 1898 i. S. Sch. Ehefr. (Kl. u. Antragstellerin) w. Sch. (Bekl.). Rep. VI. 322/97.

Dem VI. Civilsenate des Reichsgerichtes lag von seiten der mit ihrer Berufung abgewiesenen Klägerin ein Antrag auf Bewilligung gleichzeitiger öffentlicher Zustellung des Berufungsurteiles und der Revisionsschrift vor. Er hielt sich, als Revisionsgericht, nicht für zuständig für die Bewilligung der Zustellung des Berufungsurteiles. Da aber der II. Civilsenat im Jahre 1885 i. S. J. w. J. Ehefr. (Beschw.-Rep. II. 121/85) durch einen, in den Entsch. des R.G.'s in Civils. Bd. 15 S. 346 flg. abgedruckten, Beschluß das Oberlandesgericht zu Karlsruhe auf Grund des § 477 Abs. 2 C.P.O. für zuständig erklärt hatte zur Bewilligung der öffentlichen Zustellung eines Urteiles erster Instanz, welche von der Partei als eine Bewilligung gleichzeitiger öffentlicher Zustellung dieses Urteiles und der Berufungsschrift erbeten worden war, so verwies der VI. Civilsenat nach Maßgabe des § 137 Abs. 1 G.V.G. obige Rechtsfrage an die vereinigten Civilsenate. Diese haben dann, in Übereinstimmung mit dem, nach Vorschrift des Abs. 4 daselbst, weil eine Ehesache vorlag, erforderten, Antrage des Oberreichsanwaltes, beschlossen:

„In Fällen, wo das anzufechtende Urteil nach dem Antrage der Partei gleichzeitig mit der Rechtsmittelschrift öffentlich zugestellt werden soll, ist das zur Entscheidung über das Rechtsmittel berufene Gericht nicht zuständig, auch die öffentliche Zustellung des anzufechtenden Urteils zu bewilligen."

Gründe:

... „Es unterliegt keinem Zweifel, daß *regelmäßig* die öffentliche Zustellung eines Urteiles von demjenigen Gerichte zu bewilligen ist, welches dasselbe erlassen hat. Denn nach § 187 C.P.O. ist das *Prozeßgericht* hierfür zuständig, und darunter ist im allgemeinen dasjenige Gericht zu verstehen, bei welchem der Prozeß im gegebenen Zeitpunkte anhängig ist.

Vgl. *Wach*, Civilprozeßrecht Bd. 1 § 23 S. 287, und *Planck*, Civilprozeßrecht Bd. 1 § 25 S. 98.

Nun wird aber die Anhängigkeit in der Instanz gerade erst mit der Zustellung des Urteiles beendigt.

Vgl. Entsch. des R.G.'s in Civils. Bd. 39 S. 398 flg. und die dort in Anm. 1 angeführten Entscheidungen.

Allerdings findet sich auch die Definition von „Prozeßgericht" aufgestellt, daß es dasjenige Gericht sei, bei welchem der Prozeß anhängig **oder durch die vorzunehmende Handlung anhängig zu machen ist**,

vgl. Entsch. des R.G.'s in Civils. Bd. 1 S. 432 und Planck, a. a. O. § 47 Anm. 12 S. 228,

und von diesem Standpunkte aus könnte es vielleicht sich auch zu rechtfertigen scheinen, für das Gesuch um öffentliche Zustellung des Urteiles das Gericht der **höheren** Instanz als Prozeßgericht zu bezeichnen, weil durch die Urteilszustellung der Rechtsstreit, insofern er noch fortgesetzt werden solle, bei diesem gerade anhängig **werde**. Jedoch ist jene Definition zweifellos nicht in **diesem** Sinne gemeint, will vielmehr nur für diejenigen Fälle, wo der Rechtsstreit **überhaupt** noch nicht anhängig ist, sondern erst anhängig gemacht werden soll, das „Prozeßgericht" bestimmen. Daß aber der Begriff des Prozeßgerichtes für das Rechtsmittel der **Beschwerde** wegen der Besonderheit dieses letzteren etwas anders gefaßt werden muß,

vgl. insbesondere Entsch. des R.G.'s in Civils. Bd. 1 S. 431 flg.,

kann hier außer Betracht gelassen werden. Es bleibt also bei der Regel, daß für die Bewilligung der öffentlichen Zustellung des Urteiles dasjenige Gericht zuständig ist, welches dasselbe erlassen hat.

Es fragt sich nun aber, ob durch die Bestimmungen in § 477 Abs. 2 und § 514 Abs. 2 C.P.O. eine **Ausnahme** von dieser Regel gemacht ist. Diese Bestimmungen lauten: „Die Berufung, bezw. die Revision kann gleichzeitig mit der Zustellung des Urteils eingelegt werden." Dieser **Wortlaut** nötigt sicherlich nicht zu der Annahme, daß, wenn die Partei die gleichzeitige **öffentliche** Zustellung des anzufechtenden Urteiles und der Rechtsmittelschrift bewirkt sehen wolle, das Rechtsmittelgericht auch für die Bewilligung der öffentlichen Zustellung des anzufechtenden Urteiles zuständig sei. Dies würde vielmehr eher noch gefolgert werden können, wenn die Bestimmungen lauteten: „Das Urteil kann gleichzeitig mit der Einlegung der Berufung, bezw. der Revision zugestellt werden." Aus der Wortfassung, wie sie wirklich **ist**, könnte man eher den umgekehrten Satz ableiten, daß die öffentliche Zustellung der Rechtsmittelschrift zugleich mit der öffentlichen Zustellung des anzufechtenden Urteiles bei dem Gerichte der unteren Instanz beantragt werden könne; freilich würden auch diesem Satze andere, ganz entscheidende Gründe entgegenstehen.

Es ist überhaupt an sich kein Grund ersichtlich, aus dem ersten Satze des Abs. 2 des § 477 und des § 514 C.P.O., der ausdrücklich nur von dem Zeitpunkte der Zustellung handelt, noch in irgend einer andern Beziehung eine Norm für die Zustellung, sei es des anzufechtenden Urteiles, oder der Rechtsmittelschrift, gewinnen zu wollen. Mit Recht hat laut Entsch. des R.G.'s in Civils. Bd. 9 S. 368 früher der II. Civilsenat hervorgehoben, jene Bestimmung des § 477 entscheide nicht, außer über den Zeitpunkt der Zustellung, auch darüber, an wen die Zustellung zu erfolgen habe; ebensowenig aber entscheidet sie darüber, welches Instanzgericht sie gegebenen Falles als öffentliche zu bewilligen habe.

Der unmittelbare Zweck der mehrerwähnten, in § 514 wie in § 477 C.P.O. enthaltenen Bestimmung besteht jedenfalls offenbar nur in der Klarstellung, daß die mit der Zustellung des Urteiles gleichzeitige Einlegung des Rechtsmittels nicht wirkungslos sein solle, wie die vor jener Zustellung erfolgende. Über diesen Punkt könnte man eben im Zweifel sein, wenn in den genannten Paragraphen der erste Satz des Abs. 2 fehlte, während im übrigen die Wortfassung die jetzt gegebene bliebe, wenn es also bloß hieße: „Die Berufungsfrist, bezw. die Revisionsfrist . . . beginnt mit der Zustellung des Urteils; die Einlegung vor Zustellung des Urteils ist wirkungslos." Nach allgemeinen Grundsätzen hat man aber dadurch die gleichzeitige Zustellung von Urteil und Rechtsmittelschrift nur als unter der selbstverständlichen Voraussetzung zugelassen anzusehen, daß die Vollziehung solcher Zustellung durch einen Akt nach den sonstigen Vorschriften des Gesetzes im gegebenen Falle rechtlich möglich sei. Höchstens dann hätte man vielleicht Anlaß, weiterzugehen und in jener Bestimmung zugleich diesen sonstigen Vorschriften gegenüber die Setzung einer Ausnahme zu finden, wenn auf andere Weise keinerlei praktische Anwendung von ihr zu machen wäre. So liegt aber die Sache durchaus nicht. Ganz unzweifelhaft würde vor allem die Bestimmung jedenfalls in allen Amtsgerichtssachen zu verwerten sein, insofern es beim Amtsgerichte keinen Anwaltszwang giebt, und daher derjenige beim Landgerichte zugelassene Anwalt, der die von ihm unterzeichnete Berufungsschrift zustellen läßt, auf Grund einer Vollmacht der Partei zugleich auch das Urteil des Amtsgerichtes zustellen lassen könnte. Aber da nach einem Beschlusse der vereinigten Civilsenate,

Entsch. des R.G.'s in Civils. Bd. 17 S. 392 flg.,

auf die Betreibung von Zustellungen der Anwaltszwang sich überhaupt nicht erstreckt, so gilt Entsprechendes auch für die Anfechtung der Urteile der Landgerichte und der Oberlandesgerichte. Und hiervon ganz abgesehen, würden sich jedenfalls die Anwälte beider in Betracht kommenden Instanzen zu einem gemeinsamen Auftrage an den Gerichtsvollzieher vereinigen können, daß dieser durch einen Akt für den einen das anzufechtende Urteil, für den anderen die Rechtsmittelschrift zustelle.

Immerhin mag es sein, daß die laut der amtlichen Motive zu § 477 (§ 457 des Entwurfes) von der in Rede stehenden Bestimmung zu erwartende Erleichterung des Geschäftsganges nach der hier gebilligten Auffassung als nicht in so eingreifender Weise erreicht erscheint, als wie der Verfasser der Motive es sich vielleicht vorgestellt haben mag. Es bedarf indes keiner Ausführung, daß die betreffende, übrigens mehr beiläufige, Bemerkung der Motive dem wirklichen Inhalte des Gesetzes gegenüber überhaupt nicht ins Gewicht fallen kann. Noch dazu stammt diese Bemerkung ursprünglich aus den Motiven zum preußischen Entwurfe von 1864 (S. 142), wo sie eine ganz andere Grundlage hatte, indem nach dessen §§ 199 und 602 die Zustellung des Urteiles und der Rechtsmitteleinlegung sogar in Anwaltsprozessen immer auch an die Partei selbst sollte geschehen müssen.

Für das hier in der streitigen Frage gewonnene Ergebnis sprechen außer dem unmittelbar in Betracht kommenden Gesetzesinhalte selbst auch noch gewisse weitergreifende Erwägungen. Vor allem kommt hier die vom Gesetze der öffentlichen Zustellung beigemessene praktische Bedeutung in Verbindung mit der für dieselbe vorgeschriebenen Form in Betracht. Nach § 187 Abs. 2 C.P.O. besteht die letztere bei der Zustellung eines Urteiles, da dieses keine Ladung enthält, ausschließlich in der Anheftung einer beglaubigten Abschrift desselben an die Gerichtstafel, selbstverständlich an die desjenigen Gerichtes, von welchem die öffentliche Zustellung bewilligt ist. Als praktischen Sinn dieser Einrichtung unterstellt nun aber das Gesetz offenbar, daß dem Zustellungsadressaten Gelegenheit gegeben werden soll, von der öffentlichen Zustellung Kenntnis zu erhalten, damit die Fiktion wirklich erfolgter Behändigung (vgl. die Motive zu §§ 186—190 [§§ 179 bis 182 des Entwurfes]) mit den Rücksichten der Billigkeit soweit möglich in Einklang bleibe. So wenig Erfolg nun auch häufig der öffentliche Aushang des Schriftstückes als Mittel zur Herbeiführung wirklicher Kenntnisnahme des Adressaten unbekannten Aufenthaltes versprechen mag, so ist es doch immerhin in dieser Hinsicht von Wichtigkeit, daß der letztere genau wisse, wo er in einem gegen ihn schon anhängigen Prozesse etwaige Kundgebungen dieser Art zu suchen, an der Tafel welches Gerichtes er also zum Zwecke der Kenntnisnahme nachzusehen oder nachsehen zu lassen habe. Dieses Gericht ist nun aber in Ansehung eines ergangenen Urteiles naturgemäß dasjenige, von dem das Urteil herrührt, und es wäre recht unzweckmäßig, wenn es bei einem so einschneidenden Prozeßakte, wie der Urteilszustellung, dem Belieben der Gegenpartei überlassen bliebe, ob derselbe vermittelst der Gerichtstafel der unteren, oder der oberen Instanz erfolgen solle.

Sodann kommt hier noch in Betracht die bei einer nahe verwandten Frage vom VI. Civilsenate,

vgl. Entsch. des R.G.'s in Civils. Bd. 16 S. 354,

schon angedeutete Erwägung, daß die Urteilszustellung ebensosehr zur Einleitung der Zwangsvollstreckung dient (§ 671 Abs. 1 C.P.O.), wie zur Eröffnung der Rechtsmittelfrist. Beides kann recht wohl in demselben Falle nebeneinander in Betracht kommen, nämlich wenn der Partei ein Teil ihres Anspruches in vorläufig vollstreckbarer Weise zuerkannt, mit einem anderen Teile sie dagegen abgewiesen ist und hiergegen ein Rechtsmittel zur Hand nehmen will. Es wäre seltsam, wenn die Partei in einem solchen Falle dadurch, daß sie die öffentliche Zustellung in der höheren Instanz erwirkte, zugleich auch die Vorbedingung der Zwangsvollstreckung herstellte. Diese Folgerung wäre aber vom Standpunkte der entgegengesetzten Ansicht aus unabweislich, und doch vom Gesetze sicher nicht beabsichtigt.

Allerdings ist, soweit bekannt, die in den Entsch. des R.G.'s in Civils. Bd. 15 S. 346 flg. ausgesprochene Ansicht bisher in der prozeßrechtlichen Litteratur keiner Anzweiflung ihrer Richtigkeit unterzogen, sondern nur billigend erwähnt worden. Indes ist doch in einer der oben erwähnten nahe verwandten Frage der entsprechenden Ansicht mehrfach Widerspruch entgegengesetzt worden. In Sachen E. w. L. (Rep. II. 224/85) hat nämlich der II. Civilsenat, abgehend von seiner schon angeführten früheren Entscheidung in Bd. 9 S. 366 flg., in Konsequenz der in der Beschwerdesache II. 121/85 angenommenen Ansicht ausgesprochen, daß die Zustellung des mit der Berufung anzufechtenden Urteiles nach § 477 Abs. 2 C.P.O. gleichzeitig mit der Berufungsschrift auch an den gegnerischen Prozeßbevollmächtigten der Berufungsinstanz erfolgen könne, wenn der erste der in § 164 C.P.O. vorgesehenen Fälle gegeben, also für die Berufungsinstanz vom Gegner bereits ein Prozeßbevollmächtigter bestellt sei; vgl. Jur. Wochenschrift v. 1885 S. 353 flg. Dieser Meinung sind bereits entgegengetreten Gaupp, Civilprozeßordnung (Aufl. 2) Bd. 2 zu § 477 Anm. 12 S. 19 (weniger eingehend in der 3. Aufl. Bem. III zu § 477 S. 21), v. Wilmowski u. Levy, Civilprozeßordnung (Aufl. 7) Bd. 2 Bem. 4 zu § 477 S. 737, und Struckmann u. Koch (Aufl. 6) Bem. 4 zu § 477 S. 584; vgl. auch Planck, Civilprozeßrecht Bd. 2 § 140 Anm. 85 u. 87 S. 442."

Register.

Die beigesetzten Zahlen beziehen sich auf die Seiten.

A. Sachregister.

G

R

S

T

W

Z

B. Gesetzesregister.

1. Reichsgesetze.

a. Allgemeines Deutsches Handelsgesetzbuch.

b. Allgemeine Deutsche Wechselordnung.

c. Deutsche Civilprozeßordnung.

2. Gemeines Recht.

a. Pandekten.

Ib. Allgemeine Gerichtsordnung.

c. Einzelne Gesetze und Verordnungen.

Baden.

Bayern.

C. Chronologische Zusammenstellung der Entscheidungen.

Zusammenstellung
der
im einundvierzigsten Bande
mitgeteilten Entscheidungen
nach
Oberlandesgerichtsbezirken.

Berichtigungen.

Achtundzwanzigster Band.

S. 315 Z. 14 u. 15 v. o. statt „Lehmann" lies „Endemann".
„ 315 „ 16 v. o. statt „463" lies „443".

Generalregister zu Band 1—30.

S. 873 Sp. 3 Z. 11 v. u. statt „über" lies „betr.".
„ 934 „ 3 „ 22 v. o. statt „313" lies „311".
„ 938 „ 1 „ 18 v. u. statt „408" lies „357".

Vierunddreißigster Band.

S. 314 Z. 13 v. u. statt „99" lies „94".
„ 317 „ 11 v. o. statt „82" lies „81".

Siebenunddreißigster Band.

S. 69 Z. 15 v. u. statt „K." lies „W.".

Achtunddreißigster Band.

S. 454 Sp. 2 Z. 6 v. u. statt „über" lies „betr.".
„ „ „ „ 5 v. u. statt „Einrichtung" lies „Errichtung".

Vierzigster Band.

S. 451 Sp. 1 Z. 13 v. o. statt „über" lies „betr.".

Einundvierzigster Band.

S. 180 Z. 11 v. o. streich „2. Aufl.".

FSC
www.fsc.org
MIX
Papier | Fördert gute Waldnutzung
FSC® C083411

Kolibri 360 GmbH
Ferdinand-Jühlke-Straße 7
99095 Erfurt, Deutschland
produktsicherheit@kolibri360.de